国家卫生健康委员会"十三五"规划教材

全国中医药高职高专教育教材

供中医学、针灸推拿、中医骨伤、护理等专业用

大学语文

第 4 版

主　编　孙　洁

副主编　冯晓青　郑宏萍　金秀英　胡　楠

编　委　（以姓氏拼音为序）

成赫曦（重庆医药高等专科学校）

冯晓青（南阳医学高等专科学校）

胡　楠（长春医学高等专科学校）

季春元（湖北中医药高等专科学校）

金秀英（四川中医药高等专科学校）

李　丹（黑龙江中医药大学佳木斯学院）

孙　洁（湖北中医药高等专科学校）

谢雨君（重庆三峡医药高等专科学校）

曾　鑫（江西中医药高等专科学校）

郑宏萍（安徽中医药高等专科学校）

人民卫生出版社

图书在版编目（CIP）数据

大学语文/孙洁主编. —4 版. —北京：人民卫生出版社，2018

ISBN 978-7-117-26228-6

Ⅰ.①大… Ⅱ.①孙… Ⅲ.①大学语文课－高等职业教育－教材 Ⅳ.①H19

中国版本图书馆 CIP 数据核字（2018）第 127862 号

| 人卫智网 | www.ipmph.com | 医学教育、学术、考试、健康，购书智慧智能综合服务平台 |
| 人卫官网 | www.pmph.com | 人卫官方资讯发布平台 |

大 学 语 文
第 4 版

主　　编：孙　洁

出版发行：人民卫生出版社（中继线 010-59780011）

地　　址：北京市朝阳区潘家园南里 19 号

邮　　编：100021

E - mail：pmph @ pmph.com

购书热线：010-59787592　010-59787584　010-65264830

印　　刷：三河市君旺印务有限公司

经　　销：新华书店

开　　本：787×1092　1/16　　印张：26

字　　数：599 千字

版　　次：2005 年 6 月第 1 版　　2018 年 7 月第 4 版
　　　　　2018 年 7 月第 4 版第 1 次印刷（总第 13 次印刷）

标准书号：ISBN 978-7-117-26228-6

定　　价：59.00 元

打击盗版举报电话：**010-59787491**　**E-mail：WQ @ pmph.com**
（凡属印装质量问题请与本社市场营销中心联系退换）

修 订 说 明

为了更好地推进中医药职业教育教材建设，适应当前我国中医药职业教育教学改革发展的形势与中医药健康服务技术技能人才的要求，贯彻落实《国家中长期教育改革和发展规划纲要(2010—2020年)》《医药卫生中长期人才发展规划(2011—2020年)》《中医药发展战略规划纲要(2016—2030年)》精神，做好新一轮中医药职业教育教材建设工作，人民卫生出版社在教育部、国家卫生健康委员会、国家中医药管理局的领导下，组织和规划了第四轮全国中医药高职高专教育、国家卫生健康委员会"十三五"规划教材的编写和修订工作。

本轮教材修订之时，正值《中华人民共和国中医药法》正式实施之际，中医药职业教育迎来发展大好的际遇。为做好新一轮教材出版工作，我们成立了第四届中医药高职高专教育教材建设指导委员会和各专业教材评审委员会，以指导和组织教材的编写和评审工作；按照公开、公平、公正的原则，在全国1400余位专家和学者申报的基础上，经中医药高职高专教育教材建设指导委员会审定批准，聘任了教材主编、副主编和编委；启动了全国中医药高职高专教育第四轮规划第一批教材，中医学、中药学、针灸推拿、护理4个专业63门教材，确立了本轮教材的指导思想和编写要求。

第四轮全国中医药高职高专教育教材具有以下特色：

1. **定位准确，目标明确**　教材的深度和广度符合各专业培养目标的要求和特定学制、特定对象、特定层次的培养目标，力求体现"专科特色、技能特点、时代特征"，既体现职业性，又体现其高等教育性，注意与本科教材、中专教材的区别，适应中医药职业人才培养要求和市场需求。

2. **谨守大纲，注重三基**　人卫版中医药高职高专教材始终坚持"以教学计划为基本依据"的原则，强调各教材编写大纲一定要符合高职高专相关专业的培养目标与要求，以培养目标为导向、职业岗位能力需求为前提、综合职业能力培养为根本，同时注重基本理论、基本知识和基本技能的培养和全面素质的提高。

3. **重点考点，突出体现**　教材紧扣中医药职业教育教学活动和知识结构，以解决目前各高职高专院校教材使用中的突出问题为出发点和落脚点，体现职业教育对人才的要求，突出教学重点和执业考点。

4. **规划科学，详略得当**　全套教材严格界定职业教育教材与本科教材、毕业后教育教材的知识范畴，严格把握教材内容的深度、广度和侧重点，突出应用型、技能型教育内容。基础课教材内容服务于专业课教材，以"必须、够用"为度，强调基本技能的培养；专业课教材紧密围绕专业培养目标的需要进行选材。

5. 体例设计，服务学生　本套教材的结构设置、编写风格等坚持创新，体现以学生为中心的编写理念，以实现和满足学生的发展为需求。根据上一版教材体例设计在教学中的反馈意见，将"学习要点""知识链接""复习思考题"作为必设模块，"知识拓展""病案分析(案例分析)""课堂讨论""操作要点"作为选设模块，以明确学生学习的目的性和主动性，增强教材的可读性，提高学生分析问题、解决问题的能力。

6. 强调实用，避免脱节　贯彻现代职业教育理念。体现"以就业为导向，以能力为本位，以发展技能为核心"的职业教育理念。突出技能培养，提倡"做中学、学中做"的"理实一体化"思想，突出应用型、技能型教育内容。避免理论与实际脱节、教育与实践脱节、人才培养与社会需求脱节的倾向。

7. 针对岗位，学考结合　本套教材编写按照职业教育培养目标，将国家职业技能的相关标准和要求融入教材中。充分考虑学生考取相关职业资格证书、岗位证书的需要，与职业岗位证书相关的教材，其内容和实训项目的选取涵盖相关的考试内容，做到学考结合，体现了职业教育的特点。

8. 纸数融合，坚持创新　新版教材最大的亮点就是建设纸质教材和数字增值服务融合的教材服务体系。书中设有自主学习二维码，通过扫码，学生可对本套教材的数字增值服务内容进行自主学习，实现与教学要求匹配、与岗位需求对接、与执业考试接轨，打造优质、生动、立体的学习内容。教材编写充分体现与时代融合、与现代科技融合、与现代医学融合的特色和理念，适度增加新进展、新技术、新方法，充分培养学生的探索精神、创新精神；同时，将移动互联、网络增值、慕课、翻转课堂等新的教学理念和教学技术、学习方式融入教材建设之中，开发多媒体教材、数字教材等新媒体形式教材。

人民卫生出版社医药卫生规划教材经过长时间的实践与积累，其中的优良传统在本轮修订中得到了很好的传承。在中医药高职高专教育教材建设指导委员会和各专业教材评审委员会指导下，经过调研会议、论证会议、主编人会议、各专业编写会议、审定稿会议，确保了教材的科学性、先进性和实用性。参编本套教材的800余位专家，来自全国40余所院校，从事高职高专教育工作多年，业务精纯，见解独到。谨此，向有关单位和个人表示衷心的感谢！希望各院校在教材使用中，在改革的进程中，及时提出宝贵意见或建议，以便不断修订和完善，为下一轮教材的修订工作奠定坚实的基础。

人民卫生出版社有限公司
2018 年 4 月

全国中医药高职高专院校第四轮第一批规划教材书目

教材序号	教材名称	主编	适用专业
1	大学语文（第4版）	孙　洁	中医学、针灸推拿、中医骨伤、护理等专业
2	中医诊断学（第4版）	马维平	中医学、针灸推拿、中医骨伤、中医美容等专业
3	中医基础理论（第4版）*	陈　刚　徐宜兵	中医学、针灸推拿、中医骨伤、护理等专业
4	生理学（第4版）*	郭争鸣　唐晓伟	中医学、中医骨伤、针灸推拿、护理等专业
5	病理学（第4版）	苑光军　张宏泉	中医学、护理、针灸推拿、康复治疗技术等专业
6	人体解剖学（第4版）	陈晓杰　孟繁伟	中医学、针灸推拿、中医骨伤、护理等专业
7	免疫学与病原生物学（第4版）	刘文辉　田维珍	中医学、针灸推拿、中医骨伤、护理等专业
8	诊断学基础（第4版）	李广元　周艳丽	中医学、针灸推拿、中医骨伤、护理等专业
9	药理学（第4版）	侯　晞	中医学、针灸推拿、中医骨伤、护理等专业
10	中医内科学（第4版）*	陈建章	中医学、针灸推拿、中医骨伤、护理等专业
11	中医外科学（第4版）*	尹跃兵	中医学、针灸推拿、中医骨伤、护理等专业
12	中医妇科学（第4版）	盛　红	中医学、针灸推拿、中医骨伤、护理等专业
13	中医儿科学（第4版）*	聂绍通	中医学、针灸推拿、中医骨伤、护理等专业
14	中医伤科学（第4版）	方家选	中医学、针灸推拿、中医骨伤、护理、康复治疗技术专业
15	中药学（第4版）	杨德全	中医学、中药学、针灸推拿、中医骨伤、康复治疗技术等专业
16	方剂学（第4版）*	王义祁	中医学、针灸推拿、中医骨伤、康复治疗技术、护理等专业

续表

教材序号	教材名称	主编	适用专业
17	针灸学(第4版)	汪安宁 易志龙	中医学、针灸推拿、中医骨伤、康复治疗技术等专业
18	推拿学(第4版)	郭 翔	中医学、针灸推拿、中医骨伤、护理等专业
19	医学心理学(第4版)	孙 萍 朱 玲	中医学、针灸推拿、中医骨伤、护理等专业
20	西医内科学(第4版)*	许幼晖	中医学、针灸推拿、中医骨伤、护理等专业
21	西医外科学(第4版)	朱云根 陈京来	中医学、针灸推拿、中医骨伤、护理等专业
22	西医妇产科学(第4版)	冯 玲 黄会霞	中医学、针灸推拿、中医骨伤、护理等专业
23	西医儿科学(第4版)	王龙梅	中医学、针灸推拿、中医骨伤、护理等专业
24	传染病学(第3版)	陈艳成	中医学、针灸推拿、中医骨伤、护理等专业
25	预防医学(第2版)	吴 娟 张立祥	中医学、针灸推拿、中医骨伤、护理等专业
1	中医学基础概要(第4版)	范俊德 徐迎涛	中药学、中药制药技术、医学美容技术、康复治疗技术、中医养生保健等专业
2	中药药理与应用(第4版)	冯彬彬	中药学、中药制药技术等专业
3	中药药剂学(第4版)	胡志方 易生富	中药学、中药制药技术等专业
4	中药炮制技术(第4版)	刘 波	中药学、中药制药技术等专业
5	中药鉴定技术(第4版)	张钦德	中药学、中药制药技术、中药生产与加工、药学等专业
6	中药化学技术(第4版)	吕华瑛 王 英	中药学、中药制药技术等专业
7	中药方剂学(第4版)	马 波 黄敬文	中药学、中药制药技术等专业
8	有机化学(第4版)*	王志江 陈东林	中药学、中药制药技术、药学等专业
9	药用植物栽培技术(第3版)*	宋丽艳 汪荣斌	中药学、中药制药技术、中药生产与加工等专业
10	药用植物学(第4版)*	郑小吉 金 虹	中药学、中药制药技术、中药生产与加工等专业
11	药事管理与法规(第3版)	周铁文	中药学、中药制药技术、药学等专业
12	无机化学(第4版)	冯务群	中药学、中药制药技术、药学等专业
13	人体解剖生理学(第4版)	刘 斌	中药学、中药制药技术、药学等专业
14	分析化学(第4版)	陈哲洪 鲍 羽	中药学、中药制药技术、药学等专业
15	中药储存与养护技术(第2版)	沈 力	中药学、中药制药技术等专业

续表

教材序号	教材名称	主编	适用专业
1	中医护理(第3版)*	王文	护理专业
2	内科护理(第3版)	刘杰 吕云玲	护理专业
3	外科护理(第3版)	江跃华	护理、助产类专业
4	妇产科护理(第3版)	林萍	护理、助产类专业
5	儿科护理(第3版)	艾学云	护理、助产类专业
6	社区护理(第3版)	张先庚	护理专业
7	急救护理(第3版)	李延玲	护理专业
8	老年护理(第3版)	唐凤平 郝刚	护理专业
9	精神科护理(第3版)	井霖源	护理、助产专业
10	健康评估(第3版)	刘惠莲 滕艺萍	护理、助产专业
11	眼耳鼻咽喉口腔科护理(第3版)	范真	护理专业
12	基础护理技术(第3版)	张少羽	护理、助产专业
13	护士人文修养(第3版)	胡爱明	护理专业
14	护理药理学(第3版)*	姜国贤	护理专业
15	护理学导论(第3版)	陈香娟 曾晓英	护理、助产专业
16	传染病护理(第3版)	王美芝	护理专业
17	康复护理(第2版)	黄学英	护理专业
1	针灸治疗(第4版)	刘宝林	针灸推拿专业
2	针法灸法(第4版)*	刘茜	针灸推拿专业
3	小儿推拿(第4版)	刘世红	针灸推拿专业
4	推拿治疗(第4版)	梅利民	针灸推拿专业
5	推拿手法(第4版)	那继文	针灸推拿专业
6	经络与腧穴(第4版)*	王德敬	针灸推拿专业

* 为"十二五"职业教育国家规划教材

第四届全国中医药高职高专教育教材建设指导委员会

第四届全国中医药高职高专中医学专业教材评审委员会

前　言

为进一步贯彻落实国务院以及教育部的有关精神，将教材建设工作与强化学生职业技能培养、加强课程建设相结合，体现以就业为导向，在人民卫生出版社的组织规划下，按照全国中医药高职高专院校各专业的培养目标，确立了本课程的教学内容，进而编写了教学大纲和本教材。

本版《大学语文》在第 3 版的基础上修订而成，是国家卫生健康委员会"十三五"规划教材、全国中医药高职高专教育教材之一，可供全国中医药高职高专院校**中医学**、**针灸推拿**、**中医骨伤**、**护理**等专业使用。

《大学语文》是培养学生的人文素质，加强传统文化修养，培养和提高医学生阅读古代医学文献能力，从而全面提高学生综合素质和语文能力的一门综合性课程。它是医学高等专科学校中医学专业的基础课程，是对学生进行素质教育的主要课程，也是对中医药从业人员进行终身教育的重要课程。

根据全国中医药高职高专规划教材编写要求及教学大纲的要求，为更好地适应中医药高职高专教育发展的需要，在编写过程中突出了以下特点：

1. 体系上突出中医药高职高专特色　本教材力求自成体系、突出中医药高职高专特色。教材内容包括上、中、下三编：上编按体裁分类，依年代先后，精选古今中外的文学名篇，含散文、诗歌、小说戏剧、应用文 4 个单元，计 50 篇；中编是医古文部分，包括传记、书序、经传、医论、杂著等，计 20 篇；下编是语文基础知识部分，介绍有助于提高文化知识、阅读能力及写作能力的基本理论、基本知识与基本技能等，计 9 章。

2. 内容上切合学生的成长需要，并力求符合学生的兴趣特点　选取了一些贴近学生职业规划需要的内容，如《中医大师恽铁樵》《赠与今年的大学毕业生》《求职信和应聘信》等；选取了体现高等教育"价值引领"作用的文章，如《管晏列传》《张中丞传后叙》《心灵的灰烬》《较量》等；选取了一些培养学生审美情趣的文章，如《文心雕龙·情采》《美感与联想》等。本教材在此次修订时对所选诗歌做了较大调整，选取赠别、登临、望月相同题材的诗歌各三首，便于学生比较阅读，能够更加鲜明地领略不同诗人的风格特点。

3. 在教学方面有利于充分发挥教师主导和学生主体的积极性　本书内容丰富，古今中外兼及，师生在教学中选余地较大。教师可以根据专业特点及课时要求灵活选择知识点和课文作为重点进行教学。对于医古文教学，建议以讲授文理为主，但要兼顾医理。除课堂学习外，学生也可根据自己专业的需要和兴趣，选择有关内容进行自学。中编部分的内容对培养和提高学生的自主学习能力很有帮助，师生对此应予以足够重视。

　　本课程在培养学生的人文精神,加强传统文化修养的同时,重点培养学生阅读古代文献的能力和水平;教学活动的主要形式为课堂讲授、阅读实践和自学讨论相结合;加强单元练习和综合阅读训练;基础知识部分有的可单独介绍,有的可穿插在课文中介绍,在讲清基本概念的基础上,注重基本技能的传授。为方便教与学,教材中配有二维码,扫描后可阅读教学课件(PPT)、重点知识、自测题等,获得更多学习内容。

　　参加本教材编写和修订的同志都是在中医药院校多年从事大学语文和医古文教学的教师,比较熟悉中医药高职高专学生的情况。编写组同志分工执笔,密切协作,由各副主编分片初审,再交由主编审校,集体定稿。定稿由孙洁、冯晓青、郑宏萍、季春元等同志共同完成。

　　由于参编人员较多,本教材在语言风格、篇章的前后衔接照应等方面可能还存在缺憾,恳请各院校在使用的过程中继续提出宝贵意见,以便进一步修订提高。

《大学语文》编委会

2018 年 4 月

目　录

上　编

下　编

上　编

第 一 单 元

学习要点

一、了解相应的文学知识,了解散文的演变发展以及各时代散文的主要特色。

二、掌握散文的基本特点;掌握文言实词具体含义;了解古今词义的差别;识别虚词在不同语言环境中的不同含义和作用。

三、熟悉文言文中与现代汉语不同的语法现象和句式,能将古汉语特殊的语法现象和句式正确地转换成相应的现代汉语句式。

一、《论语》二十则

【题解】 本文选自《论语》,据《十三经注疏》本。《论语》是孔子弟子和再传弟子所记录的孔子及其门人言行的一部书。《论语》有鲁、齐、古 3 种版本,注本较多,影响较大的有何晏的《论语集解》,朱熹的《论语集注》,刘宝楠的《论语正义》。

孔子(公元前 551—前 479 年),名丘,字仲尼,春秋鲁国人。我国古代思想家、教育家,儒家学派的创始人。他出身于没落贵族家庭,曾在鲁国做过官,以后曾周游宋、卫、陈、蔡、齐等国,想推行自己的政治主张,未被采纳。他的一生主要从事著述和讲学。相传有弟子 3000 人,有名字可考的 70 余人。孔子的思想集中表现在《论语》一书之中。他生于奴隶主阶级统治土崩瓦解的时代,对当时发生的具有进步意义、体现新兴地主阶级要求的重大改革持反对态度。他向往西周的"太平盛世",主张仁政。他提倡周礼,宣扬仁德,是想借周礼而行仁政。在教育方面,孔子主张"有教无类",把一向归奴隶主阶级占有的文化普及到广大的士阶层中来,这对于先秦文化思想的发展繁荣有很重要的作用。

本文所选的二十则,内容主要侧重于学习和品德修养两个方面。

子曰[1]:"君子食无求饱,居无求安[2],敏于事而慎于言,就有道而正焉[3],可谓好学也已。"——《学而》

子贡曰[4]:"贫而无谄[5],富而无骄,何如？"子曰:"可也,未若贫而乐[6],富而好礼者也。"子贡曰:《诗》云'如切如磋,如琢如磨[7]',其斯之谓与[8]？"子曰:"赐也,始可与言《诗》已矣,告诸往而知来者[9]。"——《学而》

子曰:"吾十有五而志于学[10],三十而立[11],四十不惑[12],五十而知天

命[13]，六十而耳顺[14]，七十而从心所欲，不逾矩[15]。" ——《为政》

子曰："知之者不如好之者，好之者不如乐之者[16]。" ——《雍也》

子曰："质胜文则野[17]，文胜质则史[18]。文质彬彬[19]，然后君子。" ——《雍也》

叶公问孔子于子路[20]，子路不对，子曰："女奚不曰[21]：'其为人也，发愤忘食，乐以忘忧，不知老之将至。'云尔[22]。" ——《述而》

子曰："饭疏食饮水[23]，曲肱而枕之[24]，乐亦在其中矣。不义而富且贵，于我如浮云。" ——《述而》

子曰："德之不修，学之不讲[25]，闻义不能徙[26]，不善不能改，是吾忧也。" ——《述而》

【注释】 [1]子：古时对男子的尊称。这里指孔子。 [2]君子：有道德有修养的人。安：舒适。 [3]就：接近，靠近。有道：指有道德的人。正：匡正，端正。 [4]子贡：孔子的弟子，姓端沐，名赐，字子贡，卫国人。 [5]谄(chǎn)：巴结，奉承。 [6]贫而乐：一本作"贫而乐道"。 [7]此二句见《诗经·卫风·淇澳》。切磋琢磨分别指对骨、象牙、玉、石四种不同材料的加工，否则不能成器。 [8]其：副词，表揣测语气，"大概"之意。 [9]赐：子贡名，孔子对其弟子皆称其名。往：过去的事情，这里指孔子说过的话。来：将来的事情，这里指孔子未说过的话。 [10]有：通"又"。 [11]立：自立。 [12]不惑：掌握了知识，不被外界事物所迷惑。 [13]天命：上天的意志，自然界的必然性，引申为人生的道义与责任。 [14]耳顺：听到一个人说的话，就能知道其微言大义，辨出其是非真假。 [15]矩：法度，规矩。 [16]乐：以……为乐。 [17]质：朴实、自然，无修饰的。文：文采，经过修饰的。野：此处指粗鲁、鄙野，缺乏文采。 [18]史：如文绉绉的史官一样。朱熹注："史掌文书，多闻习事，而诚或不足也。" [19]彬彬：指文与质的配合很恰当。 [20]叶(shè)公：姓沈，名诸梁，字子高，楚国大夫。曾为叶城(今河南省叶县南)尹，故称为叶公。子路：姓仲，名由，字子路，又字季路。鲁国人，孔子的学生。 [21]女：通"汝"。奚：何，为什么。 [22]云尔：句末语气助词，如此而已。 [23]饭：吃。疏食：菜食。 [24]曲：使……弯曲。肱(gōng)：胳膊，由肩至肘的部位。 [25]讲：讲习，研究。 [26]徙：迁移，在此指靠近义，做到义。

子曰："知者不惑[1]，仁者不忧，勇者不惧。" ——《子罕》

子绝四[2]：毋意[3]，毋必[4]，毋固[5]，毋我[6]。 ——《子罕》

子曰："譬如为山，未成一篑[7]，止，吾止也。譬如平地，虽覆一篑[8]，进，吾往也[9]。" ——《子罕》

大宰问于子贡曰[10]："夫子圣者与[11]，何其多能也？"子贡曰："固天纵之将圣[12]，又多能也。"子闻之，曰："大宰知我乎？吾少也贱，故多能鄙事[13]。君子多乎哉？不多也。" ——《子罕》

仲弓问仁[14]。子曰："出门如见大宾[15]，使民如承大祭。己所不欲，勿施于人。在邦无怨，在家无怨。"仲弓曰："雍虽不敏，请事斯语[16]。" ——《颜渊》

颜渊问仁。子曰:"克己复礼为仁[17]。一日克己复礼,天下归仁焉[18]。为仁由己,而由人乎哉[19]?"颜渊曰:"请问其目[20]。"子曰:"非礼勿视,非礼勿听,非礼勿言,非礼勿动。"颜渊曰:"回虽不敏,请事斯语。"——《颜渊》

子曰:"其身正[21],不令而行;其身不正,虽令不从。"——《子路》

子夏为莒父宰[22],问政。子曰:"无欲速,无见小利[23]。欲速则不达,见小利则大事不成。"——《子路》

子曰:"君子易事而难说也[24]。说之不以道,不说也;及其使人也,器之[25]。小人难事而易说也。说之虽不以道,说也;及其使人也,求备焉。"——《子路》

孔子曰:"益者三友,损者三友。友直,友谅[26],友多闻,益矣。友便辟[27],友善柔[28],友便佞[29],损矣。"——《季氏》

孔子曰:"君子有三戒:少之时,血气未定,戒之在色;及其壮也,血气方刚,戒之在斗;及其老也,血气既衰,戒之在得[30]。"——《季氏》

楚狂而接舆[31],歌而过孔子曰:"凤兮!凤兮!何德之衰?往者不可谏,来者犹可追。已而!已而!今之从政者殆而[32]!"孔子下,欲与之言。趋而辟之[33],不得与之言。——《微子》

【注释】[1]知:通"智"。惑:困惑,迷乱。 [2]绝:杜绝。 [3]意:同"臆",猜想,猜疑。 [4]必:必定,绝对化。 [5]固:固执己见。 [6]我:自私之心。 [7]篑:土筐。 [8]覆:底朝上翻过来倾倒。 [9]往:前往。 [10]大宰:官名,即太宰,负责管理宫廷事务。 [11]夫子:古代对男子的敬称,在此指孔子。与:通"欤"。 [12]固:本来。纵:使,让。 [13]鄙事:低下卑贱的事。 [14]仲弓:孔子的学生,姓冉,名雍,字仲弓,鲁国人。 [15]大宾:贵宾。 [16]事:奉行。 [17]克:克制,约束。复:回复。礼:人类社会行为法则、标准、仪式的总称。泛指社会规范和道德规范。 [18]归:归顺。 [19]由:于,在于。 [20]目:具体的条目。 [21]身:自身,指人的品德等。正:端正,不偏斜。 [22]莒(jǔ)父:鲁国的一个城邑,在今山东省莒县境内。 [23]无:通"毋"。 [24]易事:易于与人相处共事。说:通"悦",高兴,愉快。 [25]器之:量才使用他。 [26]谅:诚信。 [27]便(pián)辟:逢迎谄媚貌。 [28]善柔:善于和颜悦色骗人。柔,温顺。 [29]便佞(nìng):花言巧语,阿谀奉承。 [30]得:贪得。 [31]接舆:楚人,姓陆,名通,字接舆。 [32]殆:危险。 [33]辟:同"避",躲避。

【简析】《论语》全书共20篇,保存了孔子的哲学思想、政治活动以及教育实践等方面的原始材料。《论语》是孔子思想的精华所在,内容广泛,集中体现了孔子的政治主张、教育原则、伦理观念、品德修养等,文字简练生动,但意义深刻,有很高的艺术性,对后世文学有很大的影响,其中许多言论至今仍被视为至理名言。

本文所选的二十则内容主要侧重于学习和品德修养两方面。这些内容在21世纪的今天依然焕发着耀眼的光芒,了解这些内容对于青年学生人生观和价值观的形成,对于缺乏社会经验的青年学生做人做事少走弯路是有益的。

复习思考题

1. 讨论孔子有关道德修养的论述对今天的借鉴作用。
2. 背诵课文。

二、子革对灵王

《左传》

【题解】 本文选自《左传·昭公二十年》，引自阮元《十三经注疏》。《左传》，全称《春秋左氏传》，原名《左氏春秋》，是中国古代一部编年体的历史著作，汉代时又名《春秋左氏》《左氏》，汉朝以后才多称《左传》，相传是春秋末期的史官左丘明所著，它与《公羊传》《谷梁传》合称"春秋三传"。

《左传》以《春秋》为本，通过记述春秋时期的具体史实来说明《春秋》的纲目。主要记录了周王室的衰微，诸侯争霸的历史，对各类礼仪规范、典章制度、社会风俗、民族关系、道德观念、天文地理、历法时令、古代文献、神话传说、歌谣言语均有记述和评论。

《子革对灵王》一文讲的是楚国重臣子革用"欲擒故纵"的方式制止楚灵王贪念的故事。

楚子狩于州来[1]，次于颖尾[2]，使荡侯、潘子、司马督、嚣尹午、陵尹喜帅师围徐以惧吴[3]。楚子次于乾谿[4]，以为之援。雨雪[5]，王皮冠，秦复陶[6]，翠被[7]，豹舄[8]，执鞭以出，仆析父从[9]。

【注释】 [1]楚子：楚灵王，楚共王庶出的儿子，公元前540年至前529年在位。州来：古小国名，春秋时属楚，后为吴所灭，故址在今安徽凤台境内。 [2]颖尾：颖水下游入淮海处，即今安徽颖上东南的西正阳镇。 [3]荡侯、潘子、司马督、嚣尹午、陵尹喜：皆楚大夫。徐：小国名，在吴、楚之间，其境相当今江苏徐州一带，是吴的同盟国。 [4]乾谿：吴国地名，在今安徽亳县东南。 [5]雨(yù)雪：雨，动词，下。 [6]秦复陶：秦国所赠羽衣名。 [7]翠被：用翠羽做装饰的披肩。被，通"帔(pèi)"。 [8]舄(xì)：鞋。 [9]仆析父：楚大夫名。

右尹子革夕[1]，王见之。去冠、被，舍鞭，与之语曰："昔我先王熊绎与吕伋、王孙牟、燮父、禽父，并事康王[2]，四国皆有分[3]，我独无有。今吾使人于周，求鼎以为分，王其与我乎？"对曰："与君王哉！昔我先王熊绎，辟在荆山[4]，筚路蓝缕[5]，以处草莽，跋涉山林，以事天子，唯是桃弧、棘矢[6]，以共御王事。齐，王舅也[7]；晋及鲁、卫，王母弟也[8]。楚是以无分，而彼皆有。今周与四国服事君王，将唯命是从，岂其爱鼎？"王曰："昔我皇祖伯父昆吾，旧许是宅[9]。今郑人贪赖其田，而不我与。我若求之，其与我乎？"对曰："与君王哉！周不爱鼎，郑敢爱田？"王曰："昔诸侯远我而畏晋，今我

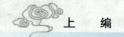

大城陈、蔡、不羹[10]，赋皆千乘[11]，子与有劳焉。诸侯其畏我乎？"对曰："畏君王哉！是四国者，专足畏也，又加之以楚，敢不畏君王哉！"

【注释】[1]右尹：官名。春秋时期楚国的长官多称尹。子革：即郑丹。夕：晚上谒见。[2]熊绎：楚国的始封君。吕伋(jí)：齐太公姜尚的儿子丁公。王孙牟：卫始封君康叔的儿子。燮(xiè)父：晋始封君唐叔的儿子。禽父：鲁始封君，周公的儿子伯禽。康王：即周康王，周成王的儿子。[3]四国：指齐、卫、晋、鲁。分：分器，古代天子分封诸侯时所赐的宝器叫分器。[4]辟：同"僻"。荆山：楚人的发祥地，在今湖北秭归东。[5]筚路：柴车。蓝缕：破烂的衣服。[6]桃弧：桃木做的弓。棘矢：棘木做的箭。[7]齐，王舅也：周成王的母亲邑姜，是姜太公的女儿，吕伋是周成王的舅舅。[8]晋及鲁、卫，王母弟也：鲁国的姬旦、卫国的康叔，都是武王的同胞兄弟；唐叔则是成王的同胞兄弟，故统称"王母弟也"。[9]昆吾：是楚国远祖的哥哥，所以称"皇祖伯父"。旧许：就是许国，许是周初分封的诸侯国之一，在今河南许昌，后迁于叶，后又迁于夷。故其地为郑所得，称为旧许。[10]城：在此为动词，修筑的意思。陈、蔡、不羹：皆为小国名，其中不羹分为东、西二邑，所以下文称"四国"。[11]赋：指兵车。

工尹路请曰[1]："君王命剥圭以为鏚柲[2]，敢请命。"王入视之。

析父谓子革："吾子，楚国之望也！今与王言如响[3]，国其若之何？"子革曰："摩厉以须[4]，王出，吾刃将斩矣。"

【注释】[1]工尹：楚国的工官之长。路：人名。[2]圭：一种玉制礼器。鏚(qī)：斧头。柲(bì)：柄。[3]响：回声。[4]摩厉：同"磨砺"。须：等待。

王出，复语。左史倚相趋过[1]。王曰："是良史也，子善视之！是能读《三坟》《五典》《八索》《九丘》[2]。"对曰："臣尝问焉，昔穆王欲肆其心[3]，周行天下，将皆必有车辙马迹焉。祭公谋父作《祈招》之诗以止王心[4]，王是以获没于祗宫[5]。臣问其诗而不知也；若问远焉，其焉能知之？"王曰："子能乎？"对曰："能。其诗曰：'祈招之愔愔[6]，式昭德音[7]。思我王度[8]，式如玉，式如金。形民之力[9]，而无醉饱之心。'"

王揖而入，馈不食，寝不寐，数日，不能自克，以及于难[10]。

【注释】[1]左史：官名。周代史官有左史、右史之分，春秋时晋楚两国都没有左史。倚相：左史名。[2]《三坟》《五典》《八索》《九丘》：上古书名，早已亡佚。[3]穆王：周穆王，名满，昭王的儿子。肆：放纵。[4]祭公谋父：周公之孙，谋父是他的名字。《祈招(sháo)》之诗：此诗已失传。祈招，人名，即司马祈招。[5]祗(zhī)宫：周穆王的别宫，在今陕西华县北。[6]愔愔(yīnyīn)：安静和悦的样子。[7]式：语气助词，无义。[8]度：仪表，行为。[9]形：同"型"，有衡量的意思。[10]馈：向尊长进食。以及于难：楚国内乱，拥立新王，楚灵王逃入深山，饿死。

仲尼曰："古也有志：'克己复礼，仁也[1]。'信善哉[2]！楚灵王若能如是，岂其辱于乾谿？"

【注释】　[1]志:记载。克己复礼:克制自己,使言行都合乎礼。　[2]信:的确,确实。

【简析】　《左传》善于写辞令。春秋时期,社会盛行重礼尚文的风气,大夫进谏,行人应答,都讲究辞令之美。这些辞令的特点是委婉巧妙,典雅从容,往往引经据典,依礼而论,在道义上使人折服。

在《子革对灵王》中,子革对楚灵王一番话先是毫不置辩,随声附和,后引诗点明:不顾民力,一意孤行是很危险的。这种进谏方式,欲擒故纵,外顺内戒,非常巧妙。楚灵王遂有所震动,但终因无法克制自己的野心,最终招来杀身之祸,自取灭亡。

 复习思考题

1.《左传》善于通过人物的语言和行动表现人物的性格。根据楚灵王的语言和行为,分析他的性格特征。

2. 语译第二自然段。

三、苏秦始将连横

《战国策》

【题解】　本文选自《战国策·秦策》,据士礼居覆宋本排印。《战国策》是一部战国时期的国别体史料汇编。原名《国策》《国事》《短长》《事语》《长书》《修书》等,后由西汉刘向编订,定名为《战国策》。全书共 33 篇,杂记了东西周及秦、齐、楚、赵、魏、韩、燕、宋、卫、中山诸国之事,其时代上接春秋,下至秦并六国,约 240 年(公元前 460—前 220 年)。《战国策》记录了战国时代谋臣策士纵横捭阖的斗争及其有关的谋略或辞说。其文气势纵横,论事详明周密,善于运用寓言譬喻,语言生动流畅,对后代历史散文的发展有积极影响。

本文以苏秦的“简练以为揣摩”为关键,夹叙夹议,深刻展示了苏秦的精神世界以及周围人对他成功前后的截然不同的态度。

苏秦始将连横[1],说秦惠王曰[2]:“大王之国,西有巴、蜀、汉中之利[3],北有胡貉、代马之用[4],南有巫山、黔中之限[5],东有肴、函之固[6]。田肥美,民殷富,战车万乘,奋击百万[7],沃野千里,蓄积饶多,地势形便[8],此所谓天府[9],天下之雄国也。以大王之贤,士民之众,车骑之用,兵法之教[10],可以并诸侯,吞天下,称帝而治。愿大王少留意,臣请奏其效[11]。”

【注释】　[1]苏秦:字季子,东周洛阳人,战国时期纵横家代表人物之一。少年时和张仪一同求学于齐,师从鬼谷子先生。连横:战国时期,秦与齐、楚等国个别联合以打击别国,称为连横;联合齐、楚、燕、赵、韩、魏六国以抗秦,称为约纵。苏秦以约纵得名,但他最初是主张连横的。　[2]说(shuì):劝说。秦惠王:秦国的国君嬴驷,秦孝公之子。　[3]巴:今四川东部。蜀:今四川西部。汉中:今陕西秦岭以南地区。当时三地都不属秦,但出入秦,交通频繁,所以说对秦有利。　[4]胡:指

匈奴族居住地区,这里出产貂,毛皮可做裘皮。代:在今河北、山西二省北部,此地出产马。　[5]巫山:山名,在今四川巫山东。黔中:地名,在今湖南沅陵西。限:界限,边塞。这里指屏障。　[6]肴:同"崤",山名,在今河南洛宁西北六十里。函:函谷关,在今河南灵宝西南。　[7]奋击:能奋勇作战的勇士。　[8]地势形便:地理形势便于作战。　[9]天府:指土地肥沃,形势险要,物产富饶之地。　[10]教:教育,学习。　[11]奏其效:(向秦惠王)陈述事情的效验。效,效验。

秦王曰:"寡人闻之:毛羽不丰满者不可以高飞,文章不成者不可以诛罚[1],道德不厚者不可以使民,政教不顺者不可以烦大臣[2]。今先生俨然不远千里而庭教之[3],愿以异日[4]。"

【注释】　[1]文章:指法令。　[2]政:政治。教:教化。烦:烦劳。　[3]俨然:形容庄严,郑重其事地。庭教:这里指在朝廷上指教。　[4]愿以异日:愿意改日再请教。

苏秦曰:"臣固疑大王之不能用也。昔者神农伐补遂[1],黄帝伐涿鹿而禽蚩尤[2],尧伐骦兜[3],舜伐三苗[4],禹伐共工[5],汤伐有夏[6],文王伐崇[7],武王伐纣[8],齐桓任战而伯天下[9]。由此观之,恶有不战者乎[10]?古者使车毂击驰[11],言语相结[12],天下为一,约从连横[13],兵革不藏[14]。文士并饬[15],诸侯乱惑,万端俱起,不可胜理。科条既备,民多伪态[16],书策稠浊,百姓不足[17]。上下相愁,民无所聊[18],明言章理[19],兵甲愈起。辩言伟服,战攻不息[20],繁称文辞,天下不治。舌弊耳聋[21],不见成功,行义约信,天下不亲。于是乃废文任武,厚养死士,缀甲厉兵[22],效胜于战场。夫徒处而致利,安坐而广地,虽古五帝三王五伯[23],明主贤君,常欲坐而致之,其势不能。故以战续之,宽则两军相攻,迫则杖戟相撞[24],然后可建大功。是故兵胜于外,义强于内,威立于上,民服于下。今欲并天下,凌万乘[25],诎敌国[26],制海内,子元元[27],臣诸侯[28],非兵不可。今之嗣主[29],忽于至道,皆惛于教[30],乱于治[31],迷于言,惑于语,沉于辩,溺于辞。以此论之,王固不能行也。"

【注释】　[1]神农:传说中的远古帝皇,农业和药业的发明者。补遂:部落名。　[2]涿鹿:山名,在今河北涿鹿南。蚩尤:传说中的九黎部落的首领,被黄帝所杀。禽:同"擒"。　[3]尧:传说中的远古帝皇。骦(huān)兜:尧臣,因作乱而被放逐。　[4]舜:传说中的远古帝皇,受尧禅让即位,国号虞。三苗:古族名,亦称苗、有苗,在今湖北武昌、湖南岳阳、江西九江一带。　[5]禹:因治水有功,受舜禅让即帝位,国号夏。共工:古水官名,极横暴,被禹放逐。　[6]汤:商朝开国国君。有夏:即夏朝,古时于朝代前加"有",这里指夏王桀。　[7]文王:周文王,姓姬,名昌,纣王时为西方诸侯之长。崇:殷时国名,在今陕西户县东。　[8]武王:文王之子,名发,灭纣,即天子位,国号周。纣:殷末暴君,世称殷纣王。　[9]齐桓:齐桓公,齐国国君,名小白。他联合诸侯,抵抗外族侵略,为诸侯盟主。任战:用兵。伯:通"霸"。霸天下即为诸侯盟主。　[10]恶(wū):岂,怎么。　[11]车毂(gǔ)击驰:车多并走得急。毂,车轮中心的圆木,周围同车辐的一端相接,中有圆孔,用以插车轴。　[12]言语相结:策士们用游说来互相缔结盟约。　[13]约从:南北为纵,太行山以东的六国,从南到北结成联盟,抗御秦国,为约纵。从,通"纵"。　[14]兵革不藏:战争不可避免。兵革,武器。不藏,不能收藏。　[15]文士:辩士。饬:指修饰文辞,进行游说工作。　[16]"科条"二句:法令条规都具备了,人民怕触犯它们,处处小心谨慎,反而形成一些虚伪的态度。科条,法令条规。伪,作伪。　[17]"书策"二句:国家法令多而且乱,使老百姓生活更加贫困。　[18]聊:依靠。　[19]明:明白,清楚。章,通"彰",明显,显著,在此引申为清楚。　[20]"辩言"二句:能言善辩的外交家,穿着奇伟的服装,进行外交,可是战争并没有停止。　[21]舌弊耳聋:自己的舌头说疲惫了,别人的耳朵也听聋了。形容讲累了,听厌了。　[22]缀甲:把皮或树叶缝缀起来成为军服。缀,连结。厉:磨砺。　[23]五帝:一般指太昊、神农、黄帝、少昊、颛顼。三王:三代之王,指夏禹、商汤、周文王和周武王。五伯:齐桓公、晋文公、宋襄公、秦穆公、楚庄王。　[24]杖戟相撞:指白刃战。撞,击刺。　[25]凌:超越。万乘(shèng):古代能出兵车万辆的国家。　[26]诎:同"屈",使动用法。　[27]子:用作动词,以为子。元元:人民。　[28]臣诸侯:使诸侯臣服。　[29]嗣主:继承王位的国君。指秦惠王。　[30]惽:同"昏",不明了,糊涂。　[31]乱:迷乱。

　　说秦王书十上而说不行,黑貂之裘弊,黄金百斤尽,资用乏绝,去秦而归,嬴滕履跷[1],负书担橐[2],形容枯槁,面目黧黑[3],状有归色。归至家,妻不下纴[4],嫂不为炊,父母不与言。苏秦喟叹曰:"妻不以我为夫,嫂不以我为叔,父母不以我为子,是皆秦之罪也。"乃夜发书,陈箧数十[5],得太公阴符之谋[6],伏而诵之,简练以为揣摩[7]。读书欲睡,引锥自刺其股,血流至足,曰:"安有说人主不能出其金玉锦绣,取卿相之尊者乎?"期年[8],揣摩成,曰:"此真可以说当世之君矣。"于是乃摩燕乌集阙[9],见说赵王于华屋之下[10],抵掌而谈[11],赵王大悦,封为武安君[12]。受相印,革车百乘、锦绣千纯、白璧百双,黄金万溢以随其后[13],约从散横以抑强秦[14],故苏秦相于赵而关不通[15]。当此之时,天下之大,万民之众,王侯之威,谋臣之权,皆欲决苏秦之策。不费斗粮,未烦一兵,未战一士,未绝一弦,未折一矢,诸侯相亲,贤于兄弟[16]。夫贤人在而天下服,一人用而天下从,故曰:式于政不式于勇[17];式于廊庙之内[18],不式于四境之外。当秦之隆,黄金万溢为用,转毂连骑,炫熿于道[19],山东之国从风而服,使赵大重[20]。且夫苏秦,特穷巷掘门桑户棬枢之士耳[21]。伏轼撙衔[22],横历天下[23],廷说诸侯之王,杜左右之口,天下莫之能伉[24]。

【注释】　[1]嬴:同"缧",缠绕。滕(téng):绑腿布。履跷(juē):穿草鞋。　[2]橐(tuó):两头通的袋子,在此指破袋子。一说作"囊"。　[3]黧(lí):黑黄色。　[4]纴(rèn):织布帛的丝缕。这里指织布机。　[5]箧(qiè):箱子,指书箱。　[6]太公:指姜太公,佐武王伐纣。阴符:传说是姜太公著的兵书。　[7]"简练"句:意思是说反复研究琢磨心理的方法。简,选择。练,熟习。揣摩,揣量估计。　[8]期(jī)年:满一年。　[9]摩:迫近,逼近。燕乌集:阙名。阙:君主居住的地方,有上下两层,上有门楼的叫阙。　[10]赵王:赵肃侯,名语。　[11]抵掌:击掌。抵,撞击。　[12]武安君:苏秦的封号。武安,赵地,今河南武安西南。　[13]革车:战车。纯:匹。溢:同"镒",重量单位,一镒二十四两。　[14]约从散横:六国约定结成联盟,拆散秦国的连横策略。　[15]关不通:指六国与秦国不通交往。关,指函谷关。　[16]贤于兄弟:胜过兄弟。　[17]式:用,运用。　[18]廊庙:指朝廷。　[19]炫熿(huáng):显耀,光耀。熿,同"煌"。　[20]使赵大重:使赵国在诸侯之中声望

大大提高。　[21]"穷巷"句:形容苏秦出身于贫寒人家。穷巷,穷困的街巷。掘门,掘墙为门。桑户,用桑木做门。棬枢,用枝条环成门枢。　[22]伏轼撙(zūn)衔:意思是说苏秦显耀后,出入都坐车乘马。撙,抑制。衔,马勒口。　[23]横历:横行,指苏秦出入不受任何阻拦。　[24]杜:堵塞。伉:同"抗",相匹敌。

将说楚王,路过洛阳,父母闻之,清宫除道[1],张乐设饮[2],郊迎三十里。妻侧目而视,倾耳而听。嫂蛇行匍伏[3],四拜自跪而谢。苏秦曰:"嫂何前倨而后卑也[4]?"嫂曰:"以季子之位尊而多金。"苏秦曰:"嗟乎! 贫穷则父母不子,富贵则亲戚畏惧。人生世上,势位富贵,盖可忽乎哉[5]!"

【注释】　[1]清宫除道:清洁房屋,打扫街道。　[2]张乐设饮:设置音乐,置办酒席。张,陈设。　[3]蛇:名词作状语,像蛇一样。　[4]倨(jù):傲慢。　[5]盖:通"盍",岂,怎么。

【简析】　苏秦是战国时期最著名的说客、谋士,是纵横家中约纵派的核心人物。他最擅长战略谋划和游说辩论。本文通过苏秦初说连横后说约纵的政治活动,描写了苏秦醉心追逐功名富贵的历程,也反映了当时炎凉的世态。

文章分两部分。第一部分:从开始到"王固不能行也",写苏秦游说秦王主张连横,煽动秦王用战争的手段征服六国,但秦王没有采纳他的意见。第二部分:从"说秦王书十上而说不行"到结束,写苏秦转向游说楚、赵等六国,主张约纵,终于形成了六国联合共同抗秦的局面,苏秦从而也身佩六国相印,衣锦还乡。

这篇散文在塑造苏秦这个人物形象时,善于把人物性格的发展同各国的复杂斗争以及苏秦从失败到成功的经历结合起来写,既写了苏秦勤奋攻读,洞悉天下形势的政治天才的一面,也写了他不惜一切手段获取功名富贵的一面,人物形象栩栩如生。文章突出表现了苏秦的辩才,游说时辞藻华丽,字字珠玑,文采飞扬,气势磅礴,善于抓住要害和本质问题单刀直入,说理清晰,富有逻辑性。此外,行文简洁,重点突出,具有较强的概括力。语言上,运用了排比、对偶、对比、比喻等修辞手法,富有韵律美。

　复习思考题

1. 分析苏秦这个人物的性格特征。
2. 如何看待苏秦获取功名富贵的手段?
3. 分析苏秦游说的语言艺术。

四、秋水

《庄子》

【题解】　本文节选自《庄子·外篇·秋水第十七》,据世界书局《诸子集成》本排印。作者庄子(约公元前369—前286年),名周,宋国蒙(今河南商丘东北)人,战国时伟大的思想家、文学家。曾任蒙漆园吏,不久辞而为民。终生贫困,以至借粟为生,但却拒绝楚王的厚聘,甘于闲居独处。他继承并发扬了老子的思想,认为"道"是无限的,一切事物都是相对的,所以更加彻底地主张并奉行自然无为之道,安时处顺,逍遥自得,以企达到"天地与我并生,万物与我为一"的境界。著有《庄子》,又称《南华经》,以其深刻的思想内涵和恣肆汪洋的文笔被称为"哲学的文学,文学的哲学"。庄子与老子被后人合称为"老庄",同为道家学派的创始人。

本文是《秋水》开头的一小部分。它以寓言的形式,通过河伯见到海神及与海神对话的故事,论述了一切事物都是无穷相对的这一哲学思想和人不能自以为是的道理。同时,也说明每个人都因有所局限而见识有限,只有不断扩大视野,突破局限,才会在比较中发现自己的不足而得以提高甚至升华。

秋水时至,百川灌河[1]。泾流之大[2],两涘渚崖之间[3],不辩牛马[4]。于是焉河伯欣然自喜,以天下之美为尽在己。顺流而东行,至于北海,东面而视,不见水端。于是焉河伯始旋其面目[5],望洋向若而叹曰[6]:"野语有之曰[7]:'闻道百以为莫己若者',我之谓也。且夫我尝闻少仲尼之闻而轻伯夷之义者[8],始吾弗信;今我睹子之难穷也,吾非至于子之门则殆矣[9],吾长见笑于大方之家[10]。"北海若曰:"井蛙不可以语于海者[11],拘于虚也[12];夏虫不可以语于冰者,笃于时也[13];曲士不可以语于道者[14],束于教也。今尔出于崖涘,观于大海,乃知尔丑[15],尔将可与语大理矣。天下之水,莫大于海;万川归之,不知何时止而不盈;尾闾泄之[16],不知何时已而不虚;春秋不变,水旱不知;此其过江河之流,不可为量数。而吾未尝以此自多者[17],自以比形于天地而受气于阴阳[18],吾在天地之间,犹小石小木之在大山也,方存乎见少,又奚以自多[19]?计四海之在天地之间也,不似礨空之在大泽乎[20]?计中国之在海内,不似稊米之在大仓乎[21]?号物之数谓之万,人处一焉;人卒九州[22],谷食之所生,舟车之所通,人处一焉。此其比万物也,不似豪末之在于马体乎[23]?五帝之所连[24],三王之所争[25],仁人之所忧,任士之所劳[26],尽此矣!伯夷辞之以为名[27],仲尼语之以为博;此其自多也,不似尔向之自多于水乎?"

【注释】 [1]河:指黄河。 [2]泾:通"径",径流,直流的水波。 [3]涘(sì):水边,指河岸。渚(zhǔ):水中的小洲。 [4]辩:通"辨"。 [5]旋:转。 [6]望洋:仰视的样子。若:海神名,此指北海海神,或称为海若。 [7]野语:俗语。 [8]少:轻视。仲尼:即孔子,字仲尼。伯夷:商末孤竹国国君的长子,与弟叔齐争相让位而一起弃位入周。后因反对武王伐商,不食周粟而死,世以为贤。事见《史记·伯夷列传》。 [9]殆:危险。 [10]大方之家:见识极高的人。 [11]蛙:同"蛙"。 [12]虚:通"墟",指所处的狭小天地。 [13]笃(dǔ):固,文中是局限的意思。 [14]曲士:孤陋寡闻之人。 [15]丑:浅陋,鄙陋。 [16]尾闾:相传是海底泄去海水之处。 [17]自多:自负,自以为是。 [18]比:通"庇",寄托。 [19]奚:岂,哪里。 [20]礨(lěi)空:小的孔穴。一说蚁穴。 [21]稊(tí)米:细小的米粒。 [22]卒:尽。 [23]豪:通"毫"。 [24]之所连:指统治的地方。 [25]之所争:指争得的天下。 [26]任士:贤能之士。 [27]辞:辞让,谦让。

【简析】 庄子作为一个哲学家,论述哲理时常常并不采用论家的语言,而是大量

运用文学的笔法,善于把抽象的哲理化为具体的形象而令人自悟。这篇文章也充分体现了这一特点。

本文虚构了一个河神与海神对话的寓言故事来展开说理。全文共分三层:从开始到"以天下之美为尽在己"为第一层。写黄河的壮美与河伯的自得,意在说明人在拘于所处的狭小天地时就会自满。从"顺流而东行"到"吾长见笑于大方之家"为第二层。写河伯见到海神,才知道自己的渺小鄙陋,意在说明人只有突破局限,才有可能去认识"大道"。从"北海若曰"到全文结束为第三层。写海神以大量事例教诲河伯不要自以为是,大小、多少、高低等都是相对的,意在说明只有增广见闻,深究其理,才能透彻地明白"大道"。

为论证上述道理,除了寓言的形式,庄子于文中更不断地运用设喻、对比的方法,回环往复,层层推进,从人到事,从事到人,又由近及远,由远及近,从而生动形象、深入浅出地论述了深刻的哲理,充分体现出"哲学的文学、文学的哲学"的特点。

　复习思考题

1. 本文揭示了什么道理,这在客观上对今人有何启迪?
2. 试举例分析本文的论证方法。
3. 背诵课文。

五、管晏列传

司马迁

【题解】　本文选自《史记》,山西古籍出版社 2006 年 1 月第 2 版。作者司马迁(约公元前 145—前 90 年),字子长,夏阳(今陕西韩城西南)人,西汉史学家、文学家。元封三年(前 108),司马迁继承其父司马谈之职,任太史令,掌管天文历法及皇家图籍,得以博览史官所藏图书,并动手整理史料。42 岁时开始撰写《史记》。天汉二年(前99),因为李陵兵败投降开脱而获罪下狱,受腐刑。3 年后出狱,任中书令,更加发愤于《史记》的写作。《史记》成书历时约 16 年。《史记》是中国第一部纪传体通史,包括"本纪""表""书""世家""列传"共五部分 130 篇,记述了从传说中的黄帝至汉武帝太初年间上下三千年的历史。《史记》语言简洁生动,人物形象栩栩如生,故事情节跌宕起伏,对后世史学和传记文学影响深远。汉代历史学家班固说司马迁"其文直,其事核,不虚美,不隐恶,故谓之实录"。鲁迅先生赞誉《史记》是"史家之绝唱,无韵之《离骚》"。

管仲是春秋初 期杰出的政治家,在经济、政治、军事等方面进行过一系列改革,使齐国数年之内,国富兵强,获得"九合诸侯,一匡天下"的春秋首霸地位。孔子称之以"仁",梁启超誉之为"中国之最大的政治家""学术思想界一巨子"。晏婴,又称晏子,字仲,谥平,春秋时齐国夷维(山东高密)人,生年不详,卒于公元前 500 年。历仕灵公、庄公、景公三世,是继管仲之后齐国的名相,杰出的政治家和外交家。晏婴头脑机敏,能言善辩,勇义笃礼,作风朴素。管、晏虽然生存年代相差百年,且一奢一俭,但是同为春秋时代齐国重要政治人物,管仲佐助桓公建立霸业,晏婴辅弼景公臻致治世,一霸一治,先后辉映,故将二人合传。

管仲夷吾者,颍上人也[1]。少时常与鲍叔牙游[2],鲍叔知其贤[3]。管仲贫困,常欺鲍叔,鲍叔终善遇之,不以为言[4]。已而鲍叔事齐公子小白[5],管仲事公子纠[6]。及小白立为桓公,公子纠死,管仲囚焉。鲍叔遂进管仲[7]。

管仲既用,任政于齐,齐桓公以霸,九合诸侯[8],一匡天下[9],管仲之谋也。

管仲曰:"吾始困时,尝与鲍叔贾[10],分财利多自与,鲍叔不以我为贪,知我贫也。吾尝为鲍叔谋事而更穷困[11],鲍叔不以我为愚,知时有利不利也。吾尝三仕三见逐于君[12],鲍叔不以我为不肖[13],知我不遭时也[14]。吾尝三战三走,鲍叔不以我为怯[15],知我有老母也。公子纠败,召忽死之[16],吾幽囚受辱,鲍叔不以我为无耻[17],知我不羞小节而耻功名不显于天下也[18]。生我者父母,知我者鲍子也。"

【注释】[1]颍(yǐng)上:今安徽颍上县南。颍是水名,颍上是地名。 [2]鲍叔牙:也叫鲍叔,齐国大夫。游:交游,来往。 [3]贤:有杰出才能。 [4]欺:此意为占便宜,指下文的"分财利多自与"。遇:对待。不以为言:不以此为话柄,不因为这个而说坏话。 [5]公子小白:即后来的齐桓公,姓姜,名小白,襄公之弟。 [6]公子纠:齐襄公之弟。 [7]进:推荐,保举。 [8]九:代指多次。合:会合约定。 [9]匡:正。意为一度整顿了天下秩序。指率领诸侯共尊周天子。 [10]贾(gǔ):坐地经商。"行曰商,处曰贾。" [11]谋事:谋划事情。穷困:窘迫,困窘。 [12]见逐于君:被国君免职逐退。 [13]不肖:没有才干。 [14]遭时:遇到好时机。 [15]走:逃跑。怯:胆小。 [16]死之:为之死。之,代公子纠。 [17]无耻:没有羞耻之心。 [18]羞小节:以小节为羞。小节,小的操守。耻:意动用法,认为……可耻。

鲍叔既进管仲,以身下之[1]。子孙世禄于齐,有封邑者十余世,常为名大夫。天下不多管仲之贤而多鲍叔能知人也[2]。

管仲既任政相齐[3],以区区之齐在海滨[4],通货积财,富国强兵,与俗同好恶[5]。故其称曰[6]:"仓廪实而知礼节[7],衣食足而知荣辱,上服度则六亲固[8]。四维不张[9],国乃灭亡。下令如流水之原[10],令顺民心。"故论卑而易行[11]。俗之所欲,因而予之[12];俗之所否[13],因而去之[14]。

【注释】[1]以身下之:把自己的职位放在他的下面。 [2]多:称赞,颂扬。 [3]任政:执掌国政。相齐:当齐国宰相。 [4]以:凭借。区区:小小的。 [5]俗:指一般人。百姓,民众。 [6]称:说。 [7]仓廪(lǐn):谷仓叫仓,米仓叫廪,泛指粮食仓库。 [8]上:君主。服度:遵守法度。六亲:父、母、兄、弟、妻、子。固:这里指和睦安定,互相团结。 [9]四维:礼、义、廉、耻。维,本是大绳,这儿引申指国家的纲纪。张:伸张,发扬。 [10]下:颁布。原:通"源",水的源头。 [11]论:政令论述的道理。卑:浅显。 [12]因:顺着。 [13]否(pǐ):非,不赞成。 [14]去:废除。

其为政也,善因祸而为福[1],转败而为功。贵轻重[2],慎权衡[3]。桓公实怒少姬[4],南袭蔡,管仲因而伐楚[5],责包茅不入贡于周室[6]。桓公实北征山戎[7],而管仲因而令燕修召公之政[8]。于柯之会[9],桓公欲背曹沫之约[10],管仲因而信之,诸侯由是归齐。故曰:"知与之为取,政之宝也[11]。"

管仲富拟于公室,有三归、反坫,齐人不以为侈[12]。管仲卒,齐国遵其政,常强于诸侯。后百余年而有晏子焉。

【注释】[1]其为政也:管仲处理国家的政事。因祸而为福:利用祸事而转变为好事。[2]轻重:指事情的轻重缓急。[3]权衡:斟酌比较。[4]少姬:齐桓公的夫人,蔡国人。齐桓公曾与少姬在苑囿的鱼池中乘舟,少姬故意摇晃小舟,齐桓公很害怕,叫她不要摇,少姬不听。桓公大怒,就把她遣送回蔡国,但没有断绝关系。蔡君却令其改嫁。齐桓公怒而攻蔡。此事《左传·僖公三年、四年》有记载。[5]因:乘机。[6]包茅:成束的菁茅,楚地特产,古代祭祀时用以滤酒,因裹束菁茅置匣中,故称包茅,是周王室祭祀时的必需之物,一向是楚国所贡。管仲利用攻蔡的机会去攻打楚国,而以"包茅不入贡于周室"为理由,是为了表示齐国不是为了少姬之事、而是为了周王室的利益才用兵的(蔡国是楚国的盟国),表现了管仲的智慧。[7]山戎:又称北戎,在今河北北部。公元前663年,山戎伐燕,齐桓公救燕,北伐山戎。[8]修:整治实施。召(shào)公:又称召康公,周文王的儿子,周武王的弟弟,周成王时任太保,封于召,是燕的始祖。政:政令。[9]柯之会:公元前681年,齐桓公与鲁庄公在柯(今山东阳谷县东)会盟。[10]曹沫之约:曹沫(又作曹刿)是鲁将,在柯之会上,他以剑劫持齐桓公,迫使桓公允诺归还被齐侵占的汶阳之田。后来,桓公想背约,管仲劝他实践诺言以取信于世人,终于使"桓公之信,著于天下"。[11]知与之为取:懂得给予是为了取得。之,结构助词,用于主谓之间,起"取消独立性"的作用。这两句语出《管子·牧民》。[12]拟:比,类似。三归:即管仲所筑的三归台,是供游览的台观。反坫(diàn):反爵之坫。坫是放置酒杯的土台,在堂中两个柱子之间。互相敬酒后,把空爵反置在坫上,按"礼"只有诸侯宴才能设有三归、反坫。《论语·八佾》:"邦君为两君之好,有反坫;管氏(管仲)亦有反坫。"

晏平仲婴者,莱之夷维人也[1]。事齐灵公、庄公、景公,以节俭力行重于齐[2]。既相齐,食不重肉[3],妾不衣帛。其在朝,君语及之,即危言[4];语不及之,即危行[5]。国有道,即顺命[6];无道,即衡命[7]。以此三世显名于诸侯。

【注释】[1]莱:古国名,今山东黄县东南,公元前567年被齐所灭。夷维:今山东高密。[2]力行:努力做事。重于齐:为齐所重,受齐国人敬重。[3]重(chóng)肉:有重复的肉食,即有两种以上肉菜。[4]语及之:问到他。危言:直言也。言出而身危,故曰危言。[5]危行:正直行事。正直的行为。[6]顺命:遵命行事。[7]衡命:权衡利弊斟酌办事。

越石父贤[1],在缧绁中[2]。晏子出,遭之涂[3],解左骖赎之[4],载归。弗谢[5],入闺[6]。久之,越石父请绝[7]。晏子惧然[8],摄衣冠谢曰[9]:"婴虽不仁,免子于厄[10],何子求绝之速也?"石父曰:"不然。吾闻君子诎于不知己而信于知己者[11]。方吾在缧绁中,彼不知我也。夫子既已感寤而赎我[12],是知己;知己而无礼,固不如在缧绁之中。"晏子于是延入为上客[13]。

【注释】 [1]越石父:齐国的贤士。 [2]缧绁(léixiè):捆绑犯人的绳子,引申为牢狱。[3]涂:通"途"。 [4]左骖(cān):马车左边的马。骖,同驾一车的三匹马。 [5]弗谢:没有告辞,主语"晏婴"省略。 [6]闺:内室。 [7]绝:断绝交往。 [8]戄(jué)然:惊惧貌。 [9]摄:提起;牵引。引申为整理。谢:道歉,认错。 [10]厄:危难。 [11]信:通"伸"。 [12]感寤:有所感而觉悟。 [13]延:邀请;聘请。上客:尊客,贵宾。《礼记·曲礼上》:"食至起,上客起。"

　　晏子为齐相,出,其御之妻从门间而窥其夫[1]。其夫为相御,拥大盖[2],策驷马[3],意气扬扬,甚自得也。既而归,其妻请去。夫问其故。妻曰:"晏子长不满六尺,身相齐国,名显诸侯。今者妾观其出,志念深矣[4],常有以自下者[5]。今子长八尺,乃为人仆御[6],然子之意自以为足,妾是以求去也。"其后夫自抑损[7]。晏子怪而问之[8],御以实对。晏子荐以为大夫。

【注释】 [1]御:车夫。下句"为相御"中"御"意为驾车。门间:门缝。窥:从小孔或缝隙里偷看。 [2]拥:持。大盖:大的车盖。 [3]策:马鞭,作动词,挥鞭赶车。 [4]志念:志向,抱负。 [5]自下:使自己处于别人之下。 [6]乃:却。 [7]抑损:谦恭。 [8]怪:感到奇怪。

　　太史公曰:吾读管氏《牧民》《山高》《乘马》《轻重》《九府》[1],及《晏子春秋》[2],详哉其言之也。既见其著书,欲观其行事,故次其传[3]。至其书,世多有之,是以不论,论其轶事[4]。
　　管仲世所谓贤臣,然孔子小之[5]。岂以为周道衰微,桓公既贤,而不勉之至王[6],乃称霸哉?语曰"将顺其美,匡救其恶,故上下能相亲也[7]。"岂管仲之谓乎?
　　方晏子伏庄公尸哭之,成礼然后去[8],岂所谓"见义不为无勇"者邪[9]?至其谏说,犯君之颜[10],此所谓"进思尽忠,退思补过"者哉[11]?假令晏子而在,余虽为之执鞭,所忻慕焉[12]。

【注释】 [1]《牧民》《山高》《乘马》《轻重》《九府》:都是《管子》中的篇名。 [2]《晏子春秋》:后人托名晏子作,内容是记载晏子的言行、事迹。 [3]其著书:即"其所著书"。行事:所做的事情,事迹。次:编次,编写。 [4]轶事:不见于记载的事情。 [5]小之:"小"用作意动,认为他气量狭小。《论语·八佾》:"子曰:'管仲之器小哉!'" [6]王:指王道,即以仁义治天下,与以武力征服天下的"霸道"相对。 [7]"将顺其美"句:语出《孝经·事君》。意为:顺从君王的美善之举,匡正君王的过失错误,就能使君臣百姓相亲。 [8]"方晏子"句:见《左传·襄公二十五年》,齐庄公与齐大夫崔杼新娶的妻子棠姜私通,崔杼设谋杀了庄公。晏婴到了崔家,把庄公的尸体枕在自己的大腿上痛哭,然后尽了君臣之礼才离开。 [9]见义不为无勇:出自《论语·为政》"见义不为,无勇也。"意为:遇见坚持正义的机会,却不去做,就是没有勇气。 [10]犯君之颜:冒犯君主的威严。 [11]进思尽忠,退思补过:语出《孝经·事君》。意为:上了朝就想竭尽忠心,退了朝就想弥补过失。 [12]虽:即使。执鞭:拿着马鞭子赶车,也就是做驾马车的车夫。忻慕:高兴钦慕。

【简析】 本篇是管仲、晏婴的合传,因为写他们的书"世多有之",司马迁只是"论其轶事"。本文前半部分叙写鲍叔牙举荐管仲,管仲任政相齐,辅佐桓公称霸的故事,既表现了管仲的治国之才,也表现了鲍叔牙的知贤、荐贤和让贤的美德。可以说没有鲍叔牙就没有管仲的成功,说明了推荐贤人的重要性。管仲其人,经商多分财利,谋事反而更糟,做官被逐,打仗逃跑。鲍叔却不认为他贪、愚、不肖、怯和无耻,反而从囚禁中把他解放出来,并推荐给桓公,使之有机会一展才能。一句"生我者父母,知我者鲍子也",出语真诚,丝毫没有过分夸饰,令人产生共鸣。后半部分写晏子贵为国相,却以囚犯石父为知己,即使他在囚禁中,也要迫不及待地解放他,尊重他。对一个地位卑贱的车夫,只要知过自改,便予以提拔,荐为大夫,这和鲍叔牙具有同样的品格。

司马迁极力赞美鲍叔牙和晏子,正是慨叹自己未遇解骖赎罪的知己。清代的李晚芳在其《读史管见》中云:"太史遭刑,不能自赎,交游莫救,故作此传,寄意独深,使当时有知管仲之鲍子知之,或可劝君解免。多鲍叔之知人,情见乎辞矣。故落笔时,有不胜望古遥集之悲,反复抑扬,又有笔欲住而意不住之妙。"司马迁在一个没有知己、无人救援的冷酷世界里,多么希望身边有鲍叔、晏子那样的知音! 所以,他在赞语中说:"假令晏子而在,余虽为之执鞭,所忻慕焉。"此实乃本传之真意。友朋相知、君臣遇合的知己之情,也是管、晏二人合传的原因之一。

艺术成就方面,司马迁善于用特定人物的动作、个性化的语言刻画人物的内心世界。晏子遇到石父,解左骖把他赎出,载回家去,因"弗谢,入闺,久之"被石父深责并要求绝交。"晏子懼然,摄衣冠谢曰:'婴虽不仁,免子于厄,何子求绝之速也?'……"形象地写出晏子由震撼而形于外的严肃、敬畏、谦虚、惶惑的表情;晏子的问话又以谦虚的口吻写出他的自矜心理。廖廖三十余字,把晏子由求贤到礼贤的整个过程和心灵深处的变化层次形神毕肖地表现出来。另外,本文善于通过典型细节,以借宾托主的手法刻画人物。作者抓住车夫妻子从门间窥视的细节,来揭示一个女子的内心隐秘。从瞬间的窥视到提出离去,御妻的神色、姿态、心理已然活现,不仅闪耀着个性的光芒,也表现了她的心计、意念和独特的看人标准。然而,写石父、写御妻、写御者,又是为了烘托晏子。这种借宾托主的手法,使晏子的形象更加丰满。

 复习思考题

　　1. 管仲、晏子在时间上相去百年,而且管仲生活豪奢,晏婴则十分简朴。为什么司马迁却把两人用合传的形式来写,司马迁有何用意,从中能看出司马迁怎样的情感流露?

　　2. 这篇传记篇幅不长,但既勾勒出了管仲、晏婴的生平,也使他们的为人从政给读者留下了深刻的印象,为什么?

六、自祭文

陶渊明

 【题解】 本文选自《陶渊明集》,人民文学出版社 1957 年版。陶渊明(365—427),

一名潜,字元亮,世号靖节先生,浔阳柴桑(今江西九江)人,我国晋宋时期文学家。出身于没落的仕宦家庭。少年时期,受到儒家思想的教育和熏陶,立下济世的壮志。曾几次出仕,先后做过江州祭酒、镇军参军、建威参军、彭泽令,但每次做官的时间都不长。在几次出仕和归隐的反复过程中,认识到当时政治的黑暗腐败,最后因为实在看不惯当时政治的黑暗和官场的丑恶,决心不为"五斗米折腰",于是辞官回家,亲自从事耕作,在农村隐居23年,直到63岁去世。

陶渊明是汉魏南北朝800年间最杰出的诗人,其田园诗是他文学创作的主要成就,也是我国诗歌史上的创举。如《归园田居》《和郭主簿》《庚戌岁九月中于西田获早稻》《癸卯岁始春怀古田舍》等。其风格清新自然,别开生面,后代评论家均给予很高赞誉。今存陶诗125首,辞赋3篇,韵文5篇,散文4篇。清人陶澍注的《靖节先生集》和逯钦立注的《陶渊明集》是现有较好的注本。

《自祭文》是5篇韵文中的一篇,文中表现了作者对当时社会的不满和对理想社会的追求,表达了不肯与统治者同流合污的志向和对劳动生活的赞美,同时也流露出随顺自然的消极思想。

岁惟丁卯[1],律中无射[2]。天寒夜长,风气萧索[3]。鸿雁于征[4],草木黄落。陶子将辞逆旅之馆[5],永归于本宅[6]。故人悽其相悲[7],同祖行于今夕[8]。羞以嘉蔬[9],荐以清酌[10]。候颜已冥,聆音愈漠[11]。呜呼哀哉!

茫茫大块[12],悠悠高旻[13],是生万物,余得为人[14]。自余为人,逢运之贫[15]。箪瓢屡罄[16],绤绤冬陈[17]。含欢谷汲,行歌负薪[18]。翳翳柴门,事我宵晨[19]。春秋代谢,有务中园[20],载耘载耔[21],迺育迺繁[22]。欣以素牍[23],和以七弦[24]。冬曝其日,夏濯其泉[25]。勤靡余劳,心有常闲[26]。乐天委分,以至百年[27]。唯此百年,夫人爱之[28]。惧彼无成,愒日惜时[29]。存为世珍,殁亦见思[30]。嗟我独迈,曾是异兹[31]。宠非己荣,涅岂吾缁[32]?捽兀穷庐[33],酣饮赋诗。识运知命,畴能罔眷[34]?余今斯化,可以无恨[35]。寿涉百龄[36],身慕肥遁[37]。从老得终,悉所复恋!寒暑逾迈,亡既异存[38]。外姻晨来[39],良友宵奔[40]。葬之中野[41],以安其魂。宵宵我行[42],萧萧墓门[43]。奢耻宋臣[44],俭笑王孙[45]。廓兮已灭,慨焉已遐[46]。不封不树[47],日月遂过。匪贵前誉[48],孰重后歌[49]。人生实难,死如之何[50]?呜呼哀哉!

【注释】 [1]惟:句中语气词。丁卯:宋文帝元嘉四年(427)。 [2]律中(zhòng)无射(yì):指九月。古人将乐律分为十二,阴阳各六,并以十二律配一年的十二月。无射与九月相当。 [3]萧索:凄凉的样子。 [4]鸿雁于征:指大雁南飞。征,行。 [5]陶子:作者自称。逆旅之馆:即旅馆。以旅店比喻世间,人生如过客也。 [6]本宅:指葬身的土地。人乃由大地而生,死后自当归于大地。 [7]悽:悲痛。 [8]祖行:指出殡前一夕的祭奠,即给死者饯行。祖,出行时祭路神。 [9]羞:进献。 [10]荐:进献。清酌:清酒。 [11]候颜已冥,聆音愈漠:此句是想象自己临终时的所见所闻。意谓察望周围人的面孔已经模糊,聆听周围的声音愈益稀微。候,察望。 [12]茫茫:广大的样子。

大块:指大地。　[13]悠悠:渺远的样子。高旻(mín):指上天。旻,天。　[14]是生万物,余得为人:意谓天地化生万物,惟人为贵,而我幸而成为人。是,此,指天地。　[15]逢运之贫:遭遇贫寒之命运。　[16]罄:空,尽。　[17]絺绤(chīxì)冬陈:冬天把麻布陈列出来。意谓冬天没有皮裘御寒,只能穿絺绤之衣。絺,细麻布。绤,粗麻布。　[18]含欢谷汲,行歌负薪:意谓甘于贫困勤劳的生活。谷汲,在山谷里打水。行歌,一面走,一面唱歌。　[19]翳翳(yìyì)柴门,事我宵晨:意谓甘于隐居柴门之下,日复一日。翳翳,昏暗不明的样子。　[20]有务:即有事,指下面所说的耘籽。中园:园中。　[21]载:词头。耘:锄草。籽(zǐ):为苗根培土。　[22]迺育迺繁:意谓作物得以生长繁育。迺,同“乃”。　[23]素牍:指书籍。　[24]七弦:指琴。　[25]濯:洗。　[26]勤靡余劳,心有常闲:意谓虽然身体勤苦但不必为俗事操劳,常可保持心情闲静。余,其他。　[27]乐天委分,以至百年:意谓乐天知命,终此一生。委分,听任天命的安排。百年,一生。　[28]夫(fú)人:泛指众人。　[29]愒(kài):贪。　[30]存为世珍,殁亦见思:意谓世俗之人都希望生前死后为世人所珍重怀念。存,活着。殁,死亡。　[31]嗟我独迈,曾(zēng)是异兹:意谓我独不同于世俗之想。独迈,独行,自行其事。曾,乃,竟的意思。兹,指世人所抱的那种态度。　[32]宠非己荣,涅岂吾缁(zī):意谓不因受宠而当作自己的荣耀,也不因世俗的污辱而变黑。涅,染。缁,黑。　[33]捽(zuó)兀穷庐:自己傲然地住在狭陋的居室里。捽兀,意气高傲的样子。穷庐,即穹庐,北方游牧民族所住的毡帐,这里指狭陋的居室。　[34]识运知命,畴能罔眷:意谓识运知命之人,谁能不眷恋人世?畴,谁。眷,留恋。　[35]余今斯化,可以无恨:我如今去世,可以无憾了。化,死。　[36]寿涉百龄:泛指人的一生。　[37]身:自身,自己。肥遁:隐遁。肥,通“飞”。　[38]寒暑逾迈,亡既异存:寒暑消逝,不复再来,死生既异,死后也不能复生。　[39]外姻:外亲。　[40]奔:奔丧。　[41]葬之中野:将自己安葬于荒野之中。　[42]窅窅(yǎoyǎo)我行:我行走在隐晦之中。　[43]萧萧:萧条寂静。　[44]奢耻宋臣:以宋臣之奢侈为耻。宋臣,指春秋时期宋国的桓魋。　[45]俭笑王孙:以王孙之过于节俭为可笑。王孙,指西汉的杨王孙。　[46]廓兮已灭,慨焉已遐:意谓死后一切变为空虚遐远。廓,空寂。　[47]不封不树:不堆土做坟,不在墓旁种树。　[48]匪:通“非”,不。前誉:指生前的荣誉。　[49]后歌:指死后的歌颂。　[50]人生实难,死如之何:人活着实在很难,和死比怎么样呢?

【简析】 祭文是文体的一种,一般是韵文。本来是生者为死者而作,表示哀悼之意,而本文则是陶渊明生前为自己而作的,也是他的最后一篇作品。在这篇祭文中,作者对自己的生活情状、性格志趣和人生理想作了总结性的抒写。在作者看来,人要欢乐常在,必须“乐天委分”,即顺应自然。只有这样,才能做到赏不为喜,罚不为忧,享清明之心境而无物欲之牵累。表现了作者生无所恋、死无所恨的达观思想,也曲折地反映了对当时社会的不满。

　　本文采用了四言骈对的形式,杂以五言、六言、八言句式,虽置词简赅,但意象生动,含蕴丰富。文章内容的层次通过换韵来体现,整齐中见变动,使文章显得潇洒飞扬,这对传达作者淡泊的性情、高洁的人格是很熨帖的。在语言上,一反六朝华而不实的文风,通过朴素自然的语言传达出真挚的情感。

 复习思考题

　　1. 分析文章的层次结构,体会本文用换韵的形式来表示文章内容转换的写作方法。

　　2. 文章既表现了陶渊明的达观思想,也表现了他的消极思想,试结合课文内容加以分析。

七、文心雕龙·情采

刘 勰

【题解】 本文选自周振甫《文心雕龙注释》,人民文学出版社 1981 年版。作者刘勰(生卒年不可详考,约 465—521),字彦和,祖籍东莞莒(今山东莒县),世居京口(今江苏镇江)。南朝时齐、梁时期文学理论批评家。早年丧父,笃志好学,因家境贫寒,一生没有婚娶。青年时代依靠沙门僧佑生活 10 余年,博通佛教经论,曾参加整理佛经工作。南朝梁时,做过东宫通事舍人等几任小官,深得太子萧统的器重。晚年出家,改名慧地。他的思想受儒家和佛家的影响很深。

刘勰最著名的著作是《文心雕龙》。这部书完成于齐代,是我国古代文学理论和文学批评方面最重要、最系统的一部著作。全书共 50 篇,分上下两部。上部前 4 篇是论文学的性质,其余是对各种文体的分别论述;下部相当全面地探讨了有关文学创作和文学批评的一些重要理论问题。现在通行的《文心雕龙》,有清人黄叔琳和今人范文澜的两种注本。

《情采》主要是论述文学作品中"情"与"采"、"质"与"文"的关系。"情"和"质"相当于我们今天说的作品的内容;"采"和"文"相当于我们今天说的作品的形式。该篇强调了文学作品的内容和形式并重,这在形式主义文风盛行的齐梁时期是难能可贵的,对后世文学的发展也产生了很大的影响。

圣贤书辞,总称文章,非采而何[1]!夫水性虚而沦漪结,木体实而花萼振:文附质也[2]。虎豹无文,则鞟同犬羊[3];犀兕有皮,而色资丹漆:质待文也[4]。若乃综述性灵,敷写器象[5],镂心鸟迹之中,织辞鱼网之上,其为彪炳,缛采名矣[6]。故立文之道,其理有三:一曰形文,五色是也[7];二曰声文,五音是也[8];三曰情文,五性是也[9]。五色杂而成黼黻[10],五音比而成韶夏[11],五情发而为辞章,神理之数也[12]。《孝经》垂典,丧言不文;故知君子常言,未尝质也[13]。老子疾伪,故称"美言不信";而五千精妙,则非弃美矣[14]。庄周云"辩雕万物",谓藻饰也[15]。韩非云"艳采辩说",谓绮丽也[16]。绮丽以艳说,藻饰以辩雕[17],文辞之变,于斯极矣。研味孝老[18],则知文质附乎情性[19];详览庄韩,则见华实过乎淫侈[20]。若择源于泾渭之流,按辔于邪正之路,亦可以驭文采矣[21]。夫铅黛所以饰容,而盼倩生于淑姿[22];文采所以饰言,而辩丽本于情性。故情者,文之经,辞者,理之纬[23];经正而后纬成,理定而后辞畅,此立文之本源也。

【注释】 [1]书辞:指著作。文章:原指绘画和刺绣上的彩色的相配。在此作者根据"文章"的字义来论证文学作品必须有文采。采:文采。 [2]"夫水性虚"句:水和木的性质不同,因而它们的文采也就不同。说明形式是依附内容的。沦漪:《诗·魏风·伐檀》:"河水清且沦猗。"猗,兮,本是语气词。沦猗转为沦漪,作波纹解。花萼振:指花开。水和木是质,波和花是文。 [3]"虎豹无文"

句:虎豹的皮要是没有斑斓的毛,就和羊犬的皮一样了。语出《论语·颜渊》:"子贡曰:'文犹质也,质犹文也;虎豹之鞟,犹羊犬之鞟。'"鞟(kuò),去毛的兽皮。　[4]"犀兕有皮"句:犀牛虽然有皮,但还要涂上丹漆才能成为铠甲。皮是质,丹漆是文,指质需要文。《左传》宣公二年:"牛则有皮,犀兕尚多……从(纵)其有皮,丹漆若何?"资:凭借。　[5]若乃:至于。综述灵性:是说抒情。敷写器象:是说状物。器,指万物。《周易·系辞》:"形而上者谓之道,形而下者谓之器。"(意思是凡是具体的东西都叫器。)　[6]镂心鸟迹:在文字上苦心经营。织辞鱼网:在纸上组织文辞。鸟迹,指文字。鱼网,指纸。许慎《说文序》:"黄帝之史仓颉,见鸟兽蹄迒(háng)之迹,知分理之可相别异也,初造书契(文字)。"《后汉书·蔡伦传》:"伦造意用树肤麻头及敝布鱼网以为纸。"　缛采名矣:以文采著称了。　[7]形文:形中之文。这是说绘画之中有文章。五色:青黄赤白黑。　[8]声文:声中之文。这是说音乐之中有文章。五音:宫商角徵(zhǐ)羽。　[9]情文:情中之文。这是说辞章之中有文章。五性:仁义理智信。　[10]黼黻(fǔfú):古代礼服上所绣的斧形及两己字相背形的花纹。　[11]比:配合。韶夏:泛指音乐。[12]神理之数:自然形成的道理。神理,自然。　[13]孝经:书名,"十三经"之一,是一部宣传封建孝道的书。垂典:传下法则。丧言不文:父母死了,为他们服丧期间,说话不加文采。《孝经·丧亲章》:"子曰:'孝子之丧亲也,哭不偯(yǐ,没有摇曳的余声),礼无容(仪容),言不文(文饰)。'"　常言:平常说的话。质:质朴无文。　[14]疾:痛恨,憎恶。信:真实。《老子》:"信言不美,美言不信。"　五千:《老子》五千言。　[15]辩:巧言。雕:雕饰。《庄子·天道》:"故古之王天下者……辩虽雕万物,不自说(悦)也。"　藻饰:文饰,修饰。　[16]艳采辩说:疑为"艳乎辩说"之误。《韩非子·外储说左》上:"夫不谋治强之功,而艳乎辩说文丽之声,是却有术之士,而任坏屋折弓也。"　艳采:艳丽的文采。辩说:巧妙的语言。绮丽:华丽,有文采。　[17]绮丽以艳说,藻饰以辩雕:用艳丽的言辞使文章达到绮丽,用巧言的雕饰使文章达到藻饰。　[18]研味孝老:研究体会《孝经》和《老子》。　[19]文质附乎情性:文章的华美或质朴都依附于思想感情。　[20]华实过乎淫侈:指文章的文采和内容失于浮靡,即认为庄子、韩非不喜欢藻饰。过,失。　[21]择源泾渭:指分辨清浊的根源。《诗·邶风·谷风》:"泾以渭浊。"泾水因为和渭水合流而显得浊。按辔:指控制住马缰绳。这里用选择清流和正路来比喻情采相符,用浊流和邪路来比喻采过于情。　[22]铅:铅粉,古人用铅粉化妆。黛:青黑色的颜料,古人用来画眉。盼倩:这里泛指女子的容貌美。盼,眼睛黑白分明;倩,口颊含笑的样子。《论语·八佾》:"巧笑倩(口角美好)兮,美目盼(黑白分明)兮。"　淑姿:美好的姿容。　[23]情者,文之经,辞者,理之纬:情是经线,辞是纬线,比喻情理和文辞结合,以情理为主。只有情理确定,文辞才能畅达。

　　昔诗人什篇[1],为情而造文;辞人赋颂[2],为文而造情。何以明其然?盖风雅之兴,志思蓄愤[3],而吟咏情性,以讽其上[4],此为情而造文也;诸子之徒,心非郁陶[5],苟驰夸饰,鬻声钓世[6],此为文而造情也。故为情者要约而写真,为文者淫丽而烦滥[7]。而后之作者,采滥忽真,远弃风雅,近师辞赋;故体情之制日疏[8],逐文之篇愈盛。故有志深轩冕[9],而泛咏皋壤[10],心缠几务[11],而虚述人外[12]。真宰弗存[13],翩其反矣[14]。夫桃李不言而成蹊,有实存也[15];男子树兰而不芳,无其情也。夫以草木之微,依情待实;况乎文章,述志为本,言与志反,文岂足徵[16]?

　　【注释】[1]诗人:指《诗经》的作者。什篇:即篇。《诗经》中的雅、颂以十篇为什(什就是十的整数的意思),所以后人泛称诗篇为"什篇"或"篇什"。　[2]辞人:泛指汉代以来的辞赋家。赋颂:本指两种文体,这里泛指汉赋一类的作品。　[3]风雅:《诗经》中的国风和大、小雅,这里指全部《诗经》。志思:思想感情。蓄愤:蕴藏着郁结烦闷之气。司马迁《报任安书》:"《诗》三百篇,大底圣贤发愤之所为也。"　[4]讽:用含蓄、委婉的话暗示、劝告或指责。　[5]诸子之徒:指上文所说的辞人。郁陶(yáo):感情郁结。　[6]苟驰夸饰,鬻(yù)声钓世:随意地施展夸张修饰的表现手法,沽名钓誉。苟,随便,不严肃。驰,施展。夸饰,指夸张修饰之辞,这里指辞赋中常见的夸张铺陈和堆砌辞藻。鬻声,卖取声名。钓世,图谋世间名利。　[7]要:扼要。约:简约。淫:过分。烦滥:繁杂而浮泛失真。　[8]体情之制:表现出感情的作品。制,指作品。疏:稀少。　[9]志深轩冕:热衷利禄。轩,是古大夫以上所乘的车。冕,是古大夫以上所戴的礼帽。　[10]泛咏皋壤:空泛地写隐居的诗。皋壤,泽边地,这里指隐居之地。　[11]心缠几(jī)务:心里牵挂着政务。几,微;几务,谨慎极微细处的事务,指政事。　[12]虚述人外:空说隐居。人外,尘世之外。　[13]真宰弗存:没有真实的思想感情。真宰,指真诚的心。　[14]翩其反矣:指言与志反。翩其,状翻动。《论语·子罕》:"唐棣(郁李)之花,翩其反而(指花的摇动)。"这里借用。　[15]"桃李"句:采果子的人多了,自然走出路来。蹊,人践踏出来的小路。《史记·李广传赞》:"桃李不言,下自成蹊。"　[16]徵:同"征",证明,证据,效验。

是以联辞结采,将欲明理;采滥辞诡,则心理愈翳[1]。固知翠纶桂饵,反所以失鱼[2]。"言隐荣华[3]",殆谓此也。是以衣锦褧衣,恶文太章[4];贲象穷白,贵乎反本[5]。夫能设谟以位理[6],拟地以置心[7],心定而后结音,理正而后摛藻[8],使文不灭质,博不溺心[9],正采耀乎朱蓝,间色屏乎红紫[10],乃可谓雕琢其章[11],彬彬君子矣[12]。

【注释】　[1]采滥:文采过多。辞诡:言辞虚伪。诡,不正,反常。心:思想,是就作家而言。理:道理,是就作品而言。翳(yì):遮蔽。　[2]翠纶:用翡翠装饰着的钓鱼的丝线。桂饵:用丹桂(肉桂)做钓鱼的鱼食。《御览》卷八三四引《阙子》:"鲁人有好钓者,以桂为饵,黄金之钩,错(嵌)以银碧,垂翡翠之纶……然其得鱼不几(近)矣。"　[3]言隐荣华:言语的真义被文采所掩盖。荣,草的花;华,木的花。荣华在这里指文采。《庄子·齐物论》:"言隐于荣华。"　[4]衣(yì)锦褧(jiǒng)衣,恶文太章:穿着锦衣,外面再罩上一件麻布衣,为了避免文采太显露。褧,麻布衣。章,同"彰",明显。　[5]贲(bì)象穷白,贵乎反本:贲的卦象从文饰发展到顶点又回到白色,可贵在于返本。比喻文采发展到极点又回到质朴。《易·贲卦》:"象曰:'白贲无咎。'"贲,《易经》的卦名,文饰之意。象,象辞。穷,极,最后。白,是装饰之本,所以"穷白"就是返本之意。　[6]设谟以位理:设置模子来安顿义理,即选择适宜的体裁来写出思想内容。谟,同"模"。位,安置。理,指思想。　[7]拟地以置心:比照底色来安顿心情,即用适宜的风格来反映情性。拟,比照。心,指感情。　[8]心定而后结音,理正而后摛(chī)藻:心情和义理确定了,才讲声律,运辞藻。　[9]使文不灭质,博不溺心:使文辞的华美和征引的广博不掩盖内容。《庄子·缮性》:"文溺质,博溺心。"这里借用而改变原文意义。　[10]正采:正色。古人以青黄赤白黑为正色。朱蓝就是赤色和青色。间(jiàn)色:杂色,不正的颜色。古人以红紫为间色,赤白相间为红(即今之粉红),赤青相间为紫。　[11]雕琢其章:比喻文章的形式美固然重要,但不能忽视其思想内容。《诗·大雅·棫朴》:"追琢其章,金玉其相。"追琢,雕琢。章,花纹。相,当质讲。意为外观是经雕琢而成的花纹,质地是金玉。文中只说了"雕琢其章",其实兼有"金玉其相"的意思。　[12]彬彬君子:比喻内容丰富正确、文采美丽焕发的文章。《论语·雍也》:"文质彬彬,然后君子。"彬彬,文质配合得很好的样子。

赞曰[1]:言以文远,诚哉斯验[2]。心术既形,英华乃赡[3]。吴锦好渝,舜英徒艳[4]。繁采寡情,味之必厌[5]。

【注释】　[1]赞:文体的一种。是古代一篇文章末尾用来概括大意或表明作者观点的一段话。

赞或为散文,或为韵文。《文心雕龙》的赞是韵文。　〔2〕文:指文采。《左传·襄公二十五年》:"言之无文,行而不远。"　斯:语气词。验:证明。　〔3〕心术:内心的活动。形:表现。英华乃赡:文采才丰富。赡,富足。　〔4〕吴锦:吴地织的锦。好(hào)渝:容易变色。舜英:木槿花,朝开夕落容易谢,所以说"徒艳"。　〔5〕味:品味。厌:厌烦,腻烦。

【简析】《情采》论述了文学作品中内容和形式的关系。"情"指文章的思想内容,"采"指文章的修辞,也即文章的表现形式。作者针对齐梁时期文坛上"体情之制日疏,逐文之篇愈盛"的形式主义倾向,提出了以情为本的重要观点。作者认为,情是为文之本,文必须立于情之上,文章的巧妙华丽应以思想感情为基础。因此,他主张"为情而造文",反对"为文而造情"。他提出"情采"的概念,将情与采完美地融合起来,提倡文学创作要在真情实感的基础上,创造出文辞华美的文章。

全文分为两部分。第一部分论述情和采不可偏废,内容要有真情实感,而形式要美。第二部分说明思想内容决定表现形式,形式为内容服务,抨击了当时的淫丽文风。

《情采》作为骈体文在语句上主要以四四对为主,兼有六六对的句式。用典是骈体文语言表达上的特点,文中运用了大量典故,或援引古事、古语来证明自己的观点正确,或在于追求文章的"典雅""含蓄"。且用典方面注重剪裁融化,有时把裁取的古事古语加以改易,有时把典故融化成一个词或词组,我们在学习中应细加品味。

 复习思考题

1. 结合实际,谈谈在写作中如何处理好"情"与"采"的关系。
2. 文中多处用典,试举例说明这些典故在文中的含义和作用。

八、张中丞传后叙

韩　愈

【题解】　本文选自《韩愈文集》,山西古籍出版社 2005 年 5 月第 1 版。韩愈(768—824),字退之,河内河阳(今河南孟州)人,祖籍河北昌黎,世称韩昌黎,唐代杰出的文学家、政治家、思想家。韩愈出身贫寒,3 岁丧父,由兄嫂抚养成人,贞元八年(792)考中进士,曾任监察御史等官职。贞元十九年(803),关中一带遭受旱灾,他上书请求宽免百姓的赋税徭役,触怒皇帝,被贬为山阳县令。元和十二年(817),以行军司马的身份辅佐宰相裴度平定淮西吴元济的叛乱,升刑部侍郎。后因谏阻宪宗迎佛骨,贬为潮州刺史。穆宗时,召为国子家酒,历任兵部、吏部侍郎,有"韩侍郎"之称。824年病故,谥号"文",故后世又称之为"韩文公"。

韩愈在政治、文学方面都有所建树,主要成就是文学。他反对魏晋以来的骈文,主张恢复先秦、两汉的优秀散文传统。由于他和柳宗元等的倡导,终于形成了唐代古文运动,开辟了唐宋以来古文的发展道路。韩愈是中唐文坛的领袖,"唐宋八大家"之首,后人尊称他"文起八代之衰""百代文宗"。韩愈主张"文以明道",文道并重;主张文章要有充实内容,学习古文应"顺其意而不顺其辞","推陈言之务去",力求"文从字顺"。他的议论文很少引经据典地说教,而是用形象化的语言、生动的比喻和鲜明的对比产生说服力。记叙文写人、记事、状物都很动人；诗歌有独创成就，对宋诗的发展影响深远。著有《韩昌黎集》40卷，《外集》10卷。

张中丞，即张巡（709—757），邓州南阳（今河南南阳）人，唐玄宗开元末进士。"中丞"是张巡驻守睢阳时朝廷所加的官衔。安史乱起，张巡在雍丘一带起兵抗击，后与许远死守睢阳（今河南商丘），迟滞了叛军大量兵力。肃宗至德二年（757）城破被俘，与部将36人同时殉难。乱平以后，一些小人出于卑鄙的目的，对张、许二人中伤诽谤。张巡生前好友李翰为了澄清事实真相，撰写了《张巡传》（今佚）。韩愈50年后读到此传，十分感动，写了这篇后叙。一方面将自己所了解的一些史实作补充说明，另一方面极力表彰张巡、许远坚守孤城、视死如归的将军风范，同时对那些造谣诽谤之词予以严正驳斥。

元和二年四月十三日夜[1]，愈与吴郡张籍阅家中旧书[2]，得李翰所为《张巡传》[3]。翰以文章自名[4]，为此传颇详密。然尚恨有阙者：不为许远立传[5]，又不载雷万春事首尾[6]。

远虽材若不及巡者，开门纳巡[7]，位本在巡上。授之柄而处其下[8]，无所疑忌，竟与巡俱守死[9]，成功名，城陷而虏，与巡死先后异耳[10]。两家子弟材智下[11]，不能通知二父志[12]，以为巡死而远就虏，疑畏死而辞服于贼。远诚畏死，何苦守尺寸之地，食其所爱之肉[13]，以与贼抗而不降乎？当其围守时，外无蚍蜉蚁子之援[14]，所欲忠者，国与主耳。而贼语以国亡主灭[15]，远见救援不至，而贼来益众，必以其言为信。外无待而犹死守[16]，人相食且尽，虽愚人亦能数日而知死所矣[17]。远之不畏死亦明矣！乌有城坏其徒俱死[18]，独蒙愧耻求活？虽至愚者不忍为，呜呼！而谓远之贤而为之邪？

说者又谓远与巡分城而守，城之陷，自远所分始，以此诟远[19]。此又与儿童之见无异。人之将死，其藏腑必有先受其病者；引绳而绝之，其绝必有处。观者见其然，从而尤之[20]，其亦不达于理矣！小人之好议论，不乐成人之美如是哉！如巡、远之所成就，如此卓卓，犹不得免，其他则又何说！

【注释】[1]元和二年：807年。元和，唐宪宗李纯的年号（806—820）。 [2]张籍（约767—约830）：字文昌，吴郡（治所在今江苏苏州）人，唐代著名诗人，韩愈学生。 [3]李翰：字子羽，赵州赞皇（今河北元氏）人，官至翰林学士。与张巡友善，客居睢阳时，曾亲见张巡战守事迹。张巡死后，有人诬其降贼，因撰《张巡传》上肃宗，并有《进张中丞传表》。 [4]自名：自许。 [5]阙：同"缺"，不足。许远（709—757）：字令威，杭州盐官（今浙江海宁）人。安史乱起时，任睢阳太守，后与张巡合守孤城，城陷被掳往洛阳，至偃师被害。 [6]雷万春：张巡部下勇将。此当是"南霁云"之误，如此方与后文相应。 [7]若：似乎。开门纳巡：肃宗至德二年（757）正月，叛军安庆绪部将尹子奇带兵十三万围睢阳，许远向张巡告急，张巡自宁陵率军入睢阳城。 [8]柄：权柄。 [9]竟：最后。 [10]"城陷而虏"二句：此年十月，睢阳陷落。张巡与部将被斩，许远被送往洛阳邀功。 [11]"两家"句：据《新唐书·许远传》载，安史乱平定后，大历年间，张巡之子张去疾轻信小人挑拨，上书代宗，谓城破后张巡等被害，惟许远独存，是屈降叛军，请追夺许远官爵。诏令去疾与许远之子许岘及百官议此事。两家子弟即指张去疾、许岘。 [12]通知：通晓。 [13]"食其"句：尹子奇围睢阳时，城中粮尽，军民以雀鼠为食，最后只得以妇女与老弱男子充饥。当时，张巡曾杀爱

妾、许远曾杀奴仆以充军粮。 ［14］蚍（pí）蜉（fú）：黑色大蚁。蚁子：幼蚁。 ［15］"而贼"句：安史乱时，长安、洛阳陷落，玄宗逃往西蜀，唐室岌岌可危。 ［16］外无待：睢阳被围后，河南节度使贺兰进明等皆拥兵观望，不来相救。 ［17］死所：死亡的时间。 ［18］乌有：哪有。 ［19］"说者"四句：张巡和许远分兵守城，张守东北，许守西南。城破时叛军先从西南处攻入，故有此说。垢：辱骂。 ［20］从而尤之：据此就责怪某一内脏和绳子的某一段。

当二公之初守也，宁能知人之卒不救，弃城而逆遁[1]？苟此不能守，虽避之他处何益？及其无救而且穷也，将其创残饿羸之余[2]，虽欲去，必不达。二公之贤，其讲之精矣[3]！守一城，捍天下[4]，以千百就尽之卒，战百万日滋之师[5]，蔽遮江淮，沮遏其势[6]，天下之不亡，其谁之功也？当是时，弃城而图存者，不可一二数；擅强兵坐而观者，相环也。不追议此，而责二公以死守，亦见其自比于逆乱，设淫辞而助之攻也。

愈尝从事于汴徐二府[7]，屡道于两州间，亲祭于其所谓双庙者[8]。其老人往往说巡、远时事云：南霁云之乞救于贺兰也[9]，贺兰嫉巡、远之声威功绩出己上，不肯出师救；爱霁云之勇且壮，不听其语，强留之，具食与乐，延霁云坐[10]。霁云慷慨语曰："云来时，睢阳之人不食月余日矣！云虽欲独食，义不忍；虽食，且不下咽。"因拔所佩刀，断一指，血淋漓，以示贺兰。一座大惊，皆感激为云泣下。云知贺兰终无为云出师意，即驰去。将出城，抽矢射佛寺浮图，矢著其上砖半箭，曰："吾归破贼，必灭贺兰！此矢所以志也[11]。"愈贞元中过泗州[12]，船上人犹指以相语。城陷，贼以刃胁降巡，巡不屈，即牵去，将斩之；又降霁云，云未应。巡呼云曰："南八[13]，男儿死耳，不可为不义屈！"云笑曰："欲将以有为也，公有言，云敢不死。"即不屈。

【注释】［1］宁能知：怎能料到。逆遁：后退，逃跑。 ［2］将：率领。创残：因受伤而残废。羸（léi）：瘦弱。 ［3］"二公"二句：谓二公功绩前人已有精当的评价。此指李翰《进张中丞传表》所云："巡退军睢阳，扼其咽领，前后拒守，自春徂冬，大战数十，小战数百，以少击众，以弱击强，出奇无穷，制胜如神，杀其凶丑九十余万。贼所以不敢越睢阳而取江淮，江淮所以保全者，巡之力也。" ［4］捍天下：保卫朝廷。 ［5］日滋：日益增多。 ［6］沮（jǔ）遏：阻止。 ［7］"愈尝"句：韩愈曾先后在汴州（治所在今河南开封）、徐州（治所在今江苏徐州）任推官之职。唐称幕僚为从事。 ［8］道：经过。双庙：张巡、许远死后，后人在睢阳立庙祭祀，称为双庙。 ［9］南霁云（？—757）：魏州顿丘（今河南清丰西南）人。安禄山反叛，被遣至睢阳与张巡议事，为张所感，遂留为部将。贺兰：复姓，指贺兰进明。时为御史大夫、河南节度使，驻节于临淮一带。 ［10］乐：歌舞。延：邀请。 ［11］志：记号。 ［12］贞元：唐德宗李适年号（785—805）。泗州：唐属河南道，州治在临淮（今江苏泗洪东南），当年贺兰屯兵于此。 ［13］南八：南霁云排行第八，故称。

张籍曰：有于嵩者，少依于巡[1]；及巡起事，嵩常在围中[2]。籍大历中于和州乌江县见嵩[3]，嵩时年六十余矣。以巡，初尝得临涣县尉[4]，好学，无所不读。籍时尚小，粗问巡、远事，不能细也。云：巡长七尺余，须髯若神。尝见嵩读《汉书》，谓嵩曰："何为久读此？"嵩曰："未熟也。"巡曰："吾于书读不过三遍,终身不忘也。"因诵嵩所读书,尽卷不错一字。嵩惊,以为巡偶熟此卷,因乱抽他帙以试[5],无不尽然。嵩又取架上诸书,试以问巡,巡应口诵无疑。嵩从巡久,亦不见巡常读书也。为文章,操纸笔立书,未尝起草。初守睢阳时,士卒仅万人[6],城中居人户亦且数万,巡因一见问姓名,其后无不识者。巡怒,须髯辄张。及城陷,贼缚巡等数十人坐,且将戮。巡起旋,其众见巡起,或起或泣。巡曰:"汝勿怖! 死,命也。"众泣不能仰视。巡就戮时,颜色不乱,阳阳如平常[7]。远宽厚长者,貌如其心;与巡同年生,月日后于巡,呼巡为兄,死时年四十九。嵩贞元初死于亳宋间[8]。或传嵩有田在亳宋间,武人夺而有之,嵩将诣州讼理,为所杀。嵩无子。张籍云。

【注释】 [1]依:跟随。 [2]常:通"尝",曾经。围中:指敌人的围困之中。 [3]大历:唐代宗李豫年号(766—779)。和州乌江县:在今安徽和县东北。 [4]"以巡"二句:张巡死后,朝廷封赏他的亲戚、部下,于嵩因此得官。以:因为。临涣:故城在今安徽宿县西南。 [5]帙(zhì):书套,也指书本。 [6]仅:几乎。 [7]阳阳:满不在乎的样子。 [8]亳(bó):亳州,治所在今安徽亳州。宋:宋州,治所在睢阳。

【简析】 全文前半部分侧重议论。由于许远所受的诬蔑最重,主要驳斥了污蔑许远的错误论调,并补叙和赞扬了张巡、许远守城捍卫天下的事迹。后半部分侧重叙事。着重记叙南霁云乞师于贺兰进明的英雄事迹,然后补叙张巡、许远的轶事。

本文在塑造人物形象上,善于捕捉细节、语言及生活琐事,将人物刻画得有血有肉,生动传神。如写南霁云拔刀断指,抽矢射佛寺浮图的细节,淋漓尽致地刻画出人物的刚烈与嫉恶如仇的个性。通过写于嵩取架上诸书问巡,巡应口而对,守城时一一记住士民的姓名,极其生动地刻画了张巡博闻强记与文思敏捷的性格特征。其次,人物之间相互映衬和衬托。文中,张、许、南三个正面人物,相互映衬,各显个性,许远官职本在张巡之上,因巡贤能,授权于巡,自处其下,并最后一起守城而死。这里既突出了许远的谦和让贤,又映衬出张巡的杰出才能。睢阳城陷落后,敌人劝降南霁云,张巡呼曰:"南八,男儿死耳,不可为不义屈!"云笑曰:"欲将以有为也,公有言,云敢不死!"这里一呼一答,既写出了张巡的大义凛然,视死如归,又写出南霁云想保存实力,伺机复仇的心理。而且从南霁云的答语中,可见张巡在部下眼中的崇高威望,两个相互映衬,更显英雄气概。

全文熔议论、叙事、抒情、描写于一炉,笔法多变。字里行间充满着悲愤与慷慨激昂之情,具有很强的感染力。

复习思考题

1. 文章最后通过张籍转述于嵩的话,补充了几个细节? 这对表现张巡的性格有何作用?

2. 文章写了张巡、许远、南霁云三个人物,写法有什么不同? 分别突出他们什么样的特点?

九、中医大师恽铁樵

陈贝蒂

【题解】　本文选自《中华中医昆仑（第 1 集）·恽铁樵卷》，中国中医药出版社 2012 年版。编入本书时编者进行了删节。《中华中医昆仑》遴选全国中医药界杰出代表人物为传主，采用评传体裁，记载他们的生平事迹、医术专长、学术思想、传承教育等内容，对于青年一代培养医风医德，提高中医技艺具有十分重要的启迪和教育意义。

恽铁樵，中医学家。早年从事编译工作，后弃文业医，从事内、儿科，对儿科尤为擅长。创办"铁樵中医函授学校"，致力于理论、临床研究和人才培养。著有《群经见智录》《伤寒论研究》《温病明理》等，其中包括数十种函授讲义，如《内经要义选刊》《内经讲义》《伤寒论讲义》等，有独特新见。注重理论联系实践，主张西为中用，倡导在继承前人学术思想的基础上，吸收新知以补充、提高和发展中医药学，对中医学术的发展有一定影响。

陈贝蒂，作家，先后做过农民、教员、政策研究员、政府官员、杂志总编。作品有《下岗后，你去哪里？》《毒女人》《东山再起》《猎头出击》等。

孟河，一个位于江苏常州西北长江边上的小镇，是中国近代名医的摇篮。孟河中医是江苏医家一大流派，名医辈出，人才济济，其宗师弟子，遍布江苏、上海，影响波及全国。孟河医派最具代表性的人物是费伯雄、马培之、巢崇山、丁甘仁四大家。

孟河医派名医丁甘仁曾目空吴楚，放言医界，在《诊余集》[1]序中说："吾吴医家之盛甲天下，而吾孟河名医之众，又冠于吴中。"

说起孟河名医，不能不特别说到一个人，那就是出生于清末时期的恽铁樵。他是武进孟河人，是孟河医派中半路出家的一代名医。这位曾经蜚声文坛的文化人，后来成了名震上海滩的中医学家、中医临床家、教育家，其经历极富传奇色彩，其业绩让人敬仰与钦佩。

出身官宦　却在文坛声名鹊起

恽铁樵（1878—1935），字树钰，别号冷风、焦木、黄山。1878 年，恽铁樵生于福建台州一个小官吏家庭。父亲恽磨照，曾游宦于福建省台州，卒于任上，那时恽铁樵才 5 岁。次年母亲又离他而去，他成了一个孤儿。在族人的关照和携挈下，他与异母兄长一道回到了祖籍江苏武进孟河老家。

恽铁樵是在孟河长大的。走的是当时孟河人颇为流行的举子[2]之路。熟读四书五经，兼顾岐黄医典，儒医相通，乃是孟河人自古以来所恪守不移的信条。

恽铁樵自幼体弱多病，却天资聪颖，由于家道中落，受族人抚养，寄人篱下。但他性格倔强,立志发奋,刻苦攻读。13 岁就读于族中私塾,16 岁便考中了秀才,并开设私塾,以授徒为生,20 岁时就全部读完了科举经典,可谓是一个学识丰富、根基深厚的儒生了。

恽铁樵于 1903 年考入上海南洋公学,这是他人生的第一个转折点。他开始攻读英语和文学,接受新学教育,开阔了眼界。由于国学基础扎实,长于文辞,国文月考成绩总是名列前茅。他成了孟河既精通旧学,又接受系统新学教育的第一人。

3 年后,他在南洋公学毕业,去湖南长沙一所中学任英文教师。辛亥革命前夕,回到上海蒲东中学执鞭任教,并在教学之余开始了他的文学创作,逐渐成为近代文坛上编、译、著皆能的全才。

1911 年,由庄百俞推荐,应商务印书馆张菊生聘请,恽铁樵成为商务印书馆编译,并深受张菊生的赏识。次年,担任《小说月报》第二任主编。《小说月报》为当时上海出版界较有影响的小说类期刊,以翻译西方小说而著称。恽铁樵担任主编后,对《小说月报》所采文稿,最注重的准则,就是唯优是取。一改过去刊登缠绵软语类作品的办刊风格,取而代之以情调高雅的文学作品。人或笑曰:"此非小说,当称大说。"因而在民国文坛上,恽铁樵有"大说家"之美誉。

恽铁樵在担任《小说月报》主编时,曾对鲁迅、张恨水两位文学巨匠给予关注和支持。鲁迅的处女作,即第一篇小说作品《怀旧》,就是恽铁樵从众多的来稿中发现的,并亲加卷首按语,对佳妙处加了十余处圈点。还在文末写上很有分量的总评:"实处可致力,空处不能致力,然初步不误,机灵人所可固有,非难事也。曾有青年才解握管[3],便讲词章,卒至满纸饾饤[4],无有是处,亟宜以此等文字药之。"并在《小说月报》头条位置发表。当时鲁迅还是绍兴乡间一个默默无闻的小学教员,恽铁樵发现他能写小说,并鼓励他写下去,所以鲁迅一直记得这件事。20 年后,他曾两次在给友人的信中谈及此事,在《致杨霁云信》中提及此事时,口气还十分感激。

弃文从医　缘起连丧三子之痛

恽铁樵的长子阿通,14 岁时不幸染上伤寒,不治而殁。次年,其二子、三子也先后病染伤寒,相继离开人世。中年丧子已是人生之大不幸,而恽铁樵两年之间连丧三子,可想其悲痛之剧。最让他痛心之事,就是自己虽粗通医道,却苦于没有临床经验,始终不敢亲自有为,只能提出自己的看法和医生商讨,但他的建议从来未被医生重视和接受过,结果只能眼睁睁地看着儿子们相继去世,坐视待毙,爱莫能助,痛彻心髓。于是,立志岐黄,救广大疾患于痛苦之中。

古人说："医家奥旨[5]，非儒不能明。"恽铁樵就是这样一个由儒及医的人。有一次，他的叔祖北山先生患温热夹食，庸医拟妄投小青龙汤时，他已能明辨是非而当面提出质疑，指出其中之误，显示了他的医学天赋。

于是他开始潜心岐黄，深入研究《伤寒论》，精研医药，同时求问当时上海的伤寒名医汪莲石，与孟河名医丁甘仁也往来甚密，切磋医道。

一年之后，恽铁樵的四子又发病，出现了发热恶寒、无汗而喘的病状，在恽铁樵看来，这显然是太阳伤寒的麻黄证。但令他失望的是，请来的医生虽熟读《伤寒论》，却不敢用伤寒方，只是连续不断地用豆豉、山栀、豆卷、桑叶、菊花、杏仁、连翘、象贝等药。四子服药后，热势依然，而且喘得更加厉害。

恽铁樵踌躇徘徊，彻夜不寐，苦苦琢磨：此非《伤寒论》"太阳病，头痛、发热、身痛、腰疼、骨节疼痛、恶风、无汗而喘者，麻黄汤主之"之病而何？直至天明，他果断地开了一剂麻黄汤：麻黄七分，桂枝七分，杏仁三钱，炙甘草五分。

恽铁樵拿着这个药方对他的夫人说："三个儿子都死于伤寒，今四儿又发病，医生还是无能为力，与其坐着等死，不如服药而亡。"夫人黯然无语，也计无他出，就去配药，煎好药后让爱子服下。在夫妻二人焦急的祈盼中，只见儿子肌肤湿润，喘逆也稍稍缓和了。于是续用此方，两剂药服后，其子汗出热退，喘平而愈。据此，恽铁樵更加信服《伤寒论》中的药方，进一步钻研中医经典，亲友患病也都来请他开方治病，而所治者亦多有良效。

有一天，一个同事的小孩患伤寒阴证[6]垂危，沪上名医治疗无效，恽铁樵只用四逆汤一剂就转危为安。病家感激万分，别出心裁地登报鸣谢道："小儿有病莫心焦，有病快请恽铁樵。"

从此，求治者日多，光靠业余时间已应接不暇，在亲友的劝说和鼓励下，恽铁樵辞去了《小说月报》的主编职务，遂于1920年挂牌行医，悬壶于上海云南路会乐里。没过多久，门庭若市，医名大振。

改良中医　寻找东方医学立脚点

恽铁樵是中医改革派中确实作出贡献的人。关于中医的改革，他明确提出了三个办法："发扬古书精义，采取西医学说，征诸实地经验。"他的真知灼见，为当时陷于困境的中医指明了生存和发展的道路。

在中医近代史上，恽铁樵首先强调，中西医学文化基础不同、体系不同，因而中西医学之间，不存在是非、优劣关系，也不存在孰存孰亡的选择问题。他认为"西方科学不是学术唯一途径，东方医学自有立脚点"。所谓立脚点，就是中医的实际效验。凡是能够经得起实践检验之事，虽一时未能说明,但不能因此而否定其科学价值的存在。此说即便在今天,仍有其积极意义。

他在极力寻找中国医学立脚点时,及时提出了建立"新中医"的观念,他提出了许多具体改进意见,如首先整理中医典籍,使之通俗化,易于普及。他强调:"书中有定义,病无定型,以有定义之死法,应无定型之活病,可以动辄得咎,无所之而不受窘。"

恽铁樵在改良中医方面,极力倡导"较古人为精,视西人尤密"的新中医,提出"中医而有演近之价值,必能吸收西医之长,与之化合,以产生新中医,是今后中医必循之轨道"。并说"居今日而言医学改革,苟非与西洋医学相周旋更无第二途径"。

对于中西医一些概念,恽铁樵历来反对对号入座,用机械的眼光去看问题,认为中医脏腑学说与西医解剖概念之间,并无严格的对应关系。他主张"盖凡百学问,自两个系统化合而成者,必发生新效力",从而赋予中医学发展新观念。

恽铁樵曾提出,改良中医的重点,关键要弄清楚中西医学的特性与长短,为改进中医寻求客观的依据。他认为:中西两种医学各有所长,中医重视人体在整个大自然中随四时阴阳而发生的变化,而西医于生理上重视解剖,于病理上重视局部病灶。所以,中医应广泛吸收当代科学成果,用以研究自然及人体的生理、心理和病理,以西医的解剖、生理等知识来深化和提高中医理论。

恽铁樵勇于接受新的科学知识,主张借鉴西医知识,提出"取西医之说补助中医""欲昌明中医,自当沟通中西,取长补短";强调中医学习西医的必要性,认为中国医学的可贵之处在验方,而受人指摘所在,在无标准。所以,确立中医的标准,明确中医病理、生理现象,非参用西学,方可济事。

传承中医　办学创刊耗尽心血

在恽铁樵行医的 20 世纪二三十年代,传统中医已经被排挤在国家教育体系之外,孤零零地在那里苦苦挣扎。由于得不到政府的支持,中医界只能自强自立,自谋生路。当时,中医界的许多有识之士几乎不约而同地认识到发展教育是振兴中医的必由之路。他们把自己辛苦劳动得到的诊费积攒下来,义无返顾地用这些血汗钱开办了中医学校。他们在办学中历尽艰辛,耗尽心血,写下了近代中医史上悲壮的一页。

恽铁樵就是当时一位大力兴办中医教育的热血男儿。

在悬壶济世的同时,恽铁樵既开风气又为师。他敏锐而务实地认为:中医界的生存和发展在于"兴教育、建学会、办刊物"。1925 年,他与莫逆

之交的国学大师章太炎及其弟子张破浪等在上海英租界西藏路大顺里509号共同创办"中国通函授学社"，也就是为后人所熟知的"铁樵函授中医学校"。

恽铁樵当时热情高昂，充满憧憬，发表了4000多字的《创刊函授学校宣言》，高瞻远瞩地指出中医必将走向世界，并向世人宣言"中医不能出国门一步，此则有国力关系，况现在情形是暂时的"。

铁樵函授中医学校开学后，一开始就招收了250名学员。不到两年，先后接受通讯讲习者多达600余人，学员遍及全国各地，南洋诸国亦有从学者。1927年，恽铁樵又办起临诊实习班，及门弟子30余人。同时，他还兼任上海一些中医学校讲师。

恽铁樵在兴办中医教育中，也反映中西医汇通的思想。他在"铁樵函授中医学校"招生简章中开宗明义地说："吾道日趋于衰，遂致数典忘祖，故设立斯社，专授中医学术，参以解剖、传染诸学说。"

恽铁樵在教学中强调：学医有三种工具，一是古文学之眼光，二是新世纪的常识，三是临床的经验。在他的主导下，学校编写了数十种函授讲义和教材，除《内经讲义》《伤寒论讲义》等中医教材外，还有《新生理讲义》《病理概论》《病理各论》等西医教材，这也是他注重培植中西汇通新中医思想的一个体现。

1929年，由于废止中医法案的出笼，大凡称"学校"的都要经过当局批准，所有开办的"中医学校"均被当局勒令停办，恽铁樵创办的"铁樵函授中医学校"也未能幸免，面对守旧者和当局的干预，他只能无可奈何地停办了。他曾感慨地说道："一时医学界风气丕变，但亦为守旧者所忌。"

然而，恽铁樵是那种愈挫愈勇的人。1933年，他又筹集资金，开办了"铁樵函授医学事务所"，后改名为"铁樵医药事务所"，而对于事务所，政府就不易勒令停办了。来所的授业者从1933年的364人，增至1936年的753人。他为了配合函授，还于1934年1月创刊《铁樵医学月刊》，至1936年1月停刊，共出版了2卷20期。为开办医学函授，筹集资金，恽铁樵呕心沥血，日夜奔忙，20多种讲义100多册，除少数几种为助手和学生编写外，其余均亲自编写。

恽铁樵对学生热情关照。有一位北平协和医院的学生叫刘伟通，报考"铁樵函授中医学校"后，由于西学根柢[7]极深，他所作第一次课艺[8]，解释"营卫"[9]二字，及今后中医改进之途径两篇，洞中肯綮[10]，恽铁樵复涵嘉奖之，信中所言"今后中医界，安得如我兄者，为之整理亭毒，使得扫阴霾而见天日乎"等语，极为恳切。

桃李不言，下自成蹊。经过恽铁樵多年艰苦的努力，铁樵函授中医学校及医学事务所不仅卓有成效,而且影响深远,享誉大江南北。从他的学员所反馈的言辞,便可窥斑见豹。

有一位学员叫谢逸民,其父亲是位老中医,读了儿子所领到的恽铁樵函授讲义,也深有心得,主动给恽铁樵写信,称颂他的医学理论为"理贯天人,学通中西""偿读医书垂二十年,结果疑难山积,无可自慰,今读讲义未久,恍如黑夜逢灯,渐能认识路径"等。可见恽铁樵对中国古代医学典籍的解释心得不凡,令人钦服。

"铁樵函授中医学校"成为近代中医教育史上以函授形式办学影响最大的中医学校。这是恽铁樵兴办中医教育的一大创举。他不仅致力于沟通中西医学,亦为中医培养了一大批中医人才,其门人弟子当中,比较有影响的有章巨膺、陆渊雷、徐衡之、顾雨时、何公度、庄时俊等人,日后成为了中医学界的名医大家。

1935 年,恽铁樵病逝后,他的弟子章巨膺接受遗命,继续主持"铁樵函授医学事务所"的教务,并主编《铁樵医学月刊》,以完成老师未竟事业。在学术上极力倡导恽铁樵的"发皇古义,融会新知,折衷中西,提倡中西医结合"的新中医思想,成为恽铁樵优秀的传承者。

医德圣洁　境界高远后人所仰

恽铁樵一生为人谦虚,锐意进取,乐善好施。作为近代中医学史上一位有着远见卓识、卓越建树的杰出医家和蜚声近现代中医教育史的佼佼者,他不仅学术思想精辟、独到、超前,而且他的医品医德也是为人所称道和褒扬的。

1932 年,恽铁樵因病去章太炎先生家中养病,其儿子恽道周留在上海替他坐诊,他临行时说:"毋矜所能,饰所不能;毋嫉人能,形所不能;勤求古训,持之以恒。"其医德之高尚,与此豁然可见。

恽铁樵作为上海的中医名家,在为人处世上,胸无城府,品行高洁,好学不倦,谦虚谨慎,深得同道赞许。他在悬壶济世时,对待病人态度和蔼,诊疗细心,无论贫富,一视同仁,由于经治的病人大多是劳苦民众,因而也常常慷慨解囊,送药济贫,常此不懈。

他对同道非常宽厚,在他诊治的病人中,有不少是经其他医生治疗无效后转来的,但他从不贬低前医以抬高自己,因而令患者和同仁赞叹不已。但他每当见到病家为不负责任之医生所误,总是拍案痛恨,并将事实经过记载于脉案[11]之中,以警惕后学。

到了晚年,恽铁樵根据自己的人生经历和体会,写出了《人生意味》一书,对人生的看法也很有见地。他在书中写道:"人生观之研究不彻底,则

各种学问之研究不得究竟。时无论今古,地无论东西,万有学问,可谓皆对此目的的奔赴。"

恽铁樵认为,人活着应该有自己所追求的目的。他说:"西方哲学家谓,人类乃追目的性的动物,此语甚耐人寻味。其含义与庄子'哀莫大于心死'意苟同。"同时他对西方人偏重物质、人欲以乐利为目的并不以为然。他说:"这和宋儒抬出'天理克制人欲'同样是走向一个极端。"这些观点在当时来说,是比较先进的。

恽铁樵在 40 岁时一耳失聪而戴上了助听器,因此,他在行医诊治时常以笔墨来询问病情,同人谈话常高声大笑,在诊断病人后,常常口述医案与方药,由学生记录于册,并另书医案付病家。

他每次带徒,少则一两位,多可五六位。由于政务繁忙,往往是口述完前一位病人的诊情和方药,就接着诊下一位病人。办学后,白昼诊病,晚上讲课,午夜握管著述,落笔千言,滔滔不绝,整天仅睡四五个小时而已。到了 50 岁,它的重听[12]益甚,须发皆白,出现了未老先衰的征象,一眼望去好像到了古稀之年,但是,他的语声仍旧洪亮,目光也炯炯有神。

由于体力和精力都过度透支,恽铁樵积劳成疾,于 1935 年 7 月 26 日长辞人寰。在此之前,他瘫痪在床,双脚不能步行,即使在这种情况下,他还每日视诊数号,并仍然坚持口授由女儿恽慧庄执笔,著述了《霍乱新论》《梅疮见恒录》。临终前一天,他还在修改《霍乱新论》。真可谓"春蚕到死丝方尽,蜡炬成灰泪始干"。

恽铁樵去世后,章太炎送给他一副挽联:"千金方不是奇书,更赴沧溟求启秘;五石散竟成末疾,尚怜甲乙未编经。"应该说,这是恽铁樵医文一生的真实写照。

【注释】 [1]《诊余集》:清代余听鸿撰写的内科医案著作,刊于 1918 年。 [2]举子:科举时代被推荐参加考试的读书人。 [3]握管:执笔。 [4]饾饤(dòudìng):将果蔬堆叠于器皿中以供陈设,比喻堆砌、罗列。 [5]奥旨:奥义;要旨。 [6]阴证:中医对疾病的临床辨证,凡符合"阴"的一般属性的证候,称为阴证。 [7]根柢(dǐ):基础。 [8]课艺:课试之制艺。《文明小史》第二四回:"左翻右翻,把两个题目找出,原来是格致书院课艺里的现成文章。" [9]营卫:中医学名词。营指由饮食中吸收的营养物质,有生化血液、营养周身的作用。卫指人体抗御病邪侵入的功能。 [10]洞中肯綮(qìng):指观察敏锐,言论能掌握问题的关键处。肯綮:筋骨结合之处,比喻要害。 [11]脉案:指中医的诊断记录,一般写在处方上。 [12]重(zhòng)听:听觉不灵敏;耳聋。

【简析】 本文是一篇人物传记,主要记述了恽铁樵的从医之路、中医治疗思想以及为发展中医所作出的贡献。恽铁樵注重理论联系实践,主张在继承前人学术思想的基础上,吸收新知以补充、提高和发展中医药学。他认为中西两种医学各有长处,中医重视人体在整个大自然中随四时阴阳而发生的运动变化,而西医则于生理上重视解剖,于病理上重视局部病灶。两种医学之间应该相互沟通、取长补短。恽铁樵从维护中医、发展中医的角度,倡导中西两种医学沟通,具有一定的积极意义。

恽铁樵所处时代正值中西文化交汇之际,从业医者大多忽视理论学习而更侧重于具体方药的积累,致使中医学经典著作《黄帝内经》被束之高阁,少有问津。恽铁樵从维护中医学理论体系科学性的角度出发,通过剖析《黄帝内经》的理论实质,对构成中医学理论基础的阴阳、五行、六气等令人费解之处作了比较圆满的解释,把自然界四时的交替变化看作宇宙万物变化的支配力量,从而揭示出《黄帝内经》的理论核心与自然界的运动变化规律。恽铁樵从方法论的角度揭示出中医学理论体系的精神实质,明白晓畅地解释了中医学朴素辩证的认知思维。

恽铁樵是一位有着远见卓识的杰出医家和蜚声近代教育史的中医教育家。恽铁樵门人弟子当中如章巨膺、徐衡之、顾雨时、何公度、陆渊雷、庄时俊等,均成为日后中医学界的骨干力量。作为致力于沟通中西医学而对后世产生较大影响的一代宗师,恽铁樵为中医事业所作的一切努力,将永载中医学史册。

 复习思考题

1. 恽铁樵在改良中医方面有何创见?
2. 课后阅读《中华中医昆仑(第 1 集)》其他篇目。

十、赠与今年的大学毕业生

胡 适

【题解】 本文原载 1932 年 7 月 3 日《独立评论》第 7 号。胡适(1891—1962),安徽绩溪人,原名嗣糜,学名洪骍,字希疆,后改名胡适,字适之,笔名天风、藏晖等。胡适是我国现代著名学者、诗人、历史学家、文学家、哲学家,因提倡文学改良而成为新文化运动的领袖之一。胡适是第一位提倡白话文、新诗的学者,致力于推翻两千多年的文言文,与陈独秀同为五四运动的轴心人物,对中国近代史产生了较为深远的影响。他兴趣广泛,著述丰富,在文学、哲学、史学、考据学、教育学、伦理学、红学等诸多领域均有研究。胡适历任北京大学教授、北大文学院院长、中华民国驻美利坚合众国特命全权大使等职。胡适深受赫胥黎与杜威的影响,毕生宣扬自由主义,是中国自由主义的先驱。毕生倡言“大胆的假设,小心的求证”“言必有证”的治学方法,以及“认真的做事,严肃的做人”的做人之道。著有《中国古代哲学史》《白话文学史》《胡适文存》《尝试集》《中国哲学史大纲》等书。1939 年获得诺贝尔文学奖的提名。

《赠与今年的大学毕业生》是胡适先生 1932 年 6 月 27 日为全国大学应届毕业生写的毕业赠言。同年 7 月 3 日,正式发表在《独立评论》第 7 号上。时值日本人已侵占东三省,国家经济萧条,民生凋敝,内忧外患困扰着国人。胡适先生怀揣真挚之情,提醒青年人应挑起自己的担子,不要堕落。他对毕业生问题把握准确,对形势分析贴切,对青年学生寄予无限希望。他告诫、激励青年一代为实现国家和民族的复兴而奋发努力。他预测了毕业生的去向,担忧大学生踏上社会沉沦,开出了应对的“药方”——“总得时时寻一两个值得研究的问题”“总得多发展一点非职业的兴趣”“总得有一点信

心"，三个药方虽未必能够药到病除，但他坚信只要不放弃求知、坚守理想，就会"功不唐捐"。

　　这一两个星期里各地的大学都有毕业的班级，都有很多的毕业生离开学校去开始他们的成人事业。学生的生活是一种享有特殊优待的生活，不妨幼稚一点，不妨吵吵闹闹，社会都能纵容他们，不肯严格地要他们负责行为的责任。现在他们要撑起自己的肩膀来挑他们自己的担子了。在这个国难最紧急的年头，他们的担子真不轻！我们祝他们的成功，同时也不能不依据我们自己的经验，赠与他们几句送行的赠言——虽未必是救命毫毛，也许作个防身的锦囊罢！

　　你们毕业之后，可走的路不出这几条：绝少数的人还可以在国内或国外的研究院继续作学术研究；少数的人可以寻着相当的职业；此外还有做官、办党、革命三条路，此外就是在家享福或者失业闲居了。第一条继续求学之路，我们可以不讨论。走其余几条路的人，都不能没有堕落的危险。堕落的方式很多，总括起来，约有这两大类。第一是容易抛弃学生时代的求知识的欲望。你们到了实际社会里，往往所用非所学，往往所学全无用处，往往可以完全用不着学问，而一样可以胡乱混饭吃，混官做。在这种环境里，即使向来抱有求知识学问的决心的人，也不免心灰意懒，把求知的欲望渐渐冷淡下去。况且学问是要有相当的设备的；书籍，试验室，师友的切磋指导，闲暇的工夫，都不是一个平常要糊口养家的人所能容易办到的。没有做学问的环境，又谁能怪我们抛弃学问呢？

　　第二是容易抛弃学生时代的理想的人生的追求。少年人初次与冷酷的社会接触，容易感觉理想与事实相去太远，容易发生悲观和失望。多年怀抱的人生理想，改造的热诚，奋斗的勇气，到此时候，好像全不是那么一回事，渺小的个人在那强烈的社会炉火里，往往经不起长时期的烤炼就熔化了，一点高尚的理想不久就幻灭了。抱着改造社会的梦想而来，往往是弃甲曳兵而走，或者做了恶力的俘虏。你在那俘房牢狱里，回想那少年气壮时代的种种理想主义，好像都成了自误误人的迷梦！从此以后，你就甘心放弃理想人生的追求，甘心做现成社会的顺民了。

　　要防御这两方面的堕落，一面要保持我们求知识的欲望，一面要保持我们对于理想人生的追求。有什么好法子？依我个人的观察和经验，有三种防身的药方是值得一试的。

　　第一个方子只有一句话："总得时时寻一两个值得研究的问题！"

　　问题是知识学问的老祖宗，古往今来一切知识的产生与积聚，都是因为要解答问题——要解答实用上的困难或理论上的疑难。所谓"为知识而求知识"，其实也只是一种好奇心追求某种问题的解答，不过因为那种问题的性质也不必是直接应用的，人们就觉得这是"无所为"的求知知识了。我们出学校之后，离开了做学问的环境，如果没有一个两个值得解答的疑难问题在脑子里盘旋，就很难继续保持追求学问的热心。可是，如果你有了一个真有趣的问题天天逗你去想他，天天引诱你去解决他，天天对你挑衅笑你无可奈何他——这时候，你就会同恋爱一个女子发了疯一样，坐也坐不下，睡也睡不安，没工夫也得偷出工夫去陪她，没钱也得撙衣节食去巴结她[1]。没有书，你自会变卖家私去买书；没有仪器，你自会典押衣服去置办仪器；没有师友，你自会不远千里去寻师访友。你只要能时时有疑难问题来逼你用脑子，你自然会保持发展你对学问的兴趣，即使在最贫乏的智识环境中，你也会慢慢的聚起一个小图书馆来，或者设置起一所小试验室来。所以我说：第一要寻问题。脑子里没有问题之日，就是你的智识生活寿终正寝之时！古人说："待文王而兴者，凡民也。若夫豪杰之士，虽无文王犹兴[2]。"试想葛里略（Galileo）和牛敦（Newton）有多少藏书[3]？有多少仪器？他们不过是有问题而已。有了问题而后他们自会造出仪器来解答他们的问题。没有问题的人们，关在图书馆里也不会用书，锁在试验室里也不会有什么发现。

第二个方子也只有一句话："总得多发展一点非职业的兴趣。"

离开学校之后，大家总得寻个吃饭的职业。可是你寻得的职业未必就是你所学的，或者未必是你所心喜的，或者是你所学而实在和你的性情不相近的。在这种状况之下，工作就往往成了苦工，就不感觉兴趣了。为糊口而作那种非"性之所近而力之所能勉"的工作，就很难保持求知的兴趣和生活的理想主义。最好的救济方法只有多多发展职业以外的正当兴趣与活动。一个人应该有他的职业，又应该有他的非职业的玩艺儿，可以叫做业余活动。凡一个人用他的闲暇来做的事业，都是他的业余活动。往往他的业余活动比他的职业还更重要，因为一个人的前程往往全靠他怎样用他的闲暇时间。他用他的闲暇来打麻将，他就成了赌徒；你用你的闲暇来做社会服务，你也许成个社会改革者；或者你用你的闲暇去研究历史，你也许成个史学家。你的闲暇往往定你的终身。英国十九世纪的两个哲人，弥儿（J.S.Mill）终身做东印度公司的秘书[4]，然而他的业余工作使他在哲学上、经济学上、政治思想史上都占一个很高的位置；斯宾塞（Spencer）是一个测量工程师[5]，然而他的业余工作使他成为前世纪晚期世界思想界的一个重镇。古来成大学问的人，几乎没有一个不是善用他的闲暇时间的。特别在这个组织不健全的中国社会，职业不容易适合我们性情，我们要想生活不苦痛或不堕落，只有多方发展业余的兴趣，使我们的精神有所寄托，使我们的剩余精力有所施展。有了这种心爱的玩艺儿，你就做六个钟头的抹桌子工夫也不会感觉烦闷了，因为你知道，抹了六点钟的桌子之后，你可以回家去做你的化学研究，或画完你的大幅山水，或写你的小说戏曲，或继续你的历史考据，或做你的社会改革事业。你有了这种称心如意的活动，生活就不枯寂了，精神也就不会烦闷了。

第三个方子也只有一句话："你总得有一点信心。"

我们生当这个不幸的时代，眼中所见，耳中所闻，无非是叫我们悲观失望的。特别是在这个年头毕业的你们，眼见自己的国家民族沉沦到这步田地，眼看世界只是强权的世界，望极天边好像看不见一线的光明，——在这个年头不发狂自杀，已算是万幸了，怎么还能够希望保持一点内心的镇定和理想的信任呢？我要对你们说：这时候正是我们要培养我们的信心的时候！只要我们有信心，我们还有救。古人说："信心（Faith）可以移山。"又说："只要工夫深，生铁磨成绣花针。"你不信吗？当拿破仑的军队征服普鲁士占据柏林的时候，有一位穷教授叫做菲希特（Fichte）的[6]，天天在讲堂上劝他的国人要有信心，要信仰他们的民族是有世界的特殊使命的，是必定要复兴的。菲希特死的时候（1814），谁也不能预料德意志统一帝国何时可以实现。然而不满五十年，新的统一的德意志帝国居然实现了。一个国家的强弱盛衰，都不是偶然的，都不能逃出因果的铁律的。我们今日所受的苦痛和耻辱，都只是过去种种恶因种下的恶果。我们要收将来的善果，必须努力种现在的新因。一粒一粒的种，必有满仓满屋的收，这是我们今日应该有的信心。我们要深信：今日的失败，都由于过去的不努力。我们要深信：今日的努力，必定有将来的大收成。

佛典里有一句话："福不唐捐[7]。"唐捐就是白白地丢了。我们也应该说："功不唐捐！"没有一点努力是会白白地丢了的。在我们看不见想不到的时候，在我们看不见的方向，你瞧！你下的种子早已生根发叶开花结果了！

你不信吗？法国被普鲁士打败之后，割了两省地，赔了五十万万法朗的赔款。这时候有一位刻苦的科学家巴斯德（Pasteur）终日埋头在他的化学试验室里做他的化学试验和微菌学研究。他是一个最爱国的人，然而他深信只有科学可以救国。他用一生的精力证明了三个科学问题：（1）每一种发酵作用都是由于一种微菌的发展；（2）每一种传染病都是一种微菌在生物体内的发展；（3）传染病的微菌，在特殊的培养之下可以减轻毒力，使他们从病菌变成防病的药苗。这三个问题在表面上似乎都和救国大事业没有多大关系。然而从第一个问题的证明，巴斯德定出做醋酿酒的新法，使全国的酒醋业每年减除极大的损失。从第二个问题的证明，巴斯德教全国的蚕丝业怎样选种防病,教全国的畜牧农家怎样防止牛羊瘟疫,又教全世界怎样注重消毒以减少外科手术的死亡率。从第三个问题的证明,巴斯德发明了牲畜的脾热瘟的疗治药苗,每年替法国农家减除了二千万法朗的大损失;又发明了疯狗咬毒的治疗法,救济了无数的生命。所以英国的科学家赫胥黎(Huxiley)在皇家学会里称颂巴斯德的功绩道:"法国给了德国五十万万法朗的赔款,巴斯德先生一个人研究科学的成就足够还清这一笔赔款了。"

巴斯德对于科学有绝大的信心,所以他在国家蒙奇辱大难的时候,终不肯抛弃他的显微镜与试验室。他绝不想他有显微镜底下能偿还五十万万法朗的赔款,然而在他看不见想不到的时候,他已收获了科学救国的奇迹了。

朋友们,在你最悲观失望的时候,那正是你必须鼓起坚强的信心的时候。你要深信:天下没有白费的努力。成功不必在我,而功力必不唐捐。

【注释】 [1]撙(zǔn)衣节食:即节衣缩食。 [2]待文王而兴者……虽无文王犹兴:见《孟子·尽心上》。原文为:"待文王而后兴者,凡民也。若夫豪杰之士,虽无文王犹兴。"意思是一定要等待有周文王那样的人出现后才奋发的,是平庸的人,至于豪杰之士,即使没有周文王那样的人出现,自己也能奋发有为。 [3]葛里略(Galileo)和牛敦(Newton):即伽利略和牛顿。 [4]弥儿(J.S.Mill):即约翰·斯图尔特·密尔(John Stuart Mill, 1806—1873),英国哲学家和政治思想家。著有《逻辑体系》《政治经济学原理》《论自由》《论代议制政府》《效益主义》《女性的屈从地位》与《论社会主义》等等。1823年进入东印度公司任职,此后便以公务生涯为职,直到东印度公司在1856年解散为止,这样的公务生涯,使得他成年这段时间有大量的时间从事思想工作。 [5]斯宾塞(1820—1903):英国社会学家、哲学家,社会进化论和社会有机体论的代表人物。1837—1848年担任铁路工程师。1850年发表第一部著作《社会静力学》。1852年发表论文《进化的假说》,首次提出社会进化论思想。1853年之后,陆续出版《心理学原理》《生物学原理》《社会学原理》《伦理学原理》《人与国家》等著作,被称为"维多利亚时代的亚里士多德"。 [6]菲希特(1762—1814):即费希特,德国古典唯心主义哲学家,曾任耶拿大学及埃尔兰根大学教授、柏林大学教授及校长。 [7]福不唐捐:语出自《法华经·观世音菩萨普门品》:"若有众生,恭敬礼拜观世音菩萨,福不唐捐。"唐捐:虚掷,落空。

【简析】 本文是胡适先生任北大文学院院长期间,为即将毕业走入社会的大学生写的一篇赠言。文章体现了胡适为文一贯的风格:浅显易懂,深入浅出,循循善诱,谆谆教诲。首先,提出了大学生毕业后的去向和发展,提出了有可能"容易抛弃学生时代的求知识的欲望"和"容易抛弃学生时代的理想的人生的追求"两个问题,希望大学生能够坚持自己的理想。如何解决这个问题呢?本文提出了三个药方:

第一,"总得时时寻一两个值得研究的问题!"用爱恋一个女子作为比喻,强调发现问题的重要性,又说"脑子里没有问题之日,就是你的智识生活寿终正寝之时!"

第二,"总得多发展一点非职业的兴趣。"在工作就业不如意的时候,要保持求知的兴趣,"最好的救济方法只有多多发展职业以外的正当兴趣与活动"。

第三,"你总得有一点信心。"论述在不如意时更要有信心,"今日的努力,必定有将来的大收成",特别提出因果铁律,说"功不唐捐",举出了巴斯德的例子以激励大学生"要对科学有绝大的信心"。

本文感情真挚,富有感染力,语言生动。胡适作为师长又为当代大学者,却无盛气凌人之感。全文真挚感人,语气平和,充满真情,谆谆训诲,语重心长。

复习思考题

1. 结合实际谈谈你对"功不唐捐"的认识。
2. 说说本文三个方法对当今大学生的意义。

十一、桨声灯影里的秦淮河

朱自清

【题解】　本文选自《朱自清散文》,浙江文艺出版社 2000 年版。朱自清(1898—1948),原名自华,字佩弦,号秋实,原籍浙江绍兴,生于江苏东海,童年随父定居扬州,自称"扬州人"。20 世纪 20 年代开始文学创作,先写诗,后写散文,是现代著名散文家、诗人、学者、民主战士。曾任清华大学、西南联大教授。抗战胜利后积极支持反对蒋介石独裁统治的学生运动。1948 年抗议美国支持日本,拒绝接受"美援"面粉,8 月病逝于北京。毛泽东评价他"表现了我们民族的英雄气概"。

朱自清的散文主要收录在《踪迹》《背影》和《你我》等散文集中。其题材可分为三个系列:一是以写社会生活、抨击黑暗现实为主要内容,如《生命价格——七毛钱》《白种人——上帝的骄子》和《执政府大屠杀记》等;二是描写个人和家庭生活,表现父子、夫妻、朋友间的人伦之情,具有绵厚之力和深长韵味的作品,如《背影》《儿女》《悼亡妇》等;三是以写自然景物为主的一组借景抒情的小品,如《绿》《桨声灯影里的秦淮河》《荷塘月色》等。其散文素朴缜密、清隽沉郁,以语言洗炼,文笔清丽著称,极富真情实感。他对建设平易、抒情、本色的现代语体散文作出了贡献。

本文写于 1923 年,当时"五四"运动处于低谷,作者思想十分苦闷。他不甘空虚,彷徨挣扎,想超然又难以忘情。这种复杂的内心矛盾流露于秦淮河,使自然风光抹上了浓郁的感情色彩。

一九二三年八月的一晚,我和平伯同游秦淮河[1];平伯是初泛,我是重来了。我们雇了一只"七板子",在夕阳已去,皎月方来的时候,便下了船。于是桨声汩——汩,我们开始领略那晃荡着蔷薇色的历史的秦淮河的滋味了。

秦淮河里的船,比北京万牲园、颐和园的船好,比西湖的船好,比扬州瘦西湖的船也好。这几处的船不是觉着笨,就是觉着简陋、局促;都不能引起乘客们的情韵,如秦淮河的船一样。秦淮河的船约略可分为两种:一是大船;一是小船,就是所谓"七板子"。大船舱口阔大,可容二三十人。里面陈设着字画和光洁的红木家具,桌上一律嵌着冰凉的大理石面。窗格雕镂颇细,使人起柔腻之感。窗格里映着红色蓝色的玻璃;玻璃上有精致的花纹,也颇悦人目。"七板子"规模虽不及大船,但那淡蓝色的栏干,空敞的舱,也足系人情思。而最出色处却在它的舱前。舱前是甲板上的一部。上面有弧形的顶,两边用疏疏的栏干支着。里面通常放着两张藤的躺椅。躺下,可以谈天,可以望远,可以顾盼两岸的河房。大船上也有这个,便在小船上更觉清隽罢了。舱前的顶下,一律悬着灯彩;灯的多少,明暗,彩苏的精粗,艳晦,是不一的。但好歹总还你一个灯彩。这灯彩实在是最能钩人的东西。夜幕垂垂地下来时,大小船上都点起灯火。从两重玻璃里映出那辐射着的黄黄的散光,反晕出一片朦胧的烟霭;透过这烟霭,在黯黯的水波里,又逗起缕缕的明漪。在这薄霭和微漪里,听着那悠然的间歇的桨声,谁能不被引入他的美梦去呢? 只愁梦太多了,这些大小船儿如何载得起呀? 我们这时模模糊糊的谈着明末的秦淮河的艳迹,如《桃花扇》及《板桥杂记》里所载的[2]。我们真神往了。我们仿佛亲见那时华灯映水,画舫凌波的光景了。于是我们的船便成了历史的重载了。我们终于恍然秦淮河的船所以雅丽过于他处,而又有奇异的吸引力的,实在是许多历史的影象使然了。

　　秦淮河的水是碧阴阴的;看起来厚而不腻,或者是六朝金粉所凝么? 我们初上船的时候,天色还未断黑,那漾漾的柔波是这样的恬静,委婉,使我们一面有水阔天空之想,一面又憧憬着纸醉金迷之境了。等到灯火明时,阴阴的变为沉沉了:黯淡的水光,像梦一般;那偶然闪烁着的光芒,就是梦的眼睛了。我们坐在舱前,因了那隆起的顶棚,仿佛总是昂着首向前走着似的;于是飘飘然如御风而行的我们,看着那些自在的湾泊着的船,船里走马灯般的人物,便像是下界一般,迢迢的远了,又像在雾里看花,尽朦朦胧胧的。这时我们已过了利涉桥,望见东关头了。沿路听见断续的歌声:有从沿河的妓楼飘来的,有从河上船里度来的。我们明知那些歌声,只是些因袭的言词,从生涩的歌喉里机械的发出来的;但它们经了夏夜的微风的吹漾和水波的摇拂,袅娜着到我们耳边的时候,已经不单是她们的歌声,而混着微风和河水的密语了。于是我们不得不被牵惹着,震撼着,相与浮沉于这歌声里了。从东关头转弯,不久就到大中桥。大中桥共有三个桥拱,都很阔大,俨然是三座门儿;使我们觉得我们的船和船里的我们,在桥下过去时,真是太无颜色了。桥砖是深褐色,表明它的历史的长久;但都完好无缺,令人太息于古昔工程的坚美。桥上两旁都是木壁的房子,中间应该有街路? 这些房子都破旧了,多年烟熏的迹,遮没了当年的美丽。我想象秦淮河的极盛时,在这样宏阔的桥上,特地盖了房子,必然是髹漆得富富丽丽的[3];晚间必然是灯火通明的。现在却只剩下一片黑沉沉! 但是桥上造着房子,毕竟使我们多少可以想见往日的繁华;这也慰情聊胜无了。过了大

中桥,便到了灯月交辉,笙歌彻夜的秦淮河;这才是秦淮河的真面目哩。

　　大中桥外,顿然空阔,和桥内两岸排着密密的人家的大异了。一眼望去,疏疏的林,淡淡的月,衬着蓝蔚的天,颇像荒江野渡光景;那边呢,郁丛丛的,阴森森的,又似乎藏着无边的黑暗:令人几乎不信那是繁华的秦淮河了。但是河中眩晕着的灯光,纵横着的画舫,悠扬着的笛韵,夹着那吱吱的胡琴声,终于使我们认识绿如茵陈酒的秦淮水了。此地天裸露着的多些,故觉夜来的独迟些;从清清的水影里,我们感到的只是薄薄的夜——这正是秦淮河的夜。大中桥外,本来还有一座复成桥,是船夫口中的我们的游踪尽处,或也是秦淮河繁华的尽处了。我的脚曾踏过复成桥的脊,在十三四岁的时候。但是两次游秦淮河,却都不曾见着复成桥的面;明知总在前途的,却常觉得有些虚无缥缈似的。我想,不见倒也好。这时正是盛夏。我们下船后,藉着新生的晚凉和河上的微风,暑气已渐渐销散;到了此地,豁然开朗,身子顿然轻了——习习的清风荏苒在面上[4],手上,衣上,这便又感到了一缕新凉了。南京的日光,大概没有杭州猛烈;西湖的夏夜老是热蓬蓬的,水像沸着一般,秦淮河的水却尽是这样冷冷地绿着。任你人影的憧憧,歌声的扰扰,总像隔着一层薄薄的绿纱面幂似的;它尽是这样静静的,冷冷的绿着。我们出了大中桥,走不上半里路,船夫便将船划到一旁,停了桨由它宕着[5]。他以为那里正是繁华的极点,再过去就是荒凉了;所以让我们多多赏鉴一会儿。他自己却静静的蹲着。他是看惯这光景的了,大约只是一个无可无不可。这无可无不可,无论是升的沉的,总之,都比我们高了。

　　那时河里热闹极了;船大半泊着,小半在水上穿梭似的来往。停泊着的都在近市的那一边,我们的船自然也夹在其中。因为这边略略的挤,便觉得那边十分的疏了。在每一只船从那边过去时,我们能画出它的轻轻的影和曲曲的波,在我们的心上;这显着是空,且显着是静了。那时处处都是歌声和凄厉的胡琴声,圆润的喉咙,确乎是很少的。但那生涩的,尖脆的调子能使人有少年的,粗率不拘的感觉,也正可快我们的意。况且多少隔开些儿听着,因为想象与渴慕的做美,总觉更有滋味;而竞发的喧嚣,抑扬的不齐,远近的杂沓,和乐器的嘈嘈切切,合成另一意味的谐音,也使我们无所适从,如随着大风而走。这实在因为我们的心枯涩久了,变为脆弱;故偶然润泽一下,便疯狂似的不能自主了。但秦淮河确也腻人。即如船里的人面,无论是和我们一堆儿泊着的,无论是从我们眼前过去的,总是模模糊糊的,甚至渺渺茫茫的;任你张圆了眼睛,揩净了眦垢[6],也是枉然。这真够人想呢。在我们停泊的地方,灯光原是纷然的;不过这些灯光都是黄而有晕的。黄已经不能明了,再加上了晕,便更不成了。灯愈多,晕就愈甚;在繁星般的黄的交错里,秦淮河仿佛笼上了一团光雾。光芒与雾气腾腾的晕着,什么都只剩了轮廓了;所以人面的详细的曲线,便消失于我们的眼底了。但灯光究竟夺不了那边的月色;灯光是浑的,月色是清的,在浑沌的灯光里,渗入了一派清辉,却真是奇迹! 那晚月儿已瘦削了两三分。她晚妆才罢,盈盈的上了柳梢头。天是蓝得可爱,仿佛一汪水似的;月儿便更出落得精神了。岸上原有三株两株的垂杨树,淡淡的影子,在水里摇曳着。它们那柔细的枝条浴着月光,就像一支支美人的臂膊,交互的缠着,挽着;又像是月儿披着的发。而月儿偶然也从它们的交叉处偷偷窥看我们,大有小姑娘怕羞的样子。岸上另有几株不知名的老树,光光的立着;在月光里照起来。却又俨然是精神矍铄的老人。远处——快到天际线了,才有一两片白云,亮得现出异彩,像美丽的贝壳一般。白云下便是黑黑的一带轮廓;是一条随意画的不规则的曲线。这一段光景,和河中的风味大异了。但灯与月竟能并存着,交融着,使月成了缠绵的月,灯射着渺渺的灵辉;这正是天之所以厚秦淮河,也正是天之所以厚我们了。

这时却遇着了难解的纠纷。秦淮河上原有一种歌妓,是以歌为业的。从前都在茶舫上,唱些大曲之类。每日午后一时起;什么时候止,却忘记了。晚上照样也有一回,也在黄晕的灯光里。我从前过南京时,曾随着朋友去听过两次。因为茶舫里的人脸太多了,觉得不大适意,终于听不出所以然。前年听说歌妓被取缔了,不知怎的,颇涉想了几次——却想不出什么。这次到南京,先到茶舫上去看看,觉得颇是寂寥,令我无端的怅怅了。不料她们却仍在秦淮河里挣扎着,不料她们竟会纠缠到我们,我于是很张皇了。她们也乘着"七板子",她们总是坐在舱前的。舱前点着石油汽灯,光亮眩人眼目:坐在下面的,自然是纤毫毕见了——引诱客人们的力量,也便在此了。舱里躲着乐工等人,映着汽灯的余辉蠕动着;他们是永远不被注意的。每船的歌妓大约都是二人;天色一黑,她们的船就在大中桥外往来不息的兜生意。无论行着的船,泊着的船,都要来兜揽的。这都是我后来推想出来的。那晚不知怎样,忽然轮着我们的船了。我们的船好好的停着,一只歌舫划向我们来的;渐渐和我们的船并着了。铄铄的灯光逼得我们皱起了眉头[7];我们的风尘色全给它托出来了,这使我踧踖不安了[8]。那时一个伙计跨过船来,拿着摊开的歌折,就近塞向我的手里,说,"点几出吧!"他跨过来的时候,我们船上似乎有许多眼光跟着。同时相近的别的船上也似乎有许多眼睛炯炯的向我们船上看着。我真窘了! 我也装出大方的样子,向歌妓们瞥了一眼,但究竟是不成的! 我勉强将那歌折翻了一翻,却不曾看清了几个字;便赶紧递还那伙计,一面不好意思地说,"不要,我们……不要。"他便塞给平伯。平伯掉转头去,摇手说,"不要!"那人还腻着不走。

平伯又回过脸来,摇着头道,"不要!"于是那人重到我处。我窘着再拒绝了他。他这才有所不屑似的走了。我的心立刻放下,如释了重负一般。我们就开始自白了。

　　我说我受了道德律的压迫,拒绝了她们;心里似乎很抱歉的。这所谓抱歉,一面对于她们,一面对于我自己。她们于我们虽然没有很奢的希望;但总有些希望的。我们拒绝了她们,无论理由如何充足,却使她们的希望受了伤;这总有几分不做美了。这是我觉得很怅怅的。至于我自己,更有一种不足之感。我这时被四面的歌声诱惑了,降服了;但是远远的,远远的歌声总仿佛隔着重衣搔痒似的,越搔越搔不着痒处。我于是憧憬着贴耳的妙音了。在歌舫划来时,我的憧憬,变为盼望;我固执的盼望着,有如饥渴。虽然从浅薄的经验里,也能够推知,那贴耳的歌声,将剥去了一切的美妙;但一个平常的人像我的,谁愿凭了理性之力去丑化未来呢? 我宁愿自己骗着了。不过我的社会感性是很敏锐的;我的思力能拆穿道德律的西洋镜,而我的感情却终于被它压服着,我于是有所顾忌了,尤其是在众目昭彰的时候。道德律的力,本来是民众赋予的;在民众的面前,自然更显出它的威严了。我这时一面盼望,一面却感到了两重的禁制:一,在通俗的意义上,接近妓者总算一种不正当的行为;二,妓是一种不健全的职业,我们对于她们,应有哀矜勿喜之心,不应赏玩的去听她们的歌。在众目睽睽之下,这两种思想在我心里最为旺盛。她们暂时压倒了我的听歌的盼望,这便成就了我的灰色的拒绝。那时的心实在异常状态中,觉得颇是昏乱。歌舫去了,暂时宁靖之后[9],我的思绪又如潮涌了。两个相反的意思在我心头往复:卖歌和卖淫不同,听歌和狎妓不同,又干道德甚事? ——但是,但是,她们既被逼的以歌为业,她们的歌必无艺术味的;况她们的身世,我们究竟该同情的。所以拒绝倒也是正办。但这些意思终于不曾撇开我的听歌的盼望。它力量异常坚强;它总想将别的思绪踏在脚下。从这重重的争斗里,我感到了浓厚的不足之感。这不足之感使我的心盘旋不安,起坐都不安宁了。唉! 我承认我是一个自私的人! 平伯呢,却与我不同。他引周启明先生的诗[10],"因为我有妻子,所以我爱一切的女人,因为我有子女,所以我爱一切的孩子。"他的意思可以见了。他因为推及的同情,爱着那些歌妓,并且尊重着她们,所以拒绝了她们。在这种情形下,他自然以为听歌是对于她们的一种侮辱。但他也是想听歌的,虽然不和我一样,所以在他的心中,当然也有一番小小的争斗;争斗的结果,是同情胜了。至于道德律,在他是没有什么的;因为他很有蔑视一切的倾向,民众的力量在他是不大觉着的。这时他的心意的活动比较简单,又比较松弱,故事后还怡然自若;我却不能了。这里平伯又比我高了。

在我们谈话中间，又来了两只歌舫。伙计照前一样的请我们点戏，我们照前一样的拒绝了。我受了三次窘，心里的不安更甚了。清艳的夜景也为之减色。船夫大约因为要赶第二趟生意，催着我们回去；我们无可无不可的答应了。我们渐渐和那些晕黄的灯光远了，只有些月色冷清清的随着我们的归舟。我们的船竟没个伴儿，秦淮河的夜正长哩！到大中桥近处，才遇着一只来船。这是一只载妓的板船，黑漆漆的没有一点光。船头上坐着一个妓女；暗里看出，白地小花的衫子，黑的下衣。她手里拉着胡琴，口里唱着青衫的调子。她唱得响亮而圆转；当她的船箭一般驶过去时，余音还袅袅的在我们耳际，使我们倾听而向往。想不到在弩末的游踪里，还能领略到这样的清歌！这时船过大中桥了，森森的水影，如黑暗张着巨口，要将我们的船吞了下去。我们回顾那渺渺的黄光，不胜依恋之情；我们感到了寂寞了！这一段地方夜色甚浓，又有两头的灯火招邀着；桥外的灯火不用说了，过了桥另有东关头疏疏的灯火。我们忽然仰头看见依人的素月，不觉深悔归来之早了！走过东关头，有一两只大船湾泊着，又有几只船向我们来着。嚣嚣的一阵歌声人语，仿佛笑我们无伴的孤舟哩。东关头转湾，河上的夜色更浓了；临水的妓楼上，时时从帘缝里射出一线一线的灯光；仿佛黑暗从酣睡里眨了一眨眼。我们默然的对着，静听那汩——汩的桨声，几乎要入睡了；朦胧里却温寻着适才的繁华的余味。我那不安的心在静里愈显活跃了！这时我们都有了不足之感，而我的更其浓厚。我们却又不愿回去，于是只能由懊悔而怅惘了。船里便满载着怅惘了。直到利涉桥下，微微嘈杂的人声，才使我豁然一惊；那光景却又不同。右岸的河房里，都大开了窗户，里面亮着晃晃的电灯，电灯的光射到水上，蜿蜒曲折，闪闪不息，正如跳舞着的仙女的臂膊。我们的船已在她的臂膊里了；如睡在摇篮里一样，倦了的我们便又入梦了。那电灯下的人物，只觉像蚂蚁一般，更不去萦念。这是最后的梦；可惜是最短的梦！黑暗重复落在我们面前，我们看见傍岸的空船上一星两星的，枯燥无力又摇摇不定的灯光。我们的梦醒了，我们知道就要上岸了；我们心里充满了幻灭的情思。

一九二三年十月十一日作完，于温州

【注释】[1]平伯：即俞平伯(1900—1990)，原名俞铭衡，字平伯，浙江人，中国现代著名散文家、诗人和《红楼梦》研究专家。1923 年 8 月的一夜，朱自清与俞平伯同泛秦淮，同以《桨声灯影里的秦淮河》为题作文一篇，同时发表在 1924 年 1 月 25 日的《东方杂志》上，在现代文学史上传为佳话。其中朱文被称为"白话美文的模范"。 [2]《桃花扇》：清初孔尚任所著，是通过明末复社文人侯方域与秦淮名妓李香君的爱情故事来反映南明一代兴亡的历史剧。《板桥杂记》：明末清初文学家余怀所著，专述秦淮名妓，回忆昔日的秦淮河光景，以抒发故国遗恨、世事兴亡之感。[3]髹(xiū)：把漆涂在器物上。 [4]荏苒(rěnrǎn)：原意指时间慢慢过去，此处指风慢慢吹拂。 [5]宕(dàng)：飘荡。 [6]眦(zì)垢：眼角的污垢。 [7]铄铄(shuòshuò)：光芒闪耀的样

子。　［8］踧踖(cùjí):恭敬而不安的样子。　［9］宁靖:安定。　［10］周启明:即周作人,现代散文家、诗人、文学翻译家,启明是他的号。原诗是"我为了自己的儿女才爱小孩子,为了自己的妻才爱女人",见《雪朝》第48页。

【简析】　这是一篇记游性写景抒情散文,是朱自清的成名作。文章从作者与友人一起雇"七板子"游秦淮河写起,巧妙地以"桨声灯影"为行文线索,由利涉桥到大中桥外,自夕阳西下到素月依人,表现了完整的游踪,形成明显的时空顺序。

作者记叙夏夜泛舟秦淮河的见闻感受,在声光色彩的协奏中,敏锐地捕捉到了秦淮河不同时空、不同情境中的绰约风姿,引发思古之幽情。文章的最大特色是富有诗情画意,在作者笔下秦淮河如诗、如画、如梦。奇异的"七板子"船,温柔飘香的绿水,飘渺的歌声……平淡中见神奇,意味隽永,可谓文中有画,画中有文。作者的笔触细致,描绘秦淮河风光时,不求气势豪放,而以精巧展现美,具体细腻地描绘秦淮河的秀丽安逸,作者抓住景物的光、形、色、味,明丽中不见雕琢,淡雅而不俗气,水、灯、月交相辉映。作者借助对历史影像的缅怀,将秦淮河写得虚虚实实、朦朦胧胧,让人陶醉,令人神往。作者将自然景色、历史影象、真实情感融汇起来,洋溢着一股真挚深沉而又细腻的感情,给人以眷恋、思慕、追怀的感受。

文章笔墨变化多端,有典雅的诗化语言,也有浓艳的语句。在表现秦淮河光亮上,朱自清运用的并非形象的色彩,而是抽象的文字,非常真实地绘出了秦淮河光亮的美丽与绚丽多彩,绘出了犹如印象派大师所作的五光十色的油画,显得非常丰满和浑厚。在灯光、水光和月光的交织之中,他并没能很好领略六代繁华的笙歌,因此再度产生了"寂寞"和"惆怅","心里充满了幻灭的情思",因为此时"五四"思想启蒙运动的高潮已经过去,他在文化思想界处于暂时沉寂的苦闷的氛围中间,只能踏踏实实地进行着探索和思考。这种多少有些颓废的"幻灭的情思",不是来源于厌倦人生的遁世哲学,而是来源于思索黑暗现实之后的失望情绪。本文经过了千锤百炼的文字,尽管是够华丽和明艳的了,却又显不出一点儿雕琢的痕迹。在读起来朗朗上口、颇有情韵的文字底下,更渲染和烘托了十分饱满的形象,这正是他运用辞藻的高超之处。

 复习思考题

1. 为什么作者说秦淮河"晃荡着蔷薇色的历史"? 作者对这一段历史怀有怎样的心态?

2. 本文在创造情景交融的艺术境界时运用了哪些手法? 请举例说明。

十二、沙滩上的脚迹

茅　盾

【题解】　本文选自《茅盾散文》,浙江文艺出版社2000版。茅盾(1896—1981),原名沈德鸿,字雁冰,笔名茅盾,浙江桐乡县乌镇人。中国现代著名作家、文学评论家以及社会活动家,"五四"新文化运动先驱者之一,我国革命文艺奠基人之一。10岁时父亲去世,由母亲抚养长大。1913年考入北京大学预科,1916年毕业后入上海商务印书馆工作,从此开始文学活动。1920年主编《小说月报》,成为文学研究会的首席评论家。他参与了上海共产主义小组筹建中国共产党,参加国民党第二次代表大会,任过国民党中央宣传部的秘书。国共合作破裂之后,自武汉流亡上海、日本,开始写作处女作《蚀》三部曲(《幻灭》《动摇》《追求》)。其作品主要有长篇小说《子夜》《虹》《霜叶红于二月花》,短篇小说《农村三部曲》《林家铺子》,散文《白杨礼赞》《风景谈》《大地山河》等。

本文是一篇具有浓郁象征意味的抒情散文,可视为散文诗。通过对沙滩上多种脚迹的辨认,描写了人们在寻找人生出路中彷徨、悲观、等待、失望和努力求索的心路历程,表达了作者在逆境中对前途充满希望和信心的人生态度。

他,独自一个,在这黄昏的沙滩上彳亍[1]。

什么都看不分明了,仅可辨认,那白茫茫的知道是沙滩,那黑魆魆的是酝酿着暴风雨的海[2]。

远处有一点光明,知道是灯塔。

他,用心火来照亮了路,可也不能远,只这么三二尺地面,他小心地走着,走着。

猛可的[3],天空瞥过了锯齿形的闪电。他看见不远的前面有黑簇簇的一团,呵呵,这是"夜的国"么,还是妖魔的堡寨?

他又看见离身丈把路的沙上,是满满的纵横重叠的脚迹。

哈哈,有了!赶快!他狂喜地跳着,想踏上那些该是过去人的脚迹。

他浑身一使劲,迸出个更大些的心火来。

他伛着腰,辨认那纵横重叠的脚迹,用他的微弱的心火的光焰。

咄!但是他吃惊地叫了起来。

这纵横重叠的,分明是禽兽的脚迹。大的,小的,新的,旧的,延展着,延展着,不知有几多远。而他,孤零零站在这兽迹的大海中间。

他惘然站着,失却了本来的勇气;心头的火光更加微弱,黄苍苍地象一个毛月亮,更不能照他一步两步远。

于是抱着头,他坐在沙上。

他坐着,他想等到天亮;他相信:这纵横重叠的鸟兽的脚迹中,一定也有一些是人的脚迹,可以引上康庄大道,达到有光明温暖的人的处所的脚迹,只要耐守到天明,就可以辨认出来。

他耐心地等着,抱着头,连远处的灯塔也不望它一眼。他相信,在恐怖的黑夜中,耐心等候是不错的。然而,然而——

隆隆隆的,他听得了叫他汗毛直竖的怪响了。这不是雷鸣,也不是海啸,他猛一抬头,他看见无数青面獠牙的夜叉从海边的黑浪里涌出来,夜叉们一手是钢刀,一手是人的黑心炼成的金元宝,慌慌张张在找觅牺牲品。

他又看见跟在夜叉背后的,是妖娆的人鱼,披散了长发,高耸着一对浑圆的乳峰,坐在海滩的鹅卵石上,唱迷人的歌曲。

他闭了眼,心里这才想到等候也不是办法;他跳了起来,用最后的一分力,把心火再旺起来,打算找路走。可是——那边黑簇簇的一团这时闪闪烁烁飞出几点光来,飞出的更多了! 光点儿结成球了,结成线条了,终于青闪闪地排成了四个大字:光明之路!

呵! 哦! 他得救地喊了一声。

这当儿,天空又撒下了锯齿形的闪电。是锯齿形! 直要把这昏黑的天锯成了两半。在电光下,他看得明明白白,那边是一些七分像人的鬼怪,手里都有一根长家伙,怕就是人身上的什么骨头,尖端吐出青绿的鬼火,是这鬼火排成了好看的字。

在电光下,他又分明看到地下重重叠叠的脚迹中确也有些人样的脚迹,有的已经被踏乱,有的却还清楚,像是新的。

他的心一跳,心好像放大了一倍,从心里射出来的光也明亮得多了;他看见地下的脚迹中间还有些虽则外形颇像人类但确是什么只穿着人的靴子的妖魔的足印,而且他又看见旁边有小小的孩子们的脚印。有些天真的孩子上过当!

然而他也在重重叠叠的兽迹和冒充人类的什么妖怪的足印下,发现了被埋藏的真的人的足迹。然而这些脚迹向着同一的方向,愈去愈密。

他觉得愈加有把握了,等天亮再走的念头打消得精光,靠着心火的照明,在纵横杂乱的脚迹中他小心地辨认着真的人的足印,坚定地前进!

【注释】[1]彳亍(chìchù):慢慢走,走走停停。 [2]黑魃魃(xūxū):黑暗的样子。 [3]猛可的:猛然地,多见于早期白话。

【简析】 本文采用象征手法表达主旨,形象生动,富有诗意。文中意象繁多而内涵丰富,它们共同组成了一个整体的象征世界。如"沙滩"象征时代、人生、世界,"黑魃魃的是酝酿着暴风雨的海"正是当时黑暗社会现实的写照,"夜叉"象征黑暗势力,"人鱼"象征诱惑,"光明之路"象征欺骗,"穿着人的靴子的妖魔的足印"象征奸诈,"锯齿形的闪电"象征进步的思想、进步的力量,"兽迹"象征封建主义的复辟道路和资本主义的道路,"真的人的足印"象征新民主主义革命的光明道路等。

文章线索分明,层次清晰。文章有两条线索:一是外在的叙述线索——辨认脚迹,寻找光明之路。二是内在的情感线索——辨认脚迹过程中的心路历程。这两条线索互相交织,并行展开。

心理描写细致逼真,真实表达了作者在逆境中不断探索的心理体验和积极进取的人生态度。如心火"黄苍苍地象一个毛月亮,更不能照他一步两步远",写出了受挫后他茫然痛苦的心态;他抱头坐等天亮,"连远处的灯塔也不望它一眼",写出了他悲观苦闷、彷徨失望的心态;"心好像放大了一倍,从心里射出来的光也明亮得多了",表明了他的彻底觉醒、坚定自信的心理变化过程。

 复习思考题

1. 文章分别描写了哪几种脚迹,各自象征着什么?
2. 课文中"夜叉""人鱼""光明之路"等不同意象各象征什么?
3. 阅读下列语段,回答问题。

这纵横重叠的,分明是禽兽的脚迹。大的,小的,新的,旧的,延展着,延展着,不知有几多远。而他,孤零零站在这兽迹的大海中间。他惘然站着,失却了本来的勇气;心头的火光更加微弱,黄苍苍地象一个毛月亮,更不能照他一步两步远。于是抱着头,他坐在沙上。他坐着,他想等到天亮;他相信:这纵横重叠的鸟兽的脚迹中,一定也有一些是人的脚迹,可以引上康庄大道,达到有光明温暖的人的处所的脚迹,只要耐守到天明,就可以辨认出来。

他耐心地等着,抱着头,连远处的灯塔也不望它一眼。他相信,在恐怖的黑夜中,耐心等候是不错的。然而,然而——

(1) 在这一片段中作者所要表现的中心思想是什么?
(2) 这一片段表现了一种什么样的思想基调?
(3) 在这一片段中作者运用了什么样的修辞方法,其作用如何?

十三、吃饭

钱钟书

【题解】 本文选自《钱钟书集》中之《写在人生边上》,"生活·读书·新知"三联书店 2002 年版。作者钱钟书(1910—1998),字默存,号槐聚,曾用笔名中书君。江苏无锡人。20 世纪著名学者、现代著名作家、文学研究家。1910 年 11 月 21 日生于江苏无锡一个书香门第家庭。1933 年清华大学外文系毕业,1935 年入英国牛津大学留学,后赴法国巴黎大学进修。1938 年归国,先后担任西南联大外文系教授、国立蓝田师范学院英文系主任、上海暨南大学外文系教授、清华大学外文系教授等职。1953 年起,任中国社会科学院文学研究所研究员。钱钟书博学多能,兼通数国语言,学贯中西,在文学创作和学术研究两方面均作出了卓越成绩。著有长篇小说《围城》(被誉为现代"儒林外史")、短篇小说集《人·兽·鬼》、散文集《写在人生边上》、学术著作《谈艺录》《七缀集》《管锥编》等。

钱钟书散文内涵丰富,逻辑缜密,文笔老辣,文风如行云流水,自成一家。"吃饭"虽为小道却包含天下至理。作者由吃饭联系种种社会现象,畅谈包孕其中的哲理。

吃饭有时很像结婚,名义上最主要的东西,其实往往是附属品。吃讲究的饭事实上只是吃菜,正如讨阔佬的小姐,宗旨倒并不在女人。这种主权旁移,包含着一个转了弯的、不甚朴素的人生观。辨味而不是充饥,变成了我们吃饭的目的。舌头代替了肠胃，作为最后或最高的裁判。不过，我们仍然把享受掩饰为需要，不说吃菜，只说吃饭，好比我们研究哲学或艺术，总说为了真和美可以利用一样。有用的东西只能给人利用，所以存在；偏是无用的东西会利用人，替它遮盖和辩护，也能免于抛弃。柏拉图《理想国》里把国家分成三等人[1]，相当于灵魂的三个成分；饥渴吃喝等嗜欲是灵魂里最低贱的成分，等于政治组织里的平民或民众。最巧妙的政治家知道怎样来敷衍民众，把自己的野心装点成民众的意志和福利；请客上馆子去吃菜，还顶着吃饭的名义，这正是舌头对肚子的借口，仿佛说："你别抱怨，这有你的份！你享着名，我替你出力去干，还亏了你什么？"其实呢，天知道——更有饿瘪的肚子知道——若专为充肠填腹起见，树皮草根跟鸡鸭鱼肉差不了多少！真想不到，在区区消化排泄的生理过程里还需要那么多的政治作用。

古罗马诗人波西蔼斯（Persius）曾慨叹说[2]，肚子发展了人的天才，传授人以技术（Magister artisingeni que largitor venter）。这个意思经拉柏莱发挥得淋漓尽致[3]，《巨人世家》卷三有赞美肚子的一章，尊为人类的真主宰、各种学问和职业的创始和提倡者，鸟飞，兽走，鱼游，虫爬，以及一切有生之类的一切活动，也都是为了肠胃。人类所有的创造和活动（包括写文章在内），不仅表示头脑的充实，并且证明肠胃的空虚。饱满的肚子最没用，那时候的头脑，迷迷糊糊，只配做痴梦；咱们有一条不成文的法律：吃了午饭睡中觉，就是有力的证据。我们通常把饥饿看得太低了，只说它产生了乞丐、盗贼、娼妓一类的东西，忘记了它也启发过思想、技巧，还有"有饭大家吃"的政治和经济理论。德国古诗人白洛柯斯（B.H.Br-ockes）做赞美诗，把上帝比作"一个伟大的厨师傅（der grosse Speisemeister）"，做饭给全人类吃，还不免带些宗教的稚气。弄饭给我们吃的人，决不是我们真正的主人翁。这样的上帝，不做也罢。只有为他弄了饭来给他吃的人，才支配着我们的行动。譬如一家之主，并不是赚钱养家的父亲，倒是那些乳臭未干、安坐着吃饭的孩子；这一点，当然做孩子时不会悟到，而父亲们也决不甘承认的。拉柏莱的话较有道理。试想，肚子一天到晚要我们把茶饭来向它祭献，它还不是上帝是什么？但是它毕竟是个下流不上台面的东西，一味容纳吸收，不懂得享受和欣赏。人生就因此复杂起来。一方面是有了肠胃而要饭去充实的人，另一方面是有饭而要胃口来吃的人。第一种人生观可以说是吃饭的；第二种不妨唤作吃菜的。第一种人工作、生产、创造，来换饭吃。第二种人利用第一种人活动的结果，来健脾开胃，帮助吃饭而增进食量。所以吃饭时要有音乐，还不够，就有"佳人""丽人"之类来劝酒；文雅点就开什么销寒会、销夏会，在席上传观法书名画；甚至赏花游山，把自然名胜来下饭。吃的菜不用说尽量讲究。有这样优裕的物质环境，舌头像身体一般，本来是极随便的，此时也会有贞操和气节了；许多从前惯吃的东西，现在吃了仿佛玷污清白，决不肯再进口。精细到这种田地，似乎应当少吃，实则反而多吃。假使让肚子作主，吃饱就完事，还不失分寸。舌头拣精拣肥，贪嘴不顾性命，结果是肚子倒霉受累，只好忌嘴，舌头也像鲁智深所说"淡出鸟来"。这诚然是它馋得忘了本的报应！如此看来，吃菜的人生观似乎欠妥。

不过，可口好吃的菜还是值得赞美的。这个世界给人弄得混乱颠倒，到处是磨擦冲突，只有两件最和谐的事物总算是人造的：音乐和烹调。一碗好菜仿佛一只乐曲，也是一种一贯的多元，调和滋味，使相反的分子相成相济，变作可分而不可离的综合。最粗浅的例像白煮蟹和醋，烤鸭和甜酱，或如西菜里烤猪肉(Roast pork)和苹果泥(Apple sauce)、渗鲞鱼和柠檬片，原来是天涯地角、全不相干的东西，而偏偏有注定的缘分，像佳人和才子、母猪和癞象，结成了天造地设的配偶、相得益彰的眷属。到现在，他们亲热得拆也拆不开。在调味里，也有来伯尼支(Leibniz)的哲学所谓"前定的调和"(Harmonia praestabilita)，同时也有前定的不可妥协，譬如胡椒和煮虾蟹、糖醋和炒牛羊肉，正如古音乐里，商角不相协，徵羽不相配[4]。音乐的道理可通于烹饪，孔子早已明白，《论语》记他在齐闻《韶》，"三月不知肉味"。可惜他老先生虽然在《乡党》一章里颇讲究烧菜[5]，还未得吃道三昧，在两种和谐里，偏向音乐。譬如《中庸》讲身心修养，只说"发而中节谓之和[6]"，养成音乐化的人格，真是听乐而不知肉味人的话。照我们的意见，完美的人格，"一以贯之"的"吾道"，统治尽善的国家，不仅要和谐得像音乐，也该把烹饪的调和悬为理想。在这一点上，我们不追随孔子，而愿意推崇被人忘掉的伊尹[7]。伊尹是中国第一个哲学家厨师，在他眼里，整个人世间好比是做菜的厨房。《吕氏春秋·本味篇》记伊尹以至味说汤那一大段[8]，把最伟大的统治哲学讲成惹人垂涎的食谱。这个观念渗透了中国古代的政治意识，所以自从《尚书·顾命》起，做宰相总比为"和羹调鼎[9]"，老子也说"治国如烹小鲜[10]"。孟子曾赞伊尹为"圣之任者"，柳下惠为"圣之和者[11]"，这里的文字也许有些错简。其实呢，允许人赤条条相对的柳下惠该算是个放"任"主义者[12]；而伊尹倒当得起"和"字——这个"和"字，当然还带些下厨上灶、调和五味的涵意。

吃饭还有许多社交的功用，譬如联络感情、谈生意经等等，那就是"请吃饭"了。社交的吃饭种类虽然复杂，性质极为简单。把饭给有饭吃的人吃，那是请饭；自己有饭可吃而去吃人家的饭，那是赏面子。交际的微妙不外乎此。反过来说，把饭给与没饭吃的人吃，那是施食；自己无饭可吃而去吃人家的饭，赏面子就一变而为丢脸。这便是慈善救济，算不上交际了。至

于请饭时客人数目的多少,男女性别的配比,我们改天再谈。但是趣味洋溢的《老饕年鉴》(Almanach des Courmands)里有一节妙文[13],不可不在此处一提。这八小本名贵希罕的奇书在研究吃饭之外,也曾讨论到请饭的问题。大意说:我们吃了人家的饭该有多少天不在背后说主人的坏话,时间的长短按照饭菜的质量而定;所以做人应当多多请客吃饭,并且吃好饭,以增进朋友的感情,减少仇敌的毁谤。这一番议论,我诚恳地介绍给一切不愿彼此成为冤家的朋友,以及愿意彼此变为朋友的冤家。至于我本人呢,恭候诸君的邀请,努力奉行猪八戒对南山大王手下小妖说的话:"不要拉扯,待我一家家吃将来[14]。"

【注释】 [1]柏拉图:公元前427—前347年,古希腊最有代表性的大思想家、大哲学家、大文学家、大教育家。他对整个西方哲学的理念与文化发展有极其深远的影响,一如中华文化中孔子的地位。他的作品《理想国》又译为《共和国》《国家篇》。在这本书中,他构造了理想政治社会的模式。柏拉图从国家起源于劳动分工的观点出发,把公民按先天禀赋的优劣分为治国者、武士、劳动者三个等级。他认为一个人的灵魂包含理性、激情和欲望三个要素。一个有德行的人应该使理性居主导地位,统帅激情,控制欲望。由此推及治国者、武士、劳动者是理性、激情和欲望的代表。因此,由哲学家领导护卫者统治生产者,城邦就是正义的。 [2]波西葛斯:古罗马讽刺诗人。传世的有讽刺诗一卷六首。 [3]拉伯莱:即弗朗索瓦·拉伯雷(约1495—1553),法国人文主义作家。著有《巨人世家》,又译作《巨人传》,共五卷。描写了一个巨人卡冈都亚和他的儿子接受教育、反对侵略、寻找圣壶的故事,以宣扬人文主义思想。 [4]徵(zhǐ)羽:古代五音为宫、商、角、徵、羽。 [5]《乡党》:《论语》中记载孔子饮食观点的一章。如"食不厌精,脍不厌细"等。 [6]"发而中节谓之和":语见《中庸》"喜怒哀乐之未发,谓之中;发而皆中节,谓之和。"大意是:喜怒哀乐没有表现出来的时候,叫做"中";表现出来以后符合节度,叫做"和"。 [7]伊尹:名挚,尹是官名。夏末商初政治家、军事谋略家,被国人称之为"烹调之圣"。原为有莘氏家奴,曾为庖人,作为媵人陪嫁至商。[8]语见《吕氏春秋·孝行览·本味》。汤武王得伊尹,伊尹以至味说汤:"君之国小不足以具之……天子成则至味具。"大意是:欲成天子,必居中国,居中国才能聚天下之至味,四方之美食,力促商汤取得天下。 [9]和羹调鼎:语见《尚书·顾命》"尔惟训于朕志,若作酒醴,尔惟麹蘖;若作和羹,尔惟盐梅。"大意是:殷王武丁要求宰相傅说"你当顺从我想学的志愿,比如作甜酒,你就做曲蘖;比如作羹汤,你就做盐和梅"。 [10]治国如烹小鲜:语见老子《道德经》。意为:治大国就像烹鱼一样,即不要烦政扰民,忌折腾。 [11]柳下惠:亦称柳下季,春秋时鲁国人,姓展,名禽,字获。鲁僖公和鲁文公时任掌管刑狱的"士师"。柳下,是封邑,一说因他居官清正,执法严谨,不合时宜,弃官归隐,居于柳下(今河南濮阳县柳屯)。死后其妻谥之为"惠",故称柳下惠。《孟子·万章下》中记载:"伊尹,圣之任者也;柳下惠,圣之和者也。"称伊尹"圣之任者"是因为"其自任以天下之重也";称柳下惠为"圣之和者"是因为他不计个人得失,随遇而安,即"不羞污君,不辞小官;进不隐贤必以其道,遗佚而不怨,穷而不悯;与乡人处,由由然不忍去也"。大意是:侍奉污浊糊涂的国君,也不以为羞耻,让他做那卑小的官,他也不嫌弃推辞。一旦做了官就尽心尽力,绝不隐藏自己的美德与贤才,做事严格遵循道义。被遗弃罢官了,也不生怨恨之心,遇到艰难挫折他也不忧愁,高高兴兴地与国人相处不离开。 [12]赤条条相对:语见《孟子·万章下》"尔为尔,我为我,虽袒裼裸裎于我侧,尔焉能浼我哉?"大意是:你是你,我是我,你纵然在我身边赤身裸体,怎么能污染我呢? [13]老饕(tāo):贪食者。 [14]事见《西游记》第85回。

　　【简析】 这是一篇随笔式散文。作者似乎是娓娓道来,侃侃而谈,语气是调侃而随意的,但目光却是冷峻而深邃的。

第一段核心命题是"名义上最主要的东西,其实往往是附属品"。第二段中心有两个:一是人类所有的创造活动,不仅表示大脑的充实,而且证明肠胃的空虚;二是社会由两种人(穷人与富人)组成,他们有不同的人生观。第三段谈"和谐",即"完美的人格","一以贯之"的"吾道",统治尽善的国家,不仅要和谐得像音乐,也该把烹饪的调和悬为理想。第四段指出"吃饭"还有许多社交的功用。

全文神侃吃饭,在闲聊中将政治家的主张、婚姻择偶的动机、人际交往的准则、风流雅士的宴集尽情揶揄了一番。本文的特色是巧设新鲜的比喻和广征博引,让读者感受到知识和智慧的魅力。作者借吃饭为题,通过各种类比联想和巧妙比喻,发表他对人生、社会诸种现象和问题的看法——"名义上最主要的东西,其实往往是附属品",批判爱财不爱人的金钱婚姻观,嘲弄政客心口不一和以公权谋私利等不良世风。针对"给人弄得混乱颠倒"的社会现实,作者阐发了"和五味以调口"的传统思想,倡导了多元"相成相济"的和而不同的社会理念。作者从吃饭说到结婚,说到艺术,说到政治,都是通过相似性联想展开的。其中,巧设陌生化的比喻是一个最显著的艺术特色。

 复习思考题

1. 本文借吃饭谈了哪几种社会现象?

2. "吃讲究的饭事实上只是吃菜",就这种"主权旁移"现象从现实生活中举出类似的例子。

3. 吃饭与政治颇多相通相似之处,文章一共谈了几点,作者对这些有何评论?

十四、心灵的灰烬

傅 雷

【题解】 本文选自《傅雷家书》,"生活·读书·新知"三联书店 1981 年版。傅雷(1908—1966),字怒安,号怒庵,我国著名的翻译家、文学评论家。上海市南汇县(现南汇区)人。傅雷翻译的作品,共 30 余种,主要为法国文学作品。其中巴尔扎克占 15 种,有《高老头》《欧也妮·葛朗台》《邦斯舅舅》,罗曼·罗兰的《约翰·克利斯朵夫》及《贝多芬传》《米开朗琪罗传》《托尔斯泰传》,丹纳的《艺术哲学》,罗素的《幸福之路》和牛顿的《英国绘画》。20 世纪 60 年代初,傅雷因在翻译巴尔扎克作品方面的卓越贡献,被法国巴尔扎克研究会吸收为会员。其全部译作,由安徽人民出版社编成《傅雷译文集》。傅雷写给长子傅聪的家书,辑录为《傅雷家书》(1981),整理出版后,也为读者所注目。

《傅雷家书》是一本"充满着父爱的苦心孤诣、呕心沥血的教子篇";也是"最好的艺术学徒修养读物";更是既平凡又典型的"不聪明"的近代中国知识分子的深刻写照。《傅雷家书》出版以来,5 次重版,19 次重印,发行已达 100 多万册,曾荣获"全国首届优秀青年读物"(1986)。

本文是一篇书信体散文。1954 年,傅雷之子傅聪被文化部派往波兰深造。当时

他正处于初恋之时,离别使他陷入了感情的痛苦之中。当他精神消沉时,傅雷写这封信鼓励儿子振作起来,以平和的心态去面对人生挫折,乐观地对待情感的创伤,做一个勇敢坚强的人。

一九五四年十月二日

聪,亲爱的孩子。收到九月二十二日晚发的第六信,很高兴。我们并没为你前信感到什么烦恼或是不安。我在第八信中还对你预告,这种精神消沉的情形,以后还是会有的。我是过来人,决不至于大惊小怪。你也不必为此耽心,更不必硬压在肚里不告诉我们。心中的苦闷不在家信中发泄,又哪里去发泄呢?孩子不向父母诉苦向谁诉呢?我们不来安慰你,又该谁来安慰你呢?人一辈子都在高潮—低潮中浮沉,惟有庸碌的人,生活才如死水一般;或者要有极高的修养,方能廓然无累,真正的解脱。只要高潮不过分使你紧张,低潮不过分使你颓废,就好了。太阳太强烈,会把五谷晒焦;雨水太猛,也会淹死庄稼。我们只求心理相当平衡,不至于受伤而已。你也不是栽了筋斗爬不起来的人。我预料国外这几年,对你整个的人也有很大的帮助。这次来信所说的痛苦,我都理会得;我很同情,我愿意尽量安慰你,鼓励你。克利斯朵夫不是经过多少回这种情形吗[1]?他不是一切艺术家的缩影与结晶吗?慢慢的你会养成另外一种心情对付过去的事:就是能够想到而不再惊心动魄,能够从客观的立场分析前因后果,做将来的借鉴,以免重蹈覆辙。一个人惟有敢于正视现实,正视错误,用理智分析,彻底感悟;终不至于被回忆侵蚀。我相信你逐渐会学会这一套,越来越坚强的。我以前在信中和你提过感情的 ruin〔创伤,覆灭〕,就是要你把这些事当做心灵的灰烬看,看的时候当然不免感触万端,但不要刻骨铭心地伤害自己,而要像对着古战场一般的存着凭吊的心怀。倘若你认为这些话是对的,对你有些启发作用,那末将来在遇到因回忆而痛苦的时候(那一定免不了会再来的),拿出这封信来重读几遍。

说到音乐的内容,非大家指导见不到高天厚地的话,我也有另外的感触,就是学生本人先要具备条件:心中没有的人,再经名师指点也是枉然的。

【注释】 [1]克利斯朵夫:法国作家罗曼·罗兰的长篇巨著《约翰·克利斯朵夫》中的主人公。

【简析】 全文共两段。第一段是全文的核心,完整地阐释了作者的人生态度,即正视现实,用理智分析,彻底感悟,终不至于被回忆侵蚀。其中,开头至"我们不来安慰你,又该谁来安慰你呢?"为第一层,表示对儿子心中苦闷的理解;"人一辈子都在高潮"至"我相信你逐渐会学会这一套,越来越坚强的"为第二层,教诲儿子面对人生的高潮和低潮,应当不紧张、不颓废,从客观的现实中去分析前因后果;从"我以前在信中和你提过感情的 ruin"至该节末尾为第三层,希望儿子把过去的一切当作"心灵的灰烬"来看待,有一种凭吊的心怀——虽然有痛苦的回忆,但这一切已经过去。

第二段写学生应该从心中认识、体会到所学内容,否则再指点也是没用的。

本文在艺术方面有三个特点:

第一,对人生哲理的形象概括。本文有很多对人生的哲理概括,如"人一辈子都在高潮—低潮中浮沉,惟有庸碌的人,生活才如死水一般;或者要有极高的修养,方能廓然无累,真正的解脱。只要高潮不过分使你紧张,低潮不过分使你颓废,就好了。太阳太强烈,会把五谷晒焦;雨水太猛,也会淹死庄稼。"这些概括不仅能对思想处于低谷的儿子起到教育和指引作用,也能够对现代青年起到指导作用。

第二,具有很强的感染力。儿子渡海出洋,父母怎不牵挂心头!这种爱,已不是一般的嘘寒问暖,而是一种精神的关怀、心灵的启迪、人生道路的指引;作者是以"过来人"的身份,告诉自己的儿子应该走什么样的路,不应该走什么样的路。

第三,意象的启迪。"灰烬"本意是指烧尽的残存物,将过去的事、尤其是过去的痛苦的事,比喻为"心灵的灰烬",是一种绝妙的意象。人类也有心灵的灰烬,使读者产生无尽的遐思。作者又以"古战场"来比喻过去的事,对此应该"存着凭吊的心怀",这样以极少的语言、具体的物象,来引人深思。

 复习思考题

1. 这封信是针对傅聪遇到的什么情况写的,中心是什么?
2. 作者从哪几个方面告诉儿子应该怎样面对消沉苦闷?
3.《心灵的灰烬》在艺术方面的特点是什么?
4. 写作:写一封信给父母谈谈自己的学习、生活、感情等问题。

十五、怀念萧珊

巴　金

【题解】　本文选自《随想录》,人民文学出版社 2000 年版。作者巴金(1904—2005),原名李尧棠,字芾甘,"巴金"是他 1928 年写完《灭亡》时开始使用的笔名。现代文学家、翻译家、出版家,"五四"新文化运动以来最有影响的作家之一,中国现代文坛的巨匠。巴金出生于四川成都一个封建官僚地主家庭。1927 年留学法国,开始文学创作,1935 年任文化生活出版社总编辑。抗战爆发后辗转于上海、广州等地,任《救亡日报》《呐喊》编委和中华全国文艺界抗敌协会理事。中华人民共和国成立后任全国文联副主席、中国作家协会主席、作协上海分会主席、《收获》杂志主编。主要作品有长篇小说《激流三部曲》《爱情三部曲》,中篇小说《憩园》《第四病室》,散文集《生之忏悔》《旅途随笔》《静夜的悲剧》等。其作品真挚地抒发自己的真情实感,能激起人们对光明的渴望。

"文革"结束后的拨乱反正时期,当时人们还刚刚从梦魇中挣扎出来,怀着悸怖的心理反思着昨天的灾难。正是带着这样的一种时代情绪,作者追忆了在十年浩劫期

间个人、家庭的悲惨遭遇——妻子的死、儿子的病、自己的艰难处境,以此抒发了对亡妻萧珊的真挚淳厚、绵绵不绝的情怀,控诉了"四人帮"迫害人民群众和知识分子的滔天罪行,揭示了十年动乱给国家、民族造成的灾难。

一

今天是萧珊逝世的六周年纪念日。六年前的光景还非常鲜明地出现在我的眼前。那天我从火葬场回到家中,一切都是乱糟糟的,过了两三天我渐渐地安静下来了,一个人坐在书桌前,想写一篇纪念她的文章。在五十年前我就有了这样一种习惯:有感情无处倾吐时,我经常求助于纸笔。可是一九七二年八月里那几天,我每天坐三四个小时望着面前摊开的稿纸,却写不出一句话。我痛苦地想,难道给关了几年的"牛棚",真的就变成"牛"了? 头上仿佛压了一块大石头,思想好像冻结了一样。我索性放下笔,什么也不写了。

六年过去了,林彪、"四人帮"及其爪牙们的确把我搞得很"狼狈",但我还是活下来了,而且偏偏活得比较健康,脑子也并不糊涂,有时还可以写一两篇文章。最近我经常去龙华火葬场,参加老朋友们的骨灰安放仪式。在大厅里我想起许多事情。同样地奏着哀乐,我的思想却从挤满了人的大厅转到只有二三十个人的中厅里去了,我们正在用哭声向萧珊的遗体告别。我记起了《家》里面觉新说过的一句话:"好像珏死了,也是一个不祥的鬼。"四十七年前我写这句话的时候,怎么想得到我是在写自己! 我没有流眼泪,可是我觉得有无数锋利的指甲在搔我的心。我站在死者遗体旁边,望着那张惨白色的脸、那两片咽下了千言万语的嘴唇,我咬紧牙齿,在心里唤着死者的名字。我想,我比她大十三岁,为什么不让我先死? 我想,这是多么不公平! 她究竟犯了什么罪? 她也给关进"牛棚",挂上"牛鬼"的小牌子,还扫过马路。究竟为什么? 理由很简单,她是我的妻子。她患了病,得不到治疗,也因为她是我的妻子,想尽办法一直到逝世前三个星期,靠开后门她才住进了医院。但是癌细胞已经扩散,肠癌变成了肝癌。

她不想死,她要活,她愿意改造思想,她愿意看到社会主义建成。这个愿望总不能说是痴心妄想吧。她本来可以活下去,倘使她不是"黑老K"的"臭婆娘"。一句话,是我连累了她,是我害了她。

在我靠边的几年中间,我所受到的精神折磨,她也同样受到。但是我并未挨过打,她却挨了"北京来的红卫兵"的铜头皮带,留在她左眼上的黑圈好几天以后才退尽。她挨打只是为了保护我,她看见那些年轻人深夜闯了进来,害怕他们把我揪走,便溜出大门,到对面派出所去,请民警同志出来干预,那里只有一人值班,不敢管。当着民警的面她被他们用铜头皮带狠狠地抽了一下,给押了回来,同我一起关在马桶间里。

她不仅分担了我的痛苦,还给了我不少的安慰和鼓励。在"四害"横行的时候,我在原单位给人当作"罪人"和"贱民"看待,日子十分难过,有时到晚上九、十点钟才能回家。我进了门看到她的面容,满脑子的乌云都消散了。我有什么委屈、牢骚都可以向她尽情倾吐。有一个时期我和她每晚临睡前服两粒眠尔通才能够闭眼,可是天刚刚发白就都醒了。我唤她,她也唤我。我诉苦般地说:"日子难过啊!"她也用同样声音回答:"日子难过啊!"但是她马上加一句:"要坚持下去。"或者再加一句:"坚持就是胜利。"我说"日子难过",因为在那一段时间里我每天在"牛棚"里面劳动、学习、写交代、写检查、写思想汇报。任何人都可以责骂我、教训我、指挥我,从外地到作协来串连的人可以随意点名叫我出去"示众",还要自报罪行。上下班不限时间,由管"牛棚"的"监督组"随意决定。任何人都可以闯进我家里来,高兴拿什么就拿走什么。这个时候大规模的群众性批斗和电视批斗大会还没有开始,但已经越来越逼近了。

她说"日子难过",因为她给两次揪到机关,靠边劳动,后来也常常参加陪斗。在淮海中路大批判专栏上张贴着批判我的罪行的大字报,我一家人的名字都给写出来"示众",不用说"臭婆娘"的大名占着显著的地位。这些文字像虫子一样咬痛她的心。她让上海戏剧学院"狂妄派"学生突然袭击、揪到作协去的时候,在我家大门上还贴了一张揭露她的所谓罪行的大字报。幸好当天夜里我儿子把它撕毁,否则这一张大字报就会要了她的命!

人们的白眼、人们的冷嘲热骂蚕食着她的身心,我看出来她的健康逐渐遭到损害,表面上的平静是虚假的。内心的痛苦像一锅煮沸的水,她怎么能遮盖住!怎么能使它平静!她不断地给我安慰,对我表示信任,替我感到不平。然而她看到我的问题一天天地变得严重,上面对我的压力一天天地增加,她又非常担心,有时同我一起上班或者下班,走近巨鹿路口,快到作家协会,或者走到湖南路口、快到我们家,她总是抬不起头。我理解她,同情她,也非常担心她经受不起沉重的打击。我还记得有一天到了平常下班的时间,我们没有受到留难,回到家里,她比较高兴,到厨房去烧菜。我翻看当天的报纸,在第三版上看到当时做了作协的"头头"的两个工人作家写的文章《彻底揭露巴金的反革命真面目》。真是当头一棒!我看了两三行,连忙把报纸藏起来,我害怕让她看见。她端着烧好的菜出来,脸上还带笑容,吃饭时她有说有笑。饭后她要看报,我企图把她的注意力引到别处。但是没有用,她找到报纸。她的笑容一下子完全消失。这一夜她再没有讲话,早早地进了房间。我后来发现她躺在床上小声哭着。一个安静的夜晚

给破坏了。今天回想当时的情景，她那张满是泪痕的脸还历历在我眼前。我多么愿意让她的泪痕消失，笑容在她那憔悴的脸上重现，即使减少我几年的生命来换取我们家庭生活中一个宁静的夜晚，我也心甘情愿！

二

我听周信芳同志的媳妇说，周的夫人在逝世前经常被打手们拉出去当作皮球推来推去，打得遍体鳞伤，有人劝她躲开，她说："我躲开，他们就要这样对付周先生了。"萧珊并未受到这种新式体罚。可是她在精神上给别人当皮球打来打去。她也有这样的想法：她多受一点精神折磨，可以减轻对我的压力。其实这是她的一片痴心，结果只苦了她自己。我看见她一天天地憔悴下去，我看见她的生命之火逐渐熄灭，我多么痛心。我劝她，安慰她，我想把她拉住，一点也没有用。

她常常问我："你的问题什么时候才解决呢？"我苦笑地说："总有一天会解决的。"她叹口气说："我恐怕等不到那个时候了。"后来她病倒了，有人劝她打电话找我回家，她不知从哪里得来的消息，她说："他在写检查，不要打岔他，他的问题大概可以解决了。"等到我从五·七干校回家休假，她已经不能起床。她还问我检查写得怎样，问题是否可以解决。我当时的确在写检查，而且已经写了好些次了。他们要我写，只是为了消耗我的生命。但她怎么能理解呢？

这时离她逝世不过两个多月，癌细胞已经扩散。可是我们不知道，想找医生给她认真检查一次，也毫无办法。平日去医院挂号看门诊，等了许久才见到医生或者实习医生，随便给开个药方就算解决问题。只有在发烧到摄氏三十九度才有资格挂急诊号，或者还可以在病人拥挤的观察室里待上一天半天。当时去医院看病找交通工具也很困难，常常是我女婿借了自行车来，让她坐在车上，他慢慢地推着走。有一次她雇到小三轮卡车去，看好门诊回家，雇不到车，只好同陪她看病的朋友一起慢慢地走回来，走走停停，走到街口，她快要倒下了，只得请求行人到我们家通知。她一个表侄正好来探病，就由他去背了她回家。她希望拍一张 X 光片子查一查肠子有什么病，但是办不到。后来靠了她一位亲戚帮忙，开后门两次拍片，才查出她患肠癌。以后又靠朋友设法开后门住进了医院。她自己还高兴，以为得救了。只有她一个人不知真实的病情。她在医院里只活了三个星期。

我休假回家，假期满了，我又请过两次假留在家里照料病人，最多也不到一个月。我看见她病情日趋严重，实在不愿意把她丢开不管，我要求延长假期的时候，我们那个单位一个"工宣队"头头逼着我第二天就回干校去。我回到家里，她问起来，我无法隐瞒，她叹了一口气，说："你放心去吧。"

她把脸掉过去，不让我看她。我女儿、女婿看到这种情景自告奋勇跑到巨鹿路去向那位"工宣队"头头解释，希望他同意我在市区多留些日子照料病人。可是那个头头"执法如山"，还说："他不是医生，留在家里有什么用处！留在家里对他改造不利。"他们气愤地回到家中，只说机关不同意，后来才对我传达这句"名言"，我还能讲什么呢？明天回干校去！

整个晚上她睡不好，我更睡不好。出乎意外，第二天一早我那个插队落户的儿子在我们房间里出现了，他是昨天半夜里到的。他得到了家信，请假回家看母亲，却没有想到母亲病成这样。我见了他一面，把他母亲交给他，就回干校去了。

在车上我的情绪很不好。我实在想不通为什么会有这样的事情。我在干校待了五天，无法同家里通消息。我已经猜到她的病不轻了。可是人们不让我过问她的事。这五天是多么难熬的日子！到第五天晚上在干校的造反派头头通知我们全体第二天一早回市区开会。这样我才又回到了家，见到了我的爱人。靠了朋友帮忙她可以住进中山医院肝癌病房，一切都准备好，她第二天就要住院了。她多么希望住院前见我一面，我终于回来了，连我也没有想到她的病情发展得这么快。我们见了面，我一句话也讲不出来，她说了一句："我到底住院了。"我答说："你安心治疗吧。"她父亲也来看她，老人家双目失明，去医院探病有困难，可能是来同他的女儿告别了。

我吃过中饭就去参加给别人戴上反革命帽子的大会，受批判、戴帽子的人不止一个，其中有一个我的熟人王若望同志，他过去也是作家，不过比我年轻。我们一起在"牛棚"里关过一个时期，他的罪名是"摘帽右派"。他不服，不肯听话，他贴出大字报，声明"自己解放自己"，因此罪名越搞越大，给捉去关了一个时期不算，还戴上了反革命的帽子监督劳动。在会场里我一直在做怪梦。开完会回家，见到萧珊我感到格外亲切，仿佛重回人间。可是她不舒服，不想讲话，偶尔讲一句半句，我还记得她讲了两次："我看不到了。"我连声问她看不到什么？她后来才说："看不到你解放了。"我还能回答什么呢？

我儿子在旁边，垂头丧气，精神不好，晚饭只吃了半碗，像是患感冒。她忽然指着他小声说："他怎么办呢？"他当时在安徽山区农村插队落户已经待了三年半，政治上没有人管，生活上不能养活自己，而且因为是我的儿子给剥夺了好些公民权利。他先学会沉默，后业又学会抽烟。我怀着内疚的心情看看他，我后悔当初不该写小说，更不该生儿育女。我还记得前两年在痛苦难熬的时候她对我说："孩子们说爸爸做了坏事，害了我们大家。"这好像用刀子在割我身上的肉，我没有出声，我把泪水全吞在肚里。她睡

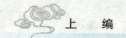

了一觉醒过来,忽然问我:"你明天不去了?"我说:"不去了。"就是那个"工宣队"头头在今天通知我不用再去干校,就留在市区。他还问我:"你知道萧珊是什么病吗?"我答说:"知道。"其实家里瞒住我,不给我知道真相,我还是从他这句问话里猜到的。

三

第二天早晨她动身去医院,一个朋友和我女儿女婿陪她去。她穿好衣服等候车来。她显得急躁又有些留恋,东张张、西望望,她也许在想是不是能再看到这里的一切。我送走她,心上反而加了一块大石头。

将近二十天里,我每天去医院陪她大半天,我照料她,我坐在病床前守着她,同她短短地谈几句话,她的病情变化,一天天衰弱下去,肚子却一天天大起来,行动越来越不方便。当时病房里没有人照料,生活方面除饮食外一切都必须自理。后来听同病房的人称赞她"坚强",说她每天早晚都默默地挣扎着下了床走到厕所。医生对我们谈起,病人的身体受不住手术,最怕她的肠子堵塞,要是不堵塞,还可以拖延一个时期。她住院后的半个月是一九六六年八月以来我既感痛苦又感到幸福的一段时间,是我和她在一起度过的最后的平静的时刻,我今天还不能将它忘记。但是半个月以后,她的病情又有了发展,一天吃中饭的时候,医生通知我儿子找我去谈话。他告诉我:病人的肠子给堵住了,必须开刀。开刀不一定有把握,也许中途出毛病,但是不开刀,后果更不堪设想,他要我决定,并且要我劝她同意。我做了决定,就去病房对她解释,我讲完话,她只说了一句:"看来,我们要分别了。"她望着我,眼睛里全是泪水。我说:"不会的……"我的声音哑了。接着护士长来安慰她,对她说:"我陪你,不要紧的。"她回答:"你陪我就好。"时间很紧迫。医生护士们很快作好了准备,她给送进手术室去了,是她的表侄把她推到手术室门口的。我们就在外面廊上等候了好几个小时,等到她平安地给送出来,由儿子把她推回到病房去,儿子还在她的身边守过一个夜晚。过两天他也病倒了,查出来他患肝炎,是从安徽农村带回来的。本来我们想瞒住他的母亲,可是无意间让他母亲知道了。她不断地问:"儿子怎么样?"我自己也不知道儿子怎么样,我怎么能使她放心呢?晚上回到家,走进空空的、静静的房间,我几乎要叫出声来:"一切都朝我的头打下来吧,让所有的灾祸都来吧。我受得住!"

我应当感谢那位热心而又善良的护士长,她同情我的处境,要我把儿子的事情完全交给她办。她作好安排,陪他看病,检查,让他很快住进别处的隔离病房,得到及时的治疗和护理。他在隔离病房里苦苦地等候母亲病情的好转。母亲躺在病床上,只能有气无力地说几句短短的话,她经常问:

"棠棠怎么样？"从她那双含泪的眼睛里我明白她多么想看见她最爱的儿子。但是她已经没有精力多想了。

她每天给输血、打盐水针，她看见我去，就断断续续地问我："输多少CC的血？该怎么办？"我安慰她："你只管放心，没有问题，治病要紧。"她不止一次地说："你辛苦了。"我有什么苦呢？我能够为我最亲爱的人做事情，哪怕做一件小事，我也高兴！后来她的身体更不行了。医生给她输氧气，鼻子里整天插着管子。她几次要求拿开，这说明她感到难受。但是听了我们的劝告她终于忍受下去了。开刀以后她只活了五天，谁也想不到她会去得这么快！五天中间我整天守在病床前，默默地望着她在受苦（我是设身处地感觉到这样的），可是她除了两三次要求搬开床前巨大的氧气筒，三四次表示担心输血较多、付不出医药费之外，并没有抱怨过什么，见到熟人她常有这样一种表情：请原谅我麻烦了你们。她非常安静，但并未昏睡，始终睁大两只眼睛。眼睛很大，很美，很亮。我望着，望着，好像在望快要燃尽的烛火。我多么想让这对眼睛永远亮下去！我多么害怕她离开我！我甚至愿意为我那十四卷"邪书"受到千刀万剐，只求她能安静地活下去。

不久前我重读梅林写的《马克思传》，书中引用了马克思给女儿的信里的一段话，讲到马克思夫人的死。信上说："她很快就咽了气。……这个病具有一种逐渐虚脱的性质，就像由于衰老所致一样，甚至在最后几小时也没有临终的挣扎，而是慢慢地沉入睡乡，她的眼睛比任何时候都更大、更美、更亮！"这段话我记得很清楚，马克思夫人也死于癌症。我默默地望着萧珊那对很大、很美、很亮的眼睛，我想起这段话，稍微得到一点安慰。听说她的确也"没有临终的挣扎"，她也是"慢慢地沉入睡乡"。我这样说，因为她离开这个世界的时候，我不在她的身边，那天是星期天，卫生防疫站因为我们家发现了肝炎病人，派人上午来做消毒工作。她的表妹有空愿意到医院去照料她，讲好我们吃过中饭就去接替。没有想到我们刚刚端起饭碗，就得到传呼电话，通知我女儿去医院，说是她妈妈"不行"了。真是晴天霹雳！我和我女儿女婿赶到医院。她那张病床上连床垫也给拿走了。别人告诉我她在太平间。我们又下了楼赶到那里，在门口遇见表妹，还是她找人帮忙把"咽了气"的病人抬进来的。死者还不曾给放进铁匣子里送进冷库，她躺在担架上，但已经给白布床单包得紧紧的，看不到面容了。我只看到她的名字。我弯下身子，把地上那个还有点人形的白布拍了好几下，一面哭着唤她的名字。不过几分钟的时间。这算是什么告别呢？

据表妹说，她逝世的时刻，表妹也不知道。她曾经对表妹说："找医生来。"医生来过，并没有什么。后来她就渐渐"沉入睡乡"。表妹还以为她在睡眠。一个护士来打针才发觉她的心脏已经停止跳动了。我没有能同她诀别，我有许多话没有能向她倾吐，她不能没有留下一句遗言就离开我！我后来常常想，她对表妹说："找医生来，"很可能不是"找医生"，是"找李先生"（她平日这样称呼我）。为什么那天上午偏偏我不在病房呢？家里人都不在她身边，她死得这样凄凉！

我女婿马上打电话给我们仅有的几个亲戚，她的弟媳赶到医院，马上晕了过去。三天以后在龙华火葬场举行告别仪式。她的朋友一个也没有来，因为一则我们没有通知，二则我是一个审查了将近七年的对象。没有悼词，没有吊客，只有一片伤心的哭声。我衷心感谢前来参加仪式的少数亲友和特地来帮忙的我女儿的两三个同学。最后我跟她的遗体告别，女儿望着遗容哀哭，儿子在隔离病房，还不知道把他当作命根子的妈妈已经死亡。值得提说的是她当作自己儿子照顾了好些年的一位亡友的男孩从北京赶来只为了看见她的最后一面。这个整天同钢铁打交道的技术员和干部，他的心倒不像钢铁那样。他得到电报以后，他爱人对他说："你去吧，你不去一趟，你的心永远安定不了。"我在变了形的她的遗体旁边站了一会。别人给我和她照了相。我痛苦地想：这是最后一次了，即使给我们留下来很难看的形象，我也要珍视这个镜头。

一切都结束了。过了几天我和女儿女婿再去火葬场，领到了她的骨灰盒，在存放室里寄存了三年之后，我按期把骨灰盒接回家里，有人劝我把她的骨灰安葬，我宁愿让骨灰盒放在我的寝室里，我感到她仍然和我在一起。

四

梦魇一般的日子终于过去了。六年仿佛一瞬间似的远远地落在后面了。其实哪里是一瞬间！这段时间里有多少流着血和泪的日子啊，不仅是六年，从我开始写这篇短文到现在又过去了半年，这半年中间我经常在火葬场的大厅里默哀，行礼，为了纪念给"四人帮"迫害致死的朋友。想到他们不能把个人的智慧和才华献给社会主义祖国，我万分惋惜。每次戴上黑纱、插上纸花的同时，我也想我自己最亲爱的朋友，一个普通的文艺爱好者，一个成绩不大的翻译工作者，一个心地善良的好人。她是我的生命的一部分，她的骨灰里有我的泪和血。

她是我的一个读者。一九三六年我在上海第一次同她见面，一九三八年和一九四一年我们两次在桂林像朋友似地住在一起。一九四四年我们在贵阳结婚。我认识她的时候，她还不到二十，对她的成长我应当负很大的责任。她读了我的小说，后来见到了我，对我发生了感情。她在中学念书。

看见我之前，因为参加学生运动被学校开除，回到家乡住了一个短时期，又出来进另一所学校。倘使不是为了我，她三七、三八年可能去了延安。她同我谈了八年的恋爱，后来到贵阳旅行结婚，只印发了一个通知，没有摆过一桌酒席。从贵阳我们先后到重庆，住在民国路文化生活出版社门市部楼梯下七八个平方米的小屋里。她托人买了四只玻璃杯开始组织我们的小家庭。她陪着我经历了各种艰苦生活。在抗日战争紧张的时期，我们一起在日军进城以前十多个小时逃离广州，我们从广东到广西，从昆明到桂林，从金华到温州，我们分散了，又重见，相见后又别离。在我那两册《旅途通讯》中就有一部分这种生活的记录。四十年前有一位朋友批评我："这算什么文章！"我的《文集》出版后，另一位朋友认为我不应当把它们也收进去。他们都有道理，两年来我对朋友、对读者讲过不止一次，我决定不让《文集》重版。但是为我自己，我要经常翻看那两小册《通讯》。在那些年代每当我落在困苦的境地里、朋友们各奔前程的时候，她总是亲切地在我的耳边说："不要难过，我不会离开你，我在你的身边。"的确，只有在她最后一次进手术室之前她才说过这样一句："我们要分别了。"

我同她一起生活了三十多年。但是我并没有好好地帮助过她。她比我有才华，却缺乏刻苦钻研的精神。我很喜欢她翻译的普希金和屠格涅夫的小说。虽然译文并不恰当，也不是普希金和屠格涅夫的风格，它们却是有创造性的文学作品，阅读它们对我是一种享受。她想改变自己的生活，不愿做家庭妇女，却又缺少吃苦耐劳的勇气。她听从一个朋友的劝告，得到后来也是给"四人帮"迫害致死的叶以群同志的同意到《上海文学》"义务劳动"，也做了一点点工作，然而在运动中却受到批判，说她专门向老作家、反动权威组稿，又说她是我派去的"坐探"。她为了改造思想，想走捷径，要求参加"四清"运动，找人推荐到某铜厂的工作组工作，工作相当繁重、紧张，她却精神愉快。但是我快要靠边的时候，她也被叫回作家协会参加运动。她第一次参加这种急风暴雨般的斗争，而且是以反动权威家属的身份参加，她不知道该怎么办才好。她张惶失措、坐立不安，替我担心，又为儿女的前途忧虑。她盼望什么人向她伸出援助的手，可是朋友们离开了她，"同事们"拿她当作箭靶，还有人想通过整她来整我。她不是作家协会或者刊物的正式工作人员，可是仍然被"勒令"靠边劳动站队挂牌，放回家以后又给揪到机关。过一个时期，她写了认罪的检查，第二次给放回家的时候，我们机关的造反派头头却通知里弄委员会罚她扫街。她怕人看见，每天大清早起来，拿着扫帚出门，扫得精疲力尽，才回到家里，关上大门，吐了一口气。但有时她还碰到上学去的小孩，对她叫骂："巴金的臭婆娘。"我偶尔看见她拿着扫帚回来，不敢正眼看她，我感到负罪的心情。这是对她的一个致命的打击,不到两个月,她病倒了,以后就没有再出去扫街(我妹妹继续扫了一个时期),但是也没有完全恢复健康。尽管她还继续拖了四年,但一直到死,她并不曾看到我恢复自由。这就是她的最后,然而绝不是她的结局。她的结局将和我的结局连在一起。

我绝不悲观。我要争取多活。我要为我们社会主义祖国工作到生命的最后一息。在我丧失工作能力的时候,我希望病榻上有萧珊翻译的那几本小说。等到我永远闭上眼睛,就让我的骨灰和她的骨灰搅和在一起。

1979 年 1 月 15 日写完

【简析】　这篇散文写于 1978 年 8 月至 1979 年 1 月,发表于 1979 年 2 月 2 日至 5 日香港《大公报》,是巴金新时期散文创作中"缅怀故人"的一篇力作,也是巴金饱蘸着积压已久的血和泪,融合着满腔的真诚、深沉的思念,写下的动人心弦、催人泪下的悼亡散文。

文章第一部分回忆夫妻相濡以沫、患难与共的深情;第二部分写妻子有病得不到治疗和亲人们遭受的种种不公平待遇,表达对亲人的歉疚和对"四人帮"的愤恨之情;第三部分描写妻子含恨离去及作者的悲哀、思念;最后缅怀三十年风雨同舟的夫妻情感。

全文没有雕琢的文字,没有华丽的辞藻,作者只是自然、朴实地记录了自己的一段生活:与妻子相识的回忆,夫妻在"文革"期间共同经历的磨难,妻子去世的情景等。整篇文章字里行间蕴含着作者无尽的辛酸和对故人深切的怀念。女作家冰心在《关于男人》这篇作品里,把巴金称做是"一位最可爱可佩的作家"。

本文的艺术特点表现在两个方面:

第一,感情真挚、蕴意深刻。文章通篇都是以善良人的悲剧和作家真诚的自我"责备",来控诉"四人帮"的罪行。萧珊不过是"一个普通的文艺爱好者,一个成绩不大的翻译工作者,一个心地善良的好人";她性格坚强,忍辱负重,宽厚待人,富于牺牲精神,有着美好的生活追求;她愿意改造思想,希望看到社会主义的建成;在灾难的日子里,为了保护丈夫,她挨过"红卫兵"的打,愿"多受一点折磨";她病倒了,还鼓励丈夫要坚持下去,因为"坚持就是胜利";病情加重了,工宣队头头逼迫丈夫迅速返回"五·七"干校,她还安慰丈夫说:"你放心去吧!"病危了,还关心丈夫的"解放",儿子的肝炎;病得已经不能谈话了,"见到熟人她有这样一种表情:请原谅我,麻烦了你们";临终时,"她非常安静,睁大两只眼睛,很大,很美,很亮"。面对不幸的亡妻、儿女,作家的自责、悔恨简直到了无以复加的地步,同时也是对那场毁灭文化、毁灭人才、毁灭一切美的"文革"的最有力的血泪控诉。

第二,追求自然天成、真实质朴的美的艺术境界。巴金曾说:"艺术的最高境界是无技巧。"通篇采用白描的手法直陈其事,娓娓叙说,无拘无束,朴素无华,但悲痛与愤怒的情感却奔涌其间。这种寓深沉于平淡,注炽热于静穆,倾真情于笔端的写法,正是本文富于魅力、扣人心弦的功力所在。

复习思考题

1. 填空:巴金的《激流三部曲》包括＿＿、＿＿、＿＿三部连续性的长篇,其中＿＿的艺术成就最高。

2. 作者为什么要写此文?

3. 巴金心中的萧珊是个什么形象,举例说明?

4. 本文的艺术特点是什么?

5. 写作题,结合课文阅读后的感想写一篇自己对爱情的认识。

十六、美感与联想

朱光潜

【题解】 本文选自《谈美谈文学》,人民文学出版社 1988 年版。作者朱光潜(1897—1986),安徽桐城人。我国现当代著名美学家、文艺理论家、教育家、翻译家。笔名孟实、盟石。少年时代在桐城中学接受古典文学的熏陶。从香港大学教育系毕业后,曾在春晖中学、中国公学任教。1925 年入英国爱丁堡大学,攻英国文学、哲学、心理学、欧洲艺术史,获文学硕士学位。后转伦敦大学,修莎士比亚,又转法国巴黎大学,学法国文学、艺术心理学。在法国斯特拉丝堡大学完成博士论文《悲剧心理学》。他涉及文学艺术、心理学、美学多门学科,通晓英、法、德、西班牙、拉丁、意、俄等国语言。1933 年回国后,先后任教于北京大学、清华大学、四川大学等,并任中华全国美学学会名誉会长。历任全国政协委员、常委,民盟中央委员,中国美学学会会长、名誉会长,中国作家协会顾问,中国社科院学部委员。著有《西方美学史》,是我国学者撰写的第一部美学史著作,代表了中国研究西方美学思想的水平,具有开创性的学术价值。

朱光潜学贯中西,博古通今。他以自己深湛的研究沟通了西方美学和中国传统美学,沟通了旧的唯心主义美学和马克思主义美学,沟通了"五四"以来中国现代美学和当代美学。他是中国美学史上一座横跨古今、沟通中外的"桥梁",是我国现当代最负盛名并赢得崇高国际声誉的美学大师。其学术专著与译作,对于开阔我国文学研究的视野,构建有中国特点的美学理论和文艺理论体系,作出了重要贡献。主要著作有《悲剧心理学》《文艺心理学》《西方美学史》《谈文学》《诗学》《谈美书简》《美学拾穗集》等,译有黑格尔的《美学》、柏拉图的《文艺对话集》、爱克曼的《歌德谈话录》、莱辛的《拉奥孔》、维科的《新科学》等。

本文是一篇美学论文,对一般人而言,"美学"是一门较为陌生的科学,而作者在行文时引诗句、举实例、讲故事,使原本艰涩难懂的理论文章充满情趣。

美感与快感之外,还有一个更易惹起误解的纠纷问题,就是美感与联想。

什么叫做联想呢? 联想就是见到甲而想到乙。甲唤起乙的联想通常不外起于两种原因:或是甲和乙在性质上相类似,例如看到春光想起少年,

看到菊花想到节士;或是甲和乙在经验上曾相接近,例如看到扇子想起萤火虫,走到赤壁想起曹孟德或苏东坡。类似联想和接近联想有时混在一起,牛希济的"记得绿罗裙,处处怜芳草"两句词就是好例[1]。词中主人何以"记得绿罗裙"呢?因为罗裙和他的欢爱者相接近;他何以"处处怜芳草"呢?因为芳草和罗裙的颜色相类似。

意识在活动时就是联想在进行,所以我们差不多时时刻刻都在起联想。听到声音知道说话的是谁,见到一个字知道它的意义,都是起于联想作用。联想是以旧经验诠释新经验,如果没有它,知觉、记忆和想像都不能发生,因为它们都根据过去经验。从此可知联想为用之广。

联想有时可以意志控制,作文构思时或追忆一时起的过去经验时,都是勉强把联想挤到一条路上去走。但是在大多数情境之中,联想是自由的,无意的,飘忽不定的。听课、读书时本想专心,而打球、散步、吃饭、邻家的猫儿种种意象总是不由你自主的闯进脑里来,失眠时越怕胡思乱想,越禁止不住胡思乱想。这种自由联想好比水流湿,火就燥,稍有勾搭,即被牵绊,未登九天,已入黄泉。比如我现在从"火"字出发,就想到红,石榴,家里的天井,浮山[2],雷鲤的诗[3],鲤鱼,孔夫子的儿子等等[4],这个联想线索前后相承,虽有关系可寻,但是这些关系都是偶然的。我的"火"字的联想线索如此,换一个人或是我自己在另一时境,"火"字的联想线索却另是一样。从此可知联想的散漫飘忽。

联想的性质如此。多数人觉得一件事物美时,都是因为它能唤起甜美的联想。

在"记得绿罗裙,处处怜芳草"的人看,芳草是很美的。颜色心理学中有许多同类的事实。许多人对于颜色都有所偏好,有人偏好红色,有人偏好青色,有人偏好白色。据一派心理学家说,这都是由于联想作用。例如红是火的颜色,所以看到红色可以使人觉得温暖;青是田园草木的颜色,所以看到青色可以使人想到乡村生活的安闲。许多小孩子和乡下人看画,都只是欢喜它的花红柳绿的颜色。有些人看画,欢喜它里面的故事,乡下人欢喜把孟姜女、薛仁贵、"桃园三结义"的图糊在壁上做装饰,并不是因为那些木板雕刻的图好看,是因为它们可以提起许多有趣故事的联想。这种脾气并不只是乡下人才有。我每次陪朋友们到画馆里去看画,见到他们所特别注意的第一是几张有声名的画,第二是有历史性的作品如耶稣临刑图拿破仑结婚图之类,像冉伯让所画的老太公老太婆[5],和后期印象派的山水风景之类的作品,他们却不屑一顾。此外又有些人看画(和看一切其他艺术作品一样),偏重它所含的道德教训。理学先生看到裸体雕像或画像,都不免起若干嫌恶。记得哲姆士在他的某一部书里说过有一次见过一位老修道妇,站在一幅耶稣临刑图面前合掌仰视,悠然神往。旁边人问她那幅画何如,她回答说:"美极了,你看上帝是多么仁慈,让自己的儿子被牺牲,来赎人类的罪孽!"

在音乐方面,联想的势力更大。多数人在听音乐时,除了联想到许多美丽的意象之外,便别无所得。他们欢喜这个调子,因为它使他们想起清风明月;不欢喜那个调子,因为它唤醒他们已往的悲痛的记忆。钟子期何以负知音的雅名?因他听伯牙弹琴时,惊叹说:"善哉!峨峨兮若泰山,洋洋兮若江河[6]。"李颀在胡笳声中听到什么?他听到的是"空山百鸟散还合,万里浮云阴且晴[7]"。白乐天在琵琶声中听到什么?他听到的是"银瓶乍破水浆迸,铁骑突出刀枪鸣[8]"。苏东坡怎样形容洞箫?他说:"其声呜呜然,如怨如慕,如泣如诉。余音袅袅,不绝如缕。舞幽谷之潜蛟,泣孤舟之嫠妇[9]。"这些数不尽的例子都可以证明多数人欣赏音乐,都是欣赏它所唤起的联想。

联想所伴的快感是不是美感呢?

历来学者对于这个问题可分两派,一派的答案是肯定的,一派的答案是否定的。这个争辩就是在文艺思潮史中闹得很凶的形式和内容的争辩。依内容派说,文艺是表现情思的,所以文艺的价值要看它的情思内容如何而决定。第一流文艺作品都必有高深的思想和真挚的情感。这句话本来是不可辩驳的。但是侧重内容的人往往从这个基本原理抽出两个其他的结论,第一个结论是题材的重要。所谓题材就是情节。他们以为有些情节能唤起美丽堂皇的联想,有些情节只能唤起丑陋凡庸的联想。比如做史诗和悲剧,只应采取英雄为主角,不应采取愚夫愚妇。第二个结论就是文艺应含有道德的教训。读者所生的联想既随作品内容为转移,则作者应设法把读者引到正经路上去,不要用淫秽卑鄙的情节摇动他的邪思。这些学说发源较早,它们的影响到现在还是很大。从前人所谓"思无邪[10]""言之有物[11]""文以载道[12]",现在人所谓"哲理诗""宗教艺术""革命文学"等等,都是侧重文艺的内容和文艺的无关美感的功效。

这种主张在近代颇受形式派的攻击,形式派的标语是"为艺术而艺术"。他们说,两个画家同用一个模特儿,所成的画价有高低;两个文学家同用一个故事,所成的诗文意蕴有深浅。许多大学问家大道德家都没有成为艺术家,许多艺术家并不是大学问家大道德家。从此可知艺术之所以为艺术,不在内容而在形式。如果你不是艺术家,纵有极好的内容,也不能产生好作品出来;反之,如果你是艺术家,极平庸的东西经过灵心妙运点铁成金之后,也可以成为极好的作品。印象派大师如莫奈[13]、凡·高诸人不是往往在一张椅子或是几间破屋之中表现一个情深意永的世界出来么[14]?这一派学说到近代才逐渐占势力。在文学方面的浪漫主义,在图画方面的印

象主义[15]，尤其是后期印象主义[16]，在音乐方面的形式主义，都是看轻内容的。单拿图画来说，一般人看画，都先问里面画的是什么，是怎样的人物或是怎样的故事。这些东西在术语上叫做"表意的成分"。近代有许多画家就根本反对画中有任何"表意的成分"。看到一幅画，他们只注意它的颜色线纹和阴影，不问它里面有什么意义或是什么故事。假如你看到这派的作品，你起初只望见许多颜色凑合在一起，须费过一番审视和猜度，才知道所画的是房子或是岩石。这一派人是最反对杂联想于美感的。

这两派的学说都持之有故，言之成理，我们究竟何去何从呢？我们否认艺术的内容和形式可以分开来讲（这个道理以后还要谈到），不过关于美感与联想这一个问题，我们赞成形式派的主张。

就广义说，联想是知觉和想象的基础，艺术不能离开知觉和想象，就不能离开联想。但是我们通常所谓联想，是指由甲而乙，由乙而丙，辗转不止的乱想。就这个普通的意义说，联想是妨碍美感的。美感起于直觉，不带思考，联想却不免带有思考。在美感经验中我们聚精会神于一个孤立绝缘的意象上面，联想则最易使精神涣散，注意力不专一，使心思由美感的意象旁迁到许多无关美感的事物上面去。在审美时我看到芳草就一心一意的领略芳草的情趣；在联想时我看到芳草就想到罗裙，又想到穿罗裙的美人，既想到穿罗裙的美人，心思就已不复在芳草了。

联想大半是偶然的。比如说，一幅画的内容是"西湖秋月"，如果观者不聚精会神于画的本身而信任联想，则甲可以联想到雷峰塔，乙可以联想到往日同游西湖的美人，这些联想纵然有时能提高观者对于这幅画的好感，画本身的美却未必因此而增加，而画所引起的美感则反因精神涣散而减少。

知道这番道理，我们就可以知道许多通常被认为美感的经验其实并非美感了。假如你是武昌人，你也许特别欢喜崔颢的《黄鹤楼》诗；假如你是陶渊明的后裔，你也许特别欢喜《陶集》；假如你是道德家，你也许特别欢喜《击鼓骂曹》的戏或是韩退之的《原道》；假如你是古董贩，你也许特别欢喜河南新出土的龟甲文或是敦煌石室里面的壁画；假如你知道里阿那多的声名大，你也许特别欢喜他的《孟洛里莎》[17]。这都是自然的倾向，但是这都不是美感，都是持实际人的态度，在艺术本身以外求它的价值。

【注释】[1]出自《生查子·春山烟欲收》，作者牛希济，五代"花间派"的重要词人。 [2]浮山：又称浮渡山，在安徽枞阳东北30千米的白荡湖畔。 [3]雷鲤：字白波，又字惟化，号半窗山人，明万历年间建安人。著名书法家、诗人、画家，著有《浮山》一诗。 [4]孔夫子的儿子：名孔鲤。 [5]冉伯让：Rembrandt Harmendz van Rijn，1606—1669年，又译作伦勃朗·哈尔门兹·凡·林，17世纪荷兰画家。 [6]"善哉"三句：典出《列子·汤问》。 [7]"空山"二句：语出唐代诗人李颀《听董大弹胡笳声兼寄语弄房给事》。 [8]"银瓶"二句：语出白居易《琵琶行》。 [9]"其声"句：

语出苏轼《前赤壁赋》。 〔10〕思无邪:语出《论语·为政》"子曰:《诗》三百,一言以蔽之,曰:'思无邪。'"这句话概括了中国儒家的诗教传统。 〔11〕言之有物:语出《周易·家人》"君子以言有物而行有恒",后胡适在《文学改良刍议》中提出这一文学主张。 〔12〕文以载道:语出《通书·文辞》"文所以载道也",是道学家周敦颐提出的。 〔13〕莫奈:Clauke monet,1840—1906年,法国画家,印象画派创始人之一。 〔14〕凡·高:即文森特·凡·高(Vincent van gogh,1853—1890),后期印象画派代表人物。 〔15〕印象主义:是一种文艺思潮和流派,19世纪后期形成于欧洲,以莫奈、雷诺阿等为代表。 〔16〕后期印象主义:继印象主义之后在法国出现的美术流派。"后印象主义"(Post-Impresionsm)一词,是由英国美术批评家罗杰·弗莱(Roger Fry)发明的。 〔17〕里阿那多:即达·芬奇(Leonardo da Vinci,1452—1519),意大利文艺复兴时期最负盛名的艺术大师。《孟洛里莎》:即达·芬奇的名画《蒙娜丽莎》,以永远神秘的微笑而举世闻名。

【简析】 作者层层深入,有条不紊地介绍联想的含义、种类、性质,并详细论述了联想与美感的联系及关于这个话题的历史争论,接着阐明自己的观点:联想所伴生的快感不一定是美感,联想对美感有妨碍作用。

本文采用娓娓道来"说话"式的语体,于优美精炼的文笔中见亲切自然。文章采用了大量翔实可靠的资料,将这些典型、鲜活的事例化难为易,变抽象为生动,成功地将艰深费解的美学问题通俗明白地阐释出来,说理清晰透彻、见解独到精辟。朱自清曾这样评述朱光潜的风格:"文字像行云流水,自在极了。他像谈话似的一层层领着你走进高深和复杂里去。他这里给你一个比喻,那里给你一段故事,有时正经,有时诙谐,不知不觉地跟着他走,不知不觉地到了家。"这是对朱光潜美学散文恰如其分的评价。

 复习思考题

1. 朱光潜编著的_____,是我国学者撰写的第一部美学史著作。

2. 联系课文,回答下列各题。

(1) 为介绍联想与美感的联系,文章依次写了哪些内容?

(2) 什么是联想?为什么会产生联想?

(3) 联想具有哪些性质?

(4) 联想与美感有何联系?

3. 本文不仅引用大量诗句,还涉及历史典故、文学流派等丰富内容。分析这些引用各自证明了什么观点。

4. 在联想与美感的关系问题上有形式派和内容派的争辩,朱光潜的观点倾向于哪一派?请阐述你的个人观点。

十七、废墟

余秋雨

【题解】 本文选自余秋雨散文集《文化苦旅》,上海知识出版社1992年出版。作者余秋雨1946年8月23日出生于浙江余姚桥头镇(今属慈溪)。当代著名散文家、文化学者、艺术理论家、文化史学家。1966年毕业于上海戏剧学院戏剧文学系。1975—1976年在恩师盛钟健先生的帮助下,到浙江奉化县一所半山老楼里苦读中国古代文献,研习中国古代历史文化。1986 年,被文化部任命为上海戏剧学院院长、上海市写作学会会长、上海市委咨询策划顾问,并被授予"上海十大学术精英"称号。1987 年被授予"国家级突出贡献专家"的荣誉称号。主要作品有:艺术理论著作《戏剧理论史稿》《戏剧审美心理学》《艺术创造工程》《中国戏剧文化史述》;散文集有《文化苦旅》《文明的碎片》《秋雨散文》《山居笔记》《霜冷长河》《千禧日记》《千年一叹》和《行者无疆》。

余秋雨的散文以记游方式,从文化的视角,深沉地思考了诸多的文化问题,主要是探讨中华民族的盛衰,揭示民族文化的内涵,追寻中国知识分子的人格精神。在艺术上的最大特点是把理性的思考和诗性的表达有机地融合起来,创造了散文的新风范,被称为文化散文。

本文巧妙选择历史与现实的交叠——废墟,表达了作者对历史文化的哲理性思考,阐述了对历史文化应有的态度。

我诅咒废墟,我又寄情废墟。

废墟吞没了我的企盼,我的记忆。片片瓦砾散落在荒草之间,断残的石柱在夕阳下站立,书中的记载,童年的幻想,全在废墟中殒灭。昔日的光荣成了嘲弄,创业的祖辈在寒风中声声呵斥。夜临了,什么没有见过的明月苦笑一下,躲进云层,投给废墟一片阴影。

但是,代代层累并不是历史。废墟是毁灭,是葬送,是诀别,是选择。时间的力量,理应在大地上留下痕迹;岁月的巨轮,理应在车道间辗碎凹凸。没有废墟就无所谓昨天,没有昨天就无所谓今天和明天。废墟是课本,让我们把一门地理读成历史;废墟是过程,人生就是从旧的废墟出发,走向新的废墟。营造之初就想到它今后的凋零,因此废墟是归宿;更新的营造以废墟为基地,因此废墟是起点。废墟是进化的长链。

一位朋友告诉我,一次,他走进一个著名的废墟,才一抬头,已是满目眼泪。这眼泪的成分非常复杂。是憎恨,是失落,又不完全是。废墟表现出固执,活像一个残疾了的悲剧英雄。废墟昭示着沧桑,让人偷窥到民族步履的蹒跚。废墟是垂死老人发出的指令,使你不能不动容。

废墟有一种形式美,把拔离大地的美转化为皈附大地的美。再过多少年,它还会化为泥土,完全融入大地。将融未融的阶段,便是废墟。母亲微笑着怂恿过儿子们的创造,又微笑着收纳了这种创造。母亲怕儿子们过于劳累,怕世界上过于拥塞。看到过秋天的飘飘黄叶吗? 母亲怕它们冷,收入怀抱。没有黄叶就没有秋天,废墟就是建筑的黄叶。

人们说,黄叶的意义在于哺育春天。我说,黄叶本身也是美。

两位朋友在我面前争论。一位说,他最喜欢在疏星残月的夜间,在废墟间独行,或吟诗,或高唱,直到东方泛白;另一位说,有了对晨曦的期待,这种夜游便失之于矫揉。他的习惯,是趁着残月的微光,找一条小路悄然走回。

我呢,我比他们年长,已没有如许豪情和精力。我只怕,人们把所有的废墟都统统刷新、修缮和重建。

二

不能设想,古罗马的角斗场需要重建,庞贝古城需要重建,柬埔寨的吴哥窟需要重建,玛雅文化遗址需要重建。

这就像不能设想,远年的古铜器需要抛光,出土的断戟需要镀镍,宋版图书需要上塑,马王堆的汉代老太需要植皮丰胸、重施浓妆。

只要历史不阻断,时间不倒退,一切都会衰老。老就老了吧,安详地交给世界一副慈祥美。假饰天真是最残酷的自我糟践。没有皱纹的祖母是可怕的,没有白发的老者是让人遗憾的。没有废墟的人生太累了,没有废墟的大地太挤了,掩盖废墟的举动太伪诈了。

还历史以真实,还生命以过程。

——这就是人类的大明智。

当然,并非所有的废墟都值得留存。否则地球将会伤痕斑斑。废墟是古代派往现代的使节,经过历史君王的挑剔和筛选。废墟是祖辈曾经发动过的壮举,会聚着当时当地的力量和精粹。碎成齑粉的遗址也不是废墟,废墟中应有历史最强劲的韧带。废墟能提供破读的可能,废墟散发着让人留连盘桓的磁力。是的,废墟是一个磁场,一极古代,一极现代,心灵的罗盘在这里感应强烈。失去了磁力就失去了废墟的生命,它很快就会被人们淘汰。

并非所有的修缮都属于荒唐。小心翼翼地清理,不露痕迹地加固,再苦心设计,让它既保持原貌又便于观看。这种劳作,是对废墟的恩惠。全部劳作的终点,是使它更成为一个名副其实的废墟,一个人人都愿意凭吊的废墟。修缮,总意味着一定程度的损坏。把损坏降到最低度,是一切真正的废墟修缮家的凤愿。也并非所有的重建都需要否定。如果连废墟也没有了,重建一个来实现现代人吞古纳今的宏志,那又何妨。但是,那只是现代建筑家的古典风格,沿用一个古名,出于幽默。黄鹤楼重建了,可以装电梯;阿房宫若重建,可以作宾馆;滕王阁若重建,可以辟商场。这与历史,干系不大。如果既有废墟,又要重建,那么,我建议,千万保留废墟,傍邻重建。在废墟上开推土机,让人心痛。

不管是修缮还是重建,对废墟来说,要义在于保存。圆明园废墟是北京城最有历史感的文化遗迹之一,如果把它完全铲平,造一座崭新的圆明园,多么得不偿失。大清王朝不见了,熊熊火光不见了,民族的郁忿不见了,

历史的感悟不见了,抹去了昨夜的故事,去收拾前夜的残梦。但是,收拾来的又不是前夜残梦,只是今日的游戏。

三

中国历来缺少废墟文化。废墟二字,在中文中让人心惊肉跳。

或者是冬烘气十足地怀古,或者是实用主义地趋时。怀古者只想以古代今,趋时者只想以今灭古。结果,两相杀伐,两败俱伤,既砑伤了历史,又砍折了现代。鲜血淋淋,伤痕累累,偌大一个民族,前不见古人,后不见来者,念天地之悠悠,独怆然而涕下。

在中国人心中留下一些空隙吧!让古代留几个脚印在现代,让现代心平气和地逼视着古代。废墟不值得羞愧,废墟不必要遮盖,我们太擅长遮盖。

中国历史充满了悲剧,但中国人怕看真正的悲剧。最终都有一个大团圆,以博得情绪的安慰,心理的满足。唯有屈原不想大团圆,杜甫不想大团圆,曹雪芹不想大团圆,孔尚任不想大团圆,鲁迅不想大团圆,白先勇不想大团圆[1]。他们保存了废墟,净化了悲剧,于是也就出现了一种真正深沉的文学。

没有悲剧就没有悲壮,没有悲壮就没有崇高。雪峰是伟大的,因为满坡掩埋着登山者的遗体;大海是伟大的,因为处处漂浮着船楫的残骸;登月是伟大的,因为有"挑战者号"的陨落[2];人生是伟大的,因为有白发,有诀别,有无可奈何的失落。古希腊傍海而居,无数向往彼岸的勇士在狂波间前仆后继,于是有了光耀百世的希腊悲剧。

诚恳坦然地承认奋斗后的失败,成功后的失落,我们只会更沉着。中国人若要变得大气,不能再把所有的废墟驱逐。

四

废墟的留存,是现代人文明的象征。

废墟,辉映着现代人的自信。

废墟不会阻遏街市,妨碍前进。现代人目光深邃,知道自己站在历史的第几级台阶。他不会妄想自己脚下是一个拔地而起的高台。因此,他乐于看看身前身后的所有台阶。

是现代的历史哲学点化了废墟,而历史哲学也需要寻找素材。只有在现代的喧嚣中,废墟的宁静才有力度;只有在现代人的沉思中,废墟才能上升为寓言。

因此,古代的废墟,实在是一种现代构建。

现代,不仅仅是一截时间。现代是宽容,现代是气度,现代是辽阔,现代是浩瀚。

我们，挟带着废墟走向现代。

【注释】 ［1］白先勇(1937—):台湾当代作家,中国国民党高级将领白崇禧之子。代表作有长篇小说《孽子》、短篇小说集《寂寞的十七岁》《台北人》等。他长于描写新旧交替时代人物的故事与生活,富于历史兴衰和人世沧桑感。 ［2］挑战者号:美国航天飞机,于1986年1月28日发射中爆炸,7名机组人员遇难。

【简析】 作者以"我诅咒废墟,我又寄情废墟"这种矛盾的心情总领全文。从四个方面表明作者对废墟的态度和思考:一是对废墟从诅咒到认识、理解与赞美;二是如何对待废墟(正视、修缮、保存);三是保存废墟的意义——中国需要废墟文化;四是废墟的现代意义。全文从为人们所忽略的废墟问题入手,深入到对民族文化心理的批判,进而上升到对现代文明建设的思考。

在选材上本文独具匠心,以独特的文化视角,表现深刻重大的主题。艺术特点主要有:第一,比喻句与判断句的大量运用。第二,激情的诗性与思辨的理性相统一。诗意美体现为热烈的情感、丰富的想象、多种修辞手法的综合运用和骈散相间、潇洒畅达的语言;哲理美表现为独特的视角、深刻的思想、闪光的智慧和浓厚的文化意识。

复习思考题

1. 文化散文的特点有哪些?
2. 怎么理解"我诅咒废墟,我又寄情废墟"?
3. 全文从哪几个方面表明作者对废墟的态度和思考?
4. 本文的语言特点有哪些?

十八、枸杞树

季羡林

【题解】 本文选自《季羡林散文精选》,浙江文艺出版社2010年出版。季羡林(1911—2009),字希逋,山东清平(今临清)人。中国现当代东方学大师、历史学家、作家。1934年毕业于清华大学西洋文学系,1935年考取清华大学与德国的交换研究生,1941年获德国哥廷根哲学博士学位,精通梵文、巴利文、吐火罗文等语言。1946年回国后,任北京大学教授。历任北京大学东方语言文学系主任、北京大学副校长、中国亚非学会会长、中国东方文化研究会会长等。著有《中印文化关系史论文集》《印度古代语言论集》《原始佛教的语言问题》《季羡林学术论著自选集》《季羡林佛教学术论文集》《糖史》等。译有《罗摩衍那》《沙恭达罗》《五卷书》等。

季羡林是一位独具一格的散文作家,其散文特色朴实真挚,既涤尽铅华,又饱含诗情画意。《枸杞树》是作者1933年12月6日至8日利用课余时间写的第一篇抒情散文。文章回忆了1930年夏,他第一次到北平考大学,住在西城一个公寓里,伴着院内一棵苍老的枸杞树,读书备考,做着理想之梦的生活经历。

　　在不经意的时候，一转眼便会有一棵苍老的枸杞树的影子飘过。这使我困惑。最先是去追忆：什么地方我曾看见这样一棵苍老的枸杞树呢？是在某处的山里么？是在另一个地方的一个花园么？但是，都不像。最后，我想到才到北平时住的那个公寓；于是我想到这棵苍老的枸杞树。

　　我现在还能很清晰地温习一些事情：我记得初次到北平时，在前门下了火车以后，这古老都市的影子，便像一个秤锤，沉重地压在我的心上。我迷茫地上了一辆洋车，跟着木屋似的电车向北跑。远处是红的墙，黄的瓦。我是初次看到电车的；我想，"电"不是很危险吗？后面的电车上的脚铃响了；我坐的洋车仍然在前面悠然地跑着。我感到焦急，同时，我的眼仍然"如入山阴道上，应接不暇"，我仍然看到，红的墙，黄的瓦。终于，在焦急、又因为初踏入一个新的境地而生的迷惘的心情下，折过了不知多少满填着黑土的小胡同以后，我被拖到西城的某一个公寓里去了，我仍然非常迷惘而有点儿近于慌张，眼前的一切都仿佛给一层轻烟笼罩起来似的，我看不清院子里有什么东西，我甚至也没有看清我住的小屋。黑夜跟着来了，我便糊里糊涂地睡下去，做了许许多多离奇古怪的梦。

　　虽然做了梦，但是却没有能睡得很熟。刚看到墙上有点儿发白，我就起来了。因为心比较安定一点儿，我才开始看得清楚：我住的是北屋，屋前的小院里，有不算小的一缸荷花，四周错落地摆了几盆杂花。我记得很清楚：这些花里面有一棵仙人头，几天后，还开了很大的一朵白花，但是最惹我注意的，却是靠墙长着的一棵枸杞树，已经长得高过了屋檐，枝干苍老钩曲，像千年的古松，树皮皱着，色是黝黑的，有几处已经开了裂。幼年在故乡的时候，常听人说，枸杞是长得非常慢的，很难成为一棵树。现在居然有这样一棵虬干的老枸杞树站在我面前，真像梦；梦又挈开了轻渺的网，我这是站在公寓里么？于是，我问公寓的主人，这枸杞有多大年龄了，他也渺茫：他初次来这里开公寓时，这树就是现在这样，三十年来，没有多少变动。这更使我惊奇，我用惊奇的太息的眼光注视着这苍老的枝干在沉默着，又注视着接连着树顶的蓝蓝的长天。

　　就这样，我每天看书乏了，就总到这棵树底下徘徊。在细弱的枝条上，蜘蛛结着网，间或有一片树叶儿或苍蝇蚊子之流的尸体粘在上面。在有太阳或火灯照上去的时候，这小小的网也会反射出细弱的清光来。倘若再走进一点，你又可以看到有许多叶上都爬着长长的绿色的虫子，在爬过的叶上留了半圆缺口。就在这有着缺口的叶片上，你可以看到各样的斑驳陆离的彩痕。对了这彩痕，你可以随便想到什么东西：想到地图，想到水彩画，想到被雨水冲过的墙上的残痕，再玄妙一点儿，想到宇宙，想到有着各种彩色的迷离的梦影。这许许多多的东西，都在这小的叶片上呈现给你。当你想到地图的时候,你可以任意指定一个小的黑点,算作你的故乡。再大一点的黑点,算做你曾游过的湖或山,你不是也可以在你心的深处浮起点儿温热的感觉么? 这苍老的枸杞树就是我的宇宙。不,这叶片就是我的全宇宙。我替它把长长的绿色的虫子拿下来,摔在地上。对着它,我描画着自己种种涂着彩色的幻像,我把我的童稚的幻想,拴在这苍老的枝干上。

在雨天,牛乳色的轻雾给每件东西涂上一层淡影。这苍黑的枝干更显得黑了。雨住了的时候,有一两个蜗牛在上面悠然地爬着,散步似的从容,蜘蛛网上残留的雨滴,静静地发着光。一条虹从北屋的脊上伸展出去,像拱桥不知伸到什么地方去了。这枸杞的顶尖就正顶着这桥的中心。不知从什么地方来的阴影,渐渐地爬过了西墙。墙隅的蜘蛛网,树叶浓密的地方仿佛把这阴影捉住了一把似的,渐渐地黑起来。只剩了夕阳的余晖返照在这苍老的枸杞树的圆圆的顶上,淡红的一片,熠耀着,俨然如来佛头顶上金色的圆光。

以后,黄昏来了,一切角隅皆为黄昏所占领了。我同几个朋友出去到西单一带散步。穿过了花市,晚香玉在薄暗里发着幽香。不知在什么时候,什么地方,我曾读过一句诗:"黄昏里充满了木犀花的香。"我觉得很美丽。虽然我从来没有闻到过木樨花的香;虽然我明知道闻到的是晚香玉的香。但是我总觉得我到了那种缥缈的诗意的境界似的。在淡黄色的灯光下,我们摸索着转近了幽黑的小胡同,走回了公寓。这苍老的枸杞树只剩下了一团凄迷的影子,靠了北墙站着。

跟着来的是个长长的夜。我坐在窗前读着预备考试的功课。大头尖尾的绿色小虫,在糊了白纸的玻璃窗外有所寻觅似的撞击着。不一会儿,一个从缝里挤进来了,接着又一个,又一个。成群地围着灯飞。当我听到卖"玉米面馎馎"夏长的永远带点儿寒冷的声音,从远处的小巷子里越过了墙飘了过来的时候,我便捻熄了灯,睡下去。于是又开始了同蚊子和臭虫的争斗。在静静的长夜里,忽然醒了,残梦依然压在我心头,倘若我听到又有窸窣的声音在这棵苍老的枸杞树周围,我便知道外面又落了雨。我注视着这神秘的黑暗,我描画给自己:这枸杞树的苍黑的枝干该更黑了罢;那匹蜗牛有所趋避该匆匆地在向隐僻处爬去吧;小小的圆的蜘蛛网,该又捉住雨滴了吧,这雨滴在黑夜里能不能静静地发着光呢? 我做着天真的童话般的梦。我梦到了这棵苍老的枸杞树——这枸杞树也做梦么? 第二天早晨起来,外面真的还在下着雨。空气里充满了清新的沁人心脾的清香。荷叶上顶着珠子似的雨滴,蜘蛛网上也顶着,静静地发着光。

在如火如荼的盛夏转入初秋的澹远里去的时候,我这种诗意的又充满了稚气的生活,终于不能继续下去。我离开这公寓,离开这苍老的枸杞树,移到清华园来,到现在差不多四年了。这园子素来是以水木著名的。春天里,满园里怒放着红的花,远处看,红红的一片火焰。夏天里,垂柳拂着地,浓翠扑上人的眉头。红霞般的爬山虎给冷清的深秋涂上一层凄艳的色彩。冬天里,白雪又把这园子安排成为一个银的世界。在这四季,又都有西山的一层轻渺的紫气,给这园子添了不少的光辉。这一切颜色:红的,翠的,白的,紫的,混合地涂上了我的心,在我心里幻成一幅绚烂的彩画。我做着红色的,翠色的,白色的,紫色的,各样颜色的梦。论理说起来,我在西城公寓做的童话般的梦,早该被挤到不知什么地方去了。但是,我自己也不了解,在不经意的时候,总有一棵苍老的枸杞树的影子飘过。飘过了春天的火焰似的红的花;飘过了夏天的垂柳的浓翠;飘过了红霞似的爬山虎,一直到现在,是冬天,白雪正把这园子装成银的世界。混合了氤氲的西山的紫气,静定在我的心头。在一个浮动的幻影里,我仿佛看到:有夕阳的余晖返照在这棵苍老的枸杞树的圆圆的顶上,淡红的一片,熠耀着,像如来佛头顶上的金光。

一九三三年十二月八日　雪之下午

【简析】　本文是作者的散文处女作。他曾在《我的处女作》一文中这样感慨《枸杞树》的精神:"里面记录的是一段真实的心灵活动。"

文章开篇追寻到了不经意间飘过的一棵苍老的枸杞树影子的来源——点题。接着叙写了作者初到北平去往西城公寓途中所见的各色景物,以及自己在迷惘中做了许许多多离奇古怪的"梦"。主体部分描写了西城公寓中"最惹人注意"的那棵枸杞树苍老的枝干、细弱的枝条、残缺的叶片;雨后夕阳余晖下熠耀着金光的树顶、黄昏后只剩一团"凄迷"的树影、长夜里梦中的枸杞树。文末移居清华园四年后的作者,依然时常记起那棵苍老的枸杞树,呼应前文。

整篇文章,作者将自己的"童话般的梦"与西城公寓中那棵枸杞树联系在一起,由物及人,借物言志。通过对一棵苍老的枸杞树的描绘,将自己初到北平考大学时内心"有点惊异,有的担心,有点好奇,又有点迷惘"的心情充分地表现了出来。

本文语言质朴而凝练。语言从句式到修辞,讲究技巧,善用排比和象征,敏于景物感受,用词细腻轻捷,意境优美朦胧,注重光和色的运用。

本文注重结构布局,整篇文章像小夜曲一样,主旋律在文中反复出现。正如季羡林自己所总结的:写抒情散文可以尝试像谱乐曲那样,主旋律多次出现,"把散文写成小夜曲,借以烘托气氛,加深印象,使内容与形式彼此促进"。

 复习思考题

1. 本文通过枸杞树的描绘寄托了作者的理想之梦,作者是如何将"梦"与枸杞树联系起来的?

2. 本文善用排比和象征,请举例说明。

第二单元

学习要点

一、掌握有关诗词的文学常识,包括诗词的一般知识及重要作家作品情况。

二、掌握诗词的朗读方法,理解诗中难读难懂的字词句,会翻译全诗并体会诗中的思想感情。

三、掌握诗词的基本抒情方法(写景抒情、叙事抒情)和表现手法(比喻、象征、夸张、用典等)。

四、体会各诗词中名句所表现的意境,培养自己热爱大自然、热爱祖国河山的思想感情。

十九、七月(豳风)

《诗经》

【题解】 本诗选自《诗经·小雅》,据人民文学出版社 1956 年出版余冠英注释《诗经选》。《诗经》是中国第一部诗歌总集,收录了从西周初年至春秋中叶的诗歌 305 篇。《诗经》最早称《诗》或《诗三百》,自汉代始被尊为儒家经典。它分"风""雅""颂"三类。"风"即民歌,计 160 篇;"雅"即正也,周人称正声为雅乐,即朝廷的音乐,分"大雅""小雅",计 105 篇;"颂"是宗庙祭祀乐歌,计 40 篇。

七月流火[1],九月授衣[2]。一之日觱发[3],二之日栗烈[4]。无衣无褐[5],何以卒岁[6]?三之日于耜[7],四之日举趾[8]。同我妇子,馌彼南亩[9],田畯至喜[10]。

七月流火,九月授衣。春日载阳[11],有鸣仓庚[12]。女执懿筐[13],遵彼微行[14]。爰求柔桑,春日迟迟。采蘩祁祁[15],女心伤悲,殆及公子同归[16]。

七月流火,八月萑苇[17]。蚕月条桑[18],取彼斧斨[19]。以伐远扬[20],猗彼女桑[21]。七月鸣鵙[22],八月载绩[23]。载玄载黄,我朱孔阳[24],为公子裳。

四月秀葽[25],五月鸣蜩[26]。八月其获,十月陨萚[27]。一之日于貉,取彼狐狸,为公子裘。二之日其同[28],载缵武功[29]。言私其豵[30],献豜于公[31]。

五月斯螽动股[32]，六月莎鸡振羽[33]。七月在野，八月在宇。九月在户，十月蟋蟀入我床下。穹窒熏鼠[34]，塞向墐户[35]。嗟我妇子，曰为改岁[36]，入此室处。

六月食郁及薁[37]，七月亨葵及菽[38]。八月剥枣，十月获稻。为此春酒，以介眉寿[39]。七月食瓜，八月断壶[40]。九月叔苴[41]，采荼薪樗[42]，食我农夫。

九月筑场圃，十月纳禾稼。黍稷重穋[43]，禾麻菽麦。嗟我农夫，我稼既同，上入执宫功[44]。昼尔于茅[45]，宵尔索绹[46]。亟其乘屋[47]，其始播百谷。

二之日凿冰冲冲[48]，三之日纳于凌阴[49]。四之日其蚤[50]，献羔祭韭。九月肃霜[51]，十月涤场[52]。朋酒斯飨[53]，曰杀羔羊。跻彼公堂[54]，称彼兕觥[55]，万寿无疆。

【注释】 [1]火，古读毁。流，流动。流火，星名，夏历五月，此星当正南方，六月过后就偏西，故称流。　[2]授衣：叫妇女缝制冬衣。　[3]一之日：周历一月，夏历十一月。以下类推。觱发(bìbō)：指风寒。　[4]栗烈：指气寒。　[5]褐(hè)：粗布衣服。　[6]卒岁：终岁，年底。　[7]于：为，修理。耜(sì)：古代的一种农具。　[8]举趾：抬足，这里指下地种田。　[9]馌(yè)：往田里送饭。南亩：南边的田地。　[10]田畯(jùn)：农官，农夫。喜：欢喜。　[11]载阳：天气开始暖和。　[12]仓庚：又名鸧鹒，黄鹂鸟。　[13]懿筐：深筐。懿，深貌。　[14]遵：沿着。微行：小路。　[15]蘩：白蒿。祁祁：人多的样子。　[16]公子：指国君之子。殆及公子同归：是说怕被公子强迫带回家去。一说指怕被女公子带去陪嫁。归，出嫁。　[17]萑(huán)苇：芦类，可作箔(芦帘)。　[18]蚕月：养蚕的月份，即夏历三月。条：修剪。　[19]斧斨(qiāng)：装柄处圆孔的叫斧，方孔的叫斨。　[20]远扬：向上长的长枝条。　[21]猗(jǐ)：通"掎"，牵，拉。女桑：小桑。　[22]鵙(jú)：伯劳鸟，叫声响亮。　[23]绩：织麻布。　[24]朱：红色。孔阳：很鲜艳。　[25]秀葽(yāo)：秀是草木结籽，葽是草名。　[26]蜩(tiáo)：方言，蝉，知了。　[27]陨：落下。蘀(tuò)：枝叶脱落。　[28]同：会合。　[29]缵：继续。武功：指打猎。　[30]言：语助词。私：归自己。豵(zōng)：一岁的野猪。文中泛指小的野兽。　[31]豜(jiān)：三岁的野猪。文中泛指大的野兽。　[32]斯螽(zhōng)：蚱蜢。动股：蚱蜢鸣叫时要弹动腿。　[33]莎鸡：纺织娘(虫名)。　[34]穹窒：堵塞鼠洞。　[35]向：朝北的窗户。墐：用泥涂抹。　[36]改岁：除岁。　[37]郁：郁李。薁(yù)：野葡萄。　[38]亨：烹。葵：滑菜。菽：豆。　[39]剥(pū)：敲击。介：求取。眉寿：长寿。　[40]壶：同"瓠"，葫芦。　[41]叔：抬起。苴(jū)：秋麻籽，可吃。　[42]荼(tú)：苦菜。薪：砍柴。樗(chū)：臭椿树。　[43]重(lù)：晚熟作物。穋(lù)：早熟作物。　[44]上：同"尚"。宫功：修建宫室。　[45]尔：语助词。于茅：割取茅草。于，为，割。　[46]索绹(táo)：搓绳子。　[47]亟：急忙。乘屋：爬上房顶去修理。　[48]冲冲：用力敲冰的声音。　[49]凌阴：冰室。　[50]蚤：早，一种祭祖仪式。　[51]肃霜：降霜，天高气爽。　[52]涤场：打扫场院。　[53]朋酒：两壶酒。飨(xiǎng)：用酒食招待客人。　[54]跻(jī)：登上。公堂：庙堂。　[55]称：举起。兕觥(sìgōng)：古时的酒器。

【简析】《七月》反映了豳这个部落一年四季的劳动生活，涉及衣食住行各个方面，它的作者当是部落中的成员，所以口吻酷肖，角度极准，从各个侧面展示了当时社会的风俗画。诗从七月写起，按农事活动的顺序，以平铺直叙的手法，逐月展开各个画面。必须注意的是诗中使用的是周历。周历以夏历(今之农历，一称阴历)的十一月为正月，七月、八月、九月、十月以及四月、五月、六月，皆与夏历相同。"一之日""二之日""三之日""四之日"，即夏历的十一月、十二月、一月、二月。"蚕月"，即夏历的三月。

　　首章以鸟瞰式的手法,概括了劳动者全年的生活,一下子把读者带进那个凄苦艰辛的岁月。同时它也为以后各章奠定了基调。诗的二、三章情调逐渐昂扬,色调逐渐鲜明。明媚的春光照着田野,莺声呖呖。背着筐儿的妇女,结伴儿沿着田间小路去采桑。她们的劳动似乎很愉快,但心中不免怀有隐忧:"女心伤悲,殆及公子同归。"首章"田畯至喜",只是以轻轻的一笔点到了当时社会的阶级关系,这里便慢慢地加以展开。四、五两章虽从"衣之始"一条线发展而来,但亦有发展变化。"秀葽""鸣蜩",带有起兴之意,下文重点写狩猎。他们打下的狐狸,要"为公子裘";他们打下的大猪,要贡献给幽公,自己只能留下小的吃。这里再一次描写了当时的阶级关系。六、七、八章,承"食之始"一条线而来,表现了农家朴素而安详的生活。到了第八章,诗人用较愉快的笔调描写了这个村落宴饮称觞的盛况。

　　中国古代诗歌一向以抒情诗为主,叙事诗较少。这首诗却以叙事为主,在叙事中写景抒情,形象鲜明,诗意浓郁。通过诗中人物娓娓动听的叙述,又真实地展示了当时的劳动场面、生活图景和各种人物的面貌,以及农夫与公家的相互关系,构成了西周早期社会一幅男耕女织的风俗画。

复习思考题

　　1.《诗经》的表现手法有赋、比、兴三种,这首诗正是采用赋体"敷陈其事"反映了生活的真实。请仔细吟诵其中任何一章,体会"赋"的写法。
　　2. 翻译全文,了解古代社会生活。

二十、涉江

屈　原

　　【题解】　本诗选自《楚辞章句》,据中华书局《四部备要》本排印。作者屈原(约公元前 340—前 278 年),名平,字原,又名正刚,字灵均,战国末期楚国杰出的政治家、诗人,丹阳(今湖北秭归)人,楚武王熊通之子屈瑕的后代。屈原博闻强记,志存高远;长于辞令,明于治乱。曾任楚怀王的左徒、三闾大夫。主张内修法度,外联齐国,富国强兵。但由于在内政外交上与楚国腐朽贵族集团产生了尖锐的矛盾,遭到上官大夫等人的嫉妒、排挤及小人的诬陷,被楚怀王逐渐疏远,终被革职放逐。公元前 278 年夏历五月初五投汨罗江而死。屈原是我国文学史上第一位伟大的爱国主义诗人,他在楚地民歌基础上创造了以《离骚》为代表的"楚辞",对后世影响非凡。其诗篇想象丰富,奇丽多姿,与《诗经》的现实主义风格迥异,因而又被誉为我国浪漫主义诗歌的源头。西汉刘向辑有《楚辞》,著名注本有东汉王逸《楚辞章句》,南宋洪兴祖《楚辞补注》、朱熹《楚辞集注》,清代王夫之《楚辞通释》、蒋骥《山带阁注楚辞》,游国恩《离骚纂义》等。

　　余幼好此奇服兮[1],年既老而不衰。带长铗之陆离兮[2],冠切云之崔崼[3]。被明月兮佩宝璐[4]。世混浊而莫余知兮[5],吾方高驰而不顾[6]。驾青虬兮骖白螭[7],吾与重华游兮瑶之圃[8]。登昆仑兮食玉英[9],与天地兮同寿,与日月兮同光。哀南夷之莫吾知兮[10],旦余济乎江湘[11]。

乘鄂渚而反顾兮[12],欸秋冬之绪风[13]。步余马兮山皋[14],邸余车兮方林[15]。乘舲船余上沅兮[16],齐吴榜以击汰[17]。船容与而不进兮[18],淹回水而疑滞[19]。朝发枉渚兮[20],夕宿辰阳[21]。苟余心其端直兮[22],虽僻远之何伤[23]。

入溆浦余僤徊兮[24],迷不知吾所如[25]。深林杳以冥冥兮[26],猿狖之所居[27]。山峻高以蔽日兮,下幽晦以多雨[28]。霰雪纷其无垠兮[29],云霏霏而承宇[30]。哀吾生之无乐兮,幽独处乎山中。吾不能变心而从俗兮,固将愁苦而终穷[31]。

接舆髡首兮[32],桑扈嬴行[33]。忠不必用兮,贤不必以[34]。伍子逢殃兮[35],比干菹醢[36]。与前世而皆然兮[37],吾又何怨乎今之人! 余将董道而不豫兮[38],固将重昏而终身[39]!

乱曰:鸾鸟凤皇[40],日以远兮。燕雀乌鹊[41],巢堂坛兮[42]。露申辛夷[43],死林薄兮[44]。腥臊并御[45],芳不得薄兮[46]。阴阳易位[47],时不当兮[48]。怀信侘傺[49],忽乎吾将行兮[50]!

【注释】 [1]奇服:奇伟的服饰,用来象征自己与众不同的志向品行。 [2]长铗(jiá):长剑。铗,剑柄,这里代指剑。陆离:长貌。 [3]切云:当时一种高帽子之名。崔嵬:高耸。 [4]被:同"披",戴着。明月:夜光珠。璐:美玉名。 [5]莫余知:即"莫知余",没有人理解我。 [6]方:将要。高驰:远走高飞。顾:回头看。 [7]虬(qiú):无角的龙。骖:四马驾车,两边的马称为骖,这里指用螭来做骖马。螭(chī):一种龙。 [8]重华:帝舜的名字。瑶:美玉。圃:花园。"瑶之圃"指神话传说中天帝所居的盛产美玉的花园。 [9]英:花朵。玉英:玉树之花。 [10]夷:当时对周边落后民族的称呼,带有蔑视侮辱的意思。南夷:指屈原流放的楚国南部的土著。 [11]旦:清晨。济:渡过。湘:湘江。 [12]乘:登上。鄂渚:地名,在今湖北武昌西。反顾:回头看。 [13]欸(ǎi):叹息声。绪风:余风。 [14]步余马:让马徐行。山皋:山冈。 [15]邸(dǐ):同"抵",抵达,到。方林:地名。 [16]舲(líng)船:有窗的小船。上:溯流而上。 [17]齐:同时并举。吴:国名,也有人解为"大"。榜:船桨。汰(tài):水波。 [18]容与:缓慢,舒缓。 [19]淹:停留。回水:回旋的水。这句是说船徘徊在回旋的水流中停滞不前。 [20]枉渚(zhǔ):地名,在今湖南常德一带。 [21]辰阳:地名,在今湖南辰溪县西。 [22]苟:如果。端:正。 [23]伤:损害。这两句是说如果我的心是正直的,即使流放在偏僻荒远的地方,对我又有什么伤害呢? [24]溆(xù)浦:溆水之滨。僤徊(chánhuái):徘徊。这两句是说进入溆浦之后,我徘徊犹豫,不知该去哪儿。 [25]如:到,往。 [26]杳:幽暗。冥冥:幽昧昏暗。 [27]狖(yòu):长尾猿。 [28]幽晦:幽深阴暗。 [29]霰(xiàn):雪珠。纷:繁多。垠:边际。这句是说雪下得很大,一望无际。 [30]霏霏:云气浓重的样子。承:弥漫。宇:天空。这句是说阴云密布,弥漫天空。 [31]终穷:终生困厄。 [32]接舆(yú):春秋时楚国的隐士,佯狂傲世。髡(kūn)首:古代刑罚之一,即剃发。相传接舆自己剃去头发,避世不出仕。 [33]桑扈(hù):古代的隐士。嬴(luǒ):同"裸"。桑扈用嬴体行走来表示自己的愤世嫉俗。 [34]以:用。这两句是说忠臣贤士未必会为世所用。 [35]伍子:伍子胥,春秋时吴国贤臣。逢殃:指伍子胥被吴王夫差杀害。　[36]比干:商纣王时贤臣,因为直谏,被纣王杀死剖心。菹醢(zūhǎi):古代的酷刑,将人剁成肉酱。　[37]皆然:都一样。　[38]董道:坚守正道。豫:犹豫,踟蹰。　[39]重:重复。昏:暗昧。这句是说必定将终身看不到光明。　[40]鸾鸟、凤凰:都是祥瑞之鸟,比喻贤才。这两句是说贤者一天天远离朝廷。　[41]燕雀、乌鹊:比喻谄佞小人。　[42]堂:殿堂。坛:祭坛。比喻小人挤满朝廷。　[43]露申:一做"露甲",即瑞香花。辛夷:一种香木,即木兰。　[44]林薄:草木杂生的地方。　[45]腥臊:恶臭之物,比喻谄佞之人。御:进用。　[46]芳:芳洁之物,比喻忠直君子。薄:靠近。　[47]阴阳易位:比喻楚国混乱颠倒的现实。　[48]当:合。　[49]怀信:怀抱忠信。佗傺(chàchì):惆怅失意。　[50]忽:恍惚,茫然。

【简析】　本诗中景物描写和情感抒发的有机结合,达到了十分完美的程度。在诗歌的第一、二段,通过行程、景物、季节、气候的描写和诗人心灵思想的抒发,我们仿佛看到了一位饱经沧桑,孤立无助,登上鄂渚回顾走过的道路的老年诗人的形象,又仿佛看到了一叶扁舟在急流漩涡中艰难前进,舟中的逐臣的心绪正与这小船的遭遇一样,有着抒发不完的千丝万缕的感情。而诗歌第三段进入溆浦之后的深山老林的描写,衬托出了诗人寂寞、悲愤的心情,也令读者不禁扼腕叹绝。本篇比喻象征手法的运用也十分纯熟。诗歌一开始,诗人便采用了象征手法,用好奇服、带长铗、冠切云、被明月、佩宝璐来表现自己的志行,以驾青虬、骖白螭、游瑶圃、食玉英来象征自己高远的志向。最后一段,又以鸾鸟、凤凰、香草来象征正直、高洁;以燕雀、乌鹊来比喻邪恶势力,腥臊比喻秽政,充分抒发了诗人内心对当时社会的深切感受。

 复习思考题

1. 通过文章的学习,看出诗人拥有怎样的性格。
2. 反复诵读,体会诗人的浪漫主义创作手法。

二十一、东门行

《汉乐府》

【题解】　《东门行》选自《乐府诗集·相和歌辞·瑟调曲》,据中华书局 1979 年点校本排印。作者为东汉时人,姓名不详。《乐府诗集》,是北宋郭茂倩编成的一部诗集,所辑为汉魏至唐五代时期的乐府歌辞,兼及先秦至唐末的少量歌谣。

这首诗截取东汉黑暗时期一对夫妻人生中的一个非常片断,形象深刻地反映了当时身处社会底层的百姓令人悲愤与震撼的生活。

出东门[1],不顾归。

来入门,怅欲悲。

盎中无斗米储[2],

还视架上无悬衣[3]。

拔剑东门去,

舍中儿母牵衣啼:

"他家但愿富贵,

贱妾与君共铺糜[4]。

上用仓浪天故[5],

下当用此黄口儿[6]。

今非!"

"咄[7]!行[8]!吾去为迟!

白发时下难久居[9]!"

【注释】 [1]东门:指诗中主人公所住之城的东门。 [2]盎:一种口小腹大、用以储物的陶器。 [3]悬衣:挂着的衣服。 [4]铺糜(bùmí):喝稀粥。铺,食。糜,粥。 [5]用:因为。仓浪天:苍天。仓浪,青色。 [6]黄口儿:幼儿。黄口,本义为雏鸟,引申亦指儿童。 [7]咄(duō):呵斥声。 [8]行:走开。 [9]时下:常常掉落。难久居:谓(因穷困而)日子无法过下去了。

【简析】 这首诗活脱是一组底层百姓人家凄苦的生活处境和悲愤的心态言行的真实画面:一个赤贫百姓家庭的男主人,尽管已经"白发时下",年纪不小了,但因生活实在难以为继,要"拔剑东门去"铤而走险,女主人拉住他的衣服苦苦相劝,可男主人已经下定决心,呵斥她让开,不要阻拦,因为"吾去为迟,白发时下难久居"。诗中女主人悲天怜人的哭劝之言和男主人悲壮苍凉的呵斥之语,无论何人读之,都会深感震撼人心。诗作者对男女主人倾注了强烈的思想感情,似乎没有一句自己的话,只有这组质朴感人的图画,既形象真切地给人们展现了身处社会底层的贫困百姓的凄苦生活,又深刻地揭示出当时尖锐的社会矛盾,鞭挞了黑暗的社会现实。

 复习思考题

1. 分析男女主人公的复杂心态。
2. 背诵这首诗。

二十二、七哀诗(其一)

王 粲

【题解】 王粲(177—217),字仲宣,山阳高平(今山东邹县)人。他出身于官僚家庭,14岁时来到长安,17岁因董卓余党作乱,南下避难,依附刘表,在荆州15年,一直不得重用。曹操攻下荆州时,刘表已死,他劝服刘表之子刘琮依附曹操,被任命为丞相掾,赐爵关内侯,中年之后,深得曹操信任,官至侍中。建安二十二年随曹操东征孙权,病死途中,时年41岁。王粲年轻时就很有才名。他早年亲历战乱,颠沛流离,对人民的苦难有深切的感受,其作品内容充实,情调悲凉,语言刚健,词气慷慨,成为"建安七子"中成就最高的作家。《初征》《登楼赋》《槐赋》《七哀诗》等是其作品的精华,也是建安时代抒情小赋和诗歌的代表作。明人辑其作品,有《王侍中文集》,另《昭明文选》也有选录。

"七哀"作为诗题,起于汉末。王粲的《七哀诗》共三首,这里选第一首。王粲在南下避难的途中,目睹战乱造成的凄惨景象,心中无限酸楚,遂作此诗。

西京乱无象[1],豺虎方遘患[2]。
复弃中国去[3],委身适荆蛮[4]。
亲戚对我悲,朋友相追攀[5]。
出门无所见,白骨蔽平原[6]。
路有饥妇人,抱子弃草间。
顾闻号泣声[7],挥涕独不还。
"未知生死处,何能两相完[8]？"
驱马弃之去,不忍听此言。
南登霸陵岸[9],回首望长安。
悟彼《下泉》人[10],喟然伤心肝。

【注释】 [1]西京:指长安。西汉都长安,东汉都洛阳,洛阳在东,长安在西,故称长安为西京。无象:无道或无法。 [2]豺虎:指董卓余党李傕、郭汜等人。方遘患:正在制造祸乱。遘:同"构"。 [3]中国:此指北方中原地区。 [4]委身:托身,寄身。适:往。荆蛮:指荆州。古人称南方民族为"蛮",故旧称荆州为荆蛮。 [5]攀:谓攀拉车辕,表示恋恋不舍。 [6]蔽:遮盖。 [7]顾:回头看。 [8]两相完:两者都能保全。 [9]霸陵:汉文帝刘恒坟墓,地处长安东面。岸:高地。 [10]《下泉》:《诗经·曹风》中的一篇。《毛诗序》:"《下泉》,思治也。""曹人思明王贤伯也。"下泉,即黄泉,指地下。"下泉人",此处有暗指汉文帝之意。

【简析】 汉献帝初平元年(190),董卓作乱,挟持汉献帝迁往长安。关东诸侯推渤海太守袁绍为盟主,兴兵讨伐董卓。初平三年四月,吕布杀董卓。六月董卓部将李傕、郭汜在长安作乱,大肆烧杀抢掠,李郭二人又互相混战,造成一场空前浩劫。王粲为避祸乱,南奔依附刘表。这是作者初离长安写下的一首诗。

全诗分三部分,先写在战乱中诗人弃国背乡,委身适蛮的悲伤,再写乱离中路途所见的一幅难民图,最后写诗人面对"白骨""饥妇""弃子"的悲痛。表达了诗人谴责军阀作乱,同情人民痛苦,希望国家安定的进步思想。

这首诗选材典型,形象逼真。运用了白描的手法,既有"出门无所见,白骨蔽平原"的概述,又有饥妇弃子的典型事例的刻画,这样忠于现实的抒写,使全诗的悲凉气氛更加浓厚。在处理叙事与抒情的关系上,本诗也很见功力。全诗以叙事为主,在叙述中处处透出惨淡之色;在叙完饥妇弃子后,即"驱马弃之去,不忍听此言",转入感情的直接抒发,过渡自然妥帖。另外,本诗语言质朴,用词精妙。如"复弃中国去"中的"复"字,意味着诗人从眼前的动乱想到过去的流亡生涯,难以言状的伤痛和感慨都集中于一个"复"字中。又如"白骨蔽平原",以一个"蔽"字将积尸盈路、白骨累累的惨景异常鲜明地呈现出来,典型概括了战乱给人们带来的灾难,读来令人为之落泪。

复习思考题

1. 联系现实,谈谈这首诗的社会意义。
2. 背诵这首诗,体会其刚健质朴的语言特点。

二十三、赠别诗三首

别 薛 华[1]

王 勃

【题解】 王勃(约650—约676),字子安,唐代诗人。古绛州龙门(今山西河津)人,出身儒学世家,与杨炯、卢照邻、骆宾王并称为"初唐四杰",王勃为四杰之首。他自幼聪敏好学,据《旧唐书》记载,王勃六岁即能写文章,文笔流畅,被赞为"神童"。九岁时,读颜师古注《汉书》,作《指瑕》十卷以纠正其错。十六岁时,应幽素科试及第,授职朝散郎。王勃擅长五律和五绝,代表作品有《送杜少府之任蜀州》,主要文学成就是骈文,代表作品有《滕王阁序》等。

《别薛华》是诗人王勃入蜀之后的作品,为同乡好友薛华写的一首五言律诗。这首诗通过送别朋友,抒写了诗人不满现实,感叹人生凄凉悲苦的情绪。

送送多穷路[2],遑遑独问津[3]。
悲凉千里道,凄断百年身[4]。
心事同漂泊[5],生涯共苦辛。
无论去与住[6],俱是梦中人[7]。

【注释】 [1]薛华:即薛曜,字曜华,父薛元超,祖父薛收。薛收是王勃祖父王通的弟子。薛华以诗文知名当世,是王勃最亲密的朋友。 [2]穷路:即穷途末路之意,喻世途艰难。 [3]遑遑(huáng):惊恐不安貌;匆忙貌。问津:问路。津:渡口。 [4]凄断:悲痛欲绝。百年:极言时间长,亦指人的一生。 [5]心事:心中所思虑或期望的事情。漂泊:随水漂流或停泊。比喻行止无定所。 [6]去与住:即去者与住者,指要走的薛华与留下的自己。 [7]梦中人:睡梦中相见的人。

【简析】 首联切题。送了一程又一程,终将作别。友人踽踽独去,询问陌生前路。"穷""独"二字,乃传神之笔,渲染真切。这是对作者和远行人薛华心情的书写,语意双关。

颔联紧承上联的"穷路""问津"。在迢迢千里的行程中,联想到自己仕途坎坷,壮志难酬,此为作者的肺腑之语。这不仅是心忧远行人可能会遭受的厄运,也是作者在人生道路上切肤之痛的真实写照。

颈联作者还觉意犹未尽,还不足以倾诉心声,更不忍与知音作别。这一方面是劝慰对方,一方面也是用以自慰,有"涸辙之鲋,相濡以沫"的情意。

尾联直言离别不可避免。无论离开还是留下的人,彼此都会在对方的梦中出现,正如杜甫《梦李白》的"故人入我梦,明我长相忆"。"俱是梦中人"断言彼此都将忧思入梦,表明怀友之诚。

　　本诗不同于一般五言律诗多借助景物描绘或烘托气氛,或抒发感情,而是以叙事直抒胸臆。语言简洁洗练,营造鲜明的意境,表达真挚的情思。"兴象婉然,气骨苍然",是作品的主要艺术特征,采用"古诗"的传统手法,使用叠字,增强了表现力。

 复习思考题

　　1. 比较本诗与王勃的名篇《送杜少府之任蜀州》的区别。
　　2. 背诵这首诗。

短歌行赠王郎司直[1]

杜 甫

　　【题解】 杜甫(712—770),字子美,河南巩县人,我国唐代伟大的现实主义诗人,与李白并称"李杜"。20 岁始漫游,33 岁在洛阳与李白相遇,结下深厚友谊。唐玄宗天宝年间应进士举而落第,在长安困居 10 年,写出了《兵车行》《自京赴奉先县咏怀五百字》等名作。天宝十四年(755)安史之乱爆发,杜甫在流亡中被俘,写了《春望》《哀王孙》《哀江头》等爱国诗篇。肃宗至德二年(757)杜甫逃出沦陷区,被肃宗任命为左拾遗,是年九月写成被喻为"史诗"的《北征》。一年后因直谏被贬为华州司功参军。肃宗乾元二年(759)写了反映安史之乱的组诗《三吏》《三别》。48 岁弃官定居成都。53 岁被好友、剑南节度使严武荐为节度参谋、检校工部员外郎。不久,严武病逝,杜甫便携家小漂泊,滞留夔州(今重庆奉节),一住两年。大历五年(770)59 岁病逝舟中。杜甫继承发展了《诗经》以来的现实主义传统,其诗形象地记录了唐朝由盛至衰的全过程,且在总结与借鉴前人成就的基础上,博采众长,兼备诸体,形成了沉郁顿挫的独特风格,后世称他为"诗圣"。杜甫存诗 1400 余首,有《杜少陵集详注》,《新唐书》卷二一〇有传。

　　本诗作于唐代宗大历三年(768)春。杜甫一家从夔州出三峡,到达江陵寓居。暮春时,遇王司直正欲西入蜀中谋求出路。王司直向杜甫极言其怀才不遇之感,杜甫作诗以劝慰。

王郎酒酣拔剑斫地歌莫哀[2],
我能拔尔抑塞磊落之奇才[3]。
豫章翻风白日动[4],
鲸鱼跋浪沧溟开[5]。
且脱佩剑休徘徊[6]。
西得诸侯棹锦水[7]。
欲向何门趿珠履[8],

仲宣楼头春色深[9]。
青眼高歌望吾子[10]，
眼中之人吾老矣[11]。

【注释】 [1]短歌行:乐府旧题。乐府有《短歌行》也有《长歌行》,其分别在于歌声长短。郎:年轻男子称谓。司直:官名。 [2]斫(zhuó):本义为大锄,引申为砍。斫地:砍地。莫哀:不要悲哀。 [3]拔:提拔,推举。抑塞:郁闷,愤闷。磊落:形容胸怀坦白。 [4]豫章:两种乔木名,樟类,都是优良的建筑材料。翻风:风中摇动。白日动:树大则风大,白日为之动。 [5]跋浪:涉浪,乘浪。沧溟(míng):海水弥漫的样子,这里指大海。 [6]且:暂且。脱:卸下,取下。休徘徊:指不要犹豫不决。 [7]西得诸侯:即得到西蜀诸侯的遇合。得,得其信任。棹(zhào):摇船的工具,也泛指船。锦水:即锦江。 [8]跋(tà):拖着拖鞋。珠履:缀有明珠的鞋子。《史记·春申君传》:"春申君客三千余人,其上客皆蹑珠履。" [9]仲宣:即王粲,字仲宣,建安七子之一。春色深:春末。 [10]青眼:魏国诗人阮籍能作青、白眼,青眼对人表示好感,白眼对人表示蔑视。高歌:放歌。吾子:指称王司直。 [11]眼中之人:有两说,一说指作者自己,一说指王司直。

【简析】 诗歌前五句表达劝慰王郎之意。王郎因不得志,趁着酒兴正浓,拔剑起舞,斫地悲歌。当时王郎正要入蜀投奔地方长官,杜甫久居四川,劝其不要悲哀,表示可以推荐王郎。下面二句承上,以比喻盛赞王郎。豫、章的枝叶在大风中摇动时可动摇太阳,鲸鱼在海浪中纵游时可使大海翻腾。以此肯定王郎之奇才,必然会大有作为。因此可以安心地放下剑来,不必犹豫。

诗歌后五句抒写送行之情。杜甫相信以王郎之才,此去西川,定会得到赏识,只是不知要去投奔哪一位蜀中长官。仲宣楼,当是杜甫送别王郎的地方,在江陵城东南。仲宣是三国时诗人王粲的字,他到荆州去投靠刘表,作《登楼赋》,后梁时高季兴在江陵建了仲宣楼。送别时已是春意阑珊,杜甫用赏识的眼光关注王郎,并高歌寄予厚望。最后一句由人及己,羡慕王郎正当年富力强,而自己已垂垂老矣,时不待我。

本诗在结构上突兀横绝,跌宕悲凉,悲喜交集。在音节上,开头两句字数多而音节急促,五、十两句单句押韵,上半首五句一组平韵,下半首五句一组仄韵,节奏短促,在古诗中较少见,亦独创之格。

 复习思考题

1. 分析诗歌最后一句"眼中之人吾老矣"表达了诗人怎样的心情。
2. 背诵这首诗。

送李端[1]

卢 纶

【题解】 卢纶(739—799),字允言,唐代诗人,大历十才子之一,河中蒲(今山西省永济县)人。天宝末举进士,遇乱不第;代宗朝又应举,屡试不第。大历六年,宰相元载举荐,授阌乡尉;后由王缙荐为集贤学士,秘书省校书郎,升监察御史。出为陕府户曹、河南密县令。后元载、王缙获罪,遭到牵连。德宗朝复为昭应令,又任河中浑瑊元帅府判官,官至检校户部郎中。卢纶的诗以五七言近体为主,多唱和赠答之作。有《卢户部诗集》。

本诗抒写乱离中的离别之情,哀婉感人。前两联写诗人在寒冬时节送别友人,后两联记叙与友人离别之后,诗人在落寞中慨叹自己少年漂泊孤苦的人生际遇。

故关衰草遍[2],离别自堪悲。
路出寒云外[3],人归暮雪时。
少孤为客早[4],多难识君迟。
掩泪空相向,风尘何处期[5]。

【注释】 [1]李端:作者友人,与作者同属"大历十才子"。 [2]故关:故乡。衰草:冬草枯黄,故曰衰草。 [3]"路出"句:意为李端欲去的路伸向云天外,写其道路遥远漫长。 [4]少孤:少年丧父、丧母或父母双亡。 [5]风尘:指社会动乱。此句意为在动乱年代,不知后会何期。

【简析】 作品以"悲"字贯串全篇。首联写送别的环境气氛,时节严冬,野草枯萎,景象凄凉。在此环境中送别故人,更是愁上加愁。"离别自堪悲"一句简洁平直,紧承上句,为全文定下深沉感伤的基调,提挈全篇。

颔联写送别的情景。天幕低垂,前路好像伸出寒云之外,遥遥无边。"寒云"二字,下笔沉重,有阴冷、沉重之感,烘托别离时的悲凉心境。友人已远,诗人伫立旷野,倍感孤寂。暮雪纷飞中,诗人匆匆返回。本句照应上句,如"人归"与"路出","暮雪"与"寒云",衔接自然,色调统一,构成一幅严冬送别图,于淡雅中见出沉郁。

颈联回忆往事,感叹身世。诗人作别故人,思绪纷纷。人生少孤已为不幸,后因天宝末年动乱,诗人又孤身远役他乡,漂泊困厄。这两句书写个人际遇,并从侧面揭示时代动乱带给人民的艰辛生活,这与大历诗人其他赠别之作有明显区别。诗人将惜别和感世、伤怀相融,形成全诗感情发展的高潮。

尾联收束全诗。诗人伤感送别,又忆往昔岁月,对友人越发依依难舍。他眺望远方,世事纷争,重逢无期,不禁泪洒衣襟。这样作结,直率而又饶有回味。

作品动人心扉,融入了漂泊之苦、离别之伤和与朋友相识甚晚之悲。最突出的特点是悲情笼罩全篇,一贯到底。营造离别时的氛围,情景交融。同时,又触及社会现实,融入个人的离乱之苦,深化了主题。

 复习思考题

1. 作品感人至深,"悲"为其关键,简要分析"悲"是如何体现、层层铺展的。
2. 背诵这首诗。

二十四、登临诗三首

登金陵[1]凤凰台

李　白

【题解】　本诗选自《全唐诗》卷三,辽宁人民出版社1994年出版。李白(701—762),字太白,号青莲居士,祖籍陇西成纪(今甘肃天水附近)。幼年时期随父迁居绵州昌隆(今四川江油)。唐代伟大的浪漫主义诗人。少年时期便博学多识,吟诗作对,并喜好游侠、剑术。25岁辞亲远游,天宝元年(742)奉召赴京,供奉翰林。不久后,遭谗去职,离开长安,再度远游他乡。经历"安史之乱"后,入永王李璘幕府,因李璘兵败被杀,李白被流放夜郎(今贵州桐梓),中途获赦得归。晚年漂泊不定,身受贫困疾病折磨,62岁病死当涂。李白的诗富于想象,其情豪放潇洒,其风格雄奇、飘逸,横扫六朝以来绮靡诗风,对当时和后世诗歌发展影响深远。有《李太白全集》,《旧唐书》卷190、《新唐书》卷202有传,存诗990余首。

此诗一说是天宝(唐玄宗年号,742—756)年间,李白奉命"赐金还山",被排挤离开长安,南游金陵时所作;一说是李白流放夜郎遇赦返回后所作;也有人称是李白游览黄鹤楼,并留下"眼前有景道不得,崔颢题诗在上头"后写的,是想与崔颢的《黄鹤楼》争胜。

凤凰台上凤凰游,凤去台空江自流。

吴宫[2]花草埋幽径,晋代[3]衣冠[4]成古丘[5]。

三山[6]半落青天外,二水[7]中分白鹭洲。

总为浮云能蔽日[8],长安不见使人愁。

【注释】　[1]金陵:今江苏南京。　[2]吴宫:三国时吴国建都金陵。　[3]晋代:东晋也建都于金陵。　[4]衣冠:士大夫衣冠有礼制,故指代豪门贵族。　[5]丘:坟墓。　[6]三山:在金陵西南长江东岸,为金陵屏障,因三峰并列而得名。　[7]二水:秦淮河流经南京后,西入长江,被白鹭洲分为二支。　[8]浮云能蔽日:比喻谗臣当道。

【简析】　这首诗以咏怀古迹为主,表达出作者触景生情的伤感之情:凤凰台上曾有只凤凰翔游,而如今凤凰已离去,只留下了这座空台,依傍江水,奔流不息。当年风流倜傥的六朝人物,也都已经埋入坟墓,已变成了旧迹,物是人非。金碧辉煌的宫殿已经破败成了一片断壁残垣。李白只是静静伫立着,眺望远处的三山,它们依然耸立在青天之外,秦淮河被白鹭洲隔成两条水道,河山如此地壮丽巍峨,赞美惊叹不已。李白一心想着朝廷政治和社会现实,哪怕面前是如此美景,他也没有完全沉醉,而是从眼前的此情此景中看到了今日长安,就像李白坎坷曲折的人生,失落之至,抒发了诗人深沉的忧国忧民之情,意味深远。

这首诗的另一大特点,还在于自然的遣词造句。因为这首诗是将山河作为线索,旨在情随景生,那么意象的产生就显得十分重要了。"凤凰"的高飞与"凤凰台"的"空",洁净、疏朗,与诗人潇洒的气质和忧国忧民的情怀相一致,词义贴切,里应外合。

并且,这首诗的"登临"精神,与"埋幽径""成古丘"的冷落凄清,与"三山""二水"的自然境界,与忧谗畏讥的"浮云"惆怅和不见"长安"无奈凄凉,都很精妙的融合起来,堪称绝唱。

复习思考题

1. 这首诗的颔联和颈联描写了什么景物,抒发了作者怎样的感慨?
2. 这首诗的尾联表达了作者怎样的情怀?

游 终 南 山[1]

孟 郊

【题解】 孟郊(751—814),字东野,唐代诗人。湖州武康(今浙江德清)人,祖籍平昌(今山东临邑东北),先世居洛阳(今属河南)。后隐居嵩山。46岁时才中进士,曾任溧阳县尉。挚友乃韩愈,被世人称为"孟诗韩笔"。他的诗多因遭遇不平而作,寒苦凄清。遣词造句中力求古朴凝重,追求瘦硬。与贾岛齐名,有"郊寒岛瘦"之赞誉,亦有"诗囚"之称。孟郊现存诗歌500多首,以短篇的五言古诗最多,代表作有《游子吟》等。元和九年,在阌乡(今河南灵宝)病逝。

> 南山塞天地[2],日月石上生。
> 高峰夜留景[3],深谷昼未明。
> 山中人自正,路险心亦平。
> 长风驱松柏,声拂万壑清。
> 即此悔读书,朝朝近浮名。

【注释】 [1]终南山:秦岭著名的山峰,在今陕西省西安市南。 [2]南山:指终南山。塞:充满,充实。 [3]高峰夜留景:《全唐诗》此句下注:"太白峰西黄昏后见馀日。"

【简析】 这首诗名为游终南山,而"游"字的意义应更加重视。"横空盘硬语,妥帖力排奡"是韩愈在《荐士》中对孟郊诗的评价。其中"硬"指字句的坚挺有力。《游终南山》就充分体现了孟诗的这一特点。实际上,终南山虽然高大,但并没有遍布天地。"南山塞天地"运用夸张手法,使诗句语气磅礴有力,这是作者"游"终南山的亲身体会。在深山里,仰望天际,群山与天空相连接;举目环顾,满目千岩万壑,再也看不见山外的其他地方。"横空盘硬语",险语惊人,值得玩味。以终南清风,道出厌恶长安的十丈红尘;以山中的人正心平,道出那山外的人邪心险。以"即此悔读书,朝朝近浮名"结束全诗,言外之意幽深辽远。

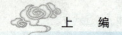

1. 这首诗前四句写出了终南山的哪些特点?
2. 请赏析"长风驱松柏,声拂万壑清"两句中"驱""拂"二字的妙处。

九日齐安登高[1]

杜 牧

【题解】 杜牧(803—约853),字牧之,号"樊川居士",号称杜紫薇。京兆万年(今陕西西安)人,晚唐诗人。唐代文学家,人称"小杜",以别于杜甫。又与李商隐齐名,后人称之为"小李杜",被誉为晚唐诗坛的双璧。杰出的诗人、散文家,宰相杜佑之孙,杜从郁之子,唐文宗大和二年26岁中进士,授弘文馆校书郎。后赴江西观察使幕,转淮南节度使幕,又入观察使幕。史馆修撰,膳部、比部、司勋员外郎,黄州、池州、睦州刺史等职,最终官至中书舍人。杜牧最擅长七言绝句,大多为咏史抒怀。

《九日齐安登高》是一首七律诗。因友人张祜怀才不遇而作此诗安慰,此诗看破尘间琐事纷扰,消除人生忧愁、生死无常的悲戚,展现了封建知识分子人生观的落后与消沉。

> 江涵秋影雁初飞,与客携壶上翠微[2]。
> 尘世难逢开口笑,菊花须插满头归。
> 但将酩酊[3]酬佳节,不用登临[4]恨落晖。
> 古往今来只如此,牛山[5]何必独霑衣。

【注释】 [1]九日:旧历九月九日重阳节,旧俗登高饮菊花酒。齐安:今湖北省麻城一带。 [2]翠微:这里代指山。 [3]酩酊:醉得稀里糊涂。这句暗用晋朝陶渊明典故。《艺文类聚·卷四引·续晋阳秋》:"陶潜尝九月九日无酒,宅边菊丛中摘菊盈把,坐其侧,久望,见白衣至,乃王弘送酒也。即便就酌,醉而后归。" [4]登临:登山临水或登高临下,泛指游览山水。 [5]牛山:山名。在今山东省淄博市。春秋时齐景公泣牛山,即其地。

【简析】 首联运用白描手法写大雁南飞过江,与客提壶青山上的美景。简短七字,就概括了江南所有美景。诗人用"涵"写江水环抱秋景,"江涵秋影"四字巧妙地传达出江水之清,"秋影"含义甚广,不单指雁影。"与客携壶"是置酒会友,兼之有山有水,乃人生乐事,用"翠微"代替秋山,都表达出作者对眼前美景的喜爱。

额联为唐诗名句,夹叙夹议,道出了诗人矛盾之情。"难逢""须插"是为了让人珍惜眼前及时行乐,不要虚度时光,表现了一种豁达开朗的生活态度。"菊花"是切合重阳节的习俗。

颈联与额联手法一样,都采用了夹叙夹议的手法,良辰佳节之际诗人用酩酊大醉来抒发自己的心情,不必在热闹喜庆的佳节为人生迟暮而惆怅感慨,同时也表达了及时行乐之意。"酩酊"也是切合了重阳节的习俗。额联和颈联都用了对比,将怀才不遇与佳节尽情欢乐对比,将大醉无忧与怨恨埋怨对比。多次写到重阳。节日的一个重要功能,就是使人们暂时忘掉日常生活的烦扰、抛开日常生活的烦琐、放松自己的心情。杜牧在这里所表现的正是趁着重阳节抛开世事、乐当及时的思想。

尾联承上"登临恨落晖"意,诗人用齐景公牛山泣涕之事进一步慰藉自己。诗人由眼前所登池州的齐山,进而想到齐景公的牛山坠泪,认为像"登临恨落晖"所感受到的那种人生变换,从古至今都是如此。既然不是今生所生的怨恨,何必像齐景公那样黯然神伤。举齐景公的反例,表现了这种旷怀中包含着一种酸楚。

此诗通过记叙重阳登山远眺一事,表达了诗人人生多忧、生死无常的悲哀。以道破一切尘间琐事,展现了封建知识分子落后的人生观。

 复习思考题

1. 有人认为此诗"抑郁之思以旷达出之",请结合诗句作简要分析。
2. 背诵这首诗。

二十五、望月诗三首

春 山 夜 月

于良史

【题解】 此诗载于《全唐诗》卷二百七十五。于良史(生卒年、籍贯均不详),唐代诗人,约天宝末年踏上仕途,肃宗至德年间曾任侍御史,代宗大历年间任监察御史。德宗贞元年间,徐、泗州节度使张建封辟为从事。其五言诗词语清丽超逸,讲究对仗,十分工整。如名句"风兼残雪起,河带断冰流"。诗多写景,构思巧妙,形象逼真,同时寄寓思乡和隐逸之情。诗风清淡高雅,当时很有诗名。存诗七首,都是佳作,其中以《春山夜月》《宿蓝田山口奉寄沈员外》最为出色。

春山多胜事[1],赏玩夜忘归。
掬水月在手[2],弄花香满衣。
兴来无远近,欲去惜芳菲。
南望鸣钟处[3],楼台深翠微[4]。

【注释】 [1]春山:一作"春来"。 [2]掬(jū):双手捧起。《礼记·曲礼上》云:"受珠玉者以掬。" [3]鸣钟:一作"钟鸣"。 [4]翠微:指山腰青翠幽深处,泛指青山。庾信《和宇文内史春日游山》诗云:"游客值春晖,金鞍上翠微。"

【简析】 这首诗描摹了春夜美丽的山景,是一首脍炙人口的名作。

首联写山中景致优美使人流连忘返。起始句就极力赞扬山中的景色,并说明逗留至夜间的原因,为下文描写做了铺垫。

颔联描画了一幅美妙的山中夜景图。在捧起山中清冽的泉水时,月光在手心游

移,仿佛手中也捧着月亮;沿途是盛开的一树树繁花,香气扑面而来,穿行其中,不禁想张开双臂,轻柔抚过,这时花香已经沾满了衣服。这样的月光与花香让人觉得好像置身仙境。

颈联写因为兴致极高,沉醉于美丽的月下山景中,已经忘了走了多远的路,临别前,依依惜别那些一路相伴的花花草草。

尾联诗人将视线投向远方。因听见南方传来悠长的钟声,便向南望去,只见楼台深隐于山色之中,绰约朦胧。

此诗写景优美,情感真挚,语言清丽,风格淡雅,充分表达了诗人对月夜山中美景的爱怜与不舍。

复习思考题

1. "欲去惜芳菲"中的"惜"字表达了诗人怎样的情感。
2. 你认为诗中哪一联写得最为精妙,并谈谈这样理解的理由。
3. 背诵这首诗。

江　楼　月

白居易

【题解】《江楼月》选自《唐诗宋词鉴赏大全集》,华文出版社 2009 年出版。白居易(约 772—846),字乐天,号香山居士,下邽(今陕西渭南)人。贞元十六年考取进士,授秘书省校书郎。元得年间曾担任翰林学士、左拾遗,拜赞善大夫国。后因上书发表议论得罪朝廷权贵,被贬为江州司马,后迁忠州刺史。唐穆宗初年,被任命为主客郎中、知制诰。后上书请求至外地任职,先后任杭州、苏州刺史。唐文宗即位后,受秘书监诏命,升任为刑部侍郎,后官至刑部尚书。晚年信佛,定居于洛阳。他常与元稹吟诗作赋,唱和往来,世称"元白";与刘禹锡亦有诗作相酬咏,世称"刘白"。809 年(元和四年)春,元稹以监察御史使东川,不得不离开京都,离别正在京任翰林的挚友白居易。他独自在嘉陵江岸驿楼中,见月圆明亮,波光荡漾,遂浮想联翩,作七律《江楼月》寄白居易,表达深切的思念之情。后来,白居易作《酬和元九东川路诗十二首》,在题下标注:"十二篇皆因新境追忆旧事,不能一一曲叙,但随而和之,唯予与元知之耳。"这首七律《江楼月》是其中的第五首。

嘉陵江曲曲江池[1],明月虽同人别离。
一宵光景潜相忆[2],两地阴晴远不知[3]。
谁料江边怀我夜,正当池畔望君时。
今朝共语方同悔[4],不解多情先寄诗[5]。

【注释】　[1]嘉陵江:长江流经重庆的一段的别称。曲江:在长安东南,因河流曲折,是都城游乐胜地,亦是皇帝为新科进士赐宴之所。　〔2〕潜相忆:暗中相互思念。　〔3〕两地阴晴:两地的天气、气候。　〔4〕共语:在一起谈话,叙旧。同悔:共同懊悔。　〔5〕不解:没想到。

【简析】 诗的前半是"追忆旧事",写离别后彼此深切思念的情景。"嘉陵江曲曲江池,明月虽同人别离。"明月之夜,清辉照人,最能逗引离人幽思:月儿这样圆满,人却相反,一个在嘉陵江岸,一个在曲江池畔;虽是一般明月,却不能聚在一起共同观赏,见月伤别,顷刻间往日欢聚步月的情景浮现在诗人眼前,涌上诗人心头。"一宵光景潜相忆,两地阴晴远不知。"以"一宵"言"相忆"时间之长;以"潜"表深思的神态。由于夜不能寐,思绪万千,便从人的悲欢离合又想到月的阴晴圆缺,嘉陵江岸与曲江池畔相距很远,诗人不知道两地是否都是这样的"明月"之夜,这样的诗句将离情别绪说得十分动人。"两地阴晴远不知"在诗的意境创造上别出心裁。第一联里,离人虽在两地还可以共赏一轮明月,而在第二联里,诗人却担心着连这点联系也难于存在,从而表现出更朴实真挚的情谊。

诗的后半则是写诗人处于"新境",叙述他对"旧事"的看法。"谁料江边怀我夜,正当池畔望君时","正当"表现出白居易和元稹推心置腹的情谊。以"谁料"冠全联,言懊恼之意,进一层表现出体贴入微的感情:若知如此,就该早寄诗抒怀,免得尝望月幽思之苦。"今朝共语方同悔,不解多情先寄诗。"以"今朝""方"表示悔寄诗之迟,暗写思念时间之长,"共语"和"同悔"又表示出双方思念的情思是一样的深沉。

这首诗虽是白居易写给元稹的,却通篇都道双方的思念之情,别具一格。诗在意境创造上有它独特成功之处,主要是情与景的高度融合:看起来全诗句句抒情,实际上景已寓于情中,每一句诗都会在读者脑海中浮现出动人的景色,而且产生联想。当读者读了前四句,会联想到江楼、圆月的景象和诗人凝视吟赏的情景,这较之实写景色更丰富、更动人。

 复习思考题

1. 诗中为什么既说"明月虽同",又说"两地阴晴",请结合诗歌简要分析。
2. 背诵这首诗。

霜　月

李商隐

【题解】《霜月》选自《唐宋词鉴赏辞典》(新一版),上海辞书出版社2016年出版。李商隐(约813—858),字义山,号玉谿生,唐代著名诗人,祖籍河内(今河南省焦作市)沁阳,出生于郑州荥阳。他擅长诗歌写作,骈文文学价值也很高,是晚唐最出色的诗人之一,和杜牧合称"小李杜",与温庭筠合称为"温李",因诗文与同时期的段成式、温庭筠风格相近,且三人都在家族里排行第十六,故并称为"三十六体"。其诗构思新奇,风格秾丽,尤其是一些爱情诗和无题诗写得缠绵悱恻,优美动人,广为传诵。但部分诗歌过于隐晦迷离,难于索解,至有"诗家总爱西昆好,独恨无人作郑笺"之说。因处

于牛李党争的夹缝之中,一生很不得志。死后葬于家乡沁阳(今河南焦作市沁阳与博爱县交界之处)。作品收录为《李义山诗集》。此诗作年无考,冯《注》以为艳情诗。这首诗是诗人在深秋月夜,登楼远眺观赏景色时所写。

初闻征雁已无蝉^[1],百尺楼高水接天^[2]。
青女素娥俱耐冷^[3],月中霜里斗婵娟^[4]。

【注释】 [1]征雁:大雁春到北方,秋到南方,不惧远行,故称征雁。此处指南飞的雁。无蝉:雁南飞时,已听不见蝉鸣。 [2]楼高:一作"楼台"。水接天:水天一色,不是实写水,是形容月、霜和夜空如水一样明亮。 [3]青女:主管霜雪的女神。《淮南子·天文训》:"青女乃出,以降霜雪。"素娥:即嫦娥。 [4]斗:比赛的意思。婵娟:美好,古代多用来形容女子,也指月亮。

【简析】 仅从文本看,诗写深秋月夜景色,然不作静态描写,而借神话传说婉言月夜冷艳之美。首句以物候变化说明霜冷长天,深秋已至。次句言月华澄明,天穹高迥。三四句写超凡神女,争美竞妍。诗以想象为主,意境清幽空灵,冷艳绝俗,颇可说明义山诗之唯美倾向。

文学作品,特别是诗歌,其特点在于即景寓情,因象寄兴。诗人不仅是写生的妙手,而且是随物赋形的画工。最通常的题材,在杰出的诗人笔底,往往能够创造出一种高超优美的意境。李商隐的这首《霜月》,就有这样的特点。

这首诗写的是深秋季节,在一座临水高楼上观赏霜月交辉的夜景。它的意思只不过说,月白霜清,给人们带来了寒凉的秋意而已。这样的景色,会使人心旷神怡。然而这首诗所给予读者美的享受,却大大超过了人们在类似的实际环境中所感受到的。诗的形象明朗单纯,而内涵是饱满而丰富的。

秋天,草木摇落而变衰,眼里看到的一切,都萎谢枯黄,黯然无色;可是清宵的月影霜痕,却显得分外光明皎洁。"青女素娥俱耐冷,月中霜里斗婵娟。"尽管"琼楼玉宇,高处不胜寒",可是冰肌玉骨的绝代佳人,愈是在宵寒露冷之中,愈是见出雾鬟风鬟之美。她们的绰约仙姿之所以不同于庸脂俗粉,正因为她们具有耐寒的特性,所以才经得起寒冷的考验。

写霜月,不从霜月本身着笔,而写月中霜里的素娥和青女;青女、素娥在诗里是作为霜和月的象征的。这样,诗人所描绘的就不仅仅是秋夜的自然景象,而是勾摄了清秋的魂魄,霜月的精神。这精神是诗人从霜月交辉的夜景里发掘出来的自然之美,同时也反映了诗人在混浊的现实环境里追求美好、向往光明的深切愿望;是他性格中高标绝俗、耿介不随的一面的自然流露。当然不能肯定这耐寒的素娥、青女,就是诗人隐以自喻,它或许另有所指。诗中寓情寄兴,是不会如此狭隘的。

这首诗在艺术手法上有一点值得注意:诗人的笔触完全在空际点染盘旋,诗境如海市蜃楼,弹指即逝;诗的形象是幻想和现实交织在一起而构成的完美整体。秋深了,树枝上已听不到聒耳的蝉鸣,辽阔的长空里,时时传来雁阵惊寒之声。在月白霜清的宵夜,高楼独倚,水光接天,望去一片澄澈空明。"初闻征雁已无蝉"二句,是实写环境背景。这环境是美妙想象的摇篮,它会唤起人们脱俗离尘的意念。正是在这个摇篮里,诗人的灵府飞进月地云阶的神话世界中去了。后两句想象中的意境,是从前两句生发出来的。

复习思考题

1. 诗中借助霜和月，寄寓了诗人怎样的思想感情？
2. 诗人是如何描写霜和月的？试作简要赏析。
3. 背诵这首诗。

二十六、南乡子(新月又如眉)

晏几道

【题解】《南乡子·新月又如眉》选自《小山词》，为抒写离思的怀人之作。晏几道(1038—1110)，北宋词人，字叔原，号小山，北宋抚州临川县文港乡(今属南昌进贤)人。晏殊第七子。历任颍昌府许田镇监、乾宁军通判、开封府判官等。性情孤傲，词风哀感缠绵、清壮顿挫，著有《小山词》。

仁宗至和二年(1055)晏殊去世，随后晏家家道中落，晏几道从书生意气的公子哥，沦落为潦倒落魄的贵族。本词旨在离思怀人，作品由月下笛音而及南飞之雁，由雁而思人，抒写了清秋时节的怅然情怀。

新月又如眉[1]。
长笛谁教月下吹[2]。
楼倚暮云初见雁[3]，南飞。
漫道行人雁后归[4]。

意欲梦佳期[5]。
梦里关山路不知[6]。
却待短书来破恨[7]，应迟[8]。
还是凉生玉枕时[9]。

【注释】[1]如眉：指月钩弯如眉状。　[2]长笛：借用唐代杜牧《题元处士高亭》"何人教我吹长笛，与倚春风弄月明"。　[3]楼倚：化用唐代赵嘏《长安晚秋》"残星几点雁横塞，长笛一声人倚楼"。　[4]漫道行人雁后归：语出隋代薛道衡《人日思归》："人归落雁后，思发在花前。"漫：空，徒。　[5]佳期：相会的美好时光。　[6]梦里关山路不知：化用南朝梁沈约《别范安成诗》"梦中不识路，何以慰相思"，典出南朝梁萧统《文选》李善注引《韩非子》："六国时，张敏与高惠二人为友，每相思不能得见，敏便于梦中往寻，但行至半道，即迷不知路，遂回，如此者三。"此处借以表达男女相思之情。　[7]书：信。破：消解。恨：指离恨。　[8]应：是。　[9]玉枕：玉制或玉饰的枕头，亦用为瓷枕、石枕的美称。

【简析】　上片以景着笔。"如眉"意为不圆，暗点愁上眉间。"又"表明此景已历见多次。笛声入耳，牵动情思。独登高楼眺望，远方暮色苍茫，继而"暮云"间"初见"黑点频动，之后逐渐清晰，此即为"雁"，再因雁飞的方向，点破时节，极具层次感。"南飞"二字简练言尽意远,状写她凝视雁群远去,空间无限延伸。"漫道"一句哀婉伤感,深恐连"行人雁后归"也成奢望。

下片以情思起笔。"意欲"表示现实中"佳期"无望,故寄望于梦中。她不畏"关山路"苦,奈何"不知"关山路!就只能等待千里之外的书信。"短"表明但求只言片语便足矣;"破"表明她渴望消解远离别恨;"却"表明满怀希望。然而"应迟",她料想这短书必定会迟来。等"短书"来时,恐怕已是秋意深重寒入帘幕的"凉生玉枕"之时。下片在无尽的等待中充盈着失意伤感,语气沉重。

该词的特色在于隐括大量前作前事,将诗境、词句、意象、典故等融于全篇,彼此呼应,增强作品的内涵,同时又委婉含蓄地书写作者思绪,意蕴绵长。

 复习思考题

1. 分析作品中的意象,谈谈其作用。
2. 背诵这首词。

二十七、忆帝京[1](薄衾小枕凉天气)

柳 永

【题解】《忆帝京·薄衾小枕凉天气》选自《唐宋词鉴赏辞典》,上海辞书出版社1988年出版。作者柳永(约987—约1053),原名三变,字耆卿,世称柳七、柳屯田,崇安(今福建崇安)人,北宋著名词人。宋仁宗景佑元年(1034)考取进士,只做过睦州掾、屯田员外郎等小官。他一生在政治上不得意,常出入秦楼楚馆,与歌伎相往来,过着依红偎翠、风流浪子的生活,不为士大夫所重。相传他死后,家无余资,群伎捐金埋葬。他做盐场大使时,写过一首《煮海歌》,描写海滨盐民的疾苦,表现出他思想的另一面。柳永懂音律,是北宋第一个专业词人,在词的内容与形式上都有所创新,推动了慢词的发展,使词的语言进一步通俗化、口语化,扩大了词的内容,触及都市的繁荣与中下层市民的生活。其艺术特点是:音律谐婉,词意妥帖,写景抒情,都能委曲尽致。著有《乐章集》。

这是一首抒写离别相思的词作。上片由天凉衾薄入手,寥寥几句写尽别离滋味;下片摹思归而不能归的复杂心绪,词浅而义深。整首词纯用口语白描来表现词人感受,艺术手法新颖别致,是柳永同类作品中较有特色的一首。

薄衾小枕[2]凉天气,乍觉[3]别离滋味。
展转数寒更[4],起了还重睡。
毕竟不成眠,一夜长如岁。

也拟待[5]、却回征辔[6];
又争奈[7]、已成行计[8]。

万种思量,多方开解,只恁寂寞厌厌地[9]。

系我一生心,负你千行泪。

【注释】 [1]忆帝京:词牌名,柳永制曲,系词人为回忆在汴京的妻子而命名。《乐章集》注"南吕调"。 [2]薄衾(qīn):薄薄的被子。小枕:稍稍就枕。 [3]乍觉:突然觉得。 [4]展转:同"辗转",翻来覆去。数寒更(gēng):因睡不着而数着寒夜的更点。古时自黄昏至拂晓,将一夜分为甲、乙、丙、丁、戊五个时段,谓之"五更",又称"五鼓"。 [5]拟待:打算。 [6]征辔(pèi):远行之马的缰绳,代指远行的马。 [7]争奈:怎奈。 [8]行计:出行的打算。 [9]只恁(nèn):只是这样。厌厌:同"恹恹",精神不振的样子。这句是说最后只能就这样寂寞无聊、不了了之。

【简析】 词的上片写词人因相思而辗转难眠,颇得五言古乐府神韵。秋风渐凉,拥衾独枕,"乍觉别离滋味",而后思念愈渐加深,终致"不成眠"。词人以"一夜长如岁"来烘托渲染难眠之苦,堪比《诗经》中的"一日不见,如三秋兮",但语句更为凝炼,感情更为深沉。下片转而写游子思归,"也拟待、却回征辔;又争奈、已成行计",生动表现了理智与情感发生冲突时的内心体验。思归而不能归,词人满怀无奈,最后只能叹息"系我一生心,负你千行泪",这两句语极白而情极深,恰到好处地总结了全词彼此相思的意脉,突出了以"我"为中心的怀人主旨。

由"乍觉"到饱受煎熬,再到苦苦挣扎,最后发出真挚誓言,可谓层转层深,历历在目。这是词人痛苦的相思之情的真实写照,更显示出其卓越的艺术才华。

复习思考题

1. 分析这首词的创作特色。
2. 背诵这首词。

二十八、临江仙[1](夜饮东坡醒复醉)

苏 轼

【题解】 《临江仙·夜饮东坡醒复醉》选自《唐宋词鉴赏辞典》,上海辞书出版社1988年出版。苏轼(1037—1101),字子瞻,又字和仲,号铁冠道人、东坡居士,世称苏东坡、苏仙。汉族,眉州眉山(今属四川省眉山市)人,祖籍河北栾城,北宋文学家、书法家、画家。苏轼是北宋中期的文坛杰出人才,在诗、词、散文、书、画等方面都有很高的造诣。其文豪放潇洒,题材十分广阔,清新豪健,善用夸张比喻,独具风格,与黄庭坚并称"苏黄";其词开豪放一派,与辛弃疾同为豪放派代表,并称"苏辛";其散文著述宏富,豪放洒脱,与欧阳修并称"欧苏",为"唐宋八大家"之一。苏轼亦为书法"宋四家"之一。

苏轼在黄州之贬的第三年作此诗。元丰三年(1080),苏轼因乌台诗案,被贬黄州(今湖北黄冈),在城南长江边上的临皋亭安身。后来,又在不远处开垦了一片荒地,种上庄稼树木,命名东坡,自号东坡居士。后在这里建造屋舍,取名雪堂。对于遭受了一场严重政治迫害的苏轼来说,这时是劫后重生,内心忿懑苦楚。痛苦没有把他压倒,

他反而表现出一种超人的旷达,不因世事萦怀的恬淡精神。他有时衣着朴素,出入于阡陌之上,有时月夜泛舟,畅游于山水之间,置身于自然之中寻找美感,领略人生的哲理。这就是此词的创作背景。

> 夜饮东坡醒复醉[2],归来仿佛三更。
> 家童鼻息已雷鸣。
> 敲门都不应,倚杖听江声[3]。
>
> 长恨此身非我有,何时忘却营营[4]?
> 夜阑风静縠纹平[5]。
> 小舟从此逝,江海寄馀生。

【注释】 [1]临江仙:唐教坊曲名,后用作词牌名。此词双调六十字,平韵格。 [2]东坡:在湖北黄冈县东。苏轼谪贬黄州时,友人马正卿助其垦辟的游息之所,筑雪堂五间。 [3]听江声:苏轼寓居临皋,在湖北黄冈南长江边,故能听长江涛声。 [4]营营:周旋、忙碌,内心躁急之状,形容奔走钻营,追逐名利。 [5]夜阑:夜尽。司马迁《史记·高祖本纪》有"酒阑",裴骃集解曰"阑,言希也。谓饮酒者半罢半在,谓之阑。"《文选·谢庄〈宋孝武宣贵妃诔〉》有"白露凝兮岁将阑",李善注曰"阑,犹晚也"。縠纹:比喻水波细纹。縠,绉纱类丝织品。

【简析】 这首词作于神宗元丰五年,这是东坡被贬黄州的第三年。全词风格简练而飘逸,叙写作者深秋之夜在东坡雪堂饮酒作乐,醉归临皋住所的情景,表达了词人远离社会、厌恶尘世的人生态度及要求彻底解脱的出世意念,体现了作者豁达与悲凉交织之情。

上片首句"夜饮东坡醒复醉",开篇就点明了饮酒地点和酒醉程度。醉而复醒,醒而复醉,当他回到住所时,已经很晚了。"归来仿佛三更","仿佛"二字,传神地刻画出词人醉眼朦胧的神态。这开头两句,先一个"醒复醉",再一个"仿佛",就把他纵饮的豪情淋漓尽致地表达出来了。

接着,下面三句,写词人到住所之后,在家门口停留下来的情景:"家童鼻息已雷鸣。敲门都不应,倚杖听江声。"笔落至此,一位放纵潇洒、豁达开朗、遗世独立的"幽人"跃然纸上,呼之欲出。字里行间洋溢着词人一种豪放旷达的人生态度,一种渴望自由的精神世界,一种独特的个性和真情。

上片以动衬静,以有声衬无声,通过写家童鼻息声如雷鸣和作者倾听江声,衬托出夜晚寂静人寂寥的情景,从而烘托出浮沉宦海后词人心境的浩茫,让人浮想联翩,为下文词人的哲思作了铺垫。

下片一开始,词人就感慨长叹:"长恨此身非我有,何时忘却营营?"这突然的感慨长叹,既直抒胸臆又充满哲理意味,是全词的衔接。

这两句精粹之至,化用庄子"汝身非汝有也""全汝形,抱汝生,无使汝思虑营营"之言,道出一种透彻了悟的哲理思辨,发出了对整个存在、宇宙、人生、社会的怀疑、厌倦、无所寄托的叹息。这两句,既饱含哲理又一任情性,表达出一种无法解脱而又要求解脱的人生困惑与感伤,实在震撼人心。

词人在夜晚沉思,豁然有悟,既然无法掌握自己的命运,就当全身免祸。顾盼眼前江上景致,是"夜阑风静縠纹平",融情于景,神与物游,陶醉在如此静谧美好的大自然中。于是,他不再沉浸于现实世界的美好遐想中,唱道:"小舟从此逝,江海寄馀生。"他要趁此良辰美景,驾一叶扁舟,随波逐流,他要在无限的自然美景中丰富自己的生命。

"夜阑风静縠纹平",并不是单纯写景,而是词人的主观世界与客观世界的相契合。它引出了词人心灵苦痛的解脱和心灵矛盾的超越,是词人对宁静安谧的理想世界的追求,转接"小舟"两句,自是顺理成章。在政治上受以沉重打击之后,转换思想,由入世转向出世,追求一种精神自由、合乎自然的人生理想。在繁复的人生观念中,由于参有某些老庄思想,因而在痛苦的逆境中形成了旷达不羁的个性。"小舟从此逝,江海寄馀生",底蕴悠长的拍歇,表现了词人的潇洒乐观,道出了他不满世俗、向往自由的心声。

 复习思考题

    1. "长恨此身非我有,何时忘却营营? 夜阑风静縠纹平"表达了作者怎样的情怀?

    2. 背诵这首词。

二十九、南歌子(天上星河转)

李清照

【题解】《南歌子·天上星河转》选自《袖珍唐宋词鉴赏辞典》,上海辞书出版社 2001 年出版。李清照(1084—约 1156),宋代(两宋之交)女词人,号易安居士,济南章丘(今属山东济南)人,出生于书香门第,早期生活优裕。其父李格非藏书甚富,她小时候就在良好的家庭环境中打下文学基础。出嫁后,与丈夫赵明诚共同致力于金石书画的搜集整理,共同从事学术研究,志趣相投,生活美满。金兵入据中原后,流落南方,赵明诚病死,李清照境遇孤苦。一生经历了表面繁华、危机四伏的北宋末年和动乱不已、偏安江左的南宋初年。她是中国古代罕见的才女,擅长书、画,通晓金石,而尤精诗词。她的词作独步一时,流传千古,被誉为"词家一大宗"。她的词分前期和后期。前期多写其悠闲生活,多描写爱情生活、自然景物,韵调优美,如《一剪梅·红藕香残玉簟秋》等。后期多慨叹身世,怀乡忆旧,情调悲伤,如《声声慢·寻寻觅觅》。她的人格像她的作品一样令人崇敬。她既有巾帼之淑贤,更兼须眉之刚毅;既有常人愤世之感慨,又具崇高的爱国情怀。这首《南歌子》为作者流落江南后所作。根据陈祖美《李清照简明年表》,此词应作于公元 1129 年(宋高宗建炎三年)深秋,赵明诚病卒后,词人痛定思痛的一段时间。词的节拍虽有"旧家"字样,但此处并非以家喻国,而是一首悼亡词,词的每一句,都与作者丈夫生前的情事有关。

天上星河转[1]，人间帘幕垂。

凉生枕簟泪痕滋[2]。

起解罗衣，聊问夜何其？[3]

翠贴莲蓬小[4]，金销藕叶稀。

旧时天气旧时衣。

只有情怀[5]，不似旧家时[6]！

【注释】[1]星河：银河，到秋天转向东南。　[2]枕簟(diàn)：枕头和竹席。滋：增益，加多。　[3]夜何其：《诗经·小雅·庭燎》"夜如何其？夜未央。"夜已经到了什么时候了？"其"，语助词。　[4]翠贴、金销：即贴翠、销金，均为服饰工艺。　[5]情怀：心情。　[6]旧家：从前。《诗词曲语辞汇释》卷六："旧家犹言从前，家为估量之辞。"其所引例中即有此句。

【简析】　这首《南歌子》抒发了国破家亡之恨，为流落江南后所作。

"天上星河转，人间帘幕垂"，以对句作景语起，但非寻常景象，而有深情熔铸其中。"星河转"谓银河转动，一"转"字说明时间流动，而且是颇长的一个跨度；人能关心至此，则其中夜无眠可知。"帘幕垂"言闺房中密帘遮护。帘幕"垂"而已，此中人情事如何，尚未可知。"星河转"而冠以"天上"，是寻常言语，"帘幕垂"表说是"人间"的，却显不同寻常。"天上、人间"对举，就有"人天远隔"的含意，分量顿时沉重起来，似乎其中有沉哀欲诉，词一起笔就先声夺人。此词直述夫妻死别之悲怆，字面上虽似平静无波，内中则暗流汹涌。

前两句蓄势，至"凉生枕簟泪痕滋"一句，直泻无余。枕簟生凉，不单是说秋夜天气，而是将孤寂凄苦之情移于物象。"泪痕滋"，所谓"悲从中来，不可断绝"，至此不得不悲哀暂歇，人亦劳瘁。"起解罗衣，聊问夜何其"，原本是和衣而卧，到此解衣欲睡，但要睡的时间已经是很晚了，开首的"星河转"已有暗示，这里"聊问夜何其"更明言之。"夜何其(jī)"中其是语助词。"夜何其"出自《诗经·小雅·庭燎》"夜如何其？夜未央(半)；夜如何其？夜绣(向)晨"，意思是夜深沉已近清晨。"聊问"是自己心下估量，此句状写词人情态。情状已出，心事亦露，词转入下片。

下片直接抒情，"翠贴莲蓬小，金销藕叶稀"为过片，接应上片结句"罗衣"，描绘衣上的花绣。因解衣欲睡，看到衣上花绣，又生出一番思绪来，"翠贴""金销"皆倒装，是贴翠和销金的两种工艺，即以翠羽贴成莲蓬样，以金线嵌绣莲叶纹，这是贵妇人的衣裳，词人一直带着、穿着。而今重见，夜深寂寞之际，不由想起悠悠往事。"旧时天气旧时衣"，这是一句极寻常的口语，唯有身历沧桑之变者才能领会其中所包含的许多内容，许多感情。"只有情怀，不似旧家时"句的"旧家时"也就是"旧时"。秋凉天气如旧，金翠罗衣如旧，穿这罗衣的人也是由从前生活过来的旧人，只有人的"情怀"不似旧时了！寻常言语，反复诵读，只觉字字悲咽。

以寻常言语入词，是易安词最突出的特点，字字句句锻炼精巧，日常口语和谐入诗。这首词看似平平淡淡，只将一个才女的心思娓娓道来，不惊不怒，却感人至深。

复习思考题

1. "凉"字使用了什么手法？请分析其意蕴。

2. 结合全词,简述结尾句"旧时天气旧时衣,只有情怀,不似旧家时"所表达的思想感情。

3. 背诵这首词。

三十、元曲二首

中吕·十二月过尧民歌
别情

王实甫

【题解】《别情》选自《元曲鉴赏辞典》,上海辞书出版社 1990 年出版。作者王实甫,名德信,大都(今北京)人,生平事迹不详,元代著名杂剧作家。创作活动大约在元成宗大德年间(1295—1307),所作杂剧 14 种,现存 3 种。《西厢记》尤为出色,是我国较早的一部以多本杂剧连演一个故事的大型剧本,它代表了元杂剧中爱情戏的最高成就。明人王世贞认为"北曲当以西厢压卷"(《艺苑卮言》)。散曲作品留存不多,隋树森先生《全元散曲》中仅录其小令 1 首,套数 2 套。

这是一首"带过曲",用同属[中吕]宫的[十二月]和[尧民歌]两支曲组成。题为《别情》,实际为别后的相思之情。作者把主人公久别思念之深情淋漓尽致地宣泄出来,把司空见惯的离情别绪写得十分富有情趣。

[十二月]自别后遥山隐隐,更那堪远水粼粼[1]。
　　　　见杨柳飞绵滚滚[2],对桃花醉脸醺醺[3]。
　　　　透内阁香风阵阵[4],掩重门暮雨纷纷。
[尧民歌]怕黄昏忽地又黄昏,不销魂怎地不销魂?
　　　　新啼痕压旧啼痕,断肠人忆断肠人!
　　　　今春,香肌瘦几分,搂带宽三寸[5]。

【注释】[1]粼粼:形容水的清澈微波。　[2]飞绵:即柳絮。　[3]对桃花醉脸醺醺(xūnxūn):形容桃花像喝醉酒的面颊一样绯红。　[4]内阁:指闺阁。　[5]搂带:即缕带、衣带。

【简析】曲词伊始开门见山点出"别后"主旨。主人公因山长水远,路遥难见,牵挂、思念之情自在其中,头两句不仅点明离人相隔之远,更渲染出一种气氛。人是有情的,于是青山绿水似乎也随之变得有情有意,而且使主人公的思念之情达到不堪忍受的痛苦境地。如此心态,不论是杨柳飞絮,柳绿花红,还是香风阵阵,暮雨纷纷,都会令人触景生情,愈觉孤寂忧伤。作者的笔墨由远而近,由外而内,句句写景,字字含情,耐人寻味。上曲结尾的"暮雨纷纷",已为下曲暗下伏脉。下曲一连几个直抒情怀

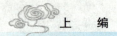

的语句,惟妙惟肖地刻画出抒情主人公矛盾而复杂的心理活动。一个"怕"字,细腻地表现出思念之苦,而"忽地又黄昏",说明经历这种情感煎熬并非一朝一夕,甚至想要抛开这种念头也身不由己。因此,主人公不禁潸然泪下。特别是想到对方也在思念自己,主人公更是柔肠寸断。正因为主人公在离别之苦中度日如年,所以,"今春,香肌瘦几分,搂带宽三寸"。"今春"二字响应了上曲之景,"香肌"两句总写出"别情"之悲,用形体的消瘦衬托出相思之深、离别之苦。

曲词中,上曲写景,下曲抒情,上曲委婉,下曲直言,上曲多叠字,下曲多重言,然而合起来却层次分明,一气贯注。其声情语势把主人公缠绵不断之伤情、久别思念之深情宣泄了出来,把司空见惯的离情别绪写得别有情趣。

 复习思考题

　　1. 举例分析小曲中景中寓情、情中带景的表达方式对烘托抒情主人公复杂的心理活动有何作用。
　　2. 背诵这支小曲。

梦 中 作

郑光祖

【题解】《梦中作》选自《元曲鉴赏辞典》,内蒙古人民出版社 2001 年出版。作者郑光祖,字德辉,平阳襄陵(今山西临汾附近)人,生平事迹不详,元代后期杂剧的重要作家,与关汉卿、马致远、白朴并称"元曲四大家"。曾做过杭州路吏,为人方直,感情淳厚,不妄交友。有杂剧 18 种,今存 8 种。《倩女离魂》是其代表作,也是元后期杂剧中最优秀的作品。散曲作品所存极少,《全元散曲》辑其小令 6 首,套数 2 套。

　　半窗幽梦微茫,歌罢钱塘[1],赋罢高唐[2]。风动罗帏,爽入疏棂[3],月照纱窗。飘渺见梨花淡妆,依稀闻兰麝余香。唤起思量,待不思量,怎不思量。

【注释】[1]歌罢钱塘:宋代何薳《春渚记闻》载:宋代司马才仲昼寝,梦一美人牵帷而歌《蝶恋花》词,"妾本钱塘江上住,花落花开,不管流年度"。不久美人又来入梦,并在梦中结为夫妇。 [2]高唐:指宋玉《高唐赋》。相传赤帝之女瑶姬死后葬于巫山之阳,化为神女。宋玉在《高唐赋》中据此对神女进行描绘,有"旦为朝云,暮为行雨"的名句。 [3]疏棂:稀疏的窗格。
【简析】这首小令以记梦的形式抒发了相思之情。首句写自己从梦中醒来,却依旧梦境萦绕。用两个典故,既点明了相思的主题,又含蓄地描绘了与美人梦中欢会的情景,格调极雅。凉风轻拂,月色半明,如此诗情画境似乎又要催人入梦,于朦胧之中似乎又见美人翩然而至。那梨花般淡雅的装束,幽兰般沁人的芳馨,多么令人陶醉,又怎不引人遐思冥想?可惜梦虽美好,却难以成真。相思无益又何必苦苦相思?只是那景、那情、那人,如此美妙,早已刻骨铭心,又叫人如何不想它!这种欲说还休、欲罢不能的心境,一方面体现了作者的一往情深、现实中知音难觅的苦恼,另一方面又产生了一唱三叹、荡气回肠的艺术感染力。

这首小令的构思颇具新意。题目虽是"梦中作",却又立足梦醒,采用梦幻与现实交相辉映的写法。梦时醒,醒时梦,惝恍迷离,亦真亦幻,委婉地流露出作者人生如梦,梦如人生的慨叹。语言清丽脱俗,曲风雅致淡远,思想朦胧含蓄,具有较高的艺术价值。

 复习思考题

1. 试就小令中情景交融的句子略作分析。
2. 背诵这首小令。

三十一、我不知道风是在哪一个方向吹

徐志摩

【题解】 这首诗选自《徐志摩诗全集》,上海学林出版社 2001 年出版。作者徐志摩(1897—1931),现代著名诗人、散文家。原名章垿,字槱森,留学英国时改名志摩。1915 年毕业于杭州一中,先后就读于上海沪江大学、天津北洋大学和北京大学。1918 年赴美国克拉克大学学习银行学。10 个月即告毕业,获学士学位,得一等荣誉奖。同年,转入纽约哥伦比亚大学的研究院,进经济系。1921 年赴英国留学,入剑桥大学当特别生,研究政治经济学。在剑桥两年深受西方教育的熏陶及欧美浪漫主义和唯美派诗人的影响。1923 年成立新月社。1924 年任北京大学教授。1926 年任光华大学、大夏大学和南京中央大学(1949 年更名为南京大学)教授。1930 年辞去了上海和南京的职务,应胡适之邀,再度任北京大学教授,兼北京女子师范大学教授。1931 年 11 月 19 日因飞机失事罹难。代表作品有《再别康桥》《翡冷翠的一夜》。

徐志摩是新月派的代表诗人,他的诗字句清新,韵律谐和,比喻新奇,想象丰富,意境优美,神思飘逸,富于变化,并追求艺术形式的整饬、华美,具有鲜明的艺术个性。

本诗是一首英国民谣体诗歌(English Ballad),发表在《新月》创刊号上,可以说是徐志摩的"标签"之作。全诗共 6 节,每节的前 3 句相同,辗转反复,余音袅袅,诗中用这种刻意经营的旋律组合,渲染了"梦"的氛围,也给吟唱者更添上几分"梦"态。

我不知道风
是在哪一个方向吹——
我是在梦中,
在梦的轻波里依洄。

我不知道风
是在哪一个方向吹——

我不知道风是
在哪一个方向吹

我是在梦中，
她的温存，我的迷醉。

我不知道风
是在哪一个方向吹——
我是在梦中，
甜美是梦里的光辉。

我不知道风
是在哪一个方向吹——
我是在梦中，
她的负心，我的伤悲。

我不知道风
是在哪一个方向吹——
我是在梦中，
在梦的悲哀里心碎！

我不知道风
是在哪一个方向吹——
我是在梦中，
黯淡是梦里的光辉。

（这首诗写于 1928 年，初载同年 3 月 10 日《新月》月刊第一卷第 1 号，署名志摩）

【简析】本诗从创作之初就被视作一个矛盾的载体。茅盾曾在《徐志摩论》里肯定了此诗的形式美，但同时又批评了它内容上的苍白和单薄。"我们能够指出这首诗形式上的美丽，章法很整饬，音调是铿锵的。但是这位诗人告诉了我们什么呢？这就只有很少很少一点儿。"徐志摩的诗，常常都使用重复的象征手法，用意象来代替要表达的情感。而这首诗则是将象征运用到了极致，或许诗人的感情隐藏得很深，甚至复杂到连他自己都无法用言语来明晰地表达，只得借助于梦中的意境。

对于这首诗的主题，历来有不同的说法。总的来说，有"为爱情"和"为理想"两种。"为爱情"认为这首诗所表达的是面对爱情的困惑，至于诗中所说的"她"，也存在着两种意见：一说，此诗是写给陆小曼的，另一说，此诗是写给林徽因的。

有一千个评论家，便有一千个徐志摩，但从诗人的创作本体出发，必定有一个相对占据主导的创作动因。从徐志摩自己的一段话里或许可以寻到这首诗产生的蛛丝马迹："要从恶浊的底里解放圣洁的泉源，要从时代的破烂里规复人生的尊严——这是我们的志愿。成见不是我们的,我们先不问风是在哪一个方向吹。功利也不是我们的,我们不计较稻穗的饱满是在哪一天……生命从它的核心里供给我们信仰,供给我们忍耐与勇敢。为此我们方能在黑暗中不害怕,在失败中不颓丧,在痛苦中不绝望。生命是一切理想的根源,它那无限而有规律的创造性给我们在心灵的活动上一个强大的灵感。它不仅暗示我们,逼迫我们,永远往创造的、生命的方向上走,它并且启示我们的想象……我们最高的努力目标是与生命本体相绵延的,是超越死线的,是与天外的群星相感召的……"(《"新月"的态度》)

这里说的既是"新月"的态度,也是徐志摩最高的诗歌理想:回到生命本体中去! 张扬生命中的善,压抑生命中的恶,以达到人格完美的境界。摆脱物的羁绊,心游物外,去追寻人生与宇宙的真理。这是一个大梦,一种大的理想,虽然到头来总不负黯然神伤,"在梦的悲哀里心碎"。从这一点上,我们倒可以推衍出本诗积极的意义。

"许多披着恋爱外衣的诗,不能够把来当作单纯的情诗看的。"(茅盾)对于读者来说,与其努力地去把诗作的内容坐实,不如更多地去感受诗歌本身所带给自己的触动。为爱情也好,为理想也罢,"自由、爱、美"这三者原本不就是凝结在自己的生命中吗? 诗中所包含的追求和企盼,失望与痛苦,来源可能不同,实质却无差异,对于一首好的作品之所以做出多种解释,正是源于它强大的感染力,也正反映了它的价值所在。

复习思考题

1. 从诗歌的结构和语言音律的运用出发,谈谈你对这首诗的看法。
2. 怎样理解这首诗的主题,按照你的理解,诗中反复提到的"梦""风"与"悲伤"指的可能是什么?

三十二、寻梦者

戴望舒

【题解】 本诗选自《戴望舒诗集》,四川人民出版社 1981 年出版。作者戴望舒(1905—1950),浙江杭县人,原名戴梦鸥,20 世纪 30 年代"现代派"(因《现代》杂志而得名)代表诗人。抗日战争后,在香港主编《大公报》文艺副刊,并且创办了《耕耘》杂志,宣传抗日。1941 年日军占领香港,他被捕入狱,坚持民族气节。1949 年春,由香港回到北京,1950 年 2 月病逝。在中国现代文学史上,戴望舒是一位具有独特风格的诗人,他只活了 45 岁,诗作只发表了 92 首,但就是这不太丰厚的诗作,却因为诗人精湛的诗艺,而获得了长久的生命,形成了独特的艺术风貌。有诗集《我的记忆》《望舒草》《望舒诗稿》《灾难的岁月》。

《寻梦者》这首诗与《乐园鸟》等诗作为组诗以《乐园鸟及其他》为题,发表在 1932 年 11 月出版的《现代杂志》第 2 卷第 1 期上,后收入 1933 年所出版的《望舒草》,是一篇艺术成熟的代表作品,在诗中诗人以"金色的贝"作为象征喻体,把自己作为象征的本体,描摹出了寻梦者追逐理想的过程。

梦会开出花来的,
梦会开出娇妍的花来的,
去求无价的珍宝吧。

在青色的大海里,
在青色的大海的底里,
深藏着金色的贝一枚。

你去攀九年的冰山吧,
你去航九年的旱海吧,
然后你逢到那金色的贝。

它有天上的云雨声,
它有海上的风涛声,
它会使你的心沉醉。

把它在海水里养九年,
把它在天水里养九年,
然后,它在一个暗夜里开绽了。

当你鬓发斑斑了的时候,
当你眼睛朦胧了的时候,
金色的贝吐出桃色的珠。

把桃色的珠放在你怀里,
把桃色的珠放在你枕边,
于是一个梦静静地升上来了。

你的梦开出花来了,
你的梦开出娇妍的花来了,
在你已衰老了的时候。

【简析】 这是一首寻梦者之歌,用诗性的语言,将我们每一个人心中的梦想抒写到了极致。开篇诗人用"梦会开出花来的，梦会开出娇妍的花来的"，诗性地表达了包括诗人在内的寻梦者对于梦想不变的信仰，相信它终有一日会开出"娇妍的花"，即便是在最寂寞、最痛苦的时候，对于未来也依然充满信心。"在青色的大海里，在青色的大海的底里"，那"金色的贝"无限美好，但想获得它，却必须具有超凡的意志，去攀登"九年的冰山"，去航行"九年的旱海"，诗人用了中国传统数字中最大的阳数"九"来表示岁月的绵长，也从另一面反映出寻梦的艰辛与不易。值得吗？当然值得。这枚"金色的贝"包蕴着"天上的云雨声"和"海上的风涛声"，充满让人"心沉醉"的力量，这就是梦想的魔力与价值。只有不畏艰险的探寻者，才能真正地欣赏它，才有资格拥有它，也只有他们才知道如何呵护它，"把它在海水里养九年，把它在天水里养九年"，这又是两个"九"的运用。经历了长久的探寻与等待，我们的梦想也将"在一个暗夜里"悄悄地开放。

从字面上来看，这或许只是诗人给我们讲述的一个故事，为了海洋深处"金色的贝"，用尽一生的心血去寻找，去呵护，在垂垂老矣的暮年，让它吐出"桃色的珠"，完满了寻宝者的梦。但这不就是所有寻梦者的故事吗？这首诗既是诗人写给自己的勉励，也是赠与世人的礼物，让所有拥有梦想的人，自由地去探索，大胆地去追求，愿所有拥有梦想的人，在有生之年，看到梦想开出"娇妍的花"。从表现技巧上看，它将"类似民歌的夸饰、复沓与意象朦胧的现代象征手法，不露痕迹地结合一体"（龙泉明《中国新诗流变论》，人民文学出版社），大胆地运用"青色""桃色""金色"这些中国传统美学中所常用的色彩，与"天水""海水""冰山""旱海"这些意象结合起来，营造出流动的美学体验。诗每节3行，节奏大体整饬，多用重复句段，读起来，不仅意象纷沓而至，同时和谐而富于音乐美。从这个角度上说，这是一首运用古典诗歌题材与形式来表现现代精神的充满想象与色彩的瑰丽诗作。

复习思考题

1. 从艺术风貌来看，这首诗充分融合了古典诗歌题材与现代诗歌精神，运用了大量的意象，请谈一谈这些意象的运用有什么特色？

2. 这首诗歌以"梦"为主题，讲述了一个艰辛而美丽的故事，告诉了我们怎样的人生真谛？

三十三、雪落在中国的土地上

艾 青

【题解】 本诗选自《艾青精选集》，燕山出版社2012年出版。作者艾青（1910—1996），中国现当代著名诗人，原名蒋海澄，浙江金华人。艾青出生于金华城西蒋村的一个中等地主家庭。因为出生时难产，被迷信地认为"克父母"，因此一落地就被送给一位名叫"大叶荷"的贫苦妇女哺养，五岁时才回到父母的家。这一段幼年时的遭际使艾青对中国的农村和农民的命运充满了关怀与忧患，所以，艾青才会不断地在他的诗歌中表达"我也是农民的子弟"。1928年，艾青考入杭州国立西湖艺术学院绘画系，次年赴法国留学。1932 年回国，加入"中国左翼美术家联盟"，同年 7 月被捕入狱，在狱中写成《大堰河——我的保姆》，一举成名。1935 年出狱。1937 年抗战爆发后，他便奔走在民族解放战争的烽火硝烟里，创作了《向太阳》《他死在第二次》《北方》《火把》《我爱这土地》等大量诗篇，达到了创作上的第一个高峰，本诗《雪落在中国的土地上》便是这一时期作品中的佼佼者。1944 年加入中国共产党。中华人民共和国成立后，任《人民文学》副主编，1957 年因为"胡风"事件被错划为右派分子，1979 年平反。艾青创作了大量优秀的诗篇，和智利的巴勃罗·聂鲁达、土耳其的希克梅特并称为世界三大自由体诗人。他的作品被翻译成多国文字，在世界范围内享有盛誉。1985 年，获得法国艺术最高勋章。

　　本诗写于 1937 年 12 月的武汉。在诗中，诗人用"雪落在中国的土地上"象征受侵略的祖国所面临的深重灾难，塑造了农民、少妇、母亲等一系列人物形象，从个体的遭遇中折射出国家与人民的命运。散文化的语言自然朴素，没有任何雕琢与虚饰的痕迹，却使诗歌获得了巨大的弹性与张力，扩大了诗的意境，大气而深沉。

雪落在中国的土地上，
寒冷在封锁着中国呀……

风，
像一个太悲哀了的老妇，
紧紧地跟随着，
伸出寒冷的指爪，
拉扯着行人的衣襟。
用着像土地一样古老的话，
一刻也不停地絮聒着……

那从林间出现的，
赶着马车的，
你中国的农夫，
戴着皮帽，
冒着大雪，
你要到哪儿去呢？
告诉你，
我也是农人的后裔——
由于你们的，
刻满了痛苦的皱纹的脸，
我能如此深深地，
知道了，

生活在草原上的人们的，
岁月的艰辛。
而我，
也并不比你们快乐啊，
——躺在时间的河流上，
苦难的浪涛，
曾经几次把我吞没而又卷起——
流浪与监禁，
已失去了我的青春的最可贵的日子，
我的生命，
也像你们的生命，
一样的憔悴呀。

雪落在中国的土地上，
寒冷在封锁着中国呀……

沿着雪夜的河流，
一盏小油灯在徐缓地移行，
那破烂的乌篷船里，
映着灯光，垂着头，
坐着的是谁呀？
——啊，你，
蓬发垢面的少妇，
是不是
你的家，
——那幸福与温暖的巢穴——
已被暴戾的敌人，
烧毁了么？
是不是
也像这样的夜间，
失去了男人的保护，
在死亡的恐怖里，
你已经受尽敌人刺刀的戏弄？
咳，就在如此寒冷的今夜，
无数的，

我们的年老的母亲，
都蜷伏在不是自己的家里，
就像异邦人，
不知明天的车轮，
要滚上怎样的路程？
——而且，
中国的路，
是如此的崎岖，
是如此的泥泞呀。

雪落在中国的土地上，
寒冷在封锁着中国呀……

透过雪夜的草原，
那些被烽火所啮啃着的地域，
无数的，土地的垦植者，
失去了他们所饲养的家畜，
失去了他们肥沃的田地，
拥挤在，
生活的绝望的污巷里；
饥馑的大地，
朝向阴暗的天，
伸出乞援的，
颤抖着的两臂。
中国的苦痛与灾难，
像这雪夜一样广阔而又漫长呀！

雪落在中国的土地上，
寒冷在封锁着中国呀……

中国，
我的在没有灯光的晚上，
所写的无力的诗句，
能给你些许的温暖么？

（1937 年 12 月 28 日夜间）

【简析】 这是一首感情真挚、意境沉郁而广阔的长诗。1937 年 10 月,艾青抱着急切的心情,从家乡来到了武汉。但是,刚到这座当时被称为抗战中心的大城市艾青就失望了。诗人没有看到民族存亡关头所有的紧迫与昂扬,权贵们依旧作威作福,奸商发财,要员卖国,踏血求官,而人民的生活则到处都是穷困和饥饿。他感到异常的失望,原本火热的心情仿佛被冰雪封埋了一般,这种透骨的寒冷,让诗人在漫天风雪的冬季里,披衣伏案,写下了这一首比雪还要寒冷的诗篇:"雪落在中国的土地上,寒冷在封锁着中国呀……"

无论是当年,还是现在,所有的读者无不被这两行诗句所带来的寒冷所震慑!它饱含着时代感的悲凉与雄壮,不甘与落寞,宛如沉隽的钟声在中国的雪夜中敲响,震动着整个中国的土地。这两行反复回响的诗句,就是这首诗的主旋律。

艾青的诗歌充满了强烈的历史感与画面感:淳朴、勤劳的大堰河,无声地缝补着衣服;那徘徊在黄河两岸的乞丐,伸着永不缩回的手;那北国的推车人,心里交织着悲哀;那游行的学生,高举着火把……这些人物与画面都是那个历史时期最客观细致的描摹,他们来自不同的阶层、职业,他们有着迥异的面貌、性情,但是他们又共同具有那个时代所赋予他们的共同的特征:在这停滞的、阻塞的、沉闷的、痛苦的风暴中,茫然伫立,在风雪的裹挟中艰难前行。有一位国破家亡、受尽侮辱的少妇,在漫长雪夜的河流上有一盏微弱的油灯,徐缓地移动,黑影里显现出那破烂的乌篷船和垂头孤坐的人影。诗人采取了由远及近,由外至内的方式,通过镜头的缓慢移动,让人物在孤寂、惨淡的氛围中慢慢凸显。"坐着的是谁呀"一句突兀的疑问打破了黑夜的幽深,凝固的寂静,让我们的目光一下子聚集到主人公的身上,"啊,你,蓬头垢面的少妇",两个短促的单字句,仿佛震惊之下的欲言又止,像一幅特写,定格在她的面容上,给人留下深刻的印象。在这寒冷与黑暗的夜晚,她家破人亡,受尽屈辱,流落在茫茫天涯,走投无路。

艾青是自由体诗歌艺术的集大成者,他的诗歌具有散文的美感,不追求外在形式的整齐与押韵,用朴素的语言,诉说着生命真实的哀伤、痛苦与期望,具有撼动人心的力量。这首诗通篇没有雕琢的字句,甚至看不到什么有形的可感的技巧,充沛在诗中的只有深沉的感情与痛苦的悲哀,诗人的个人情感同诗歌意境融为了一体,表现出极大的感染力。

复习思考题

1. "雪落在中国的土地上,寒冷在封锁着中国呀……"谈谈这两句在诗歌结构与情感上起到的作用。

2. 怎样理解艾青诗歌所具有的"散文的美感"?结合本诗的具体内容,谈谈你的理解。

3. 反复诵读全诗,感受诗中所表达的深沉的感情。

三十四、西风颂

[英]雪 莱

【题解】 本诗选自《欧洲名诗人抒情诗选析》,北京出版社 1985 年出版。波西·比希·雪莱(1792—1822),英国 19 世纪初伟大的积极浪漫主义诗人。他出生于英格兰苏塞克斯郡的一个贵族家庭,早年就读于英国牛津大学,因散发《无神论的必然性》一文而被校方开除。后去意大利,支持被土耳其占领的希腊争取独立的运动。1822 年 7 月 8 日,诗人出海航行遭遇暴风雨,溺水而亡。诗人一生创作了大量优秀的抒情诗及政治诗,《致云雀》《西风颂》《自由颂》《解放了的普罗米修斯》《暴政的假面游行》等都一直为人们传诵不衰。

雪莱的诗比喻新奇,想象丰富,语言明快,充满自由的精神和战斗的激情。马克思称他"是一个真正的革命家"。

《西风颂》是雪莱最有影响的诗篇,完成于 1819 年秋天。当时正是欧洲各国人民争取自由独立运动遭到封建君主疯狂镇压的时期,被压迫的人民当时还处于劣势,封建统治阶级飞扬跋扈,可是诗人却对未来充满了必胜的信心,他在诗中歌颂摧残落叶的西风,洋溢着热烈的乐观情绪,给正在斗争的人民以极大的鼓舞。

1

哦,狂暴的西风,秋之生命的呼吸!
　　你无形,但枯死的落叶被你横扫,
有如鬼魅碰上了巫师,纷纷逃避:
黄的,黑的,灰的,红得象患肺痨,
　　呵,重染疫疬的一群:西风呵,是你
以车驾把有翼的种子催送到
黑暗的冬床上[1],它们就躺在那里,
　　象是墓中的死尸,冰冷,深藏,低贱,
直等到春天,你碧空的姊妹吹起
她的喇叭[2],在沉睡的大地上响遍,
　　(唤出嫩芽,象羊群一样,觅食空中)
将色和香充满了山峰和平原
不羁的精灵呵[3],你无处不远行;
破坏者兼保护者:听吧,你且聆听!

2

没入你的急流,当高空一片混乱,
　　流云象大地的枯叶一样被撕扯
脱离天空和海洋的纠缠的枝干[4],

成为雨和电的使者[5]:它们飘落

在你的磅礴之气的蔚蓝的波面[6],
有如狂女的飘扬的头发在闪烁,
从天穹最遥远而模糊的边沿

直抵九霄的中天,到处都在摇曳
欲来雷雨的卷发[7],对濒死的一年
你唱出了葬歌[8],而这密集的黑夜

将成为它广大墓陵的一座园顶,
里面正有你的万钧之力在凝结;
那是你的浑然之气,从它会进涌
黑色的雨,冰雹和火焰:哦,你听[9]:

3

是你,你将蓝色的地中海唤醒,

而它曾经昏睡了一整个夏天,
被澄彻水流的回旋催眠入梦,
就在巴亚海湾的一个浮石岛边[10],

它梦见了古老的宫殿和楼阁
在水天映辉的波影里抖颤,
而且都生满青苔、开满花朵,

那芬芳真迷人欲醉! 呵,为了给你
让一条路,大西洋的汹涌的浪波
把自己向两边劈开,而深在渊底

那海洋中的花草和泥污的树林
虽然枝叶扶疏,却没有精力;
听到你的声音,它们已吓得发青:
一边颤栗,一边自动萎缩:哦,你听!

4

唉,假如我是一片枯叶被你浮起,

假如我是能和你飞跑的云雾,
是一个波浪,和你的威力同喘息,
假如我分有你的脉搏,仅仅不如

你那么自由,哦,无法约束的生命!
假如我能象在少年时,凌风而舞
便成了你的伴侣,悠游天空

(因为呵,那时候,要想追你上云霄,

似乎并非梦幻）[11]，我就不致象如今
这样焦躁地要和你争相祈祷[12]。
哦，举起我吧，当我是水波、树叶、浮云！
我跌在生活底荆棘上，我流血了[13]！
这被岁月的重轭所制伏的生命
原是和你一样的：骄傲、轻捷而不驯。

5

把我当作你的竖琴吧，有如树林[14]：
尽管我的叶落了，那有什么关系
你巨大的合奏所振起的乐音
将染有树林和我的深邃的秋意：
虽忧伤而甜蜜。呵，但愿你给予我
狂暴的精神！奋勇者呵，让我们合一！
请把我枯死的思想向世界吹落，
让它象枯叶一样促成新的生命[15]！
哦，请听从这一篇符咒似的诗歌，
就把我的话语，象是灰烬和火星
从还未熄灭的炉火向人间播撒！
让预言的喇叭通过我的嘴唇
把昏睡的大地唤醒吧！要是冬天
已经来了，西风呵，春日怎能遥远？

1819 年（查良铮译）

【注释】 ［1］有翼的种子：喻种子被西风吹起，仿佛长了翅膀。黑暗的冬床：指冬天的泥土里。 ［2］碧空的姊妹：指冬天的风。 ［3］精灵：精怪，神灵。雪莱爱用的一个词，他认为，万物皆有灵魂。 ［4］此句把天空、海洋比为纠缠的树干，流云比为落叶。 ［5］雨和电的使者：指流云。它是雷电前生，可化为雷雨。 ［6］磅礴之气：指海上西风的急流。 ［7］欲来雷雨的卷发：指被撕扯的流云。此二句言暴风雨即将来临，到处充满它的迹象。 ［8］葬歌：指西风送走了秋冬，如同给残年唱葬歌。 ［9］此二句言天空虽罩住了浑浊的云雾，但终将挡不住暴雨、冰雹、火焰的突破。 ［10］巴亚：意大利那不勒斯海边一古城，系古罗马名胜。巴亚海湾中的岛屿由火山岩形成，故称浮石岛。 ［11］此句言诗人以为童年的幻想更自由、放纵，能随风遨游太空。 ［12］祈祷：我沦落至此，只好祈求西风来救。 ［13］此句言坎坷的人生遭遇使诗人感到颓丧、伤感。 ［14］此句言西风吹林作响，仿佛成了竖琴。诗人愿西风把自己当作竖琴，借此传播新思想。下面诗句亦然。 ［15］新的生命：除旧布新，正如枯叶化成肥料，滋养新枝。

【简析】 这首诗为十四行诗体，共 5 节。一开始，作者就单刀直入地歌唱西风摧枯拉朽、去芜存精的气势："哦，狂暴的西风，秋之生命的呼吸！你无形，但枯死的落叶被你横扫……不羁的精灵呵，你无处不远行；破坏者兼保护者：听吧，你且聆听！"接着，在第二、三节中，诗人又进一步描绘了西风如何改变着大自然的面貌："没入你的急流,当高空一片混乱,流云象大地的枯叶一样被撕扯,脱离天空和海洋的纠缠的枝干,成为雨和电的使者:它们飘落在你的磅礴之气的蔚蓝的波面,有如狂女的飘扬的头发在闪烁……"第四节中,诗人浮想联翩,幻想自己能与西风为伍:"唉,假如我是一片枯叶被你浮起,假如我是能和你飞跑的云雾,是一个波浪,和你的威力同喘息,假如我分有你的脉搏……"最后,诗人无限激情地呼求西风,哪怕使他个人死亡,只要能把他的思想和预言告白沉睡的人们:"请把我枯死的思想向世界吹落,让它象枯叶一样促成新的生命!……让预言的喇叭通过我的嘴唇,把昏睡的大地唤醒吧! 要是冬天已经来了,西风呵,春日怎能遥远? "特别是结尾一句,不仅点明了本诗的主题,抒发了诗人激越的情怀,而且已经成为传遍天下的名句,鼓舞着一切为自由和正义而战斗的人们!

《西风颂》的艺术特点表现在:

第一,运用奇特的想象,生动的比喻,热情讴歌西风,颂扬革命力量横扫残云、落叶,震荡大海之威力,揭示出旧事物必将让位于新事物的客观规律,表现了诗人对反动腐朽势力的憎恨,对光明未来的必胜信心和希望。

第二,运用象征手法,从头至尾环绕着秋天的西风作文章,无论是写景还是抒情,都没有脱离这个特定的描写对象,没有一句政治术语和革命口号。诗人在歌唱西风,又不完全是歌唱西风,实质上是通过歌唱西风来歌唱革命。诗中的西风、残叶、种子、流云、暴雨雷电、大海波涛、海底花树等大自然风云激荡的动人景色,乃是人间蓬勃发展的革命斗争的象征性反映。从这个意义上说,《西风颂》不是风景诗,而是政治抒情诗。尤其是结尾脍炙人口的诗句,既概括了自然现象,也深刻地揭示了人类社会的历史规律,指出了革命斗争经过艰难曲折走向胜利的光明前景,寓意深远,余味无穷。

第三,采用5节十四行诗体,注重音节变化和音调的跌宕起伏,抑扬并举,具有音乐美。

 复习思考题

1. 说说"西风"这一形象的象征意义。
2. 简析"要是冬天已经来了,西风呵,春日怎能遥远"所包含的哲理。
3. 反复诵读全诗,感受音节、旋律的美。

三十五、诗二首

【题解】《孩子的世界》选自《泰戈尔诗选》,湖南人民出版社1981年出版,郑振铎译;《想念》选自《她的赠品》,甘肃人民出版社1991年出版,冰心译。泰戈尔(1861—1941),印度近代诗人、文学家、艺术家、社会活动家、哲学家和印度民族主义者。1861年5月泰戈尔出生于印度一个富有的贵族家庭,他的父亲是闻名的哲学家和社会活动家。由于母亲早逝,泰戈尔幼年并不快乐,但酷爱大自然。他13岁开始写诗,15岁发表了第一首长诗《野花》,19岁写第一篇小说,此后主要写诗。诗集有《园丁集》《新月集》《飞鸟集》《吉檀迦利》等。《园丁集》的出版,使泰戈尔名闻天下,1913年获得诺贝尔文学奖。

泰戈尔一生共创作了50多部诗集,12部中长篇小说,100余篇短篇小说,20余部剧本,2000多首歌曲,1500帧画,以及有关文学、哲学、政治、社会等问题的论著多部,给印度和世界文学宝库增添了许多珍贵遗产。

泰戈尔的诗在"五四"前后被介绍到中国,其诗风清新流利,形式自由活泼、短小精悍,富有哲理,充满"爱"的主题。我国现代作家冰心深受其影响。中国"五四"诗坛曾出现了以冰心为代表的"泰戈尔式"的"小诗派"。泰戈尔1924年曾来到中国,回国后,他撰写了许多文章,表达了对中国人民的友好情谊。

《孩子的世界》和《想念》二首诗均以"爱"为主题,前者写对孩子的爱;后者讴歌母爱。

想念

(一) 孩子的世界

我愿我能在我孩子自己的世界的中心,占一角清静地。
我知道有星星同他说话,天空也在他面前垂下,
用他呆呆的云朵和彩虹来娱悦他。
那些大家以为他是哑的人,那些看去像是永不会走动的人,
都带了他们的故事,捧了满装着五颜六色的玩具的盘子,
匍匐地来到他的窗前。
我愿我能在横过孩子心中的道路上游行,解脱了一切的束缚;
在那儿,使者奉了无所谓的使命奔走于无史的诸王的王国间;
在那儿,理智以它的法律造为纸鸢而飞放,
真理也使事实从桎梏中自由了。

(二) 想念

我不记得我的母亲,
只是在游戏中间
有时仿佛有一段歌调
    在我玩具上回旋,
是她在晃动我的摇篮时
    所哼的那些歌调。

我不记得我的母亲,
但是在初秋的早晨,
合欢花在空气中浮动,
庙里晨祷的馨香
    仿佛向我吹来

母亲一样的气息。

我不记得我的母亲，
只当我从卧室的窗里
外望悠远的蓝天，
我仿佛觉得
母亲凝注在我脸上的目光
布满了整个天空。

【简析】《孩子的世界》收录于泰戈尔《新月集》。《新月集》出于1904年版，正是诗人最不幸的时期（1902年妻子去世，次年，一双儿女相继夭折）。诗的主题主要表现对孩子的爱，对自己童年的回忆，对人性美的追求。"我愿我能在我孩子自己的世界的中心，占一角清静地。我知道有星星同他说话，天空也在他面前垂下，用他呆呆的云朵和彩虹来娱悦他。"孩子幼稚而天真，调皮不懂事，却一次次享受上天的眷顾，那是因为孩子心中的纯净，使它拥有繁星的私语，拥有天空的逗弄。诗人对此只有深深羡慕与感叹，因为黑格尔说过，"儿童是最美的"。诗人用至纯至真的情感，抒写孩子独特的心灵世界：自由自在，自然真实，无束无缚，更无功利与欺骗。诗人正是通过这样的描写，想把自己拉回到童年，重温童年的美好，借以表达对亲子之爱，进而憧憬人类的真爱。在天真无邪的孩子面前，人们往往都会表达出他们的眷恋和期待，"那些大家以为他是哑的人，那些看去像是永不会走动的人，都带了他们的故事，捧了满装着五颜六色的玩具的盘子，匍匐地来到他的窗前。"孩子纯洁的美带给泰戈尔无尽的思绪，泰戈尔带给广大读者可爱的想象翅膀，让成人从大人的世界里飞翔到美丽纯净的孩子的心灵世界中去，真切感受孩子的童贞与可爱，去领悟真理其实也是朴实的道理："我愿我能在横过孩子心中的道路上游行，解脱了一切的束缚；在那儿，使者奉了无所谓的使命奔走于无史的诸王的王国间；在那儿，理智以它的法律造为纸鸢而飞放，真理也使事实从桎梏中自由了。"

泰戈尔用他的爱与美交织的智慧，用他的独具想象的笔，在诗中描绘了孩子纯真的美好世界。这首小诗冲破了时间的界限，让读者探视了孩子心中最纯净的世界。全诗呈现出一种奇特、美妙的童话意境，充满浓郁的浪漫主义色彩。

《想念》写于1921年9月，收录在1922年出版的《童年的湿婆集》。这是诗人60岁时对母亲的回忆，抒发了母爱情怀。诗的每节首句相同，再三强调"不记得"，其实是说"不忘记"。三个"仿佛"句，写出诗人常常会在生活中做出的条件反射：一段歌调会让"我"回味起当年母亲"晃动我的摇篮时所哼的那些歌调"，初秋"庙里晨祷的馨香"，会让"我"仿佛嗅到"母亲一样的气息"，"外望悠远的蓝天"，也会让"我"仿佛觉得蓝天就是"母亲凝注在我脸上的目光"。诗人分别从听觉、嗅觉、视觉三个角度来表达母亲形象早已根植"我"的心灵，全在不经意间深入儿时的"我"、成年的"我"、老年的"我"，自己与母亲永远不分离。

诗的意境清新隽永，表情达意贴切，节奏和谐舒缓，语言明净淡雅。诗中生动形象的描写，无不匠心独具，既是对人间伟大母爱的如实反映，又是对人间伟大母爱的高度赞美。

 复习思考题

1. "爱"是文学作品中永恒的主题。通过阅读泰戈尔两首诗歌，谈谈你的感想。

2. 孟郊《游子吟》也是歌颂母爱，与《想念》比较，有何相似和独特之处？

三十六、《野草》二首

鲁 迅

【题解】 本文选自《鲁迅散文集选》，百花文艺出版社 2009 出版。鲁迅（1881—1936），原名周樟寿，字豫山，后改名周树人，字豫才，浙江绍兴人。中国现代伟大的文学家、思想家、革命家。他出生于封建士大夫家庭，幼年受过诗书经传的传统文化教育，也接触过底层农民生活。1898 年考入南京江南水师学堂，后改入陆师学堂附设的矿务铁路学堂，开始接受西方文化教育，信奉达尔文的进化学说。1902 年赴日本留学，入仙台医科专门学医，后弃医学文。1909 年 8 月回国，先后在杭州、绍兴任教。1912 年应蔡元培邀请，在南京临时政府任金事，5 月随政府迁居北京。1918 年用笔名"鲁迅"在《新青年》杂志上发表第一篇白话小说《狂人日记》。1920 年起，先后在北京大学、北京女子师范大学、厦门大学、中山大学任教。1927 年 10 月，定居上海，开始了"左翼"十年的战斗生活。这一时期，他的思想由进化论发展到阶级论，他由革命民主主义者转变为倾向马克思主义的革命家，成为中国文化革命的巨人。鲁迅一生文学创作近400 万字，翻译 500 多万字，整理古籍 60 多万字。代表作有小说《呐喊》《彷徨》，杂文集《坟》《且介亭杂文》，散文集《朝花夕拾》，散文诗集《野草》等。他的著作已译成英、日、俄、法、德等 50 多种文字，介绍到世界各地。新版《鲁迅全集》18 卷 2005 年由人民文学出版社出版。

《野草》是鲁迅亲自编定的散文诗集，1927 年北京北新书局初版。收录了 1924—1926 年所作 23 篇散文诗，书前有题辞一篇，共 24 篇。《野草》是鲁迅新旧思想交替时期的产物，以曲折幽晦的象征手法表达了 20 世纪 20 年代中期作者内心世界的苦闷和对现实社会的抗争，是作者人生路上新的抗战和求索的思想导航，展示了一位奋进者的一段精神历程。

《野草·题辞》是鲁迅为散文诗集《野草》所作的自序，写于"四一二"反革命政变后，是一篇具有强烈战斗性的散文诗。

《野草·希望》写于 1925 年元旦，中国正处于近代史上的又一个黑暗时期，段祺瑞把持政权，中华民国一片混乱，年轻而野蛮的新世界、早朽而黯淡的旧精神，交织绝望与希望。"五四"新文化运动落入低潮后，苦闷、消沉成了曾经奋起、有所追求而又迷了路的青年们的时代病，鲁迅为此深深忧虑，《野草·希望》是作者针对害着时代病的青年提出的希望。鲁迅曾说："又因为惊异于青年之消沉，作《希望》。"

野草·题辞

当我沉默着的时候，我觉得充实；我将开口，同时感到空虚[1]。

过去的生命已经死亡。我对于这死亡有大欢喜，因为我借此知道它曾经存活。死亡的生命已经朽腐。我对于这朽腐有大欢喜[2]，因为我借此知道它还非空虚。

生命的泥委弃在地面上，不生乔木，只生野草，这是我的罪过。

野草，根本不深，花叶不美，然而吸取露，吸取水，吸取陈死人[3]的血和肉，各各夺取它的生存。当生存时，还是将遭践踏，将遭删刈，直至于死亡而朽腐。

但我坦然，欣然。我将大笑，我将歌唱。

我自爱我的野草，但我憎恶这以野草作装饰的地面[4]。

地火在地下运行，奔突；熔岩一旦喷出，将烧尽一切野草，以及乔木，于是并且无可朽腐。

但我坦然，欣然。我将大笑，我将歌唱。

天地有如此静穆，我不能大笑而且歌唱。天地即不如此静穆，我或者也将不能。我以这一丛野草，在明与暗，生与死，过去与未来之际，献于友与仇，人与兽，爱者与不爱者之前作证。

为我自己，为友与仇，人与兽，爱者与不爱者，我希望这野草的死亡与朽腐，火速到来。要不然，我先就未曾生存，这实在比死亡与朽腐更其不幸。

去吧，野草，连着我的题辞！

一九二七年四月二十六日
鲁迅记于广州之白云楼上

【注释】　[1]1927年9月27日，作者在广州的《怎么办》(后收入《三闲集》)一文中，曾描绘过他的这种心情："我靠了石栏远眺，听得自己的心音，四远还仿佛又无量悲哀、苦恼、零落、死灰，都杂入这寂静中，使它变成药酒，加色、加味、加香。这时，我曾经想要写，但是不能写，无从写。"这也就是我所谓"当我沉默着的时候，我觉得充实；我将开口，同时感到空虚"。　[2]大欢喜：佛家语，指达到目的而感到极度满足的一种境界。　[3]陈死人：指死去很久的人。　[4]地面：比喻黑暗的旧社会。作者曾说，《野草》中的作品"大半是飞驰的地狱边沿的惨白色小花"(《〈野草〉英文译本序》)。

野草·希望[1]

我的心分外地寂寞。

然而我的心很平安：没有爱憎，没有哀乐，也没有颜色和声音。

我大概老了。我的头发已经苍白，不是很明白的事么？我的手颤抖着，不是很明白的事么？那么，我的魂灵的手一定也颤抖着，头发也一定苍白了。

　　然而这是许多年前的事了。

　　这以前,我的心也曾充满过血腥的歌声:血和铁,火焰和毒,恢复和报仇。而忽而这些都空虚了,但有时故意地填以没奈何的自欺的希望。希望,希望,用这希望的盾,抗拒那空虚中的暗夜的袭来,虽然盾后面也依然是空虚中的暗夜。然而就是如此,陆续地耗尽了我的青春。[2]

　　我早先岂不知我的青春已经逝去了?但以为身外的青春固在:星,月光,僵坠的胡蝶,暗中的花,猫头鹰的不祥之言,杜鹃[3]的啼血,笑的渺茫,爱的翔舞。……虽然是悲凉漂渺的青春罢,然而究竟是青春。

　　然而现在何以如此寂寞?难道连身外的青春也都逝去,世上的青年也多衰老了么?

　　我只得由我来肉薄这空虚中的暗夜了。我放下了希望之盾,我听到Petǒfi Sándor(1823—49)[4]的"希望"之歌:

　　　希望是甚么?是娼妓:
　　　她对谁都蛊惑,将一切都献给;
　　　待你牺牲了极多的宝贝——
　　　你的青春——她就弃掉你。

　　这伟大的抒情诗人,匈牙利的爱国者,为了祖国而死在可萨克[5]兵的矛尖上,已经七十五年了。悲哉死也,然而更可悲的是他的诗至今没有死。

　　但是,可惨的人生!桀骜英勇如Petǒfi,也终于对了暗夜止步,回顾着茫茫的东方了。他说:

　　　绝望之为虚妄,正与希望相同[6]。

　　倘使我还得偷生在不明不暗的这"虚妄"中,我就还要寻求那逝去的悲凉漂渺的青春,但不妨在我的身外。因为身外的青春倘一消灭,我身中的迟暮也即凋零了。

　　然而现在没有星和月光,没有僵坠的胡蝶以至笑的渺茫,爱的翔舞。然而青年们很平安。

　　我只得由我来肉薄这空虚中的暗夜了,纵使寻不到身外的青春,也总得自己来一掷我身中的迟暮。但暗夜又在那里呢?现在没有星,没有月光以至笑的渺茫和爱的翔舞;青年们很平安,而我的面前又竟至于并且没有真的暗夜。

　　绝望之为虚妄,正与希望相同!

一九二五年一月一日

【注释】 [1]本篇最初发表于 1925 年 1 月 19 日《语丝》周刊第十期。作者在《〈野草〉英文译本序》中说:"因为惊异于青年之消沉,作《希望》。" [2]作者在《南腔北调集·〈自选集〉自序》中说:"见过辛亥革命,见过二次革命,见过袁世凯称帝,张勋复辟,看来看去,就看得怀疑起来,于是失望,颓唐得很了……不过我却又怀疑自己的失望,因为我所见过的人们,事件,是有限得很的,这想头,就给了我提笔的力量。'绝望之为虚妄,正与希望相同。'" [3]杜鹃:鸟名,亦名子规、杜宇,初夏时常昼夜啼叫。唐代陈藏器撰的《本草拾遗》说:"杜鹃鸟,小似鹞,鸣呼不已,出血声始止。" [4]Petőfi Sándor:裴多菲·山陀尔(1823—1849),匈牙利诗人、革命家。曾参加 1848 年至 1849 年间反抗奥地利的民族革命战争,在作战中英勇牺牲。他的主要作品有《勇敢的约翰》《民族之歌》等。这里引的《希望》一诗,作于 1845 年。 [5]可萨克:通译哥萨克,原为突厥语,意思是"自由的人"或"勇敢的人"。他们原是俄罗斯的一部分农奴和城市贫民,15 世纪后半叶和 16 世纪前半叶,因不堪封建压迫,从俄国中部逃出,定居在俄国南部的库班河和顿河一带,自称为"哥萨克人"。他们善骑战,沙皇时代多入伍当兵。1849 年沙皇俄国援助奥地利反动派,入侵匈牙利镇压革命,俄军中即有哥萨克部队。 [6]绝望之为虚妄,正与希望相同:这句话出自裴多菲 1847 年 7 月 17 日致友人凯雷尼·弗里杰什的信:"……这个月的十三号,我从拜雷格萨斯起程,乘着那样恶劣的驽马,那是我整个旅程中从未碰见过的。当我一看到那些倒霉的驽马,我吃惊得头发都竖了起来……我内心充满了绝望,坐上了大车……但是,我的朋友,绝望是那样地骗人,正如同希望一样。这些瘦弱的马驹用这样快的速度带我飞驰到萨特马尔来,甚至连那些靠燕麦和干草饲养的贵族老爷派头的马也要为之赞赏。我对你们说过,不要只凭外表作判断,要是那样,你就不会获得真理。"(译自匈牙利文《裴多菲全集》)

【简析】《野草·题辞》的思想内容具有深刻的哲理性,全文以"野草"作为全篇构思的中心线索,以饱含哲理的语句说明《野草》出生的缘由、时代和意义。"野草"在这里具有双关意义:它一方面代表了作者的散文诗集,另一方面又是指生长在地面上的野生植物。前者切合为《野草》题辞的需要,后者又自然而然地引出了具有象征意义的"地面""地火"。"地面""地火"分别象征着黑暗社会和潜在的革命洪流。鲁迅渴望"地火"喷射而出,将"地面"上的一切全部烧掉,充分体现了他摧毁旧世界的决心以及对共产党领导的革命运动的信赖。

全文分为五部分。第一部分抒发作者写作"题辞"时的复杂心情;第二部分叙写《野草》的孕育、特色、命运,坚定告别"过去的生命";第三部分写《野草》的产生和遭遇,以及鲁迅为之遭遇而欢欣;第四部分呼唤革命的到来,期待更大的欢欣;第五部分作者表达为迎接新的革命而执着战斗的决心,热切渴望革命高潮的到来。

本文是一篇思想深邃的抒情散文诗,作者用第一人称"我"的形式借景抒情,大量运用象征修辞手法,语言激越、简洁而含蓄。全篇使用诗的语言、诗的象征,采用诗味浓郁的散文诗形式,叙写了渗透着作家在黑暗重压下彷徨求索的痛切的感受和艰苦的体验,即所谓理想与现实、希望与绝望、光明与黑暗、实有与虚无的复杂矛盾的心情。

《野草·希望》剖示了作者自己的内心矛盾,从全文透出的矛盾、苦闷和沉重中,表现出鲁迅对情绪消沉的青年们殷切的期待,抒发作者强韧的"反抗绝望"的战斗精神。

诗歌以平静的叙述开头,"我"的"平安"给人近乎是死寂的,因而感到"分外地寂寞"。接着开始沉痛的内省,进而是激动的回忆和沉郁的感慨。作者经历了许多的虚无、痛苦和挣扎,经历了许多对社会黑暗的愤怒、批判和呐喊之后,"我"的生命是渐渐地疲惫和苍老了,因而感到希望之空虚。

然而"身外的青春"固在。什么是"身外的青春"？她既指黑暗中的美好事物，也是过去的生命留存下来的痕迹；也指身外的青春就是青年。虽然"青春"是悲凉漂渺的，"然而究竟是青春"，以此让人所见作者死寂的心已"复活"，将希望寄托在青年身上。作者虽然再次发出疑问："世上的青年也多衰老了么？"，但并未真正绝望，暗夜中，"我"想起了裴多菲的"希望"之歌和他的"绝望之为虚妄，正与希望相同"，"我"还要坚定的探寻："那逝去的悲凉缥缈的青春，但不妨在我的身外"，从而否定了彻底绝望，并为自己保留了一点希望，那就是未必黑暗和虚无就是实有，未必希望就一定虚妄。

最后，即使没有"星和月光""僵坠的胡蝶""笑的渺茫""爱的翔舞"等象征着"身外的青春"，诗人也不愿就此沉没，"纵使寻不到身外的青春，也总得自己来一掷我身中的迟暮"。这是多么强韧的"反抗绝望"的战斗精神！

作者强韧的"反抗绝望"的战斗精神贯穿全文：当"我"发现我的青春已经在希望中耗尽时，"我"没有绝望，我相信还有"身外的青春"；当我相信还有"身外的青春"时，已经年老的"我"没有绝望，我决意"肉薄这空虚中的暗夜"；当"我"发现竟至于没有真正的暗夜时，我仍然没有绝望，甚至还明确地说绝望是虚妄的，文章最后写道"绝望之为虚妄，正与希望相同"。

复习思考题

1.《野草·题辞》是一篇思想深邃、语言激越、简洁而含蓄、诗味浓郁的优秀散文诗，请在反复朗读中体会作品的语言特点。

2. 作者强韧的"反抗绝望"的战斗精神是如何贯穿于《野草·希望》全诗的？

第 三 单 元

课件
03单元PPT

扫一扫
知重点

 学习要点

一、阅读本单元所选作品，把握作品的基本内容，了解作家的创作意图。

二、了解作品和生活的关系。了解作品是如何反映社会问题，如何表现人的内心世界的，了解作家是如何在创作中运用自己的生活体验的。

三、学会从不同角度分析和感受作品，能比较全面地把握作品的思想倾向和作家的基本立场。

四、了解小说和剧本的基本要素和结构特点，掌握环境、情节与人物的关系。

五、能够梳理和概括小说的情节。

三十七、生存还是毁灭

[英]莎士比亚

【题解】 本文选自《莎士比亚文集》（朱生豪译），漓江出版社 2004 年出版。威廉·莎士比亚（1564—1616），欧洲"文艺复兴"时期英国最伟大的诗人和剧作家，大约于 1590 年进入剧院工作，逐渐开始戏剧创作活动。

莎士比亚一生创作勤奋，共写了 37 个剧本（分为历史剧、喜剧、悲剧和传奇剧四类），154 首十四行诗和两首叙事长诗，其主要代表作品有《罗密欧和朱丽叶》《威尼斯商人》《亨利四世》《哈姆雷特》《奥赛罗》《雅典的泰门》等。这些作品广泛而深刻地反映了 16—17 世纪英国社会的方方面面。莎剧情节生动曲折，构思壮阔，内容丰富，多采用多线索结构，将各种戏剧因素自然结合。人物形象个性鲜明，栩栩如生。语言丰富多彩、清新隽永，既富有哲理，又带有浓郁的诗意。他的创作集中代表了欧洲文艺复兴的文学成就。马克思称莎士比亚为"人类最伟大的天才之一"。

《哈姆雷特》取材于 12 世纪丹麦一位历史学家所著的《丹麦史》。丹麦王子哈姆雷特求学于德国人文主义中心的威登堡大学，获悉他的叔父克劳狄斯弑兄篡位并娶嫂为妻。剧本以哈姆雷特复仇为中心展开，以哈姆雷特与母、叔同归于尽结束。这出悲剧反映了资产阶级人文主义者从个人的不幸与悲哀，逐渐认识到社会上存在着大量罪恶。他想担负起扭转乾坤的责任，为理想战斗，然而他单枪匹马，远离人民，犹豫不决，最后虽以一死报了杀父之仇，取得了道义上的胜利，但对整个社会问题的解决并没有什么帮助。哈姆雷特是作为一个社会抗议者和反叛者出现的，他撕破了朝廷奸党和他所憎恨的整个社会的假面目,因此具有很大的进步意义。本文是《哈姆雷特》第三幕第一场中的一段独白,哈姆雷特式的忧郁与优柔寡断令人过目难忘,这段关于生与死的深刻独白至今仍为人们广为传诵。

生存还是毁灭,这是一个值得考虑的问题。是默默忍受厄运的矢石和箭镞[1],还是挺身反抗人世的无涯的苦难,从而彻底作一了断,这两种行为,哪一种更高贵?死了,睡着了;什么都完了;要是在这一种睡眠之中,我们心头的创痛,以及其他无数血肉之躯所不能避免的打击,都可以从此消失,那正是我们求之不得的结局。死了;睡着了;睡着了也许还会做梦;嗯,这就是麻烦所在:因为当我们摆脱了这一具朽腐的皮囊以后,在死亡的睡眠里,究竟要做些什么梦,那不能不使我们踌躇顾虑。人们甘心久困于患难之中,也就是为了这个缘故;谁愿意忍受人世的鞭挞和讥嘲、压迫者的凌辱、傲慢者的冷眼、失意者的悲哀、法律的推诿、官吏的横暴和费尽辛勤所换来的小人的鄙视,要是他只要用一柄小小的刀子,就可以清算他自己的一生?谁愿意负着这样的重担,在烦劳的生命的压迫下呻吟流汗,倘不是因为惧怕不可知的死后,惧怕那从来不曾有一个旅人回来过的神秘之国,是它迷惑了我们的意志,使我们宁愿忍受目前的折磨,而不敢逃到我们所不曾知道的地方?重重的顾虑使我们全变成了懦夫,决心的本来光彩被审慎的思维盖上了一层灰色,伟大的事业会因此偃旗息鼓,失去了行动的意义。且慢!美丽的奥菲利娅[2]!——女神,在你的祈祷之中,不要忘记替我忏悔我的罪孽。

【注释】　[1]箭镞:箭前端的尖头,多用金属制成。镞,箭头。　[2]奥菲利娅:御前大臣波洛涅斯的女儿,哈姆雷特的女友。

【简析】　本文是《哈姆雷特》中的一段著名独白。它表达了王子哈姆雷特复杂的心理困境:悲愤、苦闷、忧郁、彷徨。通过摆在他面前的生存与死亡这个古老的哲学命题,反映了他对社会、对人生的一种哲学思考。

哈姆雷特所遇到的问题是一个有关人生选择的问题。人生一世,我们会遇到许多这样的问题,必须时时刻刻做出我们自己的选择。独白反映出王子对这两种选择的犹豫心理。"生存"不仅仅是指活着,而且更是指对生活中所面临的一切事物,尤其是邪恶力量、罪恶势力所表现的态度。在他看来,人的选择有两种:一种是"默默忍受厄运的矢石和箭镞";另一种是"挺身反抗人世的无涯的苦难,从而彻底作一了断"。前者表现为基督教导的否定现实生活的人生态度,后者则表现为人文主义者积极的人生态度。

哈姆雷特是一个人文主义者的典型形象。他坚持社会改造,坚持美好理想,由个人的恩怨联想到了国家和人民,复仇不再是他个人的愿望和追求,他想的更多的是责任和正义,宁愿为"重整乾坤"而受苦受难。同时,和当时的一些先进的人文主义者一样,他对社会矛盾的认识还不够彻底。他坚持社会改造,却找不到有效途径;他不乏行动的决心,却不明白如何行动。理想与现实脱榫,敌我力量悬殊,复仇的前途曲折,重整乾坤的负担过重,这一切使王子忧心忡忡,心事郁结。于是,在具体行动上常常表现出忧郁、犹疑,正如他自己所说,常常不能表白郁结的"心事",甚至由于"因循隐忍"而没有采取果断行动。这种种苦恼和顾虑使他难以选择"生存"和"反抗",他觉得毁灭可以使人摆脱诸多人生烦恼,包括"人世的鞭挞和讥嘲、压迫者的凌辱、傲慢者的冷眼、失意者的悲哀、法律的推诿、官吏的横暴和费尽辛勤所换来的小人的鄙视"。

但是哈姆雷特并不是一个懦弱的人,他曾毅然直面鬼魂,他曾果断杀死波洛涅斯,他曾决然参加决斗。他勇于探索,善于分析,但思虑多于行动,剖析偏于哲理。在黑暗社会里,他要为大家"重整乾坤",却又脱离人民群众;他孤军作战,惩罚了敌人,也牺牲了自己;他揭露了社会罪恶,但无力消灭它;他提出了改造社会的要求,又无力解决这个问题。在当时的社会里,还缺乏人文主义者取得必然胜利的条件。他曾说:"这是一个颠倒混乱的时代……世界是一所很大的牢狱……丹麦是其中最坏的一间。"所以,哈姆雷特所追求的那种永恒的理想境界是不可能存在于那个现实社会的。

 复习思考题

1. "生存还是毁灭"是一个有关人生选择的哲学命题,结合剧本说说为什么"这是一个值得考虑的问题"?
2. 课外阅读《哈姆雷特》。

三十八、原野(第二幕节选)

曹禺

【题解】 本文节选自《原野·北京人》,人民文学出版社 2010 年 1 月第 1 版。曹禺(1910—1996),原名万家宝,字小石。祖籍湖北,1910 年生于天津。"曹禺"是 1926 年发表小说时初次使用的笔名。1934—1941 年间创作的话剧《雷雨》《日出》《原野》《北京人》被称为曹禺的"四大名剧"。《雷雨》《日出》的出现,标志着中国现代话剧的成熟。中华人民共和国成立后创作了话剧《明朗的天》,历史剧《王昭君》等。

《原野》创作于 1937 年,是作者唯一一部以农村生活为题材的作品。故事发生在 20 世纪 30 年代中国北方农村。秋天的原野上,一个衣衫褴褛的中年汉子,拖着疲惫的身体来到了已经死去的恶霸焦阎王家。仇虎的到来立刻引起了焦阎王媚妇焦氏的警觉;八年前,焦阎王杀害了仇虎的父亲,霸占了仇家的田产和仇虎的未婚妻金子、害死了仇虎的妹妹,打断了仇虎的一条腿并将仇虎送进了牢狱。于是,一个爱恨交织复仇的故事,在原野上就此拉开了序幕。

第二幕（节选）

〔老远有火车轰轰地驶过去。

〔从右屋里，走出焦花氏。焦花氏神色镇静，一绺头发由鬓角边垂下来，眼神提防着人。她提住脚跟，向左屋走。

焦花氏　（低声）虎子！虎子！

〔焦母由中门上。

焦　母　（严厉地）金子！

焦花氏　（极力做不在意的样子）干什么？

焦　母　你上哪儿去？

焦花氏　（退回来）我不上哪儿去。

焦　母　金子，（慢慢地）你们预备怎么样，

焦花氏　（吃了一惊）我们？

焦　母　（索性说穿）你跟虎子。

焦花氏　（狠狠地）不知道。

焦　母　你不用装，我知道是仇虎。

焦花氏　我没有装，事做得出来也就不怕知道。

焦　母　金子，他为什么一个人在屋里，不说话也不出来？

焦花氏　（翻翻眼）您问我？

焦　母　虎子心里现在打的是什么主意？他要干点什么？

焦花氏　不知道。

焦　母　（咬住牙）你不知道？你是他肚里的蛔虫，心上的——

焦花氏　（警告地）您说话留点神，撕破了脸我也会跟您说点好听的。

焦　母　（仿佛明白焦花氏为什么忽然强硬，故意地）哦，你大概知道大星刚出门。

焦花氏　嗯。

焦　母　那屋里有虎子。家里就是我一个瞎婆婆，你现在可以——

焦花氏　您别强说反话吓唬人！我知道，我们的命在您手里。

焦　母　金子，（叹了一口气）你为什么不现在就走？

焦花氏　这大夜晚？

焦　母　嗯？

焦花氏　您逼我投奔哪儿去？

焦　母　（有意义地）我随便你！

焦花氏　（觉出来一些）随便我？

焦　母　嗯，（低沉地）你走不走？

焦花氏　不!

焦　母　哼,金子,你,你难道一点人心也没有?

焦花氏　(憎恨地)婆婆,这话要问您呢!

焦　母　(被冲撞,忍下去)好,我现在不跟你斗气,我认头,这次算你胜了。可　是,金子,我是个有家有业,有过儿子的人,你没养过孩子,你猜不透一个做妈的心里黑里白日地转些什么念头。(低声下气)好了,金子,你就看看我的岁数,我这半头的白头发,你说话也就不应该让给我三分? 以前就譬若我错了,我待你不好,就照你说的吧,磨你,逼你,叫你在家里不得过。可到了现在,你,你做了这样的事,闹到这步,我们焦家人并没有把你怎么样。难道,到了现在,我们焦家(头不觉转向左屋)有——有了难,你还想趁火打一次劫么?

焦花氏　(盯着焦母)妈,您别绕弯子跟我说话,我金子也不是不明白。"国有国法,家有家规。"这次我做事不体面,可我既然做了,我也想到以后我会怎么样。

焦　母　(暗示地)你知道?

焦花氏　我不是傻子。

焦　母　那么,你说说,你们以后要怎么样?

焦花氏　我们?

焦　母　嗯,你同仇虎,虎子这孩子不能白找我们一趟。

焦花氏　自然,"猛虎临门,家有凶神。"可我怎么一定就知道他要干什么?

焦　母　(劝导地)金子! 你虽然现在不愿再做焦家的人,可你总也算姓过焦家的姓。现在仇虎回来,要毁我们,你难道忍心瞪眼看着,不来帮我们一把手。

焦花氏　(冷笑)您要我想法子?

焦　母　嗯,金子,你一向是有主意的。

焦花氏　大路就在眼前,为什么不走?

焦　母　(关切地)什么! 你说!

焦花氏　报告侦缉队,把他枪毙。

焦　母　(明白焦花氏的反话,故做不知地)你知道我不肯这么办,虎子到底是我干儿。

焦花氏　(辛酸地)您的干儿? 哦,我忘了,您念了九年《大悲咒》,烧了十年的往生钱。真,大慈大悲观世音,我们焦家的人哪能做这样的事?

焦　母　（恕下去）嗯，这一条路我不肯。

焦花氏　那么，（很正经地）我看，我还是跟您问问仇虎的生庚八字好。

焦　母　干什么？

焦花氏　（恨恶地）跟您再做个木头人，叫您来扎死啊！

焦　母　（勃然）贱货，死东西，（支起自己）你——（婆媳二人对视一刻，焦压抑下去）哦，我不发火，我还是不该发火。金子，我要跟你静下气来谈谈。

焦花氏　谈什么，您的儿子还是您的，焦家的天下原来是您的，还是归了您，您还要跟我谈什么？

焦　母　金子，你心里看我是眼中钉，我知道：我心里看你是怎么，你也明白。金子，你恨我恨得毒，可你总忘了我们两个疼的是一个。（焦花氏正要辩一句）你不用说，我知道。你说，你现在跟大星也完了，是不是？可是金子，你跟大星总算有过夫妻的情分，他待你不错。

焦花氏　我知道。

焦　母　那么，你待他呢？

焦花氏　就可怜他一辈子没有长大，总是个在妈怀里吃呵儿的孩子。

焦　母　好，这些事过去了，我们不谈。现在我求你一件事，你帮帮我，就算是帮帮他，也就算是帮帮你自个儿。

焦花氏　什么，您说吧。

焦　母　一会儿大星回来怎么问你，你也别说虎子就是那个人。

焦花氏　哼，我怎么会告诉他。

焦　母　可是大星见了你必定问，他怎么吓唬你，你也别说。

焦花氏　怎么？

焦　母　（恐惧地）说不定他刚才跑出去借家伙。

焦花氏　什么？（不信地）他敢借家伙想杀人？他？

焦　母　哼！你？他到底还是我的种。

焦花氏　（半信半疑）哦，您说大星，他回来要找——

焦　母　金子，你别装！虎子早就告诉你——

焦花氏　他告诉我什么？

焦　母　哼，我猜透了他的心，他的心毒，他会叫你告诉大星就是他。

焦花氏　您想得怪。

焦　母　怪？他想叫大星先动手找他拼。他可以狠下心肠害——害了他的老把弟。哼，好弟兄！

焦花氏　对了！好弟兄！（森严地）好弟兄强占了人家的地——

焦　母	（低得听不见。同时）什么？
焦花氏	（紧接自己以前的话）——打断人家的腿,卖绝人家的姊妹,杀死人家的老的。
焦　母	（惊恐）什么,谁告诉你这个？
焦花氏	他都说出来了！
焦　母	（颤栗）可是,这并不是大星做的,这是阎王,阎王……（指着墙上的像,忽然改了口）阎王的坏朋友,坏朋友,造出来的谣……谣言。不,不是真的。
焦花氏	（不信地）不是真的？
焦　母	（忽然一口咬定,森厉地）嗯! 不是真的。（又软下去）那么,金子,你答应了我!
焦花氏	什么？
焦　母	大星怎么逼你,你也不告诉他是谁。你帮我们也就帮了你自个儿。
焦花氏	帮我自个儿？
焦　母	嗯,你劝仇虎明天天亮走路。你可以跟他走,过去的事情我们谁也不再提。
焦花氏	你让我跟虎子走？
焦　母	嗯,我焦氏让你走。没有钱,我来帮你。
焦花氏	（翻翻眼）您还帮我？
焦　母	嗯,帮你! 明天早上帮你偷偷同虎子一块走。
焦花氏	嗯,（斜眼看着她）您再偷偷报侦缉队来跟着我们。
焦　母	怎么？
焦花氏	仇虎离开焦家的门,碰不着你的孙,害不着你的儿,你再一下子抓着两个,仇虎拐带,我是私奔,那个时候,还是天作保,地作保,还是找您婆婆来作保？
焦　母	（狞笑一声）金子,你真毒,你要作婆婆,比瞎子心眼还想得狠。
焦花氏	（鼻子嗤出声音）说句您不爱听的话,跟您住长了,什么事就不想,也得多担份心。
焦　母	可是,小奶奶,这次你可猜错了。我倒也是想报官,不过看见了大星,我又改了主意。我不想我的儿孙再受阎王的累,我不愿小黑子再叫仇家下代人恨。仇易结不易解,我为什么要下辈人过不了太平日子。仇虎除非死了,虎子一天不死,我们焦家一天也没有安稳日子。
焦花氏	所以您才要他死。

焦　母　没有,王法既然不能叫他死,我为什么要虎子一次比一次恨
　　　　　我们呢。所以你金子爱信就信,不爱信也只得信,你现在替
　　　　　我叫虎子来,我自己跟他说话。

焦花氏　可是,您——

焦　母　(改了主意)哦,你别去,我自己来。(向左屋叫)虎子! 虎子!

焦花氏　(向左屋,低声)虎子!

焦　母　他不答应。金子,你先回你屋,我一个人叫他。(走到左门前)
　　　　　虎子! 虎子!

　　　　　(里面虎子的声音:(慢慢地)嗯。

　　　　　〔仇虎由左门上,出门就望见焦花氏,愣一下。焦花氏指指她
　　　　　的婆婆,叫他小心。他敌对地望了焦母一眼,挥手令焦花氏
　　　　　出门。

焦　母　(觉出虎子已经出来)金子,你进去吧。

焦花氏　嗯。(焦花氏由右门下)

仇　虎　(狠恶地)干妈,您的干儿子来了。

焦　母　(沉静地)虎子,(指身旁一条凳)你坐下,咱们娘儿俩谈谈。

仇　虎　(知道下面严重)好,谈谈! (坐在远处一条凳上)

焦　母　(半晌,突然)刚才你吃饱了?

仇　虎　(摸摸下巴,探视着她)吃饱了! 见着干妈怎么不吃饱?

焦　母　虎子! (又指身旁一条凳)你坐下啊!

仇　虎　坐下了。(又望望她)

　　　　　〔外面有辽远的火车笛声。

焦　母　不早了。

仇　虎　嗯,不早了,您怎么还不睡?

焦　母　人老了,到了夜里,人就睡不着。(极力想提起兴会)虎子,你
　　　　　这一向好?

仇　虎　还没有死,干妈。

焦　母　(缓和他的语气)话怎么说得不吉利。

仇　虎　哼,出门在外的人哪儿来的这么些讲究? (眼又偷看过去)

焦　母　你来!

仇　虎　怎么? (不安地走过去)

焦　母　你把手伸过来。

仇　虎　(疑惑地)干什么?

焦　母　好谈话,瞎子摸着手谈天,才放心。

仇　虎　哦,(想起从前她的习惯)您的那个老脾气还没有改。(伸手,

焦母握住。仇虎顺身坐下，与焦母并肩坐在一条凳上，面对着观众)

焦　母　没改。(凝望前面)

仇　虎　您的手冰凉。

焦　母　(神秘地)干儿子，你闭上眼。

仇　虎　(望着她、猜疑地)我闭上了，干妈。

焦　母　(摇头)你没有。

仇　虎　(睁着眼，故意地)这次您猜错了，我是闭上了。

焦　母　(点点头)瞎子跟瞎子谈心才明白。(忽然)虎子，你觉得眼前豁亮么？

仇　虎　(疑惧地盯着她)嗯。

焦　母　(幽沉地)你瞧见了什么？

仇　虎　(不觉四面望望)我看不见，您呢？

焦　母　(慢慢地)嗯，我瞧见，我瞧见。干儿子，(森厉地，指前指后)我瞧见你身旁站着有两三个屈死鬼，黑腾腾。你满脸都是杀气。

仇　虎　(察觉她在说鬼话)你老人家好眼力。

焦　母　可是你猜我还瞧见你什么？

仇　虎　您还瞅见什么？

焦　母　(放下手)我还瞅见你爹的魂就在你身边。

仇　虎　哦，我爹的魂？(嘲弄地)那一定是阎王爷今天放了他的假，他对着他亲家干妈直乐。("发笑"的意思)

焦　母　不，不。他满脸的眼泪。我看见他(立起)在你身边，(指着)就在这儿，对着你跪着，叩头，叩头，叩头。

仇　虎　干什么？

焦　母　他求你保下你们仇家后代根，千万不要任性发昏，害人害了自己。可是你不听！

　　　　[仇虎仰望着焦母捣鬼。

焦　母　你满脸都是杀气。哦，我看见，雾腾腾，好黑的天，啊，我看见你的头滚下去，鲜血从脖颈里喷出来。

仇　虎　(憎恨地)干妈，您这段话比我说得还吉利。

焦　母　虎子！(又拿起仇虎的手，警告地)你看，你的手发烫，你现在心里中了邪，你的血热，干儿，我看你得小心。

仇　虎　(蓦地立起)干妈，您的手可发凉。(狞笑)我怕不是我血热，是您血冷，我看您也得小心。

焦　母　　虎子，(极力拉拢)你现在学得真不错,居然学会了记挂着我。

仇　虎　　(警戒地)八年的工夫,干妈,我仇虎没有一天忘记您。

焦　母　　(强硬地笑了一下)好儿子! 可是虎子,(着重地)我从前待你总算好。

仇　虎　　我也没有说您现在待我坏。

焦　母　　虎子,你看看墙上挂的是谁?

仇　虎　　(咬住牙)阎王,我干爹。

焦　母　　你干爹怎么看你,

仇　虎　　他看着我笑。

焦　母　　你看你干爹呢?

仇　虎　　(攥着拳头)我想哭。

焦　母　　怎么?

仇　虎　　没有赶上活着跟干爹见个面,尽尽我八年心里这点孝心。

焦　母　　(又不自然地笑笑)好儿子! 你猜我现在心里盘算着什么?

仇　虎　　自然盘算着您干儿。

焦　母　　盘算你?

仇　虎　　嗯! 盘算! (佯笑)说不定您看干儿打着光棍,单身苦,——

焦　母　　嗯?

仇　虎　　(嘲弄地)您要跟您干儿娶个好媳妇。

焦　母　　(以为他认真说。得意地笑)虎子,你现在是心眼机灵,没有猜错,(有意义地)我是想送给你一个好媳妇。

仇　虎　　(乖觉地)一个好媳妇?

焦　母　　(含蓄地)那么,你走不走。

仇　虎　　上哪儿?

焦　母　　要车有车。

仇　虎　　车不用。

焦　母　　要钱有钱。

仇　虎　　(斩钉截铁)钱我有。

焦　母　　(觉得空气紧张)哦,(短促地)那么,你要干妈的命,干妈的命就在这儿。

仇　虎　　(佯为恭谨)我不敢,干妈。您长命百岁,都死了,您不能死。

焦　母　　(忍不住,沉郁地)虎子,你来个痛快。上刀山,下油锅,你要怎么样,就怎么样。干妈的老命都陪着你。

仇　虎　　(眈眈探视,声音温和)干儿没有那样的心。虎子只想趁大星回家,在这儿也住两天,多孝敬孝敬您。

焦　母　（渐渐被他的森严慑住）"孝敬"。虎子，你可听明白，干妈没有亏待你。（怯惧地）你这一套话要提也只该对死了的人提，活着的人都对得起你。

仇　虎　（低幽幽）我也没说焦家有人亏待我。

焦　母　虎子，大星是你从小的好朋友。

仇　虎　大星是个傻好人，我知道。

焦　母　他为着你的官司，自己到衙门东托人，西送礼，钱同衣服不断地跟你送。

仇　虎　他对得起我，我知道。

焦　母　就说你干妈，我为你哭得死去活来多少次。

仇　虎　是，我明白。

焦　母　你干爹也是整天托衙门的人好好照应你，叫他们把你当作自己亲生的儿子看。

仇　虎　是，我记得。

焦　母　你说话口气不大对，虎子，你这是——

仇　虎　干妈，虎子傻，说话愣头愣脑，没分寸。

焦　母　嗯，（又接下去）就说你的爸爸，死的苦——

仇　虎　（怨恨逼出来的嘲讽）哼，那老头死得可俭省，活埋了，省了一副棺材。

焦　母　（急辩）可是这不怪大星的爹，他跟洪老拚死拚活说价钱，说不妥，过了期，洪老就把你爸爸撕了票。

仇　虎　（强行抑制）我爸爸交朋友瞎了眼，那怪他自己。

焦　母　你说谁？

仇　虎　（改话）我说那洪老狗杂种。

焦　母　真是！干儿！就说你妹妹，她死的屈，十五岁的姑娘，就卖进了那种地方，活活叫人折磨死。

仇　虎　（握着拳）那也是她"命该如此"。

焦　母　可怜那孩子，就说她，怎么能怪大星的爹。大星的爹为你妹妹把那人贩子打个半死，人找不着，十五岁的姑娘活活在那种地方糟蹋了，那可有什么法子。

仇　虎　（颤栗）干妈，您别再提了。

焦　母　怕什么？

仇　虎　多提了，（阴沉地）小心您干儿的心会中邪。

焦　母　（执拗地）不，虎子，白是白，黑是黑，里外话得说明白。我不能叫你干儿心里受委屈。你说你的官司打的多冤枉，无缘无故，叫人诬赖你是土匪。

仇　虎　八年的工夫，我瘸了腿，丢了地。

焦　母　是，这八年，你干爹东托人，西打听，无奈天高地远，一个在东，一个在西，花钱托人也弄不出你这宝贝心肝儿子，不也是白费了干爹这一番心。

仇　虎　(狠狠地)是，我夜夜忘不了干爹待我的好处。

焦　母　(尽最后的力气来搬山，吃力地)虎子，就把你家的地做比，你也不能说干爹心眼坏。是你爸爸好吃好赌，耍得一干二净，找到你干爹门上，你干爹拿出三倍价钱来买你们的地，你爸爸还占了两倍的便宜。

仇　虎　是我爸爸占了干爹的便宜。

焦　母　嗯！(口焦舌干，期望得着效果，说服虎子，关心地)怎么样？

仇　虎　(点点头，不在意下)嗯，怎么样？

焦　母　(疑虑地)虎子！

仇　虎　(斜视)嗯，干妈？

焦　母　(忽然不豫)虎子，我费心用力说了半天，你是口服心不服。

仇　虎　谁说我心不服。(神色更阴沉)

焦　母　那么，你到这儿来干什么？

仇　虎　我说过，(着重地)跟您报恩来啦。

焦　母　(绝了望)哦！报恩？(忽然)虎子，我听说你早回来了，为什么你单等大星回来，你才来？

仇　虎　小哥俩好久没见面，等他回来再看您也是图个齐全——

焦　母　(疑惧)齐全？

仇　虎　(忙改口)嗯，热闹！热闹！

焦　母　(仿佛忽然想起)哦，这么说你是想长住在这儿？

仇　虎　嗯，侍奉您老人家到西天。(恶毒地)您什么时候归天，我什么时候走。

焦　母　(呆了半天)好孝顺！我前生修来的。
　　　　[半晌，风吹电线呜呜的声响，像是妇人在哀怨地哭那样幽长。
　　　　[一个老青蛙粗哑地叫了几声。

仇　虎　(仿佛无聊，逼尖了喉咙，声音幽涩，森森然地唱起)"初一十五庙门开，牛头马面哪两边排，……"

焦　母　(怕听)别唱了，(立起)你也该睡了。

仇　虎　(望望她，又继续唱)"……判官掌着哟生死的簿……"

焦　母　(有些惶惶然)不用唱了，虎子！

仇　虎　（当做没听见）嗯，"……青面的小鬼哟拿着拘魂的牌。……"
　　　　　（仇虎走开）

焦　母　（四周静寂如死，忽然无名恐惧起来）虎子！（高声）虎子！你
　　　　　在哪儿？（四处摸索）你在哪儿？

仇　虎　（冷冷地望着她）这儿，干妈。（更幽长地）"……阎王老爷哟
　　　　　当中坐，一阵哪阴风……"

焦　母　（恐怖和愤怒，低声）虎子，别唱了！别唱了！

仇　虎　"……吹了个女鬼来！"

焦　母　（颤抖，恨极）虎子，谁教给你唱这些东西？

仇　虎　（故意说，低沉地）我那屈死的妹子，干妈。

焦　母　哦！（不觉忽然拿起桌角过那只铁拐杖）

仇　虎　（狞笑）您还愿意听么？

焦　母　（勃然）不用了。（扶着铁杖）

仇　虎　（看见那铁家伙）哦，干妈，您现在还是那么结实。

焦　母　怎么？

仇　虎　您这只拐杖（想顺手抓来）都还用的是铁的。

焦　母　嗯！（觉得仇虎的手在抓，又轻轻夺过来）铁的！（不动声色）
　　　　　我好用来打野狗的。

仇　虎　（明白）野狗？

焦　母　（重申一句）打野狗的。（摸索自己的铁杖，忽然）虎子，可怜，
　　　　　你瘦多了。

仇　虎　（莫名其妙）我瘦？

焦　母　可你现在也还是那么结实。

仇　虎　您怎么知道？

焦　母　（慢慢拿紧拐杖，怪异地）你忘了你在金子屋里踢的我那一
　　　　　脚啦？

仇　虎　（警惕）哦，没有忘，干妈。您的拐杖可也不含糊。（大声狞笑
　　　　　起来）

焦　母　（也大声跟着笑，脸上的筋肉不自然地痉拘着，似乎很随意地）
　　　　　你这淘气的孩子，你过来，干儿，你还不看你干妈脸上这一
　　　　　块伤，——

仇　虎　（防戒着）是，我来——（正向前走——）

焦　母　（忽然立起，抓起铁杖，厉声）虎子，你在哪儿？（就要举起
　　　　　铁杖——）

仇　虎　（几乎同时掏出手枪对她，立刻应声）这儿，干妈。（眈眈望着

焦母,二人对立不动。仇虎低哑地,一字一字由齿间进出来)

虎——子——在——这儿,干妈。

[静默。

焦　母　(敏感地觉得对方有了准备,慢慢放下铁杖)哦!　(长嘘一口气,坐下镇静地)虎子,你真想在此地住下去么?

仇　虎　(也慢慢放好枪)嗯,自然。咱们娘儿俩也该团圆团圆。

焦　母　(蓦地又立起,森厉地)虎子,不成!　(恨极)你明天早上跟我滚蛋。

仇　虎　(嘲弄地)这么说,干妈,您不喜欢我?

焦　母　(也嘲弄地)不喜欢你?　我跟你娶一房媳妇,叫你称心。

仇　虎　娶一房媳妇?

焦　母　嗯,金子,我们焦家不要了,你可以带着她走。

仇　虎　我带她走?

焦　母　嗯。

仇　虎　(疑虑、藐笑)您好大方!

焦　母　你放心,虎子,你干妈决不追究。

仇　虎　可我要不走呢?

焦　母　(暴恶地)你从哪儿来的,你还回哪儿去。我报告侦缉队来抓你。

仇　虎　抓我?

焦　母　怎么样。

仇　虎　我怕——

焦　母　你怕什么?

仇　虎　(威吓)我怕您——不——敢。

焦　母　不敢?

仇　虎　"光着脚不怕穿鞋的汉。"你忘了我身后跟着多少冤屈的鬼。我虎子是从死口逃出来的,并没打算活着回去。干妈,"狗急还会跳墙",人急,就——。我想不用说您心里也不会不明白。

焦　母　哦,(沉吟)那么,我的干儿,你已经打算进死口。

仇　虎　(坚决)我打算——　(忽然止住,改了语气)好,您先让我想想。

焦　母　(聆听)那么,有商量?

仇　虎　(斜眼望着她)嗯,有——商——量。

焦　母　好,我叫金子出来,趁大星没回,你们俩再合计合计。(走到右边)

仇　虎　(嘲讽地)还是您疼我,您连大星的老婆都舍得。

焦　母　金子!金子!(忽然回头,对仇虎)有一件事,你自然明白,你不会叫大星猜出来你们偷偷地一块儿走。

仇　虎　那我怎么会,我的干妈。

焦　母　虎子。你真是我的明白孩子。(回头)金子!金子!金子!

　　　　[焦花氏由右门出。

焦花氏　干什么?

焦　母　金子,你跟我烧一炷香,敬敬菩萨。我到那屋子替虎子收拾收拾铺盖。还一个人念念经,谁也不许进来,听见了没有?

焦花氏　知道。

焦　母　(走到左门前慢慢移向仇虎所在地)虎子,我进去了,你跟她说吧。

　　　　[焦母由左门下。仇虎、焦花氏二人望一望,半晌。

仇　虎　你知道了?

焦花氏　我知道。

仇　虎　她让我们走。

焦花氏　(不信地)你想有那么便宜的事么?

仇　虎　(神秘地)也许就有。

焦花氏　(低声)虎子,我怕我们现在已经掉在她的网里了。

仇　虎　不会。哼,她送了我一次,还能送我第二次?

焦花氏　(关心地)你——你不该露面的。

仇　虎　(沉痛地)不,我该露面的。这次我明地来不暗地里走。我仇虎憋在肚里上十年的仇,我可怜的爸爸,屈死的妹妹,我这打瘸了的腿。金子,你看我现在干的是什么事。今天我再偷偷摸摸,我死了也不甘心的。

焦花氏　可是(低声)阎王死了。

仇　虎　(狠毒地)阎王死了,他有后代。

焦花氏　可阎王后代没有害你。

仇　虎　(恶狠地望着墙上的像)阎王害了我。(忽然低声,慢慢地)金子,今天夜里,你可得帮我。

焦花氏　(掩住他的嘴)虎子!

仇　虎　怎么?

焦花氏　(由眼角偷望)小心他会听见。

仇　虎　她关了门。

焦花氏　不,他还在这儿。

仇　虎　　谁？

焦花氏　　(悸声)阎王。(二人回头望,阎王的眼森森射在他们身上,焦花氏惧怖地)哦,虎子(投在他怀里)你到底想我不想？

仇　虎　　(热情地)金子,你——你是我的命。金子！

焦花氏　　那么,我们快快地走吧,我不能再待这儿,虎子,我……我现在有点担心,我怕迟了,再迟了要出事情的。

仇　虎　　(预言地)事情是要出的。

焦花氏　　我知道。可是……也……许,也许要应在我们身上。(忽然,恳切地请求他)虎子,我们什么时候走？ 虎子,你说,你说！

仇　虎　　(沉静)今天半夜。

焦花氏　　那么走吧,我们走吧。

仇　虎　　(眼闪着恶恨,对前面)不,办完事着！

焦花氏　　可——可是晚了呢？

仇　虎　　现在跑出去也没有火车。

焦花氏　　火车？

仇　虎　　嗯,我们办完事就走。外面下大雾,跑出去,谁也看不见,穿过了黑林子……

焦花氏　　(有些怯)那黑树林？

仇　虎　　嗯,黑树林,也就十来里地,天没亮,赶到车站,再见了铁道,就是活路,活路！

焦花氏　　(半燃希望)活路！

仇　虎　　嗯,活路,那边有弟兄来接济我。

焦花氏　　那么,我们走了,(盼想燃着了真希望)我们到了那老远的地方,坐着火车,(低微地,但是非常亲切,而轻快地)"吐——兔——图——吐——吐——兔——图——吐——"(心已经被火车载走,她的眼望着前面)我们到了那黄金子铺的地, ——

仇　虎　　嗯,(只好随声)那黄金子铺的地。

焦花氏　　(憧憬)房子会走,人会飞, ……

仇　虎　　嗯,嗯。

焦花氏　　大人孩子天天在过年！

仇　虎　　嗯,(惨然)天天过年！

焦花氏　　(抓着虎子的手)虎子！

仇　虎　　(忽然)不,你别动！

焦花氏　　干什么？

仇　虎　　你听！

焦花氏　什么？

仇　虎　有人。(低声)有人！

[二人急跑至窗前。

焦花氏　谁？谁？(谛听，无人应)没有！没——有。(望仇虎)今天你
　　　　怎么？

[这时窗外的草原上有"布谷"低声酣快地叫。

仇　虎　(不安地望望)奇怪，我总觉得窗户外面有人，外面有人跟
　　　　着我。

焦花氏　(安慰他)哪里会？哪——里——(渐为"布谷"叫声吸住)你
　　　　听！你听！

仇　虎　(抓起手枪)什么？

焦花氏　不，不，不是这个。你听，这是什么！(模仿"布谷"的叫声)"咕
　　　　姑，咕姑！""咕姑，咕姑！"

仇　虎　哦，(笑了笑)这个！他说："光棍好苦，快娶媳妇。"

焦花氏　(露出笑容，忘记了目前的苦难，模仿他)不，他说："娶了媳妇，
　　　　更苦更苦。"

[二人对笑起来。

焦花氏　(愉快后的不满足)以后我怕听不见"咕姑，咕姑"啦。

仇　虎　(诧异)为什么？

焦花氏　(愉快地)我们不是要走了么？

仇　虎　(忽然想起)嗯，走，对了。(阴郁地)可是今天半夜——

焦花氏　(脸上又罩上一层阴影，恐怖地)今——天——半夜——？(叹
　　　　一口气)

仇　虎　怎么？

焦花氏　(哀诉地)天，黄金子铺的地方怎么难到么？

仇　虎　你说——

焦花氏　(痛苦地)为什么我们必得杀了人，犯了罪，才到得了呢？

仇　虎　(疑心)金子！你——你已经怕了么？

焦花氏　(悲哀地)怕什么？(忽然坚硬地]事情做到哪儿，就是哪儿！

仇　虎　好！(伸出拇指)汉子！

焦花氏　还有多久？

仇　虎　(仰天想)我想也就只有两个钟头。

焦花氏　(低微地)两个钟头——时候是容易过的。

仇　虎　(疑虑，想试探她)可万一不容易过呢？

焦花氏　(抓着仇虎的手)虎子，我的命已经交给你了！

仇　虎　（被感动）金子，你——（眼里泛满了泪水）我觉得我的爸爸就在我身边，我的死了的妹妹也在这儿，她——他们会保佑你。

焦花氏　可是（吁一口气）为什么今天呢？

仇　虎　怎么？

焦花氏　（同情地）可怜，大星刚回来。

仇　虎　（阴沉地）嗯，等的是今天，因为他刚回来！

焦花氏　（嗫嚅）可是，虎子，为——为什么偏偏是大星呢？难道一个瞎子不就够了。

仇　虎　不，不！死了倒便宜她，（狠狠地）我要她活着，一个人活着！

焦花氏　（委婉地）不过大星是个好人。

仇　虎　（点头）是的，他连一个蚂蚁都不肯踩。可——（内心争战着）可是，哼，他是阎王的儿子！

焦花氏　（再婉转些）大，大星待你不错，你在外边，他总是跟我提你，虎子，他是你从小的好朋友，虎子！

仇　虎　（点头）是，他从前看我像他的亲哥哥。（咬住嘴唇，忽然迸出）可是现在，哼，他是阎王的儿子。

焦花氏　（耐不下）不，仇虎！不成，你不能这样对大星，他待我也不错。

仇　虎　（贸然）那我更要宰他！因为他——（低沉，苦痛地）他是阎王的儿子。

焦花氏　（忽然）那你现在为什么不动手？为什么不！

仇　虎　（挣扎，慢慢地）嗯，动手的，我要动手的。（点头）嗯，我要杀他，我一定杀了他。

焦花氏　（逼进一层）可是你没有，你没有，你的手下不去，虎子。

仇　虎　（极力否认）不，不，金子！

焦花氏　虎子，你说实话，你的心软了。

仇　虎　（望着空际）不，不，我的爸爸，（哀痛地）我的心没有软，不能软的。（低下头）

焦花氏　（哀恳地）虎子！你是个好人！我知道你心里是个好人，你放了他吧！

仇　虎　（慢慢望着前面，幽沉地）金子，这不成，这——不——成。我起过誓，对我爸爸起过誓，（举拳向天）两代呀，两代的冤仇！我是不能饶他们的。

焦花氏　（最后的哀求）那么，虎子，你看在我的份上，你把他放过吧！

仇　虎　（疑心）看在你的份上？

焦花氏　（不顾地）就看在我的份上吧！

仇　虎　（忽然狞笑，慢慢地）哦，你现在要帮他说话啦？

焦花氏　（惊愕，看出仇虎眼里的妒恨）你——你为什么这么看我？
　　　　你——

仇　虎　（蓦地抓住她的臂膊，死命握紧，前额皱起苦痛的纹）你原来
　　　　为——为着他，你才——

焦花氏　（闭目咬牙，万分痛楚）你放开，虎子，你要掐死我。

仇　虎　（放下手，气喘，望得见胸间起伏，他抹去额上的汗，盯着她）
　　　　你原来为着他，你才待我这样。现在你的真心才——才露
　　　　出来。

焦花氏　（望着他）你怎么这样不懂人心？

仇　虎　不懂？

焦花氏　（忽然，真挚地）难道我不是人么？掐了我，我会喊痛，扎了
　　　　我，我会说痒；骂了我，我会生气；难道待我好的人，我就对他
　　　　没有一点人心？在他面前，我跟你说，不知为什么我真是打
　　　　心窝里见着他厌气，看不上他，不喜欢他，可是背着他替他想
　　　　想，就不由得可怜他。（轻微而迅快）唉，没法办他，（怜悯地
　　　　笑）有时还盼着我走后还有个人来，真疼他。（看仇虎）哼，跟
　　　　他做白头夫妻，现在说什么我也不干，可是像你说的，眼睁睁
　　　　地要他——，你想，我怎么忍心！你——虎子，你难道忍心？

仇　虎　（叹一口气）是，金子，你的话不错。大星看我是他的好朋友，
　　　　什么事都不瞒。我就是现在，他对我也还是——（停止，忽然）
　　　　哼，不是为着他那副忠厚的脸，哦，前两个钟头，我就——

焦花氏　（拉住仇虎的手）那么，我们先走吧，还是把他——

仇　虎　不不，那——我仇虎怎么有脸见我这死去的老小。不，不成！
　　　　那，那太便宜阎王了。

焦花氏　（废然）虎子，那你怎么办呢？

仇　虎　（沉思着）我现在想，想着怎么先叫大星动了手，他先动了手，
　　　　那就怪不得我了。

焦花氏　（惊愕）什么？你叫他先——先来害——害你？

仇　虎　嗯。我知道我一手就可以把他像小羊似地宰了。可是（叹一
　　　　口气）我的手就——就下不去。

焦花氏　（想着仇虎说的话，惧怕地）可是，虎子，万一你不成，你叫他
　　　　先就——

仇　虎　（摇头）那不会的，你放心，那不会的。

焦花氏　（忽然大怖，抱着仇虎，躲在他的怀里）不，那不成，虎子，万一，

我的虎子,你——,那我就太可怜了。

仇　虎　(一面安慰,一面推开她)别,别,别。金子,别这样。(忽然)金子,你听。

焦花氏　什么? (倏地推开他)

仇　虎　有人!

焦花氏　(惧怕地)不会是大星!

仇　虎　我们看!

　　　　　(中门开启,焦大星上。……

【简析】《原野》是曹禺在戏剧创作上的一次新的开拓。他用浪漫主义和象征主义表现了这个传奇故事。课文节选了三段对话:第一段是焦母发现昔日的仇虎来到她的家中与儿媳花金子同居后,与花金子的对话;第二段是焦母直接与仇虎的对话;第三段是仇虎和昔日恋人花金子的对话。通过这三段对话,从侧面表现了这些仇恨的制造者——焦阎王的重重罪恶。仇虎要为一家人报仇雪恨,但他在面对必须要杀死焦阎王的儿子——自己的好朋友焦大星时,内心却矛盾重重,犹豫不决。看似简单的复仇故事,其实蕴含着阔大渊深的人物情感和复杂鲜明的人物性格:展现了人情与人性的激烈搏斗,同时表现了被压迫、被摧残的农民对美好生活的向往。

本剧的语言极具个性,使得人物形象刻画栩栩如生。仇虎的身上有一股原始的生命冲动和力量,在复仇时的优柔不决正是仇虎人性不断觉醒的表现;花金子内心善良、聪明、勇敢,她敢于追求真爱,追求自由;焦母是个封建思想和封建意识的代言人,她千方百计为丈夫焦阎王掩盖罪行,她对金子的恨,源于对自己儿子大星的爱,然而对大星的爱,却又以一种扭曲的、变态的形式表现出来,因此,她的命运注定只能是悲剧。

　复习思考题

1. 如何认识仇虎的复仇悲剧?
2. 课外阅读三幕剧《原野》。

三十九、诸葛亮舌战群儒

罗贯中

【题解】 本文节选自《三国演义》第四十三回《诸葛亮舌战群儒　鲁子敬力排众议》,人民文学出版社 1953 年出版。作者罗贯中(约 1330—1400),名本,别号湖海散人,太原(今山西太原)人,一说钱塘(今浙江杭州)或庐陵(今江西吉安)人。明初著名小说家。他生在元代政局动荡之际,根据民间传说和讲史,著有长篇历史小说《三国演义》。另著有《隋唐志传》《三遂平妖传》《残唐五代史演义》和杂剧《风云会》等多种。《三国演义》原称《三国志通俗演义》,主要根据陈寿《三国志》、元代《三国志平话》和流传在民间的三国故事，经过综合熔裁，再创作而成。原书 24 卷，240 则，有弘治本传世。清初毛宗岗父子作了修订后，成为现在通行的 120 回本，始为《三国演义》。故事起于刘、关、张桃园结义，终于王濬平吴，包括整个三国时代，描写了封建统治集团之间的矛盾和斗争，反映出当时动荡不安的社会生活。

本文是诸葛亮为劝说孙权联合刘备抗拒曹操而与江东主和派进行的一场辩论。文中描绘了群儒对诸葛亮的轮番围攻，诸葛亮于嬉笑怒骂中将对方的观点逐一驳倒，令群儒尽皆失色，被传为千古佳话。

却说鲁肃、孔明辞了玄德、刘琦[1]，登舟望柴桑郡来[2]。二人在舟中共议。鲁肃谓孔明曰："先生见孙将军，切不可实言曹操兵多将广。"孔明曰："不须子敬叮咛，亮自有对答之语。"及船到岸，肃请孔明于馆驿中暂歇，先自往见孙权。权正聚文武于堂上议事，闻鲁肃回，急召入问曰："子敬往江夏，体探虚实若何[3]？"肃曰："已知其略[4]，尚容徐禀。"权将曹操檄文示肃曰[5]："操昨遣使赍文至此[6]，孤先发遣来使[7]，现今会众商议未定。"肃接檄文观看。其略曰：

孤近承帝命，奉词伐罪[8]。旄麾南指[9]，刘琮束手[10]；荆襄之民[11]，望风归顺。今统雄兵百万，上将千员，欲与将军会猎于江夏[12]，共伐刘备，同分土地，永结盟好。幸勿观望[13]，速赐回音。

鲁肃看毕曰："主公尊意若何？"权曰："未有定论。"张昭曰："曹操拥百万之众，借天子之名，以征四方，拒之不顺。且主公大势可以拒操者，长江也。今操既得荆州，长江之险，已与我共之矣，势不可敌。以愚之计，不如纳降，为万安之策。"众谋士皆曰："子布之言，正合天意。"孙权沉吟不语。张昭又曰："主公不必多疑。如降操则东吴民安，江南六郡可保矣。"孙权低头不语。须臾，权起更衣[14]，鲁肃随于权后。权知肃意，乃执肃手而言曰："卿欲如何？"肃曰："恰才众人所言，深误将军。众人皆可降曹操，惟将军不可降曹操。"权曰："何以言之？"肃曰："如肃等降操，当以肃还乡党[15]，累官故不失州郡也[16]；将军降操，欲安所归乎？位不过封侯，车不过一乘，骑不过一匹，从不过数人，岂得南面称孤哉[17]！众人之意，各自为己，不可听也。将军宜早定大计。"权叹曰："诸人议论，大失孤望。子敬开说大计，正与吾见相同。此天以子敬赐我也！但操新得袁绍之众，近又得荆州之兵，恐势大难以抵敌。"肃曰："肃至江夏，引诸葛瑾之弟诸葛亮在此，主公可问之，便知虚实。"权曰："卧龙先生在此乎？"肃曰："现在馆驿中安歇。"权曰："今日天晚，且未相见。来日聚文武于帐下，先教见我江东英俊，然后升堂议事。"

肃领命而去。次日至馆驿中见孔明，又嘱曰："今见我主，且不可言曹操兵多。"孔明笑曰："亮自见机而变，决不有误。"肃乃引孔明至幕下。早见张昭、顾雍等一班文武二十余人，峨冠博带[18]，整衣端坐。孔明逐一相见，各问姓名。施礼已毕，坐于客位。张昭等见孔明丰神飘洒[19]，器宇轩昂[20]，料到此人必来游说。张昭先以言挑之曰："昭乃江东微末之士[21]，久闻先生高卧隆中，自比管、乐[22]。此语果有之乎？"孔明曰："此亮平生小可之比也[23]。"昭曰："近闻刘豫州三顾先生于草庐之中，幸得先生，以为'如鱼得水'，思欲席卷荆襄。今一旦以属曹操，未审是何主见[24]？"孔明自思张昭乃孙权手下第一个谋士，若不先难倒他，如何说得孙权，遂答曰："吾观取汉上之地，易如反掌。我主刘豫州躬行仁义[25]，不忍夺同宗之基业，故力辞之。刘琮孺子，听信佞言[26]，暗自投降，致使曹操得以猖獗。今我主屯兵江夏，别有良图，非等闲可知也。"昭曰："若此，是先生言行相违也。先生自比管、乐——管仲相桓公，霸诸侯，一匡天下[27]；乐毅扶持微弱之燕，下齐七十余城[28]：此二人者，真济世之才也。先生在草庐之中，但笑傲风月，抱膝危坐。今既从事刘豫州，当为生灵兴利除害[29]，剿灭乱贼。且刘豫州未得先生之前，尚且纵横寰宇，割据城池；今得先生，人皆仰望。虽三尺童蒙，亦谓彪虎生翼，将见汉室复兴，曹氏即灭矣。朝廷旧臣，山林隐士，无不拭目而待：以为拂高天之云翳[30]，仰日月之光辉，拯民于水火之中，措天下于衽席之上[31]，在此时也。何先生自归豫州，曹兵一出，弃甲抛戈，望风而窜；上不能报刘表以安庶民，下不能辅孤子而据疆土[32]；乃弃新野，走樊城，败当阳，奔夏口，无容身之地：是豫州既得先生之后，反不如其初也。管仲、乐毅，果如是乎？愚直之言[33]，幸无见怪！"孔明听罢，哑然而笑曰[34]："鹏飞万里，其志岂群鸟能识哉？譬如人染沉疴[35]，当先用糜粥以饮之，和药以服之[36]；待其腑脏调和，形体渐安，然后用肉食以补之，猛药以治之：则病根尽去，人得全生也。若不待气脉和缓，便投以猛药厚味，欲求安保，诚为难矣。吾主刘豫州，向日军败于汝南[37]，寄迹刘表[38]，兵不满千，将止关、张、赵云而已：此正如病势尪羸已极之时也[39]。新野山僻小县，人民稀少，粮食鲜薄[40]，豫州不过暂借以容身，岂真将坐守于此耶？夫以甲兵不完[41]，城郭不固，军不经练，粮不继日，然而博望烧屯，白河用水，使夏侯惇、曹仁辈心惊胆裂：窃谓管仲、乐毅之用兵，未必过此。至于刘琮降操，豫州实出不知；且又不忍乘乱夺同宗之基业，此真大仁大义也。当阳之败，豫州见有数十万赴义之民[42]，扶老携幼相随，不忍弃之，日行十里，不思进取江陵，甘与同败，此亦大仁大义也。寡不敌众，胜负乃其常事。昔高皇数败于项羽[43]，而垓下一战成功，此非韩信之良谋乎[44]？夫信久事高皇，未尝累胜。盖国家大计，社稷安危，是有主谋[45]。非比夸辩之徒[46]，虚誉欺人：坐议立谈，无人可及；临机应变，百无一能。——诚为天下笑耳！"这一篇言语，说得张昭并无一言回答。

坐上忽一人抗声问曰[47]："今曹公兵屯百万，将列千员，龙骧虎视[48]，平吞江夏，公以为何如？"孔明视之，乃虞翻也。孔明曰："曹操收袁绍蚁聚之兵,劫刘表乌合之众,虽数百万不足惧也。"虞翻冷笑曰:"军败于当阳,计穷于夏口[49],区区求救于人[50],而犹言'不惧',此真大言欺人也!"孔明曰:"刘豫州以数千仁义之师,安能敌百万残暴之众?退守夏口,所以待时也。今江东兵精粮足,且有长江之险,犹欲使其主屈膝降贼,不顾天下耻笑。——由此论之,刘豫州真不惧操贼者矣!"虞翻不能对。

座间又一人问曰:"孔明欲效仪、秦之舌[51],游说东吴耶?"孔明视之,乃步骘也[52]。孔明曰:"步子山以苏秦、张仪为辩士,不知苏秦、张仪亦豪杰也:苏秦佩六国相印,张仪两次相秦,皆有匡扶人国之谋,非比畏强凌弱、惧刀避剑之人也。君等闻曹操虚发诈伪之词,便畏惧请降,敢笑苏秦、张仪乎?"步骘默然无语。

忽一人问曰:"孔明以曹操何如人也?"孔明视其人,乃薛综也。孔明答曰:"曹操乃汉贼也,又何必问?"综曰:"公言差矣。汉传世至今,天数将终[53]。今曹公已有天下三分之二,人皆归心。刘豫州不识天时,强欲与争,正如以卵击石,安得不败乎?"孔明厉声曰:"薛敬文安得出此无父无君之言乎!夫人生天地间,以忠孝为立身之本。公既为汉臣,则见有不臣之人,当誓共戮之[54]:臣之道也。今曹操祖宗叨食汉禄,不思报效,反怀篡逆之心,天下之所共愤;公乃以天数归之,真无父无君之人也!不足与语!请勿复言!"薛综满面羞惭,不能对答。

座上又一人应声问曰:"曹操虽挟天子以令诸侯,犹是相国曹参之后[55]。刘豫州虽云中山靖王苗裔[56],却无可稽考,眼见只是织席贩屦之夫耳[57],何足与曹操抗衡哉!"孔明视之,乃陆绩也。孔明笑曰:"公非袁术座间怀桔之陆郎乎[58]?请安坐,听吾一言:曹操既为曹相国之后,则世为汉臣矣;今乃专权肆横,欺凌君父,是不惟无君,亦且蔑祖,不惟汉室之乱臣,亦曹氏之贼子也。刘豫州堂堂帝胄[59],当今皇帝,按谱赐爵[60],何云'无可稽考'?且高祖起身亭长,而终有天下;织席贩屦,又何足为辱乎?公小儿之见,不足与高士共语!"陆绩语塞。

座上一人忽曰:"孔明所言,皆强词夺理,均非正论,不必再言。且请问孔明治何经典?"孔明视之,乃严畯也[61]。孔明曰:"寻章摘句[62],世之腐儒也,何能兴邦立事?且古耕莘伊尹[63],钓渭子牙[64],张良、陈平之流,邓禹、耿弇之辈[65],皆有匡扶宇宙之才,未审其生平治何经典。——岂亦效书生,区区于笔砚之间[66],数黑论黄[67],舞文弄墨而已乎[68]?"严畯低头丧气而不能对。

忽又一人大声曰:"公好为大言,未必真有实学,恐适为儒者所笑耳。"孔明视其人,乃汝阳程德枢也。孔明答曰:"儒有君子小人之别。君子之儒,忠君爱国,守正恶邪[69],务使泽及当时[70],名留后世。——若夫小人之儒,

惟务雕虫[71]，专工翰墨[72]；青春作赋，皓首穷经[73]；笔下虽有千言，胸中实无一策。且如扬雄以文章名世[74]，而屈身事莽，不免投阁而死，此所谓小人之儒也；虽日赋万言，亦何取哉！"程德枢不能对。众人见孔明对答如流，尽皆失色。

【注释】　[1]鲁肃：字子敬，孙权的重要谋士。孔明：诸葛亮的字，刘备的重要谋士。玄德：刘备的字。刘琦：刘表的儿子，与下文的刘琮是兄弟。　[2]柴桑：古地名，在今江西九江境内。　[3]体探：亲自打探。体，亲身。　[4]略：大概。　[5]檄(xí)文：古代官方用于征召、晓谕、申讨等的文书。　[6]赍(jī)：怀着，抱着。　[7]孤：封建王侯的自称。　[8]奉词伐罪：奉(皇帝的)命令讨伐有罪(的人)。　[9]旄麾(máohuī)：军旗。这里指军队。　[10]束手：捆起手来，意思是投降。　[11]荆襄：古地名。荆，湖北荆州。襄，湖北襄阳。　[12]会猎：一同打猎。这里是会战的委婉说法。江夏：古代郡名，今湖北黄冈一带。　[13]幸：希望。　[14]更衣：上厕所的委婉说法。　[15]当：如果。还乡党：送回乡里。乡党，乡里。　[16]累官：逐步升官。累，积累。故：仍然。州郡：指州郡长官。　[17]南面称孤：称帝称王。古代帝王面南而坐，故有此说。　[18]峨冠博带：这里指戴着高帽子，束着阔衣带。　[19]丰神飘洒：形容人的仪表举止飘逸潇洒。丰，美好的容貌和姿态。神，神情。　[20]器宇轩昂：形容人的气度不凡，精神饱满。器宇，指人的仪表、风度。轩昂，精神饱满的样子。　[21]微末之士：不重要的人士。微末，细小的，不重要的。　[22]管、乐(yuè)：指管仲、乐毅。管仲，名夷吾，曾相齐桓公。乐毅，战国燕将。　[23]小可：平常，简单。　[24]审：知道。　[25]躬行：亲自实践，身体力行。　[26]佞(nìng)言：花言巧语。　[27]匡：纠正。《论语·宪问》："管仲相桓公，霸诸侯，一匡天下。"　[28]下：攻取。　[29]生灵：指人民。　[30]云翳(yì)：阴暗的云。　[31]衽(rèn)席之上：比喻安全舒适的地方。衽、席同义，都是坐卧的铺垫物。　[32]孤子：指刘琮。　[33]愚直：自谦之辞，愚笨而耿直。　[34]哑然：形容笑的样子。　[35]沉疴(kē)：重病。　[36]和药：指性味平和的药物。　[37]向日：当初。汝南：古代郡名，今河南上蔡附近。　[38]寄迹：寄托踪迹，立足安身的意思。　[39]尪羸(wāngléi)：瘦瘠，衰弱。　[40]鲜薄：稀少。　[41]甲兵不完：武器装备不全。　[42]赴义之民：向往正义的老百姓。　[43]高皇：指汉高祖刘邦。　[44]韩信：刘邦的重臣、将领。　[45]主谋：主见。　[46]夸辩之徒：言不符实、喜欢诡辩的人。　[47]抗声：大声。　[48]龙骧(xiāng)虎视：像龙高昂着头，像老虎注视着猎物。形容人的气概威武，亦比喻雄才大略。　[49]夏口：古地名，今湖北武昌。　[50]区区：小，少。这里引申为愚，傻乎乎的。　[51]仪、秦：指张仪、苏秦。两人都是战国时以雄辩著称的说客。　[52]骘：音zhì，人名。　[53]天数将终：命中注定将要完蛋。天数，迷信的人把一切不了解的事、不能抗御的灾难都归于上天安排的命运，称为天数。　[54]戮：杀。　[55]曹参：汉高祖刘邦的重臣。　[56]中山靖王苗裔：中山靖王的后代。中山靖王，汉孝景皇帝第七子刘胜的封号。苗裔，后代。　[57]织席贩屦(jù)之夫：织草席、卖草鞋的人。《三国演义》第一回"宴桃园豪杰三结义，斩黄巾英雄首立功"中写到："玄德幼孤，事母至孝；家贫，贩屦织席为业。"陆绩以此嘲讽刘备出身低微。　[58]袁术：字公路，东汉末年的军阀。座间怀桔：陆绩六岁时，曾在袁术座间把三个待客的桔子藏在怀中，临走时不小心掉了出来。袁术问他时，他答说是要带回去孝敬母亲的。此事被传为美谈。这里诸葛亮以此事来称问陆绩，暗含调侃揶揄他的意思。　[59]帝胄：古代称帝王或贵族的子孙。　[60]按谱赐爵：根据宗谱，赐给爵位。事见《三国演义》第二十回。　[61]嶂：音jùn，人名。　[62]寻章摘句：读书时只摘记一些漂亮词句，不深入研究。寻，找。章，篇章。摘，摘录。　[63]耕莘伊尹：在有莘地方(今河南开封东，一说今山东曹县)耕田的伊尹。伊尹，名挚，商汤臣。曾佐商汤伐夏桀。　[64]钓渭子牙：在渭水边上垂钓的姜子牙。子牙，又称姜牙、吕尚、太公望、姜太公，辅助周文王伐纣灭商。　[65]邓禹、耿弇(yǎn)：两人都是汉光武帝刘秀的功臣。　[66]区区：这里是自得的样子。　[67]数黑论黄：背后乱加评论，肆意诽谤别人。数，数落。　[68]舞文弄墨：故意玩弄文笔。 [69]守正恶邪:坚守正道,厌弃邪恶。 [70]泽及当时:给当时带来好处。泽,恩惠。 [71]雕虫:指辞赋的雕辞琢句,不切实用,有鄙薄的意思。 [72]翰墨:笔墨,借指诗文书画之类。 [73]皓首穷经:年老发白还在苦苦地钻研经典。皓首,年老白头。穷经,深入研究经籍。 [74]扬雄:西汉的辞赋家,在王莽的新朝做过官,曾因事害怕受刑而跳楼自杀,几乎摔死。

【简析】 "诸葛亮舌战群儒"是《三国演义》中至关重要的故事情节,影响深远。诸葛亮面对群儒的轮番进攻,镇定自若,见机而作,一一将群儒驳倒。诸葛亮的胜利不仅为说服孙权联刘抗曹扫清了障碍,而且他的处乱不惊和藐视强敌、战而必胜的信心,直接影响了孙权的战略决策。可以说"舌战群儒"奠定了孙刘联盟的基础,贯彻了诸葛亮的隆中对策,结束了刘备的流败局面,真正揭开了"三国演义"的序幕。结构上,"舌战群儒"是整部小说由开端向发展和高潮过渡的标志性情节,《三国演义》也由此向读者展开了更加宏伟壮阔的画卷。

全文可分为两大部分。第一部分(第1自然段)具体介绍了东吴内部主战、主降两派意见不一,孙权犹豫不决的情况。初步展开矛盾,为下文即将爆发的论辩作了铺垫。第二部分(第2~8自然段)课文的主体部分,逐一介绍了诸葛亮与东吴七位儒士文臣的论辩。与张昭的论辩,焦点是诸葛亮自比管、乐是否"言行相违";和虞翻的论辩,焦点是刘备方面不惧曹军是否"大言欺人";与步骘的论辩,焦点是诸葛亮是否在效仿张仪、苏秦游说东吴;与薛综的论辩,焦点是如何看待曹操;与陆绩的论辩,焦点是刘备能否与曹操抗衡;与严畯的论辩,针对严畯"治何经典"的发问,诸葛亮列举古代豪杰匡扶宇宙却未曾治何经典的事实予以有力的驳斥;与程德枢的论辩,诸葛亮痛斥了程德枢的"儒"实际上是"小人之儒",他的所谓"实学"不过是"雕虫""翰墨"之技,驳得程德枢张口结舌。

纵观全文,在这场论辩中,诸葛亮之所以能战胜群儒主要有三点:一是充满自信,以势夺人,从心理上压倒了对方;二是抓住对方弱点,攻其要害;三是认真聆听,找出破绽,选好突破口。此外,通过"舌战群儒"也充分而深刻地塑造了诸葛亮忠义、智慧、坚毅的光辉形象。论辩中的敏锐机智,善于制敌要害,是正面刻画;"江东英俊"的不堪一击、"尽皆失色"是反衬。诸葛亮正是从"舌战群儒"开始走进广阔的军政舞台,也走进了广大读者的内心深处。

 复习思考题

　　1. 诸葛亮与东吴儒士争论的焦点有哪些?
　　2. 诸葛亮如何逐一驳倒东吴群儒的围攻,分别运用了哪些辩驳的方法和技巧?
　　3. 课外阅读《三国演义》。

四十、宝玉挨打

曹雪芹

【题解】 "宝玉挨打"节选自《红楼梦》第33回《手足眈眈小动唇舌　不肖种种

大承笞挞》和第 34 回《情中情因情感妹妹　错里错以错劝哥哥》,人民文学出版社 1992 年出版。曹雪芹(1715—1763),名霑,字梦阮,号雪芹、芹圃、芹溪,清代小说家。先世本是汉人,后来成为满洲正白旗"包衣"。康熙年间,从曾祖父曹玺起,三代四人世袭江宁织造 60 年,成了煊赫一时的贵族世家。后因清宫内部斗争激烈,其父被株连,获罪削官,家产被抄,家道日渐衰微。曹雪芹一生恰值曹家由盛极而衰的时期,晚年移居北京西郊,生活贫困,以卖画和依靠朋友接济度日。1762 年小儿子夭亡,令曹雪芹悲痛欲绝,一病不起。1763 年 2 月终因贫病无医而去世(也有说 1764 年去世的),卒年未及五十。曾以 10 年左右时间创作了小说《红楼梦》。《红楼梦》,原名《石头记》。小说以贾、史、王、薛四大家族的盛衰为背景,以贾宝玉、林黛玉的爱情悲剧为主线,揭露上层统治阶级的腐朽、专断、残酷,歌颂贵族青年和下层奴仆中叛逆者的反抗精神。小说塑造了众多典型的人物形象,对黑暗腐败的封建社会,进行了深刻的剖析和批判,成为我国古典小说中伟大的现实主义作品。《红楼梦》传本 120 回,后 40 回一般认为是高鹗所续。

　　"宝玉挨打"是全书情节发展中的一次大波澜。选文生动地叙写了宝玉挨打的原因、经过以及挨打后众人探望的种种表现,成功地刻画了一系列栩栩如生的人物形象,细致地描写了在整个事件中人物的不同反应,勾勒出他们不同的性情面貌,充分揭示了贾府上下各阶层人物间错综复杂的矛盾。

　　却说王夫人唤他母亲上来,拿几件簪环当面赏与,又吩咐请几众僧人念经超度。他母亲磕头谢了出去。

　　原来宝玉回过雨村回来听见了,便知金钏儿含羞赌气自尽,心中早又五内摧伤,进来被王夫人数落教训,也无可回说。见宝钗进来,方得便出来,茫然不知何往,背着手,低头一面感叹,一面慢慢的走着,信步来至厅上。刚转过屏门,不想对面来了一人正往里走,可巧儿撞了个满怀。只听那人喝了一声"站住!"宝玉唬了一跳,抬头一看,不是别人,却是他父亲,不觉的倒抽了一口气,只得垂手一旁站了。贾政道:"好端端的,你垂头丧气嗐些什么?方才雨村来了要见你,叫你那半天你才出来;既出来了,全无一点慷慨挥洒谈吐,仍是葳葳蕤蕤[1]。我看你脸上一团思欲愁闷气色,这会子又咳声叹气。你那些还不足,还不自在?无故这样,却是为何?"宝玉素日虽是口角伶俐,只是此时一心总为金钏儿感伤,恨不得此时也身亡命殒,跟了金钏儿去。如今见了他父亲说这些话,究竟不曾听见,只是怔呵呵的站着。

　　贾政见他惶悚,应对不似往日,原本无气的,这一来倒生了三分气。方欲说话,忽有回事人来回:"忠顺亲王府里有人来,要见老爷。"贾政听了,心下疑惑,暗暗思忖道:"素日并不和忠顺府来往,为什么今日打发人来?"一面想,一面令"快请",急走出来看时,却是忠顺府长史官[2],忙接进厅上坐了献茶。未及叙谈,那长史官先就说道:"下官此来,并非擅造潭府[3],皆因奉王命而来,有一件事相求。看王爷面上,感烦老大人作主。不但王爷知情,且连下官辈亦感谢不尽。"贾政听了这话，抓不住头脑，忙赔笑起身问道："大人既奉王命而来，不知有何见谕，望大人宣明，学生好遵谕承办。"那长史官便冷笑道："也不必承办，只用大人一句话就完了。我们府里有一个做小旦的琪官[4]，一向好好在府里，如今竟三五日不见回去，各处去找，又摸不着他的道路，因此各处访察。这一城内，十停人倒有八停人都说[5]，他近日和衔玉的那位令郎相与甚厚。下官辈等听了，尊府不比别家，可以擅入索取，因此启明王爷。王爷亦云：'若是别的戏子呢，一百个也罢了；只是这琪官随机应答，谨慎老诚，甚合我老人家的心，竟断断少不得此人。'故此求老大人转谕令郎，请将琪官放回，一则可慰王爷谆谆奉恳，二则下官辈也可免操劳求觅之苦。"说毕，忙打一躬。

贾政听了这话，又惊又气，即命唤宝玉来。宝玉也不知是何原故，忙赶来时，贾政便问："该死的奴才！你在家不读书也罢了，怎么又做出这些无法无天的事来！那琪官现是忠顺王爷驾前承奉的人，你是何等草芥，无故引逗他出来，如今祸及于我。"宝玉听了唬了一跳，忙回道："实在不知此事。究竟连'琪官'两个字不知为何物，岂更又加'引逗'二字！"说着便哭了。贾政未及开言，只见那长史官冷笑道："公子也不必掩饰，或隐藏在家，或知其下落，早说了出来，我们也少受些辛苦，岂不念公子之德？"宝玉连说不知，"恐是讹传，也未见得。"那长史官冷笑道："现有据证，何必还赖？必定当着老大人说了出来，公子岂不吃亏？既云不知此人，那红汗巾子怎么到了公子腰里？"宝玉听了这话，不觉轰去魂魄，目瞪口呆，心下自思："这话他如何得知！他既连这样机密事都知道了，大约别的瞒他不过，不如打发他去了，免得再说出别的事来。"因说道："大人既知他的底细，如何连他置买房舍这样大事倒不晓得了？听得说他如今在东郊离城二十里有个什么紫檀堡，他在那里置了几亩田地几间房舍。想是在那里也未可知。"那长史官听了，笑道："这样说，一定是在那里。我且去找一回，若有了便罢，若没有，还要来请教。"说着，便忙忙的走了。

贾政此时气得目瞪口歪，一面送那长史官，一面回头命宝玉"不许动！回来有话问你！"一直送那官员去了。才回身，忽见贾环带着几个小厮一阵乱跑。贾政喝令小厮"快打，快打！"贾环见了他父亲，唬的骨软筋酥，忙低头站住。贾政便问："你跑什么？带着你的那些人都不管你，不知往哪里逛去，由你野马一般！"喝令叫跟上学的人来。贾环见他父亲盛怒，便乘机说道："方才原不曾跑，只因从那井边一过，那井里淹死了一个丫头，我看见人头这样大，身子这样粗，泡的实在可怕，所以才赶着跑了过来。"贾政听了惊疑，问道："好端端的，谁去跳井？我家从无这样事情，自祖宗以来，皆是宽柔以待下人。——大约我近年于家务疏懒，自然执事人操克夺之权[6]，致使生出这暴殄轻生的祸患[7]。若外人知道,祖宗颜面何在!"喝令快叫贾琏、赖大、来兴。小厮们答应了一声,方欲叫去,贾环忙上前拉住贾政的袍襟,贴膝跪下道:"父亲不用生气。此事除太太房里的人,别人一点也不知道。我听见我母亲说……"说到这里,便回头四顾一看。贾政知意,将眼一看众小厮,小厮们明白,都往两边后面退去。贾环便悄悄说道:"我母亲告诉我说,宝玉哥哥前日在太太屋里,拉着太太的丫头金钏儿强奸不遂,打了一顿。那金钏儿便赌气投井死了。"话未说完,把个贾政气的面如金纸,大喝"快拿宝玉来!"一面说,一面便往里边书房里去,喝令"今日再有人劝我,我把这冠带家私一应交与他与宝玉过去[8]!我免不得做个罪人,把这几根烦恼鬓毛剃去,寻个干净去处自了[9],也免得上辱先人下生逆子之罪。"众门客仆从见贾政这个形景,便知又是为宝玉了,一个个都是咂指咬舌,连忙退出。那贾政喘吁吁直挺挺坐在椅子上,满面泪痕,一叠声"拿宝玉!拿大棍!拿索子捆上!把各门都关上!有人传信往里头去,立刻打死!"众小厮们只得齐声答应,有几个来找宝玉。

那宝玉听见贾政吩咐他"不许动",早知多凶少吉,那里承望贾环又添了许多的话。正在厅上干转,怎得个人来往里头去捎信,偏生没个人,连焙茗也不知在那里[10]。正盼望时,只见一个老姆姆出来。宝玉如得了珍宝,便赶上来拉他,说道:"快进去告诉:老爷要打我呢!快去,快去!要紧,要紧!"宝玉一则急了,说话不明白;二则老婆子偏生又聋,竟不曾听见是什么话,把"要紧"二字只听作"跳井"二字,便笑道:"跳井让他跳去,二爷怕什么?"宝玉见是个聋子,便着急道:"你出去叫我的小厮来罢。"那婆子道:"有什么不了的事?老早的完了。太太又赏了衣服,又赏了银子,怎么不了事的!"

宝玉急的跺脚,正没抓寻处,只见贾政的小厮走来,逼着他出去了。贾政一见,眼都红紫了,也不暇问他在外流荡优伶,表赠私物,在家荒疏学业,淫辱母婢等语,只喝令"堵起嘴来,着实打死!"小厮们不敢违拗,只得将宝玉按在凳上,举起大板打了十来下。贾政犹嫌打轻了,一脚踢开掌板的,自己夺过来,咬着牙狠命盖了三四十下。众门客见打的不祥了,忙上前夺劝。贾政那里肯听,说道:"你们问问他干的勾当可饶不可饶!素日皆是你们这些人把他酿坏了,到这步田地还来解劝。明日酿到他弑君杀父,你们才不劝不成!"

众人听这话不好听,知道气急了,忙又退出,只得觅人进去给信。王夫人不敢先回贾母,只得忙穿衣出来,也不顾有人没人,忙忙赶往书房中来,慌的众门客小厮等避之不及。王夫人一进房来,贾政更如火上浇油一般,那板子越发下去的又狠又快。按宝玉的两个小厮忙松了手走开,宝玉早已动弹不得了。贾政还欲打时,早被王夫人抱住板子。贾政道:"罢了,罢了!今日必定要气死我才罢!"王夫人哭道:"宝玉虽然该打,老爷也要自重。况且炎天暑日的,老太太身上也不大好,打死宝玉事小,倘或老太太一时不自在了,岂不事大!"贾政冷笑道:"倒休提这话。我养了这不肖的孽障,已不孝;教训他一番,又有众人护持;不如趁今日一发勒死了,以绝将来之患!"说着便要绳索来勒死。王夫人连忙抱住哭道:"老爷虽然应当管教儿子,也要看夫妻分上。我如今已将五十岁的人,只有这个孽障,必定苦苦的以他为法,我也不敢深劝。今日越发要他死,岂不是有意绝我。既要勒死他,快拿绳子来先勒死我,再勒死他。我们娘儿们不敢含怨,到底在阴司里得个依靠。"说毕,爬在宝玉身上大哭起来。贾政听了此话,不觉长叹一声,向椅上坐了,泪如雨下。王夫人抱着宝玉,只见他面白气弱,底下穿着一条绿纱小衣皆是血渍,禁不住解下汗巾看,由臀至胫,或青或紫,或整或破,竟无一点好处,不觉失声大哭起来,"苦命的儿吓!"因哭出"苦命儿"来,忽又想起贾珠来,便叫着贾珠哭道:"若有你活着,便死一百个我也不管了。"此时里面的人闻得王夫人出来,那李宫裁王熙凤与迎春姊妹早已出来了。王夫人哭着贾珠的名字,别人还可,惟有宫裁禁不住也放声哭了。贾政听了,那泪珠更似滚瓜一般滚了下来。

正没开交处,忽听丫鬟来说:"老太太来了。"一句话未了,只听窗外颤巍巍的声气说道:"先打死我,再打死他,岂不干净了!"贾政见他母亲来了,又急又痛,连忙迎接出来,只见贾母扶着丫头,喘吁吁的走来。贾政上前躬身赔笑道:"大暑热天,母亲有何生气亲自走来?有话只该叫了儿子进去吩咐。"贾母听说,便止住步喘息一回,厉声说道:"你原来是和我说话!我倒有话吩咐,只是可怜我一生没养个好儿子,却叫我和谁说去!"贾政听这话不象,忙跪下含泪说道:"为儿的教训儿子,也为的是光宗耀祖。母亲这话,我做儿的如何禁得起?"贾母听说,便啐了一口,说道:"我说一句话,你就禁不起,你那样下死手的板子,难道宝玉就禁得起了?你说教训儿子是光宗耀祖,当初你父亲怎么教训你来!"说着,不觉就滚下泪来。贾政又赔笑道:"母亲也不必伤感,皆是作儿的一时性起,从此以后再不打他了。"贾母便冷笑道:"你也不必和我使性子赌气的。你的儿子,我也不该管你打不打。我猜着你也厌烦我们娘儿们。不如我们赶早儿离了你,大家干净!"说着便令人去看轿马,"我和你太太宝玉立刻回南京去!"家下人只得干答应着。贾母又叫王夫人道:"你也不必哭了。如今宝玉年纪小,你疼他,他将来长大成人,为官作宰的,也未必想着你是他母亲了。你如今倒不要疼他,只怕将来还少生一口气呢。"贾政听说,忙叩头哭道:"母亲如此说,贾政无立足之地。"贾母冷笑道:"你分明使我无立足之地,你反说起你来!只是我们回去了,你心里干净,看有谁来许你打。"一面说,一面只令快打点行李车轿回去。贾政苦苦叩求认罪。

　　贾母一面说话,一面又记挂宝玉,忙进来看时,只见今日这顿打不比往日,又是心疼,又是生气,也抱着哭个不了。王夫人与凤姐等解劝了一会,方渐渐的止住。早有丫鬟媳妇等上来,要搀宝玉,凤姐便骂道:"糊涂东西,也不睁开眼瞧瞧! 打的这么个样儿,还要搀着走! 还不快进去把那藤屉子春凳抬出来呢[11]。"众人听说连忙进去,果然抬出春凳来,将宝玉抬放凳上,随着贾母王夫人等进去,送至贾母房中。

　　彼时贾政见贾母气未全消,不敢自便,也跟了进去。看看宝玉,果然打重了。再看看王夫人,"儿"一声,"肉"一声,"你替珠儿早死了,留着珠儿,免你父亲生气,我也不白操这半世的心了。这会子你倘或有个好歹,丢下我,叫我靠那一个! "数落一场,又哭"不争气的儿"。贾政听了,也就灰心,自悔不该下毒手打到如此地步。先劝贾母,贾母含泪说道:"你不出去,还在这里做什么! 难道于心不足,还要眼看着他死了才去不成! "贾政听说,方退了出来。

　　此时薛姨妈同宝钗、香菱、袭人、史湘云也都在这里。袭人满心委屈,只不好十分使出来,见众人围着,灌水的灌水,打扇的打扇,自己插不下手去,便越性走出来到二门前,令小厮们找了焙茗来细问:"方才好端端的,为什么打起来? 你也不早来透个信儿! "焙茗急的说:"偏生我没在跟前,打到半中间我才听见了。忙打听原故,却是为琪官金钏姐姐的事。"袭人道:"老爷怎么得知道的? "焙茗道:"那琪官的事,多半是薛大爷素日吃醋,没法儿出气,不知在外头唆挑了谁来,在老爷跟前下的火[12]。那金钏儿的事是三爷说的,我也是听见老爷的人说的。"袭人听了这两件事都对景[13],心中也就信了八九分。然后回来,只见众人都替宝玉疗治。调停完备,贾母令"好生抬到他房内去"。众人答应,七手八脚,忙把宝玉送入怡红院内自己床上卧好。又乱了半日,众人渐渐散去,袭人方进前来经心服侍,问他端的。

　　话说袭人见贾母王夫人等去后,便走来宝玉身边坐下,含泪问他:"怎么就打到这步田地? "宝玉叹气说道:"不过为那些事,问他做什么! 只是下半截疼的很,你瞧瞧打坏了那里。"袭人听说,便轻轻的伸手进去,将中衣褪下[14]。宝玉略动一动,便咬着牙叫'嗳哟',袭人连忙停住手,如此三四次才褪了下来。袭人看时,只见腿上半段青紫,都有四指宽的僵痕高了起来。袭人咬着牙说道:"我的娘,怎么下这般的狠手! 你但凡听我一句话,也不得到这步地位。幸而没动筋骨,倘或打出个残疾来,可叫人怎么样呢! "

　　正说着,只听丫鬟们说:"宝姑娘来了。"袭人听见,知道穿不及中衣,便拿了一床袷纱被替宝玉盖了[15]。只见宝钗手里托着一丸药走进来,向袭人说道:"晚上把这药用酒研开,替他敷上,把那淤血的热毒散开,可以就好了。"说毕,递与袭人,又问道:"这会子可好些?"宝玉一面道谢说:"好了。"又让坐。宝钗见他睁开眼说话,不象先时,心中也宽慰了好些,便点头叹道:"早听人一句话,也不至今日。别说老太太、太太心疼,就是我们看着,心里也疼。"刚说了半句又忙咽住,自悔说的话急了,不觉的就红了脸,低下头来。宝玉听得这话如此亲切稠密,大有深意,忽见他又咽住不往下说,红了脸,低下头只管弄衣带,那一种娇羞怯怯,非可形容得出者,不觉心中大畅,将疼痛早丢在九霄云外,心中自思:"我不过挨了几下打,他们一个个就有这些怜惜悲感之态露出,令人可玩可观,可怜可敬。假如我一时竟遭殃横死,他们还不知是何等悲感呢!既是他们这样,我便一时死了,得他们如此,一生事业纵然尽付东流,亦无足叹惜,冥冥之中若不怡然自得,亦可谓糊涂鬼祟矣。"想着,只听宝钗问袭人道:"怎么好好的动了气,就打起来了?"袭人便把焙茗的话说了出来。宝玉原来还不知道贾环的话,见袭人说出方才知道。因又拉上薛蟠,惟恐宝钗沉心[16],忙又止住袭人道:"薛大哥哥从来不这样的,你们不可混猜度。"宝钗听说,便知道是怕他多心,用话相拦袭人,因心中暗暗想道:"打的这个形象,疼还顾不过来,还是这样细心,怕得罪了人,可见在我们身上也算是用心了。你既这样用心,何不在外头大事上做工夫,老爷也欢喜了,也不能吃这样亏。但你固然怕我沉心,所以拦袭人的话,难道我就不知我的哥哥素日恣心纵欲,毫无防范的那种心性。当日为一个秦钟还闹的天翻地覆,自然如今比先又更厉害了。"想毕,因笑道:"你们也不必怨这个,怨那个。据我想,到底宝兄弟素日不正,肯和那些人来往,老爷才生气。就是我哥哥说话不防头,一时说出宝兄弟来,也不是有心调唆:一则也是本来的实话,二则他原不理论这些防嫌小事。袭姑娘从小儿只见宝兄弟这么样细心的人,你何尝见过天不怕地不怕、心理有什么口里就说什么的人。"袭人因说出薛蟠来,见宝玉拦他的话,早已明白自己说造次了,恐宝钗没意思,听宝钗如此说,更觉羞愧无言。宝玉又听宝钗这番话,一半是堂皇正大,一半是去已疑心,更觉比先畅快了。方欲说话时,只见宝钗起身说道:"明儿再来看你,你好生养着罢。方才我拿了药来交给袭人,晚上敷上管就好了。"说着便走出门去。袭人赶着送出院外,说:"姑娘倒费心了。改日宝二爷好了,亲自来谢。"宝钗回头笑道:"有什么谢处。你只劝他好生静养,别胡思乱想的就好了。不必惊动老太太、太太众人,倘或吹到老爷耳朵里,虽然彼时不怎么样,将来对景,终是要吃亏的。"说着,一面去了。

袭人抽身回来,心内着实感激宝钗。进来见宝玉沉思默默似睡非睡的

模样，因而退出房外，自去栉沐[17]。宝玉默默的躺在床上，无奈臀上作痛，如针挑刀挖一般，更又热如火炙，略展转时，禁不住"嗳哟"之声。那时天色将晚，因见袭人去了，却有两三个丫鬟伺候，此时并无呼唤之事，因说道："你们且去梳洗，等我叫时再来。"众人听了，也都退出。

　　这里宝玉昏昏默默，只见蒋玉菡走了进来，诉说忠顺府拿他之事；又见金钏儿进来哭说为他投井之情。宝玉半梦半醒，都不在意。忽又觉有人推他，恍恍忽忽听得有人悲戚之声。宝玉从梦中惊醒，睁眼一看，不是别人，却是林黛玉。宝玉犹恐是梦，忙又将身子欠起来，向脸上细细一认，只见两个眼睛肿的桃儿一般，满面泪光，不是黛玉，却是那个？宝玉还欲看时，怎乃下半截疼痛难忍，支持不住，便"嗳哟"一声，仍就倒下，叹了一声，说道："你又做什么跑来！虽说太阳落下去，那地上的余热未散，走两趟又要受了暑。我虽然捱了打，并不觉疼痛。我这个样儿，只装出来哄他们，好在外头布散与老爷听，其实是假的。你不可认真。"此时林黛玉虽不是嚎啕大哭，然越是这等无声之泣，气噎喉堵，更觉得利害。听了宝玉这番话，心中虽然有万句言词，只是不能说得，半日，方抽抽噎噎的说道："你从此可都改了罢！"宝玉听说，便长叹一声，道："你放心，别说这样话。就便为这些人死了，也是情愿的！"一句话未了，只见院外人说："二奶奶来了。"林黛玉便知是凤姐来了，连忙立起身说道："我从后院子去罢，回来再来。"宝玉一把拉住道："这可奇了，好好的怎么怕起他来。"林黛玉急得跺脚，悄悄的说道："你瞧瞧我的眼睛，又该他取笑开心呢。"宝玉听说赶忙的放手。黛玉三步两步转过床后，出后院而去。凤姐从前头已进来了，问宝玉："可好些了？想什么吃，叫人往我那里取去。"接着，薛姨妈又来了。一时贾母又打发了人来。

　　至掌灯时分，宝玉只喝了两口汤，便昏昏沉沉的睡去。接着，周瑞媳妇、吴新登媳妇、郑好时媳妇这几个有年纪常往来的，听见宝玉捱了打，也都进来。袭人忙迎出来，悄悄的笑道："姊姊们来迟了一步，二爷才睡着了。"说着，一面带他们到那边房里坐了，倒茶与他们吃。那几个媳妇子都悄悄的坐了一回，向袭人说："等二爷醒了，你替我们说罢。"

　　袭人答应了，送他们出去。

【注释】[1]葳葳蕤蕤(wēiwēiruíruí)：疲惫不堪，萎靡不振。　[2]长史官：总管王府内事务的官吏。从南朝起始设，其后各代王府都沿设此职。长史官，原系"长府官"。　[3]潭府：深宅大院。常用作对他人住宅的尊称。潭，深。　[4]琪官：即蒋玉菡。一位唱小旦的优伶，风雅能诗，与贾宝玉交往甚厚，后娶花袭人为妻。　[5]十停：把总数分成若干等份，其中一份叫一停。　[6]克夺之权：生杀予夺之权。　[7]暴殄(tiǎn)：恣意糟蹋。殄，灭绝。　[8]冠带家私：指官爵、财产。冠带，帽子和束带，是官服的代称。家私，财产。　[9]"把这几根"二句：出家当和尚的意思。鬓毛，即头发,佛家称为"烦恼丝"。干净,佛家以为人世污浊不净,唯有佛门才能通向清净世界,即所谓净土。 〔10〕焙茗:贾宝玉的贴身男仆,原名茗烟。 〔11〕藤屉子春凳:用藤条编成的一种面较宽的可坐可卧的长凳。 〔12〕下的火:使坏进谗的意思。 〔13〕对景:对得上号,情况符合。 〔14〕中衣:指内裤。 〔15〕袷(jiá)纱被:表里两层的纱被。袷,同"夹"。 〔16〕沉心:多指言者无意而听者有心,陡生不快。也叫"吃心"或"嗔心"。 〔17〕栉(zhì)沐:梳洗。

【简析】 "宝玉挨打"并非一次寻常的家庭事件,而是由两种不可调和的矛盾冲突导致的必然结果。贾政、宝玉父子的矛盾冲突是两种世界观、两种价值取向的斗争:贾政要儿子升官发财,宝玉则拒绝成材;贾政要的是道德文章、仕途经济,宝玉则要情场知己、得过且过。这两种世界观的冲突,最终由于不可调和演变为拷打宝玉的暴力行为。面对残酷的封建镇压,贾宝玉依然不改初衷,还发出了"就便为这些人死了,也是情愿的"誓言。作为进步力量代表的宝玉,其善良、真诚、仁爱与代表封建势力的贾政的专制、冷酷、虚伪形成了鲜明的对比。文中王夫人的善用心机、王熙凤的管家风范、薛宝钗的世故做作、林黛玉的真诚倾心,都令人过目不忘。作品真实而又深刻地揭露了封建统治阶级的腐朽残暴,展现了贾宝玉誓死不回头的叛逆性格。本文做到了思想性和艺术性的完美统一。

宝玉挨打的起因主要有三个:其一是宝玉会见官僚贾雨村时无精打采,令贾政很不满意。其二是宝玉与琪官的交往激怒了忠顺王爷,给贾政无端招来政治纠纷。其三是贾环搬弄是非,污蔑宝玉逼死了金钏儿。归结为一点,就是贾宝玉不愿意走仕途经济的老路。这与贾政望子成龙、重整家业的期望是背道而驰的。贾政认为,儿子如此发展下去,不仅会损害家族利益,而且有可能"酿到弑君杀父"的地步,即与宗法社会对立。这是思想正统保守的贾政所不能容忍的,所以他打宝玉时下手极狠。这个事件表面上是写父亲教训儿子这样一件普通小事,实际上体现了父子俩尖锐的思想冲突。贾政几乎要把儿子打死,反映出正统思想对叛逆意识的极端仇恨。但宝玉并不因挨打就放弃自己的理想与追求。他对黛玉说:"就便为这些人死了,也是情愿的。"可见他是不会改变初衷的。

宝玉挨打,集中反映了各种矛盾冲突。除贾政与宝玉的父子矛盾外,还有封建家庭内部的嫡庶之争。贾环庶出,处处受到压抑,在家庭利益分配中肯定会占下风。所以,他和母亲赵姨娘千方百计地诬陷宝玉,手段卑鄙。课文中写贾环诬陷宝玉,正反映了大家庭嫡庶之争极端险恶的一面。王夫人与丈夫的矛盾,是贾政听信贾环的谗言而不利于嫡党。所以,她劝阻丈夫主要以贾珠早死说事,以柔克刚,为的是争自己的利益。这是嫡庶之争在嫡方的表现。

宝玉挨打,引起大家的关切,众人态度不一。王夫人是想念贾珠,痛哭不已;凤姐是管家风范,指挥若定;袭人是强忍悲伤,悉心服侍。钗、黛的表现,尤其是作者用心之处。课文写宝钗探伤时"手里托着一丸药走进来",一个"托"字,反映了宝钗光明正大之态以及意欲让大家注意到她对宝玉的关切的心思。她的药据说颇有奇效,也反映出其家庭富裕的实情。当袭人怪罪薛蟠时,她言谈堂皇,表现大度,并借机规劝了宝玉,可见她化被动为主动、化尴尬为从容的高明手段。黛玉则不同,她极不愿意别人看到她对宝玉的关心,她的深情表现在她的无声之泣及简单的言辞里。写"两个眼睛肿的桃儿一般",可见哭泣时间之长与伤心之重。所以说,黛玉的关切是真情流露,宝钗的关心则多半是表面文章。黛玉感觉宝玉不该挨打,宝钗则以为事出有因,二人的思想

也是不同的。

"宝玉挨打"在写法上具有下列特点：

第一，情节安排波澜起伏，生动曲折，而又引人入胜。如贾政的发火、吆喝、切齿咒骂、毒打，王夫人玩儿命地赶来哭劝，以至贾府中最高权威人物贾母的出场。这些情节环环相扣、步步紧逼，使整个故事忽张忽驰，跌宕多姿，富有魅力。

第二，作者善于把人物放在激烈的矛盾冲突中来表现，通过细节描写以及对人物心理、神态和言行的描写，把不同人物的不同个性表现得惟妙惟肖。如写贾政由暴怒、亲自掌板到息怒、感伤、后悔等一系列活动，表现他为维护封建礼教制度竭尽全力、气急败坏、粗暴冷酷、专横而又无能的性格特征。此外，贾环的小而奸、添油加醋、挑拨离间，聋婆婆的麻木心态，袭人的虚张声势，对这些小人物的个性描写无不表现得淋漓尽致。

第三，叙事有详有略，笔触极为细腻，即使最不显眼的小细节都很生动，都有其独特的作用。如聋婆婆和宝玉的对话，一个慢条斯理，一个焦急万分，从中不但突出了宝玉的惊恐和无可奈何，更重要的是通过这个侧面，表现了贾府内人与人关系的冷漠。即使同属于被奴役的底层，却也认为一个丫鬟被迫害丧了性命是算不了什么事的，其心态之麻木，不能不说是这场矛盾发展必不可少的组成部分。

复习思考题

1. 简述宝玉挨打的原因。

2. 认真阅读课文中宝黛探伤的有关内容，从中可以看出宝、黛分别是怎样的贵族少女？

3. 课外阅读《红楼梦》。

四十一、在酒楼上

鲁　迅

【题解】　本文选自《鲁迅经典全集》，百花洲文艺出版社 2011 年 1 月第 1 版，2011 年 3 月第 2 次印刷。

《在酒楼上》创作于 1924 年 2 月 16 日，后收于鲁迅的小说集《彷徨》中。"五四"时期，很多小说都以知识分子生活为题材，描写他们因婚恋不能自主的痛苦，反映他们失学、失业以及在社会上处处碰壁的经历和苦闷。我们能强烈地感受到作者对知识分子的历史作用的深邃思考，对知识分子在反封建斗争中的勇敢精神的热情肯定，对他们的妥协、消沉、颓废深感惋惜，深刻揭示出知识分子的精神痛苦和精神危机。

我从北地向东南旅行，绕道访了我的家乡，就到 S 城。这城离我的故乡不过三十里，坐了小船，小半天可到，我曾在这里的学校里当过一年的教员。深冬雪后，风景凄清，懒散和怀旧的心绪联结起来，我竟暂寓在 S 城的洛思旅馆里了;这旅馆是先前所没有的。城圈本不大,寻访了几个以为可以会见的旧同事,一个也不在,早不知散到那里去了;经过学校的门口,也改换了名称和模样,于我很生疏。不到两个时辰,我的意兴早已索然,颇悔此来为多事了。

我所住的旅馆是租房不卖饭的,饭菜必须另外叫来,但又无味,入口如嚼泥土。窗外只有渍痕斑驳的墙壁,帖着枯死的莓苔;上面是铅色的天,白皑皑的绝无精采,而且微雪又飞舞起来了。我午餐本没有饱,又没有可以消遣的事情,便很自然的想到先前有一家很熟识的小酒楼,叫一石居的,算来离旅馆并不远。我于是立即锁了房门,出街向那酒楼去。其实也无非想姑且逃避客中的无聊,并不专为买醉。一石居是在的,狭小阴湿的店面和破旧的招牌都依旧;但从掌柜以至堂馆却已没有一个熟人,我在这一石居中也完全成了生客。然而我终于跨上那走熟的屋角的扶梯去了,由此径到小楼上。上面也依然是五张小板桌;独有原是木棂的后窗却换嵌了玻璃。

“一斤绍酒。——菜? 十个油豆腐,辣酱要多! ”

我一面说给跟我上来的堂倌听,一面向后窗走,就在靠窗的一张桌旁坐下了。楼上“空空如也”,任我拣得最好的坐位:可以眺望楼下的废园。这园大概是不属于酒家的,我先前也曾眺望过许多回,有时也在雪天里。但现在从惯于北方的眼睛看来,却很值得惊异了:几株老梅竟斗雪开着满树的繁花,仿佛毫不以深冬为意;倒塌的亭子边还有一株山茶树,从暗绿的密叶里显出十几朵红花来;赫赫的在雪中明得如火,愤怒而且傲慢,如蔑视游人的甘心于远行。我这时又忽地想到这里积雪的滋润,著物不去,晶莹有光,不比朔雪的粉一般干,大风一吹,便飞得满空如烟雾。……

“客人,酒。……”

堂倌懒懒的说着,放下杯、筷、酒壶和碗碟,酒到了。我转脸向了板桌,排好器具,斟出酒来。觉得北方固不是我的旧乡,但南来又只能算一个客子,无论那边的干雪怎样纷飞,这里的柔雪又怎样的依恋,于我都没有什么关系了。我略带些哀愁,然而很舒服的呷一口酒。酒味很纯正;油豆腐也煮得十分好;可惜辣酱太淡薄,本来 S 城人是不懂得吃辣的。

大概是因为正在下午的缘故罢,这虽说是酒楼,却毫无酒楼气,我已经喝下三杯酒去了,而我以外还是四张空板桌。我看着废园,渐渐的感到孤独,但又不愿有别的酒客上来。偶然听得楼梯上脚步响,便不由的有些懊恼,待到看见是堂倌,才又安心了,这样的又喝了两杯酒。

我想,这回定是酒客了,因为听得那脚步声比堂倌的要缓得多。约略料他走完了楼梯的时候,我便害怕似的抬头去看这无干的同伴,同时也就吃惊的站起来。竟然站了起来! 我竟不料在这里意外的遇见朋友了,——假

如他现在还许我称他为朋友。那上来的分明是我的旧同窗,也是做教员时代的旧同事,面貌虽然颇有些改变,但一见也就认识,独有行动却变得格外迂缓,很不像当年敏捷精悍的吕纬甫了。

"啊,——纬甫,是你么? 我万想不到会在这里遇见你。"

"阿阿,是你? 我也万想不到……"

我就邀他同坐,但他似乎略略踌蹰之后,方才坐下来。我起先很以为奇,接着便有些悲伤,而且不快了。细看他相貌,也还是乱蓬蓬的须发;苍白的长方脸,然而衰瘦了。精神很沉静,或者却是颓唐;又浓又黑的眉毛底下的眼睛也失了精采,但当他缓缓的四顾的时候,却对废园忽地闪出我在学校时代常常看见的射人的光来。

"我们,"我高兴的,然而颇不自然的说,"我们这一别,怕有十年了罢。我早知道你在济南,可是实在懒得太难,终于没有写一封信。……"

"彼此都一样。可是现在我在太原了,已经两年多,和我的母亲。我回来接她的时候,知道你早搬走了,搬得很干净。"

"你在太原做什么呢? "我问。

"教书,在一个同乡的家里。"

"这以前呢? "

"这以前么? "他从衣袋里掏出一支烟卷来,点了火衔在嘴里,看着喷出的烟雾,沉思似地说,"无非做了些无聊的事情,等于什么也没有做。"

他也问我别后的景况;我一面告诉他一个大概,一面叫堂倌先取杯筷来,使他先喝着我的酒,然后再去添二斤。其间还点菜,我们先前原是毫不客气的,但此刻却推让起来了,终于说不清那一样是谁点的,就从堂倌的口头报告上指定了四样菜:茴香豆,冻肉,油豆腐,青鱼干。

"我一回来,就想到我可笑。"他一手擎着烟卷,一只手扶着酒杯,似笑非笑的向我说。"我在少年时,看见蜂子或蝇子停在一个地方,给什么来一吓,即刻飞去了,但是飞了一个小圈子,便又回来停在原地点,便以为这实在很可笑,也可怜。可不料现在我自己也飞回来了,不过绕了一点小圈子。又不料你也回来了。你不能飞得更远些么? "

"这难说,大约也不外乎绕点小圈子罢。"我也似笑非笑的说。"但是你为什么飞回来的呢? "

"也还是为了无聊的事。"他一口喝干了一杯酒,吸几口烟,眼睛略为张大了。"无聊的。——但是我们就谈谈罢。"

堂倌搬上新添的酒菜来,排满了一桌,楼上又添了烟气和油豆腐的热气,仿佛热闹起来了;楼外的雪也越加纷纷的下。

"你也许本来知道,"他接着说,"我曾经有一个小兄弟,是三岁上死掉的,就葬在这乡下。我连他的模样都记不清楚了,但听母亲说,是一个很可爱的孩子,和我也很相投,至今她提起来还似乎要下泪。今年春天,一个堂兄就来了一封信,说他的坟边已经渐渐的浸了水,不久怕要陷入河里去了,须得赶紧去设法。母亲一知道就很着急,几乎几夜睡不着,——她又自己能看信的。然而我能有什么法子呢?没有钱,没有工夫:当时什么法也没有。

"一直挨到现在,趁着年假的闲空,我才得回南给他来迁葬。"他又喝干一杯酒,看着窗外,说,"这在那边那里能如此呢?积雪里会有花,雪地下会不冻。就在前天,我在城里买了一口小棺材,——因为我豫料那地下的应该早已朽烂了,——带着棉絮和被褥,雇了四个土工,下乡迁葬去。我当时忽而很高兴,愿意掘一回坟,愿意一见我那曾经和我很亲睦的小兄弟的骨殖:这些事我生平都没有经历过。到得坟地,果然,河水只是咬进来,离坟已不到二尺远。可怜的坟,两年没有培土,也平下去了。我站在雪中,决然的指着他对土工说,'掘开来!'我实在是一个庸人,我这时觉得我的声音有些希奇,这命令也是一个在我一生中最为伟大的命令。但土工们却毫不骇怪,就动手掘下去了。待到掘着圹穴[1],我便过去看,果然,棺木已经快要烂尽了,只剩下一堆木丝和小木片。我的心颤动着,自去拨开这些,很小心的,要看一看我的小兄弟。然而出乎意外!被褥,衣服,骨骼,什么也没有。我想,这些都消尽了,向来听说最难烂的是头发,也许还有罢。我便伏下去,在该是枕头所在的泥土里仔仔细细的看,也没有。踪影全无!"

真是怪事,可能被水冲走了吧。

我忽而看见他眼圈微红了,但立即知道是有了酒意。他总不很吃菜,单是把酒不停的喝,早喝了一斤多,神情和举动都活泼起来,渐近于先前所见的吕纬甫了。我叫堂倌再添二斤酒,然后回转身,也拿着酒杯,正对面默默的听着。

"其实,这本已可以不必再迁,只要平了土,卖掉棺材,就此完事了的。我去卖棺材虽然有些离奇,但只要价钱极便宜,原铺子就许要,至少总可以捞回几文酒钱来。但我不这样,我仍然铺好被褥,用棉花裹了些他先前身体所在的地方的泥土,包起来,装在新棺材里,运到我父亲埋着的坟地上,在他坟旁埋掉了。因为外面用砖墎[2],昨天又忙了我大半天:监工。但这样总算完结了一件事,足够去骗骗我的母亲,使她安心些。——阿阿,你这样的看我,你怪我何以和先前太不相同了么?是的,我也还记得我们同到城隍庙里去拔掉神像的胡子的时候,连日议论些改革中国的方法以至于打起来的时候。但我现在就是这样了,敷敷衍衍,模模胡胡。我有时自己也想到,倘若先前的朋友看见我,怕会不认我做朋友了。——然而我现在就

是这样。"

他又掏出一支烟卷来，衔在嘴里，点了火。

"看你的神情，你似乎还有些期望我，——我现在自然麻木得多了，但是有些事也还看得出。这使我很感激，然而也使我很不安；怕我终于辜负了至今还对我怀着好意的老朋友。……"他忽而停住了，吸几口烟，才又慢慢的说，"正在今天，刚在我到这一石居来之前，也就做了一件无聊事，然而也是我自己愿意做的。我先前的东边的邻居叫长富，是一个船户。他有一个女儿叫阿顺，你那时到我家里来，也许见过的，但你一定没有留心，因为那时她还小，后来她也长得并不好看，不过是平常的瘦瘦的瓜子脸，黄脸皮；独有眼睛非常大，睫毛也很长，眼白又青得如夜的晴天，而且是北方的无风的晴天，这里的就没有那么明净了。她很能干，十多岁没了母亲，招呼两个小弟妹都靠她；又得服侍父亲，事事都周到；也经济，家计倒渐渐的稳当起来了。邻居几乎没有一个不夸奖她，连长富也时常说些感激的话。这一次我动身回来的时候，我的母亲又记得她了，老年人记性真长久。她说她曾经知道顺姑因为看见谁的头上戴着红的剪绒花，自己也想有一朵，弄不到，哭了，哭了小半夜，就挨了她父亲的一顿打，后来眼眶还红肿了两三天。这种剪绒花是外省的东西，S城里尚且买不出，她那里想得到手呢？趁我这一次回南的便，便叫我买两朵去送她。

"我对于这差使倒并不以为烦厌，反而很喜欢；为阿顺，我实在还有些愿意出力的意思的。前年，我回来接我母亲的时候，有一天，长富正在家，不知怎的我和他闲谈起来了。他便要请我吃点心，荞麦粉，并且告诉我所加的是白糖。你想，家里能有白糖的船户，可见决不是一个穷船户了，所以他也吃得很阔绰。我被劝不过，答应了，但要求只要用小碗。他也很识世故，便嘱咐阿顺说，'他们文人，是不会吃东西的。你就用小碗，多加糖！'然而等到调好端来的时候，仍然使我吃一吓，是一大碗，足够我吃一天。但是和长富吃的一碗比起来，我的也确乎算小碗。我生平没有吃过荞麦粉，这回一尝，实在不可口，却是非常甜。我漫然的吃了几口，就想不吃了，然而无意中，忽然间看见阿顺远远的站在屋角里，就使我立刻消失了放下碗筷的勇气。我看她的神情，是害怕而且希望，大约怕自己调得不好，愿我们吃得有味。我知道如果剩下大半碗来，一定要使她很失望，而且很抱歉。我于是同时决心，放开喉咙灌下去了，几乎吃得和长富一样快。我由此才知道硬吃的苦痛，我只记得还做孩子时候的吃尽一碗拌着驱除蛔虫药粉的沙糖才有这样难。然而我毫不抱怨，因为她过来收拾空碗时候的忍着的得意的笑容，已尽够赔偿我的苦痛而有余了。所以我这一夜虽然饱胀得睡不稳，又做了一大串恶梦，也还是祝赞她一生幸福，愿世界为她变好。然而这些意思也不过是我的那些旧日的梦的痕迹，即刻就自笑，接着也就忘却了。

"我先前并不知道她曾经为了一朵剪绒花挨打，但因为母亲一说起，便也记得了荞麦粉的事，意外的勤快起来了。我先在太原城里搜求了一遍，都没有；一直到济南……"

窗外沙沙的一阵声响，许多积雪从被他压弯了的一枝山茶树上滑下去了，树枝笔挺的伸直，更显出乌油油的肥叶和血红的花来。天空的铅色来得更浓；小鸟雀啾唧的叫着，大概黄昏将近，地面又全罩了雪，寻不出什么食粮，都赶早回巢来休息了。

"一直到了济南，"他向窗外看了一回，转身喝干一杯酒，又吸了几口烟，接着说，"我才买到剪绒花。我也不知道使她挨打的是不是这一种，总之是绒做的罢了。我也不知道她喜欢深色还是浅色，就买了一朵大红的，一朵粉红的，都带到这里来。

"就是今天午后，我一吃完饭，便去看长富，我为此特地耽搁了一天。他的家倒还在，只是看去很有些晦气色了，但这恐怕不过是我自己的感觉。他的儿子和第二个女儿——阿昭，都站在门口，大了。阿昭长得全不像她姊姊，简直像一个鬼，但是看见我走向她家，便飞奔的逃进屋里去。我就问那小子，知道长富不在家。'你的大姊呢？'他立刻瞪起眼睛，连声问我寻她什么事，而且恶狠狠的似乎就要扑过来，咬我。我支吾着退走了，我现在是敷敷衍衍……

"你不知道，我可是比先前更怕去访人了。因为我已经深知道自己之讨厌，连自己也讨厌，又何必明知故犯的去使人暗暗地不快呢？然而这回的差使是不能不办妥的，所以想了一想，终于回到就在斜对门的柴店里。店主的母亲，老发奶奶，倒也还在，而且也还认识我，居然将我邀进店里坐去了。我们寒暄几句之后，我就说明了回到 S 城和寻长富的缘故。不料她叹息说：

"'可惜顺姑没有福气戴这剪绒花了。'

"她于是详细的告诉我，说是'大约从去年春天以来，她就见得黄瘦，后来忽而常常下泪了，问她缘故又不说；有时还整夜的哭，哭得长富也忍不住生气，骂她年纪大了，发了疯。可是一到秋初，起先不过小伤风，终于躺倒了，从此就起不来。直到咽气的前几天，才肯对长富说，她早就像她母亲一样，不时的吐红和流夜汗。但是瞒着，怕他因此要担心。有一夜，她的伯伯长庚又来硬借钱，——这是常有的事，——她不给，长庚就冷笑着说：你不要骄气，你的男人比我还不如！她从此就发了愁，又怕羞，不好问，只好哭。长富赶紧将她的男人怎样的挣气的话说给她听，那里还来得及？况且她也不信，反而说：好在我已经这样，什么也不要紧了。'

　　"她还说，'如果她的男人真比长庚不如，那就真可怕呵！比不上一个偷鸡贼，那是什么东西呢？然而他来送殓的时候，我是亲眼看见他的，衣服很干净，人也体面；还眼泪汪汪的说，自己撑了半世小船，苦熬苦省的积起钱来聘了一个女人，偏偏又死掉了。可见他实在是一个好人，长庚说的全是谎。只可惜顺姑竟会相信那样的贼骨头的谎话，白送了性命。——但这也不能去怪谁，只能怪顺姑自己没有这一份好福气。'

　　"那倒也罢，我的事情又完了。但是带在身边的两朵剪绒花怎么办呢？好，我就托她送了阿昭。这阿昭一见我就飞跑，大约将我当作一只狼或是什么，我实在不愿意去送她。——但是我也就送她了，对母亲只要说阿顺见了喜欢的了不得就是。这些无聊的事算什么？只要模模胡胡。模模胡胡的过了新年，仍旧教我的'子曰诗云'去。"

　　"你教的是'子曰诗云'么？"我觉得奇异，便问。

　　"自然。你还以为教的是 ABCD 么？我先是两个学生，一个读《诗经》，一个读《孟子》。新近又添了一个，女的，读《女儿经》。连算学也不教，不是我不教，他们不要教。"

　　"我实在料不到你倒去教这类的书，……"

　　"他们的老子要他们读这些；我是别人，无乎不可的。这些无聊的事算什么？只要随随便便，……"

　　他满脸已经通红，似乎很有些醉，但眼光却又消沉下去了。我微微的叹息，一时没有话可说。楼梯上一阵乱响，拥上几个酒客来：当头的是矮子，拥肿的圆脸；第二个是长的，在脸上很惹眼的显出一个红鼻子；此后还有人，一叠连的走得小楼都发抖。我转眼去看吕纬甫，他也正转眼来看我，我就叫堂倌算酒账。

　　"你借此还可以支持生活么？"我一面准备走，一面问。

　　"是的。——我每月有二十元，也不大能够敷衍。"

　　"那么，你以后预备怎么办呢？"

　　"以后？——我不知道。你看我们那时豫想的事可有一件如意？我现在什么也不知道，连明天怎样也不知道，连后一分……"

　　堂倌送上账来，交给我；他也不像初到时候的谦虚了，只向我看了一眼，便吸烟，听凭我付了账。

　　我们一同走出店门，他所住的旅馆和我的方向正相反，就在门口分别了。我独自向着自己的旅馆走，寒风和雪片扑在脸上，倒觉得很爽快。见天色已是黄昏，和屋宇和街道都织在密雪的纯白而不定的罗网里。

一九二四年二月一六日。

（1924 年 5 月 10 日《小说月报》第 15 卷第 5 号）

【注释】 〔1〕圹（kuàng）穴：墓穴。 〔2〕堶：同"郭"，物体周围的边框。

【简析】 此小说的主题意在表现在中国民主革命中寻找道路、彷徨、苦闷与求索的知识分子，他们是一些具有一定现代意识，首先觉醒，然而又从前进道路上败退下来带着浓重的悲剧色彩的人物。

《在酒楼上》以知识分子为独特题材，以关注"病态社会"里人的精神"病苦"为独特视角，通过归乡这一独特的小说结构模式描写了知识分子无家可归、无可附着的漂泊感，表现了吕纬甫——在颓唐消沉中徒然消磨生命的悲哀。

小说的主人公吕纬甫，曾是勇敢的战士，但在屡遭挫折后却变得一蹶不振。小说一方面对吕纬甫的命运遭际寄予深切的同情，另一方面又尖锐地批评了他以"敷敷衍衍""模模糊糊"的态度对待现实的消极情绪。鲁迅是将这种人生态度作为彻底反封建的对立物来加以针砭的。在这种针砭中，正寄托着鲁迅对知识分子作为一种革命力量的殷切期待。

作者运用"让人物自述""叙述和描写相结合""以景物烘托气氛和主题"等方法来塑造人物形象，表现了中国现代知识分子"躁动与安宁""创新与守旧"两极间摇摆的生存困境，反映出从辛亥革命到五四运动落潮的时代烙印，客观上提出了"知识分子问题"。

复习思考题

1. 分析鲁迅塑造吕纬甫形象的方法和本文的艺术特色。
2. 分析造成吕纬甫人生悲剧的社会原因。

四十二、命若琴弦

史铁生

【题解】 本文选自小说集《命若琴弦》，求真出版社，2012 年 1 月第 1 版。录入本教材时编者有改动。原载于《现代人》1985 年 2 期。史铁生（1951—2010），出生于北京，河北涿县（今河北涿州）人。电影编剧，著名小说家，文学家。1979 年发表第一篇小说《法学教授及其夫人》，以后陆续发表中、短篇小说多篇。其中《老屋小记》获得《东海》文学月刊"三十万东海文学巨奖"金奖，《我的遥远的清平湾》《奶奶的星星》分获 1983 年、1984 年全国优秀短篇小说奖。另外，他的电影剧本《死神与少女》于 1989 年获保加利亚第十三届瓦尔纳国际红十字会与健康电影节荣誉奖。散文《我与地坛》2002 年获华语文学传媒大奖年度杰出成就奖。曾任中国作家协会全国委员会委员，北京作家协会副主席，中国残疾人协会评议委员会委员。

史铁生作品特点是寻根和哲理性，风格清新、温馨，富有哲理和幽默感。在表现方法上追求现实主义和象征手法的结合，在真实反映生活的基础上注意吸收现代小说的表现技巧，平淡而拙朴，属意蕴深沉的"散文化"作品。

《命若琴弦》描述了一老一少两个瞎子带着三弦琴，四海为家，说书为生。老瞎子的师父说，他的师父让他弹断一千根琴弦，才能按照那副复明的药方抓药，使自己复明。而他自己只弹断了八百根,所以不灵了。老瞎子紧记师父的话,历经五十年弹断了一千根琴弦,结果发现那所谓的药方只是一张白纸。老瞎子终于明白了师父的话:"……弹好了就够了。"于是告诉他的徒弟小瞎子:必须弹断一千二百根琴弦。让他永远扯紧欢跳的琴弦,不必去看那张无字的白纸。

　　莽莽苍苍的群山之中走着两个瞎子,一老一少,一前一后,两顶发了黑的草帽起伏蹿动,匆匆忙忙,像是随着一条不安静的河水在漂流。无所谓从哪儿来,也无所谓到哪儿去,每人带一把三弦琴,说书为生。

　　方圆几百上千里的这片大山中,峰峦叠嶂,沟壑纵横,人烟稀疏,走一天才能见一片开阔地,有几个村落。荒草丛中随时会飞起一对山鸡,跳出一只野兔、狐狸,或者其它小野兽。山谷中常有鹞鹰盘旋。

　　寂静的群山没有一点阴影,太阳正热得凶。

　　"把三弦子抓在手里,"老瞎子喊,在山间震起回声。

　　"抓在手里呢。"小瞎子回答。

　　"操心身上的汗把三弦子弄湿了。弄湿了晚上弹你的肋条?"

　　"抓在手里呢。"

　　老少二人都赤着上身,各自拎了一条木棍探路。缠在腰间的粗布小褂已经被汗水洇湿了一大片。蹚起来的黄土干得呛人。这正是说书的旺季。天长,村子里的人吃罢晚饭都不待在家里;有的人晚饭也不在家里吃,捧上碗到路边去,或者到场院里。老瞎子想赶着多说书,整个热季领着小瞎子一个村子一个村子紧走,一晚上一晚上紧说。老瞎子一天比一天紧张,激动,心里算定:弹断一千根琴弦的日子就在这个夏天了,说不定就在前面的野羊坳。

　　暴躁了一整天的太阳这会儿正平静下来,光线开始变得深沉。

　　远远近近的蝉鸣也舒缓了许多。

　　"小子!你不能走快点吗?"老瞎子在前面喊,不回头也不放慢脚步。

　　小瞎子紧跑几步,吊在屁股上的一只大挎包叮嘟哐嘟地响,离老瞎子仍有几丈远。

　　"野鸽子都往窝里飞啦。"

　　"什么?"小瞎子又紧走几步。

　　"我说野鸽子都回窝了,你还不快走!"

　　"噢。"

　　"你又鼓捣我那电匣子呢。"

　　"嗳——!鬼动来。"

　　"那耳机子快让你鼓捣坏了。"

"鬼动来!"

老瞎子暗笑:你小子才活了几天? "蚂蚁打架我也听得着,"老瞎子说。

小瞎子不争辩了,悄悄把耳机子塞到挎包里去,跟在师父身后闷闷地走路。无尽无休的无聊的路。

走了一阵子,小瞎子听见有只獾在地里啃庄稼,就使劲学狗叫,那只獾连滚带爬地逃走了,他觉得有点开心,轻声哼了几句小调儿,哥哥呀妹妹的。师父不让他养狗,怕受村子里的狗欺负,也怕欺负了别人家的狗,误了生意。又走了一会,小瞎子又听见不远处有条蛇在游动,弯腰摸了块石头砍过去,"哗啦啦"一阵高粱叶子响。老瞎子有点可怜他了,停下来等他。

"除了獾就是蛇,"小瞎子赶忙说,担心师父骂他。

"有了庄稼地了,不远了。"老瞎子把一个水壶递给徒弟。

"干咱们这营生的,一辈子就是走,"老瞎子又说。"累不?"

小瞎子不回答,知道师父最讨厌他说累。

"我师父才冤呢。就是你师爷,才冤呢,东奔西走一辈子,到了没弹够一千根琴弦。"

小瞎子听出师父这会儿心绪好,就问:"什么是绿色的长乙(椅)?"

"什么? 噢,八成是一把椅子吧。"

"曲折的油狼(游廊)呢?"

"油狼? 什么油狼?"

"曲折的油狼。"

"不知道。"

"匣子里说的。"

"你就爱瞎听那些玩艺儿。听那些玩艺儿有什么用? 天底下的好东西多啦,跟咱们有什么关系?"

"我就没听您说过,什么跟咱们有关系。"小瞎子把"有"字说得重。

"琴! 三弦子! 你爹让你跟了我来,是为让你弹好三弦子,学会说书。"

小瞎子故意把水喝得咕噜噜响。

再上路时小瞎子走在前头。

大山的阴影在沟谷里铺开来。地势也渐渐的平缓,开阔。

接近村子的时候,老瞎子喊住小瞎子,在背阴的山脚下找到一个小泉眼。细细的泉水从石缝里往外冒,淌下来,积成脸盆大的小洼,周围的野草长得茂盛,水流出去几十米便被干渴的土地吸干了。

"过来洗洗吧,洗洗你那身臭汗味。"

小瞎子拨开野草在水洼边蹲下,心里还在猜想着"曲折的油狼"。

"把浑身都洗洗。你那样儿准像个小叫花子。"

"那您不就是个老叫花子了？"小瞎子把手按在水里，嘻嘻地笑。

老瞎子也笑，双手掬起水往脸上泼。"可咱们不是叫花子，咱们有手艺。"

"这地方咱们好像来过。"小瞎子侧耳听着四周的动静。

"可你的心思总不在学艺上。你这小子心太野。老人的话你从来不着耳朵听。"

"咱们准是来过这儿。"

"别打岔！你那三弦子弹得还差着远呢。咱这命就在这几根琴弦上，我师父当年就这么跟我说。"

泉水清凉凉的。小瞎子又哥哥呀妹妹的哼起来。

老瞎子挺来气，"我说什么你听见了吗？"

"咱这命就在这几根琴弦上，您师父我师爷说的。我都听过八百遍了。您师父还给您留下一张药方，您得弹断一千根琴弦才能去抓那副药，吃了药您就能看见东西了。我听您说过一千遍了。"

"你不信？"

小瞎子不正面回答，说："干嘛非得弹断一千根琴弦才能去抓那副药呢？"

"那是药引子。机灵鬼儿，吃药得有药引子！"

"一千根断了的琴弦还不好弄？"小瞎子忍不住"哧哧"地笑。

"笑什么笑！你以为你懂得多少事？得真正是一根一根弹断了的才成。"

小瞎子不敢吱声了，听出师父又要动气。每回都是这样，师父容不得对这件事有怀疑。

老瞎子也没再作声，显得有些激动，双手搭在膝盖上，两颗骨头一样的眼珠对着苍天，像是一根一根地回忆着那些弹断的琴弦。盼了多少年了呀，老瞎子想，盼了五十年了！五十年中翻了多少架山，走了多少里路哇，挨了多少回晒，挨了多少回冻，心里受了多少委屈呀。一晚上一晚上地弹，心里总记着，得真正是一根一根尽心尽力地弹断的才成。现在快盼到了，绝出不了这个夏天了。老瞎子知道自己又没什么能要命的病，活过这个夏天一点不成问题。"我比我师父可运气多了，"他说，"我师父到了没能睁开眼睛看一回。"

"咳！我知道这地方是哪儿了！"小瞎子忽然喊起来。

老瞎子这才动了动，抓起自己的琴来摇了摇，叠好的纸片碰在蛇皮上发出细微的响声，那张药方就在琴槽里。

"师父，这儿不是野羊岭吗？"小瞎子问。

老瞎子没搭理他，听出这小子又不安稳了。

"前头就是野羊坳，是不是，师父？"

"小子，过来给我擦擦背，"老瞎子说，把弓一样的脊背弯给他。

"是不是野羊坳，师父？"

"是！干什么？你别又闹猫似的。"

小瞎子的心"扑通扑通"跳，老老实实地给师父擦背。老瞎子觉出他擦得很有劲。

"野羊坳怎么了？你别又叫驴似的会闻味儿。"

小瞎子心虚，不吭声，不让自己显出兴奋。

"又想什么呢？别当我不知道你那点心思。"

"又怎么了，我？"

"怎么了你？上回你在这儿疯得不够？那妮子是什么好货！"老瞎子心想，也许不该再带他到野羊坳来。可是野羊坳是个大村子，年年在这儿生意都好，能说上半个多月。老瞎子恨不能立刻弹断最后几根琴弦。

小瞎子嘴上嘟嘟囔囔的，心却飘飘的，想着野羊坳里那个尖声细气的小妮子。

"听我一句话，不害你，"老瞎子说，"那号事靠不住。"

"什么事？"

"少跟我贫嘴。你明白我说的什么事。"

"我就没听您说过，什么事靠得住。"小瞎子又偷偷地笑。

老瞎子没理他，骨头一样的眼珠又对着苍天。那儿，太阳正变成一汪血。

两面脊背和山是一样的黄褐色。一座已经老了，嶙峋瘦骨像是山根下裸露的基石。另一座正年青。老瞎子七十岁，小瞎子才十七。

小瞎子十四岁上父亲把他送到老瞎子这儿来，为的是让他学说书，这辈子好有个本事；将来可以独自在世上活下去。

老瞎子说书已经说了五十多年。这一片偏僻荒凉的大山里的人们都知道他：头发一天天变白，背一天天变驼，年年月月背一把三弦琴满世界走，逢上有愿意出钱的地方就拨动琴弦唱一晚上，给寂寞的山村带来欢乐。开头常是这么几句："自从盘古分天地，三皇五帝到如今，有道君王安天下，无道君王害黎民。轻轻弹响三弦琴，慢慢稍停把歌论，歌有三千七百本，不知哪本动人心。"于是听书的众人喊起来，老的要听董永卖身葬父，小的要听武二郎夜走蜈蚣岭，女人们想听秦香莲。这是老瞎子最知足的一刻，身上的疲劳和心里的孤寂全忘却，不慌不忙地喝几口水，待众人的吵嚷声鼎沸，便把琴弦一阵紧拨，唱道："今日不把别人唱，单表公子小罗成。"或者：

"茶也喝来烟也吸,唱一回哭倒长城的孟姜女。"满场立刻鸦雀无声,老瞎子也全心沉到自己所说的书中去。

他会的老书数不尽。他还有一个电匣子,据说是花了大价钱从一个山外人手里买来,为的是学些新词儿,编些新曲儿。其实山里人倒不太在乎他说什么唱什么。人人都称赞他那三弦子弹得讲究,轻轻漫漫的,飘飘洒洒的,疯颠狂放的,那里头有天上的日月,有地上的生灵。老瞎子的嗓子能学出世上所有的声音,男人、女人、刮风下雨,兽啼禽鸣。不知道他脑子里能呈现出什么景象,他一落生就瞎了眼睛,从没见过这个世界。

小瞎子可以算见过世界,但只有三年,那时还不懂事。他对说书和弹琴并无多少兴趣,父亲把他送来的时候费尽了唇舌,好说歹说连哄带骗,最后不如说是那个电匣子把他留住。他抱着电匣子听得入神,甚至没发觉父亲什么时候离去。

这只神奇的匣子永远令他着迷,遥远的地方和稀奇古怪的事物使他幻想不绝,凭着三年朦胧的记忆,补充着万物的色彩和形象,譬如海,匣子里说蓝天就像大海,他记得蓝天,于是想象出海;匣子里说海是无边无际的水,他记得锅里的水,于是想象出满天排开的水锅。再譬如漂亮的姑娘,匣子里说就像盛开的花朵,他实在不相信会是那样,母亲的灵柩被抬到远山上去的时候,路上正开遍着野花,他永远记得却永远不愿意去想。但他愿意想姑娘,越来越愿意想,尤其是野羊坳的那个尖声细气的小妮子,总让他心里荡起波澜。直到有一回匣子里唱道,"姑娘的眼睛就像太阳",这下他才找到了一个贴切的形象,想起母亲在红透的夕阳中向他走来的样子,其实人人都是根据自己的所知猜测着无穷的未知,以自己的感情勾画出世界。每个人的世界就都不同。

也总有一些东西小瞎子无从想象,譬如"曲折的油狼"。

这天晚上,小瞎子跟着师父在野羊坳说书,又听见那小妮子站在离他不远处尖声细气地说笑。书正说到紧要处——"罗成回马再交战,大胆苏烈又兴兵。苏烈大刀如流水,罗成长枪似腾云,好似海中龙吊宝,犹如深山虎争林。又战七日并七夜,罗成清茶无点唇……"老瞎子把琴弹得如雨骤风疾,字字句句唱得铿锵。小瞎子却心猿意马,手底下早乱了套数……

野羊岭上有一座小庙,离野羊坳村二里地,师徒二人就在这里住下。石头砌的院墙已经残断不全,几间小殿堂也歪斜欲倾百孔千疮,唯正中一间尚可遮蔽风雨,大约是因为这一间中毕竟还供奉着神灵。三尊泥像早脱尽了尘世的彩饰,还一身黄土本色返朴归真了,认不出是佛是道。院里院外、房顶墙头都长满荒藤野草,蓊蓊郁郁倒有生气。老瞎子每回到野羊坳说书都住这儿,不出房钱又不惹是非。小瞎子是第二次住在这儿。

散了书已经不早,老瞎子在正殿里安顿行李,小瞎子在侧殿的檐下生火烧水。去年砌下的灶稍加修整就可以用。小瞎子蹶着屁股吹火,柴草不干,呛得他满院里转着圈咳嗽。

老瞎子在正殿里数叨他:"我看你能干好什么。"

"柴湿嘛。"

"我没说这事。我说的是你的琴,今儿晚上的琴你弹成了什么。"

小瞎子不敢接这话茬,吸足了几口气又跪到灶火前去,鼓着腮帮子一通猛吹。"你要是不想干这行,就趁早给你爹捎信把你领回去。老这么闹猫闹狗的可不行,要闹回家闹去。"

小瞎子咳嗽着从灶火边跳开,几步蹿到院子另一头,"呼哧呼哧"大喘气,嘴里一边骂。

"说什么呢?"

"我骂这火。"

"有你那么吹火的?"

"那怎么吹?"

"怎么吹?哼,"老瞎子顿了顿,又说:"你就当这灶火是那妮子的脸!"

小瞎子又不敢搭腔了,跪到灶火前去再吹,心想:真的,不知道兰秀儿的脸什么样。那个尖声细气的小妮子叫兰秀儿。

"那要是妮子的脸,我看你不用教也会吹。"老瞎子说。

小瞎子笑起来,越笑越咳嗽。

"笑什么笑!"

"您吹过妮子脸?"

老瞎子一时语塞。小瞎子笑得坐在地上。"日他妈。"老瞎子骂道,笑笑,然后变了脸色,再不言语。

灶膛里"腾"的一声,火旺起来。小瞎子再去添柴,一心想着兰秀儿。才散了书的那会儿,兰秀儿挤到他跟前来小声说:"哎,上回你答应我什么来?"师父就在旁边,他没敢吭声。人群挤来挤去,一会儿又把兰秀儿挤到他身边。"噫,上回吃了人家的煮鸡蛋倒白吃了?"兰秀儿说,声音比上回大。这时候师父正忙着跟几个老汉拉话,他赶紧说:"嘘——,我记着呢。"兰秀儿又把声音压低:"你答应给我听电匣子你还没给我听。""嘘——,我记着呢。"幸亏那会儿人声嘈杂。

正殿里好半天没有动静。之后,琴声响了,老瞎子又上好了一根新弦。他本来应该高兴的,来野羊坳头一晚上就又弹断了一根琴弦。可是那琴声却低沉、零乱。

小瞎子渐渐听出琴声不对,在院里喊:"水开了,师父。"

没有回答。琴声一阵紧似一阵了。

小瞎子端了一盆热水进来,放在师父跟前,故意嘻嘻笑着说:"您今儿晚还想弹断一根是怎么着?"

老瞎子没听见,这会儿他自己的往事都在心中,琴声烦躁不安,像是年年旷野里的风雨,像是日夜山谷中的流溪,像是奔奔忙忙不知所归的脚步声。小瞎子有点害怕了:师父很久不这样了,师父一这样就要犯病,头疼、心口疼、浑身疼,会几个月爬不起炕来。

"师父,您先洗脚吧。"

琴声不停。

"师父,您该洗脚了。"小瞎子的声音发抖。

琴声不停。

"师父!"

琴声戛然而止,老瞎子叹了口气。小瞎子松了口气。

老瞎子洗脚,小瞎子乖乖地坐在他身边。

"睡去吧,"老瞎子说,"今儿个够累的了。"

"您呢?"

"你先睡,我得好好泡泡脚。人上了岁数毛病多。"老瞎子故意说得轻松。

"我等您一块儿睡。"

山深夜静。有了一点风,墙头的草叶子就会响。夜猫子在远处哀哀地叫。听得见野羊坳里偶尔有几声狗吠,又引得孩子哭。月亮升起来,白光透过残损的窗棂进了殿堂,照见两个瞎子和三尊神像。

"等我干嘛,时候不早了。"

"你甭担心我,我怎么也不怎么。"老瞎子又说。"听见没有,小子?"

小瞎子到底年轻,已经睡着。老瞎子推推他让他躺好,他嘴里咕囔了几句倒头睡去。老瞎子给他盖被时,从那身日渐发育的筋肉上觉出,这孩子到了要想那些事的年龄,非得有一段苦日子过不可了。唉,这事谁也替不了谁。

老瞎子再把琴抱在怀里,摩挲着根根绷紧的琴弦,心里使劲念叨:又断了一根了,又断了一根了。再摇摇琴槽,有轻微的纸和蛇皮的磨擦声。唯独这事能为他排忧解烦。一辈子的愿望。

小瞎子作了一个好梦,醒来吓了一跳,鸡已经叫了。他一骨碌爬起来听听,师父正睡得香,心说还好。他摸到那个大挎包,悄悄地掏出电匣子,蹑手蹑脚出了门。

往野羊坳方向走了一会儿,他才觉出不对头,鸡叫声渐渐停歇,野羊坳里还是静静的没有人声。他楞了一会儿,鸡才叫头遍吗?灵机一动扭开电匣子。电匣子里也是静悄悄。现在是半夜。他半夜里听过匣子,什么都没有。这匣子对他来说还是个表,只要扭开一听,便知道是几点钟,什么时候有什么节目都是一定的。

小瞎子回到庙里,老瞎子正翻身。

"干嘛哪?"

"撒尿去了。"小瞎子说。

一上午,师父逼着他练琴。直到晌午饭后,小瞎子才瞅机会溜出庙来,溜进野羊坳。鸡也在树荫下打盹,猪也在墙根下说着梦话,太阳又热得凶,村子里很安静。

小瞎子踩着磨盘,扒着兰秀儿家的墙头轻声喊:"兰秀儿——兰秀儿——"屋里传出雷似的鼾声。

他犹豫了片刻,把声音稍稍抬高:"兰秀儿——! 兰秀儿——! "

狗叫起来。屋里的鼾声停了,一个闷声闷气的声音问:"谁呀?"

小瞎子不敢回答,把脑袋从墙头上缩下来。

屋里吧唧了一阵嘴,又响起鼾声。

他叹口气,从磨盘上下来,快快地往回走。忽听见身后"嘎吱"一声院门响,随即一阵细碎的脚步声向他跑来。

"猜是谁?"尖声细气。小瞎子的眼睛被一双柔软的小手捂上了。这才多余呢。兰秀儿不到十五岁,认真说还是个孩子。

"兰秀儿! "

"电匣子拿来没?"

小瞎子掀开衣襟,匣子挂在腰上。"嘘——,别在这儿,找个没人的地方听去。"

"咋啦?"

"回头招好些人。"

"咋啦?"

"那么多人听,费电。"两个人东拐西弯,来到山背后那眼小泉边。小瞎子忽然想起件事,问兰秀儿:"你见过曲折的油狼吗?"

"啥?"

"曲折的油狼。"

"曲折的油狼?"

"知道吗?"

"你知道？"

"当然。还有绿色的长椅。就是一把椅子。"

"椅子谁不知道。"

"那曲折的油狼呢？"

兰秀儿摇摇头，有点崇拜小瞎子了。小瞎子这才郑重其事地扭开电匣子，一支欢快的乐曲在山沟里飘荡。

这地方又凉快又没有人来打扰。

"这是'步步高'。"小瞎子说，跟着哼。

一会儿又换了支曲子，叫"旱天雷"，小瞎子还能跟着哼。兰秀儿觉得很惭愧。

"这曲子也叫'和尚思妻'。"

兰秀儿笑起来："瞎骗人！"

"你不信？"

"不信。"

"爱信不信。这匣子里说的古怪事多啦。"小瞎子玩着凉凉的泉水，想了一会儿。"你知道什么叫接吻吗？"

"你说什么叫？"

这回轮到小瞎子笑，光笑不答。兰秀儿明白准不是好话，红着脸不再问。

音乐播完了，一个女人说，"现在是讲卫生节目。"

"啥？"兰秀儿没听清。

"讲卫生。"

"是什么？"

"嗯——，你头发上有虱子吗？"

"去——，别动！"

小瞎子赶忙缩回手来，赶忙解释："要有就是不讲卫生。"

"我才没有。"兰秀儿抓抓头，觉得有些刺痒。"噫——，瞧你自个儿吧！"兰秀儿一把搬过小瞎子的头。"看我捉几个大的。"

这时候听见老瞎子在半山上喊："小子，还不给我回来！该做饭了，吃罢饭还得去说书！"他已经站在那儿听了好一会儿了。

野羊坳里已经昏暗，羊叫、驴叫、狗叫、孩子们叫，处处起了炊烟。野羊岭上还有一线残阳，小庙正在那淡薄的光中，没有声响。

小瞎子又蹶着屁股烧火。老瞎子坐在一旁淘米，凭着听觉他能把米中的砂子捡出来。

"今天的柴挺干。"小瞎子说。

"嗯。"

"还是焖饭？"

"嗯。"

小瞎子这会儿精神百倍，很想找些话说，但是知道师父的气还没消，心说还是少找骂。

两个人默默地干着自己的事，又默默地一块儿把饭做熟。岭上也没了阳光。

小瞎子盛了一碗小米饭，先给师父："您吃吧。"声音怯怯的，无比驯顺。

老瞎子终于开了腔："小子，你听我一句行不？"

"嗯。"小瞎子往嘴里扒拉饭，回答得含糊。

"你要是不愿意听，我就不说。"

"谁说不愿意听了？我说'嗯'！"

"我是过来人，总比你知道的多。"

小瞎子闷头扒拉饭。

"我经过那号事。"

"什么事？"

"又跟我贫嘴！"老瞎子把筷子往灶台上一摔。

"兰秀儿光是想听听电匣子。我们光是一块儿听电匣子来。"

"还有呢？"

"没有了。"

"没有了？"

"我还问她见没见过曲折的油狼。"

"我没问你这个！"

"后来，后来，"小瞎子不那么气壮了。"不知怎么一下就说起了虱子……"

"还有呢？"

"没了。真没了！"

两个人又默默地吃饭。老瞎子带了这徒弟好几年，知道这孩子不会撒谎，这孩子最让人放心的地方就是诚实，厚道。

"听我一句话，保准对你没坏处。以后离那妮子远点儿。"

"兰秀儿人不坏。"

"我知道她不坏，可你离她远点儿好。早年你师爷这么跟我说，我也不信……"

"师爷？说兰秀儿？"

"什么兰秀儿,那会儿还没她呢。那会儿还没有你们呢……"老瞎子阴郁的脸又转向暮色浓重的天际,骨头一样白色的眼珠不住地转动,不知道在那儿他能"看"见什么。

许久,小瞎子说:"今儿晚上您多半又能弹断一根琴弦。"想让师父高兴些。

这天晚上师徒俩又在野羊坳说书。"上回唱到罗成死,三魂七魄赴幽冥,听歌君子莫嘈嚷,列位听我道下文。罗成阴魂出地府,一阵旋风就起身,旋风一阵来得快,长安不远面前存……"老瞎子的琴声也乱,小瞎子的琴声也乱。小瞎子回忆着那双柔软的小手捂在自己脸上的感觉,还有自己的头被兰秀儿搬过去时的滋味。老瞎子想起的事情更多……

夜里老瞎子翻来覆去睡不安稳,多少往事在他耳边喧嚣,在他心头动荡,身体里仿佛有什么东西要爆炸。坏了,要犯病,他想。头昏,胸口憋闷,浑身紧巴巴的难受。他坐起来,对自己叨咕:"可别犯病,一犯病今年就甭想弹够那些琴弦了。"他又摸到琴。要能丁丁当当随心所欲地疯弹一阵,心头的忧伤或许就能平息,耳边的往事或许就会消散。可是小瞎子正睡得香甜。

他只好再全力去想那张药方和琴弦:还剩下几根,还只剩最后几根了。那时就可以去抓药了,然后就能看见这个世界——他无数次爬过的山,无数次走过的路,无数次感到过他的温暖和炽热的太阳,无数次梦想着的蓝天、月亮和星星……还有呢? 突然间心里一阵空,空得深重。就只为了这些? 还有什么? 他朦胧中所盼望的东西似乎比这要多得多……

夜风在山里游荡。

猫头鹰又在凄哀地叫。

不过现在他老了,无论如何没几年活头了,失去的已经永远失去了,他像是刚刚意识到这一点。七十年中所受的全部辛苦就为了最后能看一眼世界,这值得吗? 他问自己。

小瞎子在梦里笑,在梦里说:"那是一把椅子,兰秀儿……"

老瞎子静静地坐着。静静地坐着的还有那三尊分不清是佛是道的泥像。

鸡叫头遍的时候老瞎子决定,天一亮就带这孩子离开野羊坳。否则这孩子受不了,他自己也受不了。兰秀儿人不坏,可这事会怎么结局,老瞎子比谁都"看"得清楚。鸡叫二遍,老瞎子开始收拾行李。

可是一早起来小瞎子病了,肚子疼,随即又发烧。老瞎子只好把行期推迟。

一连好几天,老瞎子无论是烧火、淘米、捡柴,还是给小瞎子挖药、煎药,心里总在说:"值得,当然值得。"要是不这么反反复复对自己说,身上的力气似乎就全要垮掉。"我非要最后看一眼不可。""要不怎么着?就这么死了去?""再说就只剩下最后几根了。"后面三句都是理由。老瞎子又冷静下来,天天晚上还到野羊坳去说书。

这一下小瞎子倒来了福气。每天晚上师父到岭下去了,兰秀儿就猫似的轻轻跳进庙里来听匣子。兰秀儿还带来熟的鸡蛋,条件是得让她亲手去扭那匣子的开关。"往哪边扭?""往右。""扭不动。""往右,笨货,不知道哪边是右哇?""咔哒"一下,无论是什么便响起来,无论是什么俩人都爱听。

又过了几天,老瞎子又弹断了三根琴弦。

这一晚,老瞎子在野羊坳里自弹自唱:"不表罗成投胎事,又唱秦王李世民。秦王一听双泪流,可怜爱卿丧残身,你死一身不打紧,缺少扶朝上将军……"

野羊岭上的小庙里这时更热闹。电匣子的音量开得挺大,又是孩子哭,又是大人喊,轰隆隆地又响炮,"嘀嘀哒哒"地又吹号。月光照进正殿,小瞎子躺着啃鸡蛋,兰秀儿坐在他旁边。两个人都听得兴奋,时而大笑,时而稀里糊涂莫名其妙。

"这匣子你师父哪买来?"

"从一个山外头的人手里。"

"你们到山外头去过?"兰秀儿问。

"没。我早晚要去一回就是,坐坐火车。"

"火车?"

"火车你也不知道?笨货。"

"噢,知道知道,冒烟哩是不是?"

过了一会儿兰秀儿又说:"保不准我就得到山外头去。"语调有些恓惶。

"是吗?"小瞎子一挺坐起来:"那你到底瞧瞧曲折的油狼是什么。"

"你说是不是山外头的人都有电匣子?"

"谁知道。我说你听清楚没有?曲、折、的、油、狼,这东西就在山外头。"

"那我得跟他们要一个电匣子。"兰秀儿自言自语地想心事。

"要一个?"小瞎子笑了两声,然后屏住气,然后大笑:"你干嘛不要俩?你可真本事大。你知道这匣子几千块钱一个?把你卖了吧,怕也换不来。"

兰秀儿心里正委屈,一把揪住小瞎子的耳朵使劲拧,骂道:"好你个死瞎子。"

两个人在殿堂里扭打起来。三尊泥像袖手旁观帮不上忙。两个年青的正在发育的身体碰撞在一起,纠缠在一起,一个把一个压在身下,一会儿

又颠倒过来,骂声变成笑声。匣子在一边唱。

……

　　就是这天晚上,老瞎子弹断了最后两根琴弦。两根弦一齐断了。

他没料到。他几乎是连跑带爬地上了野羊岭,回到小庙里。

　　小瞎子吓了一跳:"怎么了,师父?"

　　老瞎子喘吁吁地坐在那儿,说不出话。小瞎子有些犯嘀咕:莫非是他和兰秀儿干的事让师父知道了?

　　老瞎子这才相信:一切都是值得的。一辈子的辛苦都是值得的。能看一回,好好看一回,怎么都是值得的。

　　"小子,明天我就去抓药。"

　　"明天?"

　　"明天。"

　　"又断了一根了?"

　　"两根。两根都断了。"

　　老瞎子把那两根弦卸下来,放在手里揉搓了一会儿,然后把它们并到另外的九百九十八根中去,绑成一捆。

　　"明天就走?"

　　"天一亮就动身。"

　　小瞎子心里一阵发凉。老瞎子开始剥琴槽上的蛇皮。

　　"可我的病还没好利索。"小瞎子小声叨咕。

　　"噢,我想过了,你就先留在这儿,我用不了十天就回来。"

　　小瞎子喜出望外。

　　"你一个人行不?"

　　"行!"小瞎子紧忙说。

　　老瞎子早忘了兰秀儿的事。"吃的、喝的、烧的全有。你要是病好利索了,也该学着自个儿去说回书。行吗?"

　　"行。"小瞎子觉得有点对不住师父。

　　蛇皮剥开了,老瞎子从琴槽中取出一张叠得方方正正的纸条。他想起这药方放进琴槽时,自己才二十岁,便觉得浑身上下都好像冷。

　　小瞎子也把那药方放在手里摸了一会儿,也有了几分肃穆。

　　"你师爷一辈子才冤呢。"

　　"他弹断了多少根?"

　　"他本来能弹够一千根,可他记成了八百。要不然他能弹断一千根。"

　　天不亮老瞎子就上路了。他说最多十天就回来,谁也没想到他竟去了那么久。

老瞎子回到野羊坳时已经是冬天。

漫天大雪，灰暗的天空连接着白色的群山。没有声息，处处也没有生气，空旷而沉寂。所以老瞎子那顶发了黑的草帽就尤其蹒动得显著。他蹒蹒跚跚地爬上野羊岭。庙院中衰草瑟瑟，蹿出一只狐狸，仓惶逃远。

村里人告诉他，小瞎子已经走了些日子。

"我告诉他我回来。"

"不知道他干嘛就走了。"

"他没说去哪儿？留下什么话没？"

"他说让您甭找他。"

"什么时候走的？"

人们想了好久，都说是在兰秀儿嫁到山外去的那天。

老瞎子心里便一切全都明白。

众人劝老瞎子留下来，这么冰天雪地的上哪去？不如在野羊坳说一冬书。老瞎子指指他的琴，人们见琴柄上空荡荡已经没了琴弦。老瞎子面容也憔悴，呼吸也孱弱，嗓音也沙哑了，完全变了个人。他说得去找他的徒弟。

若不是还想着他的徒弟，老瞎子就回不到野羊坳。那张他保存了五十年的药方原来是一张无字的白纸。他不信，请了多少个识字而又诚实的人帮他看，人人都说那果真就是一张无字的白纸。老瞎子在药铺前的台阶上坐了一会儿，他以为是一会儿，其实已经几天几夜，骨头一样的眼珠在询问苍天，脸色也变成骨头一样的苍白。有人以为他是疯了，安慰他，劝他。老瞎子苦笑：七十岁了再疯还有什么意思？他只是再不想动弹，吸引着他活下去、走下去、唱下去的东西骤然间消失干净。就像一根不能拉紧的琴弦，再难弹出赏心悦耳的曲子。老瞎子的心弦断了。现在发现那目的原来是空的。老瞎子在一个小客店里住了很久，觉得身体里的一切都在熄灭。他整天躺在炕上，不弹也不唱，一天天迅速地衰老。直到花光了身上所有的钱，直到忽然想起了他的徒弟，他知道自己的死期将至，可那孩子在等他回去。

茫茫雪野，皑皑群山，天地之间蹒动着一个黑点。走近时，老瞎子的身影弯得如一座桥。他去找他的徒弟。他知道那孩子目前的心情、处境。

他想自己先得振作起来，但是不行，前面明明没有了目标。

他一路走，便怀恋起过去的日子，才知道以往那些奔奔忙忙兴致勃勃的翻山、赶路、弹琴，乃至心焦、忧虑都是多么欢乐！那时有个东西把心弦扯紧，虽然那东西原是虚设。老瞎子想起他师父临终时的情景。他师父把那张自己没用上的药方封进他的琴槽。"您别死，再活几年，您就能睁眼看一回了。"说这话时他还是个孩子。他师父久久不言语,最后说:"记住,人的命就像这琴弦,拉紧了才能弹好,弹好了就够了。"……不错,那意思就是说:目的本来没有。老瞎子知道怎么对自己的徒弟说了。可是他又想:能把一切都告诉小瞎子吗?老瞎子又试着振作起来,可还是不行,总摆脱不掉那张无字的白纸……

在深山里,老瞎子找到了小瞎子。

小瞎子正跌倒在雪地里,一动不动,想那么等死。老瞎子懂得那绝不是装出来的悲哀。老瞎子把他拖进一个山洞,他已无力反抗。

老瞎子捡了些柴,打起一堆火。

小瞎子渐渐有了哭声。老瞎子放了心,任他尽情尽意地哭。只要还能哭就还有救,只要还能哭就有哭够的时候。

小瞎子哭了几天几夜,老瞎子就那么一声不吭地守候着。火头和哭声惊动了野兔子、山鸡、野羊、狐狸和鹞鹰……

终于小瞎子说话了:"干吗咱们是瞎子!"

"就因为咱们是瞎子。"老瞎子回答。

终于小瞎子又说:"我想睁开眼看看,师父,我想睁开眼看看!哪怕就看一回。"

"你真那么想吗?"

"真想,真想——"

老瞎子把篝火拨得更旺些。

雪停了。铅灰色的天空中,太阳像一面闪光的小镜子。鹞鹰在平稳地滑翔。

"那就弹你的琴弦,"老瞎子说,"一根一根尽力地弹吧。"

"师父,您的药抓来了?"小瞎子如梦方醒。

"记住,得真正是弹断的才成。"

"您已经看见了吗?师父,您现在看得见了?"

小瞎子挣扎着起来,伸手去摸师父的眼窝。老瞎子把他的手抓住。

"记住,得弹断一千二百根。"

"一千二?"

"把你的琴给我,我把这药方给你封在琴槽里。"老瞎子现在才弄懂了他师父当年对他说的话——咱的命就在这琴弦上。

目的虽是虚设的,可非得有不行,不然琴弦怎么拉紧,拉不紧就弹不响。

"怎么是一千二,师父?"

"是一千二,我没弹够,我记成了一千。"老瞎子想:这孩子再怎么弹

吧,还能弹断一千二百根?永远扯紧欢跳的琴弦,不必去看那张无字的
白纸……

这地方偏僻荒凉,群山不断。荒草丛中随时会飞起一对山鸡,跳出一
只野兔、狐狸、或者其它小野兽。山谷中鹞鹰在盘旋。

现在让我们回到开始:

莽莽苍苍的群山之中走着两个瞎子,一老一少,一前一后,两顶发了黑
的草帽起伏蹿动,匆匆忙忙,像是随着一条不安静的河水在漂流。无所谓
从哪儿来、到哪儿去,也无所谓谁是谁……

一九八五年四月

【简析】 这是一篇极富哲理意味的小说。作者通过小说《命若琴弦》告诉我们:
"目的本来没有",那只是"一张无字的纸",但虚设的目的却能引导着实在的过程。"以
往那些奔奔忙忙兴致勃勃的翻山、赶路、弹琴,乃至心焦、忧虑都是多么欢乐!那时有
个东西把心弦扯紧,虽然那东西原是虚设。"只要我们相信有一天梦想会实现,就有了
活着的动力。但是,那希望往往是无望,那是荒凉企盼的美丽梦幻。

《命若琴弦》是史铁生小说转折的一个标志,深邃的思考代替了原来作品中的坚
定执着。承认希望其实是无望,并不否定生存的意义,相反,生存的过程正是唯一能
证明自己价值的存在。美好的前途,往往只存在于理想状态之中;曲折的道路,生命
的意义才是生命意义的具体体现。这就是生命的价值和意义之所在。

一代代老瞎子教导小瞎子要不断拨动生命的琴弦,去寻求光明。也许这一世、下
一生永远也走不到光明的天堂。但是,只要向天堂迈进,天国的光辉就会照耀我们的
人生。"永远扯紧欢跳的琴弦,不必去看那张无字的白纸……"老瞎子对小瞎子的"欺
骗",不也正是命运的安排?

读史铁生的小说令人感到悲凉与厚重,同时又充盈着顽强生存的信念。既看到
人生的困境,但又不会彻底绝望。这也折射着作者对自己人生的思考。当艺术达到
了理性的极限,它就走向了哲学。史铁生的小说让我们看到了艺术与哲学的沟通。

 复习思考题

1. 反复阅读小说,体会"命若琴弦"的哲学涵义。
2. 结合小说,探讨最后一段的象征意义。

四十三、罗汉大爷(《红高粱》节选)

莫 言

【题解】 本文节选自《红高粱》第二、三节。题目是编者加的。花城出版社 2011

年 8 月第 1 版。莫言,原名管谟业,1955 年出生于山东高密。1981 年发表处女作《春夜雨霏霏》,1985 年发表短篇小说《透明的红萝卜》,1986 年发表中篇小说《红高粱》。先后出版了中短篇小说集《透明的红萝卜》《爆炸》《红高粱家族》等,长篇小说《天堂蒜薹之歌》《十三步》《丰乳肥臀》等,出版有 5 卷本《莫言文集》。2012 年莫言获得诺贝尔文学奖,诺贝尔委员会给他的颁奖词是:莫言"将魔幻现实主义与民间故事、历史与当代社会融合在一起。"

　　《红高粱》是 20 世纪 80 年代中国文坛的里程碑之作,被读者推选为《人民文学》1986 年"我最喜爱的作品"第一名,获 1985—1986 年全国优秀中篇小说奖,已经被译成 20 多种文字在全世界发行。小说以抗日战争时期的一次战事为背景,演绎了一支以土匪和酒家女子间的姻缘为核心的民间自发组织的土匪军队抗日的故事。小说有开拓性的意义,为 20 世纪 90 年代以民间立场表现现代民间史的"新历史小说"开了先河。

<h2 style="text-align:center">二</h2>

　　为了为我的家族树碑立传,我曾经跑回高密东北乡,进行了大量的调查,调查的重点,就是这场我父亲参加过的、在墨水河边打死鬼子少将的著名战斗。我们村里一个九十二岁的老太太对我说:"东北乡,人万千,阵势列在墨河边。余司令,阵前站,一举手炮声连环。东洋鬼子魂儿散,纷纷落在地平川。女中魁首戴凤莲,花容月貌巧机关,调来铁耙摆连环,挡住鬼子不能前……"老太婆头顶秃得像一个陶罐,面孔都朽了,干手上凸着一条条丝瓜瓤子一样的筋。她是三九年八月中秋节那场大屠杀的幸存者,那时她因脚上生了疮跑不动,被丈夫塞进地瓜窖子里藏起来,天凑地巧地活了下来。老太婆所唱快板中的戴凤莲,就是我奶奶的大号。听到这里,我兴奋异常。这说明,用铁耙挡住鬼子汽车退路的计谋竟是我奶奶这个女流想出来的。我奶奶也应该是抗日的先锋,民族的英雄。

　　提起我的奶奶,老太太话就多了。她的话破碎零乱,像一群随风遍地滚的树叶。她说起我奶奶的脚,是全村最小的脚。我们家的烧酒后劲好大。说到胶平公路时,她的话连贯起来:"路修到咱这地盘时哪……高粱齐腰深了……鬼子把能干活的人都赶去了……打毛子工,都偷懒磨滑……你们家里那两头大黑骡子也给拉去了……鬼子在墨水河上架石桥……罗汉,你们家那个老长工……他和你奶奶不大清白咧,人家都这么说……呵呀呀,你奶奶年轻时花花事儿多着咧……你爹多能干,十五岁就杀人,杂种出好汉,十个九个都不善……罗汉去铲骡子腿……被捉住零刀子剐啦……鬼子糟害人呢,在锅里拉屎、盆里撒尿。那年,去挑水,挑上来一个什么呀,一个人头呀,扎着大辫子……"

　　刘罗汉大爷是我们家历史上的一个重要人物。关于他与我奶奶之间是否有染，现已无法查清。诚然，从心里说，我不愿承认这是事实。

　　道理虽懂，但陶罐头老太太的话还是让我感到难堪。我想，既然罗汉大爷对待我父亲像对待亲孙子一样，那他就像我的曾祖父一样；假如这位曾祖父竟与我奶奶有过风流事，岂不是乱伦吗？这其实是胡想。因为我奶奶并不是罗汉大爷的儿媳而是他的东家，罗汉大爷与我的家族只有经济上的联系而无血缘上的联系，他像一个忠实的老家人点缀着我家的历史而且确凿无疑地为我们家的历史增添了光彩。我奶奶是否爱过他，他是否上过我奶奶的炕，都与伦理无关。爱过又怎么样？我深信，我奶奶什么事都敢干，只要她愿意。她老人家不仅仅是抗日的英雄，也是个性解放的先驱，妇女自立的典范。

　　我查阅过县志，县志载：民国二十七年，日军捉高密、平度、胶县民夫累计四十万人次，修筑胶平公路。毁稼禾无数。公路两侧村庄中骡马被劫掠一空。农民刘罗汉，乘夜潜入，用铁锹铲伤骡蹄马腿无数，被捉获。翌日，日军在拴马桩上将刘罗汉剥皮零割示众。刘面无惧色，骂不绝口，至死方休。

三

　　确实是这样，胶平公路修筑到我们这里时，遍野的高粱只长到齐人腰高。长七十里宽六十里的低洼平原上，除了点缀着几十个村庄，纵横着两条河流，曲折着几十条乡间土路外，绿浪般招展着的全是高粱。平原北边的白马山上，那块白色的马状巨石，在我们村头上看得清清楚楚。锄高粱的农民们抬头见白马，低头见黑土，汗滴禾下土，心中好痛苦！风传着日本人要在平原里修路，村里人早就惶惶不安，焦急地等待着大祸降临。

　　日本人说来就来。

　　日本鬼子带着伪军到我们村里抓民夫拉骡马时，我父亲还在睡觉。他是被烧酒作坊那边的吵闹声惊醒的。奶奶拉着父亲的手，颠着两只笋尖般的小脚，跑到烧酒作坊院里去。当时，我家烧酒作坊院子里，摆着十几口大瓮，瓮里满装着优质白酒，酒香飘遍全村。两个穿黄衣的日本人端着上了刺刀的步枪在院子里站着。两个穿黑衣的中国人背着枪，正要解拴在楸树上的两头大黑骡子。罗汉大爷一次一次地扑向那个解缰绳的小个子伪军，但一次一次地都被那个大个子伪军用枪筒子戳退。初夏天气，罗汉大爷只穿一件单衫，袒露的胸膛上布满被枪口戳出的紫红圆圈。

　　罗汉大爷说："弟兄们，有话好说，有话好说。"

　　大个子伪军说："老畜生，滚到一边去。"

　　罗汉大爷说："这是东家的牲口，不能拉。"

伪军说："再吵嚷就毙了你个小舅子！"

日本兵端着枪，像泥神一样。

奶奶和我父亲一进院，罗汉大爷就说："他们要拉咱的骡子。"

奶奶说："先生，我们是良民。"

日本兵眯着眼睛对奶奶笑。

小个子伪军把骡子解开，用力牵扯，骡子倔强地高昂着头，死死不肯移步。大个子伪军上去用枪戳骡子屁股，骡子愤怒起蹄，明亮的蹄铁刨起泥土，溅了伪军一脸。

大个子伪军拉了一下枪栓，用枪指着罗汉大爷，大叫："老混蛋，你来牵，牵到工地上去。"

罗汉大爷蹲在地上，一气不吭。

一个日本兵端着枪，在罗汉大爷眼前晃着，鬼子说："呜哩哇啦呀啦哩呜！"罗汉大爷看着在眼前乱晃的贼亮的刺刀，一屁股坐在地上。鬼子兵把枪往前一送，锋快的刺刀下刃在罗汉大爷光溜溜的头皮上豁开一条白口子。

奶奶哆嗦成一团，说："大叔，你，给他们牵去吧。"

一个鬼子兵慢慢向奶奶面前靠。父亲看到这个鬼子兵是个年轻漂亮的小伙子，两只大眼睛漆黑发亮，笑的时候，嘴唇上翻，露出一口黄牙。奶奶跌跌撞撞地往罗汉大爷身后退。罗汉大爷头上的白口子里流出了血，满头挂色。两个日本兵笑着靠上来。奶奶在罗汉大爷的血头上按了两巴掌，随即往脸上抹两抹，又一把撕散头发，张大嘴巴，疯疯癫癫地跳起来。奶奶的模样三分像人七分像鬼。日本兵愕然止步。小个子伪军说："太君，这个女人，大大的疯了的有。"

鬼子兵咕噜着，对着我奶奶的头上开了一枪。奶奶坐在地上，呜呜地哭起来。

大个子伪军把罗汉大爷用枪逼起来。罗汉大爷从小个子伪军手里接过骡子缰绳。骡子昂着头，腿抖着，跟着罗汉大爷走出院子。街上乱纷纷跑着骡马牛羊。

奶奶没疯。鬼子和伪军刚一出院，奶奶就揭开一只瓮的木盖子，在平静如镜面的高粱烧酒里，看到一张骇人的血脸。父亲看到泪水在奶奶腮上流过，就变红了。奶奶用烧酒洗了脸，把一瓮酒都洗红了。

罗汉大爷跟骡子一起，被押上了工地。高粱地里，已开出一节路胎子。墨水河南边的公路已差不多修好，大车小车从新修好的路上挤过来，车上载着石头黄沙，都卸在河南岸。河上只有一座小木桥，日本人要在河上架一座大石桥。公路两侧，好宽大的两片高粱都被踩平，地上像铺了一层绿毡。河北的高粱地里，在刚用黑土弄出个模样的路两边，有几十匹骡马拉着碌碡[1]，从海一样高粱地里，压出两大片平坦的空地，破坏着与工地紧密相连的青纱帐。骡马都有人牵着，在高粱地里来来回回地走。鲜嫩的高粱在铁蹄下断裂、倒伏，倒伏断裂的高粱又被带棱槽的碌碡和不带棱槽的石滚子反复镇压。各色的碌碡和滚子都变成了深绿色，高粱的汁液把它们湿透了。一股浓烈的青苗子味道笼罩着工地。

罗汉大爷被赶到河南往河北搬运石头。他极不情愿地把骡子缰绳交给了一个烂眼圈的老头子。小木桥摇摇晃晃，好像随时要塌。罗汉大爷过了桥，站在河南，一个工头模样的中国人，用手中持着的紫红色的藤条，轻轻戳戳罗汉大爷的头，说："去，往河北搬石头。"罗汉大爷抹一把眼睛——头上流下的血把眉毛都浸湿了。他搬着一块不大不小的石头，从河南到河北。那个接骡的老头还未走，罗汉大爷对他说："你珍贵着使唤，这两头骡子，是俺东家的。"老头儿麻木地垂着头，牵着骡子，走进开辟通道的骡马大队。黑骡子光滑的屁股上反映阳光点点。头上还在流血，罗汉大爷蹲下，抓起一把黑土，按在伤口上。头顶上沉重的钝痛一直下导到十个脚趾，他觉着头裂成了两半。

工地的边缘上稀疏地站着持枪的鬼子和伪军。手持藤条的监工，像鬼魂一样在工地上转来转去。罗汉大爷在工地上走，民夫们看着他血泥模糊的头，吃惊得眼珠乱颤。罗汉大爷搬起一块桥石，刚走了几步，就听到背后响起一阵利飕的小风，随即有一道长长的灼痛落到他的背上。他扔下桥石，见那个监工正对着他笑。罗汉大爷说："长官，有话好说，你怎么举手就打人？"

监工微笑不语，举起藤条又横着抽了一下他的腰。罗汉大爷感到这一藤条几乎把自己打成两半，两股热辣辣的泪水从眼窝里凸出来。血冲头顶，那块血与土凝成的嘎痂，在头上崩崩乱跳，似乎要迸裂。

罗汉大爷喊："长官！"

长官又给了他一藤条。

罗汉大爷说："长官，打俺是为了啥？"

长官抖着手里的藤条，笑眯眯地说："让你长长眼色，狗娘养的。"

罗汉大爷气噎咽喉，泪眼模糊，从石堆里搬起一块大石头，踉踉跄跄地往小桥上走。他的脑袋膨胀，眼前白花花一片。石头尖硬的棱角刺着他的肚腹和肋骨，他都觉不出痛了。

监工拄着藤条原地不动，罗汉大爷搬着石头，胆战心惊地从他眼前走过。监工在罗汉大爷脖子上又抽了一藤条。大爷一个前趴，抱着大石，跪倒在地上。石头砸破了他的双手，他的下巴在石头上碰得血肉模糊。大爷

被打得六神无主,像孩子一样胡胡涂涂地哭起来。这时,一股紫红色的火苗,也在他空白的脑子里缓缓地亮起来。

他费力地从石头下抽出手,站起来,腰半弓着,像一只发威的老瘦猫。

一个约有四十岁出头的中年人,满脸堆着笑,走到监工面前,从口袋里摸出一包烟,捏出一支,敬到监工嘴边。监工张嘴叼了烟,又等着那人替他点燃。

中年人说:"您老,犯不着跟这根糟木头生气。"

监工把烟雾从鼻孔里喷出来,一句话也不说。大爷看到他握藤条的焦黄手指在紧急地扭动。

中年人把那盒烟装进监工口袋里。监工好像全无觉察,哼了一声,用手掌压压口袋,转身走了。

"老哥,你是新来的吧?"中年人问。

罗汉大爷说是。

他问:"你没送他点见面礼?"

罗汉大爷说:"不讲理,狗!不讲理,他们硬抓我来的。"

中年人说:"送他点钱,送他盒烟都行,不打勤的,不打懒的,单打不长眼的。"中年人扬长进入民夫队伍。

整整一个上午,罗汉大爷就跟没魂一样,死命地搬着石头。头上的血痂遭阳光晒着,干硬干硬地痛。手上血肉模糊。下巴上的骨头受了伤,口水不断流出来。那股紫红色的火苗时强时弱地在他脑子里燃着,一直没有熄灭。

中午,从前边那段修得勉可行车的公路上,颠颠簸簸地驶来一辆土黄色的汽车。他恍惚听到一声尖厉的哨响,眼见着半死不活的民工们摇摇摆摆地向汽车走过去。他坐在地上,什么念头也没有,也不想知道那汽车到来是怎么一回事。只有那簇紫红的火苗子灼热地跳跃着,冲击着他的双耳嗡嗡地响。

中年人过来,拉他一把,说:"老哥,走吧,开饭啦,去尝尝东洋大米吧!"

罗汉大爷站起来,跟着中年人走。

从汽车上抬下了几大桶雪白的米饭,抬下了一个盛着蓝花白底洋瓷碗的大筐。桶边站着一个瘦中国人,操着一柄黄铜勺子;筐边站着一个胖中国人,端着一摞碗。来一个人他发给一个碗,黄铜勺子同时往这里扣进米饭。众人在汽车周围狼吞虎咽,没有筷子,一律用手抓。

那个监工又转过来,提着藤条,脸上还带着那种冷静的笑容。罗汉大爷脑子里的火苗腾一声燃旺了,火苗把他丢去的记忆照耀得清清楚楚,他记起半天来噩梦般的遭际。持枪站岗的日本兵和伪军也聚拢过来,围着一只白铁皮桶吃饭。一只削耳长脸的狼狗坐在桶后,伸着舌头看着这边的民夫。

大爷数了数围着桶吃饭的十几个鬼子和十几个伪军,心里萌生了跑的念头。跑,只要钻到了高粱地里,狗日的就抓不到了。他的脚心里热乎乎地流出了汗。自从跑的念头萌动之后,他的心就焦躁不安。持藤监工冷静的笑脸后仿佛隐藏着什么?罗汉大爷一见这笑脸,脑子立刻就糊涂了。

民夫们都没吃饱。胖子中国人收回洋碗。民夫们舔着嘴唇,眼巴巴地盯着那几只空桶里残存的米粒,但没人敢去动。河北岸有一头骡子嘶哑地叫起来。罗汉大爷听出来了,是我家的黑骡子在叫。在那片新开辟出的空地上,骡马都拴在碌碡或石磙子上。高粱尸横遍野。骡马无精打采地叼吃着被揉烂压扁的高粱茎叶。

下午,有一个二十多岁的小青年,瞅着监工不注意,飞一般窜向高粱地,一颗子弹追上了他。他趴在高粱地边缘上,一动也不动。

太阳平西,那辆土黄色的汽车又来了。罗汉大爷吃完了那勺米饭。他吃惯了高粱米饭的肠胃,对这种充满霉气的白米进行着坚决的排斥。但他还是强忍着喉咙的痉挛把它吃了。跑的念头越来越强烈。他惦记着十几里外的村子里,属于他的那个酒香扑鼻的院落。日本人来,烧酒的伙伴们都跑了,热气腾腾的烧酒大锅冷了。他更惦记我奶奶和我父亲。奶奶在高粱叶子垛边给他的温暖令他终生难忘。

吃过晚饭,民夫们都被赶到一个用杉木杆子夹成的大栅栏里。栅栏上罩着几块篷布。杉木杆子都用绿豆粗的铁丝联成一体。栅栏门是用半把粗的铁棍焊成的。鬼子和伪军分住着两个帐篷,帐篷离栅栏几十步远。那条狗拴在鬼子的帐篷门口。栅栏门口,栽着一根高竿,竿上吊着两盏桅灯。鬼子和伪军轮流着站岗移动。骡马都集中地拴在栅栏西边那片高粱的废墟上。那里栽了几十根拴马桩。

栅栏里臭气熏天,有人在打呼噜,有人往栅栏边角上那个铁皮水桶里撒尿,尿打桶壁如珠落玉盘。桅灯的光暗淡地透进栅栏。流动哨的长影子不时在灯影里晃动。

夜渐深了,栅栏里凉气逼人。罗汉大爷无法入睡。他还是想跑。岗哨的脚步声绕着栅栏响。大爷躺着不敢动,竟迷迷糊糊地睡过去。梦中觉得头上扎着尖刀,手里握着烙铁。醒来,遍体汗湿,裤子尿得湿漉漉的。从遥远的村庄里传来一声尖细的鸡啼。骡马弹蹄吹鼻。被篷布上,漏出几颗鬼鬼祟祟的星辰。

白天帮助过罗汉大爷的那个中年人悄悄坐起来。虽然在幽暗中,大爷

还是看到了他那两颗火球般的眼睛。大爷知道中年人来历不凡，静躺着看他的动静。

中年人跪在栅栏门口，两臂扬起，动作非常慢。罗汉大爷看着他的背，看着他带着神秘色彩的头。中年人运了一回气猛一侧面，像开弓射箭一样抓住两根铁棍。他的眼里射出墨绿色的光芒，碰到物体，似乎还窸窣有声。那两根铁棍无声无息地张开了。更多的灯光和星光从栅栏门外射进来，照着不知谁的一只张嘴的破鞋。游动哨转过来了。罗汉大爷看到一条黑影飞出栅栏，鬼子哨兵咯了一声，便在中年人铁臂的扶持下无声倒地。中年人拎起鬼子的步枪，轻悄悄地消逝了。

罗汉大爷好半晌才明白了眼前发生了什么事。中年人原来是个武艺高强的英雄。英雄为他开辟了道路，跑吧！罗汉大爷小心翼翼地从那个洞里爬出去。那个死鬼子仰面躺着，一条腿还在抽抽搭搭地动。

罗汉大爷爬进了高粱地，直起腰来，顺着垄沟，尽量躲避着高粱，不发出响动，走上墨水河堤。三星正响，黎明前的黑暗降临。墨水河里的星斗灿烂。局促地站在河堤上，罗汉大爷彻骨寒冷，牙齿频繁打击，下巴骨的疼痛扩散到腮上、耳朵上，与头顶上一鼓一鼓的化脓般的疼痛连成一气。清冷的掺杂着高粱汁液的自由空气进入他的鼻孔、肺叶、肠胃，那两盏鬼火般的桅灯在雾中亮着，杉木栅栏黑幢幢的[2]，像个巨大的坟墓。罗汉大爷几乎不敢相信，这么容易就逃出来了。他的脚把他带上了那座腐朽的小木桥，鱼儿在水中翻花，流水潺潺有声，流星亮破一线天。好像什么事也没有发生呀，什么也没有发生。本来，罗汉大爷就可以逃回村子，藏起来，躲起来，养好伤，继续生活。可是，当他走到木桥上时，听到在河南岸，有个不安生的骡子嘶哑地叫了一声。罗汉大爷为了骡子重新返回，酿出了一幕壮烈的悲剧。

骡马拴在离栅栏不远处的几十棍木桩上，它们的身下，漾溢着尿骚屎臭。马打着响鼻，骡子啃着木桩，马嚼着高粱秸子，骡子拉着稀屎。罗汉大爷一步三跌，抢进骡马群。他嗅到了我家那两头大黑骡子亲切的味道，他看到了我家那两头大黑骡子熟悉的身影。他扑上去，想去解救自己的患难的伙伴，骡子，这不通理论的畜生，竟疾速地掉转屁股、飞起双蹄。罗汉大爷喃喃地说："黑骡，黑骡，咱一起跑了吧！"骡子暴怒地左旋右转，保护着自己的领地。它们竟然认不出主人啦，罗汉大爷不知道自己身上新鲜的陈旧的血腥味，自己身上新鲜的陈旧的伤痕，已经把自己改变了。罗汉大爷心中烦乱，一步跨进去，骡子飞起一个蹄子，打在了他的胯骨上。老头子侧身飞去，躺在地上，半边身子都麻木不仁。骡子还在撅着屁股打蹄，蹄铁像残月一样闪烁。罗汉大爷胯骨灼热胀大，有沉重的累赘感。他爬起来，歪倒了,歪倒了又爬起来。村里的那只嗓音单薄的公鸡又叫了一声。黑暗逐渐消退,三星愈加辉煌耀目,也辉耀着那亮晶晶的骡子屁股和眼球。

"好两个畜生!"

罗汉大爷,心头火起,一歪一斜地转着,想寻找一件利器。在开挖引水渠的工地上,他找到一柄锋利的铁锹。他毫无拘谨地走,叫骂,忘了百步之外的人与狗。他自由自在,不自由都是因为怕。东方那团渐渐上升的红晕在上升时同时散射,黎明前的高粱地里,静寂得随时都会爆炸。罗汉大爷迎着朝霞,向那两头大黑骡子走去。他对黑骡恨之入骨。骡子静立着不动,罗汉大爷把铁锹端平,对准一头黑骡的一条后腿,猛力铲过去。一道凉凉的阴影落到骡子的后腿上。骡子歪斜了两下,立即挺住,从骡头那儿,响了粗犷豪烈惊愕愤怒的嘶鸣。随即,受伤的骡子把屁股高高扬起,一溜热血抛洒,像雨点一样,淅淅沥沥淋了大爷满脸。罗汉大爷瞅准空当,又铲中了骡子的另一条后腿。黑骡叹息了一声,屁股逐渐堕落,猛然坐在地上,两条前腿还立着,脖子被缰绳吊直,嘴巴朝着已是灰蓝色的苍天呼吁。铁锹被骡子沉重的屁股压住,罗汉大爷也蹲了窝。他用尽全力,把铁锹抽出。他感受到铁锹刃儿牢牢地嵌在骡子的腿骨里。另一头黑骡,傻愣愣地看着瘫倒的同伴,像哭一样,像求饶一样哀鸣着。

罗汉大爷平托铁锹,向它逼过去,它用力后退着,缰绳几乎被拉断,木桩哗哗叭叭地响[3],它的拳大的双眼里,流着暗蓝色的光。

"你怕了吗?畜生!你的威风呢?畜生!你这个忘恩负义吃里扒外的混账东西!你这个里通外国的狗杂种!"

罗汉大爷怒骂着,对着黑骡长方形的板脸铲出一锹。铁锹铲在木桩上,他上下左右晃动着锹柄,才把锹刃拔出。黑骡挣扎着,后腿曲成弓箭,秃尾巴扫地嚓啦有声。大爷瞄准骡脸,啪地一响,铁锹正中骡子宽广的脑门,坚固的头骨与锹刃相撞,一阵震颤,通过锹柄传导,使罗汉大爷双臂酸麻。黑骡闭口无言,蹄腿乱动,交叉杂错,到底撑不住。嗯隆一声倒下,像倒了一堵厚墙壁。缰绳被顿断,半截在木桩上垂着,半截在骡脸边曲着。罗汉大爷垂手默立,光滑的锹柄在骡头上斜立指着天。那边狗叫人喧,天亮了,从东边的高粱地里,露出了一弧血红的朝阳,阳光正正地照着罗汉大爷半张着的黑洞洞的嘴。

【注释】 [1]碌碡(liùzhóu):农具,用石头做成,圆柱形,用来轧谷物,平场地。也叫石磙。 [2]幢幢(chuángchuáng):形容影子摇晃。 [3]哗哗叭叭(bìbìpāpā):象声词。

【简析】《红高粱》以虚拟家族回忆的形式描绘了由土匪司令余占鳌组织的民间武装,伏击日本汽车队,以及发生在高密东北乡这个乡野世界中的各种野性故事。这

部小说的情节由两条故事线索交织而成:主干写民间武装伏击日军的起因和过程;辅线由余占鳌与戴凤莲在抗战前的爱情故事串起。

本文节选自小说的第二节、第三节,描述了罗汉大爷在"我"家被日本鬼子抓走去修公路,不堪受监工打骂欺辱,在夜晚逃走后返回救骡子受伤被抓的过程。

罗汉大爷在故事的开端和发展部分,是个老实本分的农民。他为东家做事,尽心尽力。东家的财产遭受损失,他尽力保护。在日伪军的枪口下,他表现得低三下四、渺小无助。在工地上,他对拿着抽人藤条的监工心存恐惧。随着情节的发展,这种恐惧逐渐消退,在逃跑的中年人的激励下,罗汉大爷刚猛之气逐步显现,勇敢地逃出了牢笼。当他为那两头忘恩负义的骡子而激荡起复仇的火焰时,已经完成了一次人格的提炼和升华。"你怕了吗? 畜生! 你的威风呢? 畜生! 你这个忘恩负义吃里扒外的混账东西! 你这个里通外国的狗杂种!"罗汉大爷骂的是骡子,但我们从中能够品悟出一些民族大义。罗汉大爷在对骡子处以惩戒时,他的血性男儿的刚猛得到了充分的刻画。从这个情节里,我们已经看到了罗汉大爷作为平民英雄,人格在危难中得到洗礼。

小说运用了多种手法来刻画罗汉大爷的形象。如将罗汉大爷先前的退缩忍让和后来的刚强勇猛作对比,将中年人的果敢机智、奶奶的聪明机警作正面衬托,用伪军的凶狠残忍和监工的蛮横无理作背景衬托,使罗汉大爷的形象显得真实而丰满。

莫言小说的叙事视角与读者的阅读视角往往是同步重叠的,使读者在阅读中往往有置身其间的真实感,能够真切地沉浸到作者创设的语言意境和叙事氛围中。

复习思考题

1. 课文是如何刻画罗汉大爷的形象的?

2. 阅读文本,体会小说的语言,重点研究小说对色彩感觉的表现。

3. 课下阅读小说《红高粱》,理解小说主题,探究中华民族不甘屈辱,奋起抗敌的精神。

四十四、小小说两篇

较　量

高　军

【题解】 本文选自《2016 中国微型小说选》,花城出版社 2016 年出版。高军,1962 年出生,山东沂南人,山东省著名作家。主要致力于小说、文学评论和散文创作,在《人民日报》《诗刊》《文艺报》等百余家报刊发表近百万字。个人已出版小说集《紫桑葚》、文学评论集《小小说内外》《山东小小说作家研究》等。他的评论集《山东小小说作家研究》填补了中国微型小说研究的空白,为从事微型小说地域作家研究提供了理论支持。高军被评为 2006 年度中国小小说十大热点人物,获全国小小说金奖大赛佳作奖和山东文学优秀作品奖等数十次。

　　高军因出生、工作于沂南,所以他的创作都取材于沂蒙革命根据地、诸葛故里、红嫂家乡。他的小小说题材多样,涉及战争、传奇、爱情、校园、官员、平民人物、城乡舞台等等,都具有浓郁的地方色彩和朴实的民族风味。其小小说立意新颖、构思巧妙,内容丰富,意蕴无穷。人物形象具有诗意特质,鲜活生动。语言凝练,老道,厚重,富有张力,极具神韵。

　　《较量》创作于 2016 年,是一部以反腐为题材的作品。小小说以老检察官与贪腐官员保善的较量为叙事主线,讲述了当代检察官维护正义与法制,在办案过程中与贪腐犯罪分子斗智斗勇的精彩故事。写出一个贪腐官员,在老检察官面前心理防线瓦解,彻底交代问题,接受法律的制裁,自悔自新,以及出狱后再一次感受人间正义力量的过程。作品具有深刻的现实意义,给读者留下了无尽的沉思。

　　十年后,保善还清楚记得,那次和检察官的较量中,他的心理防线是在一口浓痰下彻底崩溃的。

　　太阳有一竿子高的时候,他走出家门。在县城里,楼房高低错落,地平线早已被混凝土建筑物遮挡了个严实。这一竿子从哪里丈量让他感到已无从着手,太阳现在是在楼与楼之间的缝隙里被挤压着,好似随时都能被挤碎沿着楼体流淌下去。但他之所以有这种一竿子高的感觉,是因为回到家中,觉得一切是那么美好,连亲近大地的感受都不一样了的缘故。

　　昨天回来后,他万端的感慨再次涌上了心头。家中的家具变得陈旧了,老婆的皱纹更多更深了,孩子也早已中断在国外的自费留学回来自谋职业了。他的家,已经变得和任何一个普通家庭没有什么两样。

　　一晚上并没有睡得太扎实,到接近天明的时候他才进入了真正的睡眠状态。醒来后,他决定到公园里去走一走。已经是初夏时光,不到七点太阳就这么高了。他走在大街上,再次回想起自己十年前的那一切。

　　那时候,他在单位当着一把手,什么都由他说了算,不知不觉间慢慢就张扬起来,做了很多不应该做的事情,最终因贪腐被请进了检察院。

　　他的牙关一直咬得很紧,检察官们几次询问,他是死活都不说。他想只要自己坚决不承认,谁也没办法怎么他。可是,办案人员也都是老手,又是严厉审问,又是心理疏导,几天后他就觉得有点招架不住了。

　　这天深夜,对他的讯问再次开始。他发现,这次审问他的核心人物换了,是一位接近六十岁的老检察官,那斑白的鬓发在电灯光照映下,黑白更不分明了,好像全部变成了铁灰色似的。看着他,保善心中凛然一惊,知道这是一场缠手的较量。例行的询问由年轻的检察官逐一进行着,老检察官的眼光只要扫过来,他就有一种被压得喘不过气来的感觉。渐渐地,他一直梗着的脖子开始发酸发软,需要强撑着才不至于低下去。时间一分一秒地过去,周围一点动静也没有,玻璃窗外的夜色在微弱的街灯照耀下显得更浓,室内的空气更加压抑。由于他不说话,检察官们也沉默了下来,双方无声地对峙着。最终,在几双明亮的目光长时间注视下,他的头终于低了下去。

室内越来越静,保善能听到几名检察官的呼吸声调各不相同,其中劲道最大的就是老检察官发出的。他仔细琢磨后,觉得这里面就是自己的喘气声有些不均匀,在越来越清晰的几个人发出的声息中,他是最虚弱的。

"哞——"保善听到一声长长的震响破空而来,他惊讶地抬起头来,只见老检察官微仰着头,用浑厚的鼻音使劲吸着气,鼻翼在持续翕动,随后微微张开嘴,喉咙和鼻腔共同用力,猛地"咔"一声,咳下一口痰来。他清晰地看到,老检察官撮起嘴唇,"吐——"一下,那口浓痰直直地向着四米开外墙角的一个痰盂准确飞去。静谧的空气生生被撕扯开一道缝隙,发出震耳欲聋的破裂声,那口浓痰准确地落进了目标之内。

"说吧——"在保善还处于一种被子弹射中的浑噩状态之中的时候,老检察官开始发话了。

在老检察官严厉目光的注视下,他再也绷不住了,把一切都坦白了出来。

自由是多么美好! 走在去公园的路上,保善更加真切体会到了这句话包含的丰富内容。他的住处离得很近,不一会儿就进入了公园。

蓦地,他的眼光凝住了,在不远处的一个座椅上,坐着那位让他难忘的老检察官。十年过去,老检察官的头发全部变白了,着便服的他和县城里的普通老头也已没有什么区别。如果不是自己的囹圄生活和他紧密相关的话,保善是认不出他来的。他看到老检察官的眼睛已经变得浑浊了许多,体力也大不如前。

经过这么长的牢狱改造,保善对自己的罪行已经彻底悔过。但面对老检察官,不知为什么他突然握紧拳头一步步向前走去,眼光直视着已经有些老态的老人。

就在他走到离老人还有五六米远的时候,老检察官微微仰起脸来,鼻子向上一耸,"哞——""咔""吐——",动作连贯,一气呵成。只见从他口中飞出的一口浓痰,又像飞旋的子弹一样,准确落入了前方三四米远处一个尚未盖上盖子的垃圾箱内,劲道之大,令人惊讶。保善猛然哆嗦了一下,紧攥着的双拳慢慢松开,脚步停了下来。

他再次看了一眼安静地坐在长条椅上的老检察官,慢慢转身向回家的路走去……

【简析】　本文通过老检察官与贪腐官员保善的两次较量,成功地塑造了一位优秀的人民检察官形象,一个在法律与正义感召下悔悟自新的人物形象。反映了自私伪善、多行不义的贪婪行径终将受到法律的惩治的主题。高军笔下的"较量"使我们感受到了法律的尊严与正义的伟大力量,给人以启迪和深思。

老检察官是作者着意刻画的人物,作者通过鲜活而独特的细节描写,展现出他办案经验丰富,阅历深厚,对案情和犯罪分子心理明察秋毫。他大智大勇,既是一名优秀的检察官,也是正义的化身,和贪腐分子之间的较量是正义与邪恶的法律较量。面对老检察官的浩然正气,邪恶必将无所遁形,最终将无计可施,归于不可避免的失败。

本文很好地体现出作家高军的创作风格,即采用朴素、本真的叙事方式。在行文过程中,作者不追求文字的雕琢,依据事情的发展情节,用最通俗的语言,写出了保善两次面对老检察官时复杂的内心世界,表达出良知与正义的缺失,无疑是可怕的,让人们从中感受到法律监督的浩然正气,坚定对法律的信仰,真正做到不敢腐、不想腐、不能腐。

作者运用心理描写、叙述和细节描写相结合、以环境烘托气氛和主题等方法来塑造人物形象,道出人间正义压倒一切的命题,彰显了反腐倡廉的时代理念。

 复习思考题

1. 通过阅读小说,体会"较量"的现实意义。
2. 课外阅读高军小说《紫桑葚》。

英 雄

立 夏

【题解】 本文选自《2016中国微型小说选》,花城出版社2016年出版。立夏,本名张海霞,浙江舟山人。中国金融作家协会会员,浙江省作家协会会员,浙江金融作家协会理事,舟山市作家协会理事。2008年开始写作,作品在《小说选刊》《读者》《意林》《格言》《山花》《青春》《小小说选刊》《微型小说选刊》等全国上百家报刊发表。个人已出版文集《立夏柒年》。作品多次入选各大出版社小小说年度选本,并被全国数十个省市中高考模拟卷选为阅读理解题,有多篇作品在全国小小说(微型小说)比赛中获奖。

立夏小小说的重要特点是故事包袱不明朗,用意味深长的留白,让读者去欣赏品读。惯于以现实写景的手法,将作品中的暗喻以隐约的文风客观地折射出来,让读者在分析解读的同时,陷入深思之中,进而得到启悟。其作品所涉猎的题材多样,均清新可读,结构精巧别致,足见作者深刻的观察思考力与高超的文字驾驭力。

小说《英雄》采用电影蒙太奇手法,剪辑主人公的几个年龄片段加以组合,通过故事的快速推进,勾勒出一个英雄人物的人生轨迹,展现出一位平民英雄平凡而又伟大的一生,热情讴歌了无私无畏、舍己救人的英雄事迹,也引发了读者对于社会现实问题的深度思考。

一

他二十岁的时候,她正好十岁。

她坐在台下,晶亮的眸子映照出台上英武的他。

他是学校请来的英雄,笔挺的军装上一张黝黑却棱角分明的脸,因为激动透着健康的红晕。

他在台上大声地念着手中的演讲稿,只剩下三根手指的右手高高举起,如同一面灼目的旗帜。在一次实弹演习中,面对一颗滋滋作响的手榴弹,他毫不犹豫地拣起来扔向远方,挽救了被吓呆的战友。

她的眼中噙满了泪水,朦胧间台上的他是那么高大英俊,连他那浓重的乡音都充满了亲切的味道。

"他真是个英雄,我会一辈子记住他的。"她在心里默默地想。

二

他三十岁的时候,她二十岁。

学校组织学生们去农村体验生活。

如果不是村干部郑重地向大家介绍他曾经是个英雄,她是一丁点儿也认不出他了。

埋头在田里劳作的他跟其他的农民已没什么两样,披着一件灰扑扑的褂子,失却了红晕的脸还是那么黑,却变得暗沉。村干部介绍的时候,他憨憨地笑,脸上,怎么也找不到十年前年轻的影子。

他坐在田头抽着烟卷,好几次她都想走过去跟他说几句话。看着烟头一明一灭,她终于还是没过去。

她实在想不出该对他说什么话。

三

他四十岁的时候,她三十岁。

他在她所在的城市摆了个摊,卖鸡蛋煎饼。

五岁的女儿吵着要吃煎饼,她先认出了他的手,再抬头看他的脸,恍若隔世般,已然很陌生了。

女儿香甜地啃着煎饼,她的心却一直不能平静。她忍不住悄悄告诉女儿,卖煎饼的是一个英雄,女儿懵懂地吵闹着,要去看英雄。

她带着女儿折回去,女儿仔细看着那只残缺的手,然后哇地一声大哭起来。她匆忙带着女儿离开。一边哄着女儿,一边回忆自己十岁的时候第一次看见这只手,一点都不觉得害怕,只有深深的敬意。

她还记起来当时听完报告回到家,小小的她弯曲起两根手指,模仿三指的样子,想象着那种悲壮。

四

他五十岁的时候,她四十岁。

她在民政局混上了科长的位置,工作还算清闲,生活不好不坏。

当他在她办公室外面探头探脑的时候,她根本就没认出他,原来他是来申请追加困难补助的。

她给他倒了杯茶水,他受宠若惊地捧着,只会一迭声地说谢谢。她陪着他办完了所有手续,而他不知道为何受到如此礼遇,越发地惶恐不安,一个小时里说了不下五十声的谢谢。

望着他佝偻着背离开,她开始努力回想他年轻时的样子,却怎么也想不起来了。

"他真的曾经是个英雄吗?"问自己这个问题的时候,她觉得那么茫然。

五

她五十岁的时候,他已经不在了。

那天她在办公室喝着茶,翻着报纸,四十年前的他突然映入眼帘。犹如被雷击般,她手中的茶杯怦然落地。

他在回乡的公交车上遇到一伙劫匪,一车人里只有他挺身而出,搏斗中,被刺数刀身亡。报道还提到,他的右手只有三根手指,年轻时他就曾因救人成为部队里的英雄典型。那张穿着军装的年轻的照片,据说是他唯一的一张相片。

一瞬间,泪水又模糊了她的眼睛,恍如四十年前她含着眼泪坐在台下仰望。

【简析】 这是一篇极富社会现实意义的小小说。《英雄》以一位女性特有的视角,转换时空,透过一个英雄从辉煌到寂寞的人生轨迹,把英雄人物的遭遇置于特定的现实生活中来考量,突出反映人在追求精神和理想信念中与当下社会的价值观所产生的矛盾,深刻地挖掘了人内心深处的高尚情怀。作品隐隐透出来一种对现实与人生的无奈和苦涩感,人物命运引人深思。

本文构思精巧。蒙太奇式的剪辑方法,以每隔十年为一个板块组织故事情节,勾勒出一个英雄人物的人生轨迹。作品以一个十岁孩子的视角为起点,用时间跨度演绎了人们对英雄的认知变化,揭示了时代变迁下人生价值观取向。二十岁的台上英武的他,其英雄事迹令十岁的"她"心生敬仰;三十岁"憨憨地笑""埋头在田间劳作"的他,令二十岁的"她"怎么也找不到英雄的影子;四十岁摆摊卖煎饼的他,三十岁的

"她"带着五岁的孩子巧遇时,对英雄概念尚且模糊的孩子却被其伤残的手指吓哭,两代人心理上对英雄的不同认识和理解引人深思;五十岁的他来到民政局申请困难补助,"探头探脑……说了不下五十声的谢谢","她"心目中的英雄形象似乎彻底沦陷了。当"她"五十岁的时候,他在公交车上勇斗劫匪牺牲,流泪的"她"再次找回了迷失四十年的英雄情结。蒙太奇式的写作方式,拉大了时间跨度,让故事快速推进。细节的选取,使跳跃性的故事变得真实,有说服力。

随着时代的变迁,"英雄"的概念也在不断刷新。作者通过"她"眼中英雄形象的发展变化告诉我们:英雄在日常生活中可以是平凡的,甚至可以是卑微的,但在关键时刻能够挺身而出,这就是真正的英雄。

"风流总被雨打风吹去",任何的辉煌与灿烂在人类历史的长河中都是极为短暂的一瞬,但有些是应该被我们铭记与传承的,尤其是应该被社会关注与弘扬的,如英雄与英雄精神。

复习思考题

1. 小说中的"他"具有什么样的性格?请简要概述。
2. 请结合全文,简要分析小说最后一段的作用。

四十五、一个长着翅膀的老人

[哥伦比亚]马尔克斯

【题解】 本文选自赵德明、刘瑛译《加西亚·马尔克斯中短篇小说集》,上海译文出版社 1982 年 10 月出版。加夫列尔·加西亚·马尔克斯(1927 年 3 月 6 日—2014 年 4 月 17 日),哥伦比亚作家、记者、社会活动家,20 世纪拉丁美洲魔幻现实主义文学的杰出代表,20 世纪最有影响力的作家之一。重要作品有长篇小说《百年孤独》《家长的没落》《霍乱时期的爱情》,中篇小说《枯枝败叶》《恶时辰》《没有人给他写信的上校》《一件事先张扬的凶杀案》《苦妓追忆录》,短篇小说集《蓝宝石般的眼睛》《格兰德大妈的葬礼》,电影文学剧本《绑架》,文学谈话录《番石榴飘香》和报告文学集《一个海上遇难者的故事》《米格尔·利廷历险记》等。长篇小说《百年孤独》震撼世界文坛,被视为拉美魔幻现实主义文学代表作,因此马尔克斯于 1982 年获诺贝尔文学奖。

他的作品善于将现实性与神奇性相结合,运用象征和隐喻手法,表现拉美的历史变迁和现实生活,揭示了拉美民族的深层心理,表达了对拉美民族和人类命运的思索和关切。

《一个长着翅膀的老人》又译为《巨翅老人》。这是一篇貌似离奇的小说,讲述了一个长翅膀的老头突然出现在海边一对夫妇的院子里,老头先被关进鸡笼,后被用于展览牟利,包括神父在内的大众都不理解他,老人在受尽欺凌后飞向了远方。

大雨连续下了三天,贝拉约夫妇在房子里打死了许许多多的螃蟹。刚出生的婴儿整夜都在发烧,大家认为这是由于死蟹带来的瘟疫,因此贝拉约不得不穿过水汪汪的庭院,把它们扔到海里去。星期二以来,空气变得格外凄凉。苍天和大海连成一个灰茫茫的混合体,海滩的细沙在三月的夜晚曾像火星一样闪闪发光,而今却变成一片杂有臭贝壳的烂泥塘。连中午时的光线都显得那么暗淡,使得贝拉约扔完螃蟹回来时,费了很大力气才看清有个东西在院子深处蠕动,并发出阵阵呻吟。贝拉约一直走到很近的地方,方才看清那是一位十分年迈的老人,他嘴巴朝下伏卧在烂泥里,尽管死命地挣扎,依然不能站起,因为有张巨大的翅膀妨碍着他的活动。

贝拉约被这恶梦般的景象吓坏了,急忙跑去叫妻子埃丽森达,这时她正在给发烧的孩子头上放置湿毛巾。他拉着妻子走到院落深处。他们望着那个倒卧在地上的人,惊愕得说不出话来。老人穿戴得像个乞丐,在剃光的脑袋上仅留有一束灰发,嘴巴里剩下几颗稀稀落落的牙齿,他这副老态龙钟浑身湿透的模样使他毫无气派可言。那对兀鹰似的巨大翅膀,十分肮脏,已经脱掉一半羽毛,这时一动不动地搁浅在污水里。夫妻二人看得那样仔细,那样专注,以致很快从惊愕中镇定下来,甚至觉得那老人并不陌生。于是便同他说起话来,对方用一种难懂的方言但却是一种航海人的好嗓音回答他们。这样他们便不再注意他的翅膀如何的别扭,而是得出十分精辟的结论:即认为他是一位遭到台风袭击的外轮上的孤独的遇难者,尽管如此,他们还是请来一位通晓人间生死大事的女邻居看一看。她只消一眼,便纠正了他俩的错误结论。她说:"这是一位天使,肯定是为孩子来的,但是这个可怜的人实在太衰老了,雷雨把他打落在地上了。"

第二天,大家都知道了在贝拉约家抓住了一个活生生的天使。与那位聪明的女邻居的看法相反,他们都认为当代的天使都是一些在一次天堂叛乱中逃亡出来的幸存者,不必用棒子去打杀他。贝拉约手持着警棍整个下午从厨房里监视着他。临睡觉前他把老人从烂泥中拖出来,同母鸡一起圈在铁丝鸡笼里。午夜时分,雨停了。贝拉约与埃丽森达却仍然在消灭螃蟹。过了一会儿,孩子烧退醒了过来,想吃东西了。夫妇俩慷慨起来,决定给这位关在笼子里的天使放上三天用的淡水和食物,等涨潮的时候再把他赶走。天刚拂晓,夫妻二人来到院子里,他们看见所有的邻居都在鸡笼子前面围观,毫无虔诚地戏耍着那位天使,从铁丝网的小孔向他投些吃的东西,似乎那并不是什么神的使者,而是一头马戏团的动物。贡萨加神父也被这奇异的消息惊动了,在七点钟以前赶到现场。这时又来了一批好奇的人,但是他们没有黎明时来的那些人那样轻浮,他们对这个俘虏的前途作着各种各样的推测。那些头脑简单的人认为他可能被任命为世界的首脑。另一些头脑较为复杂的人,设想他可能被提升为五星上将,去赢得一切战争。还有一些富于幻想的人则建议把他留做种籽,好在地球上培养一批长翅膀

的人和管理世界的智者。在当牧师前曾是一个坚强的樵夫的贡萨加神父来到铁丝网前，首先重温了一遍教义，然后让人们为他打开门，他想凑近看一看那个可怜的汉子，后者在惊慌的鸡群中倒很像一只可怜的老母鸡。他躺在一个角落里，伸展着翅膀晒太阳，四围满是清晨来的那些人投进来的果皮和吃剩的早点。当贡萨加神父走进鸡笼用拉丁语向他问候时，这位全然不懂人间无礼言行的老者几乎连他那老态龙钟的眼睛也不抬一下，嘴里只是用他的方言咕哝了点什么。神父见他不懂上帝的语言，又不会问候上帝的使者，便产生了第一个疑点。后来他发现从近处看他完全是个人：他身上有一种难闻的气味，翅膀的背面满是寄生的藻类和被台风伤害的巨大羽毛，他那可悲的模样同天使的崇高的尊严毫无共同之处。于是他离开鸡笼，通过一次简短的布道，告诫那些好奇的人们过于天真是很危险的。他还提醒人们：魔鬼一向善用纵情欢乐的诡计迷惑不谨慎的人。他的理由是：既然翅膀并非区别鹞鹰和飞机的本质因素，就更不能成为识别天使的标准。尽管如此，他还是答应写一封信给他的主教，让主教再写一封信给罗马教皇陛下，这样，最后的判决将来自最高法庭。

神父的谨慎在麻木的心灵里毫无反响。俘获天使的消息不胫而走，几小时之后，贝拉约的院子简直成了一个喧嚣的市场，以至于不得不派来端了刺刀的军队来驱散都快把房子挤倒的人群。埃丽森达弯着腰清扫着小市场的垃圾，突然她想出一个好主意，堵住院门，向每个观看天使的人收取门票五分。

有些好奇的人来自很远的地方。还来了一个流动杂耍班；一位杂技演员表演空中飞人，他在人群上空来回飞过，但是没有人理会他，因为他的翅膀不是像天使的那样，而是像蝙蝠的翅膀。地球上最不幸的病人来这里求医：一个从儿时开始累计自己心跳的妇女，其数目字已达到不够使用的程度；一个终夜无法睡眠的葡萄牙人受到了星星的噪音的折磨；一个梦游病者总是夜里起来毁掉他自己醒时做好的东西；此外还有其他一些病情较轻的人。在这场震撼地球的动乱中，贝拉约和埃丽森达尽管疲倦，却感到幸福，因为在不到一个星期的时间里，他们屋子里装满了银钱，而等着进门的游客长队却一直伸展到天际处。

这位天使是惟一没有从这个事件中捞到好处的人，在这个临时栖身的巢穴里，他把全部时间用来寻找可以安身的地方，因为放在铁丝网旁边的油灯和蜡烛仿佛地狱里的毒焰一样折磨着他。开始时他们想让他吃樟脑球，根据那位聪明的女邻居的说法，这是天使们的特殊食品。但是他连看也不看一下，就像他根本不吃那些信徒们给他带来的食品一样。不知道他是由于年老呢，还是别的什么原因，最后总算吃了一点茄子泥。他惟一超人的美德好像是耐心。特别是在最初那段时间里,当母鸡在啄食繁殖在他翅膀上的小寄生虫时;当残废人拔下他的羽毛去触摸他的残废处时;当缺乏同情心的人向他投掷石头想让他站起来,以便看看他的全身的时候,他都显到很有耐心。惟一使他不安的一次是有人用在牛身上烙印记的铁铲去烫他,他呆了那么长的时间动也不动一下,人们都以为他死了,可他却突然醒过来,用一种费解的语言表示愤怒,他眼里噙着泪水,扇动了两下翅膀,那翅膀带起的一阵旋风把鸡笼里的粪便和尘土卷了起来,这恐怖的大风简直不像是这个世界上的。尽管如此,很多人还是认为他的反抗不是由于愤怒,而是由于痛苦所至。从那以后,人们不再打扰他了,因为大部分人懂得他的耐性不像一位塞拉芬派天使在隐退时的耐性,而像是在大动乱即将来临前的一小段短暂的宁静。

贡萨加神父向轻率的人们讲明家畜的灵感方式,同时对这个俘获物的自然属性提出断然的见解。但是罗马的信件早就失去紧急这一概念。时间都浪费在证实罪犯是否有肚脐眼呀,他的方言是否与阿拉米奥人的语言有点关系呀;他是不是能在一个别针上触摸很多次呀,等等上边。如果不是上帝的意旨结束了这位神父的痛苦的话,这些慎重的信件往返的时间可能会长达几个世纪之久。

这几天,在杂耍班的许多引人入胜的节目中,最吸引人的是一个由于不听父母亲的话而变成蜘蛛的女孩的流动展览。看这个女孩不仅门票钱比看天使的门票钱少,而且还允许向她提出各色各样有关她的痛苦处境的问题,可以翻来覆去地查看她,这样谁也不会怀疑这一可怕情景的真实性。女孩长着一个蜘蛛体形,身长有一头羊那么大,长着一颗悲哀的少女的头。但是最令人痛心的不是她的外貌,而是她所讲述的不幸遭遇。她还几乎未成年时,偷偷背着父母去跳舞,未经允许跳了整整一夜,回家路过森林时,一个闷雷把天空划成两半,从那裂缝里出来的硫磺闪电,把她变成了一个蜘蛛。她惟一的食物是那些善良人向她嘴里投的碎肉球。这样的场面,是那么富有人情味和可怕的惩戒意义,无意中使得那个对人类几乎看都不愿看一眼的受人歧视的天使相形见绌。此外,为数很少的与天使有关的奇迹则反映出一种精神上的混乱,例如什么不能恢复视力的盲人又长出三颗新的牙齿呀,不能走路的瘫痪病人几乎中彩呀,还有什么在麻风病人的伤口上长出向日葵来等等。

那些消遣娱乐胜于慰藉心灵的奇迹,因此早已大大降低了天使的声誉,而蜘蛛女孩的出现则使天使完全名声扫地了。这样一来,贡萨加神父也彻底治好了他的失眠症,贝拉约的院子又恢复了三天阴雨连绵、螃蟹满地时的孤寂。

　　这家的主人毫无怨言,他们用这些收入盖了一处有阳台和花园的两层楼住宅。为了防止螃蟹在冬季爬进屋子还修了高高的围墙。窗子上也按上了铁条免得再进来天使。贝拉约还另外在市镇附近建了一个养兔场,他永远地辞掉了他那倒霉的警官职务。埃丽森达买了光亮的高跟皮鞋和很多色泽鲜艳的丝绸衣服,这种衣服都是令人羡慕的贵妇们在星期天时才穿的。只有那个鸡笼没有引起注意。有时他们也用水冲刷一下,在里面撒上些药水,这倒并不是为了优待那位天使,而是为了防止那个像幽灵一样在这个家里到处游荡的瘟疫。孩子还没到换牙时就已钻进鸡笼去玩了,鸡笼的铁丝网一块一块烂掉了。天使同这个孩子也是对其他人一样,有时也恼怒,但是他常常是像一只普通驯顺的狗一样忍耐着孩子的恶作剧,这样一来倒使得埃丽森达有更多的时间去干家务活了。不久天使和孩子同时出了水痘。来给孩子看病的医生顺便也给这位天使看了一下,发现他的心脏有那么多杂音,以至于使医生不相信他还活着。更使这位医生震惊的是他的翅膀,竟然在这完全是人的机体上长的那么自然。他不理解为什么其他人不也长这么一对。

　　当孩子开始上学时,这所房子早已变旧,那个鸡笼也被风雨的侵蚀毁坏了。不再受约束的天使像一只垂死的动物一样到处爬动。他毁坏了已播了种的菜地。他们常常用扫把刚把他从一间屋子里赶出来,可转眼间,又在厨房里遇到他。见他同时出现在那么多的地方,他们竟以为他会分身法。埃丽森达经常生气地大叫自己是这个充满天使的地狱里的一个最倒霉的人。最后一年冬天,天使不知为什么突然苍老了,几乎连动都不能动,他那混浊不清的老眼,竟然昏花到经常撞树干的地步。他的翅膀光秃秃的,几乎连毛管都没有剩下。贝拉约用一床被子把他裹起来,仁慈地把他带到棚屋里去睡。直到这时贝拉约夫妇才发现老人睡在暖屋里过夜时整宿地发出呻吟声,毫无挪威老人的天趣可言。

　　他们很少放心不下,可这次他们放心不下了,他们以为天使快死了,连聪明的女邻居也不能告诉他们对死了的天使都该做些什么。

　　尽管如此,这位天使不但活过了这可恶的冬天,而且随着天气变暖,身体又恢复了过来。他在院子最僻静的角落里一动不动地呆了一些天。到十二月时,他的眼睛重新又明亮起来,翅膀上也长出粗大丰满的羽毛。这羽毛好像不是为了飞,倒像是临死前的回光返照。有时当没有人理会他时,他在满天繁星的夜晚还会唱起航海人的歌子。

　　一天上午,埃丽森达正在切洋葱块准备午饭,一阵风从阳台窗子外刮进屋来,她以为是海风,若无其事地朝外边探视一下,这时她惊奇地看到天使正在试着起飞。他的两只翅膀显得不太灵活,他的指甲好像一把铁犁,把地里的蔬菜打坏了不少。阳光下,他那对不停地扇动的大翅膀几乎把棚屋撞翻。但是他终于飞起来了。埃丽森达眼看着他用他那兀鹰的翅膀扇动着,飞过最后一排房子的上空。她放心地舒了一口气,为了她自己,也是为了他。洋葱切完了,她还在望着他,直到消失不见为止,这时他已不再是她生活中的障碍物,而是水天相交处的虚点。

【简析】《一个长着翅膀的老人》通过怪诞、异化、夸张等手法,描写了一个老头模样、长着翅膀的天使的遭遇,表现了拉美民族现实生存状态。拉丁美洲民族是农业欧洲的移民,他们说西班牙语言,却对西班牙充满敌意;他们没有民族和国家归属感;他们忘记了祖先的信仰和文化,拒绝工业文明,封闭自己。

作者将幻想与现实相结合,从众生看天使和叙述人看众生的双重叙述角度,表现了人们对待天使老头或恐惧、或敬畏、或挑逗、或冷淡的态度,反映了人们对于拉美民族的一种态度。揭示了拉美人精神空虚无聊,思想观念闭塞停滞的现实,暴露了宗教的荒谬与欺骗,以及人民生活在荒谬中而不觉可悲的状态。天使老头的生存状态也就是拉美民族的现状,是拉美人愚昧落后、社会封闭、生活停滞的现实体观。这也正是拉丁美洲"百年孤独"的根本原因。

天使老头象征着拉丁美洲的传统文化;贝拉约夫妇是拉丁美洲社会中产阶级的象征;贡萨如神父则是今天拉丁美洲政教合一统治势力的代表人物。天使老头的恢复和飞翔象征着拉美民族的腾飞,暗示着民族的传统文化并没有因为压迫而消亡,它具有顽强的生命力,会重新发扬光大,给人们光明和希望。小说把现实与幻想、真实与荒诞、写实与夸张、严肃与嘲讽等巧妙地结合起来,体现了魔幻现实主义的基本特征。

本文是对历史的严肃反思。既有对拉美传统文化的寻根求源,又有对欧美现代主义的广泛吸收,堪称"移植"与"寻根"相结合的成功范例。它告诉我们,任何民族都要坚守自己的文化传统和民族信仰,这样才不至于在历史的长河中迷失自我。

 复习思考题

1. 请用简练的语言描述巨翅老人的形象。
2. 课下查阅资料,了解魔幻现实主义文学的创作特色。

扫一扫
测一测

课件
04单元PPT

扫一扫
知重点

第 四 单 元

一、了解本单元学习的几种常见应用文,分属于演说类文书、日常事务文书、公文、社交礼仪文书、科普文几个种类。

二、熟悉本单元几种常见应用文的概念、作用、特点及类别。

三、掌握本单元几种常见应用文的格式与写法。

四十六、演讲稿

(一) 演讲稿的定义和作用

演讲稿是在较为隆重的仪式和某些公众场所发表的讲话文稿,是人们在工作和社会生活中经常使用的文体,属于演说类文书的一种。它集中体现了演讲的目的,演讲的思维模式,演讲的材料组织和演讲的功能等。写作出色的演讲稿对于演讲来说至关重要,是决定演讲成功与否的重要因素。

演讲稿的作用表现在以下几个方面:

1. 保证内容的完善　人们认识问题有一个由此及彼、由表及里逐步深入完善的过程。演讲者完成了材料的收集、整理和提纲的编排以后,对演讲内容已经有了大体轮廓,但它毕竟只是一个框架,而不是完整的文稿。如果仅仅根据提纲去讲就有可能因为选材、组材和提纲的疏漏而出现一些不尽如人意的地方。通过撰写文稿,可以进一步修改、完善和充实演讲内容,使观点和材料得到高度的统一,从而保证演讲的质量。

2. 增强语言的感染力　演讲主要是以有声语言和相关的态势语言来表达思想。在没有演讲稿的情况下,演讲者在演讲现场临时把思想转变为有声语言的过程很短,没有足够的时间来斟酌词句,必然会出现一些"嗯""呀"等语气词以及凌乱、啰嗦、模糊和不必要的重复等毛病。为了防止各种偏差,必须预先写好,可以避免临场因斟酌字句而影响演讲效果的情况发生。

3. 帮助消除怯场心理　演讲者由于预先写好了演讲稿,心里有底,思路畅通无阻,便可以消除演讲时的种种顾虑和恐惧心理,轻松自如,专心一意加强姿态技巧的训练,全力发挥主动性和灵活性,使演讲声情并茂,圆满成功。

4. 帮助限定时速　通常的演讲都要受时间限制的,如果没有准备好演讲稿,时间往往难以掌握得当,要么前松后紧、虎头蛇尾;要么前紧后松、画蛇添足。有了演讲稿,可以按字数的多少来计算演讲的时间,还可以计划演讲的速度,有计划、从容不迫地在限定的时间里完成演讲。

(二)演讲稿的特点

演讲是演讲者与听众、听众与听众之间的交流,所以,演讲者不能以传达自己的情绪、思想、感情为满足,应该控制自己与听众、听众与听众的情绪回应与交流。因此演讲稿必须具有以下三个特点:

1. 针对性　演讲是一种社会活动,是用于公众场合的宣传形式。为了以思想、感情、事例和理论来晓喻、打动、征服群众,必须有较强的现实针对性。提出的问题应该是听众所关心的,评论和论辩要有雄辩的逻辑力量,要能为听众所接受并心悦诚服;要懂得听众有不同的对象和不同的层次,而公众场合也有不同的类型,如党团集会、专业性会议、服务性俱乐部、学校、社会团体、宗教团体、各类竞赛场合,要根据不同场合和不同对象,为听众设计不同的演讲内容。

2. 可讲性　演讲的本质在于"讲",它以"讲"为主、以"演"为辅。由于演讲要通过口语来表达,拟稿时必须以易说能讲为前提。如果说有些文章和作品主要通过阅读欣赏,领略其中意义和情味,那么,演讲稿的要求则是"上口入耳"。一篇好的演讲稿对演讲者来说要可讲,对听讲者来说应好听。

3. 鼓动性　演讲是一门艺术。好的演讲稿有一种激发听众情绪、征服听众的鼓动性。要做到这一点,必须依靠思想的丰富深刻,见解的精辟独到,语言的生动形象。

(三)演讲稿的分类

演讲稿根据用途可以分为四类:

1. 社会政治类　政治动员、经济形势报告、外交、军事演讲;文化宣传演讲、开幕词、祝酒词、竞选演说、就职演说、先进事迹报告等都属于政治类演讲。

2. 学术交流类　在学术会议上使用的演讲,如科研报告、学术讲座、论文答辩等,具有学术性的特点。

3. 法律类　在法庭上使用的控诉词、辩护词等属于法律类演讲。这类演讲具有强烈的逻辑性特点。

4. 思想教育类　这类演讲多出现在巡回报告、主题演讲等场合,是针对现实生活中人们思想动态和存在的问题,以真切的事实、有力的论证、丰富的情感来讴歌真善美,鞭笞假恶丑,引导听众树立正确的人生观、世界观的演讲。这类演讲除了具有演讲的一般特点外还具有劝导性的特点。

(四)演讲稿的写作方法

1. 演讲论题的选择　就是选择演讲所要阐述的主要问题,即"讲什么"。要把论题选好,一定要遵循需要性原则,选择现实需要亟待回答的论题,还要遵循适合性原则,选择那些适合演讲听众、演讲时间、演讲场合和演讲者实际的论题。

论题应以客观现实为需要,考虑听众的文化水平、思想修养、职业特点、阅历心理等。如果不考虑规定演讲的时间,不考虑演讲的场合和环境,不考虑演讲者的年龄、身份、气质、能力等,其论题再好,也无法搞好演讲。

如被邀请去做学术演讲,就应介绍自己最新的研究成果;如果是在思想教育性的活动上做演讲,应针对现实中的最新现象或听众最关心的问题发表见解;如果是政治集会,则从政治需要出发确定材料和主题。对青少年的演讲应形象生动、寓理于事,

讲述他们喜欢的人和事;对知识分子的演讲要尽可能地讲究知识的深度、广度和严谨性。

2. 演讲主题的确立　主题是演讲者在演讲中所要表达的中心思想或基本观点,体现着演讲者对所阐述问题的总体性看法,是整个演讲的"灵魂"和"统帅"。它决定着演讲思想性的强弱,制约着材料的取舍和组织。为了使演讲真正起到宣传群众、教育群众、鼓舞群众的作用,要求演讲的主题必须正确、鲜明、集中、深刻。

3. 演讲标题的确定　标题是演讲稿的名称,是演讲稿不可缺少的有机组成部分。一个新颖、生动、恰当而富有吸引力的题目,不仅能在演讲前给人急欲一听的强烈愿望,而且在演讲结束之后,也能给人留下永久的记忆,甚至成为警句而广为流传。演讲的标题不是演讲者信手拈来的结果,而是演讲者经过认真思考反复推敲形成的。当代著名演讲家李燕杰给题目的选择定了四条原则:第一,文题相符;第二,大小适度;第三,遣词得体;第四,合乎身份。

如《焦书记,现代化呼唤着你!》,是针对干部中存在着贪污腐败等现象;《谁是最可怜而又最可爱的人》,是针对学生不顾父母辛劳的问题;《英魂兮归来》,是针对腐败以及精神滑坡现象。这几个标题,既符合演讲标题的拟定原则,也是演讲者反复推敲的结果。

4. 材料的收集与筛选　成功的、具有独特风格的演讲,都是材料积累的产物。材料是思想观点形成的基础和赖以存在的支柱。只有大量、广泛地收集和占有材料,才能为成功的演讲打下基础。但是这些大量的材料不能都用到演讲中去,而且也并不是演讲中使用的材料越多越能说明问题。所以我们要筛选一些有典型意义的材料,做到"兵不在多而在于精"。

5. 演讲稿的结构　演讲稿的结构分开头、主体、结尾三个部分。

(1) 开头引人入胜:演讲稿的开头,也叫开场白。它在演讲稿的结构中处于显要的地位,具有重要的作用。瑞士作家温克勒说:"开场白有两项任务:一是建立说者与听者的同感;二是如字义所释,打开场面,引入正题。"好的演讲稿,一开头就应该用最简洁的语言、最经济的时间,把听众的注意力和兴奋点吸引过来,这样,才能达到出奇制胜的效果。

演讲稿的开头有多种方法,常用的主要有:

1) 开门见山,揭示主题:这种开头一开讲就进入正题,直接揭示演讲的中心。例如《战士的爱》的开头"听到这个题目,在座的许多同志也许会联想到爱情,爱情是神圣的,也是美好的。可是,我今天所要讲的,却是一种更高意义、具有更强生命力的爱。这,就是战士的爱!"

这个开头简洁明快,使听众很快理解了演讲者要赞颂的是战士献给祖国、献给人民的爱。运用这种方法,必须先明晰地把握演讲的中心,把要向听众提示的论点摆出来,使听众一听就知道讲的中心是什么,注意力马上集中起来。

2) 介绍情况,说明根由:这种开头可以迅速缩短与听众的距离,使听众急于了解下文。例如:"我们现在安葬的这位品德崇高的女性,在1814年生于萨尔茨维德尔。她的父亲冯·威斯特华伦男爵在特利尔城时和马克思一家很亲近;两家人的孩子在一块儿长大。当马克思进大学的时候,他和自己未来的妻子已经知道他们的生命将永远地连接在一起了。"

这是恩格斯在 1881 年 12 月 5 日发表的《在燕妮·马克思墓前的讲话》的开头,这个开头对发生的事情、人物对象作出必要的介绍和说明,为进一步向听众提示论题作了铺垫。

3)提出问题,引起关注:这种方法是根据听众的特点和演讲的内容,提出一些激发听众思考的问题,以引起听众的注意。例如:

"公民们,请恕我问一问,今天为什么邀我在这儿发言?我,或者我所代表的奴隶们,同你们的国庆节有什么相干?《独立宣言》中阐明的政治自由和生来平等的原则难道也普降到我们的头上?因而要我来向国家的祭坛奉献上我们卑微的贡品,承认我们得到并为你们的独立带给我们的恩典而表达虔诚的谢意么?"

这是弗雷德里克·道格拉斯 1854 年 7 月 4 日在美国纽约州罗彻斯特市举行的国庆大会上发表的《谴责奴隶制的演说》,一开讲就能引发听众的积极思考,把人们带到一个愤怒而深沉的情境中去。

4)幽默诙谐式:以幽默诙谐的语言开始演讲,可以在听众心领神会的笑声中缩短与听众的距离,同时演讲者也可以从中摆脱暂时性的怯场,增强自信。例如:

"女士们、先生们,我到这里来,与其说是发表讲话,还不如说是给这一场合增添一点颜色。"

这是美国黑人约翰·罗克的《要求解放黑人奴隶的演说》的开头,他所说的"颜色"是双关语,而演讲的目的是要解放黑人奴隶。听众是白人,作为黑人的演讲者用"颜色"一词,既活跃了会场的气氛,赢得了听众的信任,又蕴含着无穷的深意。幽默诙谐的语言,赢得了听众的掌声和会心的笑声。

5)设置悬念式:演讲一开始设置悬念,可以很快地激发听众的兴趣,使听众进入"迫切期待"的境界之中。例如:

"我来本校是搞国学研究工作的,是担任中国文学史课的,论理应当劝大家埋首古籍,多读中国书,但我在北京,就看到有人在主张读《诗经》,提倡复古。来这里后,又看见有些人老抱着《古文观止》不放,这使我想到:与其多读中国书,不如少读中国书。"

这是鲁迅先生《少读中国书,做好事之徒》的演讲的开头,一下子就引起了听众的好奇心,使听众非得听听先生何发此言不可了。

6)名人名言式开头:格言、警句、谚语、名言和著名诗句等,言简意赅,富有哲理,一般都有思想深邃和语言优美的特点,容易被人接受,所以用它来作开场白,往往会收到良好的效果。例如《生命之树常青》的开头:"伟大的诗人歌德曾有一句这样的著名诗句:'生命之树常青'。是的,生命是阳光带来的,应该像阳光一样,不要浪费它,让它也去照耀人间。"

(2)主体环环相扣,层层深入:主体部分在行文的过程中,要处理好层次、节奏和衔接等问题。

1)层次:层次是演讲稿思想内容的表现次序,它体现着演讲者思路展开的步骤,也反映了演讲者对客观事物的认识过程,演讲稿结构的层次是根据演讲的时空特点对演讲材料加以选取和组合而形成的。

根据听众以听觉把握层次的特点,显示演讲稿结构层次的基本方法就是在演讲中树立明显的有声语言标志,以此适时诉诸于听众的听觉,从而获得层次清晰的效果。演讲者在演讲中反复设问，并根据设问来阐述自己的观点，就能在结构上环环相扣，层层深入。此外，用过渡句，或用"首先""其次""然后"等语词来区别层次，也是使层次清晰的有效方法。

2）节奏：演讲稿结构的节奏，是指演讲内容在结构安排上表现出的张弛起伏。它是通过演讲内容的变换来实现的。演讲稿结构的节奏既要鲜明，又要适度。演讲内容的变换，是在一个主题思想所统领的内容中，适当地插入幽默、诗文、轶事等内容，以便听众的注意力既保持高度集中而又不因为高度集中而产生兴奋性抑制。优秀的演说家都非常擅长使用这种方法。

3）衔接：衔接是指把演讲中的各个内容层次联结起来，使之具有浑然一体的整体感。由于演讲的节奏需要适时地变换演讲内容，因而也就容易使演讲稿的结构显得零散。衔接是对结构松紧、疏密的一种弥补，它使各个内容层次的变换更为巧妙和自然，使演讲稿富于整体感，有助于演讲主题的深入人心。

（3）结尾简洁有力，余音绕梁：结尾是演讲内容的自然收束。言简意赅、余音绕梁的结尾能够使听众精神振奋，并促使听众不断地思考和回味。美国作家约翰·沃尔夫说："演讲最好在听众兴趣到高潮时果断收束，未尽时戛然而止。"这是演讲稿结尾最为有效的方法。在演讲处于高潮的时候，听众大脑皮质高度兴奋，注意力和情绪都由此而达到最佳状态，如果在这种状态中突然收束演讲，那么保留在听众大脑中的最后印象就特别深刻。

演讲的结尾常见的有以下几种：

1）总结式结尾：这种结尾，扼要地总结演讲内容，能起到提醒、强调的作用，给听众留下完整的总体印象。例如：

"……听听我这个没当成女记者的心声吧！我相信，女性是伟大的！我也相信，男性是伟大的！我更希望我们都相信，伟大的男性和伟大女性加起来才是伟大的人民！他们的自信、自尊、自爱焕发出来的巨大搏力才是伟大的文明！"

这是演讲稿《世界也有我们的一半》的结尾，这个结尾恳切、热情、概括，点化主旨，给听众留下了清晰、完整而又深刻的印象。

2）感召式结尾：这种结尾多是提希望，发号召，表决心，立誓言，贺成就，以激起听众感情的波涛，给人以心志的激励。例如：

"……敌人正在对我们铺罗设网，四面合围，而我们却还呆坐着不求应付。同胞们，我们究竟要到什么时候才能采取行动？当雅典的航船未覆灭之时，船上的人无论大小都应该动手救亡。一旦巨浪翻上船舷，那就一切都会同归于尽……即使所有民族同意忍受奴役，就在那个时候我们也要为自己而战斗。辞令的灵魂就是行动，行动，再行动！"

这是古希腊著名演说家德摩西尼发表的《斥腓力演说》的结尾，这个结尾慷慨陈词，号召人们拔剑奋起，反抗马其顿王腓力二世的入侵。

3）抒情式结尾：这种结尾往往是演讲者在叙述典型事理后，油然而生的激情，以抒情方式结尾，言尽而意未尽，留有余韵，给人启迪。例如：

"这是革命的春天，这是人民的春天，这是科学的春天，让我们张开双臂，热烈地拥抱这个春天吧！"

这是郭沫若的《科学的春天》的演讲的结尾，这样结尾，热情奔放，以诗一般的抒情语言激励人们向科学进军,拥抱科学的春天,具有很强的鼓动性。

4）警言式结尾:即通过引用谚语、成语、格言、警句、诗词等方式结尾。这种结尾言简意明,多有韵律,使内容显得充实丰满,具有哲理性和启发性。例如:

"青年朋友们,爱我们的国家吧,爱我们的民族吧,同心协力,把我们民族的正气,把我们中华民族奋发图强的爱国主义精神极大地发扬起来! 最后,用句名人名言作为结束语:谁不属于自己的祖国,他就不属于人类! 爱国主义的力量多么伟大呀! 在它面前,人的爱生之念,畏苦之情,算得什么呢? 我无论做什么,始终在想着,只要我的精力允许我的话,我就要首先为我的祖国服务。真正的爱国主义不应该表现在漂亮的话上,而应表现在为祖国谋福利,为人民谋福利的行动上。"

这是当代著名演讲家李燕杰《国家、民族与正气》的演讲的结尾,李燕杰的演讲寓理于事,攫取力强,最后采用名人名言结尾,恳切热情,紧扣演讲题旨,升华主题,字字句句掷地有声。

5）呼应式结尾:这种结尾与开头呼应,使整篇演讲首尾圆合,结构完整。例如:

开头:"你了解井下工吗? 井下工,顾名思义,是在矿井下作业的工人。这是当前最危险的工种……他们不仅承受了人们种种误解,还以自己有力的臂膀擎起了整座矿山! 可以自豪地说:在我们招远金矿,有多少井下工,就有多少颗金子般的心! "

结尾:"朋友们,黄金是宝贵的,比黄金更宝贵的是井下工那颗金子般的心! 如果我们的整个社会,行行业业的每个人都能在自己的岗位上竭诚尽力,无私奉献,那么四化何愁不成? "……最后,演讲者用一句既是祝福也是希望的话作结:"愿我们都有一颗金子般的心! "

这是《井下工有颗金子般的心》的开头与结尾,题目很"实"很"俏",开头、结尾处处照应,首尾圆合,增强了演讲的鼓动力和激奋力。

（五）演讲稿的写作要求

1. 了解对象,有的放矢　演讲稿是讲给人听的,因此,写演讲稿首先要了解听众对象:了解他们的思想状况、文化程度、职业状况如何;了解他们所关心和迫切需要解决的问题是什么等等。否则,不看对象,演讲稿写得再花功夫,说得再天花乱坠,听众也会感到索然无味,无动于衷,也就达不到宣传、鼓动、教育和欣赏的目的。

2. 观点鲜明,感情真挚　演讲稿观点鲜明,显示着演讲者对一种理性认识的肯定,显示着演讲者对客观事物见解的透辟程度,能给人以可信性和可靠感。演讲稿观点不鲜明,就缺乏说服力,就失去了演讲的作用。

演讲稿还要有真挚的感情,才能打动人、感染人,有鼓动性。因此,它要求在表达上注意感情色彩,把说理和抒情结合起来。既有冷静的分析,又有热情的鼓动;既有所怒,又有所喜;既有所憎,又有所爱。当然这种深厚动人的感情不应是"挤"出来的,而要发自肺腑,就像泉水喷涌而出。

3. 行文变化,富有波澜　构成演讲稿波澜起伏的要素很多,有内容,有安排,也有听众的心理特征和认识事物的规律。如果能掌握听众的心理特征和认识事物的规律,恰当地选择材料,安排材料,也能使演讲在听众心里激起波澜。换句话说,演讲稿要写得有波澜,主要不是靠声调的高低,而是靠内容的有起有伏,有张有弛,有强调,有反复,有比较,有照应。

4. **语言流畅,深刻风趣** 要把演讲者在头脑里构思的一切都写出来或说出来,让人们看得见,听得到,就必须借助语言这个交流思想的工具。因此,语言运用得好坏与否,对写作演讲稿影响极大。要提高演讲稿的质量,不能不在语言的运用上下一番功夫。

(六) 优秀演讲稿赏析

在北京大学的演讲(节选)

俞敏洪(新东方 CEO)

有一个故事说,能够到达金字塔顶端的只有两种动物,一是雄鹰,靠自己的天赋和翅膀飞了上去。我们这儿有很多雄鹰式的人物,很多同学学习不需要太努力就能达到高峰。很多同学后来可能很轻松地就能在北大毕业以后进入哈佛、耶鲁、牛津、剑桥这样的名牌大学继续深造。有很多同学身上充满了天赋,不需要学习就有这样的才能,比如说我刚才提到的我的班长王强,他的模仿能力就是超群的,到任何一个地方,听任何一句话,听一遍模仿出来的绝对不会两样。所以他在北大广播站当播音员当了整整四年。我每天听着他的声音,心头咬牙切齿充满仇恨。(笑声)所以,有天赋的人就像雄鹰。但是,大家也都知道,有另外一种动物,也到了金字塔的顶端。那就是蜗牛。蜗牛肯定只能是爬上去。从低下爬到上面可能要一个月、两个月,甚至一年、两年。在金字塔顶端,人们确实找到了蜗牛的痕迹。我相信蜗牛绝对不会一帆风顺地爬上去,一定会掉下来、再爬、掉下来、再爬。但是,同学们所要知道的是,蜗牛只要爬到金字塔顶端,它眼中所看到的世界,它收获的成就,跟雄鹰是一模一样的。(掌声)所以,也许我们在座的同学有的是雄鹰,有的是蜗牛。我在北大的时候,包括到今天为止,我一直认为我是一只蜗牛。但是我一直在爬,也许还没有爬到金字塔的顶端。但是只要你在爬,就足以给自己留下令生命感动的日子。(掌声)

(摘自《读者·原创版》2008 年第 11 期)

【赏析】 俞敏洪(1962 年 10 月 15 日—),祖籍江苏江阴,为新东方创始人,著名英语教学与管理专家。被评为 20 世纪影响中国的 25 位企业家之一、《财富》2012 中国最具影响力的 50 位商界领袖之一。

俞敏洪是农家子弟,两次高考失败后,1980 年第三次高考考入北京大学西语系。期间因患病曾休学一年,1985 年从北京大学毕业,留校担任北京大学外语系教师。1991 年 9 月,俞敏洪从北大辞职,进入民办教育领域,从事教学与管理工作。1993 年 11 月 16 日,俞敏洪创办了北京市新东方培训学校,担任校长,从最初的几十个学生开始了创业过程。2006 年 9 月 7 日,新东方在纽约证券交易所成功上市,开创了中国民办教育发展的新模式,俞敏洪身价暴涨,成为中国最富有的教师。目前,新东方占有全国 60% 以上的出国英语培训市场。俞敏洪不仅在英语教学与管理领域出类拔萃,由于热衷读书,热爱思考,加上其丰富的人生阅历,他发表的励志演讲和撰写的励志著作,鼓舞了很多奋斗中的青年。

2008 年,俞敏洪在北大开学典礼上,发表了上述演讲,上文为节选的段落。在这次演讲中,俞敏洪回忆了自己在北大学习的经历,讲述了自身在学习基础差的条件下,如何不抛弃、不放弃学习和思考,奋起直追的故事。节选部分,俞敏洪用雄鹰和蜗牛,来比喻富于天分的人和普通的人。阐述了即使身为普通人,但只要坚持不懈,就能达到成功巅峰的道理。

　　俞敏洪本次的演讲对象,是大学的热血青年,因而演讲的时候,真正做到了"有的放矢"。从演讲的内容来看,他选择了青年们所关心的自身学习成长的经历,这能使青年学生们能感同身受,从而增加现场的共鸣感,更能吸引听众的注意力;而俞敏洪的成功,也为青年树立了最好的学习榜样。此外,俞敏洪语言轻松幽默,但又不失哲理,是讲述而不是灌输,现场掌声笑声不断,深深感染了青年学子,达到了润物无声的教育、励志效果。

 复习思考题

　　1. 书写演讲稿与一般议论文在语言要求上有哪些不同?

　　2. 请根据不同的节日特点,写一篇节日庆典演讲稿,时间要求三分钟之内。

　　3. 当前医生的职业道德已经引起全社会的高度关注,作为一名医学生,请自命题目,写一篇医学生道德修养方面的演讲稿,时间五分钟左右。

四十七、计划、总结、调查报告

(一) 计划

　　1. 计划的概念和特点　计划是机关、团体、企事业单位或个人对一定时期内的工作预先拟定目标,并制定实现这个目标的具体方法、步骤和措施时所使用的一种应用文,属于日常事务文书的范畴。比较复杂的、用以部署全面工作的计划叫"方案",如《××街道改造方案》;领导机关制定的粗线条、提纲式的计划,叫"要点",如《教育部2013年工作要点》。若是初步的、预备性的、涉及较长时间的的计划,叫"设想",如《××公司市场规划的初步设想》。

　　计划有如下特点:

　　(1) 明确的目的性:计划规定了在一段时间内要完成的具体目标,有着明确的目的。有了计划,胸中有全局,奋斗有目标,行动有遵循,减少了盲目性,被动性,有利于工作目标的落实。

　　(2) 较强的预见性:计划都会在事先考虑到实现工作目标的有利与不利因素,从而做出与之相适应的安排,故体现出较强的预见性。

　　(3) 明显的可行性:计划所拟定的目标、任务、方法、步骤、措施应在符合大政方针、顺应客观规律、符合实际情况的前提下制定,具备确实的可行性。

　　2. 计划的种类　按不同的标准,计划可分为不同的种类。

　　(1) 按性质分,有综合计划、专题计划。

　　(2) 按内容可分为生产计划、工作计划、教学计划、学习计划、科研计划、财务计划等。

　　(3) 按范围可分为个人计划、班组计划、单位计划、国家计划等;按照时间分为远景计划、年度计划、季度计划、月计划等。

　　(4) 按照完成时限及具体用途分类,计划有以下类型

　　1) 规划(纲要)类:对于实现目标,需要五年及以上更长期限,则用"规划(纲要)"。

其内容往往侧重于工作战略、指导方针及步骤、措施等。如《国家中长期人才发展规划纲要(2010—2020)》《××学校中长期教育改革和发展规划纲要(2010—2020)》。

2) 计划类:实现目标的期限较短(一般为1年或1年以内),则用"计划"。

3) 安排类:较短时间内,较小范围里,内容较单一的、细致具体的工作安排,用"安排"。如《××市中心医院病友资源中心12月份健康教育讲座安排》。

3. 计划的写作格式与内容　计划通常由标题、正文、落款三部分组成。

(1) 标题:标题通常由单位、时限、计划内容与计划种类四个要素组成,如《××学校2013年度招生就业工作计划》。在实际写作中,有时也省略其中的某些要素,如《2013年度党建工作计划》。

(2) 正文:计划的正文通常有导语、任务要求、方法和措施以及其他事项等几部分。

1) 导语:主要写制订计划的依据、指导思想,也有的交代情况写出目标要求。

2) 任务和要求:主要写出在一定时间内要完成的工作,要达到的指标,要写明完成任务的数量、质量、程度。

3) 方法和措施:写明完成某项工作采取的方法、措施、具体步骤、时间分配,以及人力、物力、财力的安排,要具体可行。

4) 其他事项:写出执行计划应注意的问题,检查修订计划的办法等。

(3) 落款:即签署制文单位和日期。一般计划都在结尾处表明单位、日期。高级机关制订的计划,也有在正文后不另署制文单位和制文日期的,而是将制文单位名称直接在标题中显示,制文日期往往在标题下括号内注明。

4. 写作注意事项

(1) 要符合党和国家的方针政策:制订计划必须以有关方针政策为依据,要有全局观念,处理好整体与局部,长远与目前,国家、集体和个人三者的关系。

(2) 要从实际出发,量力而行:计划中的指标、措施都应从本单位的实际情况出发,指标的提出要留有余地,经过努力能够实现。

(3) 要力求具体、明确:计划的内容具体才有利于实施,利于检查。一般不发议论,不叙述过程。要明确写出做什么,怎样做,达到什么标准等问题,不能模棱两可,责任不清。要求不明不利于计划的落实。

【例文】

××学校进一步开展医学教育教学观念大讨论的实施方案

为进一步提高我校人才培养质量,学校决定从××年××月至××年××月,在全校师生员工中进一步开展医学教育教学观念大讨论活动,现将实施方案公布如下:

一、指导思想

坚持以中国特色社会主义理论为指导,围绕党的十八大提出的"办人民满意的教育"和"加快发展现代职业教育"这条主线,根据国家产业体系、经济发展方式的调整和我校实际,认真学习、研究和贯彻国家、省、市教育、卫生行政管理部门有关医学教育教学建设的有关文件精神,进一步明确我校的教学特点和定位,深入推进教育教学改革,完善教学管理和社会服务机制,不断加强师资队伍、实践教学基地建设,不断提高人才培养质量和服务区域医疗卫生事业发展的要求。

二、明确学习内容，创新学习形式

1. 学习政策法规　重点学习《教育部关于全面提高高等职业教育教学质量的若干意见》(教高【2006】16 号)、《教育部 卫生部关于加强医学教育工作 提高医学教学质量的若干意见》(教高【2009】41 号)、《教育部关于全面提高高等教育教学质量的若干意见》(教高【2012】4 号)、国家及四川省《中长期教育改革与发展规划纲要》等文件及有关高职教育教学、管理等方面的文章、著述。

2. 组织外出交流学习活动　为充分借鉴先进经验，进一步凝练学校的办学特色，探索解决问题的方法，深入挖掘发展潜力，使人才培养工作更加适应区域经济社会发展的需求，学校将根据工作情况统筹安排中层干部、专业负责人、教研室主任等人员分期分批到兄弟院校学习考察，并将学习考察的内容形成书面报告。

3. 开展系列专题讲座(略)

4. 学习研讨相结合，注重实效性(略)

三、具体要求

为保证我校教育教学观念大讨论活动取得实际成效，对本次活动作如下要求：

1. 学校宣传统战处、教务处 3 月中下旬分别将今年政治、业务学习安排通知拟定发文。

2. 学校宣传统战处组织人员进行检查，及时报道各部门工作开展情况，及时推广好的经验和做法。

3. 大讨论活动作为评估整改工作的一项工作列入部门年度考核内容。

四、组织领导

为确保教育教学观念大讨论活动按计划顺利推进，学校成立了以学校 ×× 为组长，以宣传统战处、教务处负责人，各支部书记、系部主任为成员的工作小组。工作小组在学校评建整改领导小组的领导下，负责全面指导、检查和反馈大讨论活动的过程及结果，不断提升学校教育教学和管理水平。

×× 学校宣传统战处

×× 年 ×× 月 ×× 日

(二) 总结

1. 总结的概念和作用　对一定时期内的工作、学习等实践情况进行全面回顾、分析研究，作出客观评价和指导性结论的书面材料叫做总结。总结也是日常事务文书的一种。

总结所要解决和回答的中心问题是在一定时期"已经做了什么，如何做的，做到了什么程度"等问题。它是对某项工作、学习或研究实施结果的总鉴定和总结论，是做好各项工作的重要环节，是提高工作能力与水平的重要手段，其作用在于：

(1) 通过总结，找出差距，找出规律性的东西，去掉盲目性，提高自觉性，从而提高今后的工作效率或学习质量。

(2) 有些总结，既要上报，又要下发，乃至在一定场合宣讲，这样它就成了汇报工作、交流经验、彼此促进的重要工具，有助于达到共同提高工作效率的目的。

(3) 对于个人来说，不断总结经验，是获得正确认识的重要途径，是促进学习和工作的一种好方法。俗话说："做了工作不总结，等于种了庄稼不收获"，充分说明了总结的重要作用。

2. 总结的种类和特点

（1）总结的种类：从不同角度可以把总结分成各种类型。根据性质可以分为综合总结、专题总结；根据总结的内容可以分为工作总结、学习总结、会议总结、思想总结、生产总结等；根据范围可分为个人总结、集体总结等；根据时间分为年度总结、季度总结、月份总结等。可以看出，上述分类方法多数是相互交叉的，如工作总结可以是个人工作总结，也可以是年度工作总结。

（2）总结的特点主要有四个方面

1）回顾性：总结所针对的是过去的情况，因此，它要回顾过去的工作和工作中存在的问题。

2）评价性：总结要对已经做过的工作进行实事求是的评价，说明取得的成绩，指出存在的问题。

3）时效性：它所涉及的是特定时期的情况，是事情完成后才进行的。

4）汇总性：总结必须全面反映情况，汇集事实、数据等客观材料，使读者对特定的工作情况有总体的概要的清楚印象。

3. 总结的写作格式　总结一般由标题、正文、署名和日期组成。

（1）标题：标题要根据总结的要求和具体的内容而定，有三种写法。

1）四项式标题：由单位名称、时限、事项/事由及文种组成。如《××市卫生局2009年度工作总结》。在实际写作中，四项要素通常也可省略为三项或两项。如《学生会"爱老助残"活动总结》《护理技能大赛总结》。但要注意的是，总结的标题不同于其他文体，应注意写明总结的事项/事由。如果把标题写成《总结》《2013年总结》《××公司总结》，则是不规范的。

2）新闻式标题：也叫文章式标题。如《放手发展多种经营，努力增加农民收入》《舞动青春　唱出风采——中医系"十佳歌手"大赛总结》。根据标题的数量，前者又称为单标题、后者称为双标题。

3）公文式标题：即与公文标题具有相同要素的写法，如《××学校关于开展"中国梦"主题教育活动的总结》。

（2）正文：正文是总结的中心部分，一般有以下几方面的内容：

1）基本概况：总结的正文中一定要写明某单位（或个人）在什么时间段内做了哪些方面的工作，采取了哪些措施，基本过程和工作成绩等。

2）经验、做法和体会：重点分析取得的成绩以及取得成绩的原因和做法，总结出带有规律性的经验。这部分是总结的主要内容。

3）存在问题和教训：完整的总结应包含在过去未解决的问题及主要教训，尽量写得具体真实，以利于今后工作中改进。

4）今后努力方向和工作意见：主要是对下一步工作的大致设想、安排意见等。

（3）署名和日期：一般在正文的右下方写明总结的单位和年月日，也可以在标题下面署名。

4. 总结写作的注意事项

（1）要坚持实事求是的原则：实事求是、一切从实际出发是总结的基本原则，夸大成绩、隐瞒缺点，对国家、单位、个人都没有任何益处，必须坚决杜绝。

（2）要注意共性，把握个性：要写出个性就应具备独到的发现、独到的体会、新颖的角度、新鲜的材料。

（3）要详略得当，重点突出：总结的选材不能求全贪多、主次不分，要根据实际情况和总结的目的，把那些既能显示本单位特点又有一定普遍性的材料作为重点选用，写得详细具体，而一般性的材料则要写得简略。

【例文】

××医院感染科2013年工作总结（有删改）

2013年即将过去，在院领导的正确领导和大力支持下，全院医护人员积极参与医院感染监控工作：各临床科室医师重视住院患者的感染前瞻性调查，发现院内感染及时、准确报告；同时我科也加强院感病例上报管理，出现医院感染病例时，加强监测与控制，确保了无院感流行事件发生。现将我科一年以来的做法，总结如下：

一、根据院感安全生产要求，细化院感质量管理措施

根据医院"安全生产"和"质量管理"的要求，完善了医院感染的质量控制与考评制度，细化了医院感染质量综合目标考核标准，根据综合目标进行督查反馈，全面检查和梳理有关医院感染预防与控制的各方面工作，认真排查安全隐患，切实抓好院感重点部门、重点部位、重点环节的管理，特别是手术室、消毒供应室、口腔科、胃镜室、检验科等重点部门的医院感染管理工作；又制定了重点部位、重点环节的防治院内感染措施，院感科进行常规督查和指导，防止院感在院内暴发。

二、根据传染病的管理要求，加强传染病的院感防控

在手足口病、甲型 H_7N_9 流感流行期间，进一步加强预检分诊台、儿科门诊、内科门诊、发热门（急）诊等重点场所的管理，认真贯彻落实手足口病、甲型 H_7N_9 流感医院感染控制要求，加大医院感染防控力度，规范工作程序，特别是对全院医务人员以及工勤人员，加强了手足口病、甲型 H_7N_9 流感等传染病的防治和自身防护知识的培训，严格落实了院感防控和个人防护措施，防止发生院内交叉感染，积极配合有关部门，共同做好疫情防控工作。

三、根据院感管理要求，做好病例回顾性调查

本年度，全院共出院的××例病例，院感科全部进行了回顾性的调查，结果表明：医院感染率1.04%，例次感染率1.09%。发生医院感染的科室依次为：内二科医院感染发生率为2.05%，骨伤科医院感染发生率为1.09%，外科医院感染发生率为0.51%，内一科医院感染发生率为0.24%。感染好发部位依次为：下呼吸道例次感染率0.30%；上呼吸道例次感染率0.30%；泌尿道例次感染率0.25%；胃肠道例次感染率0.25%；医院清洁手术切口感染率0%。医院感染好发病种依次为：神经系统类疾病，例次感染率10.28%；内分泌类疾病类，例次感染率2.30%；循环类疾病，例次感染率0.98%，泌尿生殖系统类疾病，例次感染率1.39%，肌肉骨骼系统类疾病，例次感染率1.15%，。各危险因素调查发现：糖尿病例次感染率2.91%，慢性病例次感染率1.35%，高龄例次感染率1.27%。前三位院感相关易感因素为慢性病、高龄、糖尿病。

四、环境卫生学、消毒灭菌效果及医务人员手卫生监测合格率高（略）

五、抗生素使用管理取得实效（略）

六、院感培训及考核落实到位（略）

当然，我科本年度的工作还存在一些不足，如应加强医疗废物管理，并应加强

对全院的病例进行前瞻性调查及漏报率调查,这些方面都需在今后的工作中继续努力。

××医院感染科

××年××月××日

(三) 调查报告

1. 调查报告的概念和作用　调查报告是对某项工作、某个事件、某个问题,经过深入细致的调查研究后,将调查中收集到的材料加以系统整理、分析研究,以书面形式向组织和领导汇报调查情况的一种文书,也属于日常事务文书。调查报告的运用范围十分广泛,它通过对典型事件的报道和分析,总结出具有普遍意义的经验或教训,对工作有指导或借鉴作用。它是树立先进典型的手段,又是推广新生事物的途径,还是揭露社会问题的方式,还可以反映真实情况为领导决策提供依据。凡制定正确的方针政策,解决各种实际问题,弄清事情真相,交流典型经验,吸取教训,推动工作等都离不开调查报告。

2. 调查报告的特点

(1) 针对性:调查报告的针对性体现在撰写目的上。撰写调查报告一是为了给决策者提供决策的依据;二是发现典型,总结经验,指导工作;三是帮助领导机关了解情况,处理实际问题。因此,从实际出发,有针对性地调查研究,总结经验,回答人们最关心的问题,提出现实生活中迫切需要解决的问题是调查报告的关键所在。

(2) 真实性:真实是调查报告的生命。调查报告的主旨是调查研究后所揭示的客观事物的本质和规律。因此,写调查报告必须是自己亲自调查了解到的情况,绝不能道听途说、东拼西凑一些虚伪的材料。在调查报告中,不仅主要人物和事实要真实,就是事件的时间、地点、过程及各种细节,也要绝对真实,不能有半点浮夸和歪曲。

(3) 科学性:调查报告在调查研究的基础上,抓住事物的本质,反映事物的发展规律。在大量事实材料的基础上所形成的观点必须是正确的、科学的,符合客观规律的,符合唯物辩证法的科学结论。

(4) 叙议结合的表达方法:调查报告的表达采用叙议结合的方式,简明扼要、条理清楚地叙述事实。调查报告不追求事件的曲折波澜,只求叙说清楚。调查报告还要对调查材料中得出的结论进行适当的分析、议论,但只是画龙点睛式的,点到即止,不作展开,不反复论证,有时甚至将观点寓于事实之中,用事实说话。

3. 调查报告的种类　调查报告从性质上可以分为综合性调查报告和专题性调查报告;从内容上可以分为总结典型经验的调查报告,反映新生事物的调查报告,揭露问题的调查报告等。这两种分类方法有交叉,所以一般都把调查报告分为情况调查报告、典型经验调查报告和问题调查报告。

(1) 情况调查报告:反映某地区某单位某阶层的基本情况,以供领导制定方针、政策的调查报告。如《中国农民情况调查》就反映了农民的处境,从而引起了中央对农民农村农业问题的关注。

(2) 典型经验调查报告:反映某地区、某单位的先进经验以供推广开来的调查报告。如《关于××市新农村建设的调查报告》。

（3）问题调查报告：揭露某地区、某单位存在的问题以供领导采取措施的调查报告。如《关于党员干部卖官买官情况的调查报告》。

4. 调查的方式　调查的方式有普遍调查和选择调查两种。普遍调查是在一定范围内对所有对象进行的调查；选择调查是在一定范围内选取部分对象进行的调查，主要有以下几种：

（1）典型调查：典型调查又称重点调查，即在一定范围内选取有代表性的典型进行调查。

（2）统计调查：统计调查也称数量调查，是按照一定的目的要求运用统计方法找出客观事物变化的原因及规律，并预测其发展趋势的方法。

（3）抽样调查：在一定范围内随机抽取部分样本作为对象进行调查。

（4）问卷调查：把要调查的内容制成问卷，发给相关人员填写，这种调查又称为"民意调查"。

5. 调查报告的写作方法

（1）组成部分：必须包含标题、摘要、关键词、正文四个部分，如有引用他人文章的还要加注参考文献，具体顺序如下：

1）标题　2）摘要　3）关键词　4）正文　5）参考资料

（2）标题的写法：标题可以有两种写法。一种是规范化的标题格式，基本格式为"××关于××××的调查报告""关于××××的调查报告""××××调查"等。另一种是自由式标题，包括陈述式、提问式和正副标题结合使用三种。陈述式如《北京物资学院本科毕业生就业情况调查》，提问式如《为什么大学毕业生择业倾向沿海和京津地区》，正副标题结合式，正题陈述调查报告的主要结论或提出中心问题，副题标明调查的对象、范围、问题，这实际上类似于"发文主题"加"文种"的规范格式，如《高校发展重在学科建设——××大学学科建设实践思考》等。

（3）摘要的写法：摘要包括以下三方面内容：第一，简要说明调查目的。即简要说明调查是为了完成什么样的任务及达到怎样的目标；第二，简要介绍调查的对象和调查内容。包括调查时间、地点、对象、范围、调查要点及所要解答的问题；第三，简要介绍调查研究的方法。介绍调查研究的方法并说明选用该方法的原因，有助于确信调查结果的可靠性。

写作格式如下：

调查时间：××××年×月×日

调查地点：××市××（单位）

调查对象：工人（农民、公务员、学生等）

调查方法：问卷（问答）

调 查 人：×××、×××等

调查分工：（以小组形式调查的要求，小组人数不得超过3人）

调查报告在写作时必须简洁有力，切忌拖泥带水，画蛇添足。

（4）正文的写法：正文一般分前言、主体、结尾三部分。

1）前言：前言是调查报告的开头部分，通常是简要地叙述为什么对这个问题（工作、事件、人物等）进行调查；调查的时间、地点、对象、范围、经过以及采用什么方法；调查对象的基本情况、历史背景；调查后的结论等。这些方面的侧重点由调查人根据

调查目的来确定,不必面面俱到。

前言部分常见的写法有:

说明式:写明调查的起因或目的、时间和地点、对象或范围、经过与方法,以及人员组成等调查本身的情况,从中引出中心问题或基本结论。

概述式:写明调查对象的历史背景、大致发展经过、现实状况、主要成绩、突出问题等基本情况,进而提出中心问题或主要观点。

结论式:开门见山,直接概括出调查的结果,如肯定做法、指出问题、提示影响、说明中心内容等。

不论哪种形式都要简明扼要,直切主题,便于引出下文。

2) 主体:主体是调查报告的核心部分,是前言的引申展开,是结论的根据所在。这一部分详述调查研究的基本情况、做法、经验以及从分析调查研究所得材料中得出的各种具体认识、观点和基本结论。

主体的内容也可以从以下三个方面撰写:一是调查到的事实情况,包括事情产生的前因后果、发展经过、具体做法等;二是研究、分析事实材料所揭示的事物本质及其特点、规律;三是提出具体建议或应采取的一些具体措施。主体部分内容丰富,结构安排力求条理清晰、简洁明快。

调查报告主体部分的结构框架有:

根据逻辑关系安排结构,如纵式结构、横式结构、纵横式结构。这三种结构,以纵横式结构常为人们采用。

按照内容安排结构,如"情况—成果—问题—建议"式结构,多用于反映基本情况的调查报告;"成果—具体做法—经验"式结构,多用于介绍经验的调查报告;"问题—原因—意见或建议"式结构,多用于揭露问题的调查报告;"事件过程—事件性质结论—处理意见"式结构,多用于揭示案件是非的调查报告。

3) 结尾:调查报告可以有结尾部分也可以不写结尾部分。

一般来说,有四种情况调查报告需要写结尾:一是主体报告情况,介绍经验,需要结论;二是主体中没有提到的问题、希望、要求、建议等,需在结尾中提及;三是附带说明有关情况,如调查过程中遇到的一些情况,主体中没有提及,需在末尾加以说明;四是有附带材料需要加以说明的,如一些典型材料、专题报告、统计图表等。

调查报告的结尾可以提出解决问题的方法、对策或对下一步工作改进的建议;或总结全文的主要观点,进一步深化主题;或提出问题,引发人们的进一步思考;或展望前景,发出鼓舞。

6. 调查报告的写作要求

(1) 选好典型,深入调查:选择调查对象一定要具代表性、典型性。另外在选择材料时还要注意材料是为观点服务的,因此并非所有调查所得材料都要写进调查报告,如果与观点或主题相差较远就要忍痛割爱,也就是要根据观点的需要来确定材料的取舍。

(2) 分析材料,找出规律:在通过调查、占有材料后要认真地分析材料,做到"去粗取精,去伪存真,由表及里,由此及彼",从而得到本质性、规律性的认识。在分析材料时要采用多种方法,如综合分析、对比分析、个案分析、因果分析、定量与定性分析等。

（3）叙议结合，事理统一：将说理的观点建立在叙事的基础上，做到用事实说话，材料与观点统一。另外调查报告的目的是通过分析问题找到解决问题的良策，实用性非常明显，所以它基本不具有欣赏性，语言力求准确、简练、朴素。

 复习思考题

1. 计划和总结有哪些不同？

2. 假如你是刚入校的新生，请写一份学习计划；假如你即将毕业，请拟定一份毕业实习或就业计划。注意：计划要联系实际情况，具有可操作性。

3. 你即将离开母校，回顾大学的学习生活，写一份总结，尽可能全面地总结自己在学习、生活、能力等方面的成长情况。

4. 调查报告的写作要求有哪些？

5. 请你利用节假日，到当地农村诊所或城市医院做一些有关农村乙肝患者和病毒携带的情况调查，写一篇《当今农村乙肝患者及病毒携带者情况的调查报告》。要求按照前言、基本情况、原因分析、采取措施以及你对农村乙肝疾病防控的思考和建议的顺序。不少于 2000 字。

四十八、通知和通报

（一）通知

1. 通知的适用范围　2012 年 4 月 16 日，中共中央办公厅和国务院联合印发了《党政机关公文处理工作条例》（中办发〔2012〕14 号），规定了 15 种公文文种，通知是其中的一种。其中，对通知的适用范围是这样表述的：适用于发布、传达要求下级机关执行和有关单位周知或者执行的事项，批转、转发公文。

通知是党政机关公文中适用范围最广、发文频率最高的文种。各个机关、团体、企事业单位都可以用它行文。

2. 通知的特点　通知的特点是：

（1）制发无级权限定：公告一般由较高级别的国家领导机关发布，它的制发有级权限定；通知没有级权限定，上到最高党政机关，下至基层单位都可以用它行文。

（2）内容的具体性：公告、通告的内容都比较宽泛概括；通知的内容则涉及下级具体执行的事项，内容应该具体，否则就无法执行。

（3）受文对象的明确性：公告、通告受文对象通常比较广泛，因而在写作时通常省略受文对象；通知的发文则要写明特定的受文对象。

3. 通知的分类　根据通知的适用范围，可将通知分为工作指示通知、知照通知、颁转通知、任免通知、事项通知五类。

（1）工作指示通知：上级机关对下级机关就布置某项任务、指示某方面工作进行提出要求、做出安排。如《国务院办公厅关于加强农产品质量安全监管工作的通知》等。

（2）知照通知：用于党政机关、团体、企事业单位等对于活动安排、会议召开等进行知照。如《中国职教学会教育工作委员会关于举办 2013 年全国中等职业学校语文课程"创新杯"教师信息化教学设计和说课大赛的通知》。

（3）颁转通知：包括批转、转发、发布／印发三类。

1）批转性通知：将某一下级机关报来的文件（主要是报告或者准备下发的意见）转发给所有下级机关时称"批转"。批转性通知一般都比较简短。被批转的文件附在文后，但不必标"附件"两字。如《国务院关于批转社会保障"十二五"规划纲要的通知》。

2）转发性通知：将上级或不相隶属机关发来的文件（主要是指示、通知、意见等）转发给下级机关时称"转发"。转发性通知也比较简短。被转发的文件附在文后，也不必标"附件"两字。

【例文】

国务院办公厅转发教育部等部门关于建立
中小学校舍安全保障长效机制意见的通知

国办发〔2013〕103 号

各省、自治区、直辖市人民政府，国务院各部委、各直属机构：

教育部、发展改革委、公安部、监察部、财政部、国土资源部、住房城乡建设部、水利部、审计署、安全监管总局、地震局、气象局《关于建立中小学校舍安全保障长效机制的意见》已经国务院同意，现转发给你们，请认真贯彻执行。

国务院办公厅
2013 年 11 月 7 日

（此件公开发布）

关于建立中小学校舍安全保障
长效机制的意见
教育部　发展改革委　公安部　监察部
财政部　国土资源部　住房城乡建设部　水利部
审计署　安全监管总局　地震局　气象局

（正文略）

3）发布／印发性通知：用于发布行政法规和规章，要求有关下级遵照执行。公布较重要的规章用发布，公布一般性的、暂行（试行）的规章等用印发。如《国务院办公厅关于印发突发事件应急预案管理办法的通知》。

（4）任免职务类：任免干部或其他人员时用的通知就是任免通知。如《××市人民政府关于章×等同志职务任免的通知》。

（5）事项通知：用于知照某些专门事项（如设置机构、启用印章、迁址办公等）的通知。如《××科技大学关于成立及调整有关机构的通知》。

4. 通知的写法　通知主要包括四个部分：标题、主送机关、正文和落款。

（1）标题：《党政机关公文处理工作条例》中规定，公文标题由发文机关、事由和文种组成。因而，通知标题的三要素缺一不可。如《××中医药高等专科学校关于表彰二〇一三年新生入学奖学金获奖学生的通知》。

（2）主送机关：指公文主要的受理机关，应当使用机关全称、规范化简称或者同类型机关统称,写在正文首行顶格。主送机关有时单一,有时众多,写作时要注意级别的差异,按照从高到低之序排列。如由国务院制发的通知就按照"省、自治区、直辖市人民政府,国务院各部委、各直属机构"的顺序排列。对于没有特定主送机关,受众极广的普发性的通知,写作时可省略主送机关。

(3)正文:工作指示通知的正文,一般包括通知的缘由、事项及要求等内容,常按照总分的条文式结构写作;知照通知的正文,主要交代通知的原因、告知的事项及具体要求;颁转类通知的正文一般由原由、事项、执行要求三个层次组成;任免类通知一般先写任免依据(常用"经××/会议研究决定"这一简明句式表达),再写任免事项;事项通知的正文,一般简明扼要地直陈其事,采用篇段合一的方式写作。

(4)落款:包括发文机关和发文日期两部分,写在文末的右下方。如果公文加盖了印章,发文机关的名称可省略不写。

(二)通报

1. 通报的适用范围和特点　通报也是《党政机关公文处理工作条例》(中办发〔2012〕14号)中规定的15种公文文种之一。其中,对通报的适用范围是这样表述的:适用于表彰先进、批评错误、传达重要精神和告知重要情况。

通报的特点有以下几个:

(1)典型性:通报的内容往往是具体的人、事或信息,它们不但要具备严格的真实性,而且要具备足够的典型性。

(2)导向性:通报的作用重在教育、启示,起到正确的导向作用。发布通报的目的在于引导人们通过通报的典型事例,辨别是非,总结经验,吸取教训,弘扬正气,在思想上受到启迪,得到教益。

(3)公开性:通报一般要和人民群众直接见面,向群众宣读;与单位直接沟通信息,上情下达,交流情况,真正起到通报应有的作用。

(4)及时性:及时性是通报发挥作用的重要前提。因此,通报的制发要求迅速及时,抓住时机。

2. 通报的种类

(1)表扬性通报:表彰本部门或下属单位具有典型意义的先进事迹或好人好事,从正面树立学习榜样,弘扬时代精神的通报是表扬性通报。

【例文】

中共河南省委高校工委　河南省教育厅
关于表彰河南省高校校报好新闻奖(2011年度)的通报

教社科〔2013〕13号

各普通高校:

2011年,全省高校新闻宣传工作者,高举中国特色社会主义理论伟大旗帜,广泛宣传我省高校各项独具特色的工作和活动,深入报道我省高等教育工作者的精神风貌和先进事迹,为在全社会营造尊重知识、尊重人才、尊重劳动的良好氛围,促进科教兴豫和推动全省高等教育全面发展,做出了积极贡献。

为表彰先进,进一步繁荣高校新闻宣传工作,中共河南省委高校工委、河南省教

育厅举办了 2011 年度河南省高校校报好新闻奖评选活动。活动共收到全省各高校推荐作品 500 件,经过认真评审,共有 81 件作品被评为"河南省高校好新闻奖"(见附件)。希望获奖作者珍惜荣誉、再接再厉,以高度的责任感和使命感,创作出更多反映我省高等教育发展的精品力作。全省高校新闻工作者要向获奖者学习,进一步宣传好高校新举措、新成就和好经验、好典型,为河南高等教育率先发展、科学发展、和谐发展营造良好的舆论环境。

附件:河南省高校好新闻奖获奖作品目录

中共河南省委高校工委　河南省教育厅

2013 年 1 月 6 日

(2) 批评性通报:批评本部门及下属单位错误,并发挥惩戒作用的通报是批评性通报。如《国务院办公厅关于××省××市××县擅自停课组织中小学生参加迎送活动的通报》。

(3) 情况通报:上级机关为了使下级机关了解当前政治、经济、文化、教育等各方面工作情况,使其了解信息或突发事件而制发的通报。如《教育部办公厅关于近期学校食物中毒和肠道传染病流行事件的通报》。

3. 通报的写作格式　通报由标题、正文、落款三部分构成,与通知基本相同。在正文的写作中三种通报有所区别:

(1) 表扬性通报的正文包括四个部分:先简要叙述受表彰者的概况及先进事迹,再评价其先进事迹的性质和意义,然后写表彰决定,最后写希望与号召。

(2) 批评性通报的正文包括四个部分:先写受批评者的概况及错误事实,再分析该错误的性质和危害,然后写处理决定,最后写希望和要求。

(3) 情况通报的正文包括三个部分:先写发布通报的依据、原因与目的,再把要通报的情况列举出来,分析其对和错、利与弊,最后对受文单位提出希望与要求。

 复习思考题

1. 通知和通报有哪些不同?

2. 假如你是学生会主席,请拟定一份召开学代会的通知。建议利用网络资源,参考历届学代会资料,自己确定时间、地点、参加会议人员、会议议程等。

3. 利用学校图书馆及网络资源,了解公告、公报、通告等公文的写作格式及要求。

四十九、求职信和应聘信

(一) 求职信和应聘信的概念和作用

求职信是指求职者在不清楚用人单位的人才需求情况下,向用人单位谋求职位的一种社交书信,也可以称为自荐信。

应聘信是指求职者在了解用人单位的人才需求及岗位空缺情况后,向用人单位推销自己的社交书信。

求职信和应聘信,两者都属于社交礼仪文书。它们的作用都是向用人单位介绍、推销自己。由于当今大学生就业形势的严峻性,大学生们普遍意识到求职信和应聘信的重要作用,非常重视求职信和应聘信的写作。

(二) 求职信和应聘信的写作要求

不论是求职信还是应聘信,都要注意结构完整、条理清晰、认识深刻、语言准确流畅,书写工整规范。具体来说还要特别注意以下几点:

1. 目标要求明确 写作求职信和应聘信时要目标明确,如实说明就业的意愿,让用人单位明确你的要求,才能给予充分的考虑与选择。如果求职者没有表明自己喜欢什么工作,也没有说明自己的爱好、兴趣及能力,以及对工作的要求,工资待遇等,用人单位就无法考虑给你安排哪个岗位,给你哪种待遇,甚至无法录用你。

2. 准确介绍自己 针对你所选择的岗位,根据自己的情况,要准确介绍自己。坚决避免为了谋求某个职位而捏造事实,粉饰自己。在信件中要对自己的年龄、学历、经历、专长、成绩及其他闪光点实事求是地介绍出来,对自己的能力要有充分的估计,对能否胜任所求职位也做出客观判断。捏造事实虽然可能暂时获得机会,但若被用人单位发现,不但会失去工作,甚至将身败名裂。

3. 适当推销自己 在求职应聘书信中要注意适当推销自己,用语准确而不失分寸。一个求职者适当推销自己,充分介绍自己的闪光点和特长,表现出对未来职位的信心和勇气,能使用人单位看到你的青春和活力,看到你的潜力,从而增加录用你的机会。

4. 语言简练 在求职信和应聘信中,语言一定要简洁明了,不要大篇幅地介绍与未来岗位无关的特长,不要啰嗦,废话连篇,使用人单位产生反感。有人认为,求职信写得越全面、越详细才好。事实上招聘单位主管部门用于阅读你的求职或应聘信的时间不会超过几分钟。若是写得太详细,一方面会湮没你的主要内容,另一方面也会使得主管人员认为你拖泥带水、不干脆利落,起到适得其反的效果。

(三) 求职信和应聘信的写作格式

求职信和应聘信的写作格式与一般书信大体相同,主要包括标题、称谓、正文、信尾等部分。

1. 标题 标题是"求职信""应聘信",位置处于首页上方居中。称呼的后面要用冒号而不要用逗号,写称呼时要用正式的语气。

2. 称谓 称谓顶格直接称呼"某单位人事处负责同志""某公司人力资源部经理""某单位领导"等。

3. 正文 正文有开头、主体、结尾三部分组成。

(1) 开头:主要说明求职应聘的缘由,让用人单位了解你求职应聘的目的。写应聘信还应注意向用人单位表明自己得知应聘信息的来源及拟应聘的岗位意愿。如:"××经理:您好! 昨阅《××晚报》,获悉贵公司招聘中医药销售代表若干名,本人特投书应聘。"

(2) 主体:主体部分是求职信和应聘信的重点,针对用人单位的需求,充分展现和适当推销自己。主要内容包括:性别、年龄、民族、学历、专业等基本情况,发表的论文,出版的著作,特长爱好,社会实践等情况;其次是求职缘由:为什么要到该单位就职;求职的有关条件,包括薪酬要求、岗位要求等。求职和应聘都是双向的选择,作为求职或应聘者,应该尽可能地选择一个与专业对口和发挥才干的岗位和单位。

　　有的求职或应聘者常附加上自己的个人简历,那么在主体部分就可以简略做一介绍。

　　应聘信还要特别注意所设岗位对个人的要求,比如身高、民族、年龄、性别等,有针对性地去书写应聘信。

　　(3) 结尾:信的结尾要表明你的下一步计划。不要坐等招聘者给你联系,要告诉招聘者怎样才能与你联络,打电话或者发 E-mail。要表明如果几天内等不到他们的电话,你会自己打电话确认招聘情况。

　　最后出于礼节,要按正规的书信格式表达尊敬之意,也可以用祝颂语言。

　　4. 信尾　信尾包括附注和落款。附注要说明自己的联系方式、地址、邮编、电话。有的附件就是个人简历。也有的求职者将信的左上角或者右上角留出三行,用以填写家庭地址、城市、国家、邮政编码和日期。

　　落款包含署名和日期。每段之间最好空一行,将几个部分区分开来;名字与结尾之间一定要保留足够的空间。

【例文】

尊敬的领导:

　　您好! 感谢您在百忙之中垂阅我的自荐信,谢谢!

　　我是 ×× 医学院 ×× 级 ×× 专业应届毕业生,怀着对医学事业的无比憧憬,通过三年的系统学习和实践,我已经掌握了较为扎实的专业理论基础、熟练的操作技术,培养了较强的自学能力、务实的工作作风。鉴于此,我相信自己能够胜任临床的相关工作,特向贵院毛遂自荐。

　　三年的大学生活,我不断地汲取医学知识,积极参加社会实践,努力充实和完善自己。三年的历练,我不仅具备了一名临床医生必备的素质,而且一次性通过了 ×× 考试,数次荣获 ×× 奖励,并被评为“优秀毕业生”。实习期间,我能将所学的理论知识与临床实践相结合,积极思考,勤于动手,加深了对疾病的认识和理解。实习的经历,不但培养了我良好的临床思维方式,使我熟练掌握了临床的基本诊疗技术,而且对各种常见病和多发病也能作出正确的诊断和处理。强烈的责任感,较强的实践动手能力,使我得到了带教医生的一致好评。

　　社会不停地发展,知识不断地更新,而我也在快速地成长。尊敬的领导,我已做好了走向社会,迎接挑战的准备,期待在您的支持信任下,我能为崇高的医学事业添砖加瓦,并在实践中不断学习进步! 静候您的佳音!

　　此致

敬礼!

自荐人:×××
2013 年 11 月 8 日

附件:×× 毕业证

　　各类获奖证书

　　　×× 资格证

联系地址:×× 省 ×× 市 ×× 路 ×× 号

联系电话:××××

E-mail:××××

复习思考题

1. 求职信和应聘信有哪些不同?

2. 假如你即将大学毕业,请根据自己的学习和专业情况,向你理想的单位写一封求职信。

3. 你看到了一家医疗单位的招聘启事,请根据自己的情况,写一封应聘信。

4. 查找相关资料,为自己写一份简历。

五十、医学科普文

(一) 医学科普文的概念和作用

2002 年 6 月 29 日,我国公布了《中华人民共和国科学技术普及法》,其中对"科普"的定义是:国家和社会采取公众易于理解、接受、参与的方式,普及科学知识,倡导科学方法,传播科学思想,弘扬科学精神的活动。医学是处理人体生理和心理,使之处于良好状态的一门科学。医学科普即是以医学知识为内容,以宣讲、介绍医学知识为目的一项实践活动。因而,医学科普文,是以通俗、大众化的方式,向社会大众传播、普及医药卫生知识与技术的一种文体。

随着经济的发展,社会的进步,人们的医疗保健意识也不断增强,而医学科普文就是普通大众获取医药卫生知识、更新医学理念、防病保健的重要途径。作为一名医学生,更应该掌握医学科普文的写作,因为它扩大了我们对群众进行医卫宣教的途径,能帮助群众学会正确对待疾病,为人民群众的身心健康保驾护航。

(二) 医学科普文的特点

1. **科学准确** 医学是与人类的生命健康直接关联的一门科学,因而可以说,科学准确性是医学科普文的生命。科学准确,可以从三个方面来理解。第一方面,指导思想的科学准确。医学科普作者,要以全面发展的观点传播医学卫生知识,防止用片面静止的观点看待问题。那种视野狭隘,看不到医学发展最新进程的医学科普作品,无异于滥竽充数,应坚决杜绝。第二方面,写作过程的科学准确。对于医学科普作者,从收集材料,到确定主题,再到写作过程的语言表达,都要严谨,力求观点正确、逻辑严密。第三方面,写作细节的科学准确。医学科普作者在使用概念、援引数据、举证实例等环节上,无一不求真、求准。

2. **通俗易懂** 医学科普是以医学为内容,以普及为目的,以通俗化为手段而进行的实践活动。其普及对象,是广大的人民群众。大众不是被动的接受者,他们会选择性接收、记忆、理解医学科普作品。作品要起到良好的作用,就必须考虑受众的因素,做到通俗易懂。在医学科普作品的语言表达上,应尽量避免英文缩写、医学术语。在不得已运用术语的情况下,应尽量用通俗化的语言进行解释说明;内容上,应贴近实际和人民群众,用大众喜闻乐见的方式,感染、教育读者,使读者能自觉自愿地改变不利于健康的行为,树立良好的习惯,最终达到促进人们身心健康的目的。

3. **实用性强** 医学科普作品因为受众的宽泛,又因医疗保健话题涉及群众衣食住行及生老病死的各个方面,体现出很强的服务性和较大的实用性。在进行医学科普写作的时候,要注意提高作品的针对性,才能提升作品的实用性。如日常的保健保养、疾病的发生发展、医学技术的更新对人体健康的作用,都与年龄、地域、环境等因素具有密切的关系,在进行医学科普文写作的时候,要注意这些不同因素引起身体的不同反应,提高写作的针对性。

(三) 医学科普文的种类

医学科普文根据不同的标准,有不同的分类。

按照内容来看,可分为知识性科普文和技术性科普文。知识性科普文以传播医学知识为内容,以丰富读者医学知识,提高医疗保健能力为目的。如《扫除无知　奔向健康》一文,选取人们在生活中的几种错误的生活方式进行批驳,告诉人们:建立良好的生活方式才能奔向健康。技术性科普文是以介绍医学新技术、新方法为内容,使读者了解医学发展动态,为医疗保健服务。如《6 种改变未来医学的新技术》,从六个方面介绍了未来医学破解改善卫生和健康的秘密(从细胞级别彻底消灭疾病)的可能性,为读者进行了医学发展趋势的展望。

按照表达方式来分,可分为说明性科普文和文艺性科普文。说明性科普文是指采用以说明为主要表达方式来介绍医学知识的文体,语言准确简明。如《食以"硒"为贵》,以平实、简洁的语言,介绍了"硒"元素对人体健康不可忽视的作用。文艺性科普文指运用文学手法,采用诗歌、童话、小说、剧本、寓言等形式,介绍普及医学知识的文体。如《婴儿室里的悄悄话》,以小小说的形式,通过简单情节的推动,展示医院婴儿室里众多婴儿的"悄悄话",哭诉人工流产对产妇和下一代的不良影响。语言通俗易懂,形式生动活泼。

(四) 医学科普文的结构及写法

医学科普文的结构,一般包括标题、引言、正文、结尾四个部分。每部分的具体写法如下。

1. 标题　标题的主要作用是概括科普文介绍的话题或对象,可直陈其事,如《保健品有什么作用》《高压线会导致儿童白血病吗》;标题也可运用修辞手法,增强吸引力,如《我们肚子里的食客》《血栓的自述》,用拟人的手法,把介绍对象形象化,增强读者的阅读兴趣。

2. 引言　引言的作用主要是衔接标题,开启解说话题,引导读者进入文章的阅读。引言的方式,有开门见山式和委婉曲折式。如著名科普作家高士其的《笑》,开篇就点出:"随着现代医学的发展,我们对于笑的认识,更加深刻了。"这种引言,直击话题,简洁利落;又如《沙参趣闻》的引言,讲述了人们发现沙参功效的传说,引发读者的阅读兴趣,进而介绍说明。引言采用何种方式,可以根据写作需要进行选择。

3. 正文　正文部分,是对话题或对象的具体解说、介绍。如果是说明性科普文,可以按照时间顺序、空间顺序或逻辑顺序来安排材料。如《癌症"坏消息"该不该隐瞒》,全文围绕家属是否应该告诉患者癌症确诊消息的问题,按照告诉前、如何告诉及告诉后的时间顺序进行写作,肯定了真诚的关爱和适时的沟通交流,才是面对癌症患者的正确方法,而不是徒劳的"善意的隐瞒"。又如《为您的身体"灭灭火"》,文章针对身体口腔、眼睛等七个部位器官的"上火"表现,分别介绍了降火的方法,按照并列的逻辑顺序进行写作。如果是文艺性科普文,可根据采用的文学形式的特点,组织材料进行介绍。如寓保健知识于其中的健康歌诀,若采用律诗的形式进行表现,就要注意押韵以及遵循首联、颔联、颈联、尾联内容的起承转合;又如采用小说形式进行表现的,就要注意塑造相关的形象,有一定的情节,并交待简单的发生背景(即小说创作中的"三要素")。总而言之,正文对某些医学卫生话题或对象的介绍,一定要抓住关键方面,讲清概念、机制以及其对医学保健的作用等。

4. 结尾　结尾的作用常常是收束全文。有的科普文没有结尾部分,有的可能是一句话,或单独成段。内容上,主要是概括全篇内容或总结意义、展望趋势等。

(五) 医学科普文的写作注意事项

1. 针对需求,确定话题　医学科普,应注意针对一些普遍、特定或大众急于了解的医学卫生现象确定写作话题。如现代社会,癌症、抑郁症等身心疾病发生率升高,是比较普遍的现象;又如,地震时期如何防治传染疾病等,属于特定时期特定的医学话题;出现医学史上的新病毒,大家应如何面对等,是大众急于了解的医学卫生问题。医学科普作者,要做到"胸中有医学,眼中有社会",既能牢固地掌握医学知识,也能对人们的医学科普需求了如指掌,这样,才能选择具有针对性的话题,满足人民群众健康保健的需求,扩大医学科普文的作用面,提高作品的作用效果。

2. 巧选角度,写出新意　由于人们医学保健意识的日益增强,报刊杂志的医学科普文也成倍增长,甚至有"泛滥成灾"之势。尤其是与普通百姓息息相关的减肥、养生等话题,更是屡见不鲜。但仔细对比阅读,却发现很多文章范围大致,内容雷同。如果经常阅读类似的作品,确有味同嚼蜡之感,何谈提高医学保健能力? 因此,医学科普作者在实践中应多观察、多留意、多研究,注意哪些问题或方面是人民群众关心的、有待解决的,从而选准角度进行写作。如《遵循原则　药膳才"善"》一文,不是人云亦云地介绍药膳的作用,而是在肯定药膳作用的基础上,重点介绍了如何正确、合理地选择药膳,达到强身健体、延年益寿的目的。其次,医学科普作者要注重学习,注意与时俱进,把医学发展的最新动态,融入自身实践,总结出新方法、新理念,这样才能从观点、内容、角度上,写出新意,避免老生常谈。

3. 观点可靠,材料可信　上述内容谈到了医学科普文"科学准确"的特点,要做到这一点,写作中必须严格做到,表达观点可靠,使用材料可信。医学科普作者应不断充实和提高自身医学理论及医学技术水平,这是做到观点表达可靠的基础。作者文中使用的材料,必须来自实践或有实践依据,不能引用正在研究或尚无定论的医学卫生内容,更不应把缺乏依据的主观臆断带进写作当中。

【例文】

高枕真的无忧吗(有删改)

孙宏涛

"高枕无忧"这个成语,大家都耳熟能详,出自《战国策》。从字面上讲,说的是睡觉时枕高枕头,可以睡个好觉。后被人们引申为做事一切顺利,从容不迫,无忧无虑,可以放心地睡大觉。那么,在医学上,高枕真的无忧吗?

这里,我们暂且不提枕头到底多高更符合良好的睡眠需要、高枕是否更科学,在心血管医生眼中,"高枕"实在不是一个好兆头。高枕的背后,可能隐藏着心脏出现问题的蛛丝马迹。

大家知道,心脏是人体重要的器官之一,作为血液流动的"发动机",心脏不停地跳动着,把全身的血液和氧气输送到人体的其他地方,满足其他组织器官代谢的需要。若是心脏出了问题,比如发生严重的冠心病、风湿性心脏病、心肌炎、心肌病等疾病时,心脏的收缩力下降,心脏的输出减少,当它的供给不能满足机体代谢的需要时,身体就会出现一些不舒服的症状,比如胸闷、憋气、活动能力下降,活动后心慌气短,甚至烦躁、气急,吐白色泡沫液、下肢水肿等,这是严重的急性心力衰竭(心衰)表现。

心衰对我们的身体健康危害很大,早期发现心脏问题,不仅能减轻患者的病痛,而且能切实延长患者的存活时间。

有些患者早期心衰的表现为爬楼、快走、剧烈活动后出现胸闷,入睡后憋气、胸闷,不能平躺睡觉,需要半坐在床上或者需用好几个枕头垫高才舒服,这样的"高枕"正是心衰的临床表现。还有的患者会在睡梦中被憋醒,需要立刻坐起身来,憋气才能缓解,甚至被迫坐在床边,大口大口地喘气,咳嗽、咳痰,整夜不停,痛苦异常,医学上将这种特别的、被动的身体姿势称为端坐呼吸。

为何心衰时会出现这样的"高枕"现象呢?

原来,当我们的身体平躺时,人体下肢静脉的回流增多,会有更多的下垂部位积聚的液体因体位改变回流入血中,使得肺内的淤血加重。入睡后,迷走神经中枢的紧张性升高,支气管口径变小,通气阻力增大。熟睡时,神经反射的敏感性降低,当肺淤血发展到较严重的时候,就会刺激呼吸中枢,引起突然发作的呼吸困难,导致患者在睡梦中被憋醒。患者坐起或垫高枕头之后,随着体位的变化,下肢的血液回流减少,肺淤血减轻,患者就会明显感觉舒服一些。

因此,当您身边的人出现睡觉时"高枕",应警惕心脏病的可能,尽早到正规医院就医,进行全面的体检,以免延误诊断,错过最佳治疗时间。

(摘自《保健与生活》杂志官方网站 http://www.bjysh.net/news_info.asp?nid=1478)

 复习思考题

1. 医学科普文的写作要注意哪些问题?

2. 查阅资料,说说医学科普文与医学论文的写作有什么异同?

3. 请你以"健康减肥"为话题,写一篇医学科普文。

中　编

课件
05单元PPT

扫一扫
知重点

第 五 单 元

学习要点

　　一、了解本单元所介绍的各位名医的生平与事迹,学习他们严谨治学、刻苦钻研、淡泊名利、仁心仁术的人格魅力。

　　二、了解与本单元文选作者和作品相关的历史文化知识。

　　三、掌握本单元各篇的繁体字、生僻字、通假字、古今字、异体字。

　　四、掌握本单元各篇的典范词语、文言虚词、词类活用、特殊语序。

　　五、掌握本单元各篇的文意并能通顺语译。

五十一、扁鹊传

司马迁

【题解】　本文节选自《史记·扁鹊仓公列传》,中华书局 1959 年校点本。作者司马迁及其《史记》参看前文《管晏列传》题解。

　　本篇传文中记述了扁鹊的医学成就及其高尚医风。作者首先采用神话的笔法,介绍了扁鹊学医的经过;然后通过三个典型医案,生动地说明扁鹊的高明医术。本文塑造了一位在历史上享有盛誉,深受人民爱戴的古代名医形象,同时也反映了 2000多年前我国的医学成就;最后提出"六不治"的治病原则,并指出"信巫不信医"的危害性。

　　扁鹊者[1],勃海郡鄭人也[2],姓秦氏[3],名越人。少時爲人舍長[4]。舍客長桑君過[5],扁鹊獨奇之,常謹遇之[6]。長桑君亦知扁鹊非常人也。出入十餘年,乃呼扁鹊私坐[7],閒與語曰[8]:"我有禁方[9],年老,欲傳與公,公毋泄。"扁鹊曰:"敬諾。"乃出其懷中藥予扁鹊:"飲是以上池之水三十日[10],當知物矣[11]。"乃悉取其禁方書盡與扁鹊。忽然不見,殆非人也。扁鹊以其言飲藥三十日,視見垣一方人[12]。以此視病,盡見五藏癥結,特以診脈爲名耳[13]。爲醫或在齊[14],或在趙,在趙者名扁鹊。

【注释】 [1]扁鹊:黄帝时代即有神医扁鹊,故后世尊称良医为扁鹊。此指东周时名医秦越人。 [2]扁鹊的故里究竟是何处,历史学家历来有争议。晋代徐广曰:"郑当为鄭。"鄭,为今河北任丘。清代张文虎《史记札记》:"据下文乃齐人而家于郑。郑字非误。"又,汉代扬雄《法言》说:"扁鹊,卢(今山东长清境内)人也。" [3]姓秦氏:上古"姓""氏"有别,"姓"是族号,"氏"是"姓"的分支。至汉则姓氏合一,通谓为"姓",故有"姓秦氏"之说。 [4]舍长:旅舍的主管人。 [5]过:拜访。 [6]谨遇:恭敬地接待。 [7]私坐:私下座谈。 [8]間(xián):同"闲",悄悄地。 [9]禁方:秘方,指不公开传授的方术、方药。 [10]上池之水:从天上下来而没有沾到地面的水。《本草纲目·半天河》:"上池水,陶弘景曰:此竹篱头水乃空树穴中水也。" [11]知物:洞察较隐微神异的事物。 [12]垣(yuán):矮墙,这里泛指墙。 [13]特:只是。 [14]或:有时。

當晉昭公時[1],諸大夫彊而公族弱[2],趙簡子爲大夫[3],專國事。簡子疾,五日不知人[4]。大夫皆懼,於是召扁鵲。扁鵲入,視病,出。董安于問扁鵲[5],扁鵲曰:"血脈治也,而何怪[6]! 昔秦穆公嘗如此[7],七日而寤。今主君之病與之同,不出三日必閒[8]。"居二日半[9],簡子寤。

【注释】 [1]晋昭公:春秋时晋国国君。姓姬名夷,公元前531—前526年在位。 [2]公族:诸侯或君王的同族。 [3]赵简子:即赵鞅,又名孟,春秋末期为晋国之卿,谥号简子。 [4]不知人:不省人事。 [5]董安于:又作"董安阏"。赵简子的家臣。 [6]而何怪:你惊怪什么? 而,你,代词。何怪,即怪何,宾语前置。 [7]秦穆公:春秋五霸之一,姓嬴名任好,公元前659—前621年在位。 [8]间(jiàn):病愈。 [9]:居:过了。

其後扁鵲過虢[1]。虢太子死,扁鵲至虢宮門下,問中庶子喜方者曰[2]:"太子何病,國中治穰過於衆事[3]? "中庶子曰:"太子病血氣不時[4],交錯而不得泄,暴發於外,則爲中害[5]。精神不能止邪氣,邪氣畜積而不得泄,是以陽緩而陰急[6],故暴蹶而死[7]。"扁鵲曰:"其死何如時? "曰:"雞鳴至今[8]。"曰:"收乎[9]? "曰:"未也,其死未能半日也[10]。""言臣齊勃海秦越人也,家在於鄭,未嘗得望精光[11],侍謁於前也。聞太子不幸而死,臣能生之。"中庶子曰:"先生得無誕之乎[12]? 何以言太子可生也! 臣聞上古之時,醫有俞跗[13],治病不以湯液醴灑、鑱石撟引、案扤毒熨[14],一撥見病之應[15],因五藏之輸[16],乃割皮解肌,訣脈結筋[17],搦髓腦[18],揲荒爪幕[19],湔浣腸胃[20],漱滌五藏,練精易形[21]。先生之方能若是,則太子可生也;不能若是,而欲生之,曾不可以告咳嬰之兒[22]! "終日,扁鵲仰天歎曰:"夫子之爲方也,若以管窺天[23],以郄視文[24]。越人之爲方也,不待切脈、望色、聽聲、寫形[25],言病之所在。聞病之陽,論得其陰;聞病之陰,論得其陽。病應見於大表[26],不出千里,決者至衆,不可曲止也[27]。子以吾言爲不誠,試入診太子,當聞其耳鳴而鼻張,循其兩股,以至於陰,當尚溫也。"中庶子聞扁鵲言,目眩然而不瞚[28],舌撟然而不下[29],乃以扁鵲言入報虢君。

【注释】　[1]虢(guó):古国名。周代的虢国,不止一个。此似指东虢,在今河南三门峡和山西平陆一带,公元前655年为晋所灭。　[2]中庶子:官名,负责诸侯与卿大夫的庶子的教育管理。汉代以后为太子属官。　[3]禳(ráng):当作"禳",除祸求福的祭祀名。　[4]不时:谓不按时运行,指气血错乱。　[5]中害:内脏受害。　[6]阳缓:阳气衰微。阴急:阴邪亢盛。　[7]蹶:通"厥",昏厥不省人事。　[8]鸡鸣:古代时段名,即丑时,相当于凌晨1—3时。　[9]收:入殓,装殓。　[10]未能:不到。　[11]精光:风采,指虢君的容颜和神采。　[12]诞:欺骗。　[13]俞跗:又作俞拊、榆拊等,相传为黄帝时名医。　[14]醴酒:泛指酒剂。醴,甜酒。酒,通"酾"(shī),滤过的酒。镵(chán)石:镵针与砭石,指针刺。挢(jiǎo)引:导引,类似气功的一种古代体育疗法。案扤(wù):按摩。案,通"按"。扤,摇动。毒熨(yùn):用药物加热熨贴。　[15]拨:指诊察。　[16]因:依循,顺着。输:通"腧",腧穴。　[17]诀:通"决",疏导。　[18]搦(nuò):按治。髓脑:脊髓,因髓通于脑,故髓脑并称。　[19]揲(shé):持取,即用手术割治。荒:通"肓",指膏肓之病。爪:通"抓",梳理。幕:通"膜",指膈膜。　[20]漱浣:洗。　[21]练精易形:修炼精气,改变形色。形,指身体与气色。　[22]咳(hái):小儿笑声。　[23]以管窥天:用竹管看天。喻见识低下。　[24]以郄视文:从缝隙中看图纹。喻眼界狭窄。郄,通"隙"。　[25]写形:谓审察病人的体征。　[26]大表:体表。　[27]曲:屈曲,这里义为"差错"。止:语助词,表肯定。　[28]瞚:"瞬"的异体字。　[29]拊然:翘起来的样子。

虢君聞之大驚,出見扁鵲於中闕[1],曰:"竊聞高義之日久矣,然未嘗得拜謁於前也。先生過小國,幸而舉之[2],偏國寡臣幸甚,有先生則活,無先生則棄捐填溝壑[3],長終而不得反。"言未卒,因噓唏服臆[4],魂精泄橫,流涕長潸[5],忽忽承睫[6],悲不能自止,容貌變更。扁鵲曰:"若太子病,所謂尸蹶者也[7]。太子未死也。"扁鵲乃使弟子子陽厲鍼砥石[8],以取外三陽五會[9]。有閒[10],太子蘇。乃使子豹爲五分之熨[11],以八減之齊和煮之[12],以更熨兩脅下,太子起坐。更適陰陽[13],但服湯二旬而復故。故天下盡以扁鵲爲能生死人。扁鵲曰:"越人非能生死人也,此自當生者,越人能使之起耳。"

【注释】　[1]中闕:宫殿的中门。闕,建于宫门两侧的高台,台上有楼观,两闕中间为道路。　[2]举:谓援助。　[3]弃捐填沟壑:"死"的婉言。　[4]因:就。嘘唏:因悲伤而抽泣。服臆:因悲伤而气满于胸。服,通"愊"(bì),郁满。　[5]长潸(shān):长时间流泪。　[6]忽忽:泪珠滚动的样子。睫:"睫"的异体字。　[7]尸蹶:古代一种假死之病,以突然昏倒、其状如尸为主症。　[8]厉鍼砥石:研磨针石。厉,通"砺"。鍼,"针"的异体字。　[9]外三阳五会:百会穴的别名,在头顶正中。　[10]有间:过了一会儿。　[11]五分之熨:使药力深入体内五分的热敷法。　[12]八减之齐:古方名。齐,同"剂",药剂。　[13]适:调节。

扁鵲過齊,齊桓侯客之[1]。入朝見,曰:"君有疾在腠理,不治將深。"桓侯曰:"寡人無疾。"扁鵲出,桓侯謂左右曰:"醫之好利也,欲以不疾者爲功。"後五日,扁鵲復見,曰:"君有疾在血脈,不治恐深。"桓侯曰:"寡人無疾。"扁鵲出,桓侯不悅。後五日,扁鵲復見,曰:"君有疾在腸胃閒[2],不治將深。"桓侯不應。扁鵲出,桓侯不悅。後五日,扁鵲復見,望見桓侯而退走,桓侯使人問其故。扁鵲曰:"疾之居腠理也,湯熨之所及也;在血脈,鍼石之所及也;其在腸胃,酒醪之所及也[3];其在骨髓,雖司命無奈之何[4]!今在骨髓,臣是以無請也。"後五日,桓侯體病[5],使人召扁鵲,扁鵲已逃去。桓侯遂死。

【注释】 [1]齐桓侯:裴骃《史记集解》谓为战国时的齐桓公田午,公元前375—前367年在位。但上距赵简子100余年,距虢太子时间更长,疑记载有误。《韩非子·喻老》则谓作"蔡桓公",也有出入。 [2]间:中间。 [3]酒醪:酒剂。 [4]司命:古代传说中掌管生命的神。 [5]病:患病。动词。

使聖人預知微[1],能使良醫得蚤從事[2],則疾可已,身可活也。人之所病[3],病疾多;而醫之所病,病道少。故病有六不治:驕恣不論於理[4],一不治也;輕身重財,二不治也;衣食不能適[5],三不治也;陰陽並[6],藏氣不定,四不治也;形羸不能服藥[7],五不治也;信巫不信醫,六不治也。有此一者,則重難治也[8]。

【注释】 [1]圣人:此指身居高位的人,兼指齐桓侯。微:指疾病没有显示征兆的阶段。 [2]蚤:通"早"。 [3]病:担忧。下文中的三个"病",均同此。 [4]骄恣:骄横放纵。 [5]适:适应。 [6]阴阳并:阴阳偏盛,指气血错乱。张介宾注《素问·调经论》:"并,谓偏聚也。" [7]羸:瘦弱。服药:适应药力。 [8]重(zhòng):很。

扁鵲名聞天下。過邯鄲,聞貴婦人[1],即爲帶下醫[2];過雒陽[3],聞周人愛老人,即爲耳目痹醫;來入咸陽,聞秦人愛小兒,即爲小兒醫:隨俗爲變。秦醫令李醯自知伎不如扁鵲也[4],使人刺殺之。至今天下言脈者,由扁鵲也[5]。

【注释】 [1]贵:尊重。 [2]带下医:妇科医生。 [3]雒阳:即洛阳。 [4]伎:同"技"。 [5]由:遵从,遵循。

复习思考题

一、解释字词句

1. 过(舍客长桑君~) 2. 奇(扁鹊独~之) 3. 谨遇 4. 闲(①~与语曰。②有~。③不出三日必~。④君有疾在肠胃~) 5. 殆(~非人也) 6. 治(①血脉~也。②国中~穰过于众事) 7. 而何怪 8. 中庶子喜方者 9. 蹶(故暴~而死) 10. 收(~乎) 11. 精光 12. 生(臣能~之) 13. 得无……乎、诞之(先生得无诞之乎) 14. 洒(治病不以汤液醴~) 15. 输(因五藏之~) 16. 诀(~脉结筋) 17. 揲(~髓脑) 18. 揲荒爪幕 19. 湔(~浣肠胃) 20. 之为(越人~方也) 21. 郄、文(以郄视文) 22. 写形 23. 大表 24. 止(不可曲~也) 25. 暘

（目眩然而不~） 26. 拊然　27. 阙（出见扁鹊于中~）　28. 窃（~闻高义之日久矣）　29. 弃捐填沟壑　30. 服臆　31. 潸（流涕长~）　32. 睐（忽忽承~）　33. 厉鍼砥石　34. 适（更~阴阳）　35. 汤二旬　36. 客（齐桓侯~之）　37. 病（①桓侯体~。②人之所~,~疾多;而医之所~,~道少）　38. 微（使圣人预知~）　39. 蚤（能使良医得~从事）　40. 贵（闻~妇人）　41. 带下医　42. 伎（秦太醫令李醯自知~不如扁鹊也）　43. 由（~扁鹊也）

二、语译

1. 血脉治也,而何怪! 昔秦穆公尝如此,七日而寤。今主君之病与之同,不出三日必间。

2. 先生得无诞之乎? 何以言太子可生也! 臣闻上古之时,医有俞跗,治病不以汤液醴洒、镵石拊引、案扤毒熨,一拨见病之应,因五藏之输,乃割皮解肌,诀脉结筋,搦髓脑,揲荒爪幕,湔浣肠胃,漱涤五藏,练精易形。

3. 窃闻高义之日久矣,然未尝得拜谒于前也。先生过小国,幸而举之,偏国寡臣幸甚,有先生则活,无先生则弃捐填沟壑,长终而不得反。

4. 使圣人预知微,能使良医得蚤从事,则疾可已,身可活也。人之所病,病疾多;而医之所病,病道少。

三、思考并简答

1. 本文中神话般的笔法表现在哪里? 该怎样理解这种笔法?

2. 扁鹊治愈虢太子的"尸蹷"之后,"天下尽以扁鹊为能生死人",而扁鹊则说:"越人非能生死人也,此自当生者,越人能使之起耳。"这反映了扁鹊怎样的医学观?

3. 司马迁据扁鹊治病的事迹提出的"六不治"的具体内容是什么? 它对后世有何影响?

五十二、华佗传

陈 寿

【题解】　本文节选自《三国志·魏书·方技传》,中华书局 1959 年校点本。作者陈寿(233—297),字承祚,巴西安汉(今四川南充)人。曾在蜀汉和晋初担任观阁内史和著作郎等职,撰有《三国志》。史称其有"良史之才"。《三国志》记述了魏蜀吴三国鼎立时期错综复杂的政治、军事以及外交形势,记事较翔实,评价较公允,是一部纪传体的断代史书,同时也是一部著名的历史散文。该书和司马迁的《史记》、班固的《汉书》、范晔的《后汉书》合称为"四史"或"前四史"。在范晔的《后汉书·方术列传》中也有关于华佗的记载,可供参考。

传记全面记载了东汉末年我国伟大的医学家华佗的医学成就及其被曹操处死的不幸遭遇。首先全面介绍了华佗精通各科、尤长外科的基本情况,突出介绍了他所发明的世界上最早的、比欧洲要早 1600 多年的麻醉剂"麻沸散";其次通过多个病案来说明"佗之绝技";接着介绍了华佗的被害及其影响;最后补充介绍了华佗在医学教育和体育保健方面的成就。华佗创造的"五禽戏"，至今为世界各国人民所研究和运用。

華佗，字元化，沛國譙人也[1]，一名旉[2]。游學徐土[3]，兼通數經[4]。沛相陳珪舉孝廉[5]，太尉黃琬辟[6]，皆不就[7]。曉養性之術，時人以爲年且百歲而貌有壯容。又精方藥，其療疾，合湯不過數種，心解分劑，不復稱量，煮熟便飲，語其節度[8]，舍去輒愈。若當灸，不過一兩處，每處不過七八壯[9]，病亦應除。若當針，亦不過一兩處，下針言："當引某許[10]，若至，語人。"病者言"已到"，應便拔針，病亦行差[11]。若病結積在內，針藥所不能及，當須刳割者，便飲其麻沸散[12]，須臾便如醉死，無所知，因破取。病若在腸中，便斷腸湔洗，縫腹膏摩[13]，四五日差，不痛，人亦不自寤[14]，一月之間，即平復矣。

【注释】[1]沛国:汉代分封的一个王国,在今安徽、江苏、河南三省交界地区,以宿县为中心。谯:沛国县名,今安徽亳州。 [2]旉:同"敷"。 [3]游学:离乡到外求学。徐土:今徐州一带。 [4]经:指《易》《书》《诗》《礼》《春秋》等儒家经典著作。 [5]相:汉代封国的最高行政长官。汉景帝平定吴楚等七国叛乱后,改封国的丞相为相,由中央直接委派,掌握实权。孝廉:汉代察举人才的科目。孝指孝子,廉指廉洁之士,合后称孝廉。 [6]太尉:官名。汉代掌握军权的最高长官。辟:征召。 [7]就:就职,就任。 [8]节度:服药的方法和注意事项。 [9]壮:量词,一灸为一壮。 [10]引:指针感循经络延引。许:处所,此指部位。 [11]差(chài):同"瘥",病愈。 [12]麻沸散:华佗创制的中药麻醉剂,已失佚。 [13]膏:用药膏,名词作状语,表工具。 [14]寤:睡醒。此谓感觉。

故甘陵相夫人有娠六月[1]，腹痛不安，佗視脈曰："胎已死矣。"使人手摸知所在，在左則男，在右則女。人雲："在左"，於是為湯下之，果下男形，即愈。

縣吏尹世苦四支煩[2]，口中幹，不欲聞人聲，小便不利。佗曰："試作熱食，得汗則愈；不汗，後三日死。"即作熱食而不汗出，佗曰："藏氣已絕於內[3]，當啼泣而絕。"果如佗言。

府吏兒尋、李延共止[4]，俱頭痛身熱，所苦正同。佗曰："尋當下之，延當發汗。"或難其異[5]。佗曰："尋外實，延內實，故治之宜殊。"即各與藥，明旦並起。

鹽瀆嚴昕與數人共候佗，適至，佗謂昕曰："君身中佳否？"昕曰："自如常。"佗曰："君有急病見於面，莫多飲酒。"坐畢歸，行數裏，昕卒頭眩墮車，人扶將還，載歸家，中宿死[6]。

故督郵頓子獻得病已差，詣佗視脈曰："尚虛，未得複，勿為勞事[7]，禦內即死。臨死，當吐舌數寸。"其妻聞其病除，從百餘裏來省之。止宿交接，中間三日發病[8]，一如佗言。

督郵徐毅得病，佗往省之，毅謂佗曰："昨使醫曹吏劉租針胃管訖[9]，便苦咳嗽，欲臥不安。"佗曰："刺不得胃管，誤中肝也，食當日減，五日不救。"遂如佗言。

東陽陳叔山小男二歲得疾，下利常先啼[10]，日以羸困。問佗，佗曰："其母懷軀，陽氣內養，乳中虛冷，兒得母寒，故令不時愈。"佗與四物女宛丸，十日即除。

彭城夫人夜之廁[11]，蠆螫其手，呻呼無賴[12]。佗令溫湯近熱，漬手其中，卒可得寐，但旁人數為易湯，湯令暖之，其旦即愈。

軍吏梅平得病，除名還家，家居廣陵，未至二百里，止親人舍。有頃，佗偶至主人許，主人令佗視平，佗謂平曰："君早見我，可不至此。今疾已結，促去可得與家相見，五日卒。"應時歸，如佗所刻[13]。

佗行道，見一人病咽塞，嗜食而不得下，家人車載欲往就醫，佗聞其呻吟，駐車往視，語之曰："向來道邊有賣餅家[14]，蒜齏大酢[15]，從取三升飲之，病自當去。"即如佗言，立吐蚘一枚[16]，縣車邊[17]，欲造佗[18]。佗尚未還，小兒戲門前，逆見[19]，自相謂曰："似逢我公，車邊病是也[20]。"疾者前入坐，見佗北壁懸此蚘輩約以十數。

又有一郡守病，佗以爲其人盛怒則差，乃多受其貨而不加治，無何棄去[21]，留書罵之。郡守果大怒，令人追捉殺佗。郡守子知之，屬使勿逐[22]。守瞋恚既甚[23]，吐黑血數升而愈。

又有一士大夫不快[24]，佗云："君病深，當破腹取，然君壽亦不過十年，病不能殺君。忍病十歲，壽俱當盡，不足故自刳裂[25]。"士大夫不耐痛癢[26]，必欲除之，佗遂下手，所患尋差[27]，十年竟死。

廣陵太守陳登得病[28]，胸中煩懣，面赤不食。佗脈之曰："府君胃中有蟲數升，欲成內疽，食腥物所爲也。"即作湯二升，先服一升，斯須盡服之。食頃[29]，吐出三升許蟲，赤頭皆動，半身是生魚膾也[30]，所苦便愈。佗曰："此病後三期當發[31]，遇良醫乃可濟救。"依期果發動，時佗不在，如言而死。

太祖聞而召佗[32]，佗常在左右。太祖苦頭風，每發，心亂目眩。佗針鬲[33]，隨手而差。

李將軍妻病甚，呼佗視脈。曰："傷娠而胎不去"。將軍言："聞實傷娠，胎已去矣。"佗曰："案脈[34]，胎未去也。"將軍以爲不然。佗舍去，婦稍小差[35]。百餘日復動，更呼佗。佗曰："此脈故事有胎[36]，前當生兩兒，一兒先出，血出甚多，後兒不及生。母不自覺，旁人亦不寤，不復迎[37]，遂不得生。胎死，血脈不復歸，必燥著母脊，故使多脊痛[38]。今當與湯，並針一處，此死胎必出。"湯針既加，婦痛急如欲生者。佗曰："此死胎久枯，不能自出，宜使人探之[39]。"果得一死男，手足完具，色黑，長可尺所[40]。

佗之絕技，凡此類也。

【注释】[1]甘陵：古县名，今山东临清。 [2]苦：苦于，为……所苦。 [3]藏气：五脏功能。 [4]止：居住。 [5]难：质疑，质问。 [6]中宿：半夜。 [7]劳事：行房事。下文中"御内""交接"，义同此。 [8]间：间隔。 [9]讫：结束。 [10]下利：痢疾，腹泻。 [11]之：到，去。 [12]无赖：无可奈何，没有办法。 [13]所刻：所预测的那样。 [14]向：刚才。饼：汤面。 [15]蒜齑：蒜泥汁。酢(cù)："醋"的异体字。 [16]虵："蛇"的异体字，此指寄生虫。 [17]县：同"悬"，挂。 [18]造：到，往。 [19]逆：迎面。 [20]病：指"虵"。 [21]无何：不久。 [22]属：同"嘱"，嘱咐。 [23]瞋恚(chēn huì)：愤怒。 [24]不快：指生病。 [25]足：值得。刳(kū)裂：剖开，指剖腹治疗。 [26]痛痒：义偏"痛"。 [27]寻：不久。 [28]广陵：汉代郡名，今江苏扬州。 [29]食顷：一顿饭的时间。 [30]脍(kuài)：切细的肉丝。 [31]期(jī)：一周年。 [32]太祖：指曹操。 [33]鬲：通"膈"，指膈俞穴。 [34]案：考察，根据。 [35]稍：渐渐。 [36]故事：本来表明。 [37]迎：指接生。 [38]多：常常。 [39]探：探取，谓用手掏出。 [40]可：大约。所：左右。

然本作士人，以醫見業[1]，意常自悔。後太祖親理[2]，得病篤重，使佗專視。佗曰："此近難濟[3]，恒事攻治，可延歲月。"佗久遠家思歸，因曰："當得家書[4]，方欲暫還耳[5]。"到家，辭以妻病，數乞期不反[6]。太祖累書呼，又敕郡縣發遣[7]。佗恃能厭食事[8]，猶不上道。太祖大怒，使人往檢：若妻信病[9]，賜小豆四十斛[10]，寬假限日；若其虛詐，便收送之[11]。於是傳付許獄[12]，考驗首服[13]。荀彧請曰[14]："佗術實工，人命所縣[15]，宜含宥之[16]。"太祖曰："不憂，天下當無此鼠輩耶[17]？"遂考竟佗[18]。佗臨死，出一卷書與獄吏，曰："此可以活人。"吏畏法不受，佗亦不彊，索火燒之。佗死後，太祖頭風未除。太祖曰："佗能愈此。小人養吾病，欲以自重，然吾不殺此子，亦終當不爲我斷此根原耳。"及後愛子倉舒病困，太祖歎曰："吾悔殺華佗，令此兒彊死也[19]。"

初，軍吏李成苦咳嗽，晝夜不寤[20]，時吐膿血，以問佗。佗言："君病腸臃[21]，咳之所吐，非從肺來也。與君散兩錢，當吐二升餘膿血，訖，快[22]，自養，一月可小起，好自將愛[23]，一年便健。十八歲當一小發，服此散，亦行復差。若不得此藥，故當死[24]。"復與兩錢散，成得藥去。五六歲，親中人有病如成者，謂成曰："卿今彊健，我欲死，何忍無急去藥[25]，以待不祥？先持貸我，我差，爲卿從佗更索。"成與之。已故到譙[26]，適值佗見收，匆匆不忍從求[27]。後十八歲，成病竟發，無藥可服，以至於死。

【注释】[1]见业：立业。见，《孟子·尽心上》："修身见于世。"赵岐注："见，立也。" [2]理：谓处理国事。 [3]近：近于。一说大概。 [4]当：方才，刚刚。 [5]暂还：回家短住一段时间。 [6]数(shuò)：多次。反：同"返"。 [7]敕(chì)：皇帝命令。发遣：征发以至遣返。 [8]食事：以待奉他人为事，吃伺候人的饭。 [9]信：确实，真的。 [10]斛(hú)：十斗。南宋以后以五斗为一斛。 [11]收:逮捕。 [12]传(zhuàn):递解(jiè),押送。许:许昌。汉献帝建安元年(196),曹操将东汉都城由洛阳迁至许昌。 [13]考验:拷打审讯。考,通"拷"。首服:低头服罪。 [14]荀彧(yù):当时的名士,曹操的谋士,字文若。 [15]县:同"悬"。 [16]含宥:宽恕。 [17]鼠辈:像老鼠一类的人,对人的蔑称。 [18]考竟:在狱中处死人。《释名·释丧制》:"狱死曰考竟。考得其情,竟其命于狱也。" [19]彊死:谓让人眼睁睁地看着去死。一说死于非命。彊,"强"的异体字。 [20]瘑:当作"痵"。范晔《后汉书·方术列传》作"痵"。 [21]臃:"痈"的异体字,毒疮。 [22]快:舒畅。 [23]将爱:保养保重。 [24]故:通"固",一定。 [25]去:通"弆(jǔ)",收藏。 [26]已:不久,时间副词。故:特地。 [27]忽忽:急乱之间。忽,"匆"的异体字。

廣陵吳普、彭城樊阿皆從佗學[1]。普依準佗治[2],多所全濟。佗語普曰:"人體欲得勞動[3],但不當使極耳[4]。動搖則穀氣得消,血脈流通,病不得生,譬猶戶樞不朽是也。是以古之仙者爲導引之事,熊頸鴟顧[5],引輓腰體[6],動諸關節,以求難老。吾有一術,名五禽之戲[7]:一曰虎,二曰鹿,三曰熊,四曰猨[8],五曰鳥,亦以除疾,兼利蹄足,以當導引[9]。體有不快,起作一禽之戲,沾濡汗出,因上著粉[10],身體輕便,腹中欲食。"普施行之,年九十餘,耳目聰明,齒牙完堅。阿善針術,凡醫咸言背及胸藏之間不可妄針,針之不可過四分,而阿針背入一二寸,巨闕胸藏針下五六寸[11],而病輒皆瘳[12]。阿從佗求可服食益於人者,佗授以漆葉青黏散[13]:漆葉屑一升,青黏屑十四兩,以是爲率[14]。言久服去三蟲[15],利五藏,輕體,使人頭不白。阿從其言,壽百餘歲。漆葉處所而有[16],青黏生於豐、沛、彭城及朝歌云[17]。

【注释】[1]彭城:汉代郡县名,在今江苏铜山境内。 [2]依准:依照……的标准。 [3]劳动:运动,活动。 [4]极:过度,疲惫。 [5]颈:通"经",攀挂肢体。范晔《后汉书·方术列传》作"经"。鸱:指鹞鹰或猫头鹰。 [6]引輓:屈伸。輓,通"挽",弯曲。 [7]五禽之戏:即"五禽戏",华佗模仿虎、鹿、熊、猿、鸟五种动物的动作姿态而创造的一套保健体操。禽,鸟兽等动物的通称。 [8]猨:"猿"的异体字。 [9]当:代替。 [10]著:同"着",撒敷。 [11]巨阙:穴位名。在脐上六寸。 [12]瘳(chōu):痊愈。 [13]漆叶青黏散:古代药剂名,能补虚、益精、杀虫、滋养脾肺肾。 [14]率:比例。 [15]三虫:泛指多种寄生虫。一说按中医传统理论,指蛔虫、赤虫及蛲虫这三种人体寄生虫。 [16]处所:到处,处处。 [17]丰:古县名,今江苏丰县。沛:古县名,在今江苏沛县东。朝歌:古县名,今河南淇县。云:语末助词,表结束。

 复习思考题

一、解释字词句

1. 经(兼通数~) 2. 游学 3. 辟(太尉黄琬~) 4. 且(时人以为年~百岁而貌有壮容) 5. 壮(每处不过七八~) 6. 许(①当引某~。②吐出三升~虫) 7. 差(①病亦行~。②四五日~。③妇稍小~) 8. 膏(缝腹~摩) 9. 斋、酢(蒜齑大酢) 10. 县(①~车边。②人命所~) 11. 逆(~见) 12. 病(车边~是也) 13. 无何 14. 属(~使勿逐) 15. 瞋恚 16. 足(不~故自刳裂) 17. 寻

（所患~差）18. 竟（①十年~死。②成病~发）19. 斯须 20. 食顷 21. 期（此病后三~当发）22. 鬲（佗针~）23. 案（~脉）24. 稍（妇~小差）25. 故事 26. 所（长可尺~）27. 暂还 28. 数、反（数乞期不反）29. 书（太祖累~呼）30. 食事 31. 信（若妻~病）32. 收（①便~送之。②适值佗见~）33. 传（于是~付许狱）34. 考验首服 35. 工（佗术实~）36. 含宥 37. 考竟 38. 强（①令此儿~死也。②卿今~健）39. 将爱 40. 故（~当死）41. 亲中人有病如成者 42. 去（何忍无疾~药）43. 多所全济 44. 熊经鸱顾 45. 挽（引~腰体）46. 燰（五日~）47. 当（以~导引）48. 著（因上~粉）49. 聪明（耳目~）50. 咸、针（凡医咸言背及胸藏之间不可妄针）51. 辄、瘳（而病辄皆瘳）52. 处所 53. 云（青黏生于丰、沛、彭城及朝歌~）

二、语译

1. 若病结积在内，针药所不能及，当须刳割者，便饮其麻沸散，须臾便如醉死，无所知，因破取。

2. 太祖大怒，使人往检：若妻信病，赐小豆四十斛，宽假限日；若其虚诈，便收送之。于是传付许狱，考验首服。荀彧请曰："佗术实工，人命所县，宜含宥之。"太祖曰："不忧，天下当无此鼠辈耶？"遂考竟佗。

3. 人体欲得劳动，但不当使极耳。动摇则谷气得消，血脉流通，病不得生，譬犹户枢不朽是也。是以古之仙者为导引之事，熊经鸱顾，引挽腰体，动诸关节，以求难老。

三、思考并简答

1. 如何理解"然本作士人，以医见业，意常自悔"？
2. 谈谈你对华佗被害的看法。

五十三、宋清传

柳宗元

【题解】 本文选自《柳宗元集》卷十七，中华书局 1978 年校点本。作者柳宗元（773—819），字子厚，河东（今山西永济）人，唐代杰出的文学家和思想家。805 年春，王叔文执政，采取一些革新政治的措施，他积极参与。不久革新为宦官藩镇所败。同年 10 月，他被贬为永州（今湖南永州）司马，后又贬为柳州（今广西柳州）刺史，最后卒于柳州。在文学上，他与韩愈齐名，共同领导了唐代古文运动，史称"韩柳"。所作诗文，颇多名篇，具有较高的思想性和艺术性，一直为人们所传诵。

宋清是唐代京城长安药市上的一名药商，他精通药道，诚朴为人，尤其是毫不势利，对人一视同仁，有求必应；对欠账而不能归还者则一概烧毁欠条，且"终不复言"。这种大异于常人的意义远大的"市道"（经商之道），使他不仅赢得了药农，从而收藏到最好的药材，更赢得了医家和患者的信誉，从而更加富有。柳宗元在对宋清及其经商之道大加肯定的同时，又较之当时所谓的士大夫，悲愤地批判了其趋炎附势、见利忘义的小市侩行径。文章出自真情，夹叙夹议，篇幅虽短，却寓意深远。

宋清，長安西部藥市人也，居善藥[1]。有自山澤來者，必歸宋清氏，清優主之[2]。長安醫工得清藥輔其方，輒易讎[3]，咸譽清。疾病疕瘍者[4]，亦皆樂就清求藥，冀速已，清皆樂然響應[5]。雖不持錢者，皆與善藥，積券如山[6]，未嘗詣取直[7]。或不識，遙與券，清不爲辭。歲終，度不能報[8]，輒焚券，終不復言。市人以其異，皆笑之，曰："清，蚩妄人也[9]。"或曰："清其有道者歟！"清聞之，曰："清逐利以活妻子耳，非有道也；然謂我蚩妄者亦謬。"

【注释】 [1]居：积聚。此谓收存。 [2]主：这里是"接待"的意思。 [3]讎(chóu)：出售。 [4]疕(bǐ)瘍：泛指外伤科疾患。疕，头疮，又指秃疮。 [5]响应：如响应声，喻有求必应。响，回声。 [6]券：书面凭证，此指欠款单。 [7]诣：到……去。直：通"值"，指药款。 [8]度：估计。报：归还。 [9]蚩妄：愚蠢荒唐。

清居藥四十年，所焚券者百數十人，或至大官，或連數州，受俸博。其饋遺清者[1]，相屬於戶[2]。雖不能立報，而以賒死者千百[3]，不害清之爲富也。清之取利遠，遠故大，豈若小市人哉？一不得直，則怫然怒，再則罵而仇耳。彼之爲利，不亦翦翦乎[4]！吾見蚩之有在也。清誠以是得大利，又不爲妄，執其道不廢，卒以富。求者益衆，其應益廣。或斥棄沉廢[5]，親與交視之落然者[6]，清不以怠，遇其人[7]，必與善藥如故。一旦復柄用[8]，益厚報清。其遠取利，皆類此。

【注释】 [1]馈遗：赠送。 [2]相属：一个接一个。属，连接。 [3]以：同"已"，已经。 [4]翦翦：浅薄狭窄的样子。翦，"剪"的异体字。 [5]斥弃沉废：谓因被贬官罢官而沦落潦倒。 [6]落然：冷落、淡漠的样子。 [7]遇：对待，接待。 [8]柄用：权势，权位。

吾觀今之交乎人者，炎而附[1]，寒而棄[2]，鮮有類清之爲者，世之言徒曰市道交[3]。嗚呼！清，市人也[4]，今之交有能望報如清之遠者乎？幸而庶幾[5]，則天下之窮困廢辱得不死亡者衆矣，"市道交"豈可少耶？或曰："清，非市道人也。"柳先生曰："清居市不爲市之道，然而居朝廷、居官府、居庠塾鄉黨以士大夫自名者[6]，反爭爲之不已，悲夫！然則清非獨異於市人也。"

【注释】 [1]炎：喻有权有势。 [2]寒：喻丧失权势。 [3]市道交：以做买卖的手段结交，互相交往。谓以权势财利为交往的原则。市道，做生意的原则和方法；市侩手段。 [4]市人：商人。 [5]庶几：差不多；接近。指近似宋清那样的人。 [6]庠塾：古代的学校。《礼记·学记》："古之教育，家有塾，党有庠。"乡党：乡里，家乡。自名：自许，自命。

复习思考题

一、解释字词句

1. 居(~善药) 2. 主(清优~之) 3. 雠(辄易~) 4. 冀、已(冀速已) 5. 诣、直(未尝诣取直) 6. 蚩妄 7. 馈遗 8. 属(相~于户) 9. 以(而~赊死者千百) 10. 怫然 11. 翦翦 12. 斥弃沉废 13. 落然 14. 柄用 15. 炎(~而附) 16. 市道交 17. 庠塾 18. 乡党

二、语译

1. 清之取利远,远故大,岂故小市人哉?一不得直,则怫然怒,再则骂而仇耳。彼之为利,不亦翦翦乎!

2. 吾观今之交乎人者,炎而附,寒而弃,鲜有类清之为者,世之言徒曰市道交。呜呼!清,市人也,今之交有能望报如清之远者乎?

3. 清居市不为市之道,然而居朝廷、居官府、居庠塾乡党以士大夫自名者,反争为之不已,悲夫!然则清非独异于市人也。

三、思考并简答

1. 宋清人物形象的特点是什么?

2. 在文中,柳宗元既肯定了宋清这一"市人",又肯定了他的"市道",这反映了作者怎样的思想观?

3. 把宋清的"市道"与那些以士大夫自名之人作一比较,谈谈你的感悟。

五十四、东垣老人传

砚坚

【题解】 本文选自《医史》卷五,中国中医科学院图书馆珍藏余云岫手抄本。作者砚坚,也名砚弥坚,又名贤,字伯固,应城(今湖北应城)人。元初名士,学问淳厚,文章质朴,为时人所重,著有《陨城集》。《医史》共10卷,明代李濂编撰,收录明代以前医家传记72篇,对于研究我国医学发展史,了解历代名医的生平事迹,有一定的参考作用。

传记着重记述了"金元四大家"之一的名医李杲一生高贵的品行。他为人忠信笃敬,慎于交游;自重自爱,同情疾苦。因母病不治而拜名家张元素为师学医,尽得其传。其后做过济源县税务长官,在任上即能以医救民疫疠。后则专以为事,终成大家。选择继承人是为了"传道",而传道和著书立说又都是为了天下后世。这些高贵品行,至今仍具教诲意义。文章选材讲究,详略得当,对李杲的医学理论与临床病案略而不书,在医家传记中可谓别具一格。另可参阅《元史·李杲传》。

東垣老人李君,諱杲[1],字明之。其先世居眞定[2],富於金財。大定初[3],校籍眞定、河間[4],戶冠兩路[5]。君之幼也,異於羣兒;及長,忠信篤敬[6],愼交遊,與人相接,無戲言。衢間衆人以爲懽洽處[7],足跡未嘗到[8],蓋天性

然也。朋儕頗疾之[9]，密議一席，使妓戲狎[10]，或引其衣，即怒罵，解衣焚之。由鄉豪接待國使[11]，府尹聞其妙齡有守也，諷妓強之酒[12]，不得辭，稍飲，遂大吐而出。其自愛如此。受《論語》《孟子》於王内翰從之[13]，受《春秋》於馮内翰叔獻。宅有隙地，建書院，延待儒士。或不給者[14]，盡周之[15]。泰和中[16]，歲饑[17]，民多流亡，君極力賑捄[18]，全活者甚衆。

【注释】[1]讳杲(gǎo)：古代地位尊贵和受人尊敬之人在去世以后，人们称说其名时，前加一“讳”字，表示尊敬。杲，李杲(1180—1251)，金元四大家之一，脾胃派(或称补土派、温补派)创始人与代表人物。　[2]真定：元代路名，为今河北正定。　[3]大定：金世宗完颜雍的年号(1161—1189)。　[4]校籍：核查户籍。河间：今河北河间。　[5]路：宋元时期的地方行政区域名，相当于现在的地区。　[6]笃：厚道。　[7]衢间：指街坊。衢，四通八达的道路。懽：“欢”的异体字。　[8]跡：“迹”的异体字。　[9]疾：通“嫉”，嫉妒。　[10]戏狎：轻浮地开玩笑。　[11]国使：此指南宋出使金朝的使节。　[12]讽：用话语暗示。　[13]内翰：翰林的别称。　[14]不给(jǐ)：谓生活困难。给，供应。　[15]周：通“赒”，周济，接济。　[16]泰和：金章宗完颜璟的年号(1201—1208)。　[17]岁饥：年成不好，闹饥荒。　[18]捄：“救”的异体字。

母王氏寢疾[1]，命里中數醫拯之。溫涼寒熱，其說異同[2]；百藥備嘗，以水濟水[3]，竟莫知爲何證而斃。君痛悼不知醫而失其親，有願曰[4]：“若遇良醫，當力學以志吾過[5]！”聞易水潔古老人張君元素[6]，醫名天下，捐金帛詣之。學數年，盡得其法。進納得官[7]，監濟源稅[8]。彼中民感時行疫厲[9]，俗呼爲大頭天行[10]。醫工遍閱方書，無與對證者。出己見，妄下之，不效；復下之，比比至死[11]。醫不以爲過，病家不以爲非。君獨惻然於心，廢寢食，循流討源，察標求本[12]，製一方，與服之，乃效。特壽之於木[13]，刻揭於耳目聚集之地[14]，用之者無不效。時以爲僊人所傳[15]，而鏨之於石碣[16]。

【注释】[1]寝疾：卧病在床，指染上重病。　[2]异同：义偏“异”，不同。　[3]以水济水：犹言以寒治寒。喻无益于治疗。　[4]有愿：发愿，立志。　[5]志：同“誌”，记住。此谓弥补。　[6]易水：今河北易县。洁古老人：金代医学家张元素的号。　[7]进纳得官：通过向朝廷捐献钱粮获得一个官职。　[8]监：主管，做……主管。济源：县名，今属河南。　[9]疫厉：指正在流行的传染性强烈的病邪。厉，通“疠”。　[10]大头天行：病名，又称大头瘟、大头风、大头伤寒，是感受风温时毒，邪气入侵肺胃而发，以头面红肿或咽喉肿痛为主要特征。天行，流行病。　[11]比比：接连不断地。　[12]“循流讨源”二句：依据病变探讨病因，察析病状寻求病根。　[13]寿：使……永久保存，使动用法。谓“久”意。　[14]揭：公开，公示。耳目：部分代整体，指人。　[15]僊：“仙”的异体字。[16]鏨(zàn)：雕刻，凿刻。石碣：石碑。圆顶的碑石叫碣。

君初不以醫爲名，人亦不知君之深於醫也。君避兵汴梁[1]，遂以醫遊公卿間，其明效大驗，具載別書[2]。壬辰北渡[3]，寓東平[4]；至甲辰還鄉里[5]。一日，謂友人周都運德父曰：“吾老，欲遺傳後世，艱其人奈何？”德父曰：“廉臺羅天益謙甫[6]，性行敦樸，嘗恨所業未精，有志於學，君欲傳道，斯人其可也。"他日,偕往拜之。君一見曰:"汝來學覓錢醫人乎?學傳道醫人乎?"謙甫曰:"亦傳道耳。"遂就學,日用飲食,仰給於君[7]。學三年,嘉其久而不倦也,予之白金二十兩[8],曰:"吾知汝活計甚難,恐汝動心,半途而止,可以此給妻子。"謙甫力辭不受。君曰:"吾大者不惜[9],何吝乎細[10]?汝勿復辭。"君所期者可知矣。臨終,平日所著書檢勘卷帙[11],以類相從,列於几前[12],囑謙甫曰:"此書付汝,非爲李明之、羅謙甫,蓋爲天下後世,慎勿湮沒,推而行之。"行年七十有二[13],實辛亥二月二十五日也[14]。君歿,迄今十有七年,謙甫言猶在耳,念之益新。噫嘻!君之學,知所託矣[15]。

【注釋】[1]汴梁:今河南开封。 [2]別书:指记有李杲治病五则病案的《元史·李杲传》。 [3]壬辰:指金哀宗开兴元年(1232)。其年蒙军南下,大举攻金,围困汴梁,李杲从汴梁逃出,北渡黄河。 [4]东平:今属山东。 [5]甲辰:1244年。其时,金已亡,北方归蒙古族统治。 [6]廉台:廉州,县名,今河北藁(gǎo)城。罗天益:字谦甫,河北真定人,元代医家。 [7]给:供给。 [8]白金:银子。 [9]大者:指医道。 [10]细:指钱财。 [11]检勘卷帙:整理勘定成一卷卷的书,装入书套。帙,书套。 [12]几:几案,书案。 [13]行年:犹"享年"。有:通"又"。 [14]实:通"时"。辛亥:1251年。 [15]託:"托"的异体字。

 复习思考题

一、解释字词句

1. 讳(~杲) 2. 冠、路(户冠两路) 3. 衢、懂(衢间众人以为懂治处) 4. 疾(朋侪颇~之) 5. 守(府尹闻其妙龄有~也) 6. 讽(~妓强之酒) 7. 给(①或不~者。②仰~于君。③可以此~妻子) 8. 周(尽~之) 9. 饥(岁~) 10. 捄(君极力赈~) 11. 异同 12. 以水济水 13. 志(当力学以~吾过) 14. 寿(特~之于木) 15. 耳目 16. 游(遂以医~公卿间) 17. 艰(~其人奈何) 18. 恨(尝~所业未精) 19. 白金 20. 几(列于~前) 21. 检勘卷帙 22. 行年、有(行年七十有二) 23. 歿(君~)

二、语译

1. 君之幼也,异于群儿;及长,忠信笃敬,慎交遊,与人相接,无戏言。衢间众人以为懂治处,足跡未尝到,盖天性然也。

2. 母王氏寝疾,命里中数医拯之。温凉寒热,其说异同;百药备尝,以水济水,竟莫知为何证而毙。

3. 君一见曰:"汝来学觅钱医人乎?学传道医人乎?"谦甫曰:"亦传道耳。"遂就学,日用饮食,仰给于君。

三、思考并简答

李杲有哪些高贵品格至今仍值得我们学习?

五十五、丹溪翁传

戴　良

【题解】　本文节选自《九灵山房集》卷十,《四部丛刊》本。作者戴良(1317—
1383),字叔能,号九灵山人,浦江(今属浙江)人,元末明初学者,明太祖洪武十五年
(1382),辞官不受,忤旨而死。通晓经史百家及医卜释老学说,著有《春秋经传考》《和
陶诗》《九灵山房集》等,其中《九灵山房集》30卷,载有关于医学著作多篇。

传记全面记叙了朱丹溪的生平事迹和医学理论。其中医学理论部分由于篇幅过
长,本课有所删节。文中首先介绍其由文入医、跟随罗知悌学医的经历;其次介绍其
"相火易动"与"阳常有馀,阴常不足"的医学观点;再次列举大量病案,体现了他辨证
施治、不拘古方的高超医技;最后赞扬他为人正直、不慕名利、忠孝悌信的高尚品质。

丹溪翁者[1],婺之义烏人也[2],姓朱氏,諱震亨,字彥修,學者尊之曰
丹溪翁。翁自幼好學,日記千言。稍長,從鄉先生治經[3],爲舉子業[4]。
後聞許文懿公得朱子四傳之學[5],講道八華山,復往拜焉。益聞道德性命
之說[6],宏深粹密,遂爲專門。一日,文懿謂曰:"吾臥病久,非精於醫者,不
能以起之。子聰明異常人,其肯遊藝於醫乎[7]?"翁以母病脾,於醫亦粗習,
及聞文懿之言,即慨然曰:"士苟精一藝,以推及物之仁[8],雖不仕於時,猶
仕也。"乃悉焚棄向所習舉子業,一於醫致力焉[9]。

【注释】　[1]丹溪翁:即朱震亨。因其故乡有小河名丹溪,故后人尊称其丹溪翁。　[2]婺
(wù):婺州,今浙江金华。义乌,今浙江义乌。　[3]治经:研习儒经。　[4]举子业:科举考试的学
业。　[5]许文懿:元代理学家许谦,亦婺州人,自号白云山人,谥文懿。朱子:指宋代理学家朱熹。
[6]道德性命之说:指理学,南宋至清末一直是国家的主导思想。其学说主要阐发天理人性的道理,
认为仁义礼智信等伦理道德在天为命,在人为性,命性一致,都是绝对的理,应当努力探求领悟并予
以遵奉。　[7]游艺:从事于某种技艺。艺,本指礼、乐、射、御、书、数等六艺。　[8]及物:"推己及物"
之省,谓把爱己之心推广到爱他人与万物。　[9]一:专一,专心。

時方盛行陳師文、裴宗元所定大觀二百九十七方[1],翁窮晝夜是習。
既而悟曰:"操古方以治今病,其勢不能以盡合。苟將起度量[2],立規矩,稱
權衡[3],必也《素》《難》諸經乎!然吾鄉諸醫鮮克知之者[4]。"遂治裝出遊,
求他師而叩之。乃渡浙河[5],走吳中[6],出宛陵[7],抵南徐[8],達建業[9],皆
無所遇。及還武林[10],忽有以其郡羅氏告者。羅名知悌,字子敬,世稱太無
先生,宋理宗朝寺人[11],學精於醫,得金劉完素之再傳[12],而旁通張從正、
李杲二家之說[13]。然性褊甚[14],恃能厭事,難得意[15]。翁往謁焉,凡數往返,
不與接。已而求見愈篤[16],羅乃進之,曰:"子非朱彥修乎?"時翁已有醫名,
羅故知之。翁既得見,遂北面再拜以謁[17],受其所教。羅遇翁亦甚懽,即授

以劉、李、張諸書，爲之敷揚三家之旨[18]，而一斷於經[19]，且曰："盡去而舊學[20]，非是也。"翁聞其言，渙焉無少凝滯於胸臆[21]。居無何[22]，盡得其學以歸。

【注释】[1]大观二百九十七方：指北宋徽宗大观年间由太医陈师文、裴宗元等编订的《校正太平惠民和剂局方》，流传甚广。 [2]起度量：建立法度。 [3]称权衡：颁布准则。 [4]鲜：很少。克：能。 [5]浙河：钱塘江。 [6]吴中：今江苏吴县一带。 [7]宛陵：今安徽宣城。 [8]南徐：今江苏镇江。 [9]建业：今江苏南京。 [10]武林：指杭州。 [11]寺人：宫中侍御小臣。 [12]刘完素：金元四大家之一，寒凉派的创始人与代表人物，河间（今属河北）人。 [13]张从正：金元四大家之一，攻下派的创始人与代表人物，考城（今河南兰考）人。李杲：即李东垣。详见本教材《东垣老人传》。 [14]褊(biǎn)：谓心胸狭小。 [15]难得意：谓世人都难以合乎自己的心意。 [16]笃：诚恳。 [17]再拜：拜两次。表示恭敬的礼节。 [18]敷扬：阐发。 [19]经：指《黄帝内经》等医经。 [20]而：通"尔"，你。 [21]涣焉：消散的样子。凝滞：指聚积的疑问。 [22]居无何：过了不久。

　　鄉之諸醫泥陳、裴之學者，聞翁言，即大驚而笑且排[1]，獨文懿喜曰："吾疾其遂瘳矣乎！"文懿得末疾[2]，醫不能療者十餘年，翁以其法治之，良驗。於是諸醫之笑且排者，始皆心服口譽。數年之間，聲聞頓著[3]。翁不自滿足，益以三家之說推廣之。謂劉、張之學，其論臟腑氣化有六[4]，而於濕熱相火三氣致病爲最多，遂以推陳致新瀉火之法療之，此固高出前代矣。然有陰虛火動[5]，或陰陽兩虛濕熱自盛者，又當消息而用之[6]。謂李之論飲食勞倦，內傷脾胃，則胃脘之陽不能以升舉，並及心肺之氣，陷入中焦，而用補中益氣之劑治之，此亦前人之所無也。然天不足於西北，地不滿於東南。天，陽也；地，陰也。西北之人，陽氣易於降；東南之人，陰火易於升[7]。苟不知此，而徒守其法，則氣之降者固可愈，而於其升者亦從而用之，吾恐反增其病矣。乃以三家之論，去其短而用其長，又復參之以太極之理[8]，《易》《禮記》《通書》《正蒙》諸書之義[9]，貫穿《內經》之言，以尋其指歸[10]。而謂《內經》之言火，蓋與太極動而生陽、五性感動之說有合[11]；其言陰道虛[12]，則又與《禮記》之養陰意同。因作《相火》及《陽有餘陰不足》二論以發揮之[13]。

【注释】[1]排：排斥。 [2]末疾：据《续名医类案》卷十六，许谦之末疾，由积痰与寒湿所致，痰湿侵入骨节，坐不能起，起不能行，缠绵十余年，后经朱丹溪治愈。 [3]声闻：声誉，声望。著：显扬。 [4]脏腑气化有六：刘完素认为脏腑经络易受风、寒、暑、湿、燥、火这六气侵扰而得病，后来张从正采用了刘完素的观点，进一步把各种疾病分为风、寒、暑、湿、燥、火六门。 [5]阴虚火动：朱丹溪认为人体阴津不足则相火易动而导致各种疾病。 [6]消息：谓斟酌增减。消，消减。息，增加。 [7]阴火：心火。 [8]太极：我国古代哲学术语，指衍生天地万物之本原。 [9]通书：指《周子通书》，北宋周敦颐著，与下文《正蒙》等均为儒家哲学名著。《正蒙》：北宋张载著。 [10]指归：即"旨归"，主旨。 [11]五性感动：指五行相互感应运化的规律。 [12]阴道虚：谓人体精血阴气最易耗损。语见《素问·太阴阳明论》。 [13]以下删节1458字。

於是,翁之醫益聞[1]。四方以病來迎者,遂輻湊於道[2],翁咸往赴之。其所治病凡幾,病之狀何如,施何良方,飲何藥而愈,自前至今,驗者何人,何縣里,主名,得諸見聞,班班可紀[3]。

浦江鄭義士病滯下[4],一夕忽昏仆,目上視,溲注而汗泄。翁診之,脈大無倫[5],即告曰:"此陰虛而陽暴絕也,蓋得之病後酒且內[6]。然吾能愈之。"即命治人參膏[7],而且促灸其氣海[8]。頃之手動,又頃而唇動。及參膏成,三飲之甦矣[9]。其後服參膏盡數斤,病已。

天台周進士病惡寒,雖暑亦必以綿蒙其首,服附子數百[10],增劇。翁診之,脈滑而數,即告曰:"此熱甚而反寒也。"乃以辛涼之劑,吐痰一升許,而蒙首之綿減半;仍用防風通聖飲之[11],愈。周固喜甚,翁曰:"病愈後須淡食以養胃,內觀以養神[12],則水可生[13],火可降;否則,附毒必發,殆不可救。"彼不能然,後告疽發背死。

一男子病小便不通,醫治以利藥[14],益甚。翁診之,右寸頗弦滑,曰:"此積痰病也,積痰在肺。肺爲上焦,而膀胱爲下焦,上焦閉則下焦塞,辟如滴水之器[15],必上竅通而後下竅之水出焉。"乃以法大吐之,吐已,病如失[16]。

一婦人產後有物不上如衣裾[17],醫不能喻。翁曰:"此子宮也,氣血虛故隨子而下。"即與黃芪當歸之劑,而加升麻舉之,仍用皮工之法[18],以五倍子作湯洗濯[19],皺其皮。少選,子宮上。翁慰之曰:"三年後可再生兒,無憂也。"如之。

一貧婦寡居病癩,翁見之惻然,乃曰:"是疾世號難治者,不守禁忌耳。是婦貧而無厚味,寡而無欲,庶幾可療也。"即自具藥療之,病愈。後復投四物湯數百[20],遂不發動。

翁之爲醫,皆此類也。蓋其遇病施治,不膠於古方[21],而所療則中;然於諸家方論,則靡所不通。他人靳靳守古[22],翁則操縱取捨,而卒與古合。一時學者咸聲隨影附,翁教之亹亹忘疲[23]。

【注釋】[1]聞:聞名,出名。 [2]輻湊:又作"輻輳",車輻条聚合于車轮軸心。此喻人群聚集。 [3]班班,即"斑斑",明显的样子。 [4]滯下:痢疾。 [5]倫:次序。 [6]內:指行房事。 [7]治:配制。 [8]气海:经穴名,位于腹部正中线,脐下一寸五分处。 [9]甦:"苏"的异体字。 [10]附子:中药名,性大辛大热,温阳逐寒。百:《格致余论》中作"日"。 [11]防风通圣:古方名,有解表通里、清热化毒的功效。 [12]内观:犹"内视",凝神向内,排除杂念。 [13]水:指肾水。 [14]利药:利尿之药。 [15]辟:通"譬"。滴水之器:古人用来储水供磨墨用的文具。 [16]以下删节232字。 [17]衣裾:衣服的襟袍。 [18]皮工之法:朱丹溪仿皮工用五倍子煎汤浸洗脱垂之子宫,使其收缩。五倍子有收敛的功效。 [19]濯(zhuó):洗。 [20]四物汤:古方名,有养血、和血、调经之功效。百:当作"日"。 [21]胶:拘泥。 [22]靳靳(jìnjìn):拘泥固执的样子。 [23]亹亹(wěiwěi):勤奋不倦的样子。

翁春秋既高，乃徇張翼等所請[1]，而著《格致餘論》《局方發揮》《傷寒辨疑》《本草衍義補遺》《外科精要新論》諸書，學者多誦習而取則焉[2]。

翁簡愨貞良[3]，剛嚴介特[4]，執心以正，立身以誠，而孝友之行，實本乎天質。奉時祀也[5]，訂其禮文而敬泣之[6]。事母夫人也，時其節宣以忠養之[7]。寧歉於己，而必致豐於兄弟；寧薄於己子，而必施厚於兄弟之子。非其友不友，非其道不道。好論古今得失，慨然有天下之憂。世之名公卿多折節下之[8]，翁為直陳治道，無所顧忌。然但語及榮利事，則拂衣而起[9]。與人交，一以三綱五紀為去就[10]。嘗曰：天下有道，則行有枝葉；天下無道，則辭有枝葉。夫行，本也；辭，從而生者也。苟見枝葉之辭，去本而末是務，輒怒溢顏面，若將浼焉[11]。翁之卓卓如是[12]，則醫特一事而已。然翁講學行事之大方[13]，已具吾友宋太史濂所為翁墓誌[14]，茲故不錄，而竊錄其醫之可傳者為翁傳，庶使後之君子得以互考焉。

【注释】［1］徇：听从，同意。 ［2］则：法则。 ［3］简愨（què）贞良：谓为人简朴、诚实谨慎、品行坚贞、待人温和。 ［4］刚严介特：刚毅庄重，清高不俗。 ［5］时祀：每年一定时候的常规性祭祀。 ［6］礼文：祭文。 ［7］时：按时调节，用作动词。节宣：指生活起居、饮食劳逸等。 ［8］折节：降低身份，放下架子。谓作出谦逊的姿态。下：下问，请教，用作动词。 ［9］拂衣：甩袖子，形容愤怒、生气。 ［10］三纲五纪：即“三纲五常”。三纲，指君为臣纲，父为子纲，夫为妻纲。五常，指仁义礼智信这五种道德。 ［11］浼（měi）：玷污。 ［12］卓卓：超群出众的样子。 ［13］大方：大道，大家风范。 ［14］宋太史濂：指明初文学家宋濂，因其曾主修《元史》，故称太史。他曾为朱丹溪写墓志《故丹溪先生朱公石表辞》，载于《宋学士全集》卷五十。

論曰：昔漢嚴君平，博學無不通，賣卜成都[1]。人有邪惡非正之問，則依蓍龜為陳其利害[2]。與人子言，依於孝；與人弟言，依於順；與人臣言，依於忠。史稱其風聲氣節[3]，足以激貪而厲俗[4]。翁在婺得道學之源委，而混迹於醫。或以醫來見者，未嘗不以葆精毓神開其心[5]。至於一語一默，一出一處，凡有關於倫理者，尤諄諄訓誨，使人奮迅感慨激厲之不暇[6]。左丘明有云[7]：“仁人之言，其利溥哉[8]！”信矣。若翁者，殆古所謂直諒多聞之益友[9]，又可以醫師少之哉[10]？

【注释】［1］严君平：名遵，西汉蜀郡（今成都）人，不愿为官，在成都街头以占卜为生，以忠孝信义教人。 ［2］蓍龟：蓍草和龟甲，古人卜卦时所用。 ［3］风声：风范，声望。 ［4］激贪而厉俗：使贪婪者受到劝诫，使庸俗者得到劝勉。厉，通“励”，使……受到劝勉。 ［5］葆精毓神：保养精神。葆，通“保”。 ［6］激厉：自我勉励。不暇：没有空闲时间，谓立即付诸行动，不能等待。 ［7］左丘明：春秋时期的史学家，《左传》的作者。 ［8］溥（pǔ）：广大。 ［9］直谅多闻：正直、诚实、博学。语本《论语·季氏》。 ［10］少：轻视。

复习思考题

一、解释字词句

1. 讳（~震亨）　2. 日（~记千言）　3. 治（①从乡先生~经。②遂~装出游。③即命~人参膏）　4. 经（①从乡先生治~。②而一断于~）　5. 举子业　6. 朱子　7. 道德性命之说　8. 起（不能以~之）　9. 游艺　10. 一（~于医致力焉）　11. 是习　12. 起度量　13. 权衡　14. 鲜、克（然吾乡诸医鲜克知之者）　15. 笃（已而求见愈~）　16. 而（尽去~旧学）　17. 居无何　18. 诸医泥陈裴之学者　19. 瘳（吾疾其遂~矣乎）　20. 末疾　21. 诸医之笑且排者　22. 声闻　23. 消息　24. 徒（而~守其法）　25. 五性感动　26. 辐凑　27. 班班　28. 诸（得~见闻）　29. 滞下　30. 伦（脉大无~）　31. 内（盖得之病后酒且~）　32. 内观　33. 利药　34. 辟（~如滴水之器）　35. 濯（以五倍子作汤洗~）　36. 皱（~其皮）　37. 少选　38. 庶几（~~可疗也）　39. 发动　40. 胶（不~于古方）　41. 靳靳　42. 操纵　43. 卒（而~与古合）　44. 声、影（一时学者咸声随影附）　45. 亹亹（翁教之~~忘疲）　46. 春秋　47. 焉（学者多诵习而取则~）　48. 简慤贞良　49. 刚严介特　50. 孝友　51. 时、节宣（时其节宣以忠养之）　52. 友（非其友不~）　53. 拂衣　54. 三纲五纪　55. 末是务　56. 浼（若将~焉）　57. 特（则医~一事而已）　58. 医之可传者　59. 庶（~使后之君子得以互考焉）　60. 卖卜　61. 著龟　62. 激、厉（足以激贪而厉俗）　63. 溥（其利~哉）　64. 信（~矣）　65. 直谅多闻　66. 少（又可以医师~之哉）

二、语译

1. 苟将起度量，立规矩，称权衡，必也《素》《难》诸经乎！然吾乡诸医鲜克知之者。

2. 乡之诸医泥陈、裴之学者，闻翁言，即大惊而笑且排，独文懿喜曰："吾疾其遂瘳矣乎！"文懿得末疾，医不能疗者十余年，翁以其法治之，良验。

3. 尝曰：天下有道，则行有枝叶；天下无道，则辞有枝叶。夫行，本也；辞，从而生者也。苟见枝叶之辞，去本而末是务，辄怒溢颜面，若将浼焉。

4. 左丘明有云："仁人之言，其利溥哉！"信矣。若翁者，殆古所谓直谅多闻之益友，又可以医师少之哉？

三、思考并简答

1. 朱丹溪半路学医而能迅速成为一代宗师的原因是什么？

2. 如何理解朱丹溪"乃悉焚弃向所习举子业，一于医致力焉"？

第 六 单 元

 学习要点

一、了解医学论著序文的写作特点,其与普通序文写作的区别以及自序与他序的不同。

二、了解与本单元文选作者和作品相关的历史文化知识。

三、掌握本单元各篇的繁体字、生僻字、通假字、古今字、异体字。

四、掌握本单元各篇的典范词语、文言虚词、词类活用、特殊语序。

五、掌握本单元各篇的文意并能通顺语译。

五十六、《汉书·艺文志》序及方技略

班 固

【题解】 本文选自《汉书·艺文志》,中华书局 1959 年校点本,由各自成篇的《汉书·艺文志》的"序"和"方技略"合成,标题另加。作者班固(32—92),字孟坚,扶风安陵(今陕西咸阳东)人,东汉著名史学家。班固自幼聪颖好学,诸子百家,无所不读,而尤好汉史。他继承父亲班彪的遗志,历时 26 载,于章帝建初七年(82)完成《汉书》初稿。后因仇家陷害,死于狱中。其未完的八表和《天文志》,由其妹班昭与同乡马续补完。《汉书》是我国第一部纪传体断代史,记叙自汉高祖刘邦元年(前 206)至王莽地皇四年(23)229 年间的历史,分十二纪、八表、十志、七十列传,共 100 篇。记事严谨详瞻,文辞精炼渊雅,史学上的地位仅次于《史记》,是研究西汉历史最重要的文献。《艺文志》属《汉书》的"十志"之一,亦为班固所首创,是根据我国最早的图书目录学专著、西汉末年刘向和刘歆父子的《别录》和《七略》(主要是后者)写成的,所载为西汉成帝和哀帝时整理出来的图书文献的成果,同时叙述了各家各派的学术源流及内容得失。凡分六艺、诸子、诗赋、兵书、数术、方技六大类,收录记述书籍 38 种,596 家,13 269 卷。因《别录》和《七略》早佚,遂为我国现存最早的图书目录学文献。

"《艺文志》序"是《艺文志》的总序。序中首先略述了孔子逝后学术流派的产生、战国时诸子百家的兴起与争鸣及秦朝焚书的情况,交代了图书的发展和流变;然后比较详细地叙述了西汉时期重视和收集、整理图书文献的史实与成果,说明了《艺文志》成书的原因、来源和目的。"方技略"是《艺文志》的内容之一,凡分医经、经方、房中和神仙四小类。"略"中先列其书,后述内容与意义,为我国现存最早的医药卫生学文献。

243

　　昔仲尼没而微言絶[1]，七十子喪而大義乖[2]。故《春秋》分爲五[3]，《詩》分爲四[4]，《易》有數家之傳[5]。戰國從衡[6]，真偽分爭，諸子之言紛然殽亂[7]。至秦患之，乃燔滅文章[8]，以愚黔首[9]。漢興[10]，改秦之敗[11]，大收篇籍[12]，廣開獻書之路。迄孝武世[13]，書缺簡脱[14]，禮壞樂崩，聖上喟然而稱曰[15]："朕甚閔焉[16]！"於是建藏書之策[17]，置寫書之官[18]，下及諸子傳說[19]，皆充祕府[20]。至成帝時[21]，以書頗散亡，使謁者陳農求遺書於天下[22]，詔光禄大夫劉向校經傳、諸子、詩賦[23]，步兵校尉任宏校兵書[24]，太史令尹咸校數術[25]，侍醫李柱國校方技[26]。每一書已，向輒條其篇目，撮其指意，録而奏之。會向卒，哀帝復使向子侍中奉車都尉歆卒父業[27]。歆於是總羣書而奏其《七略》[28]，故有《輯略》，有《六藝略》，有《諸子略》，有《詩賦略》，有《兵書略》，有《術數略》，有《方技略》。今刪其要[29]，以備篇籍。

【注释】[1]没：同"殁"，"死"的婉言。微言：涵义隐深的言论，指字面平实而寓涵褒贬等大义的言辞。　[2]七十子：相传孔子有弟子三千，而身通"六艺"者七十二（一说七十七）。此指孔门七十二贤，"七十子"是举其概的说法。大义：指儒经中的精髓要义。乖：乖违，偏离，谓偏离了儒家的正道。　[3]《春秋》分为五：传注《春秋》的五个流派，传到现在的为《春秋》三传，即《左传》《公羊传》《谷梁传》，汉时立于官学。另有《邹氏传》与《夹氏传》传于民间，早已失传。　[4]《诗》分为四：西汉时传注《诗经》的四个流派，分别为齐国的辕固、鲁国的申培、燕国的韩婴、赵国的毛亨，世称"齐鲁韩毛"。齐鲁韩三家在西汉时立有博士，魏晋以后渐亡。毛氏所传《诗经》，世称《毛诗》，盛行于东汉以后并传承至今。　[5]《易》有数家之传：《汉书·艺文志·六艺略》："汉兴，田何传之。迄于宣、元，有施、孟、梁丘、京氏立于学官，而民间有费、高两家之说。"均已早佚。传(zhuàn)，古书注释的类型之一，以传述大义为主、兼释语词的注释。　[6]从衡：即"纵横"，为"合纵"与"连横"之合称的简称，是战国时期诸侯国之间政治、外交与军事斗争的主要形式。从，同"纵"。衡，通"横"。　[7]殽：通"淆"，混乱。　[8]燔(fán)：焚烧。文章：指图书文献。　[9]黔首：百姓。　[10]兴：建立。　[11]败：指秦朝焚书的弊政。　[12]篇籍：图书。　[13]孝武：指汉武帝刘彻，公元前141—前87年在位，谥孝武。　[14]书：指书中的文字。　[15]喟然：感慨的样子。　[16]闵：通"悯"，忧虑。　[17]策：指策府，亦作"册府"，古代帝王藏书的地方。　[18]写：抄写。　[19]传(zhuàn)说：指关于儒经的传注与诸子的著述。　[20]秘府：古代帝王在宫内珍藏秘籍的地方。　[21]成帝：西汉孝成帝刘骜（公元前32—前7年）。　[22]谒者：汉代官职，负责接待宾客。遗书：散失的书。　[23]光禄大夫：官名，主管顾问应对事宜。刘向（约公元前77—前6年）：字子政，沛（今江苏沛县）人，西汉经学家、目录学家、文学家，著有《别录》《说苑》《新序》等书。　[24]步兵校尉：西汉时掌管宫城部队的将领，地位略低于将军。　[25]太史令：官名，汉时主管典籍、修史、天文、历法等事务。数术：又作"术数"，天文、历法、卜筮之类的技术，此指该类书籍。　[26]侍医：皇帝的御医。《隋书·经籍志》引作"太医监"，此指太医的长官。方技：医药卫生一类的技术，此指该类书籍。　[27]哀帝：汉哀帝刘欣，公元前6—前1年在位。侍中：官名。汉时为列侯以至郎中的加官，属虚衔，但荣誉很高。奉车(jū)都尉：官名，掌管皇帝车驾的武官，皇帝出巡时要随从侍奉并事保卫工作。　[28]歆(xīn)：刘向之子，字子骏(? —23)，后改名秀，字颖叔。　[29]删：选取，节取。

方技略

《黃帝內經》十八卷[1]　　　　《外經》三十七卷[2]

《扁鵲內經》九卷　　　　　　《外經》十二卷

《白氏內經》三十八卷　　　　《外經》三十六卷

《旁篇》二十五卷

右醫經七家[3]，二百一十六卷[4]。

醫經者，原人血脈、經落、骨髓、陰陽、表裏[5]，以起百病之本[6]，死生之分[7]，而用度箴石湯火所施[8]，調百藥齊和之所宜[9]。至齊之得[10]，猶慈石取鐵[11]，以物相使[12]。拙者失理[13]，以瘉爲劇[14]，以生爲死。

【注释】　[1]黄帝内经：即今传的《黄帝内经》。一说为另外一部《黄帝内经》。　[2]外经：本书及以下共六部医书，俱已失传。　[3]右：以上。　[4]二百一十六卷：与所列医经卷数不合，当为年久传误所致。以下经方、房中、神仙三类之后的总数，均与所列之书卷数不合。　[5]原：推究……的本源。落：通"络"。　[6]起：阐述；阐发。本：根源。　[7]分(fèn)：界限。　[8]度：揣度，谓研究。箴：通"针"，指针刺。火：指灸法。　[9]齐和：指药物的恰当配伍。齐，同"剂"。　[10]至齐：最好的药剂。得：功效，作用。　[11]慈：同"磁"。　[12]以物相使：谓用药物的不同性能互相配合来发挥作用。　[13]失理：违背医理。　[14]以瘉为剧：把病已愈当成重病。瘉，"愈"的异体字。

《五藏六府痹十二病方》三十卷[1]　　《五藏六府疝十六病方》四十卷[2]

《五藏六府癉十二病方》四十卷[3]　　《風寒熱十六病方》二十六卷

《泰始黃帝扁鵲俞拊方》二十三卷　　《五藏傷中十一病方》三十一卷[4]

《客疾五藏狂顛病方》十七卷[5]　　　《金瘡瘲瘲方》三十卷[6]

《婦人嬰兒方》十九卷　　　　　　　《湯液經法》三十二卷

《神農黃帝食禁》七卷[7]

右經方十一家[8]，二百七十四卷。

經方者，本草石之寒溫[9]，量疾病之淺深[10]，假藥味之滋[11]，因氣感之宜[12]，辯五苦六辛[13]，致水火之齊[14]，以通閉解結，反之於平[15]。及失其宜者[16]，以熱益熱，以寒增寒，精氣內傷，不見於外[17]，是所獨失也[18]。故諺曰：有病不治，常得中醫[19]。

【注释】　[1]痹：颜师古注："风湿之病。"十二病方：十二种病证的方治。以下类此。　[2]疝：中医谓心腹气病。　[3]癉(dān)：热病。一说通"疸"，黄疸病。　[4]伤中：内伤疾病。　[5]客疾：外邪所致的病。　[6]金疮：由金属器刃造成的肢体创伤。瘲瘲(zòngchì)：手足痉挛抽搐的病证。　[7]食禁：饮食禁忌。　[8]经方：相当于现在的中药、方剂一类的书。下句"经方者"中的"经方"，指中药方剂方面的技术。　[9]草石：泛指药物。寒温："温凉寒热"之省，指药物的属性。 ［10］量:估量,测度。 ［11］假:凭借。滋:汁液。此指药物的作用、功效。 ［12］气感之宜:指人对气候感应的适宜情况。 ［13］辩:通"辨"。五苦六辛:泛指药物的各种性味。 ［14］水火之齐:为"水之齐"和"火之齐"的合称,指寒凉或温热的药剂。 ［15］反:同"返"。 ［16］失其宜者:谓违背了"经方"之理的医生。 ［17］见:同"现",显现。 ［18］是所独失:谓失误的唯一原因,就是由于违背了"经方"之理。 ［19］"有病不治"二句:意谓患了病不用去治疗,常常还能因为符合医理而自然痊愈;而去治疗,反倒可能因为医生水平低下而使病情加重。中(zhòng)医,谓符合医理。一说"常得中(zhōng)医",谓犹如得到了一个中等水平的医生,而不是前去就医时反倒遇到了庸医。亦通。

《容成陰道》二十六卷[1]　　　　　《務成子陰道》三十六卷[2]
《堯舜陰道》二十三卷　　　　　　《湯盤庚陰道》二十卷[3]
《天老雜子陰道》二十五卷[4]　　　《天一陰道》二十四卷[5]
《黃帝三王養陽方》二十卷　　　　《三家內房有子方》十七卷
　右房中八家,百八十六卷。

　　房中者[6],情性之極,至道之際[7],是以聖王制外樂以禁內情[8],而爲之節文[9]。傳曰[10]:"先王之樂,所以節百事也。"樂而有節,則和平壽考[11]。及迷者弗顧,以生疾而殞性命。

【注释】 ［1］容成:相传为黄帝时的医官,精于房中之术,又为历法的发明者。阴道:古代指房中之术。 ［2］务成子:务成昭,舜的老师。 ［3］汤盘庚:商汤和盘庚。汤,指商汤,又称成汤、武汤、天乙等,商朝的建立者。盘庚,商朝天子之一,汤的九世孙。 ［4］天老:相传为黄帝时的三公之一。 ［5］天一:即天乙,商汤之名。 ［6］房中:即房中术,为古代的性医学,此指房中类的书籍。下文"房中者情性之极"的"房中",则指男女房室之事。 ［7］"情性之极"二句:意为男女房室之事,是人的情欲发展到极点的行为,是阴阳之道在人身上发生交会的体现。情性,指情欲、性欲。至道,指阴阳之道。际,交会。 ［8］外乐:将性情恰当地渲泄于外的音乐。内情:指房室之欲,即情欲、性欲。 ［9］为之节文:为此写下了合理节制情欲的文字。 ［10］传:指《左传》。引文见《左传·昭公元年》。 ［11］寿考:寿命长久,享尽天年而老死。

《宓戲雜子道》二十篇[1]　　　　《上聖雜子道》二十六卷
《道要雜子》十八卷　　　　　　《黃帝雜子步引》十二卷[2]
《黃帝岐伯按摩》十卷　　　　　《黃帝雜子芝菌》十八卷[3]
《黃帝雜子十九家方》二十一卷　《泰壹雜子十五家方》二十二卷[4]
《神農雜子技道》二十三卷　　　《泰壹雜子黃冶》三十一卷[5]
　右神僊十家,二百五卷。

　　神僊者,所以保性命之眞[6],而遊求於其外者也[7]。聊以盪意平心[8],同死生之域,而無怵惕於胷中[9]。然而或者專以爲務,則誕欺怪迂之文彌以益多,非聖王之所以教也。孔子曰[10]:"索隱行怪[11],後世有述焉[12],吾不爲之矣。"

【注释】　[1]宓(fú)戏:即伏羲,远古帝王之一。杂子道:神仙家修身养性以求得长生不老的方法。　[2]步引:导引一类的修炼方法。　[3]芝菌:指服食丹药一类的养生法。　[4]泰懿:即"泰一",古代的天神名。　[5]黄冶:指冶炼丹药的方法。　[6]真:真元,真精。　[7]而游求于其外:谓向身外的天地山川广求养生之道。　[8]聊以:赖以。盪意平心:净化思想,安定心神。盪,"荡"的异体字,涤荡。　[9]怵惕:恐惧,文中指对死亡的恐惧。　[10]孔子曰:以下引文见《礼记·中庸》。　[11]索隐行怪:追求神秘之事,奉行怪异之道。　[12]述:遵从。

凡方技三十六家,八百六十八卷。

方技者,皆生生之具[1],王官之一守也[2]。太古有岐伯、俞拊,中世有扁鹊、秦和,蓋論病以及國,原診以知政[3]。漢興有倉公。今其技術晻昧[4],故論其書,以序方技爲四種[5]。

【注释】　[1]生生之具:使生命延续不息的工具。　[2]王:天子。守:职守。　[3]"盖论病以及国"二句:谓高明的医生能在论断国君的疾病时推知国情,在推究诊治疾病的根本方法时推知国政。　[4]晻昧:淹没,埋没。晻,"暗"的异体字。　[5]序:依次排列。

 复习思考题

一、解释字词句

1. 没、微言(昔仲尼没而微言绝)　2. 传(《易》有数家之~)　3. 从衡　4. 殽(诸子之言纷然~乱)　5. 燔(乃~灭文章)　6. 愚、黔首(以愚黔首)　7. 迄　8. 书缺简脱　9. 喟然　10. 朕、闵(朕甚闵焉)　11. 策(于是建藏书之~)　12. 写、官(置写书之官)　13. 传说　14. 遗书　15. 经传　16. 数术　17. 方技　18. 条(歆于是~其篇目)　19. 会、卒(会向卒)　20. 删(今~其要)　21. 原、落(原人血脉、经落、骨髓、阴阳、表里)　22. 箴石汤火　23. 齐和　24. 齐(至~之得)　25. 慈(犹~石取铁)　26. 相使　27. 痛(以~为剧)　28. 疢瘕　29. 辩五苦六辛　30. 水火之齐　31. 反(~之于平)　32. 见(不~于外)　33. 阴道　34. 房中　35. 考(和平寿~)　36. 杂子道　37. 僊(右神~十家)　38. 聊、盪(聊以盪意平心)　39. 惸(而无怵惕于~中)　40. 索隐行怪　41. 述(后世有~焉)　42. 生(皆生生之具)　43. 晻(今其技术~昧)　44. 序(以~方技为四种)

二、语译

1. 战国从衡,真伪分争,诸子之言纷然殽乱。至秦患之,乃燔灭文章,以愚黔首。

2. 每一书已,向辄条其篇目,撮其指意,录而奏之。会向卒,哀帝复使向子侍中奉车都尉歆卒父业。

3. 医经者,原人血脉、经落、骨髓、阴阳、表里,以起百病之本,死生之分,而用度箴石汤火所施,调百药齐和之所宜。

4. 经方者,本草石之寒温,量疾病之浅深,假药味之滋,因气感之宜,辩五苦六辛,致水火之齐,以通闭解结,反之于平。

三、思考并简答

1. 简述两汉时期图书的收集、整理、记载及对后世的影响。
2. 写出"诏光禄大夫……"的"诏"的全部宾语。
3.《汉书·艺文志》是在什么基础上形成的?

五十七、《伤寒论》序

张 机

【题解】 本文选自《伤寒论》,明代赵开美本。作者张机(约 150—219),字仲景,南郡涅阳(今河南南阳)人,东汉末年伟大的医学家。因正史无传,生平不详。相传少时曾从师于同郡张伯祖,尽得其学。汉灵帝时被举为孝廉,晚年曾任长沙太守,世称"张长沙",后世尊其为"医圣"。所著《伤寒杂病论》是我国最早的理论联系实际的临床诊疗专著。该书系统地分析了伤寒的原因、症状、发展阶段和处理方法,创造性地确立了对伤寒病的"六经分类"的辨证施治原则,奠定了理、法、方、药的理论基础。书中还精选了 300 多方,药物配伍精炼、明确,对后世影响很大,被尊为"方书之祖"。

这篇序文实为《伤寒杂病论》的序文,因《伤寒杂病论》后来分为《伤寒论》和《金匮要略》二书而各自流传,序文则置于《伤寒论》前,故名。文中首先以医学所独具的重大价值立意,痛心疾首地批评了当时"居世之士"轻视医药、追逐名利的错误行为;接着简要交代了撰写《伤寒杂病论》的原因、经过和目的;之后特别指出医生应当努力使自己"才高识妙",从而掌握医学的精髓,以"视死别生",济世救人,对比批评了当时的医生们学术上狭隘自满、治病时不负责任的恶劣习气;最后表明了自己热爱医学、谦虚好学的态度。文章感情深切,用心良苦,层次清晰,文辞典范,充分体现了张仲景的圣者胸怀和非凡修养。

余每覽越人入虢之診、望齊侯之色,未嘗不慨然歎其才秀也[1]。怪當今居世之士,曾不留神醫藥[2],精究方術,上以療君親之疾[3],下以救貧賤之厄,中以保身長全,以養其生;但競逐榮勢,企踵權豪[4],孜孜汲汲[5],惟名利是務;崇飾其末,忽棄其本,華其外而悴其內。皮之不存,毛將安附焉[6]?卒然遭邪風之氣[7],嬰非常之疾[8],患及禍至,而方震慄[9];降志屈節[10],欽望巫祝[11],告窮歸天[12],束手受敗。齎百年之壽命[13],持至貴之重器,委付凡醫,恣其所措[14]。咄嗟嗚呼[15]!厥身已斃,神明消滅,變爲異物[16],幽潛重泉[17],徒爲啼泣。痛夫!舉世昏迷,莫能覺悟,不惜其命,若是輕生,彼何榮勢之云哉?而進不能愛人知人[18],退不能愛身知己[19],遇災值禍,身居厄地,蒙蒙昧昧,惷若遊魂[20]。哀乎!趨世之士,馳競浮華,不固根本,忘軀徇物[21],危若冰谷[22],至於是也！

【注释】[1]叹:赞叹。秀:出众。 [2]曾(zēng):竟然。 [3]亲:父母,这里泛指长辈亲人。 [4]企踵:仰慕。 [5]孜孜汲汲:急急忙忙、迫不及待的样子。孜孜,不倦貌。汲汲,急切貌。 [6]"皮之不存"二句:语出《左传·僖公十四年》。皮肤不存在,毛将依附在哪里呢？安附,依附在哪里;安,宾语前置。这里借以比喻身体对人所具的根本意义。 [7]卒:通"猝",突然。邪风之气:又称"虚邪贼风",指乘虚伤人的外来邪气。 [8]婴:患。 [9]震栗:震惊战栗。栗通"慄",颤栗,发抖。 [10]降志屈节:降低身份,屈身相从。 [11]巫祝:古代以通鬼神为职业的人。 [12]归天:归于天命。 [13]赍(jī):持。 [14]措:处置;摆弄。 [15]咄嗟(duōjiē):表痛心、悲叹的感叹词。 [16]异物:原指尸体。《索隐》:"谓死而形化为鬼,是为异物也。"此指鬼魂。 [17]重泉:指黄泉之下,即阴曹地府。 [18]进:进身,指求仕为官。 [19]退:退隐避居。 [20]惷:"蠢"的异体字。游魂:犹言"行尸走肉"。 [21]徇:为追求权势名利等身外之物而死。通"殉"。 [22]冰谷:"履薄冰、临于谷"之省,喻危险的境地。语本《诗经·小雅·小宛》。

余宗族素多,向餘二百,建安紀年以來[1],猶未十稔[2],其死亡者,三分有二,傷寒十居其七。感往昔之淪喪[3],傷橫夭之莫救[4],乃勤求古訓[5],博採衆方,撰用《素問》《九卷》《八十一難》《陰陽大論》《胎臚藥錄》[6],並平脈辨證[7],爲《傷寒雜病論》合十六卷。雖未能盡愈諸病,庶可以見病知源。若能尋余所集[8],思過半矣[9]。

【注释】[1]建安:汉献帝刘协的年号(196—219)。纪年:纪元。 [2]稔(rěn):年。 [3]沦丧:指家族的衰落与人口的丧亡。 [4]横:枉死之人。 [5]古训:指古代医家的典籍。 [6]撰用:写东西时参考使用,参用。撰,通"选",选择。九卷:《灵枢经》的古名之一。八十一难:《难经》的别称。阴阳大论、胎胪药录:古医经名,均已失传。 [7]平:通"辨",辨别。 [8]寻:探求,研究。 [9]思过半:大部分领悟掌握。语出《周易·系辞下》。

夫天布五行,以運萬類;人稟五常[1],以有五藏。經絡府俞[2],陰陽會通;玄冥幽微[3],變化難極。自非才高識妙[4],豈能探其理致哉！上古有神農、黃帝、岐伯、伯高、雷公、少俞、少師、仲文[5],中世有長桑、扁鵲,漢有公乘陽慶及倉公[6]。下此以往,未之聞也。觀今之醫,不念思求經旨,以演其所知[7];各承家技,終始順舊。省病問疾,務在口給[8];相對斯須[9],便處湯藥。按寸不及尺,握手不及足[10];人迎趺陽,三部不參[11];動數發息[12],不滿五十。短期未知決診[13],九候曾無髣髴[14];明堂闕庭[15],盡不見察,所謂窺管而已[16]。夫欲視死別生,實爲難矣！

孔子云:生而知之者上,學則亞之[17]。多聞博識,知之次也[18]。余宿尚方術,請事斯語。

【注释】[1]五常:指五行的恒气,即五行生克不已的永恒特性。常,永恒。 [2]府俞:气府腧穴。府,经气会聚之处。俞,通"腧",脉气灌注之处。 [3]玄冥幽微:玄妙隐微。 [4]自:

如果。　[5]岐伯:岐伯及伯高等六人,相传都是黄帝的臣子,善医药。　[6]公乘阳庆:西汉医家,仓公之师。仓公:姓淳于,名意,西汉名医。仓公与公乘阳庆的事迹,详见《史记·扁鹊仓公列传》。　[7]演:扩大。　[8]口给(jǐ):口才敏捷,善于应辩。此谓口头应付。　[9]斯须:片刻;一会儿。　[10]"按寸不及尺"二句:谓医生诊脉不全面,敷衍了事。　[11]人迎:喉结两侧的颈部动脉。趺(fū)阳:足背前胫动脉。三部:即寸口。一说指三部脉,即上部人迎、中部寸关尺、下部趺阳。　[12]动数发息:谓医生调节自己的呼吸来诊测病人脉动的次数。　[13]短期:病危将死之时。　[14]九候:九部的脉象。依《素问·三部九候论》,为上部的两额、两颊与耳前,中部的寸口、合谷与神门,下部的内踝后、大趾内侧与大趾次趾之间等九处之脉。据《难经·十八难》,则为寸、关、尺三部以浮、中、沉取时之脉。髣髴:"仿佛"的异体字,谓模糊的印象。　[15]明堂阙庭:明堂指鼻子,阙指眉间,庭指前额。　[16]窥管:"以管窥天"之省,喻人的认识不全面,肤浅。　[17]"生而知之者上"二句:语本《论语·季氏》。谓生来就明白事理的人是上等智慧的人,通过后天学习而明白事理的人为次于上等智慧的人。　[18]"多闻博识"二句:语本《论语·述而》。多听广记。识(zhì):记。

 复习思考题

一、解释字词句

1. 余(～每览越人入虢之诊)　2. 叹(未尝不慨然～其才秀也)　3. 曾(～不留神医药)　4. 亲(上以疗君～之疾)　5. 企踵　6. 孜孜汲汲　7. 华、悴(华其外而悴其内)　8. 之(皮～不存)　9. 安附　10. 卒(～然遭邪风之气)　11. 婴(～非常之疾)　12. 栗(而方震～)　13. 巫祝　14. 赍(～百年之寿命)　15. 咄嗟　16. 厥(～身已毙)　17. 异物　18. 重泉　19. 徒(～为啼泣)　20. 莫(～能觉悟)　21. 何荣势之云　22. 进(～不能爱人知人)　23. 退(～不能爱身知己)　24. 惷、游魂(惷若游魂)　25. 徇物　26. 冰谷　27. 稔(犹未十～)　28. 感、伤(感往昔之沦丧,伤横夭之莫救)　29. 撰用　30. 平(～脉辨证)　31. 庶(～可以见病知源)　32. 思过半　33. 五常　34. 府俞　35. 自(～非才高识妙)　36. 未之闻　37. 口给　38. 相、斯须(相对斯须)　39. 寸(按～不及尺)　40. 三部　41. 动数发息　42. 短期　43. 明堂阙庭　44. 多闻博识　45. 亚(学则～之)　46. 请、斯(请事斯语)

二、语译

1. 但竞逐荣势,企踵权豪,孜孜汲汲,惟名利是务;崇饰其末,忽弃其本,华其外而悴其内。

2. 卒然遭邪风之气,婴非常之疾,患及祸至,而方震栗;降志屈节,钦望巫祝,告穷归天,束手受败。

3. 哀乎! 趋世之士,驰竞浮华,不固根本,忘躯徇物,危若冰谷,至于是也!

4. 孔子云:生而知之者上,学则亚之。多闻博识,知之次也。余宿尚方术,请事斯语。

三、思考并简答

1. 简述张仲景撰写《伤寒杂病论》的原因、经过和目的。

2. 张仲景对为医者提出了哪些要求?

3. 张仲景认为上古名医众多,而"下此以往,未之闻也",你是否赞同这个观点?

五十八、《黄帝内经素问》序

王　冰

【题解】　本文选自《黄帝内经素问》，人民卫生出版社 1963 年校点本。作者王冰（约 710—约 804），自号启玄子，唐中期医学家，生平不详。据《古今医统大全》载，曾在唐代宗宝应年间任太仆令，故后人亦称为"王太仆"，"年八十余以寿终"（北宋林亿等《素问》新校正引《唐人物志》）。著作除《素问注》外，又有《玄珠秘语》《元和纪用经》（后二书均疑为托名）。

序文是王冰为《黄帝内经素问》所作的自序。文中首先高度评价了《素问》的学术价值和应用价值，然后特意论述了"标格亦资于诂训"这一通经致用之根基的道理及其重要作用，接着列举了当时流行的《素问》诸本的错误——即作者进行整理、校注的直接原因，交代了整理、校注的过程和内容，最后说明了整理、校勘的原则、条例及其目的。行文语言朴实典范，内容宏富，是一篇非常难得的医书序文。从中也可以看出王冰严谨的治学作风和高超的学术水平，《素问》亦即由此而成为后世的通行本，千百年来授学不衰，对中医学事业作出了重要贡献。

夫釋縛脫艱[1]，全真導氣[2]，拯黎元於仁壽[3]，濟嬴劣以獲安者，非三聖道[4]，則不能致之矣。孔安國序《尚書》曰[5]："伏羲、神農、黃帝之書，謂之三墳[6]，言大道也。"班固《漢書·藝文志》曰："《黃帝內經》十八卷。"《素問》即其經之九卷也，兼《靈樞》九卷，迺其數焉[7]。雖復年移代革，而授學猶存；懼非其人[8]，而時有所隱。故第七一卷[9]，師氏藏之[10]；今之奉行，惟八卷爾。然而其文簡，其意博，其理奧，其趣深[11]。天地之象分，陰陽之候列[12]，變化之由表[13]，死生之兆彰。不謀而遐邇自同[14]，勿約而幽明斯契[15]。稽其言有徵[16]，驗之事不忒[17]。誠可謂至道之宗[18]，奉生之始矣。

【注释】　[1]释缚脱艰：谓解除疾病的困扰和造成的痛苦。缚，捆绑，指疾病的困扰。　[2]全真导气：保全真精，通导元气。　[3]黎元：黎民，百姓。仁寿：长寿。　[4]三圣：即一般所说的"三皇"，为伏羲、神农、黄帝。　[5]孔安国：西汉经学家，孔子后裔，以研究《尚书》而为汉武帝博士。序：为之作序，为动用法。　[6]三坟：伏羲、神农、黄帝的著作。坟，典籍。　[7]迺：就是。"乃"的异体字。　[8]其人：指合适的传人，即德才兼备的传人。　[9]第七一卷：即第七卷，相传是专讲五运六气之理的。王冰所补，即此内容。　[10]师氏：古代负责掌管贵族子弟的官员，此指前代的师傅。　[11]趣：旨趣，旨意。　[12]候：征候。　[13]由：缘由，原因。表：揭示，说明。　[14]遐迩：远近。此指远近的事理。　[15]幽明：指有形与无形的事理。斯：就。契：契合、符合。　[16]稽：考核。征：征验。　[17]忒（tè）：差错。　[18]至道：指医学。宗：本源，根本。

假若天機迅發[1]，妙識玄通[2]，蘊謀雖屬乎生知[3]，標格亦資於詁訓[4]，未嘗有行不由徑[5]，出不由戶者也。然刻意研精，探微索隱[6]，或識契眞要[7]，則目牛無全[8]。故動則有成[9]，猶鬼神幽贊[10]，而命世奇傑[11]，時時

間出焉[12]。則周有秦公,漢有淳于公,魏有張公、華公,皆得斯妙道者也。咸日新其用,大濟烝人[13],華葉遞榮[14],聲實相副。蓋教之著矣[15],亦天之假也[16]。

【注释】[1]天机迅发:犹言天资敏捷。　[2]妙识玄通:即"识妙通玄",谓通晓玄妙的道理。　[3]蕆(chǎn)谋:完备而周密的见解。蕆,完备,周密。　[4]标格:风范。此指对古典经文正确的理解。诂训:亦称"训诂",指对字词的注释和对义理的讲解。　[5]行不由径:语出《论语·雍也》。原义为走正道不抄小路,此指行走却不遵循道路。　[6]探微索隐:谓探索精细深奥的道理。　[7]或:或许。识契真要:认识并领会精髓要旨。　[8]目牛无全:即"目无全牛",语本《庄子·养生主》。喻技术达到极其精熟的地步。　[9]动:行动,付诸实践。　[10]幽赞:暗中帮助。　[11]命世:闻名于世。奇杰:仅次于贤人的人。此指杰出的人物。　[12]间:不断地。　[13]烝:通"蒸",众多。人:民,民众。唐代避唐太宗李世民讳改。　[14]华:同"花"。　[15]教:医学教育。著:显著。指显著的成就。　[16]假:助,谓成全。

冰弱齡慕道[1],夙好養生,幸遇眞經,式爲龜鏡[2]。而世本紕繆[3],篇目重疊,前後不倫[4],文義懸隔,施行不易,披會亦難[5]。歲月旣淹[6],襲以成弊[7]。或一篇重出,而別立二名;或兩論幷吞,而都爲一目;或問答未已,別樹篇題;或脫簡不書[8],而云世闕[9]。重《經合》而冠《針服》[10],幷《方宜》而爲《欬篇》[11];隔《虛實》而爲《逆從》[12],合《經絡》而爲《論要》[13];節《皮部》爲《經絡》[14],退《至教》以先《針》[15]。諸如此流,不可勝數[16]。且將升岱嶽[17],非徑奚爲?欲詣扶桑[18],無舟莫適[19]。乃精勤博訪,而幷有其人[20]。曆十二年,方臻理要[21],詢謀得失[22],深遂夙心。時於先生郭子齋堂[23],受得先師張公秘本[24],文字昭晰[25],義理環周,一以參詳[26],羣疑冰釋。恐散於末學[27],絶彼師資[28],因而撰注,用傳不朽。兼舊藏之卷[29],合八十一篇二十四卷,勒成一部[30]。冀乎究尾明首[31],尋注會經[32],開發童蒙[33],宣揚至理而已。

【注释】[1]弱龄:弱冠之年,指男子20岁。这里泛指青少年时期。　[2]式:用。龟镜:也作"龟鉴",比喻重要的借鉴。　[3]紕(pī)缪:错误。　[4]不伦:没有条理;没有次序。　[5]披会:披阅领会。　[6]淹:久。　[7]袭:沿袭,相互沿用而不思订正。　[8]脱简:文句脱失。　[9]阙:通"缺"。　[10]重《经合》而冠《针服》:在重出的《经合》篇前标上《针服》的名称。今传《素问》无《针服》,《新校正》谓全元起本第一卷名《经合》,第二篇重出,名《真邪论》,因有谓《针服》或者即指《真邪论》。而《八正神明论》篇首有"用针之服"等字,故又有谓或即指此。　[11]幷《方宜》而为《欬篇》:把《方宜》篇合并到了《欬篇》。《方宜》,指《异法方宜论》。《欬篇》,指《欬论》。　[12]隔《虚实》而为《逆从》:分割出《四时刺逆从论》篇中论述"虚实"之理的一部分而作为《逆从》篇。《虚实》,指《四时刺逆从论》中论述三阴三阳虚实不足问题的部分。《新校正》:"'厥阴有馀'至'筋急目痛',全元起本在第六卷;'春气在经筋'至篇末,全元起本在第一卷。"　[13]合《经络》而为《论要》:把《经络》合并到了《论要》篇。《经络》与《论要》,均所指不详。　[14]节《皮部》为《经络》:节取了《皮部》篇的一部分而作为《经络》篇。《皮部》《经络》,分别指《皮部论》与《经络论》。　[15]退《至教》以先《针》:把《至教》篇放到了后边,而把《针》篇提到了前边。《至教》,指《素问》首篇《上古天真论》(一说指《著至教论》),全元起本将其放到了第九卷。《针》,指论述针法的《调经论》和《四时刺逆从论》。一说指《针解论》。不详。　［16］数:列举。　［17］岱岳:泰山的别称。　［18］扶桑:古海外国名。《梁书·扶桑国传》:"扶桑在大汉国东二万余里。地在中国之东,其地多扶桑木,故名。"一说指今日本。　［19］适:到达。　［20］其人:指志同道合的人。　［21］理要:谓廓清条理,掌握要领。　［22］得失:义偏"得",收获。　［23］斋堂:书房。　［24］张公:疑指中唐御医张文仲。　［25］昭:明白。　［26］一以参详:谓用张公秘本逐字逐句地详细校订。　［27］末学:后学。　［28］师资:原指能传授知识的人。此指授学的依据。　［29］旧藏之卷:指当时《素问》流行本中因被"师氏藏之"而散佚的第七卷。《新校正》:"《素问》第七卷亡失已久,全元起注本亦无此卷,而冰自谓得旧藏之卷,今窃疑之。"　［30］勒:刻印。一说汇总。　［31］究尾明首:谓探究并弄清《素问》的全部内容。　［32］寻:依循,依照。会:领会。　［33］童蒙:指初学之人。

其中簡脫文斷,義不相接者,搜求經論所有,遷移以補其處;篇目墜缺,指事不明者,量其意趣,加字以昭其義;篇論吞并,義不相涉,闕漏名目者,區分事類,別目以冠篇首;君臣請問,禮儀乖失者,考校尊卑,增益以光其意;錯簡碎文[1],前後重疊者,詳其指趣[2],削去繁雜,以存其要;辭理秘密[3],難粗論述者,別撰《玄珠》[4],以陳其道。凡所加字,皆朱書其文[5],使今古必分,字不雜揉。庶厥昭彰聖旨[6],敷暢玄言,有如列宿高懸[7],奎張不亂[8],深泉淨瀅,鱗介咸分[9]。君臣無夭枉之期,夷夏有延齡之望[10]。俾工徒勿誤[11],學者惟明[12],至道流行,徽音累屬[13],千載之後,方知大聖之慈惠無窮。

時大唐寶應元年歲次壬寅序[14]。

【注释】［1］错简:谓文句错乱。碎文:文字残缺不全。　［2］指趣:即"旨趣"。　［3］秘密:深奥难明。　［4］玄珠:《玄珠密语》,已佚,今传者为托名之作。　［5］朱书:用红色书写。　［6］庶:或许。厥:其,这。　［7］列宿:众多的星宿。　［8］奎张:奎宿与张宿。古代天文学中,把整个天空的恒星称为二十八星宿,又据东南西北方位分每方七宿,其中奎星是西方七宿之一,张星是南方七宿之一。　［9］鳞介:指鳞类与甲壳类的水生动物。　［10］夷夏:指四夷和华夏之人。　［11］俾(bǐ):使。工:指医生。徒:徒众,指某一类的人士。　［12］惟:语气词,无实义。　［13］徽音:德音;福音。累:不断地。属:接续。　［14］宝应元年:时当762年。宝应,唐代宗李豫的年号之一(762—763)。岁次:某年在干支纪年法的次序链上的位次。

　复习思考题

一、解释字词句

1. 释缚脱艰　2. 全真导气　3. 黎元　4. 仁寿　5. 三圣　6. 三坟　7. 序(孔安国~《尚书》曰)　8. 迺(~其数焉)　9. 其人(①惧非~~。②而并有~~)　10. 趣(其~深)　11. 退迹　12. 契(①勿约而幽明斯~。②或识~真要)　13. 征(稽其言有~)　14. 幽明　15. 忒(验之事不~)　16. 天机　17. 妙识玄通　18. 葳谋　19. 标格　20. 诂训　21. 探微索隐　22. 目牛无全　23. 动(故~则有成)　24. 幽赞(犹鬼神~~)　25. 新(咸日~其用)　26. 烝(大济~人)　27. 华(~叶递荣)　28. 假(亦天之~也)　29. 弱龄　30. 式、龟镜(式为龟镜)　31. 披会

32. 淹(岁月既～) 33. 脱简 34. 岱岳 35. 诣(欲～扶桑) 36. 适(无舟莫～)
37. 得失 38. 一以参详 39. 冰(群疑～释) 40. 末学 41. 师资 42. 勒(～成
一部) 43. 冀(～乎究尾明首) 44. 童蒙 45. 昭(加字以～其意) 46. 目(别～
以冠篇首)47. 光(增益以～其意) 48. 错简 49. 以(～陈其道) 50. 朱(皆～书
其文) 51. 庶、厥、昭彰(庶厥昭彰圣旨) 52. 宿(有如列～高悬) 53. 鳞介
54. 俾、工(俾工徒勿误) 55. 徽、属(徽音累属) 56. 岁次

二、语译

1. 夫释缚脱艰,全真导气,拯黎元于仁寿,济羸劣以获安者,非三圣道,则不能
致之矣。

2. 然而其文简,其意博,其理奥,其趣深。天地之象分,阴阳之候列,变化之由
表,死生之兆彰。不谋而遐迩自同,勿约而幽明斯契。稽其言有征,验之事不忒。
诚可谓至道之宗,奉生之始矣。

3. 假若天机迅发,妙识玄通,蔵谋虽属乎生知,标格亦资于诂训,未尝有行不
由径,出不由户者也。然刻意研精,探微索隐,或识契真要,则目牛无全。

4. 俾工徒勿误,学者惟明,至道流行,徽音累属,千载之后,方知大圣之慈惠
无穷。

三、思考并简答

1. 结合本文和医学典籍的学习,解释并阐发"标格亦资于诂训"这句话。
2. 王冰都做了哪些工作才写成了《黄帝内经素问》一书?

五十九、《本草纲目》原序

王世贞

【题解】 本文选自《本草纲目》,人民卫生出版社 1975 年校点本。作者王世贞
(1529—1593),字元美,号凤洲,别号弇州山人,太仓(今江苏太仓)人,明代著名的政治
家、文学家、戏曲理论家,曾官至刑部尚书。他早年与李攀龙同为"后七子"领袖,反对
当时统治文坛的诗风绮靡、内容空洞的"台阁体",提出"文必秦汉,诗必盛唐"的口号,
积极推行文学复古运动。著作有《弇州山人四部稿》《艺苑卮言》等。

原序是王世贞晚年应李时珍之邀为《本草纲目》所写的序文。文中首先句句用典,
借以称赞李时珍亦属古今稀见的聪明博学之士,接着通过李时珍之口概述《本草纲
目》撰写的动机、经过与目的,然后介绍《本草纲目》的体例和内容,高度评价了其博大
精深的价值。文章语言洗练,并大量而适当地以用典和比喻等修辞手法说明问题,使
文章流畅生动,含蓄精炼而典雅,堪称序文中的佳作。

紀稱[1]:望龍光知古劍[2],覘寶氣辨明珠[3]。故萍實商羊[4],非天明莫
洞[5];厥後博物稱華[6],辨字稱康[7],析寶玉稱倚頓[8],亦僅僅晨星耳[9]。

【注释】 [1]纪:通"记",指古籍的记载。 [2]望龙光知古剑:望见龙泉宝剑的光芒而知宝

剑之所在。《晋书·张华传》载:西晋丞相张华夜观天象,望到斗、牛二宿之间常现紫气,弟子雷焕认为是宝剑的精气上达于天所致,宝剑应在豫章丰城县(今江西丰城)。张华即命雷焕为丰城县令,果然从监狱地基下面掘得龙泉、太阿二剑。龙光,指宝剑的光芒。 [3]觇(chān)宝气辨明珠:看到宝物的光辉而辨认出宝珠。唐代苏鹗《杜阳杂编》卷上载:唐肃宗初定安史之乱,回到京城长安后,掌库者发现库中有宝气,肃宗认为是自己儿时从父皇玄宗所赐的上清珠发出的,找出果然如此。物是时非,见之不禁垂泪。 [4]萍实:《艺文类聚》卷八十二引《孔子家语》载:楚昭王渡江,有一物大如斗、圆而赤,直触王舟。取之无人能识,使人询于孔子。答说其名萍实,兆吉,唯霸者能得之,可剖而食之。商羊:传说中的鸟名。《孔子家语》载:齐侯临朝,有一足鸟止于殿前,舒翅而跳。齐侯怪之,使人问于孔子。答说其名商羊,现身则为水兆,后果下大雨。 [5]天明:犹言天才。此指孔子。洞:洞察,深知。 [6]博物:通晓众多的事物。华:指张华。其以知识广博著称,著有《博物志》。 [7]辨字:《神仙传》载:魏晋人王烈入抱犊山中,见一石室,室内有书二卷,不识其字,又不敢取出,遂暗记数十字形,归示嵇康,康皆识之。康:指嵇康,详见本教材《养生论》题解。 [8]倚顿:又作"猗顿",春秋鲁国人,以善辨宝玉著称。 [9]晨星:喻稀少。

　　楚蘄陽李君東璧[1],一日過予弇山園謁予[2],留飮數日。予窺其人,睟然貌也[3],癯然身也[4],津津然譚議也[5],真北斗以南一人[6]。解其裝,無長物[7],有《本草綱目》數十卷。謂予曰:"時珍,荊楚鄙人也[8]。幼多羸疾,質成鈍椎[9],長耽典籍[10],若啖蔗飴。遂漁獵群書[11],搜羅百氏[12],凡子、史、經、傳、聲韻、農圃、醫卜、星相、樂府諸家[13],稍有得處,輒著數言。古有《本草》一書,自炎皇及漢、梁、唐、宋,下迨國朝[14],注解群氏舊矣[15]。第其中舛謬差訛遺漏[16],不可枚數。乃敢奮編摩之志[17],僭纂述之權[18]。歲曆三十稔,書考八百餘家,稿凡三易。複者芟之[19],闕者緝之[20],訛者繩之[21]。舊本一千五百一十八種[22],今增藥三百七十四種,分爲一十六部,著成五十二卷。雖非集成[23],亦粗大備,僭名曰《本草綱目》[24]。願乞一言[25],以托不朽。"

【注释】 [1]蘄阳:今湖北蘄春。东璧:李时珍的字。 [2]弇(yǎn)山园:王世贞晚年在老家江苏太仓所筑的私人园林。有上、中、下三弇,园广七十余亩,甚可观。 [3]睟(suì)然:丰润有光泽的样子。 [4]癯(qú)然:清瘦的样子。癯,通"臞"。 [5]谭:通"谈"。 [6]北斗以南一人:天下第一号人物。北斗,即北斗星。 [7]长物:多余的东西。 [8]荆楚:指楚地。"荆"乃古楚国的别称。鄙人:才学浅薄的人。 [9]钝椎(chuí):喻愚钝。 [10]长:成年。与前文"幼"相对。 [11]渔猎:喻广泛涉猎。 [12]百氏:指诸子百家的著作。 [13]星:星命。相:相术。乐府:此指民间歌谣。 [14]国朝:本朝,指明朝。 [15]旧:久远。 [16]舛:差错。 [17]摩:研究。 [18]僭(jiàn):超越本分。 [19]芟(shān)删除。 [20]缉:通"辑",收集。阙:通"缺",缺漏。 [21]绳:纠正。 [22]旧本:指宋代唐慎微所著的《经史证类备急本草》。该书在《本草纲目》问世以前流行最广。 [23]集成:即"集大成"。指集古人或他人的成就而达到完备的境界。 [24]僭:引申为不自量力。 [25]乞:请求,恳求。

　　予開卷細玩[1],每藥標正名爲綱,附釋名爲目,正始也[2];次以集解、辨疑、正誤,詳其土產形狀也[3];次以氣味、主治、附方[4],著其體用也[5]。上自

墳典[6]，下及傳奇[7]，凡有相關，靡不備採。如入金谷之園[8]，種色奪目；如登龍君之宮，寶藏悉陳；如對冰壺玉鑒[9]，毛髮可指數也。博而不繁，詳而有要，綜核究竟[10]，直窺淵海[11]。茲豈僅以醫書覯哉[12]？實性理之精微[13]，格物之《通典》[14]，帝王之秘籙[15]，臣民之重寶也。李君用心嘉惠何勤哉！噫，砆玉莫剖[16]，朱紫相傾[17]，弊也久矣。故辨專車之骨，必俟魯儒[18]；博支機之石，必訪賣卜[19]。予方著《弇州卮言》[20]，恚博古如《丹鉛卮言》後乏人也[21]，何幸睹茲集哉！茲集也，藏之深山石室無當，盍鍥之[22]，以共天下後世味《太玄》如子雲者[23]。

時萬曆歲庚寅春上元日[24]，弇州山人鳳洲王世貞拜撰。

【注释】[1]玩：研读。　[2]正始：谓从正药物的名称开始。　[3]土产：指产地。　[4]气味：指药物的性味。　[5]体用：性质和作用。　[6]坟典："三坟五典"简称，三坟为三皇之书，五典为五帝之书，都是传说中的古书，文中泛指远古的典籍。　[7]传奇：指明代的传奇戏剧。　[8]金谷之园：即金谷园，西晋巨富石崇为收藏财宝所筑的园子，故址在今河南洛阳。　[9]玉鉴：玉制的镜子。　[10]究竟：谓深入至极。　[11]渊海：喻博大精深。　[12]覯(gòu)："遘"的异体字，遇见，此谓看待。　[13]性理：宋、明理学家所研究的性命理气之学。　[14]格物：探究事物的原理。通典：唐代杜佑著，记历代典章制度沿革，共200卷。此喻《本草纲目》犹如杜佑之《通典》。　[15]籙(lù)：簿籙，帝王自称其符命之书。此喻极其珍贵的保命之书。　[16]砆(wǔ)："砆砆"之省，似玉的石头。　[17]朱紫：在上古分属正色与杂色，后以比喻正杂、真假、优劣等。语本《论语·阳货》："恶紫之夺朱也。"　[18]"辨专车之骨"二句：要想辨别占满一车的巨骨是什么，一定要等到孔子现世。《国语·鲁语》："吴伐越，堕会稽，获骨焉，节专车……仲尼曰：'丘闻之：昔禹致群神于会稽之山，防风氏后至，禹杀而戮之，其骨专车。'"鲁儒，指孔子。　[19]"博支机之石"二句：要辨识织女支机的石头，必须去请教严君平。《集林》载：汉武帝命张骞去探寻黄河之源。张骞乘筏到了上游尽头，见一妇浣纱，问这是什么地方，答说"天河"，并送张骞一块石头作为凭据。张骞回朝后，持石到成都请教严君平，严说此为织女支机之石。卖卜：以占卜为生。此指以占卜为生的严君平。　[20]卮(zhī)言：没有主见的话。自谦之语。　[21]恚：痛惜。《丹铅卮言》：指明代杨慎所著的以"丹铅"为名的《丹铅余录》《丹铅续录》《丹铅摘录》等考据学著作。　[22]盍：兼词，"何不"的合音。鍥：雕版，此谓雕印出版。　[23]共：同"供"，交给。太玄：扬雄模仿《周易》写成的哲学著作《太玄经》。子云：即扬雄，字子云，成都(今属四川)人，西汉文学家、学者。以好学著称，后常被作为好学之士、饱学之士与知名学者的代名词。　[24]万历：明神宗朱翊钧的年号(1573—1619)。庚寅：庚寅年，指1590年。上元日：农历正月十五。

　复习思考题

一、解释字词句

1. 龙光　2. 觇(~宝气辨明珠)　3. 天明　4. 博物(~~称华)　5. 谒(一日过予弇山园~予)　6. 晬然貌也　7. 癯然身也　8. 谭(津津然~议也)　9. 北斗以南　10. 长物　11. 荆楚　12. 鄙人　13. 钝椎(质成~~)　14. 耽(长~典籍)　15. 啖(若~蔗饴)　16. 渔猎(遂~~群书)　17. 乐府　18. 旧(注解群氏~矣)　19. 第、舛(第其中舛谬差讹遗漏)　20. 摩(乃敢奋编~之志)　21. 僭(~篡述之权）22. 稔（岁历三十~）　23. 芟（复者~之）　24. 阙（~者缉之）　25. 绳（讹者~之）　26. 乞（愿~一言）　27. 玩（予开卷细~）　28. 气味　29. 著（~其体用）　30. 坟典　31. 传奇　32. 靡（~不备采）　33. 指（毛发可~数也）　34. 究竟　35. 渊海　36. 兹、觏（兹岂仅以医书觏哉）　37. 性理　38. 格物　39. 篆（帝王之秘~）　40. 碔（~玉莫剖）　41. 专车　42. 俟（必~鲁儒）　43. 博（~支机之石）　44. 卖卜　45. 卮言　46. 恚（~博古如《丹铅卮言》后乏人也）　47. 盎、锲（盎锲之）　48. 共（以~天下后世味《太玄》如子云者）　49. 上元日

二、语译

1. 予窥其人，睟然貌也，癯然身也，津津然谭议也，真北斗以南一人。

2. 上自坟典，下及传奇，凡有相关，靡不备采。如入金谷之园，种色夺目；如登龙君之宫，宝藏悉陈；如对冰壶玉鉴，毛发可指数也。

3. 兹集也，藏之深山石室无当，盎锲之，以共天下后世味《太玄》如子云者。

三、思考并简答

1. "如入金谷之园，种色夺目；如登龙君之宫，宝藏悉陈；如对冰壶玉鉴，毛发可指数也"所比喻的意义分别是什么？

2. "碔玉莫剖，朱紫相倾，弊也久矣"和"故辨专车之骨，必俟鲁儒；博支机之石，必访卖卜"采用了什么修辞方法，分别表达了怎样的意义？

3. 本文哪些地方记述李时珍编著《本草纲目》的艰辛？

4. 《本草纲目》的编排体例是什么？

六十、《温病条辨》叙

汪廷珍

【题解】　本文选自《温病条辨》，清同治九年(1870)六安求我斋重刻本。作者汪廷珍(1757—1827)，字瑟庵，江苏山阳(今江苏淮安)人，清乾隆五十四年(1789)进士，道光年间官至礼部尚书，卒谥文端。著有《实事求是斋文集》。

《温病条辨》除卷首外，共6卷，着重论述了温病三焦辨证及治法，是温病学臻于成熟的一部名著，清代名医吴瑭(1758—1836)所撰。吴瑭字鞠通，江苏淮安人，因家族多人因病不治而亡，遂弃儒从医，后专攻温病，历时六年，著成此书。叙，即"序"，北宋苏轼为避祖讳而改。叙文首先指出了温病"病多而方少"的事实及其原因，对温病与伤寒的异同作了简要分析；然后批评了王叔和之后历代医家"以伤寒之法疗六气之疴"等错误做法及其危害，既推重为温病学作出了重大贡献的刘完素和叶天士，也对因刘完素"朴而少文"及世人"贪常习故"等原因而使得温病学说不能早被认识与发挥作用表示了遗憾；最后盛赞吴瑭精益求精的治学与求实精神，充分肯定了《温病条辨》一书的价值。文章观点明确、叙述清晰、文笔老道，具较强的感染力与说服力。

昔淳于公有言[1]：人之所病[2]，病病多；医之所病，病方少。夫病多而方少，未有甚於温病者矣。何也？六氣之中，君相兩火無論已，風濕與燥無

257

不兼溫,惟寒水與溫相反,然傷寒者必病熱。天下之病孰有多於溫病者乎?方書始於仲景。仲景之書專論傷寒,此六氣中之一氣耳。其中有兼言風者,亦有兼言溫者。然所謂風者,寒中之風;所謂溫者,寒中之溫:以其書本論傷寒也。其餘五氣,概未之及,是以後世無傳焉。雖然,作者謂聖[3],述者謂明[4]。學者誠能究其文,通其義,化而裁之[5],推而行之,以治六氣可也,以治內傷可也。亡如世鮮知十之才士,以闕如爲恥[6],不能舉一反三,惟務按圖索驥[7]。

【注释】 [1]淳于公:指西汉名医淳于意,又称仓公。事见《史记·扁鹊仓公列传》。 [2]"人之所病"四句:语出《史记·扁鹊仓公列传》,与原文略有出入。四句是司马迁在《扁鹊仓公列传》中所发的议论,并非淳于公之言。详见《扁鹊仓公列传》。 [3]作者:创始者,指张仲景。 [4]述者:指阐释张仲景《伤寒论》的医家。 [5]化而裁之:语出《周易·系辞下》:"化而裁之谓之变。"此谓根据情况,灵活地加减使用《伤寒论》中的方剂。 [6]"亡如世鲜知十之才士"二句:关系应为"亡如世鲜知十之才士(和)以阙如为耻(的精神)"。亡如:无奈。亡,通"无"。鲜:缺少。知十:语出《论语·公冶长》,为"闻一知十"之省,谓才智超群。阙如:语出《论语·子路》。原谓存疑,这里是"空缺"的意思,指对寒气之外的五气的研究空缺。 [7]按图索骥:语本《汉书·梅福传》,照着图经寻求骏马,喻拘泥而不知变通。

蓋自叔和以下[1],大約皆以傷寒之法療六氣之痾,禦風以絺[2],指鹿爲馬,迨試而輒困,亦知其術之疏也。因而沿習故方,略變藥味,沖和、解肌諸湯紛然著錄。至陶氏之書出[3],遂居然以杜撰之傷寒,治天下之六氣。不獨仲景之書所未言者不能發明,並仲景已定之書盡遭竄易。世俗樂其淺近,相與宗之,而生民之禍亟矣[4]。又有吳又可者[5],著《瘟疫論》,其方本治一時之時疫,而世誤以治常候之溫熱。最後若方中行、喻嘉言諸子[6],雖列溫病於傷寒之外,而治法則終未離乎傷寒之中。惟金源劉河間守眞氏者[7],獨知熱病,超出諸家。所著六書[8],分三焦論治,而不墨守六經[9],庶幾幽室一鐙[10],中流一柱[11]。惜其人樸而少文,其論簡而未暢,其方時亦雜而不精;承其後者又不能闡明其意,裨補其疏;而下士聞道若張景岳之徒[12],方且怪而訾之[13]。於是,其學不明,其說不行。而世之俗醫遇溫熱之病,無不首先發表[14],雜以消導[15],繼則峻投攻下,或妄用溫補,輕者以重,重者以死。倖免則自謂己功,致死則不言己過。即病者亦但知膏肓難挽,而不悟藥石殺人。父以授子,師以傳弟,舉世同風,牢不可破。肺腑無語,冤鬼夜嗥,二千餘年,略同一轍,可勝慨哉[16]!

【注释】 [1]叔和:西晋名医王熙,字叔和,高平(今属山西)人。曾任太医令,著有《脉经》,又整理张仲景的《伤寒杂病论》,使之不致佚失。 [2]御风以绤(chī):用葛布衣服抵挡风寒,喻方法不当,无济于事。绤,细葛布。 [3]陶氏:指明代医家陶华,著有《伤寒六书》,又名《陶氏伤寒六书》。 [4]亟(qì):多。 [5]吴又可:明末清初医家吴有性,字又可。 [6]方中行:明末医家方有执,字中行,著有《伤寒论条辨》等。喻嘉言:明末清初医家喻昌,字嘉言,著有《医门法律》等。 [7]金源:金朝的别称。刘河间守真:即刘完素,字守真,河间(今属河北)人,故称刘河间。金元四大家中的第一家,寒凉派的创始人和代表人物。 [8]六书:指《河间六书》,系后人所辑。 [9]六经:指张仲景在《伤寒论》中总结出来的六经辨证的纲领。 [10]鐙:同"灯"。 [11]中流一柱:即"中流砥柱",喻堪当大任或支撑危局之人。 [12]下士:指浅薄而自以为是的愚人。语出《老子·四十一章》:"下士闻道,大笑之。" [13]訾(zǐ):诋毁。 [14]发表:发汗解表。 [15]消导:消积导滞。 [16]胜:尽。

我朝治洽學明[1],名賢輩出,咸知溯原《靈》《素》[2],問道長沙[3]。自吳人葉天士氏《溫病論》《溫病續論》出[4],然後當名辨物[5]。好學之士,咸知向方[6];而貪常習故之流,猶且各是師說,惡聞至論。其粗工則又略知疏節,未達精旨,施之於用,罕得十全[7]。吾友鞠通吳子[8],懷救世之心,秉超悟之哲,嗜學不厭[9],研理務精,抗志以希古人[10],虛心而師百氏。病斯世之貿貿也[11],述先賢之格言,攄生平之心得[12],窮源竟委[13],作爲是書。然猶未敢自信,且懼世之未信之也,藏諸笥者久之[14]。予謂學者之心,固無自信時也。然以天下至多之病,而竟無應病之方,幸而得之,亟宜出而公之[15]。譬如拯溺救焚[16],豈待整冠束髮?況乎心理無異,大道不孤。是書一出,子雲其人必當旦暮遇之,且將有闡明其意,禆補其疏,使夭札之民咸登仁壽者[17]。此天下後世之幸[18],亦吳子之幸也。若夫《折楊皇荂》[19],听然而笑[20];《陽春白雪》[21],和僅數人,自古如斯。知我罪我,一任當世,豈不善乎?吳子以爲然,遂相與評騭而授之梓[22]。

嘉慶十有七年壯月既望[23],同里愚弟汪廷珍謹序。

【注释】 [1]治洽学明:政治和洽,学术昌明。 [2]溯原:探求……的本源。原,同"源"。 [3]长沙:指张仲景的书。参见《伤寒论》序》题解。 [4]吴:今江苏苏州。叶天士:清代名医叶桂,字天士,号香岩。温病论、温病续论:指叶天士口述、弟子顾景文记录整理的《温热论》一书。 [5]当名辨物:语出《周易·系辞下》。原谓循名责实,此谓确定了温病的名称,辨别了温病的实质。 [6]向方:趋向正道。 [7]十全:语出《周礼·天官·医师》。原谓所治无不痊愈,此谓取得好的疗效。全,同"痊"。 [8]鞠通吴子:即吴瑭,字鞠通。 [9]厌:同"餍",满足。 [10]抗志:坚持高尚的志向。《孔丛子·抗志》:"与其屈己以富贵,不若抗志以贫贱。"希:通"睎",仰慕。 [11]贸贸:即"眊眊",目不明貌。这里是蒙昧不明的意思。 [12]攄(shū):发抒。 [13]穷源竟委:即"穷竟源委",谓深入研究了温病的源流。 [14]笥(sì):竹箱。此指书箱。 [15]亟(jí):急迫;从速。 [16]溺、焚:指溺水之人和火烧之物。 [17]夭札:遭疫疠而早死。此谓因患温病而早死。 [18]幸:幸运。下句"吴子之幸"的"幸",义为"希望"。 [19]折杨皇荂(huā):语出《庄子·天地》。原为战国时楚国两种通俗小曲的名称,后成为通俗小曲的代名词。这里借以比喻内容粗浅之书。荂:"华"的异体字,同"花"。 [20]听(yǐn)然:会心地张口而笑的样子,此谓嘲笑的样子。 [21]阳春白雪:语出宋玉《对楚王问》,为古代楚国高雅乐曲的名称。此喻内容高深。 [22]评騭(zhì):评定。梓:紫葳科落叶乔木,耐朽,故古代用以作为雕印书籍的木版。此谓刊印。 [23]嘉庆十有七年:时当1812年。嘉庆,清仁宗爱新觉罗·颙琰的年号(1796—1820)。有,通"又"。壮月:夏历八月的别称。既望:夏历每月的十六日。

复习思考题

一、解释字词句

1. 六气　2. 已（君相两火无论~）　3. 未之及　4. 虽然　5. 诚（学者~能究其文）　6. 化而裁之　7. 亡、亡如、鲜、知十（亡如世鲜知十之才士）　8. 阙如　9. 按图索骥　10. 御风以絺　11. 迨（~试而辄困）　12. 杜撰　13. 发明　14. 相与　15. 亟（①生民之祸~矣。②~宜出而公之）　16. 墨守　17. 六经　18. 庶几、镫（庶几幽室一镫）　19. 中流一柱　20. 下士闻道　21. 方且、訾（方且怪而訾之）　22. 发表　23. 消导　24. 胜（可~慨哉）　25. 治治学明　26. 溯原　27. 长沙　28. 当名辨物　29. 犹且、是（犹且各是师说）　30. 十全　31. 厌（嗜学不~）　32. 抗志、希（抗志以希古人）　33. 师（虚心而~百氏）　34. 病、贸贸（病斯世之贸贸也）　35. 摅（~生平之心得）　36. 穷源竟委　37. 诸、笥（藏诸笥者久之）　38. 予（~谓学者之心）　39. 溺、焚（譬如拯溺救焚）　40. 夭札　41. 幸（①此天下后世之~。②亦吴子之~也）　42. 折杨皇荂　43. 听然　44. 罪（知我~我）　45. 评骘、梓（遂相与评骘而授之梓）　46. 有、壮月、既望（嘉庆十有七年壮月既望）

二、语译

1. 亡如世鲜知十之才士，以阙如为耻，不能举一反三，惟务按图索骥。

2. 而世之俗医遇温热之病，无不首先发表，杂以消导；继则峻投攻下，或妄用温补。轻者以重，重者以死。

3. 吾友鞠通吴子，怀救世之心，秉超悟之哲，嗜学不厌，研理务精，抗志以希古人，虚心而师百氏。病斯世之贸贸也，述先贤之格言，摅生平之心得，穷源竟委，作为是书。然犹未敢自信，且惧世之未信之也，藏诸笥者久之。

4. 若夫《折杨皇荂》，听然而笑；《阳春白雪》，和仅数人，自古如斯。知我罪我，一任当世，岂不善乎？！吴子以为然，遂相与评骘而授之梓。

三、思考并简答

1. 试述他序的特点及在本文的体现。
2. 作者从哪几个方面劝说吴鞠通尽快出版《温病条辨》一书？

第 七 单 元

课件
07单元PPT

扫一扫
知重点

 学习要点

一、了解医学论文的写作特点。

二、了解与本单元文选作者和作品相关的历史文化知识。

三、掌握本单元各篇的繁体字、生僻字、通假字、古今字、异体字。

四、掌握本单元各篇的典范词语、文言虚词、词类活用、特殊语序。

五、掌握本单元各篇的文意并能通顺语译。

六十一、大医精诚

孙思邈

【题解】 本文选自《备急千金要方》卷一,人民卫生出版社 1955 年影印宋刊本。作者孙思邈(约 581—682),京兆华原(今陕西耀县)人,唐代伟大的医药学家。兼通儒、道、佛三家之言,尤善老庄之学,最精医药。终身不仕,行医民间,长期隐居太白山中。唐太宗不仅拜访过孙思邈,而且御赠为"真人",后世尊称为"药王"。著有《备急千金要方》和《千金翼方》各 30 卷。《备急千金要方》简称《千金要方》或《千金方》,作者认为"人命至重,有贵千金,一方济之,德愈于此",故以此得名。该书分 233 门,合方论 5300 首,广涉妇、儿、内、外、针灸各科病症以及本草、制药、食治、养性、平脉、导引等内容,保存了唐以前较多珍贵的医学资料,是我国现存最早的一部临床实用百科全书,具有很高的科学价值。

《大医精诚》是关于医德修养的一篇著名的论文。孙思邈认为,医生要想成为大医,必须做到医术"精"和医德"诚"。文中首先论述了"精"的道理和方法,要求医生必须"用心精微",并且"博极医源,精勤不倦",如此才能做到医术精湛。然后从"心""体""法"三个方面论述了"诚"的道理和具体做法,要求医生要"先发大慈恻隐之心,誓愿普救含灵之苦"。无论是平时还是到了病家,都要有大医应有的风度,全心全意地治病救人。作风上不得炫已毁人,沾染各种恶劣习气,更不得倚仗医术谋取财物。最后申述了大医必须"精""诚"的原因和为文的目的。文章情真意切,语重心长,条理清楚,语言朴实,为医家必修之文。

　　張湛曰[1]:"夫經方之難精[2],由來尚矣[3]。"今病有內同而外異[4],亦有內異而外同,故五臟六腑之盈虛[5],血脈榮衛之通塞[6],固非耳目之所察,必先診候以審之[7]。而寸口關尺,有浮沉絃緊之亂[8];俞穴流注[9],有高下淺深之差;肌膚筋骨,有厚薄剛柔之異。唯用心精微者,始可與言於茲矣。今以至精至微之事[10],求之於至麤至淺之思[11],其不殆哉?若盈而益之,虛而損之,通而徹之,塞而壅之,寒而冷之,熱而溫之,是重加其疾,而望其生[12],吾見其死矣。故醫方卜筮[13],藝能之難精者也,既非神授,何以得其幽微?世有愚者,讀方三年[14],便謂天下無病可治;及治病三年,乃知天下無方可用。故學者必須博極醫源[15],精勤不倦,不得道聽途說,而言醫道已了[16],深自誤哉!

【注释】 [1]张湛:字处度,高平(今山东金乡西北)人,东晋学者,晓养性之术。著有《养生要集》(已佚)和《列子注》。 [2]经方:一般指《黄帝内经》《伤寒杂病论》等著作中的方剂。此处泛指医道。 [3]尚:久远。 [4]今:句首语助词,犹"夫"。内:指病因、病机。外:指症状。 [5]盈虚:指实证与虚证。盈,满,指实证。 [6]荣:通"营",营气。 [7]候:脉候。审:详查,细究。 [8]絃:"弦"的异体字。 [9]俞:"腧"的古字。流注:指经络气血运行灌注。 [10]今:假设连词,如果。 [11]麤:"粗"的异体字。 [12]而:你。 [13]卜筮:占卜,用烧灼龟甲判断吉凶叫卜,用蓍草算卦判断叫筮。 [14]三:虚数,犹言"几"。 [15]极:穷究。 [16]了:穷尽,完结。此指明白,完全懂得。

　　凡大醫治病,必當安神定志,無欲無求,先發大慈惻隱之心[1],誓願普救含靈之苦[2]。若有疾厄來求救者[3],不得問其貴賤貧富,長幼妍蚩[4],怨親善友,華夷愚智,普同一等,皆如至親之想;亦不得瞻前顧後,自慮吉凶,護惜身命。見彼苦惱,若己有之,深心悽愴,勿避嶮巇、晝夜、寒暑、饑渴、疲勞[5],一心赴救,無作功夫形迹之心[6]。如此可爲蒼生大醫,反此則是含靈巨賊。自古名賢治病,多用生命以濟危急[7],雖曰賤畜貴人,至於愛命,人畜一也。損彼益己,物情同患,況於人乎!夫殺生求生,去生更遠。吾今此方所以不用生命爲藥者[8],良由此也。其蝱蟲、水蛭之屬[9],市有先死者,則市而用之,不在此例。只如雞卵一物,以其混沌未分[10],必有大段要急之處[11],不得已隱忍而用之[12]。能不用者,斯爲大哲,亦所不及也。其有患瘡痍、下痢,臭穢不可瞻視,人所惡見者,但發慚愧、淒憐、憂恤之意[13],不得起一念蒂芥之心[14],是吾之志也。

【注释】 [1]大慈:佛教用语。指心肠极其善良。龙树菩萨《大智度论》:"大慈与一切众生乐,大悲拔一切众生苦。"恻隐:怜悯,同情。 [2]普救:佛教用语,犹"普度",指广施法力,使众生皆得解脱。含灵:佛教用语,指人类。人为万物之灵长,故曰含灵。 [3]疾厄:疾苦。 [4]妍蚩:美丑。蚩,同"媸",丑陋。 [5]嶮巇(xiǎnxī):路途艰险。昼夜:偏义复词,义偏"夜"。 [6]无:不要,不得。功夫:即"工夫",时间。此指耽搁时间。形迹:拘礼,客套。这里指借故推脱。 [7]生命:指活物。济:

救助。　［8］方：指《备急千金要方》。　　［9］其：假设连词，如果。蝱："虻"的异体字。　　［10］混沌：亦作"浑沌"，古人想象中的天地未分时的状态。此指鸡雏成形前的状态。　　［11］大段：重要，与下文"要急"同义复用。　　［12］隐忍：事藏于心并努力忍耐。　　［13］但：副词，只是。慙："惭"的异体字。"惭、愧"二字互训，羞愧难过。凄怜：悲痛同情。忧恤：忧虑。　　［14］一念：形容极短促的时间。蒂芥：即"芥蒂"，细小的梗塞物，比喻郁积于胸中的怨恨或不快。蒂，"蒂"的异体字。

夫大醫之體[1]，欲得澄神內視[2]，望之儼然[3]，寬裕汪汪[4]，不皎不昧[5]。省病診疾，至意深心，詳察形候，纖毫勿失，處判針藥，無得參差[6]。雖曰病宜速救，要須臨事不惑，唯當審諦覃思[7]，不得於性命之上，率爾自逞俊快[8]，邀射名譽[9]，甚不仁矣！又到病家，縱綺羅滿目，勿左右顧眄[10]；絲竹湊耳[11]，無得似有所娛；珍羞迭薦[12]，食如無味；醽醁兼陳[13]，看有若無。所以爾者[14]，夫壹人向隅[15]，滿堂不樂，而況病人苦楚，不離斯須！而醫者安然懽娛[16]，傲然自得，茲乃人神之所共恥，至人之所不爲[17]。斯蓋醫之本意也。

【注释】　［1］体：风度。　　［2］澄神：使精神安定。内视：目不旁视，排除杂念。　　［3］俨然：庄重貌。　　［4］宽裕：谓气度宽宏。汪汪，水宽广貌，喻心胸宽广。　　［5］不皎不昧：不亢不卑。皎，明亮，引申为突出、傲慢。昧，昏暗，此谓卑微。　　［6］参差：不齐貌。此谓差错。　　［7］审谛覃思：详审深思。审，周密、全面。谛，仔细。覃，深。　　［8］率尔：轻率貌。尔，词尾。逞：炫耀，显示。俊快：出众敏捷。俊，才智过人，这里指医技出众。　　［9］邀射：追求。　　［10］顾眄(miǎn)：谓乱看。顾，回视。眄，斜视。　　［11］丝竹：借代指音乐。　　［12］羞：同"馐"，美食。迭：交替。荐：献。　　［13］醽醁(línglù)：唐代美酒名。兼陈：同时陈列。　　［14］尔：这样。　　［15］向隅："向隅而泣"的缩写，意为"哭泣"。此指病痛。　　［16］懽："欢"的异体字。　　［17］至人：思想道德达到最高境界的人。

夫爲醫之法[1]，不得多語調笑，談謔諠譁[2]，道說是非，議論人物，衒燿聲名[3]，訾毀諸醫[4]，自矜己德[5]。偶然治差一病[6]，則昂頭戴面[7]，而有自許之貌，謂天下無雙，此醫人之膏肓也[8]。

【注释】　［1］法：法度。此指作风。　　［2］谑(xuè)：开玩笑。諠譁："喧哗"的异体字。　　［3］燿："耀"的异体字。　　［4］訾毁：诋毁。　　［5］矜：夸耀。　　［6］差：同"瘥"，痊愈。杨雄《方言》："差，愈也。南楚病愈者谓之差。"　　［7］戴面：仰着脸。形容骄傲的样子。　　［8］膏肓："病入膏肓"的省用。此喻不可救药的恶劣习气。

老君曰[1]："人行陽德[2]，人自報之；人行陰德，鬼神報之。人行陽惡[3]，人自報之；人行陰惡，鬼神害之。"尋此貳途[4]，陰陽報施[5]，豈誣也哉[6]？所以醫人不得恃己所長，專心經略財物，但作救苦之心，於冥運道中[7]，自感多福者耳。又不得以彼富貴，處以珍貴之藥，令彼難求，自衒功能，諒非忠恕之道[8]。志存救濟，故亦曲碎論之[9]，學者不可恥言之鄙俚也[10]。

263

【注释】 [1]老君:即老子,姓李名耳,字伯阳,谥曰聃,春秋时思想家,道家学派的创始人。以下引文不见于今传《老子》。 [2]行阳德:犹言公开行善。阳德,指人见人知的德行。下句"阴德"与此相对。 [3]行阳恶:犹言公开作恶。阳恶,指人见人知的恶行。下句"阴恶"与此相对。 [4]寻:谓考察。 [5]阴阳报施:谓阴阳善恶各有其报。即上文所言阳施有阳报,阴施有阴报。 [6]诬:欺骗。 [7]冥:迷信者称人死后所处的阴间世界。运:指佛教所说的轮回。 [8]谅:确实。忠恕:谓仁爱之道。 [9]曲碎:琐碎。 [10]耻:"耻"的异体字。意动用法,认为……耻辱。鄙俚:粗俗。

 **复习思考题**

一、解释字词句

1. 尚(由来~矣) 2. 盈(①故五脏六腑之虚~。②若~而益之) 3. 荣(血脉~卫之通塞) 4. 絃(有浮沉~紧之乱) 5. 俞、流注(俞穴流注) 6. 麤(求之于至~至浅之思) 7. 殆(其不~哉) 8. 而(~望其生) 9. 艺能之难精者 10. 读方三年 11. 治病三年 12. 了(而言医道已~) 13. 恻隐 14. 含灵 15. 妍蚩 16. 夷(华~愚智) 17. 嶮巇 18. 功夫、形迹(无作功夫形迹之心) 19. 生命 20. 良(~由此也) 21. 蟊(其~虫、水蛭之属) 22. 市(则~而用之) 23. 一念 24. 蒂芥 25. 体(夫大医之~) 26. 内视 27. 俨然 28. 不皎不昧 29. 审谛覃思 30. 率尔 31. 邀射 32. 眄(勿左右顾~) 33. 丝竹 34. 珍羞迭荐 35. 尔(所以~者) 36. 向隅 37. 懽(而医者安然~娱) 38. 耻(①兹乃人神之所共~。②学者不可~言之鄙俚也) 39. 谈谑諠譁 40. 訾(~毁诸医) 41. 衒(自~己德) 42. 忠恕之道 43. 救济 44. 鄙俚

二、语译

1. 故医方卜筮,艺能之难精者也,既非神授,何以得其幽微? 世有愚者,读方三年,便谓天下无病可治;及治病三年,乃知天下无方可用。故学者必须博极医源,精勤不倦,不得道听途说,而言医道已了,深自误哉!

2. 自古名贤治病,多用生命以济危急,虽曰贱畜贵人,至于爱命,人畜一也。损彼益己,物情同患,况于人乎! 夫杀生求生,去生更远。

3. 志存救济,故亦曲碎论之,学者不可耻言之鄙俚也。

三、思考并简答

1. 孙思邈认为怎样才能做到"精",又怎样才能做到"诚"? 谈谈你的看法。
2. 孙思邈认为大医要既"精"又"诚"的原因是什么?

六十二、病家两要说

张介宾

【题解】 本文选自《景岳全书》卷三《传忠录下》,上海科学技术出版社1959年影印岳峙楼本。作者张介宾(1563—1640),字景岳,又字会卿,别号通一子,会稽山阴(今浙江绍兴)人,明代著名医学家。少年时拜名医金英为师,尽得其传。又广泛研读了文史哲典籍及数学、天文、历法、音律、卜筮、兵法等书,打下了深厚而广博的学识基

础。壮年从戎，1620年还乡，遂致力于医学。他宗法《黄帝内经》，提出"阳非有余，而阴则常不足"以及"人体虚多实少"的理论，治疗上力主补益"真阴""元阳"，慎用寒凉和攻伐药物。临证常用熟地，因而人称"张熟地"，是温补学派的代表人物之一。著作甚丰，代表作有《类经》《类经图翼》《景岳全书》及《质疑录》等。《景岳全书》共64卷，分传忠录、脉神章、伤寒典、杂证谟、妇人规、小儿则等部分，撷取诸家精要，对内、外、妇、儿等科的辨证论治作了较为系统的分析，并创制新方两卷。此书是作者一生临床经验的总结，充分反映了他的学术成就，至今仍为学习医学的重要参考著作。

本文从病家的角度立论，提出病家的"两要"：一为忌浮言，二为知真医。二者皆是"择医""任医"的前提。择医之要，在于择真医，而要择真医，须有定见，不为庸医及非医者的浮言所惑；任医之要，在于专一，因为"议多者无成，医多者必败"。并分析知真医之难，提出知真医的方法，要求病家未雨绸缪，"熟察于平时"，方能避免"渴而穿井"之叹。全文引经据典，见解深刻，逻辑严密，文辞典雅，堪称古医家论事说理文中的杰作。

醫不貴於能愈病，而貴於能愈難病；病不貴於能延醫[1]，而貴於能延眞醫。夫天下事，我能之[2]，人亦能之，非難事也；天下病，我能愈之，人亦能愈之，非難病也。惟其事之難也，斯非常人之可知；病之難也，斯非常醫所能療。故必有非常之人，而後可爲非常之事；必有非常之醫，而後可療非常之病。第以醫之高下，殊有相懸[3]。譬之升高者，上一層有一層之見，而下一層者不得而知之；行遠者，進一步有一步之聞，而近一步者不得而知之。是以錯節盤根[4]，必求利器，《陽春白雪》[5]，和者爲誰[6]？夫如是，是醫之於醫尚不能知，而矧夫非醫者[7]！昧眞中之有假，執似是而實非。鼓事外之口吻[8]，發言非難；撓反掌之安危[9]，惑亂最易。使其言而是，則智者所見畧同，精切者已算無遺策[10]，固無待其言矣；言而非，則大隳任事之心[11]，見幾者寧袖手自珍[12]，其爲害豈小哉[13]！斯時也，使主者不有定見，能無不被其惑而致誤事者[14]，鮮矣！此浮言之當忌也[15]。

【注释】　[1]延：请。　[2]能：胜任，能够做到。　[3]殊有相悬：谓彼此相差甚远。殊，很。悬，谓差距大。　[4]错节盘根：即"盘根错节"，树木的根干枝节盘绕交缠，不易砍伐。此喻病情疑难复杂。　[5]阳春白雪：战国时楚国的高雅歌曲名。此喻良医的高明医技。　[6]和：应和。此谓高明的医技，能识别的人寥寥无几。　[7]矧（shěn）：何况。夫：远指代词，那些。　[8]鼓：掉弄，搬弄。口吻：口舌，是非话。　[9]挠：扰乱。反掌："易如反掌"的略语，喻事情极易。　[10]精切者：此指精细缜密的真医。遗策：失策，失误之处。　[11]隳（huī）：毁坏。这里意为扰乱。任事：指担任医事的医家。　[12]见几者：有先见之明的人，指前文的"智者"。几，事物的隐微征兆。袖手：缩手于袖，谓不过问其事。　[13]其：指在事外搬弄口舌的人。　[14]主者：病家。无：疑为衍文。一说："能无"意为没有能够。无，无指代词。　[15]浮言：没有根据的言论。

又若病家之要，雖在擇醫，然而擇醫非難也，而難於任醫；任醫非難也，而難於臨事不惑，確有主持[1]，而不致朱紫混淆者之爲更難也[2]。倘不知

此，而徧聽浮議[3]，廣集羣醫，則騏驥不多得[4]，何非冀北駑羣[5]？惟帷幄有神籌，幾見圯橋傑豎[6]？危急之際，奚堪庸妄之悮投[7]？疑似之秋，豈可紛紜之錯亂？一着之謬[8]，此生付之矣。以故議多者無成，醫多者必敗。多，何以敗也？君子不多也。欲辨此多，誠非易也。然而尤有不易者，則正在知醫一節耳[9]。

【注釋】[1]主持：主见，主意。　[2]朱紫：古人以朱色为正色，紫色为杂色。因以"朱紫"比喻正邪、真伪。此喻医生的真假、优劣。　[3]徧："遍"的异体字。　[4]騏驥：古代骏马的名称。此喻良医。　[5]駑：劣马。此喻低劣无能的医生。羣："群"的异体字。　[6]"惟帷幄有神籌"二句：军帐中虽有神机妙算的谋士，却何曾见到像张良那样杰出的人物呢？此喻夸夸其谈的庸医多，而技艺精湛的良医少。帷幄，军帐。籌，计谋。几，通"岂"，哪曾。傑："杰"的异体字。圯（yí）桥杰竖：指汉高祖刘邦的重要谋士张良。相传张良于圯桥遇黄石公，得《太公兵法》，后佐刘邦得以建立汉朝。竖，孺子，小子。事见《史记·留侯世家》和《汉书·张良传》。　[7]奚：怎么，指示代词。堪：经得住，受得了。与下文"可"同义互文。悮："误"的异体字。　[8]一着（zhāo）：一步。着，步骤，此喻计策或手段。　[9]则：原来。节：环节，方面。

夫任醫如任將，皆安危之所關。察之之方，豈無其道？第欲以慎重與否觀其仁，而怯懦者實似之；穎悟與否觀其智，而狡詐者實似之；果敢與否觀其勇，而猛浪者實似之[1]；淺深與否觀其博[2]，而强辯者實似之。執拗者若有定見，誇大者若有奇謀。熟讀幾篇，便見滔滔不竭；道聞數語，謂非鑿鑿有憑？不反者[3]，臨涯已晚[4]；自是者，到老無能。執兩端者[5]，冀自然之天功[6]；廢四診者，猶瞑行之瞎馬；得穩當之名者，有玩閣之悮[7]；昧經權之妙者[8]，無格致之明[9]。有曰專門[10]，決非通達，不明理性，何物神聖[11]？又若以己之心度人之心者，誠接物之要道。其於醫也則不可，謂人己氣血之難符[12]；三人有疑從其二同者，爲決斷之妙方，其於醫也亦不可，謂愚智寡多之非類。凡此之法，何非徵醫之道[13]？而徵醫之難，於斯益見。然必也小大方圓全其才[14]，仁聖工巧全其用[15]，能會精神於相與之際[16]，燭幽隱於玄冥之間者[17]，斯足謂之眞醫，而可以當性命之任矣。惟是皮質之難窺[18]，心口之難辨[19]，守中者無言[20]，懷玉者不衒[21]，此知醫之所以爲難也。故非熟察於平時，不足以識其蘊蓄[22]；不傾信於臨事，不足以盡其所長。使必待渴而穿井，鬬而鑄兵[23]，則倉卒之間[24]，何所趨賴？一旦有急，不得已而付之庸劣之手，最非計之得者。子之所慎，齋戰疾。凡吾儕同有性命之慮者[25]，其毋忽於是焉[26]！噫！惟是伯牙常有也，而鍾期不常有；夷吾常有也，而鮑叔不常有[27]。此所以相知之難，自古苦之，誠不足爲今日怪。倘亦有因予言而留意於未然者，又孰非不治已病治未病[28]，不治已亂治未亂之明哲乎！惟好生者略察之[29]！

【**注释**】［1］猛浪：鲁莽。 ［2］浅深：义偏"深"。 ［3］反：同"返"。 ［4］涯：通"崖"。 ［5］执两端：抓住两头，持两可的态度。谓处方施治模棱两可。 ［6］天功：即自然的功绩。很多病可以不治而自然痊愈。 ［7］躭阁：即"耽搁"。躭，"耽"的异体字。阁，通"搁"。 ［8］经权：义偏"权"，权变，变通。纱："妙"的异体字。 ［9］格致："格物致知"之省，谓穷究事理而获得知识。语本《礼记·大学》。 ［10］专门：指专科。 ［11］理性：指程朱理学所讲求的天理人性之道。 ［12］谓：通"为"，因为。 ［13］征：考察。 ［14］小大方圆：即心小、胆大，行方、智圆。语本《旧唐书·孙思邈传》："胆欲大而心欲小，智欲圆而行欲方。"意谓做事既要胆大果断，又要心思细致；既要智虑圆活，又要品行端正。全：使动用法。使……全面。 ［15］仁圣工巧：即"神圣工巧"，即指望、闻、问、切四诊。《难经·六十一难》："望而知之谓之神，闻而知之谓之圣，问而知之谓之工，切脉而知之谓之巧"。 ［16］会：集中。相与：相处。意谓临证治病。 ［17］烛：洞悉，观察。名词活用为动词。幽隐：隐晦。此指隐微的病情。玄冥：深远幽寂。此指不能明了的病情。 ［18］皮质：义偏"质"，指医生的才干。 ［19］心口：义偏"心"，指医生的德行。 ［20］守中：坚守正道。 ［21］怀玉：喻怀才。 ［22］蕴蓄：蓄积。指内在的才能。 ［23］"渴而穿井"二句：临渴掘井，临难铸兵。喻不事先做好准备。语出《素问·四气调神大论》："夫病已成而后药之，乱已成而后治之，譬犹渴而穿井，斗而铸锥，不亦晚乎？"原文"兵"作"锥"。兵，武器。 ［24］卒：通"猝"。 ［25］吾侪（chái）：我们这些人。侪：类，辈。 ［26］其：语气副词，表祈使。 ［27］"惟是伯牙常有也"四句：俞伯牙与钟子期的事迹见《列子·汤问》和《吕氏春秋·本味》等，管仲与鲍叔牙的事迹见《史记·管晏列传》。这里伯牙和管仲比喻良医，钟子期与鲍叔牙比喻知人之人，鲍叔牙更用以比喻胸怀宽广、能够举贤不妒之人。 ［28］不治已病治未病：谓预防为主。 ［29］好生：爱惜生命。

 复习思考题

一、解释字词句

1. 斯（①～非常人之可知。②～时也。③于～益见。④～足谓之真医） 2. 第（～以医之高下） 3. 殊（～有相悬） 4. 错节盘根 5. 阳春白雪 6. 和（～者为谁） 7. 矧（而～夫非医者） 8. 口吻 9. 反掌 10. 骦（则大～任事之心） 11. 几（①见～者宁袖手自珍。②～见圯桥杰竖） 12. 鲜（～矣） 13. 主持 14. 朱紫 15. 驽（何非冀北～群） 16. 帷幄 17. 圯桥杰竖 18. 猛浪 19. 反（不～者） 20. 涯（临～已晚） 21. 天（冀自然之～功） 22. 躭阁 23. 经权 24. 格致 25. 神圣 26. 度（又若以己之心～人之心者） 27. 谓（①～人己气血之难符。②～愚智寡多之非类） 28. 征（何非～医之道） 29. 小大方圆 30. 仁圣工巧 31. 相与 32. 烛（～幽隐于玄冥之间者） 33. 皮质 34. 心口 35. 守中 36. 怀玉 37. 兵（釂而铸～） 38. 卒（则仓～之间） 39. 何所趋赖 40. 计之得者 41. 子（～之所慎） 42. 侪（凡吾～同有性命之虑者） 43. 其（～毋忽于是焉） 44. 苦（自古～之） 45. 怪（诚不足为今日～） 46. 好生

二、语译

1. 任医非难也，而难于临事不惑，确有主持，而不致朱紫混淆者之为更难也。倘不知此，而遍听浮议，广集群医，则骐骥不多得，何非冀北驽群？帷幄有神等，几见圯桥杰竖？

2. 然必也小大方圆全其才，仁圣工巧全其用，能会精神于相与之际，烛幽隐于玄冥之间者，斯足谓之真医，而可以当性命之任矣。

3. 使必待渴而穿井,斗而铸兵,则仓卒之间,何所趋赖? 一旦有急,不得已而付之庸劣之手,最非计之得者。子之所慎,斋战疾。凡吾侪同有性命之虑者,其毋忽于是焉!

三、思考并简答

1. 病家"两要"的内容是什么? 作者认为病家怎样做才能解决好"两要"的问题?

2. 文中提出的良医的标准是什么? 谈谈你的认识。

3. 文末举俞伯牙和钟子期、管仲和鲍叔牙为例,意在说明什么问题?

六十三、不失人情论

李中梓

【题解】　本文选自《医宗必读》卷一,人民卫生出版社 1995 年排印明崇祯十年(1637) 刊本。作者李中梓(1588—1655),字士材,号念莪,华亭(今上海松江) 人,明末著名医学家。少时擅长文学,淡于仕途,后因病习医,终成名家。著有《内经知要》《医宗必读》《士材三书》等,对医学普及工作做出了一定贡献。他的医学思想主要是注重脾胃和强调阴阳两方面。他认为"先天之本在肾""后天之本在脾"。《医宗必读》成书于 1637 年,共 10 卷,内容包括医论、内景图说、诊断、本草、病机,并有 36 种病证的诊治与医案。该书是作者"究心三十余年"的力作,内容全面,精简扼要,切合实用,深入浅出,是一部很有影响的医学入门名著。

《不失人情论》是作者在张介宾《类经·脉色类》为"不失人情"一句经文所做按语基础上,加工润色而成。作者认为其中有应当顺应的人之常情,如脏气、好恶、调治等病人的不同之情;更有不应当迁就的人之常情,即恶俗的习气,如论病则信口开河的旁人之情,以及逢迎、欺诈等医人之情。文中所述大多属于后者。与此同时,李中梓也深感医家诊治疾病时不受这些人之常情的影响实际很难,所以殷切希望医家了解这些人之常情,以使自己"思之慎之,不为陋习所中"。文中所论种种,至今无不具有一定的现实意义。

嘗讀《內經》至《方盛衰論》,而殿之曰[1]:"不失人情[2]。"未曾不瞿然起[3],喟然嘆軒岐之入人深也[4]! 夫不失人情,醫家所甚亟,然戞戞乎難之矣[5]。大約人情之類有三:一曰病人之情,二曰旁人之情,三曰醫人之情。

【注释】　[1]殿:行军走在最后。引申为置于最后。　[2]失:违背。人情:《素问·方盛衰论》中所谓"人情"是指人的病情,即"人之常情"——人的体质、性格、思想、好恶等,又指人的恶俗习气。　[3]瞿然:惊视貌。引申为震惊的样子。　[4]喟然:叹声。轩岐:轩,谓轩辕,即黄帝;岐,谓岐伯,又号天师。　[5]戞戞(jiá):困难的样子。戞,"戛"的异体字。

所謂病人之情者,五藏各有所偏[1],七情各有所勝。陽藏者宜凉[2],陰藏者宜熱;耐毒者緩劑無功[3]，不耐毒者峻劑有害。此藏氣之不同也[4]。動靜各有欣厭[5]，飲食各有愛憎;性好吉者危言見非[6]，意多憂者慰安云僞;未信者忠告難行，善疑者深言則忌[7]。此好惡之不同也。富者多任性而禁戒勿遵，貴者多自尊而驕恣悖理。此交際之不同也[8]。貧者衣食不周[9]，況乎藥餌？賤者焦勞不適，懷抱可知[10]。此調治之不同也[11]。有良言甫信[12]，謬說更新，多歧亡羊[13]，終成畫餅[14]。此無主之爲害也[15]。有最畏出奇[16]，惟求穩當，車薪杯水[17]，難免敗亡。此過慎之爲害也。有境遇不偶[18]，營求未遂，深情牽掛，良藥難醫。此得失之爲害也[19]。有性急者遭遲病，更醫而致雜投;有性緩者遭急病，濡滯而成難挽[20]。此緩急之爲害也。有參朮沾唇懼補，心先痞塞[21];硝黃入口畏攻，神即飄揚[22]。此成心之爲害也[23]。有諱疾不言，有隱情難告，甚而故隱病狀，試醫以脈。不知自古神聖[24]，未有捨望、聞、問，而獨憑一脈者。且如氣口脈盛，則知傷食，至於何日受傷，所傷何物，豈能以脈知哉？此皆病人之情，不可不察者也。

【注釋】［1］藏:同"脏"。所偏:偏失之处。谓偏盛偏衰。 ［2］阳藏:即"阳脏"，谓脏腑阳气偏胜。下句"阴藏"与此相对。 ［3］毒:指药物，药力。缓剂:性味和缓的方剂。 ［4］藏气:即"脏气"，指脏腑的功能。 ［5］动静:指交游与静处，举止。欣厌:喜好和厌恶。 ［6］危言:直言。谓直言病状危急之言。见非:受到责备。见，被。 ［7］深言:深切坦率之言。 ［8］交际:指处境、社会地位。 ［9］周:周全。 ［10］怀抱:胸襟抱负。即一个人的心理状态。 ［11］调治:指生活条件与调养。 ［12］有:有的人，此指有的病人。甫:才，刚刚。 ［13］多歧亡羊:又作"歧路亡羊"，典出《列子·说符》。此喻在众说纷纭之下无所适从。 ［14］画饼:语出《三国志·魏志·卢毓传》:"选举莫取有名，名如画地作饼，不可啖也。"比喻虚名没有实用。这里比喻没有疗效。 ［15］主:主见，主张。 ［16］出奇:发生意外。 ［17］车薪杯水:车薪之火，杯水难救，此指病重而药轻。语出《孟子·告子上》:"今之为仁者，犹以一杯水救一车薪之火也。"比喻无济于事。 ［18］偶:和谐，引申为顺利。 ［19］得失:指患得患失的心理。 ［20］濡滞:拖延。 ［21］"有参朮沾唇惧补"二句:其关系为"有惧补，参朮沾唇，心先痞塞"。参朮，人参和白术。朮，今通作"术"。痞塞，阻塞。 ［22］"硝黃入口畏攻"二句:关系同上句，又承前省略"有"字，补之则为"有畏攻，硝黃入口，神即飘扬"。硝黃，芒硝和大黄。飘扬，飘忽不定，意同涣散。 ［23］成心:成见，偏见。 ［24］自:犹"虽"，即使。神圣:指高明的医生。

　　所謂旁人之情者，或執有據之論[1]，而病情未必相符;或興無本之言，而醫理何曾夢見？或操是非之柄[2]，同我者是之，異己者非之[3]，而眞是眞非莫辨;或執膚淺之見，頭痛者救頭，脚痛者救脚，而孰本孰標誰知？或尊貴執言難抗[4]，或密戚偏見難回。又若薦醫，動關生死[5]。有意氣之私厚而薦者[6]，有庸淺之偶效而薦者，有信其利口而薦者[7]，有食其酬報而薦者[8]，甚至薰蕕不辨[9]，妄肆品評，譽之則跖可爲舜[10]，毀之則鳳可作鴉[11]，致懷奇之士，拂衣而去[12];使深危之病，坐而待亡[13]。此皆旁人之情，不可不察者也。

【注释】[1]或:有的人,此指有的旁人。执:持。 [2]操:操持,掌握。柄:权力。 [3]"同我者"二句:意为与自己相同的意见就认为它正确,与自己不同的看法便认为它错误。是,认为……正确,意动用法。非,认为……错误,意动用法。 [4]执言:固执己见。 [5]动:常常。 [6]意气之私厚:谓私交很深。意气,志趣性格。私,偏爱。 [7]利口:能言善变。 [8]食:接受。 [9]薰莸(yóu):香草与臭草。比喻好坏、优劣等。此喻医生的优劣。 [10]跖:姓柳下,名跖,春秋时奴隶起义的领袖,旧时被诬称为强盗,故以"盗跖"名之。 [11]鸮:又名猫头鹰。旧时以为不祥之恶鸟。 [12]拂衣:犹"拂袖",形容生气、愤怒。 [13]坐:无故。

　　所謂醫人之情者,或巧語誑人,或甘言悅聽,或強辯相欺[1],或危言相恐[2]。此便佞之流也[3]。或結納親知,或修好僮僕[4],或求營上薦[5],或不邀自赴。此阿諂之流也。有腹無藏墨,詭言神授,目不識丁[6],假託秘傳。此欺詐之流也。有望聞問切,漫不關心[7],枳朴歸芩[8],到手便攝,妄謂人愚我明,人生我熟。此孟浪之流也[9]。有嫉妒性成,排擠爲事,陽若同心[10],陰爲浸潤[11],是非顛倒,朱紫混淆。此讒妒之流也。有貪得無知,輕忽人命。如病在危疑,良醫難必[12],極其詳愼,猶冀回春;若輩貪功[13],妄輕投劑,至於敗壞,嫁謗自文[14]。此貪倖之流也。有意見各持,異同不決[15],曲高者和寡,道高者謗多。一齊之傅幾何? 衆楚之咻易亂[16]。此膚淺之流也。有素所相知,苟且圖功[17];有素不相識,遇延辨症,病家既不識醫,則倏趙倏錢[18],醫家莫肯任怨,則惟芩惟梗。或延醫衆多,互爲觀望;或利害攸繫,彼此避嫌。惟求免怨,誠然得矣;坐失機宜,誰之咎乎? 此由知醫不眞,任醫不專也。

　　凡若此者,孰非人情? 而人情之詳,尚多難盡。聖人以不失人情爲戒,欲令學者思之愼之,勿爲陋習所中耳[19]。雖然,必期不失[20],未免遷就。但遷就既礙於病情[21],不遷就又礙於人情,有必不可遷就之病情,而復有不得不遷就之人情,且奈之何哉! 故曰:戞戞乎難之矣!

【注释】[1]相欺:欺辱病人。相,此表单向,代病人。下文"相恐"之"相"同此。 [2]危言:惊惧之言。 [3]便(pián)佞:善以言辞取媚于人,此谓花言巧语。 [4]修好:建立交情。此谓笼络。 [5]上:有位者,指高官。 [6]目不识丁:谓连一个字都不认识。语本《旧唐书·张弘靖传》。 [7]漫:都,全。 [8]枳朴归芩:枳实、厚朴、当归、黄芩,均为常用中药。 [9]孟浪:同"猛浪"。 [10]阳:表面上。 [11]阴:暗地里。浸润:原谓谗言逐渐发挥作用。此指进谗言。 [12]必:断定,有把握。这里指确诊。 [13]若:指示代词,这。 [14]嫁谤自文:转嫁谤言,掩饰自己。谤,责备之言。文,掩饰。 [15]异同:义偏"异",指不同的意见。 [16]"一齐之傅几何"二句:典出《孟子·滕文公下》。事为一个楚人请了个齐人给自己的儿子教齐语,由于周围尽为楚人楚语,影响太大,故终于没有学成。孟子原意在于强调环境对人的重要影响,这里比喻良医的高见易被众多庸医的错误言论所淹没。成语"一傅众咻"本此。傅,教育。咻(xiū),喧扰。 [17]苟且:姑且,草率。此谓敷衍了事。 [18]倏(shū):忽然,一会儿。赵、钱:《百家姓》中的第一、二姓,故顺便举之,犹言张三、李四。 [19]中(zhòng):侵蚀。 [20]期:要求。一说必定。亦通。 [21]碍:妨害。

复习思考题

一、解释字词句

1. 殿（而～之曰） 2. 瞿然 3. 喟然 4. 轩岐 5. 亟（医家所甚～） 6. 戋戋 7. 阳藏 8. 毒（耐～者缓剂无功） 9. 藏气 10. 动静 11. 危言见非 12. 交际 13. 怀抱 14. 有、甫（有良言甫信） 15. 多歧亡羊 16. 出奇 17. 偶（有境遇不～） 18. 濡滞 19. 成心 20. 自、神圣（不知自古神圣） 21. 或（～操是非之柄） 22. 是（同我者～之） 23. 非（异己者～之） 24. 孰（而～本、标谁知） 25. 执言 26. 动（～关生死） 27. 意气（有～～之私厚而荐者） 28. 食（有～其酬报而荐者） 29. 薰莸 30. 拂衣 31. 坐（～而待亡） 32. 便佞（此～～之流也） 33. 目不识丁 34. 孟浪（此～～之流也） 35. 阳（～若同心） 36. 浸润 37. 必（良医难～） 38. 冀（犹～回春） 39. 若（～辈贪功） 40. 嫁谤自文 41. 一傅众咻 42. 倏（则～赵～钱） 43. 中（勿为陋习所～耳） 44. 期（必～不失）

二、语译

1. 有良言甫信，谬说更新，多歧亡羊，终成画饼。此无主之为害也。
2. 有参术沾唇惧补，心先痞塞；硝黄入口畏攻，神即飘扬。此成心之为害也。
3. 或操是非之柄，同我者是之，异己者非之，而真是真非莫辨。
4. 如病在危疑，良医难必，极其详慎，犹冀回春；若辈贪功，妄轻投剂，至于败坏，嫁谤自文。此贪倖之流也。

三、思考并简答

1. 请解释"不失人情"四字在《素问·方盛衰论》和本文中的不同意义。
2. 请概括指出"病人之情"的两大类别及其主要表现。谈谈对医生有何意义。

六十四、与薛寿鱼书

袁 枚

【题解】 本文选自《小仓山房文集》卷十九，《四部备要》本。作者袁枚(1716—1789)，字子才，号简斋，别号仓山居士、随园老人。钱塘(今浙江杭州)人，清代文学家、诗歌理论家，为"性灵派"的代表人物。乾隆四年(1739)进士，历任江苏溧水、江浦、沭阳、江宁等地知县，颇有政绩。乾隆十四年(1749)因父丧辞官，不再出仕，在江宁(今南京)小仓山购置"随园"，并定居于此，致力于文学创作，直到去世。著有《小仓山房诗文集》《随园诗话》及笔记小说《子不语》等30余种，合为《随园全书》。

这篇文章是袁枚写给薛雪之孙薛寿鱼的一封信。薛雪(1681—1770)，字生白，晚号一瓢，又号扫叶老人，吴县(今江苏苏州)人，清代著名的温病学家，与袁枚私交深厚。其为人博学多才，擅长医学，断人生死不失，治疗独具特色。著有《湿热条辨》《薛氏医案》等，对湿热的辨证、治法有独特建树。他去世后，其孙薛寿鱼将所撰墓志铭寄给袁枚。铭文概述乃祖生平事迹，然竟"无一字及医"，反而将其置于理学家一流。袁枚对此大为愤慨，认为这是"甘舍神奇以就臭腐"，遂作此信以答。信中首先以愤然之情批评了薛寿鱼父子将薛雪纳入理学家的错误，指出医学也是不朽之事，薛雪自是不朽之人。然后就"学在躬行"和"艺"与"道"的关系分析了医学是不朽之事,分析了医学家的薛雪是不朽之人的道理,抒发了内心的激愤之情。全文情辞并茂,说理切实透彻,是一篇难得的情理之作。

談何容易[1]！天生一不朽之人,而其子若孫必欲推而納之於必朽之處[2],此吾所爲悁悁而悲也[3]。夫所謂不朽者,非必周孔而後不朽也[4]。羿之射[5],秋之弈[6],俞跗之醫,皆可以不朽也。使必待周孔而後可以不朽,則宇宙間安得有此紛紛之周孔哉[7]？子之大父一瓢先生[8],醫之不朽者也,高年不祿[9]。僕方思輯其梗概,以永其人,而不意寄來墓志無一字及醫,反託於陳文恭公講學云云[10]。嗚呼！自是而一瓢先生不傳矣！朽矣！

【注释】 [1]谈何容易:语出《汉书·东方朔传》,本谓在君王面前谈说议论,指陈得失,不可轻易从事。此谓薛雪的子孙改变对薛雪的评价并非易事。何容,岂可,怎能容许。 [2]若:或者。 [3]所为:犹"所以",表原因。 悁悁(yuān):忧闷貌。 [4]周孔:周公、孔子。此指像周公、孔子那样的圣贤。 [5]羿:后羿,传说中夏代东夷族的首领,善射。 [6]秋:人名,弈秋。《孟子·告子上》:"弈秋,通国之善弈者也。" [7]宇宙:无边无际的空间和无始无终的时间,谓古往今来的人间。《淮南子·齐俗》:"往古来今谓之宙,四方上下谓之宇。"纷纷:众多貌。 [8]大父:祖父。 [9]不禄:"死"的讳称。古代称士死为"不禄"。《礼记·曲礼下》:"天子死曰崩……大夫曰卒,士曰不禄。" [10]託:"托"的异体字,依托。陈文恭:陈宏谋(1696—1771),字汝咨,号榕门,临桂(今属广西)人,进士出身,累官至东阁大学士,兼工部尚书,谥文恭。讲学:讲授理学。云云:犹言"什么什么的",表示某事内容虽多但不需说完。这里兼有对"讲学"之事不屑的语气。

夫學在躬行[1],不在講也。聖學莫如仁,先生能以術仁其民,使無夭札[2],是即孔子老安少懷之學也[3]。素位而行學[4],孰大於是,而何必捨之以他求？陽明勳業爛然[5],胡世寧笑其多一講學[6];文恭公亦復爲之,於余心猶以爲非。然而,文恭,相公也[7];子之大父,布衣也。相公借布衣以自重,則名高;而布衣挾相公以自尊,則甚陋。今執途之人而問之曰[8]:一瓢先生非名醫乎？雖子之仇,無異詞也;又問之曰:一瓢先生其理學乎[9]？雖子之戚[10],有異詞也。子不以人所共信者傳先人,而以人所共疑者傳先人,得毋以"藝成而下"之說爲斤斤乎[11]？不知藝即道之有形者也。精求之,何藝非道？貌襲之[12],道藝兩失。燕噲、子之何嘗不託堯舜以鳴高[13],而卒爲梓匠輪輿所笑[14]。醫之爲藝,尤非易言,神農始之,黃帝昌之,周公使冢宰領之[15],其道通於神聖。今天下醫絕矣,惟講學一流轉未絕者,何也？醫之效立見[16],故名醫百無一人;學之講無稽,故村儒舉目皆是[17]。子不尊先人於百無一人之上,而反賤之於舉目皆是之中,過矣！即或衰年無俚[18],有此附會[19],則亦當牽連書之[20],而不可盡没有所由來。僕昔疾病,性命危篤,爾時雖十周、程、張、朱何益[21]？而先生獨能以一刀圭活之[22],僕所以心折而信以爲不朽之人也。慮此外必有異案良方,可以拯人,可以壽世者,輯而傳焉,當高出語錄陳言萬萬[23]。而乃諱而不宣[24],甘捨神奇以就臭腐,在理學中未必增一偽席,而方伎中轉失一眞人矣[25]。豈不悖哉[26]! 豈不惜哉!

【注释】 [1]躬行:亲身实践,身体力行。 [2]夭札:遭瘟疫而早死。这里泛指因病而死。 [3]老安少怀:语本《论语·公冶长》,使老年人晚年心安,使年轻人归向仁道。 [4]素位:安于平素所处地位,亦即不求名位。 [5]阳明:王守仁(1472—1529),字伯安,因筑室于故乡余姚(今属浙江)阳明洞中,世称阳明先生,明代著名的理学家、教育家,阳明学派的创始人和代表人物。官至南京兵部尚书,卒谥文成。著作由门人辑成《王文成公全书》38卷。烂:明亮。谓卓著。 [6]胡世宁:字永清,仁和(今浙江余杭)人,明代弘治年间进士,官至南京兵部尚书。谥端敏。著有《胡端敏奏议》。多:只是。 [7]相公:丞相,古代拜相而封公者尊称相公。清代顾炎武《日知录》卷二十四:"前代拜相者必封公,故称之为相公。"这里泛指高官。 [8]今:如果。 [9]理学:宋、明儒家哲学思想。因多附会经义而说天人性命之理,故云。亦称"道学""性理学"。此指理学家。 [10]戚:亲人。 [11]艺成而下:意为技艺取得成就者居于下位。《礼记·乐记下》:"是故德成而上,艺成而下。行成而先,事成而后。"孔颖达疏:"艺成而下者,言乐师商祝之等艺术成就而在下也。"斤斤:拘谨貌,此谓拘泥。 [12]袭:符合。一说仿效。 [13]燕哙:战国时燕国国君,名哙,公元前320—前318年在位。在位第三年即学尧舜禅让之事而把君位让给相国子之。鸣高:表示清高。 [14]梓匠轮舆:梓人(造乐器架、饮器、箭靶等)、匠人(修造宫室、城郭沟洫等)、轮人(造车轮)、舆人(造车厢)。此泛指普通的工匠。 [15]冢(zhǒng)宰:又称大(太)宰,周代官名,六卿之首。领:统率,统管。 [16]见:同"现"。 [17]村儒:指才学浅陋的文人。 [18]无俚:无所聊赖。 [19]附会:牵强附合。薛雪晚年曾学过理学。 [20]牵连:附带。 [21]周:指周敦颐(1017—1073),字茂叔,北宋理学家。程:指程颢(1032—1085,字伯淳)和程颐(1033—1107,字正叔)兄弟。二人同学于周敦颐,为北宋理学的奠基者,世称"二程"。张:指张载(1021—1077),字子厚,北宋理学家、教育家。朱:指朱熹(1130—1200),字元晦,南宋理学家、教育家,在学术上发展了二程的学说,集理学之大成,与二程一起世称"程朱"学派。 [22]刀圭:古代量取药末的用具,此指药物。 [23]语录:言论的记录或摘录。旧时因所录者多为问答口语,不重文字修饰,故名。此指程、朱等人有关理学的语录。 [24]乃:竟然。 [25]伎:同"技"。 [26]悖:谬误。

复习思考题

一、解释字词句

1. 何容　2. 若(而其子~孙必欲推而纳之于必朽之处)　3. 惸惸　4. 大父　5. 医之不朽者　6. 不禄　7. 仆(~方思辑其梗概)　8. 永(以~其人)　9. 託、讲学、云云(反託于陈文恭公讲学云云)　10. 躬行　11. 仁(先生能以术~其民)　12. 夭札　13. 老安少怀　14. 素位　15. 他求　16. 相公　17. 布衣　18. 自重　19. 自尊　20. 今(~执途之人而问之曰)　21. 戚(虽子之~)　22. 传(子不以人所共信者~先人,而以人所共疑者~先人)　23. 得毋……乎、艺成而下、斤斤(得毋以"艺成而下"之说为斤斤乎)　24. 艺、道(不知艺即道之有形者也)　25. 袭(貌~之)　26. 梓匠轮舆　27. 昌(黄帝~之)　28. 见(医之效立~)　29. 村儒　30. 贱(而反~之于举目皆是之中)　31. 无俚　32. 牵

连 33. 而(～时虽十周、程、张、朱何益) 34. 刀圭、活、之(而先生独能以一刀圭活之) 35. 乃(而～讳而不宣) 36. 伎(而方～中转失一真人矣) 37. 悖(岂不～哉)

二、语译

1. 子之大父一瓢先生,医之不朽者也,高年不禄。仆方思辑其梗概,以永其人,而不意寄来墓志无一字及医,反托于陈文恭公讲学云云。

2. 夫学在躬行,不在讲也。圣学莫如仁,先生能以术仁其民,使无夭札,是即孔子老安少怀之学也。素位而行学,孰大于是,而何必舍之以他求?

3. 子不以人所共信者传先人,而以人所共疑者传先人,得毋以"艺成而下"之说为斤斤乎?不知艺即道之有形者也。精求之,何艺非道?貌袭之,道艺两失。

4. 虑此外必有异案良方,可以拯人,可以寿世者,辑而传焉,当高出语录陈言万万。

三、思考并简答

1. 如何理解"学在躬行,不在讲也"?
2. "艺""道"二者的关系如何?
3. "甘舍神奇以就臭腐"的"神奇""臭腐"分别指什么?原因何在?

六十五、用药如用兵论

徐大椿

【题解】 本文选自《医学源流论》卷上,清光绪丁未(1907)清和月医学社本。作者徐大椿(1693—1771),字灵胎,一名大业,晚年隐居家乡洄溪,因号洄溪老人,吴江(今江苏吴江)人,清代著名医家。徐大椿博学多才,知天文,晓水利,解声律,谙兵法,工诗文,尤精于医。一生行医半个世纪,临床经验丰富,治病不拘成法,重视理论研究。医学著作主要有《难经经释》《伤寒论类方》《慎疾刍言》《神农本草经百种录》《医学源流论》等。《医学源流论》是一部论文集,完成于乾隆二十二年(1757),分上下两卷,计93篇。分经络、脏腑、脉象、病证、方药、治法、书论、古今七类,主要论述医学源流的得失利弊,以及理法方药的临床应用和医德诸问题。

本文通篇采用类比手法,以用兵之道说明用药之法,着重强调辨证施治的原则。文中首先指出用药治病犹如用兵除暴,务要谨慎;而后以兵法类比医术,提出治病十法,论证了"知己知彼,多方以治之"的原则;最后以国力盛衰为喻,阐述了用药攻补的原则,并引导读者去进一步研究《孙子兵法》,以全面领悟用药如用兵的道理。文章类比恰当,论理精深,行文自如,气势铿锵,是一篇出色而别致的医论。

聖人之所以全民生也[1],五穀爲養[2],五果爲助[3],五畜爲益[4],五菜爲充[5],而毒藥則以之攻邪[6]。故雖甘草、人參,誤用致害,皆毒藥之類也。古人好服食者[7],必有奇疾[8],猶之好戰勝者,必有奇殃。是故兵之設也以除暴,不得已而後興;藥之設也以攻疾,亦不得已而後用。其道同也。

故病之爲患也,小則耗精,大則傷命,隱然一敵國也[1]。以草木之偏性[2],攻藏府之偏勝,必能知彼知己,多方以制之,而後無喪身殞命之憂。是故傳經之邪[3],而先奪其未至,則所以斷敵之要道也;橫暴之疾,而急保其未病,則所以守我之巖疆也[4]。挾宿食而病者,先除其食,則敵之資糧已焚;合舊疾而發者,必防其併,則敵之內應既絕。辨經絡而無泛用之藥[5],此之謂嚮導之師;因寒熱而有反用之方[6],此之謂行間之術[7]。一病而分治之[8],則用寡可以勝衆,使前後不相救,而勢自衰;數病而合治之,則併力搗其中堅[9],使離散無所統,而衆悉潰。病方進,則不治其太甚,固守元氣,所以老其師[10];病方衰,則必窮其所之[11],更益精銳,所以搗其穴。

【注释】　[1]隐然:危重貌,这里意为危害严重的样子。　[2]草木:指药物。　[3]传经:外感病的发展演变有一定顺序,一般按照六经顺传,即太阳经—阳明经—少阳经—太阴经—少阴经—厥阴经。从其一经的证候发展为另一经的证候称做传经。　[4]岩疆:险要的疆域。这里指将要受病邪侵袭的部位。岩:险要。　[5]辨经络:辨清疾病所属的经络,谓诊断疾病的所在。一说指药物的归经,即某药对某些脏腑经络的病变所产生的治疗作用。　[6]反用:即反治。　[7]行间:离间。《孙子》有《用间篇》。这里指寒性药治假寒证、热性药治假热证。两寒或两热本应相亲,而使之相仇,故曰"行间"。　[8]而:如果。　[9]中坚:古代主将所在的中军部队,是全军的主力,故称中坚。此喻主要病症。　[10]老:使之疲惫,使动用法。其师:指敌军。　[11]穷:谓穷追。所之:指敌人败逃的方向、路线。之,往,到。

若夫虛邪之體[1],攻不可過,本和平之藥[2],而以峻藥補之,衰敝之日,不可窮民力也[3]。實邪之傷,攻不可緩,用峻厲之藥,而以常藥和之,富強之國,可以振威武也。然而,選材必當,器械必良,尅期不愆[4],布陣有方,此又不可更僕數也[5]。孫武子十三篇[6],治病之法盡之矣。

【注释】　[1]若夫:至于。　[2]本:以……为主。　[3]穷:尽,谓用尽。　[4]尅期:犹"克日",约定或限定日期。尅,"克"的异体字。愆(qiān):失误,延误。　[5]不可更仆数:即"更仆难数"。语本《礼记·儒行》:"遽数之不能终其物,悉数之乃留,更仆未可终也。"形容事物繁多,数不胜数。　[6]孙武子十三篇:指《孙子兵法》,古代兵书,春秋时齐国孙武著,共13篇。

复习思考题

一、解释字词句

1. 之所以　2. 五谷　3. 毒药（①而～～则以之攻邪。②皆～～之类也）　4. 古人好服食者　5. 奇（必有～疾）　6. 隐然　7. 传经　8. 要道　9. 岩疆　10. 反用　11. 行间（此之谓～～之术）　12. 中坚　13. 老、师（所以老其师）　14. 穷（①则必～其所之。②不可～民力也）　15. 若夫　16. 尅期不愆　17. 不可更仆数

二、语译

1. 圣人之所以全民生也，五谷为养，五果为助，五畜为益，五菜为充，而毒药则以之攻邪。

2. 以草木之偏性，攻藏府之偏胜，必能知彼知己，多方以制之，而后无丧身殒命之忧。

3. 病方进，则不治其太甚，固守元气，所以老其师；病方衰，则必穷其所之，更益精锐，所以捣其穴。

三、思考并简答

1. 作者在文中阐述的用药如用兵的法则有哪些？
2. 阅读《孙子兵法》一书，体会更多用药如用兵的道理，并结合临床实践谈谈其意义。

六十六、养生论

嵇　康

【题解】　本文选自《嵇中散集》卷三，明嘉靖四年(1525)黄省曾刻本，参校《昭明文选》本。作者嵇康(224—263)，字叔夜，谯郡铚(今安徽宿州)人，三国魏著名的思想家、文学家与音乐家。曾官魏中散大夫，又称嵇中散，是历史上著名的"竹林七贤"之一。他为人率直疏狂，崇尚老庄，博学多才，能诗善文，精通音乐，反对礼教。因声言不堪流俗，而菲薄汤武周孔，且不满执政的司马氏集团，被钟会诬陷，为司马昭所杀。他肯定万物皆禀元气而生的思想，提出"越名教而任自然"的看法，主张回归自然。著有《嵇中散集》10卷，诗1卷，文9卷。鲁迅曾辑校而成《嵇康集》，甚为精详。

《养生论》认为，常人要想修炼成仙或长生不老，是不可能的，但只要"导养得理"，就可以"尽性命"，即享尽天年而获得长寿，长则一千多岁，短则数百岁。"导养"的方法，第一个方面是"修性以保神，安心以全身"，第二个方面为"呼吸吐纳，服食养身"。只要按照这两个方面的方法去做，就一定能够实现养生长寿的愿望。全文紧紧围绕上述观点和方法，据事依理，从正反内外等多个方面充分列述，既体现了作者周密的思维和论证能力，也体现了其高妙典雅的文才，使本文成为一篇难得的融高超的思想、养生、文学等内容为一体的名篇佳作。

世或有謂神仙可以學得[1]，不死可以力致者[2]。或云：上壽百二十[3]，古今所同，過此以往，莫非妖妄者[4]。此皆兩失其情[5]，請試粗論之[6]。

夫神仙雖不目見，然記籍所載，前史所傳，較而論之[7]，其有必矣。似特受異氣[8]，禀之自然，非積學所能致也。至於導養得理[9]，以盡性命[10]，上獲千餘歲，下可數百年[11]，可有之耳。而世皆不精，故莫能得之。

【注释】[1]或有：有人。 [2]力致：通过努力实现。 [3]上寿：高寿。 [4]妖妄：虚假荒诞。 [5]两：指上述关于寿命的两种说法。作状语，含有"二者同时……"的意思。其情：指寿命的实情。 [6]请：谦词，意为请允许我。 [7]较：通"皎"，明白。 [8]特：独。 [9]导养得理：犹说"养生得道"。导，指导气。养，指养性。导养：道家的养生之术。《论衡·道虚》："道家或以导气养性，度世而不死。" [10]性命：天年，自然的寿命。 [11]可：大约。

何以言之？夫服藥求汗，或有弗獲；而愧情一集，渙然流離[1]。終朝未餐[2]，則囂然思食[3]；而曾子銜哀，七日不飢[4]。夜分而坐[5]，則低迷思寢[6]；內懷殷憂[7]，則達旦不瞑。勁刷理鬢[8]，醇醴發顏[9]，僅乃得之；壯士之怒，赫然殊觀[10]，植髮沖冠[11]。由此言之，精神之於形骸，猶國之有君也。神躁於中，而形喪於外[12]，猶君昏於上，國亂於下也。

【注释】[1]渙然流离：大汗淋漓。渙然，水盛的样子。流离，犹淋漓。 [2]终朝：整个早晨。 [3]囂然：此谓腹中空虚饥饿的样子。囂，通"枵"，中空。 [4]"曾子衔哀"二句：语本《礼记·檀弓上》："曾子谓子思曰：'伋！吾执亲之丧也，水浆不入于口者七日。'"曾子，名参，字子舆，孔子学生，以孝著称。衔，含，引申为藏在心里。 [5]夜分：半夜。 [6]低迷：昏昏沉沉的样子。 [7]殷：深。 [8]劲刷：梳子。 [9]醇醴：厚味酒，浓酒。 [10]赫然：怒貌。殊观：景象与众不同，此谓怒容不同于常人。 [11]植：竖起。 [12]丧：受到损伤。

夫爲稼於湯之世[1]，偏有一溉之功者，雖終歸於燋爛[2]，必一溉者後枯。然則，一溉之益固不可誣也[3]。而世常謂一怒不足以侵性[4]，一哀不足以傷身，輕而肆之[5]，是猶不識一溉之益，而望嘉穀於旱苗者也[6]。是以君子知形恃神以立[7]，神須形以存[8]，悟生理之易失[9]，知一過之害生，故修性以保神[10]，安心以全身[11]，愛憎不棲於情，憂喜不留於意，泊然無感[12]，而體氣和平[13]。又呼吸吐納[14]，服食養身，使形神相親[15]，表裏俱濟也[16]。

【注释】[1]汤之世：指商汤为君时的大旱年代。传说商汤时曾大旱七年，土焦山颓金石流。汤，商朝的开国君主，又称成汤、武汤等。 [2]燋烂：偏义复词，义在"燋"，枯萎。燋，"焦"的异体字。 [3]诬：轻视。 [4]性：心性。 [5]肆：放纵，放任。 [6]嘉谷：好的庄稼。 [7]君子：此指懂得养生的人。 [8]须：依靠。 [9]生理：生机。 [10]修性：修养心性。 [11]安心：使心志安定。 [12]无感：谓不受哀乐的影响。 [13]体气和平：即"体和气平"，身体和谐，气机平顺。 [14]吐纳：养生家炼气的方法。吐，指从口中徐徐呼出浊气；纳，指从鼻中缓缓吸入清气。 [15]相亲：相互融合。 [16]济：谓相辅相成。

夫田種者[1]，一畝十斛[2]，謂之良田，此天下之通稱也。不知區種可百

餘斛[3]。田、種一也,至於樹養不同[4],則功效相懸。謂商無十倍之價[5],農無百斛之望,此守常而不變者也。

【注释】[1]田种(zhòng):散播漫种的耕作方法。 [2]斛:量器名,亦称容量单位。南宋末以前一斛十斗,南宋末以后一斛五斗。 [3]区种:又称"区田法",精细型耕作方法。相传是商汤大旱时伊尹所创。 [4]树养:指种植管理的方法。 [5]价:利润。

且豆令人重[1],榆令人瞑[2],合歡蠲忿[3],萱草忘憂[4],愚智所共知也。薰辛害目[5],豚魚不養[6],常世所識也。虱處頭而黑[7],麝食柏而香[8],頸處險而瘦[9],齒居晉而黃[10]。推此而言,凡所食之氣[11],蒸性染身[12],莫不相應。豈惟蒸之使重而無使輕[13],害之使暗而無使明[14],薰之使黃而無使堅[15],芬之使香而無使延哉[16]?

【注释】[1]豆令人重:意为多食豆令人身重。《神农本草经》:"黑大豆久服,令人身重。" [2]榆令人瞑:《神农本草经》称榆树的皮、叶俱能"疗不眠"。 [3]合欢蠲(juān)忿:《神农本草经》称合欢能够"安五脏,和心志,令人欢乐无忧"。蠲,免除,去除。 [4]萱草:古人认为可以使人忘忧的草,故又称忘忧草。 [5]薰辛:荤辛之物,此指大蒜。薰,通"荤"。 [6]豚鱼:即河豚鱼,其卵巢、血液、肝脏有剧毒。 [7]虱处头而黑:《抱朴子》认为头虱著身则白,身虱著头则黑。 [8]柏:指柏叶。 [9]颈处险而瘦:住在山区的人们颈部易生瘿病。《淮南子》:"险阻之地多瘿。"险,通"岩",此指山区。瘿,颈项部肿瘤,甲状腺肿大一类的疾病。 [10]齿居晋而黄:住在晋地(今山西一带)的人们牙齿容易变黄。《医说》中有晋人常因食枣而牙齿多黄的说法。今则认为系水土含氟量高所致,而非食枣之故。 [11]气:"餼"的古字,指食物。 [12]蒸性染身:熏陶性情,影响身体。 [13]"蒸之"句:与上文"豆令人重"句相应。之,此指身体。 [14]"害之"句:与上文"薰辛害目"句相应。之,此指眼睛。 [15]"薰之"句:与上文"齿居晋而黄"句相应。之,此指牙齿。 [16]"芬之"句:与上文"麝食柏而香"句相应。之,此指麝身。延:当为"脡(shān)",生鱼肉酱,这里泛指腥臭之味。

故神農曰"上藥養命,中藥養性"者[1],誠知性命之理,因輔養以通也[2]。而世人不察,惟五穀是見,聲色是躭[3],目惑玄黃[4],耳務淫哇[5],滋味煎其府藏[6],醴醪鬻其腸胃[7],香芳腐其骨髓[8],喜怒悖其正氣[9],思慮銷其精神,哀樂殃其平粹[10]。夫以蕞爾之軀[11],攻之者非一塗[12];易竭之軀,而外內受敵[13]。身非木石,其能久乎?

【注释】[1]"上药养命"二句:谓上品药延年益寿,中品药保养性命。《神农本草经》中将药物分为上、中、下三品,上品养命,中品养性,下品治病。 [2]因辅养以通:谓靠着药物的辅助调养来达到养生的目的。因,依靠,凭借。通,通达。 [3]躭:"耽"的异体字,沉溺。 [4]玄黄:天地之色,后以"玄黄"代天地。此处泛指自然界出产的美味。 [5]淫哇:淫邪之声。 [6]滋味:指美味。府藏:同"腑脏"。 [7]鬻:"煮"的异体字,伤害,腐蚀。 [8]香芳:指芳香之物。 [9]悖:扰乱。 [10]平粹:宁静纯粹的情绪。 [11]蕞(zuì)尔:小的样子。 [12]涂:通"途",途径,方面。 [13]敌:攻击。

其自用甚者[1]，飲食不節，以生百病；好色不倦，以致乏絕；風寒所災，百毒所傷，中道夭於眾難[2]。世皆知笑悼，謂之不善持生也。至於措身失理[3]，亡之於微[4]，積微成損，積損成衰，從衰得白[5]，從白得老[6]，從老得終，悶若無端[7]。中智以下，謂之自然。縱少覺悟，咸歎恨於所遇之初[8]，而不知慎眾險於未兆。是由桓侯抱將死之疾[9]，而怒扁鵲之先見，以覺痛之日，爲受病之始也。害成於微，而救之於著，故有無功之治；馳騁常人之域[10]，故有一切之壽[11]。仰觀俯察，莫不皆然。以多自證[12]，以同自慰[13]，謂天地之理，盡此而已矣。縱聞養生之事，則斷以所見，謂之不然；其次狐疑，雖少庶幾，莫知所由[14]；其次自力服藥，半年一年，勞而未驗，志以厭衰，中路復廢。或益之以畎澮[15]，而泄之以尾閭[16]，欲坐望顯報者；或抑情忍欲，割棄榮願[17]，而嗜好常在耳目之前[18]，所希在數十年之後[19]，又恐兩失，內懷猶豫。心戰於內[20]，物誘於外，交賒相傾[21]，如此復敗者。

【注釋】[1]自用：自以为是，不听劝告。 [2]中道：指人生的中途。 [3]措身失理：意为养生不当。 [4]微：(疾病)没有显示明显的征兆。 [5]白：头发发白。 [6]老：指精力疲极。 [7]闷若无端：糊里糊涂地不知道其中的原因。闷若，愚昧糊涂的样子。端，原因。 [8]恨：遗憾。 [9]由：通"犹"，犹如。桓侯：指齐桓侯。事见本教材《扁鹊传》。抱：染，患。 [10]驰骋：纵马奔腾。这里引申为人的奔波、奔走。 [11]一切：一般的，普通的。 [12]以多自证：意为用多数人的情况来证实自己对寿命的认识。 [13]以同自慰：意为用跟常人大致相同的寿命来自我安慰。 [14]"其次"三句：断句不合文法，意义不通。应为：其次狐疑虽少，庶几莫知所由。意为：其次疑虑虽然不大(即也同意养生的观点)，但几乎全然不懂，不知从何处入手。庶几，副词，几乎。 [15]畎澮(quǎnkuài)：田间的水沟。这里比喻补益得少而慢。 [16]尾闾(lú)：传说中海水流归之处。这里比喻耗散得多而快。 [17]荣愿：指世俗的宏愿。 [18]嗜好：世俗的嗜好，指饮食、美色、名利、地位等。 [19]所希：希望得到的东西，指养生的功效。 [20]战：交争。 [21]交：近，指世俗的物欲享受。赊：远，指远期的养生功效。

夫至物微妙[1]，可以理知，難以目識。譬猶豫章生七年[2]，然後可覺耳[3]。今以躁競之心[4]，涉希靜之塗[5]，意速而事遲[6]，望近而應遠，故莫能相終。

夫悠悠者既以未效不求[7]，而求者以不專喪業，偏恃者以不兼無功[8]，追術者以小道自溺[9]。故欲之者萬無一能成也。

【注釋】[1]至物：最精妙的事物，指养生之道。 [2]豫章：枕木和樟木。章，通"樟"。《史记·司马相如列传》张守节《正义》："(枕樟)二木生至七年，枕、章乃可分别。" [3]觉：分辨。 [4]躁竞：急于求成。 [5]希静：无声。这里指清心寡欲的修行之事。《老子·第十四章》："听之不闻，名曰希。"涂：通"途"。 [6]事迟：指养生之事收效缓慢。 [7]悠悠者：指众多的世人。悠悠，众多。 [8]偏恃：偏重一个方面的方法，文中指偏重修性保神之法或吐纳服食之法。兼：同时具有。 [9]小道：小的技术。自溺：意为使自己沉溺于小技而迷失大道，以致养生无果。

善養生者則不然也，清虛靜泰[1]，少私寡欲。知名位之傷德[2]，故忽而

不營^[3],非欲而彊禁也^[4];識厚味之害性^[5],故棄而弗顧,非貪而後抑也。外物以累心不存^[6],神氣以醇泊獨著^[7]。曠然無憂患^[8],寂然無思慮^[9]。又守之以一^[10],養之以和^[11],和理日濟^[12],同乎大順^[13]。然後蒸以靈芝,潤以醴泉^[14],晞以朝陽^[15],綏以五絃^[16],無爲自得^[17],體妙心玄^[18]。忘歡而後樂足^[19],遺生而後身存^[20]。若此以往,庶可以與羨門比壽^[21],王喬爭年^[22],何爲其無有哉!

【注释】[1]清虚静泰:谓思想上清静虚无,风度上安静泰然。　[2]德:德行修养,精神。　[3]营:求。　[4]彊禁:硬行克制。彊,"强"的异体字。　[5]厚味:美味佳肴。　[6]累心:使心性受害。[7]醇泊:淳朴淡泊。　[8]旷然:开朗貌。　[9]寂然:心神宁静的样子。　[10]守:约束。一:指纯一之志。一说指养生之"道"。　[11]和:指和谐之气。　[12]和理:指和谐之气和纯一之理。　[13]大顺:指安定的境界。语见《老子·第六十五章》:"玄德,深矣,远矣,与物反矣,然后乃至大顺。"[14]醴泉:甘美的泉水。　[15]晞(xī):晒,沐浴。　[16]绥:安定。五絃:指音乐。絃,"弦"的异体字。　[17]无为自得:《楚辞·远游》:"漠虚静以恬愉兮,淡无为而自得。"[18]体妙心玄:身体轻妙,心性沉静。玄,这里指深沉静默。　[19]欢:指物欲之欢。　[20]遗生:意为摆脱世俗的牵挂和烦恼。遗,抛弃。　[21]羡门:古代传说中的神仙,居于蓬莱。事见《史记·秦始皇本纪》。　[22]王乔:即王子乔,也是古代传说中的神仙。一说为周灵王的太子,后随浮丘公到嵩山修炼,终于成仙。事见《列仙传》。

复习思考题

一、解释字词句

1. 或有(①世~~谓神仙可以学得。②~弗获)　2. 请(~试粗论之)　3. 较(~而论之)　4. 导养得理　5. 莫(①故~能得之。②~不相应。③~不皆然)　6. 终朝　7. 嚣然(则~~思食)　8. 殷(内怀~忧)　9. 赫然殊观　10. 为、汤(夫为稼于汤之世)　11. 然则　12. 生理　13. 安(~心以全身)　14. 无感　15. 体气和平　16. 吐纳　17. 服食　18. 田种　19. 斛(一亩十~)　20. 区种　21. 树养　22. 价(谓商无十倍之~)　23. 蠲(合欢~忿)　24. 熏辛　25. 险(颈处~而瘿)　26. 芬、延(芬之使香而无使延哉)　27. 中药　28. 惟五谷是见　29. 耽(声色是~)　30. 玄黄　31. 薰(醴醪~其肠胃)　32. 以、蕞尔(夫以蕞尔之躯)　33. 涂(攻之者非一~)　34. 其(~能久乎)　35. 微(亡之于~)　36. 闷若无端　37. 恨(咸叹~于所遇之初)　38. 由(是~桓侯抱将死之疾)　39. 怒(而~扁鹊之先见)　40. 一切(故有~~之寿)　41. 庶几(~~莫知所由)　42. 畎浍　43. 尾间　44. 交、赊(交赊相倾)　45. 躁竞(今以~~之心)　46. 悠悠　47. 小道　48. 清虚静泰　49. 累(外物以~心不存)　50. 旷然　51. 和理日济　52. 大顺　53. 醴泉　54. 晞(~以朝阳)　55. 绥、絃(绥以五絃)　56. 无为　57. 体妙心玄　58. 遗生　59. 庶(~可以与羡门比寿)

二、语译

1. 是以君子知形恃神以立,神须形以存,悟生理之易失,知一过之害生,故修性以保神,安心以全身,爱憎不栖于情,忧喜不留于意,泊然无感,而体气和平。又呼吸吐纳,服食养身,使形神相亲,表里俱济也。

2. 故神农曰"上药养命,中药养性"者,诚知性命之理,因辅养以通也。

3. 夫悠悠者既以未效不求,而求者以不专丧业,偏恃者以不兼无功,追术者以小道自溺。故欲之者万无一能成也。

三、思考并简答

1. 请指出本文的观点和所提出的两大养生方法(可引用原文)。

2. 请概括指出本文 3~5 段各举例说明了什么? 意在阐发养生上的什么道理?

3. 请谈谈你所知道的医学之外的养生之道。

第 八 单 元

学习要点

一、了解本单元所介绍的各位名医的生平与事迹,学习他们的仁心仁术和医德医风。

二、了解中医养生的基本观点和基本常识。

三、掌握本单元各篇的繁体字、生僻字、通假字、古今字、异体字。

四、掌握本单元各篇的典范词语、文言虚词、词类活用、特殊语序。

五、掌握本单元各篇的文意并能通顺语译。

六、了解中医医案、医话等医学小品文的写作特点。

六十七、《内经》四则

【题解】 本课前三则选自《黄帝内经素问》,人民卫生出版社 1963 年校点本,第四则选自《灵枢经校释》,人民卫生出版社 1982 年横排本。《内经》,全称《黄帝内经》,一般认为形成于战国时期,著者旧题黄帝,实为托名。《内经》是中医学现存最早的经典理论著作,本书用黄帝与岐伯君臣问答之体,以人与自然统一观、阴阳学说、五行学说、脏腑经络学说为主线,论述了摄生、脏腑、经络、病因、病机、治则、药物以及养生防病等各方面的关系,阐明了人体内外统一的整体观念,创立了中医药学的理论体系,奠定了中医药学发展的基础。分为《素问》和《灵枢》两大部分,各81篇,共162篇。《素问》主要论述中医的基本理论,《灵枢》既与《素问》互为表里,又重点论述经络针灸学说。这里所选的四则文字,都是中医关于养生、藏象、经络方面的理论。

第一则,依次分别叙述了葆有"天真"、修得真气的高人——真人、至人、圣人、贤人的修养及其境界,意在指导养生之人需根据各自的具体情况进行修炼,如此即可获得应有的效果。

第二则,首先强调人们如欲养生,就要适应四季阴阳的变化。只要能够适应阴阳和四季的变化,就可以说是懂得了养生之道。文中由此特别提出"不治已病治未病"即预防为主的重要思想。

第三则,首先以比喻的方法,依次概括论述了心、肺、肝、胆、膻中(心包络)、脾胃、大肠、小肠、肾、三焦、膀胱凡十二个脏腑器官的不同功能;其次强调指出这十二个脏腑器官相互协调、尤其是心脏功能健旺对养生的特别重要的意义。

第四则,通过问答的方式,论述了人的头面为"诸气之会",故天寒而"不衣"、七窍具有视、听、嗅、味等功能的道理。

（一）

上古有眞人者[1]，提挈天地，把握陰陽[2]，呼吸精氣[3]，獨立守神，肌肉若一[4]，故能壽敝天地[5]，無有終時，此其道生[6]。

中古之時，有至人者[7]，淳德全道，和於陰陽[8]，調於四時，去世離俗[9]，積精全神，遊行天地之間，視聽八達之外[10]。此蓋益其壽命而強者也，亦歸於眞人。

其次有聖人者，處天地之和，從八風之理[11]，適嗜欲於世俗之間[12]，無恚嗔之心，行不欲離於世，被服章[13]，擧不欲觀於俗，外不勞形於事，內無思想之患，以恬愉爲務，以自得爲功，形體不敝，精神不散，亦可以百數。

其次有賢人者，法則天地[14]，象似日月，辨列星辰，逆從陰陽[15]，分別四時，將從上古合同於道[16]，亦可使益壽而有極時。

——《素问·上古天真论》

【注释】　[1]真人：养生家认为深得养生之道并且长生不老的人。　[2]"提挈天地"二句：即"提挈把握天地阴阳"，意为完全懂得并能自如地掌握运用天地阴阳之道。　[3]呼吸：指吐纳，是一种通过调息来养生、修炼的方法。呼为吐，吸为纳。　[4]肌肉若一：谓行为与精神自然融一，相辅相成。　[5]敝：当为"敌"，意为比，等同。　[6]道生：意为因得养生之道，所以长生不老。　[7]至人：指在养生上的道行仅次于真人并能够长生不老的人。　[8]和：和调，协调。　[9]去世离俗：即"去离世俗"，谓抛弃世俗的欲求，隐藏自己的形迹。　[10]八达之外：泛指四面八方以外极其荒远的地方。　[11]八风：指四方（东南西北）和四隅（东南、西南、西北、东北）之风。　[12]适：谓适当地安排或处理。　[13]被（pī）服章：穿着华美的衣服。宋代林亿《新校正》认为此三字系衍文，当是。　[14]法则：效法，取法。　[15]逆从：义偏"从"，遵从，顺从。　[16]将从：遵循；坚持。

（二）

夫四時陰陽者[1]，萬物之根本也。所以聖人春夏養陽，秋冬養陰，以從其根，故與萬物沉浮於生長之門[2]。逆其根[3]，則伐其本，壞其眞矣[4]。故陰陽四時者，萬物之終始也，死生之本也。逆之則災害生，從之則苛疾不起[5]，是謂得道。道者，聖人行之[6]，愚者佩之[7]。

從陰陽則生，逆之則死；從之則治，逆之則亂。反順爲逆，是謂內格[8]。是故聖人不治已病治未病，不治已亂治未亂，此之謂也。夫病已成而後藥之，亂已成而後治之，譬猶渴而穿井，鬭而鑄錐，不亦晚乎！

——《素问·四气调神大论》

【注释】　[1]四时阴阳：泛指四季之气的转换变化。　[2]沉浮：升降，这里是消长的意思。　[3]逆：违背。　[4]真：真气。一说据《庄子·山木》"今吾游于雕陵而忘吾身"，晋代司马彪注"（身）字亦作'真'字，当为'身'"。　[5]苛疾：重病。苛，通"疴"。　[6]圣人：这里主要是指

懂得养生之道并达到最高境界的人,与第一则中次于"至人"的"圣人"不同。 [7]佩:通"倍",违背。 [8]内格:指逆四季阴阳变化的规律所致的肝心肺肾之病。

(三)

　　心者,君主之官也[1],神明出焉[2];肺者,相傅之官[3],治節出焉[4];肝者,將軍之官,謀慮出焉;膽者,中正之官[5],決斷出焉;膻中者[6],臣使之官[7],喜樂出焉;脾胃者,倉廩之官[8],五味出焉;大腸者,傳道之官[9],變化出焉;小腸者,受盛之官,化物出焉[10];腎者,作強之官[11],伎巧出焉[12];三焦者[13],決瀆之官[14],水道出焉;膀胱者,州都之官[15],津液藏焉[16],氣化則能出矣[17]。

　　凡此十二官者,不得相失也[18]。故主明則下安[19],以此養生則壽,歿世不殆[20],以爲天下則大昌。主不明則十二官危,使道閉塞而不通[21],形乃大傷,以此養生則殃,以爲天下者,其宗大危[22]。戒之戒之!

——《素问·灵兰秘典论》

【注释】 [1]官:此喻人体的器官。 [2]神明:指人的精神、意识、思维活动等。出焉:出自于它,来自于它,意为主宰、主管。 [3]相傅:与后世常说的"丞相"义同。 [4]治节:节制,调节。 [5]中正:官名。秦末农民起义领袖陈胜做楚王后始设,负责考察评判人才,作为选任官员的依据。这里用以比喻胆对人在谋划与做事时主决断的功用。 [6]膻中:此指心包络,为心脏外围的组织器官,即心脏的外膜,附有络脉,是通行气血的道路,心的外卫。 [7]臣使:指君主的近臣与使臣,是替君主传达旨意与出使于外的官员。这里用以比喻能直接反映心的精神与情感活动的心包络(膻中)的功用。 [8]仓廩:贮粮的仓库。这里用以比喻脾胃受纳与运化饮食水谷的功用。 [9]传道:转运输送(物品)。道,同"导",转运,转送。 [10]化物:指从饮食水谷中化出的营养人身的精微物质。 [11]作强:当为"将作",建造,建设。"作强之官",即古代所谓"将作大匠",为负责建造、建设的官员。诸多注家所释"强于作用""作用强力"等,既属附会之语,义亦甚为不明。强,通"将"。 [12]伎巧:即"技巧",指技术、巧智与技能。伎,同"技"。 [13]三焦:此指作为六腑之一的三焦,又称"外府(腑)""孤府(腑)",是脏腑外围最大的腑,有主持诸气、通调水道的功用。《灵枢·本输》:"三焦者,中渎之府也,水道出焉,属(系连)膀胱,是孤之府(腑)也。" [14]决:疏通。渎:水道。 [15]州都:这里用以比喻人体水液(主要指尿液)汇聚的地方。 [16]津液:此指人体的正常水液。 [17]气化:谓阳气对津液的运化。 [18]相失:谓彼此失去协调的作用。 [19]主明则下安:谓只要心脏主宰的精神意志正常明达,亦即心脏的功能强健有力,其他脏器就都会安顺协调。主,指心脏。下,指其他脏腑。 [20]歿(mò)世:终身,终生。殆:危险,指疾患。 [21]使道:指十二脏腑之气互相联系的通道。唐代王冰注:"谓神气行使之道。" [22]宗:指社稷,即国家。《诗经·大雅》:"即燕于宗。"东汉郑玄笺:"宗,社宗也。"

(四)

　　黃帝問於岐伯曰:首面與身形也,屬骨連筋[1],同血合於氣耳[2]。天寒則裂地凌冰[3],其卒寒[4],或手足懈惰[5],然而其面不衣[6],何也?岐伯答曰:十二經脈,三百六十五絡,其血氣皆上於面而走空竅[7];其精陽氣上走於目而為睛[8]，其別氣走於耳而為聽[9]，其宗氣上出於鼻而為臭[10]，其濁氣出於胃走舌唇而為味[11]。其氣之津液，皆上熏於面，而皮又厚，其肉堅，故天氣甚寒而不能勝之也。

——《灵枢·邪气藏府病形》

【注释】［1］属：连接。　［2］同血合于气：《黄帝内经太素》作"同血合气"。隋代杨上善注："同受于血，并合于气。"　［3］裂地凌冰：使地冻裂，使冰成凌。积冰曰凌。　［4］卒：通"猝"，突然。　［5］懈惰：指手足因受寒而麻木。　［6］衣：覆盖，保护。用作动词。　［7］空窍：即"孔窍"，此指七窍。空，通"孔"。　［8］精阳气：指阳气的精华。睛：指目光明亮。《黄帝内经太素》作"精"。　［9］别气：张介宾："别气者，旁行之气之也。"听：听觉。　［10］宗气：由水谷精微化生而成的气。张介宾："宗气，大气也。"其气聚集胸中，具有走鼻道而行呼吸，贯心脉而行血气，维持嗅觉等功能。臭：同"嗅"，指嗅觉。　［11］浊气：张介宾："浊气，谷气也。"指饮食水谷之气。味：指味觉。

 复习思考题

一、解释字词句

1. 真人　2. 独立　3. 敝（寿～天地）　4. 道生　5. 至人　6. 圣人　7. 恚嗔　8. 被服章　9. 法则　10. 逆（①～从阴阳。②～其根）　11. 佩（愚者～之）　12. 内格　13. 不治已病治未病　14. 药（夫病已成而后～之）　15. 治节（～～出焉）　16. 仓廪　17. 作强　18. 伎（～巧出焉）　19. 决渎　20. 州都　21. 气化　22. 殁世　23. 殆（殁世不～）　24. 使道　25. 宗（其～大危）　26. 属（～骨连筋）　27. 裂、凌（裂地凌冰）　28. 卒（其～寒）　29. 衣（然而其面不～）　30. 臭（其宗气上出于鼻而为～）

二、语译

1. 上古有真人者，提挈天地，把握阴阳，呼吸精气，独立守神，肌肉若一，故能寿敝天地，无有终时，此其道生。

2. 从阴阳则生，逆之则死。从之则治，逆之则乱。反顺为逆，是谓内格。是故圣人不治已病治未病，不治已乱治未乱，此之谓也。夫病已成而后药之，乱已成而后治之，譬犹渴而穿井，斗而铸锥，不亦晚乎！

3. 心者，君主之官也，神明出焉；肺者，相傅之官，治节出焉；肝者，将军之官，谋虑出焉；胆者，中正之官，决断出焉；膻中者，臣使之官，喜乐出焉；脾胃者，仓廪之官，五味出焉；大肠者，传道之官，变化出焉；小肠者，受盛之官，化物出焉；肾者，作强之官，伎巧出焉；三焦者，决渎之官，水道出焉；膀胱者，州都之官，津液藏焉，气化则能出矣。

三、理解并简答

1. 概括指出真人、至人、圣人、贤人在养生上最基本的相同处。
2. 结合养生解释并阐发"不治已病治未病"的道理。

六十八、医案三则

【题解】 医案，又称病案，是医家诊治疾病的书面记录。其内容包括症状、辨证、立法、处方、用药以及有关其他情况，体现了中医理、法、方、药的具体运用。这种文体始创于西汉大医仓公（淳于意）所写的"诊籍"，载于《史记·扁鹊仓公列传》，共25例，后世由此日渐增多，至明清时期达到顶峰。医家记录自己或别人医案的目的，是为了积累资料，总结或者提供经验教训，以期有益于自己以及他人。由于其内容大多宏富翔实，充分体现了中医学理、法、方、药的具体应用，足资参考，所以历来深受医林重视，在中医图书目录的分类中早已自成一类，成为宝贵的医学遗产之一，在医家的学习和实践中则一直发挥着不可或缺的重要作用。

第一则选自《史记·扁鹊仓公列传》，作者司马迁，标题为编者所加（后二则同）。《史记》与司马迁介绍，见本教材《管晏列传》题解。本则医案所记为仓公诊治齐王侍医王遂所患"中热"的情况，指出了王遂自诊自治时服用五石散的错误并详细阐述了其中的道理。

第二则选自《普济本事方·中风肝胆筋骨诸风》，作者许叔微（1079—约1154），字知可，曾任集贤院学士，又被世人称为许学士，真州白沙（今江苏仪征）人，南宋大医。本则医案依据作者自己母亲被庸医误治而死的切肤之痛，特别指出气中绝不可以当作一般的中风治疗，介绍了作者用苏合香丸治疗气中的成功经验及其道理。

第三则选自《古今医案按》卷三《痢》，编者俞震，字东扶，号惺斋，嘉善（今浙江嘉善）人，清代雍正、乾隆年间名医。本则医案通过患者叶仪的自述，记载了朱丹溪用先补后攻的方法治疗气虚所致的滞下（痢疾）的验案，说明了诊治疾病一定要全面洞察、抓住主要问题灵活施治的道理。

（一）仓公治中热

齐王侍醫遂病[1]，自練五石服之[2]。臣意往過之[3]，遂謂意曰："不肖有病[4]，幸診遂也[5]。"臣意即診之，告曰："公病中熱[6]。《論》曰[7]：'中熱不溲者[8]，不可服五石。'石之爲藥精悍，公服之不得數溲[9]，亟勿服[10]，色將發臃[11]。"遂曰："扁鵲曰：'陰石以治陰病[12]，陽石以治陽病[13]。'夫藥石者，有陰陽水火之齊[14]，故中熱，即爲陰石柔齊治之[15]；中寒，即爲陽石剛齊治之[16]。"臣意曰："公所論遠矣[17]。扁鵲雖言若是，然必審診[18]，起度量，立規矩，稱權衡，合色脈[19]、表裏、有餘不足、順逆之法，參其人動靜與息相應[20]，乃可以論。《論》曰：'陽疾處內，陰形應外者[21]，不加悍藥及鑱石[22]。'夫悍藥入中，則邪氣闢矣[23]，而宛氣愈深[24]。《診法》曰[25]：'二陰應外，一陽接內者[26]，不可以剛藥[27]。'剛藥入則動陽[28]，陰病益衰[29]，陽病益著[30]，邪氣流行，爲重困於俞[31]，忿發爲疽[32]。"意告之後百餘日，果爲疽髮乳，上入缺盆[33]，死。此謂論之大體也[34]，必有經紀[35]。拙工有一不習[36]，文理陰陽失矣[37]。

【注释】 ［1］侍医：天子或王侯的专用医生。遂：人名，姓王。 ［2］练：通"炼"，炼制。五石：指五石散，方剂名。所谓五石，据《抱朴子·金丹》载，为丹砂、雄黄、白矾、曾青、磁石五种矿石类药物。 ［3］臣意：淳于意的自称。本文内容是淳于意给皇上所写的报告，所以自称时在名字前加一"臣"字，既用以自称，也用以表明身份及表示谦逊。过：探望。 ［4］不肖：不才。王遂对自己的谦称。 ［5］幸：希望。 ［6］中热：内热。 ［7］论：指古代医经中的言论。 ［8］不溲：指小便短少，大便秘结。溲，便溺。 ［9］数：多次，多。 ［10］亟：快，赶快。 ［11］色：指色诊，面色上体现出来的征象。臒："痈"的异体字。 ［12］阴石：指寒性矿物药，如石膏、滑石等。阴病：指阴虚内热之病。 ［13］阳石：指热性矿物药，如钟乳、硫黄等。阳病：指阳虚外寒之病。 ［14］阴阳水火之齐：属阴、属阳、寒凉、温热的药剂。齐，同"剂"。 ［15］阴石柔齐：性味和缓的药剂。石，为上文"药石"之省，泛指药物。 ［16］阳石刚齐：与上文"阴石柔齐"相对。 ［17］远：这里是差错很大的意思。 ［18］审：仔细。 ［19］合：综合。 ［20］动静：举止。息：脉息，脉搏。 ［21］"阳疾处内"二句：阳性热邪蓄积在内、阴性寒象表现在外之病，为内热外寒、亦即真热假寒之病。 ［22］悍药：峻猛之药。 ［23］闟：通"闭"，闭阻，聚集。 ［24］宛：通"郁"，郁结。 ［25］诊法：古代诊断学著作。 ［26］"二阴应外"二句：少阴经病的症状（寒象）表现在外、少阳经病的邪气（热邪）深入体内之病，为表寒里热、亦即假寒真热之病。二阴，少阴经，此指少阴经病的主症——寒象。一阳，少阳经，此指少阳经病的主邪——热邪。 ［27］刚药：同上文的"悍药"。 ［28］动阳：扰动阳气。 ［29］阴病益衰：谓寒象更加严重。阴病，指寒象。 ［30］阳病：指内热之病。 ［31］重困：困累。俞：此指肾俞。《素问·阴阳类论》："二阴一阳，病出于肾。" ［32］忽发：突发。 ［33］缺盆：人体部位名，在锁骨上缘凹陷处。 ［34］大体：大要。 ［35］经纪：纲纪，法度。 ［36］拙工：拙劣的医生。 ［37］文理：即"纹理"，此指患者的气色脉理。文，同"纹"。

（二）许叔微治气中

世言氣中者[1]，雖不見於方書，然暴喜傷陽，暴怒傷陰，憂愁不意[2]，氣多厥逆[3]，往往多得此疾，便覺涎潮昏塞，牙關緊急。若概作中風候，用藥非止不相當[4]，多致殺人。元祐庚午[5]，母氏親遭此疾，至今飲恨[6]。母氏平時食素，氣血羸弱[7]，因先子捐舘憂惱[8]，忽一日氣厥，牙噤涎潮。有一里醫便作中風[9]，以大通圓三粒下之[10]。大下數行[11]，一夕而去[12]。予嘗痛恨，每見此症，急化蘇合香圓四五粒[13]，灌之便醒，然後隨其虛實寒熱而調治之，無不愈者。《經》云[14]："無故而瘖，脈不至，不治自已[15]。"謂氣暴逆也，氣復則已。審如是[16]，雖不服藥亦可。

【注释】 ［1］气中：证候名，由七情内伤、气机猝阻所致。 ［2］不意：情志不顺。 ［3］厥：逆乱。 ［4］相当：相宜，谓对症。 ［5］元祐庚午：宋神宗元祐庚午年（1090）。 ［6］饮恨：心怀遗恨。 ［7］羸：瘦弱。 ［8］先子：去世的父亲。捐舘：抛弃馆舍，"去世"的婉辞。 ［9］里医：闾里的医生，指民间医生。 ［10］大通圆：即大通丸，方剂名，《备急千金要方》方。圆，丸。 ［11］下：泻。行：量词，次。 ［12］去："去世"的婉辞。 ［13］苏合香圆：即苏合香丸，方剂名，《太平惠民和剂局方》方。 ［14］《经》：指《黄帝内经》。 ［15］"无故而瘖"三句：《素问·大奇论》"脉不至，若瘖，不治自已。"瘖，"喑"的异体字，失音。 ［16］审：确实，真的。

（三）朱丹溪治滞下

葉先生名儀[1]，嘗與丹溪俱從白雲许先生學[2]。其記病云[3]：歲癸酉秋八月[4]，予病滯下[5]，痛作，絕不食飲[6]。既而困憊，不能起床，乃以衽席及薦闕其中[7]，而聽其自下焉[8]。時朱彥修氏客城中[9]，以友生之好[10]，日過視予[11]，飲予藥。但日服而病日增，朋遊譁然議之[12]，彥修弗顧也。浹旬病益甚[13]，痰室咽如絮，呻吟互晝夜[14]。私自虞[15]，與二子訣。二子哭，道路相傳謂予死矣[16]。彥修聞之，曰："吁！此必傳者之妄也[17]。"翌日天甫明[18]，來視予脈，煮小承氣湯飲予。藥下咽，覺所苦者自上下，凡一再行，意泠然[19]。越日遂進粥[20]，漸愈。

朋游因問彥修治法，答曰："前診氣口脈虛，形雖實而面黃稍白。此由平素與人接言多[21]，多言者中氣虛。又其人務竟已事[22]，恒失之飢而傷於飽。傷於飽其流爲積[23]，積之久爲此證。夫滯下之病，謂宜去其舊而新是圖[24]，而我顧投以參、朮、陳皮、芍藥等補劑十餘貼[25]，安得不日以劇？然非此浹旬之補，豈能當此兩貼承氣哉？故先補完胃氣之傷[26]，而後去其積，則一旦霍然矣[27]。"眾乃斂衽而服[28]。

【注释】 [1]叶仪：字景翰，金华（今浙江金华）人，元末明初学者，著有《南阳杂稿》。 [2]丹溪：即朱震亨，字彦修，号丹溪翁，事详本教材《丹溪翁传》。白云许先生：即许谦，自号白云山人，详见本教材《丹溪翁传》。 [3]病：此指病案。 [4]癸酉：指元顺帝元统元年（1333）。 [5]滞下：痢疾的古名。 [6]绝：完全。 [7]衽席：床席。衽，"袵"的异体字。荐：垫席。阙其中：将其中间挖个洞。阙，通"缺"，使动用法。 [8]听：听任，随便。 [9]客：客居，旅居。 [10]友生：朋友，此指同窗。 [11]过：前来。 [12]譁然：闹嚷的样子。譁，"哗"的异体字。 [13]浃旬：一旬，即十天。 [14]亘：持续。 [15]虞：忧虑。 [16]道路：指路人。 [17]妄：妄言，胡言。 [18]翌日：次日。甫：刚刚。 [19]意：感觉。泠然：清爽的样子。 [20]越日：隔了一天，为第三天。 [21]接言：交谈。 [22]务：务必，一定。竟：完，结束，完成。 [23]流：流变，变化，这里是遗患的意思。 [24]旧：指积食。新是图：即"图新"，谓采用新的方法治疗。 [25]顾：反而。 [26]完：足。 [27]霍然：消散的样子，这里形容疾病迅速痊愈。 [28]敛衽：整理衣襟，表示恭敬。

复习思考题

一、解释字词句

1. 练（自～五石服之） 2. 不肖 3. 幸（～诊遂也） 4. 中热 5. 数（公服之不得～溲） 6. 臃（色将发～） 7. 阴石 8. 阴病 9. 阳石 10. 阳病 11. 齐（有阴阳水火之～） 12. 阴石柔齐 13. 阳石刚齐 14. 起度量 15. 称权衡 16. 镵石 17. 闿（则邪气～矣） 18. 宛（而～气愈深） 19. 二阴 20. 一阳 21. 忿（～发为疽） 22. 经纪 23. 工（拙～有一不习） 24. 文（～理阴阳失矣） 25. 气中 26. 不意 27. 先子 28. 捐馆 29. 瘖（無故而～） 30. 予（～病

滞下） 31. 袩、荐、阒（乃以袩席及荐阒其中） 32. 听（而～其自下焉） 33. 客（时朱彦修氏～城中） 34. 浃（～旬病益甚） 35. 虞（私自～） 36. 泠然 37. 新是图 38. 顾（而我～投以参、术、陈皮、芍药等补剂十余贴） 39. 安、得（安得不日以剧） 40. 完（故先补～胃气之伤） 41. 敛袩

二、语译

1.《论》曰："阳疾处内，阴形应外者，不加悍药及镵石。"夫悍药入中，则邪气闭矣，而宛气愈深。《诊法》曰："二阴应外，一阳接内者，不可以刚药。"刚药入则动阳，阴病益衰，阳病益著，邪气流行，为重困于俞，怒发为疽。

2. 予病滞下，痛作，绝不食饮。既而困惫，不能起床，乃以袩席及荐阒其中，而听其自下焉。

三、思考并简答

1. 解释"阳疾处内、阴形应外"与"二阴应外、一阳接内"的意义。

2. 通过"许叔微治气中"的医案解释"气中"与"中风"的异同。

3. 简要分析朱丹溪治疗叶仪的"滞下之病"时先补后攻的可行性，这与中医"急则治其标，缓则治其本"的治法是否矛盾？

六十九、医话三则

【题解】 医话，是在我国古代诗话的影响下产生的、独见于中医著述的一种特殊文体，即有关医药内容的随笔小品。其文缘起感悟雅兴，大都篇幅短小，不拘一格，有血有肉，尽显灵动。内容则颇为广泛，为医学方面的读书心得、临证体会、学术评论、见闻掌故等，虽不见于典籍而独具价值，读之既能增广见识，又能自得雅趣。前人也因为这种随笔小品能够"话其闻见、心得、阅历"，具有"辅助医学、启瀹性灵"的作用而非常赞赏。这里所选的三则，都是医家来自医疗实践的切身感悟之笔。

第一则选自清代医家唐大烈主编的《吴医汇讲》卷一，乾隆五十七年（1792）刊本。作者顾文烜（生卒不详），字雨田，号西畴，吴县（今江苏吴中）人，清中叶医家。本则医话首先批评了医生处方时喜写草书、乱用怪名的不良现象，然后针对同行发出"字期清爽、药期共晓"的倡议。这一要求，至今仍有切实的意义。

第二则选自《冷庐医话》卷二，《中国医学大成》本。作者陆以湉（1802—1865），字薪安，一字定圃，桐乡（今属浙江）人，晚清医家。本则医话通过崔默庵诊治痘疮时终于弄清病因在漆不在人的验案，说明医生治病时一定要周到细致，用心体察，才能真正弄清病因，才能对证下药治愈疾病。

第三则选自《对山医话》卷一，《中国医学大成》本。作者毛对山（生卒不详），字祥麟，上海人，清末医家。在本则医话中，作者以自己的误诊实例，告诫医生不可只凭脉象决断病情，否则就会陷于主观推断而发生失误。

（一）书方宜人共识说

國家征賦，單曰易知[1]；良將用兵，法云貴速。我儕之治病亦然。嘗見

一醫方開小草,世人不知爲遠志之苗[2],而用甘草之細小者。又有一醫方開蜀漆,市人不知爲常山之苗,而另加乾漆者[3]。凡此之類,如寫玉竹爲萎蕤[4],乳香爲熏陸,天麻爲獨搖草,人乳爲蟠桃酒,鴿糞爲左蟠龍,竈心土爲伏龍肝者,不勝枚舉。但方書原有古名,而取用宜乎通俗。若圖立異矜奇[5],致人眼生不解[6],危急之際,保無誤事?

又有醫人工於草書者[7],醫案人或不識[8],所繫尚無輕重[9]。至於藥名,則藥鋪中人豈能盡識草書乎?孟浪者約略撮之而貽誤[10],小心者往返詢問而羈延[11]。可否相約同人[12],凡書方案[13],字期清爽[14],藥期共曉[15]?

【注释】　[1]单:指征税的通知单。易知:即征税通知单的名称,即"易知由单",简称易知单或由单、由帖。单上对各项内容,如田地等级、人口多少、应征款项、起交存留等,都列得非常清楚,也因此才称做易知由单。　[2]远志:中药名,有安神、祛痰等作用。　[3]加:用。　[4]萎蕤(ruí):中药名,今通作"葳蕤"。　[5]立异矜奇:起个特异的名称,用以夸示新奇。犹说故意标新立异。矜,夸示。　[6]解:明白。　[7]草书:写得潦草的字。　[8]或:如果。　[9]轻重:义偏"重",要紧。　[10]孟浪:鲁莽,粗心大意。约略:大致。　[11]羁延:延误时机。　[12]同人:同行。　[13]方案:医方和病案。　[14]期:希望。　[15]药:指药名。

(二) 医须周察

太平崔默庵醫多神驗[1]。有一少年新娶[2],未幾出痘[3],徧身皆腫[4],頭面如斗[5]。諸醫束手[6],延默庵診之[7]。默庵診症,苟不得其情[8],必相對數日沈思[9],反復診視[10],必得其因而後已。診此少年時,六脈平和[11],惟稍虛耳,驟不得其故[12]。時因肩輿道遠腹餓[13],即在病者榻前進食。見病者以手擘目[14],觀其飲啖[15],蓋目眶盡腫,不可開合也[16]。問:"思食否?"曰:"甚思之,奈爲醫者戒余勿食何[17]?"崔曰:"此症何礙於食?"遂命之食,飲啖甚健[18],愈不解。

久之,視其室中,床榻桌椅漆氣熏人,忽大悟,曰:"余得之矣[19]!"亟命別遷一室,以螃蟹數觔生搗[20],徧敷其身。不一二日,腫消痘現,則極順之症也[21]。蓋其人爲漆所咬[22],他醫皆不識云[23]。

【注释】　[1]太平:地名,今安徽当涂。　[2]少年:小伙,年轻男子。　[3]未几:不久。痘:痘疮。　[4]徧:"遍"的异体字。　[5]斗:水瓢。　[6]束手:喻无能为力,没有办法。　[7]延:请。　[8]苟:如果。情:实情,指病因。　[9]相对:面对病人。相,指代性副词,此指病人。　[10]视:检查。　[11]六脉:即脉象。两手各有寸关尺三脉,合为六脉。　[12]骤:一下子,急切之间。　[13]肩舆:轿子。用作动词,乘轿。　[14]擘:即"掰",用手分开。　[15]啖:吃。　[16]开合:义偏"开",睁眼。　[17]奈……何:对……怎么办。　[18]健:带劲,指吃得很香。　[19]得:明白,指搞清病因。　[20]觔:"斤"的异体字。　[21]则:原来。　[22]为漆所咬:被漆气伤害,指因对漆过敏而病。　[23]云:语末助词,表结束,无实义。

（三）脉理微茫不可臆断

余初讀《靈》《素》諸書[1]，覺其經義淵深，脈理錯雜，每若望洋意沮[2]。繼復併心壹志[3]，徧覽前賢注釋，有所疑，則終日默坐苦思而力索之[4]，乃漸通五運六氣、陰陽應象之理[5]。每調氣度脈[6]，浪決人死生[7]，亦時或有驗[8]。

憶昔避兵鄉里[9]，對巷有吳某晨起方灑掃，忽仆地不語[10]，移時始醒[11]。延余診視，仍能起坐接談。按脈則勢急而銳，真有發如奪索者[12]，蓋腎氣敗也，危期當不越宿[13]。遽辭以出[14]，人咸不之信。詎日未昃[15]，而氣絕矣。又有布商周某，偶感微疾，就余診視。余曰："今所患勿藥可愈，惟按心脈獨堅，濕痰阻氣，氣有餘即是火，火鬱不散當發癰。"時周腦後生細瘡，累累若貫珠[16]。余曰："君以此無所苦，一旦勃發，爲害非淺，亟宜慎之。"彼終不爲意[17]。及明春[18]，果以腦後毒發而死。據此，則憑脈決證，似乎如響斯應矣[19]。

豈知脈理微茫[20]，又有不可臆斷者[21]。余有戚某過余齋[22]，形色困憊，詢知患咳經月[23]，行動氣喘[24]，故來求治。診其脈至而不定，如火薪然[25]。竊訝其心精已奪[26]，草枯當死[27]。戚固寒士，余以不便明言，特贈二金[28]，惟令安養，時已秋半。及霜寒木落[29]，往探之，而病已痊。細思其故，得毋來診時日已西沈[30]，行急而咳亦甚，因之氣塞脈亂，乃有此象歟？然惟於此而愈不敢自信矣[31]。

【注释】[1]《灵》《素》：指《灵枢》《素问》。 [2]望洋：仰望的样子。沮：沮丧，谓没有自信。 [3]并心壹志：集中精神，专心致志。 [4]终日：整天。 [5]五运六气、阴阳应象之理：指医学的道理。[6]度：诊察。[7]浪：轻率，谓随意。[8]时或：有时。[9]兵：指战乱。[10]仆地：倒地。 [11]移时：过了一会儿。 [12]真有发如夺索：语出《素问·平人气象论》，即"发真有如夺索"，谓脉搏的跳动真的就如两方争夺的绳索一样。发，指脉动。有，助词，无实义。夺索，争夺的绳索。[13]危期：指死期。越宿：过夜。 [14]遽（jù）：很快。 [15]讵（jù）：岂料，哪里想到。昃（zè）：太阳偏西。 [16]累累：一个连着一个。贯珠：穿起来的珠子。 [17]为意：放在心上，当做一回事。 [18]明春：次年春天。 [19]响：回声。斯：句中语助词。[20]微茫：精细渺茫。[21]臆断：主观推断。[22]斋：书房。[23]经：已经。[24]行动：动不动，经常。[25]如火薪然：犹如干柴燃烧时的火焰。喻脉象不定。《素问·大奇论》："脉见如火薪然，是心精之予夺也，草干而死。"然，同"燃"。 [26]夺：丧失。 [27]草枯：指秋后。 [28]二金：二两银子。 [29]霜寒木落：霜降过后，树叶凋落，指秋后。木，指树叶。 [30]得毋：与后"欤"构成固定结构，意为"大概是……吧"。 [31]然：提起连词，无实义。惟：想。

 复习思考题

一、解释字词句

1. 侪（我～之治病亦然）　2. 甘草之细小者　3. 立异矜奇　4. 轻重　5. 孟浪　6. 羁延　7. 同人　8. 方案　9. 未几　10. 徧（～身皆肿）　11. 斗（头面如

~)　12. 延(~默庵诊之)　13. 苟(~不得其情)　14. 相(必~对数日沉思)　15. 肩舆　16. 擘(见病者以手~目)　17. 开合　18. 之(久~)　19. 勔(以螃蟹数~生搗)　20. 盖(~其人为漆所咬)　21. 望洋　22. 度(每调气~脉)　23. 浪(~决人死生)　24. 兵(忆昔避~乡里)　25. 始(移时~醒)　26. 夺索　27. 遽(~辞以出)　28. 不之信　29. 诅、戾(诅日未戾)　30. 响(似乎如~斯应矣)　31. 经(询知患咳~月)　32. 行动　33. 如火薪然　34. 窃、讶、夺(窃讶其心精已夺)　35. 草枯　36. 霜寒木落　37. 得毋……欤(得毋来诊时日已西沉,行急而咳亦甚,因之气塞脉乱,乃有此象欤)　38. 惟(然~于此而愈不敢自信矣)

二、语译

1. 可否相约同人,凡书方案,字期清爽,药期共晓?

2. 忆昔避兵乡里,对巷有吴某晨起方洒扫,忽仆地不语,移时始醒。延余诊视,仍能起坐接谈。按脉则势急而锐,真有发如夺索者,盖肾气败也,危期当不越宿。遽辞以出,人咸不之信。诅日未戾,而气绝矣。

3. 余有戚某过余斋,形色困惫,询知患咳经月,行动气喘,故来求治。诊其脉至而不定,如火薪然。窃讶其心精已夺,草枯当死。

三、思考并简答

1.《书方宜人共识说》一则中"我侪之治病亦然"的"然"是什么意思,具体指的是什么?

2. 搜集更多的"草枯""霜寒木落"之类的词语,谈谈你对这类词语的认识。

七十、医事三则

【题解】　中医药学为中华民族的繁衍昌盛作出了巨大贡献,在几千年的医疗实践中,历代名医辈出,他们高尚的医德和精湛的医技,为人们津津乐道、代代相传。这里所选的三则医学事例,就是这一方面的三个典型。

第一则选自《神仙传》,天津古籍出版社1987年《道藏》影印本。作者葛洪(283—363),字稚川,自号抱朴子,世称葛仙翁、小仙翁。丹阳句容(今江苏丹阳)人,东晋著名道家、炼丹家、医学家。本文以神话笔法记述了富有传奇色彩的医家董奉的事迹,医学界的代名词"杏林"即源于此。

第二则选自《后汉书·方术列传》,中华书局1965年校点本。作者范晔(398—445),字蔚宗,顺阳(今河南淅川)人,南朝宋代史学家。本文所记更富传奇色彩,写的是东汉汝南人费长房随壶翁成仙并学成高超医术的故事。医林"悬壶济世"的典故即出于此。故事神奇怪诞,今人当辨证看待。

第三则选自《能改斋慢录》卷十三,上海古籍出版社2003年文渊阁《四库全书》影印本,标题为编者所加。作者吴曾(生卒不详),字虎臣,崇仁(今江西崇仁)人,南宋文学家。本文记述了北宋名臣范仲淹微贱时发誓"不为良相,则为良医"的宏伟理想,千百年来成为青年学子生涯规划的座右铭。

（一）董奉

奉居山，不種田，日爲人治病，亦不取錢。重病愈者，使栽杏五株。如此數年，得十萬餘株，郁然成林[1]。乃使山中百禽群獸遊戲其下，卒不生草[2]，常如芸治也[3]。後杏子大熟，於林中作一草倉，示時人曰："欲買杏者，不須報奉，但將穀一器置倉中，卽自往取一器杏去。"常有人置穀來少而取杏去多者，林中群虎出吼逐之，大怖，急挈杏走[4]，路傍傾覆，至家量杏，一如穀多少。或有人偷杏者，虎逐之到家，嚙至死[5]。家人知其偷杏，乃送還奉，叩頭謝過，乃卻使活。奉每年貨杏得穀[6]，旋以賑救貧乏[7]，供給行旅不逮者[8]，歲二萬餘斛。

——《神仙传》

【注釋】 [1]郁然：茂盛的样子。 [2]卒：终于，始终。 [3]芸治：整治。芸，通"耘"，锄草。 [4]挈：提着。 [5]嚙：咬。 [6]货：用作动词，这里是换的意思。 [7]旋：随即。 [8]逮：足够。

（二）壺翁

費長房者，汝南人也[1]，曾爲市掾[2]。市中有老翁賣藥，懸一壺於肆頭[3]，及市罷，輒跳入壺中。市人莫之見，惟長房於樓上覩之[4]，異焉，因往再拜，奉酒脯[5]。翁知長房之意其神也[6]，謂之曰："子明日可更來[7]。"長房旦日復詣翁[8]，翁乃與俱入壺中，惟見玉堂嚴麗，旨酒甘肴盈衍其中[9]，共飲畢而出。翁約不聽與人言之[10]。復乃就樓上候長房曰："我神仙之人，以過見責，今事畢當去，子寧能相隨乎[11]？樓下有少酒，與卿爲別。"長房使人取之，不能勝[12]，又令十人扛之，猶不舉。翁聞，笑而下樓，以一指提之而上。視其器，如一寸許，而二人飲之，終日不盡。長房遂欲求道，隨從入深山。翁撫之曰："子可教也。"遂能醫療百病。

【注釋】 [1]汝南：郡名，治所在今河南上蔡西南。 [2]掾(yuàn)：古代属官的通称。 [3]肆：店铺。 [4]覩："睹"的异体字，看见。 [5]脯：干肉。 [6]意：猜想。 [7]更：再。 [8]詣：到……去，造访。 [9]旨酒甘肴：美酒佳肴。盈衍：充满。 [10]听：随便。 [11]宁：难道。 [12]胜：胜任，这里是拿起的意思。

（三）不为良相则为良医

範文正公微時[1]，嘗詣靈祠求禱曰[2]："他時得位相乎[3]？"不許[4]。復禱之曰："不然，願爲良醫！"亦不許。既而歎曰："夫不能利澤生民[5]，非大丈夫平生之志！"

他日，有人謂公曰："大丈夫之志於相，理則當然，良醫之技，君何願焉[6]？無乃失之卑邪[7]？"公曰："嗟乎[8]！豈爲是哉[9]？古人有云：'常善救人，故無棄人；常善救物，故無棄物[10]。'且大丈夫之於學也，固欲遇神聖之君[11]，得行其道[12]。思天下匹夫匹婦有不被其澤者[13]，若己推而内之溝中[14]。能及小大生民者[15]，固惟相爲然。既不可得矣，夫能行救人利物之心者，莫如良醫。"

果能爲良醫也，上以療君親之疾[16]，下以救貧賤之厄，中以保身長全。在下而能及小大生民者，舍夫良醫，則未之有也。

【注釋】　[1]范文正：即范仲淹(989—1052)，字希文，蘇州吳縣(今江蘇蘇州)人，北宋名臣、文學家，謐文正。微時：微賤之時，指未顯貴時。　[2]靈祠：神廟，奉祀神靈的廟宇。　[3]位相：居于相位，即做宰相。相，用作動詞。　[4]許：回應。　[5]利澤生民：為百姓做有益的事。　[6]願：仰慕，有志趣。　[7]無乃：恐怕。卑：低下。　[8]嗟乎：叹詞，今無對譯之詞，可譯為唉、唉呀，或据語氣譯為"可嘆啊"。　[9]豈為是哉：哪里是這樣的呢！　[10]"常善救人"四句：語出《老子》第二十七章。弃：廢棄，被拋棄。　[11]遇：遇合，指有緣知遇並受到賞識。　[12]道：此指經世濟民的政治理想。　[13]匹夫匹婦：指平民百姓。被：感受，獲得。　[14]内：同"納"，這里是"使……陷入"的意思，使動用法。　[15]及：到，謂將仁德推廣到。　[16]上以療君親之疾：本句與後二句，見本教材《傷寒論》序。親：父母，泛指長輩親人。

扫一扫
测一测
第五至
八单元

复习思考题

一、解释字词句

1. 日(～为人治病)　2. 卒(～不生草)　3. 芸(常如～治也)　4. 趋(急～杏走)　5. 或(～有人偷杏者)　6. 啮(～至死)　7. 逮(供给行旅不～者)　8. 岁(～二万余斛)　9. 掾(曾为市～)　10. 肆(悬一壶于～头)　11. 莫之见　12. 觌(惟长房于楼上～之)　13. 异(～焉)　14. 脯(奉酒～)　15. 意(翁知长房之～其神也)　16. 诣(长房旦日复～翁)　17. 听(翁约不～与人言之)　18. 见(以过～责)　19. 宁、相(子宁能相随乎)　20. 胜(不能～)　21. 微(范文正公～时)　22. 位(他时得～相乎)　23. 许(不～)　24. 无乃　25. 被(思天下匹夫匹妇有不～其泽者)　26. 内(若己推而～之沟中)　27. 未之有

二、语译

1. 奉每年货杏得谷，旋以赈救贫乏，供给行旅不逮者，岁二万余斛。

2. 且大丈夫之于学也，固欲遇神圣之君，得行其道。思天下匹夫匹妇有不被其泽者，若己推而内之沟中。能及小大生民者，固惟相为然。既不可得矣，夫能行救人利物之心者，莫如良医。

三、思考并简答

1. 指出"杏林"与"悬壶"二词的出处并解说其意。

2. 请结合范仲淹对良医的认识阐发"为良医"的意义。

下　编

第一章

工 具 书

 学习要点

一、了解工具书的类别及其主要功用。

二、熟悉工具书的编排方法。

三、掌握工具书的使用方法,根据所查内容正确选择最适合的工具书,并亲自动手查找。

一、工具书概述

所谓工具书,就是用一定的观点收集某些资料,而后按照一定的方法编排起来,以供人们在解疑、求知以及研究问题时查阅答案与有关资料的图书。或者说,是在学习和工作时可以作为工具使用的图书。

工具书的作用,主要是伴随人们在学习和研究工作中,起指导读书、检索资料,以及解决疑难字词等重要的辅助作用。学习时借助工具书,常常能取得事半功倍的效果。而能否熟悉并运用工具书,往往还是衡量一个人独立解决问题能力高低的标志之一。

工具书的种类,一般归纳为十二大类,即书目、索引、字典、词(辞)典、年鉴、手册、年表、图录、政书、类书、丛书、百科全书。其中字典与词典由于关系密切,亦有人将二者归为一类。

书目:为图书目录的简称,是记录图书的名称、作者、卷册、版本以及定价等的工具书,有的书目尚能介绍学术源流、图书流传、内容评价及收藏情况等。如《汉书·艺文志》《隋书·经籍志》《四库全书总目(提要)》《中国图书综录》等。

索引:又称通检、引得等,是把多种或一种书刊里的内容按照一定的要求和方法编成条目、注明出处,专供检索的工具书。如《十三经索引》《医学史论文资料索引》等。

字典:是解释字的音、义、用法的工具书,有的字典尚能叙及字的源流、解说字的形体结构等。如《说文解字》《康熙字典》《汉语大字典》等。

词(辞)典:是解释词的意义与用法的工具书,有的词典尚能介绍词的出处、叙及其意义演变等。如《尔雅》《辞源》《汉语大词典》等。

年鉴:是系统汇集各个方面或某一方面的年度时事文献与统计资料的连续性出版物。如《中国年鉴》《中医年鉴》《中国医药统计年鉴》等。

手册:是汇集某方面经常需要查考的文献资料或专业知识的工具书。如《常用药物手册》《中医方剂临床手册》等。

年表:是按照年代顺序用表格形式编制的用以查考时间或历史事件的工具书。如《中国历史年表》《中国医史年表》等。

图录:是用图像表现事物的图书。如《人体解剖图谱》《中草药图谱》等。

政书:是专门记载典章制度的工具书。如《通典》《通志》《文献通考》等。

类书:是辑录群书中各个门类或某一门类的资料,分类编排,述而不作,以便人们查检或引用古代事物的图书。这类书一般都规模较大。如《永乐大典》《古今图书集成·医部全录》《医方类聚》等。

丛书:是把原先单独刊行的若干书籍汇编在一起,而后冠以一个总的名称的图书;或者先立一个总的名称,然后编撰若干具有一定联系而又各自独立的著述的图书。如《四部丛刊》《中国医学大成》《青年知识丛书》等。

百科全书:是完备的文化和知识的汇编,为搜集各科或者某一学科的专门术语、重要名词,然后加以系统、详细的叙述或者说明的工具书。如《中国大百科全书》《中国医学百科全书》等。

二、工具书的编排方法

工具书常用的编排方法有部首编排法、笔画编排法、拼音字母编排法等。

(一) 部首编排法

部首编排法由东汉时期许慎首创。它按照汉字部首的笔画数的次序编排。部首是汉字的组成部分,也称形符与偏旁。把具有相同偏旁的汉字汇集在一起,成为一部。这一部所共有的那个偏旁列于首位,称为部首。按部首编排汉字,可以从字形上显现出字义范畴。例如江、河、湖、海等编在"水"部,和水有关;芍、芩、苓、药等编在"艹"部,和草本植物有关。但少数汉字归入某部,只是笔画相似或相近而已,与意义毫无关系。

现以《康熙字典》为例,介绍部首编排的方法。《康熙字典》共收汉字 47 035 个,分有 214 个部首,部首笔画数最少为 1 画,最多为 17 画。凡笔画相同的部首列在一起,每一部首下面收录的汉字,也按笔画多少顺序排列。然后把 214 个部首按照笔画数从少到多分别归入十二地支里,从而把全书分成子、丑、寅、卯、辰、巳、午、未、申、酉、戌、亥十二集,每集又分上、中、下三卷。有人把不同笔画数的部首在十二集里的分配关系编成歌诀:一二子中三丑寅,四卯辰巳五午寻,六在未申七在酉,八九在戌余亥存。意思是说,部首是一画、二画的在子集,三画的在丑集、寅集,四画的在卯集、辰集、巳集,五画在午集,六画的在未集、申集,七画的在酉集,八画、九画的在戌集,部首是十画及其以上的都在亥集。

部首编排法的优点:一是主要以偏旁归属部首,便于读者从分析汉字结构的角度来查找与学习汉字;二是即使不明字的读音也可查检。缺点:一是有的部首不易确定;二是各种字、词典的部首分类不统一。因此在使用部首编排法检字时应注意:一是要了解该书的部首分类情况,熟悉其部首表;二是要分析字形结构,找出哪一个偏旁是形符,字典、词典一般都把形符作为部首进行归部;三是要熟悉部首的变体;四是要注意某些字本身就是部首,不可误拆;五是对于有些不易看出部首的难检字,可查"难检字表"或"笔画检字表"。

（二）笔画编排法

笔画编排法是按照汉字笔画多少、起笔笔形的顺序来编排的方法。即以该字或词条首字的笔画数为序，笔画数少的在前，多的在后。笔画数相同的，再按起笔的笔形归类。起笔笔形多按"一、丨、丿、丶、乙"的顺序排列，也有按"丶、一、丨、丿、乙"的顺序排列。若词条的首字相同，则按次字笔画笔形排列，以此类推。例如《中国医学大辞典》《中药大辞典》等即按笔画编排法排列，一般字词典都有按笔画编排的索引，如《汉语大字典》《汉语大词典》《辞海》《辞源》等。

笔画编排法的优点，是不受读音不准、部首难分的影响，因而比较容易掌握。其缺点有三：一是笔画需一笔笔地数，查找费时；二是汉字的手写体与印刷体的写法不一，笔画时有出入；三是有些字的起笔与笔顺不易确定。

（三）拼音字母编排法

拼音字母编排法是按《汉语拼音方案》规定的 23 个拉丁字母顺序编排的。这 23 个拉丁字母的顺序是 A、B、C、D、E、F、G、H、J、K、L、M、N、O、P、Q、R、S、T、W、X、Y、Z。另有一个字母 V 不用于拼写普通话，而是用来拼写外来语、少数民族语和方言。根据每个字的拼音，依照汉字拼音字母的顺序排列，第一个字母相同，再按第二个字母顺序排列，依此类推。字母完全相同的，再按声调（阴平、阳平、上声、去声）依次排列。《新华字典》《现代汉语词典》等均采用的是这种编排方法。此外，在现代工具书中，即使不采用这种编排法，也大多附有"音序检索表"。

拼音字母编排法的优点是：检索简便快速，容易掌握，符合国际化原则。缺点是：我国方言复杂，语音不规范，字的音素与四声有时不易分辨，查检就颇感不便，尤其是只知字形而不明读音，便无法查检。为了弥补这一不足，用拼音字母编排法编纂的工具书，一般都附有部首、笔画等辅助检索方法。

三、工具书的使用与常用工具书

一般说来，在使用工具书之前，首先要了解它的内容、性质和用途，其次要了解它的编写体例和查检方法，要仔细阅读它的《序》《前言》《说明》《凡例》《附录》等，如果有《补遗》和《勘误》，也应充分利用。下面根据阅读和研究的需要介绍一些常用的工具书。

（一）查寻普通字词与成语典故的工具书

查寻常用字，通常可翻检《新华字典》《古汉语常用字字典》；查寻古字、冷僻字，可翻检《说文解字》《康熙字典》《中华大字典》《汉语大字典》。查寻词语，通常可翻检《辞源》《辞海》《汉语大词典》。查寻文言虚词，一般字典、辞书如解决不了，可查阅《助字辨略》《词诠》《文言虚词浅释》《古书虚词集释》《古代汉语虚词通释》等。查寻成语典故，除《辞源》《辞海》《汉语大词典》外，还可查阅《汉语成语词典》《中国成语大辞典》等。

《说文解字》 简称《说文》，东汉许慎（58—147）撰，汉和帝永元十二年（100）至安帝建光元年（121）问世，是我国最早的一部字典。全书共收字 9353 个，重文 1163 个，分 14 篇，加《叙》一卷共 15 篇。按汉字的形体结构，"据形系联"，分为 540 部，首创部首编排法。用"六书"理论解说文字，确立了六书的体系。保存了篆文的写法和汉以前的古训古音，兼收古文、籀文，为古文字学、汉语词源学和古音学提供了重要参考资料,是研读先秦古籍和研究古文字学的重要典籍。

《康熙字典》 清代张玉书、陈廷敬等奉敕编撰,康熙五十五年(1716)编成。全书收单字 47 035 个,《补遗》一卷收稍偏僻的字,《备考》一卷收不通行之字。是一部收字数多、流行面广的字典。释字体例是先音后义,每字先列《唐韵》《广韵》《韵会》等历代主要韵书的反切,后释字的本义,然后再引述该字的别音、别义。一般都引用古书作例证,若有所考辨,则加"按"字附于句末。该书的特点有二:一是收字较多,其他字典上查不到的难字、僻字、怪字、异体字,一般均能查到;二是资料丰富,字书、韵书,经、史、子、集均收入,并附有古文、隶书、小篆。该书的缺点也有二:一是反切和训释罗列现象漫无标准,作者很少提出自己的见解,不利于初学者使用;二是书中疏漏和错误较多。故此,清道光七年(1827)王引之又作《字典考证》12 卷予以订正,共订正其中的引例错误达 2588 条。所以使用《康熙字典》时,并需注意参用《字典考证》。

《汉语大字典》 徐中舒(1898—1991)主编,1986 年四川辞书出版社、湖北辞书出版社出版。该书是以解释汉字形、音、义为主要任务的大型语文工具书。共收汉字56 000 左右,按照部首编排。每个条目的组成一般包括字义、解形、注音、释义与引证。在继承前人成果的基础上,广泛采纳今人新的研究成果,尽可能历史地、准确地反映汉字形音义的发展。在字形方面,于楷书的单字条目下收列能够反映该字形体演变关系的甲骨文、金文、小篆和隶书形体,简说其结构演变。在字音方面,用现代汉语拼音注音,收列中古反切,标注上古韵部。在字义方面着重收列常用字的常用义,还注意生僻义和生僻字的义项,并适当收录复音词的词素义。

《尔雅》 是我国第一部训诂专书,也是第一部词典。作者已不可考,大约创作于先秦,成书于汉代。今本《尔雅》共 3 卷,按所释词的内容分 19 类。其中前三篇释诂、释言、释训,解释普通字义;其余释亲、释宫、释器、释乐、释天、释地、释丘、释山、释水、释草、释木、释虫、释鱼、释鸟、释兽、释畜等 16 篇,解释人事、天文、地理、动物、植物等方面的名称。该书内容丰富,被列为儒家经典之一,是阅读先秦古籍的一部重要工具书。但因年代久远,不易看懂,须参考后人注疏。著名的有晋代郭璞注,北宋邢昺疏,清代邵晋涵的《尔雅正义》和郝懿行的《尔雅义疏》。今人徐朝华的《尔雅今注》(南开大学出版社 1987 年版)颇便阅读查检。

《辞源》 分旧版和新版,均由商务印书馆出版。旧版《辞源》是一部综合性辞书,由陆尔奎、方毅等主编,1915 年出版正编,1931 年出版续编,1939 年出版正续编合印本,1949 年出版简编本。1958 年起《辞源》开始重新修订,1979 年至 1983 年出版了修订本,即新《辞源》。为了与《辞海》分工,新《辞源》修订为阅读古籍用的工具书和古代文史研究工作的参考书。全书共收词目 10 万条左右,包括古代汉语的普通词汇、成语典故、人物著作、历史名物、古代地名等等。注音用汉语拼音,并加反切等。释义注意词语的来源和演变,所引书证皆注明作者、书名、篇目、卷次。采用部首编排法、繁体排印。附有《四角号码索引》《汉语拼音索引》等。

《辞海》 是我国现代最大的综合性辞书之一。也分旧版和新版。旧版由舒新城等主编,1936 年由中华书局出版。1958 年起,对《辞海》重新修订,先后由陈望道、夏征农主编,1979 年由上海辞书出版社出版新版《辞海》。所收词目以解决一般读者在学习、工作中的疑难问题为主,并兼顾各学科的学术体系,不收古体字和冷僻字,古义的引用也较少。共收单字 16 534 个,词目 120 000 余条,包括成语、典故、人物、著作、

历史事件、古今地名、团体组织以及各学科的名词术语等。按部首编排，汉语拼音注音，简体字印行，大有益于汉语的规范化。新版《辞海》每十年修订一次，目前最新版本为 1999 年版。

《汉语大词典》　罗竹风(1911—1996)主编，1986 年上海辞书出版社出版。是一部大型的、历史性的汉语语文词典。全书 12 卷，另有索引附录 1 卷。共收词目 370 000 余条。分单字条目与多字条目，多字条目按"以字带词"的原则，列于单字条目之下。单字按部首编排，收字以文献例证为限，无例证的僻字、死字一般不收。释义着重从语词的历史演变过程加以全面阐述，例证的出处详尽，并按时代顺序排列，同时还注意关联条目的说明。附有《单字笔画索引》与《单字汉语拼音索引》。是阅读古今典籍的重要工具书。

《助字辨略》　清代刘淇著。初刊于清代康熙五十年(1711)，中华书局 1954 年据开明书局版重印。该书为现存最早的虚词专著。全书共收虚字(单音虚词)476 个，兼释复音虚词 530 个，取材范围广泛，从先秦至宋元，凡经传、史籍、诸子、诗词、小说、笔记皆收。将全部虚词分为重文、省文、助语、断辞等 30 类，用正训、反训、通训、借训、主训、转训六种方法说明，在虚词研究中具有首创性。全书内容丰富，资料翔实，为古汉语虚词研究奠定了基础。但全书体例尚不够完善统一，释义亦有错误。该书按韵部四声编排，新版末附《笔画索引》。

《词诠》　杨树达著，商务印书馆 1928 年初版。该书收录古籍中常见虚词 530 个，体例序次为辨别词类、解释词义、举例说明。优点是眉目比较清楚，系统性强，叙述也较通俗。缺点是所用语法术语陈旧，分类过于烦琐。该书按注音字母顺序编排，并附有《部首目录》和《汉语拼音字母索引》。

《古代汉语虚词通释》　何乐士(1930—)等编著，1985 年北京出版社出版。共收文言虚词 549 个。它参照前人和当代学者的同类著作，从中比较，斟酌取舍，吸取其研究成果，归纳各个虚词的特点。对每个虚词都从所属词类、用法、意义、举例等加以说明。并以按语形式对某些与虚词有关问题作适当阐述。用拼音字母顺序编排。附有《繁简字对照表》《四角号码检字表》及《部首检字表》。

《中国成语大词典》　王涛等编纂，上海辞书出版社 1986 年出版。该书从历代文献中收录古今汉语成语词目 18 000 条，进行注音释义。释义次序是：解释字、词的意义，串讲成语的字面意义和本义，说明成语的用法或引申义、比喻义，援引书证说明成语的含义、用法与源流演变。为读者提供成语结构形式、语义内容、源流用例等众多信息，是一部规模较大的综合参考性的成语工具书。该书按汉语拼音字母顺序排列，正文前有《词目首字拼音索引》，后附《词目笔画索引》。

(二) 查寻中医药名词术语的工具书

查寻中医名词术语，可翻检《中国医学大辞典》《中医大辞典》；查寻中药，可翻检《中国药学大辞典》《中药大辞典》；查寻方剂，可翻检《中医方剂大辞典》。

《中国医学大辞典》　谢观编。商务印书馆 1921 年出版。该书从中国古代医籍中搜集词语，包括病名、药名、方名、身体、医家、医书、医学等七大类，共收词语约 70 000 条。按照词目笔画顺序编排，是中国第一部具有现代工具书意义的综合性中医辞典。

《中医大辞典》　《中医大辞典》编辑委员会编，是一部供医疗、教学和科研工作者使用的工具书。全书选收中医基础理论、临床、针灸、中药、方剂、人物、文献、推拿、气功等词目约 48 000 余条。试用本分 8 册,于 1980 年起由人民卫生出版社陆续出版。1979 年出版的《简明中医辞典》是《中医大辞典》的简编。后经李经纬、邓铁涛等主编,在原 8 分册的基础上进行全面修订,1995 年由人民卫生出版社出版了《中医大辞典》(合编本),是目前比较权威和全面的中医药专科性综合性辞典。

《中国药学大辞典》 陈存仁等编,世界书局 1935 年出版,人民卫生出版社 1956 年修订出版。该书从中国历代医药文献中收录各种有关药物的材料,对药物的解释,常用的不厌其详,冷僻的从略。对常用药物,依次介绍命名的意义、处方用名、古籍别名、外国名词、产地、形态、种植、性质、成分、效能、主治,历代记述考证、辨伪、近人学说、配合应用、用量以及参考资料,内容堪称详尽。是中国第一部具有现代工具书意义的中药辞典。

《中药大辞典》 南京中医学院(原署江苏新医学院)主编,上海科学技术出版社 1977 年出版。共收载中药 5767 味,以药物首字笔画多少为序,以每味中药的正名为辞目,下分异名、基原、原植(动、矿)物、栽培(饲养)、采集、制法、药材、成分、药理、炮制、性味、归经、功用主治、用法与用量、宜忌、选方、临床报道、各家论述及备考等项,较广泛地搜集了古今中外有关的文献资料,是一部大型的中药专业工具书。

《中医方剂大辞典》 彭怀仁主编,人民卫生出版社 1993—1997 年出版。全书从古今医学文献中收录有方名的方剂共 90 000 余条,其中以 1911 年前的方剂为重点,1911 年后的择优选录。以方名为辞目,按方名首字笔画、笔顺为序排列。辞目又分正、副,同方异名者,一般以最早出现者为正辞目,其余为副辞目。正辞目下设方源、异名、组成、用法、功用、主治、宜忌、加减、方论选录、临证举例、现代研究、备考等 12 项。副辞目仅列名称与出处,以及与正辞目的关系。该书共分 11 册,前 10 册为正编,第 11 册为附编。

(三) 查寻历史人物与地名的工具书

查寻历史人物与地名,一般可翻检《辞源》《辞海》。如果要获取更为详尽的资料,可翻检《中国人名大辞典》《中国古今地名大辞典》。查寻中医历史人物还可翻检《中医人名辞典》。

《中国人名大辞典》 臧励和等编,上海商务印书馆 1921 年初版,1938 年重印,上海古籍书店 1980 年影印。收录上古到清末各类名人简介 4 万余,包括少数民族人物。每人一条,依次说明时代、籍贯、字号以及主要经历等。按姓氏笔画编排。大凡见于史料上的人物,皆可从中查到,而介绍评价也多依据正史。

《中医人名辞典》 李云主编,国际文化出版公司 1988 年出版。收集历代医家 10 500 余名,当代在世的名医不收。用浅近文言行文,扼要介绍医家姓名、生卒年、字号、时代、籍贯、简历、著作、师承关系等。每一词目后皆注明资料出处。按姓氏笔画编排。

《中国古今地名大辞典》 谢寿昌、臧励和等编,上海商务印书馆 1931 年初版,上海古籍书店 1980 年影印。该书汇录古今各类地名,包括省府郡县镇堡、山川、名城要塞、铁路港口、名胜古迹、寺观亭园等 4 万余条。说明古今地名名称的变化与地理位置的变迁。按地名首字笔画为序编排。

(四) 查寻中医药文献的工具书

中医药学历史悠久,中医药文献堪称浩如烟海。要从中查寻所需要的资料,必须善于运用书目与索引。查寻中医药书目,可翻检中医学专门目录书。查寻中医药书刊中的内容,可翻检中医药学的有关索引。查寻某一方面的文献资料,了解某一学术的源流,问道学习门径、征引资料,还要善于运用类书、丛书。下面选要介绍几部。

《四库全书总目提要》　纪昀(1724—1805)总纂。从清代乾隆三十七年(1772)随《四库全书》的编撰而同时启动,十年纂修完稿。全书共 200 卷,分经、史、子、集四部 44 类,共收书 10 289 种,分著录书与存目书两部分,乾隆以前的历代重要著作基本都被收录。每种书都有提要,介绍作者生平、著作内容、著述体例以及版本源流等。是内容丰富而又较有系统的研究古典文献的重要工具书。其中中医药学的著作收在子部。1956 年中华书局有影印本。

《中医图书联合目录》　中医研究院(现中国中医科学院)、北京图书馆(现国家图书馆)编。北京图书馆 1961 年出版。该书系中国第一部全国性的图书馆中医图书联合目录。收录 1959 年底以前全国 57 家图书馆馆藏及两位藏书家收藏的中医药图书共计 7661 种,分为 18 大类,每大类下分若干小类,小类中以成书年代先后为序。每书著录书名、卷数、撰年、著者、著述方式、版本、收藏馆代号。书末附《书名索引》《人名索引》。

《全国中医图书联合目录》　薛清录主编,1991 年由中医古籍出版社出版。该书参考了《中医图书联合目录》,收录了全国 113 个图书馆截止 1980 年底馆藏的中医药图书 12 124 种,分为医经、基础理论、医史、伤寒金匮、诊法、针灸按摩、本草、方书、临证各科、养生、医案医话医论、综合性著作共十二大类。是目前我国收录最全的大型中医目录书。

《中医经典索引》　顾植山主编,1988 年安徽科学技术出版社出版。该书为《素问》《灵枢》《难经》《伤寒论》《金匮要略》五部中医经典著作的综合索引。分"文句"和"词语"两大部分,并附有药名、方名、穴名等专题索引,既能满足查找文句出处的需要,也可为专题研究提供一定的参考。按首字笔画编排。

《医学史论文资料索引》　中国中医科学院中国医史文献研究所编辑,1981 年印行。该书收录 1903—1978 年出版的期刊 630 多种,论文资料 10 200 多条。所收论文资料以中国和世界医学史为主,包括医药卫生政策法令、医学通史、断代史、中医基础理论、基础医学、专科史、疾病史、医学人物传记、医学著作、药学史、医药学教育、医药学机构团体、中外医学交流以及医药卫生考古发掘等。全书分为六类:一为总类(包括政策和通史),二为中国古代医学史,三为中国近代医学史,四为中国现代医学史,五为外国医学史,六为其他。每篇论文均著录篇名、著者或译者、期刊名、出版年月、期数。各类别均按发表先后排列。附有《篇名索引》和《著者索引》。

《针灸针麻文献题目索引》(1950—1985)　王德深主编,1990 年上海中医学院出版社出版。该书共收录 1950—1985 年 242 种期刊所载针灸针麻文献题目 15 680 种,分为国内与国外两部分。前者包括针灸、针刺麻醉、针灸针麻作用和机理、针灸模型、针灸仪器五类,后者介绍国外针灸情况。按照大洲与国家、地区排列。书末附有《作者索引》《关键词索引》。

《中药研究资料索引》　王筠默编,1960 年上海中医学院印行。收录 400 种中医临床常用中药的论文资料,共 6000 余条。资料截止于 1959 年底。以中药为目,凡针对某一中药的研究论文,包括生药鉴定、产地调查、化学分析、药理研究、临床报道、剂型改良等,均罗列于该药名题下。每篇文章录有作者、题名、书刊名、卷期页数、年代等。以中药名首字笔画为序排列。成都中医学院 1963 年编印了续编。

《古今图书集成·医部全录》 清代陈梦雷(1650—1741)等编。共 520 卷,900 余万字,人民卫生出版社分 12 分册排印。全书分 8 大类:医经注释、脉诊、外诊法、脏腑身形、诸疾、外科、妇科、儿科,以及总论、列传、艺文、纪事、杂记和外编。收录文献著作达 120 余种。是我国现存最大的一部医学类书。

《珍本医书集成》 近人裘吉生(1873—1947)主编,1936 年刊行。该书从历代中医古籍中,筛选较为实用,学术价值较高的精本、孤本、抄本、未刊本 90 种,分医经、本草、脉学、伤寒、通治、内外妇儿各科以及方书、医案、杂著 12 类。内容丰富,校勘精详,颇有学术价值。

《皇汉医学丛书》 陈存仁编校,1936 年刊行。编者从日本流行的数百种中国医药名著中,以适宜实际,可供参考者为标准,选出最有价值的书籍。计总类 9 种,内科 19 种,外科 1 种,女科 3 种,眼科 1 种,花柳科 1 种,针灸 4 种,治疗诊断各 1 种,方剂 10 种,医案医话 11 种,药物 8 种以及论文 32 篇。

 复习思考题

1. 工具书有何作用与意义,使用前应当主要了解哪些事项?

2. 语文类工具书有哪些种类,各类语文工具书有哪些代表著作?

3. 工具书常用的编排方法有哪些,各是怎样的情况?

4. 我国最早的字典和词(辞)典各是什么? 截至目前,收录汉字和汉语词汇最多的字典与词(辞)典各是什么?

5. 收录字词、虚词的工具书主要有哪些?

6. 使用《康熙字典》时一定要参用哪部著作,为什么?

7.《辞源》与《辞海》有何异同? 请举例说明。

8. 在使用 214 部首查阅字词时,"忄、扌、攵、月(肉月旁)、氵、灬、罒、王(斜玉旁)、艹、辶、礻、衤、讠、钅、饣"等部首的字各自需要在什么部首检索?

9. 收录中医药名词术语和中医药文献的工具书主要有哪些?

第二章

汉　字

 学习要点

一、了解汉字是表意文字的特点。

二、熟悉汉字的构造规律及象形、指事、会意、形声、假借"五书"的特点。

三、掌握通假字、古今字、异体字、繁简字的特点及其对应关系。

　　汉字作为世界上最古老的文字之一，从产生到现在，已有七八千年的历史。从现知最早的第一手汉字资料——殷商时期的甲骨文到西周的金文，从春秋战国与秦代的大篆、小篆到两汉的隶书，再从东汉末年直到现在的楷书及1956年开始使用的简化字，至少也有四千多年的历史了。在这漫长的历史长河中，它以神奇而巨大的生命力，为我国语言文化事业的发展甚至统一大业等都作出了不可磨灭的贡献。作为一个中国人，我们既应当了解它的历史和风貌，更应当了解它的本质和作用。唯其如此，我们才能准确地认识它，更好地应用它，用以识字辨义，用以阅读以至研究古籍，用以传扬源远流长的中华文化，从而为我国的社会主义建设事业和民族的伟大复兴做出积极的贡献。

一、汉字的定义

　　汉字是记录汉语的表意性、符号化的文字，主要是使用汉语的人们用以交际、交流和传播知识的最重要的辅助工具。

　　语言学告诉我们，人们用以交际、交流和传播知识的主要工具是语言，所有的文字都是记录其相应的语言的，所以汉字自然就是记录汉语的文字了。汉字在人们的交际、交流和传播知识中虽然没有汉语重要，却丝毫不可轻视。如果没有汉字，人们在交际、交流和传播知识中的众多内容将无法传之广远，中华悠久的历史文化就会湮没无闻，或将沦为口耳相传、不以为凭的口头传说。所以汉字尽管是记录汉语的辅助工具，但在众多的辅助工具中其无与伦比的重要性却不容置疑。

　　记录汉语的汉字在当今世界上独具特点，表现在它是一种表意性文字。这是因为，现代汉字是从古老的象形文字演化而来的，形体上仍然能够反映一定的意义。这一特点，既与其所记录的汉语相适应，又具有相当浓厚的艺术色彩，给人以美好的熏陶。尽管随着历史的演进，其形象性已经大为减弱。时至于今，汉字基本上已经成为表意的符号了。要想清楚地知道其形体所反映的意义,需要追溯它的历史形貌。

汉字从古至今,不仅是我国汉族人民在使用它,国内部分少数民族,落籍他国的大量华裔,世界上与我国有着各种关系的大量友人,海外的新加坡、日本、韩国、朝鲜、越南等国,也都仍在或者曾经使用它,尽管日本、韩国等对汉字只是借用而已。正因为这样,我们不能简单地说汉字只是中国人所用的文字,而应当说它主要是使用汉语的人们使用的文字。

二、汉字的结构

(一)"六书"说

关于汉字的结构,自古以来通行的、也最有权威性的理论是"六书"说。所谓"六书",简单地说,就是汉字造字的方法,也是人们用以分析汉字形体结构的方法。

"六书"的名称,最早见于《周礼·地官·保氏》。其中说:"保氏掌谏王恶而养国子以道,乃教之六艺:一曰五礼,二曰六乐,三曰五射,四曰五驭,五曰六书,六曰九数。"但由于没有具体解说,以致人们直到今天仍然不知道其中所谓"六书"的内容到底是什么。

把《周礼》中的"六书"说成是造字的方法,是从汉儒开始的。在两汉的经学之争中,古文经学家努力研究古籍及其语言文字,希望从中找到论辩的依据,于是有了对《周礼》中"六书"的创造性解释。东汉班固在《汉书·艺文志》中引用西汉刘歆《七略》的说法,谓"六书"是象形、象事、象意、象声、转注、假借。刘歆的再传弟子、东汉的郑众在《周礼·保氏》注中则认为,"六书"是象形、会意、转注、处事、假借、谐声。班固和郑众二人虽然分别指出了"六书"包括的内容,但却仅止于此,既没有作进一步的解释,也没有用以分析说明汉字的结构。

真正使"六书"成为一套成熟的理论和方法的人,是东汉中叶的大学者许慎。他从当时所有的字书和文献资料中收集到了9353个汉字,对其结构进行了全面深入的研究,而后为"六书"作出了被人们广泛接受的经典解释。同时,他更据以分析了所收集到的9353个汉字,写成了文字学史上第一部、至今也是最高经典的著作《说文解字》。他在《说文解字·叙》中说:"《周礼》八岁入小学,保氏教国子先以六书:一曰指事。指事者,视而可识,察而见意,上下是也;二曰象形。象形者,画成其物,随体诘屈,日月是也;三曰形声。形声者,以事为名,取譬相成,江河是也;四曰会意。会意者,比类合宜,以见指撝,武信是也;五曰转注。转注者,建类一首,同意相受,考老是也;六曰假借。假借者,本无其字,依声托事,令长是也。"自此以后,许慎的"六书"说就成了关于汉字结构的最权威的理论和方法,并为世人所遵从。由于班固所引刘歆的次序更加合乎汉字发生发展的规律,所以后世学者作了一个小的调整,即名称和解释遵从许慎的说法,而次序则遵从刘歆和班固的说法,于是就成为现在一般所知的情况,即象形、指事、会意、形声、转注、假借。

清代戴震研究了许慎的"六书"说之后,又提出了"四体二用"的说法,认为"六书"中其实只有象形、指事、会意、形声四者才是造字的方法,而转注和假借二者乃是用字的方法。由于基本切合"六书"的实际,又被世人所基本认同。

(二)"六书"各论

"六书"中由于转注一法至今仍然众说纷纭、莫衷一是,所以,这里只介绍除转注以外的五"书"。

1. 象形　所谓象形,顾名思义,通俗地说,就是根据事物的特点,将其形貌或特征画下来的造字法。用这一方法造出来的字,也就叫做象形字。例如:

在这八个例字中,第一组的四个例字是通过"画"出事物的形貌而造字的,第二组的四个例字则是通过"画"出事物的特征而造字的。由于象形是通过"象"物之"形"来造字的,所以,象形字所表示的对象,都是具体的、可以画出来的事物。就其原貌的结构特点而言,都是浑然一体的。这种结构上不可再分的字,在文字学上称为独体字。

2. 指事　指事造字有两种情况,一种是给象形字加上指事符号来造出一个新字。例如:

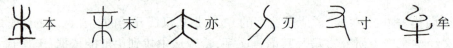

另一种是用纯粹的指事符号来造字。这类字不多,主要就是"一""二""三"及"上""下"等很少的字。"一"就画成一道横线,"二"就画成两道横线,"三"就画成三道横线;"上"就画成上短下长两道横线,或者画成上竖下横的样子,"下"则与之相反。数词"四"的本字的造法也属于这类情况,是画成四道横线,作"亖"。后来由于容易与"三"混淆,于是假借本是象形字的"四"字以表示之,四道横线的"亖"遂被废除。

指事造字法所造之字,相应地叫做指事字。由于这种造字法是通过指事符号有所"指"以明其"事"的,所以指事字的意义,都是抽象的。又由于指事符号与其他符号是浑然一体的,所以指事字与象形字一样,也是独体字。

要区分同是独体字的象形字和指事字,主要需根据字义。简单地说,如果字义具体而且可以画出,则该独体字为象形字;如果字义抽象,或者虽然具体但不能画出,则该独体字就是指事字了。

象形字和指事字在文字学上有十分重要的意义,它们的数量虽然不多,却是构成其他几种结构之汉字的基础,亦即整个汉字体系的基础。

3. 会意　会意,顾名思义即"会"形以见"意"。具体来说,就是用两个或两个以上的表意符号来造字的方法。所造的字,叫做会意字。

会意有三种情况:第一种是用两个或两个以上相同的表意符号来造字,这叫"同体会意"。例如:

由于历史的演变等原因,有些同体会意字已经看不出"同"的情况了。例如:

会意的第二种情况,是用两个或两个以上不同的表意符号来造字,这叫"异体会意"。例如:

一般认为,上述两种情况,属传统的会意。会意从出现之后直到近代的数千年间,基本就是按照这两种具体方法造字的。绝大多数的会意字,也是这两种具体方法造出来的。

会意的第三种情况,是用两个现成的字来造字,即把两个具有独立意义的字放在一起,既用其字、又用其意来造字。这是近代以来才出现的情况。类比于前两种情况,我们可以称之为"二字会意"。这种会意,造出的字很少。例如,歪、孬、覅(吴方言词,不曾)、毢(胡须的"胡"的俗字)等。

会意字既然是由两个或两个以上的表意符号组成的,自然就不是独体字,而是合体字。

4. 形声　形声,是用两个字符,其中一个表形、一个表声来造字的方法。其中表形的字符称做形符,用以表示字的义类或者更进一步的意义;表音的字符称做声符,原则上用以表示字的读音。二者相合而造的字,叫做形声字。所以无论怎样,形声字永远只有两个部分。形符和声符这两个部分的搭配则比较灵活,并非一成不变。其基本搭配形式有六种,如下:

左形右声:组,理,江,炮

右形左声:胡,和,攻,都

上形下声:药,空,罟,符

下形上声:基,热,装,婆

外形内声:园,闻,街,衷

内形外声:哀,闻,冈,鳳

形声字的特殊形式一般分为七种,如下:

形在左上:聖,荆

形在左下:穀,雖(从虫唯声)

形在右上:题,匙

形在右下:赖,佞(从女仁声)

声在左下:聽

声在右上:徙(从辵止声),徒(从辵土声)

声在右下:旗,瘵

除此以外,形声字还有其他一些结构形式,这里就不一一介绍了。

形声字的声符原则上是用以表示字的读音的。但由于古人在造字时尽可能地使字的音义结合起来,所以实际上许多形声字的声符同时还兼有表义的作用。如:返、懈、娶、诂、驷、婢、庳、浅,前例的"衷""徙"等,都是这种情况。

形声是汉字造字法中一个伟大的创造。它的出现及其无限的能产性,使得汉字完全可以适应汉语发展的需要,对汉字最终形成今天的风貌起到了决定性作用。在全部汉字中,形声字至少占了百分之九十以上的比例,可见形声字在汉字中具有重要地位。

形声字也是合体字。要区分同是合体字的会意字和形声字,主要根据读音。如果合体字中某一部分跟该字的读音相同或者相近,则该合体字为形声字;如果合体字的任何一个构成部分跟该字的读音毫无关系,则该合体字就是会意字。

5. 假借　结合许慎的定义,简单而言,假借是本无其字的借字用字法。这是说,人们在说话时有某个词,但却没有记录该词的字,还要把该词记录下来,于是就借一个与之同音的字来予以记录。譬如,人们说话时常说到"难"(困难的难),可是前人没有为之造字,记录的人也不想为之造字,事实上也不易为"难"造出一个合适的字来,于是借本来表示一种鸟——称之为"难鸟"——的"难"字来记录困难的难。借难鸟的"难"来记录困难的难,这就是假借。被借来记录本无其字的字,叫做假借字。

假借也比较复杂,不仅仅是以上所说的情况而已。它还有一个特点,就是一借不还。这是说,某字被借过来记录本无其字的词以后,从此就只记录该词,不再表示原来的意义。原来的意义要么另外造字表示,要么任其消亡。而之所以能够这样,主要还是由于被借字几乎都是一些不常用的字。汉字中大部分的虚字,如作代词和副词的"莫""斯""焉",代词"其""女(汝)""安",介词"於"等,都是假借的结果。

假借无疑是一种用字的方法。这种方法的运用,解决了汉字造不胜造、尤其是难造字的问题,正如清人孙诒让所说的那样,"可救造字之穷而通其变",对汉字和汉语都做出了独特的贡献。

三、通假字

要认识通假字,就要首先认识通假的道理。而要认识通假的道理,又首先需将通假与假借作一比较。

前面在谈汉字的结构时,我们介绍了假借,知道假借是本无其字的借字用字法。与假借不同的是,通假乃是本有其字的借字用字法。一个是本无其字,一个是本有其字,可知通假从本质上来说,就是写别字。但为什么不叫写别字,却叫做通假呢? 这是因为,古代传下来的经典著作中,古人写的别字,后人由于尊古,不但不改,反而加以沿用。沿用日久,就约定成俗,使得原是别字的字有了本字的用法。为了区别于一般的写别字,于是称做通假。而之所以称做通假,是因为在本字的意义上,所谓的"别字"与本字是通用的;而"别字"与本字的通用,乃是"借"过来并沿用日久、约定成俗以后才在本字的意义上与本字通用的;又"假"就是"借"的意思,故此称做通假,也有因而称做通借的。

弄清了通假的道理,通假字就很容易理解了。则所谓通假字,就是古人在使用了通假的方法后所形成的一些与本字通用的字。或者通俗地说,是古人在写字中约定成俗地认可的能够与本字通用的字。与之相应的字称做本字,是无所谓通假不通假的。例如:

信——伸《战国策·秦策三》:"此所谓能信不能诎,往而不能反也。""信"通"伸"。

矢——誓。《论语·雍也》:"夫子矢之曰:'予所否者,天厌之,天厌之!'""矢"通"誓",发誓。又通"屎"。《史记·廉颇蔺相如列传》:"然与臣坐顷之,三遗矢矣。"

故——固。《三国志·华佗传》:"服此散,亦行復差。若不得此藥,故當死。""故"通"固",一定。

薰——荤。嵇康《养生论》:"薰辛害目,豚鱼不养,常世所识也。""薰"通"荤",指荤类食物。荤辛,指葱、韭、蒜等刺激性蔬菜。

而——尔。孙思邈《大医精诚》:"是重加其疾,而望其生,吾见其死矣。""而"通"尔",你。

繇——由。韩愈《进学解》:"今先生学虽勤而不繇其统。""繇"通"由",介词。

冯——凭。苏轼《前赤壁赋》:"浩浩乎如冯虚御风,而不知其所止。""冯"通"凭"。

通假字产生的根由,是所谓的"别字"与本字读音相同或者相近。因此通假字与本字也就只是语音上的关系,字形和意义在本质上是毫无关系的。但只是语音相同或者相近,如果没有沿用和约定成俗,仍然属于写别字,而不能称为通假。有人不明白这一道理,将临时的写的别字和后边要说的古今字也纳入通假字中,显然是不对的。否则,通假字的范围就很不适当地扩大了。

通假字的表示方法是,某通某,"通"前为通假字,"通"后为本字。

四、古今字

古今字是指在同一个意义上古今所用的形体不同的成对的字。表达同一个意义时先用的字为古字,后用的字为今字。例如:

要——腰。《春秋繁露·人副天数》:"百物者最近地,故要以下,地也。天地之象,以要为带。""要"同"腰"。

见——现。《周易·系辞》:"在天成象,在地成形,变化见矣。""见"同"现",显现。

反——返。《扁鹊传》:"有先生则活,无先生则弃捐填沟壑,长终而不得反。""反"同"返",复活。

县——悬。《华佗传》:"佗术实工,人命所县,宜含宥之。""县"同"悬",关联。

说——悦。《论语·学而》:"学而时习之,不亦说乎?""说"同"悦"。古人的名字中所用的"说",都是"悦"的意思,也要读成"悦"。商朝的傅说,唐朝的张说等,就是这种情况。

被——披。《秦医缓和》:"晋侯梦大厉,被发及地。""被"同"披",披散。

没——殁。《汉书·艺文志》序:"昔仲尼没而微言绝,七十子丧而大义乖。""没"同"殁",去世。

镫——灯。《温病条辨》叙:"庶几幽室一镫,中流一柱。""镫"同"灯"。

需要注意的是,古今字的"古"和"今",只是一个相对的说法。所谓"古",是指时间上在前者,"今",是指时间上在后而一直用到现在者。像"暮"作为"莫"的今字,"披"作为"被"的今字,就产生得很早,已经有两千多年;而"着"作为"著"的今字,俗字"蓆"作为"席"的今字,却产生得很晚,至今不过数十年而已。所以,看待古今字,一定要有历史的观念。

古今字的情况不只如此,最重要的,是它们在形、音、义三个方面都有着自然而且密切的关系。

在"形"上的关系,简单来说,是今字都是在古字的基础上产生的。这有两种情况:一种是给古字加上一个形符而产生今字。如前例的"要—腰""见—现""反—

返""县—悬"。另一种是改变古字的形符而产生今字。如前例的"说—悦""被—披""没—殁""镫—灯"。

在"音"上的关系,是原本相同的,后来随着时间的推移,有的仍然相同,有的有了不同,有的则有了很大的甚至根本的不同。如"反—返""莫—暮""见—现""说—悦"。

在"义"上的关系,是今字的意义原本就是由古字表示的,古字字形本身原本也有并能表示今字的意义。后来古字由于词义引申而变得复杂,或者被假借等,导致其中某一义项容易与别的义项混淆而造成歧解,于是人们就在其基础上另造新字,用以专门表示容易与别的义项相混的意义,从而产生今字。

古今字的表示方法是,某同某,"同"前为古字,"同"后为今字。

五、异体字

异体字是与正体字相对的字,指与正体字的读音和意义完全相同,只是写法不同的字。

异体字不难理解,只要明白了异体字成为异体字的根由,一切就迎刃而解了。我们知道,秦始皇消灭六国之后不久,就实行了"书同文"的政策,用小篆统一了全国的文字。影响之大,凡是学过历史的人无不印象深刻。其实,历代做过同样工作的,不仅是秦朝而已。东汉所刻的"熹平石经",三国魏所刻的"正始石经",唐朝所刻的"开成石经",以及宋以后由于印刷术的发明而印行的《字通》,明朝印行的《正字通》与《字汇》,清朝印行的《康熙字典》等等,无不都是与"书同文"相同的工作。只是因为秦朝是第一次做了这种工作,所以其后同样的工作就显得没有它的意义大了。

那么历史上为何要一再地去做"书同文"的工作呢? 这是由于,随着历史文化的演进,语言文字也在不断地发展。而语音和意义完全相同的新字的产生,常常并不是出于一人、定于一尊的,也就是并不是只有一个形体的,其成因更不是只有其一而没有其二的。譬如"烟"义,有的人造了个"烟"字表示它,有的人却造了个"菸"字表示它;又譬如"和"义,有的人造字时写成了"和",有的人造字时却写成了"咊"。当文字尚未进行新的统一工作时,同一个意义,这些人用这个字记录,而那些人却用那个字记录,都既通行,又被众人认可。这时,没有谁能说哪个是正体字、哪个是异体字。只有国家在进行新的统一工作时选定哪个是正体字,哪个才是正体字。正体字一旦选定,其他的就都是异体字了。

异体字给我们对汉字的学习和使用造成了不少的麻烦,所以既需要了解,更需要熟悉和掌握"异体字整理表"。

六、繁简字

繁简字,是指形体上有繁简对应关系的字。其中笔画繁复的是繁体字,笔画简单的是简化字。在汉字中,并不是所有的字都有繁体和简体两种写法。所以,繁简字只是部分汉字才有的情况。

繁简字的对应关系,一般来说,是"一对一"的关系,即一个繁体字只有一个简化字,一个简化字也只有一个繁体字。例如:

医——医　　聲——声　　藥——药　　勝——胜
體——体　　關——关　　釁——衅　　鬱——郁

上述第一组例子,繁简字之间还有一定的关系。第二组例子,繁简字之间则没有任何关系。

属于"一对一"关系的繁简字,尤其是第二组例子的情况,尽管不很简单,但因为毕竟不过是"一对一"的关系,所以认识和使用起来并不复杂,也不易出现错用的问题。比较复杂及容易出现错用问题的,是"数对一"的关系。

所谓"数对一"的关系,是指数个繁体字只有一个简化字,一个简化字则有数个繁体字。例如:

复——復(重复的复);複(复杂的复)

发——髮(头发的发);發(发展的发)

谷——谷(山谷的谷);穀(谷物的谷)

台——台(上古用字);臺(台阶的台);檯(柜台的台);颱(台风的台)

由于繁简字之间存在着"数对一"的关系,所以如果只是为了认识,倒还罢了;如果为了使用而要写出来,就一定要弄清到底应当选择哪个意义的繁体字,以免发生字错而义错的问题。

繁简字虽然问题不少,掌握起来也并不麻烦。最简洁的方法,则是学习由国家有关部门颁布的"简繁字对照表",其表也在本教材的附录之中。

复习思考题

1. 结合语言学和中国文化阐释汉字的特点及其作用。

2. 解释"六书"说及其具体内容,请举例说明。

3. 追溯并结合古文字形体,用"六书"解说下列汉字的结构:

聖 聞 上 寸 哀 亦 軍 兵 戒 疾 富 恭 解 懈 采 彩 前
煎 寒 爻 从 三 眉 坦 旦 毛 手 自 刃 肺 鼠 下 齒 畢
莫 暮 斤 縣 蟲 蠱 懸 淚 泪 元 馬 盥 羊 本 國 鳥 江
示 婦 頽 而 小 日 末 明 云 信 又 炙 犬 友 後 若 歪
心 武 東 難 孬 門 星 魚 羽 裏 鳳 閨 益 血 目 水 灸
貝 藥 森 集 夾 危 四 門 體 体 佞 犇 字 六 及 勝

4. "通假"与"假借"有何异同?通假字和古今字有何异同?请举例说明。

5. 写出与下列意义的简化字相应的繁体字

(1)向导的"向" (2)钟表的"表" (3)仆人的"仆" (4)要冲的"冲"

(5)朱砂的"朱" (6)战斗的"斗" (7)发展的"发" (8)头发的"发"

(9)复杂的"复" (10)重复的"复" (11)干旱的"干" (12)干部的"干"

(13)稻谷的"谷" (14)前后的"后" (15)饥饿的"饥" (16)饥馑的"饥"

(17)乡里的"里" (18)纤夫的"纤" (19)纤维的"纤" (20)酒曲的"曲"

(21)歌曲的"曲" (22)技术的"术" (23)白术的"术" (24)蓬松的"松"

(25)台湾的"台" (26)台风的"台" (27)咸淡的"咸" (28)丑陋的"丑"

(29)多余的"余" (30)钟表的"钟"

第三章

古汉语词汇

 学习要点

一、了解词义古今演变的四种情况。

二、熟悉单音词与复音词的特点。

三、了解和掌握词汇本义和引申义的方法。

现代语言学认为,语言有三大要素,即语音、语法、词汇。在以表意的汉字为文字的汉语当中,语音除在讲求韵律的诗文等方面非常重要之外,一般并不重要。人们不懂音韵之学,并不明显地影响对古文的学习;而语法自古以来基本上就比较稳定,虽然不能说变化微小,毕竟不是变化太多太大。唯有词汇,变化最大而又十分复杂,量也非常大,这就使得词汇成为今人学习古文的主要难点和重点。我们必须首先认清这一点,才能抓住学习古文的核心问题。

古汉语词汇分为实词(含单音词、复音词、多音词、成语典故等)和虚词两大类。其所研究的内容,主要是实词,较少涉及虚词。因为虚词属语法研究的范畴。

学习和阅读理解古文所需掌握的古汉语常用词的词汇量,一般为4000~6000个,最常用词的词汇量也在1000个以上。学习古汉语词汇,需要从以下几个方面入手。

一、古今词汇的异同

将古今词汇作一番比较,可知其异同情况主要有三:

第一类是古今均用且意义相同的基本词汇。如天地人、日月星、水火木、马牛羊等。

第二类是古代使用而今天消亡的生僻词汇。如"瘵"(痨病)、"犙"(三岁牛)、"偃蹇"(疲劳困顿)等。

第三类是古今均用但意义不同的疑难词汇。如"睡",上古义:打盹;今义:睡眠。"恨",古义:遗憾;今义:憎恨。"穷",古义:不得志;今义:贫穷。经济,古义:经世济民;今义较复杂,此略。

学习古汉语词汇重点在第二类和第三类词汇,即古代使用而今天消亡的生僻词汇和古今均用,然而意义不同的疑难词汇这些词汇是今人在阅读古籍时,最易发生偏差和失误的。

二、词义古今的演变

由于古今汉语的发展传承,古代大量的词汇一直沿用至今;同时由于历史文化和语言本身的演变,沿用至今的许多词汇古今意义有了差异,甚至差异很大以至完全不同。了解词义古今的演变,对于词义的辨析和确定有重要的作用。

词义古今的演变主要有如下四种情况(或曰途径):

1. 词义范围的扩大　是指某些词的意义由专指到泛指的演变情况,即某些词,其原来的意义范围较小或曰狭窄,有限定,后来意义范围扩大了,开始表示更为广泛的意义。需要注意的是,词义范围扩大后,原义仍包含在扩大后的词义之范围内。另外,在特殊情况下,还可以专指原义。例如:

炙:原义是"烤肉",后范围扩大,引申为"烤"。

响:原义是"回声",后泛指声响。

江、河:原义专指长江、黄河,后都用以泛指河流。特殊情况下,仍指长江、黄河,如"江左""江南""河东""河西"等词中的江、河,就是这种情况。不过二者泛指河流时,具体情况又有不同,"江"多作为南方河流的泛名,"河"则多作为北方河流的泛名。由于历史的原因和黄河文化的影响,"河"较之于"江",要应用得更广泛一些,譬如翻译外国作品时,凡是河流,几乎都译之为某某河,很少译为某某江的。

2. 词义范围的缩小　这种情况恰与词义范围的扩大相反,即指某些词的意义由泛指到专指的演变情况,也就是某些词,其原来的意义范围较大或曰广泛,后来意义范围缩小了,表示较小范围的意义。但其中有的词,在特殊情况下,仍表原义。例如:

臭:原义泛指气味,现在专指臭味。

金:原义泛指金属,现在一般指黄金。在"五金""金属"等词当中,仍为原义。

禽:原义泛指飞禽、走兽等野生动物,现在一般专指飞禽。在"五禽戏"一词中,仍用原义。其所谓"五禽",为虎、鹿、熊、猿、鸟,就属于这种情况。

3. 词义范围的转移　是指某个词,其原义为甲义,后来由甲义转变成为乙义。自从乙义产生之后,甲义一般就不再使用了或曰消亡了;而乙义的产生,既不是甲义的扩大,也不是甲义的缩小,除一部分还可看出是缘于引申或假借之外,一般看不出其转变原因,这种情况就叫做词义范围的转移。例如:

坟:其甲义是"大土堆"或"高大的河堤",后转变为乙义"坟墓"。乙义"坟墓"产生后,甲义"大土堆""高大的河堤"一般即不再使用,于是词义范围发生了转移。其原因是引申。

叔:甲义是"拣",后转变为乙义"叔父"。其原因是文字假借。

涕:甲义是"泪",后转变为乙义"鼻涕",原因不明。

4. 词义褒贬的转变　指原来是褒义的词转变为贬义的词,或贬义的词转变为褒义的词,或者中性的词转变为贬义的词。在汉语的实际运用中,褒义词转变为贬义词和中性词转变为贬义词的情况较为常见。例如:

爪牙:古义为得力的武将。褒义;后转变为帮凶、走狗。贬义。

墨守:原义为善守。褒义;后转变为死守,固执拘泥地坚持(某一认识、旧的观念或原则、作法等),贬义。

执着：原义为固执拘泥于某一观念或事情。贬义；后则转变为坚定不移地坚持某一观念或追求某事。褒义。

敌：上古义为力量相当、双方对等、匹敌,中性词,可用于贬。亦可用于褒;后转变为仇敌,有害于己的对方。贬义。

三、单音词与复音词

(一) 单音词

单音节的词,叫单音词。在汉语中,就是具有实义的单字。

古汉语中单音词的问题较多,因为古汉语是以单音词为主。单音词的内容从词形而言,就是有意义的汉字;就词义而言,有古今词义的异同、演变、本义与引申义等等,由于这些内容在不同章节均有论述,本章不作专题介绍,而是重点介绍复音词。

(二) 复音词

有两个音节的词,叫复音词,也可以称之为"二字词"。

1. 合成词　是指由两个具有独立意义的单音词构成的新词,称合成词。合成词在古汉语复音词中所占比例最大,问题也最为复杂,但意义一般比较固定,义项大多较少,不难掌握。如"生理"(生机)、聪明(指听力好、视力好)、美疢(指病)、刀圭(借指药物或医术),考竟(在狱中处死犯人)等。

合成复音词中有一种特殊的词,称偏义复词,也叫偏义词。

所谓偏义复词,是指由两个意义相对或相反的单音实词构成,而在应用中却只偏用其中一词之义的词。到底偏用其中哪一词的意义,有的因已固定,比较明白,如沿用至今的"是非",偏用"非"义;"好歹",偏用"歹"义;有的因并不固定,要结合上下文来确定。如明代张介宾在其《病家两要说》中写道:"惟是皮质之难窥,心口之难辨,守中者无言,怀玉者不炫,此知医之所以为难也。"其中"皮质""心口"二词,都是偏义词。结合上下文,我们就可以确定"皮质"偏用"质"义,指医生的真才实学、才干;"心口"则偏用"心"义,指医生的品德修养、心地。

2. 单纯词　复音词中的单纯词,是指虽由两字构成,却只有一项单纯意义的词。主要包括重言词和联绵词。

重言词也叫叠音词("叠"又作"迭"),是由两个同样的字(词)重叠起来构成的词。在语法归类中统统归属于形容词,主要用来表示、形容事物的状态。如"眊眊"(昏惯不清或蒙昧不明貌),"冥冥"(隐微渺茫貌)、亹亹(勤奋不倦貌)等。

联绵词又称联绵字,或作连绵词(字),指二字连缀起来,或双声、或叠韵、或双声叠韵等而只表示一项单纯意义的词。如"参差"(cēncī,双声,错落不齐貌),"流离"(双声,水散乱而流貌,后引申为汗流貌,人相分离貌等),"窈窕(叠韵,美好貌)、"望洋"(叠韵,仰视貌),"辗转"(双声叠韵,心有所思、卧不安席貌,引申为反复不定貌);"栝蒌""芙蓉"等。由于联绵词是以音表意的,所用汉字起初仅在记录其音。后来为了形义相合,才大都选择了相配的汉字或给原记录用字增加了适当的形符,因而解释时既不要拘泥于字形,更不能拆词作解。

四、本义和引申义

本义即词的本来意义,或曰最初的意义、原始的意义。也有把本来意义已湮没不知、但居于一个多义词中心位置上的意义称做词的本义的。

引申义则是指从本义引申出来的意义。

学习本义与引申义,对于我们学习掌握古汉语词汇有着非常重要的作用。它可以使我们理清在古文中大量存在的多义词的来龙去脉,从而执简驭繁、全面系统地掌握运用之。

掌握词的本义的主要方法,是分析理解汉字的结构。汉字是目前世界上唯一的表意文字,形义相合,美轮美奂。欲知本义,析形可知。如“莫”,篆文作“”,从日在艸(草)中,用以表示傍晚之义,形象生动,不需“约定”即可“俗成”而行;“盥”字,篆文作“”,画的是人的双手在“皿”(此指盆)中弄水的情形,用以表示洗手之义。分析字形时,需要有充足的文献或文物知识,同时需要注意文字的演变,对假借字、通假字,不能据形析义,等等。

掌握词的引申义的方法,主要是根据词义引申的方式和途径进行分析,并据以归纳词义引申的脉络和系统,从而在整体上能把握引申义,在具体文句中能辨释引申义。

词义引申的方式有二:一是直接引申,一是间接引申。

直接引申也被形象地称为“辐射式引申”,即从本义直接引申出数项意义,犹如光的辐射。例如,“得”,本义是在路上拣到了钱,从中直接引申出得到、遇到等义;“治”,本义是治水,直接引申出治理(国家、政务)、治疗(疾病)、研究(学问)、整治(事情或物品)等义;“节”,本义是竹节,直接引申出树木的枝节、人身的关节、四季的节令、音乐的节奏、事情的法度、品行的节操、生活的节省、行为的节制等义。

间接引申则又被形象地称做“链条式引申”,是说一环套一环地从甲义引申出乙义,又从乙义引申出丙义,再从丙义引申出丁义,如此不断。其中丙义及其以下的意义对于甲义来说,都是间接引申出来的,而自身也存在着不断的间接引申。例如,“要”,本义是“腰”,直接引申的义项有二:一是中间,二是约束。其“中间”一义又引申出半路拦截义,再由“半路拦截”又引申出要挟义,复由“要挟”引申出要求义,更不断引申出需求、需要、要、将要等义。“监”,本义是照镜子,直接引申出照察、借鉴、俯视(“监”表照镜子之义时,其镜为水镜,需俯而照之,故可引申为俯视)等义。再由俯视一义依次间接引申出监视、监狱等义。

词义引申的途径有四:一是从具体到抽象。如前例“要”之从“腰”到“将要”;“节”之从“竹节”到“节操”等。二是由个别到一般。如“齿”之由“门牙”到泛指“牙齿”,“江”“河”之由专指长江、黄河到泛指河流等。三是实词虚化。如“被”,本义是被子,后引申虚化为表被动的介词;“信”,原义为诚信,后引申虚化为副词“真的、确实”义。四是临时修辞意义的永久固定。如“股肱”,原来分指大腿和上臂,后来用以比喻得力的大臣或帮手;“刀圭”,原为一种量药的器具,在医籍中常借以代指药物或医术,后遂使这一借代意义固定下来;“负薪之忧”,原为“病”的讳说,后遂固定谓“病”。

在词义的引申中还有一种现象需要注意,这就是由于引申等而造成的同一个词上出现的“反训”(相反解释)现象。如“置”有“设置”义,又有“弃置”义;“删”有“删去”义,又有“节取”义等。这种现象在古文中虽不多见,但偶有出现。

五、掌握古汉语词汇的途径和方法

要想较好地掌握古汉语词汇,最根本的途径和方法是多读多查。多读,是指必须有个起码的阅读量并达到相当熟悉的程度,比如常见的经史子集各方面的重要典籍(包括医典),都应多读熟读。多查,是指一有问题就去查阅有关的工具书,甚至反复查阅,以求精确、精审;平常闲暇时则要有针对地查阅一些工具书,以熟知有关问题的规范说法。为此案头需要配备一些常用的工具书,以供不时之需。

为求得"立竿见影"之效,可先专门阅读并熟练掌握一定量的古汉语常用词。从长远和不断深入的角度与需求考虑,则应博综群书,精研古代的文字训诂专著以及旧注,如此自会最终达到登堂入室、独来独往的境地。

复习思考题

1. 为什么说学习文言文的重点是古汉语词汇?请举例说明。

2. 古今词汇的异同主要表现在哪些方面?学习古汉语词汇应当主要解决好哪些方面的问题?为什么?请举例说明。

3. 古今词义的演变主要有哪些途径(表现在哪些方面)?请举例说明。

4. 词汇本义和引申义的方法各是什么?请举例说明。

5. 文言文词义以丰富而灵活多变为特点之一,请以动词"为"为例,尽可能多地搜集含有"为"字的文言文例证,解释其作为动词在句中的意义,并说明道理。

6. 举例谈谈词义与语法、修辞的关系问题。

第四章

古书的注释

 学习要点

> 一、了解古注的类型、体例、内容。
> 二、熟悉古注的方法。
> 三、掌握古注的主要术语。

阅读古书的首要困难，就是古今语言文字的隔阂。因此，了解古书注释的内容、方法及常用术语，对于增强阅读古代医书的能力，有相当大的帮助。

第一节　注释的内容

医籍注释的内容广泛，既有医理方面的阐发，又有文理方面的诠释。综览医典要籍，注释内容主要有以下几个方面。

一、解释词义

解释古书的词义，古人称之为"训诂"，亦称"诂训"。清代学者钱大昕说："有文字而后有诂训，有诂训而后有义理。诂训者，义理之所由出，非别有义理出乎诂训之外者也"。

古书词义注释，大致有以下几种类型：

(一) 互训

表示被释词与释词是同义关系。方式为"某，某也"；"某，某某也"等。两个不同的词各自都具有许多义项，只要其中一个义项彼此相同，在一定的上下文里，这两个词就是同义词。采用同义词互训的方式释词，在古注里是很常见的。例如：

《素问·灵兰秘典论》："至道在微，变化无穷，孰知其原？"王冰注："孰，谁也。"
《素问·异法方宜论》："其病挛痹，其治宜微针。"王冰注："微，细小也。"

上述二例中的释词和被释词都是同义关系。但在古注里，不是所有"某，某也"式的释词方式，都构成同义关系，有时用本字解释通假字也使用这种释词方式。例如：

317

《素问·生气通天论》:"高梁之变,足生大丁。"王冰注:"高,膏也。梁,粱也。"

例中"高"与"膏"(油脂)不是同义关系,而是通假的关系,即"高"是通假字,"膏"是本字。"梁"与"粱"也是用本字解释通假字。今人注释"高""梁"二字,方式则作:高,通"膏"。梁,通"粱"。

(二) 综释全句,列举训词

就是在串讲原文的同时,把原文的字词提示出来加以解释,并使被释词的意义与串讲中的词义紧紧吻合。例如:

《素问·移精变气论》:"治之要极,无失色脉,用之不惑,治之大则。"王冰注:"惑,谓惑乱。则,谓法则也。言色脉之应,昭然不欺,但顺用而不乱纪纲,则治病审当之大法也。"

《素问·举痛论》:"寒则腠理闭,气不行,故气收矣。"王冰注:"腠,谓津液渗泄之所。理,谓文理逢会之中。闭,谓密闭。气,谓卫气。行,谓流行。收,谓收敛也。身寒则卫气沈,故皮肤文理及渗泄之处,皆闭密而气不流行,卫气收敛于中而不发散也。"

上述二例,皆有释词,亦皆有串讲。首例"惑,谓惑乱。则,谓法则也"属于释词,其馀是串讲原文大意。次例在连续解释六个词的意义后,逐句串讲。

(三) 综释全句,兼寓训词

古人在注释原文时,对原文中的一些字词不特别提示出来加以解释,而是在串讲原文的过程中,把原文中某一个或某几个难懂的字词的意义反映出来。例如:

《素问·玉机真藏论》:"(脉)端直以长,故曰弦。"王冰注:"言端直而长,状如弦也。"

"端直而长"是对原文"端直以长"的串讲,在串讲中,用"而"字释"以"字。

《素问·脉要精微论》:"(脉)秋日下肤,蛰虫将去。"王冰注:"随阳气之渐降,故曰下肤。何以明阳气之渐降? 蛰虫将欲藏去也。"

王冰的注文,既有释词,又有串讲。"随阳气之渐降,故曰下肤",是解释"下肤"的含义;"蛰虫将欲藏去也",是对原文"蛰虫将去"的串讲。"去"在古汉语里的常用义是"离开",而"蛰虫将去"之"去"意为"藏"。按"去"之训"藏",在古书里虽偶有所见,但毕竟不太常用,所以需要加以注释。王冰通过"藏去"这种连文并举的方式,意在以"藏"释"去"。

二、分析句读

古书的注释,基本上都是在句读之处作注。但是,古人不是对原文句句加注,而是常在几句话后加注。对这几句话应该如何句读,古注往往加以提示。例如:

肝风之状多汗恶风喜悲色微苍嗌干喜怒时憎女子诊在目下其色青(《太素·诸风

状论》）杨上善注："肝风状能有八：一曰多汗，二曰恶风，三曰喜悲，四曰面色微青，五曰咽干，六曰喜怒，七曰时憎女子，八曰所部色见也。"

根据杨上善注，这段原文的标点应是：

汗风之状：多汗，恶风，喜悲，色微苍，咽干，喜怒，时憎女子。诊在目下，其色青。

凡治病察其形气色泽脉之盛衰病之新故乃治之无后其时（《太素·四时脉诊》）杨上善注："形之肥瘦，气之大小，色之泽夭，脉之盛衰，病之新故，凡疗病者，以此五诊。诊病使当，为合其时；不当，为后其时也。"

杨上善这一注文，既讲解医理，又说明句读。根据杨上善注，这段原文的标点应是：

凡治病，察其形、气、色泽、脉之盛衰、病之新故，乃治之，无后其时。

三、阐述语法

古注对语法现象的分析说明十分重视，涉及的内容包括词的语法功能、虚词、语序及省略。例如：

《素问·平人气象论》："人无胃气曰逆，逆者死。春胃微弦曰平。"王冰注："言微似弦，不谓微而弦也。"

"微弦"的词汇意义简单易懂，不需注释，比较困难的是"微弦"的语法关系。所谓"微似弦"，表明"微"修辞"弦"，二者是述补关系；所谓"微而弦"，二者是联合关系。王冰认为"微弦"是述补关系，所以注为"微似弦"。这是讲语法，而不是讲词义。

《素问·诊要经终论》："冬刺俞窍于分理，甚者直下。"王冰注："直下，谓直尔下之。"

这段原文讲冬天的针刺方法。所谓"俞窍"，林亿注为"即骨髓之俞窍也"。张介宾说："孔穴之深者曰窍。冬气在骨髓中，故当深取俞窍于分理间也。"王冰把"直下"二字的语法关系解释为"直尔下之"（"尔"通"而"），表示"直"修饰"下"，作"下"的状语，二字是偏正关系。

《素问·解精微论》："夫泣不出者，哭不悲也；不泣者，神不慈也。"王冰注："泣不出者，谓泪也。不泣者，泣谓哭也。"

《说文解字·水部》："无声出涕曰泣。""泣"的本义是哭泣，动词。王冰注"不泣者，泣谓哭也"，不但解释了"泣"的词义，而且也说明"泣"是动词。注"泣不出者，谓泪也"，

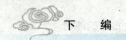

则说明"泣不出"的"泣"是名词,作"眼泪"讲。

四、说明修辞

古人写文章,不但重视把意思表达得明白准确,而且注意把文章写得富有文采,即做到"情欲言,辞欲巧"(《礼记·表记》)。要想做到"辞欲巧",就要讲究修辞。古注对原文的修辞之处,往往加注说明。例如:

《太素·知针石》:"夫盐之味咸者,其气令器津泄;弦绝者,其音嘶败;木陈者,其叶落发。病深者,其声哕。"杨上善注:"言欲识病征者,须知其候。盐之在于器中,津泄于外,见津而知盐之有咸也;声嘶,知琴瑟之弦将绝;叶落者,知陈木之已蠹。举此三物衰坏之征,以比声哕,识病深之候也。"

杨注对原文的三个比喻作了串讲,并指出举此三喻,意在说明"声哕"的出现,反映病情已重而显现于外。

《太素·知针石》:"形如临深渊,手如握虎,神无营于众物。"杨上善注:"行针专务,设二喻以比之:一如临深渊,更营异物,必有颠坠之祸;亦如握虎不坚,定招自伤之害,故行针调气,不可不用心也。"

杨上善注明确指出"如临深渊"和"手如握虎"是两个比喻,以喻行针调气,不可不用心对待。原文"营于众物"之"营"当训"惑",谓为众物惑乱。《荀子·宥坐》:"言谈足以饰邪营众。""营众"谓惑众。

《素问·六微旨大论》:"天之道也,如迎浮云,若视深渊。视深渊尚可测,迎浮云莫知其极。"王冰注:"深渊静滢而澄彻,故视之可测其深浅;浮云飘泊而合散,故迎之莫诣其边涯。言苍天之象,如渊可视乎鳞介;运化之道,犹云莫测其去留。六气深微,其于运化,当如是喻矣。"

王冰指出,此两句是比喻六气运化深微难测,犹如浮云聚散不定,莫知去留。王注说明修辞特点,原文的含义也便容易理解。

五、揭示章旨和剖析句段关系

揭示一段或一章的意义所在,称为揭示章旨。医书注释常常通过揭示章旨,说明一篇或一段的主要思想。例如清代张志聪《素问集注》在每章或每篇之末,基本上都有章旨,《素问》卷一有《上古天真论》《四气调神大论》《生气通天论》《金匮真言论》四篇文章,张志聪对此四篇文章的主旨概括为:"以上四篇,论精神气血。"在《素问·阴阳应象大论》篇末张志聪注云:"按此篇论天地人之阴阳相应,而针石诊治,亦皆法乎阴阳。"

剖析句段关系,也是古注的内容之一。例如:

《太素·顺养》:"胃中热则消谷,令人悬心善饥,齐以上皮热。"杨上善注:"自此以下，广言热中寒中之状。"

杨上善此注，没有解释某一个具体词义，而是从上下文的结构上，说明句与句之间的关系。在"齐以上皮热"句下，原文分析了"肠中热""胃中寒""胃中寒肠中热""胃中热肠中寒"等多种病情及其表现。杨上善此注对于读者把握上下文的关系和文章的层次，很有帮助。

《素问·金匮真言论》是一篇文字较长的论文，讲的内容很多，姚止庵分析了这篇文章的段落和每段的中心思想，指出"通篇文义"约分三段："前段泛泛而已；中段言人身之阴阳分配天地；末段言人之五脏上应五行、配合五方、五音、五味等项，皆一定不易之理，为医宗纲领，故以金匮真言命篇，诚重之也。"

六、释音与校勘

古书注释有许多释音和校勘，阅读古注应对此有所了解。唐初陆德明《释典释文》对众多古书中的字词都作了释音。后人把《经典释文》的释音附在有关古籍的相应句下，给阅读提供了诸多方便。古书经过多次传抄和翻刻，文字的讹衍倒夺，随时可见，若不加以校勘，就很难正确理解原文。所以释音与校勘是古注重要而必不可少的内容。

(一) 释音

医书古注释音，主要采用直音法和反切法。有的释音写在注文里，如杨上善《太素》注、张介宾《类经》注的释音；有些书的释音，写在每卷的卷末，如《素问》《灵枢》和成无己《注解伤寒论》的释音。

1. 直音法　即用同音字为另一字释音。例如：

　《素问》卷一《释音》："瓠，音求。"
　《注解伤寒论》卷一《释音》："粳，音硬。"

用直音法释音，释音字与被释音字的读音（包括声、韵、调三者）要完全相同，也就是要用完全的同音字释音。由于完全的同音字在实际释音中并不能够满足需要，所以直音法有较大局限：或无同音字，或虽有同音字，但同音字又是生僻字，而用生僻字注音等于不注，于是又有反切法。

2. 反切法　反切法是古注中使用得最为普遍的注音方法。例如：

　《太素·热病说》："痱为病也，身无痛者，四支不收，知乱不甚。"杨上善注："痱，扶非反，风病也。"
　《太素·杂刺》："疠风者，索刺其肿上。"杨上善注："索，苏作反，散也。"

反切，是用两个汉字的音切出一个新的字音。其基本方法，是将反切上字的声母与反切下字的韵母（包括介音）及声调拼合，这样便可以得到被切字的读音。例如：

冬，　都　　宗　切
dōng　d(ŭ)+(z)ōng

　　反切上字"都"只取其声母"d"，反切下字"宗"只取其韵母"ong"和阴平声的声调。把反切上字的声母d和反切下字的韵母与声调ōng拼合起来，就成为dōng的读音。

　　下面几例的反切方法，均可依此类推。

　　政，之盛切　zh(i)+(sh)èng——zhèng
　　条，徒聊切　t(ú)　+(l)iáo——tiáo

　　在学习反切的时候，必须注意零声母的问题。汉字中有些字只有韵母，没有声母，如"哀""于""乌""恩""安"等都只有韵母没有声母。用这些字作反切上字时，它在反切中只占一个虚位，不参加拼音，所以叫作"零声母"。下面的反切上字都是零声母：

　　懊，于刀切　(yu)+(d)ào——ào
　　央，于良切　(yu)+(l)iāng ——yāng

　　反切法比直音法进步许多。但是由于古今音变，要想正确切出古书中所有反切的准确读音，还要掌握其他许多音韵知识。由于事涉专门，这里不加详述。只要掌握上述反切的基本原理，对古书中大部分反切都能切出它的正确读音。

(二) 校勘

　　古书因传抄、翻刻等原因而出现的讹误，一般可见讹、衍、倒、夺、错简五个方面。

　　讹　指古籍在传承中发生的文字错误。例如：《素问·征四失论》："呜呼！窈窈冥冥，熟知其道？"文中"熟"字无疑是个讹字，王冰注："今详熟当作孰。"

　　衍　又称"衍文"，即古籍在传承中误增的字。例如：《素问·生气通天论》："因于暑，汗烦则喘喝，静则多言。""汗烦"不辞，且"烦则喘喝"与"静则多言"句对；若"汗"属上，成"因于暑汗"，则与上文之"因于寒"以及下文之"因于湿""因于气"不协；如"汗"独词为句，亦同上下文例不协。"汗"当为衍文。

　　倒　又称"倒文"，指字句误倒的现象。例如：《灵枢·官能》："男阴女阳，良工所禁。"其中"男阴女阳"之"阴""阳"二字误倒，当作"男阳女阴"。

　　夺　又称为"脱"或"脱文"，指字句脱失的现象。例如：《灵枢·邪气藏府病形》："溢则水留，即为胀。"《太素·府病合输》作："溢则为水，留则为胀。"由于《灵枢》上句脱一"为"字，不但句读有误，而且医理难通。

　　错简　指古书中字、句以至段、篇颠倒错乱的现象。上古书籍系将文字写于竹简而成，以绳依序编联。绳断简脱，重编以后竹简次序错乱，遂有错简。例如：《素问·六节藏象论》："不分邪僻内生，工不能禁。"王冰注："此上十字，文义不伦，应古人错简。"《素问·宣明五气》："阴出之阳，病善怒不治。"林亿"新校正"云："按'阴出之阳，病善怒'，已见前条，此再言之，文义不伦，必古文错简也。"

　　对古文之讹、衍、倒、夺、错简等，均应校勘，只有这样才能给人们提供一个精审的古籍版本。

　　校勘的方法，近代学者陈垣在《元典章校补释例·校书四例》中提出了被大家共同接受并至今遵奉的四种方法，即本校、对校、他校、理校。

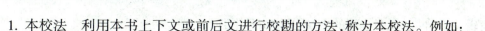

1. 本校法　利用本书上下文或前后文进行校勘的方法,称为本校法。例如:

《素问·八正神明论》:"月满而补,血气扬溢。"

"扬溢"词义难解。考《素问·移精变气论》王冰注引《八正神明论》此段文字,"扬溢"作"盈溢","盈"与"溢"在这个语言环境里是同义词,其义为盈满,故知作"盈溢"是。

2. 对校法　利用同书祖本或同书别本对照校勘的方法,称为对校法。例如:

《素问·调经论》:"按摩勿释,著针勿斥,移气于不足,神气乃得复。"王冰注:"按摩其病处,手不释散,著针于病处,亦不推之,使其人神气内朝于针,移其人神气,令自充足,则微病自去,神气乃得复常。"

细读王注,王冰释"移气于不足"为"移其人神气,令自充足",可以看出王冰本必无"不"字,此"不"字乃王冰以后传抄中出现的衍文。林亿《新校正》云:"按《甲乙经》及《太素》云移气于足,无'不'字"。

3. 他校法　利用他书校勘本书的方法,称为他校法。例如:

《素问·著至教论》:"黄帝坐明堂,召雷公而问之曰:子知医之道乎? 雷公对曰:诵而颇能解,解而未能别,别而未能明,明而未能彰。"

雷公的答语是四个并列句,其中三句说的是"未能别""未能明""未能彰",唯第一句却说"颇能解",其中必有误字。考《太平御览》卷721《方术部·二》"颇能解"作"未能解"。"颇"作"未"字,则上下句的意思连贯通顺。

4. 理校法　没有版本依据,唯据医理文理校勘的方法,称为理校法。例如:

《太素·阴阳杂说》:"东方色青,入通于肝,开窍于目,藏精于肝。其病发惊骇,其味辛。"

杨上善注:"肝味正酸而言辛者,于义不通。"据杨注,"辛"当为"酸"。这是据医理校勘。

《素问·著至教论》:"足以治群僚,不足至侯王。"

文中的"治",《素问》明代嘉靖顾从德翻刻本、《太平御览》卷721引文皆作"至",顾尚之《素问校勘记》改"治"为"至"。这是据文理校勘。

第二节　注释的方法

注释内容的丰富,决定了注释方法的灵活多变。按照注释部分与被注释部分的

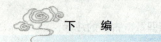

逻辑关系,古代医书注释的方法分为以下几类:

一、对释法

对释法是用同义词或近义词对被释词加以训释的方法。即训释词与被释词属于同义或近义关系。其常见格式为"某,某也"。

(一)用单音词训释

例如:

《素问·上古天真论》:"外不劳形于事,内无思想之患,以恬愉为务,以自得为功。"王冰注:"恬,静也。愉,悦也"。

这是用一个单音词训释单音词。

《素问·四气调神大论》:"水冰地坼,无扰乎阳。"王冰注:"扰,谓烦也,劳也。"

这是用两个单音词训释单音词。

《素问·六元正纪大论》:"厥阳所至为飘怒大凉。"王冰注:"飘怒,木也。"

这是用单音词训释双音词。

(二)用双音词训释

例如:

《素问·异法方宜论》:"故其民皆致理而赤色,其病挛痹,其治宜微针。"王冰注:"微,细小也"。

这是用双音词训释单音词。

《素问·灵兰秘典论》:"窘乎哉,消者瞿瞿,孰知其要!"王冰注:"瞿瞿,勤勤也"。

这是用双音词训释双音词。

二、定义法

定义法是给被训释词下定义的注释方法,用以界定被训释词与同类其他词语的差别,又称做"义界"或"界说"。例如:

《素问·痹论》:"淫气遗溺,痹聚在肾,淫气乏竭,痹聚在肝。"王冰注:"淫气,谓气之妄行者。"

同上:"卫者,水谷之悍气也,其气悍疾滑利,不能入于脉也。"王冰注:"悍气,谓浮盛之气也。"

从王冰以上两个注释可以看出，"淫气"与"悍气"，同属于气，其差别在于一是"妄行"之气，一是"浮盛"之气。王冰使用定义法，界定出它们的类属为"气"，同时又指出它们之间的差别。

　　《素问·四气调神大论》："云雾不精，则上应白露不下。"王冰注："雾者云之类，露者雨之类。"

　　王注给"雾"与"露"所下的定义分别为：雾是云类的一种，露是雨类的一种。

三、描述法

　　描述法是对被训释词所表示的事物加以描述的注释方法。通过描述反映出事物的特点或情状。例如：

　　《素问·刺热》："少阳之脉，色荣颊前，热病也。"王冰注："颊前，即颧骨下近鼻两傍也。"

　　王注从两个方面通过描述来确定颊前的部位：一是颧骨之下，二是靠近鼻子两旁。

　　《素问·举痛论》："视其主病之脉，坚而血及陷下者，皆可扪而得也。"王冰注："扪，摸也，以手循摸也。"

　　王注用互训法，以"摸"训释"扪"，接着描述"扪"的特点是以手循摸。

四、否定法

　　否定法是用被训释词的反义词加否定语进行训释的方法。由于有些词用对释法很难找到同义或近义词，而用描述法又苦于难以描述准确，而使用意义相反的词再加上否定语进行注释，就显得简洁明了了。例如：

　　《素问·阳明脉解》："帝曰：其弃衣而走者，何也？"王冰注："弃，不用也"。
　　《素问·风论》："腠理开则洒然寒，闭则热而闷。"王冰注："闷，不爽貌。"

五、引证法

　　引证法是引用他书的文字对被训释内容加以证实的注释方法，借此说明被训释内容具有正确性和普遍性。例如：

　　《素问·阳明脉解》："胃者土也，故闻木音而惊者，土恶木也。"王冰注："《阴阳书》曰：木克土，故土恶木也。"

　　王冰引用《阴阳书》"木克土"，来证明正文"土恶木"的正确性。

《素问·四气调神大论》："天气,清净光明者也,藏德不止,故不下也。"王冰注："《老子》曰:'上德不德,是以有德也。'言天至尊高,德犹见隐也,况全生之道,而不顺天乎?"

王冰引用《老子》"上德不德",亦即不彰显其德的言论,说明正文"天气""藏德不止,故不下也"的深刻含义。

六、比较法

比较法是对意义相近的被训释词,运用结构相似、用词相近的训释词并列解释的方法。通过两者之间的比较,表明其大同小异或同中有异。例如:

《难经·二十六难》："经有十二,络有十五。"滑寿注："直行者谓之经,傍出者谓之络,经犹江河之正流,络犹潜沱之支流。"

"经"与"络"经常连用,同为循行气血的通道,但又同中有异。滑寿通过两者的比较,说明一为直行,犹江河正流,一为旁出,如潜沱支流。

《太素·经厥》："足太阳脉厥逆,僵仆欧血善衄,治主病者。"杨上善注："后倒曰僵,前倒曰仆。"

"僵"与"仆"都是倒下的意思,通过比较可以看出它们的区别所在:"僵"是向后倒,"仆"是向前倒。

以上所述是在解释两个被训释词中运用比较法,有时对一个被训释词的解释也可采用此法,即把与该词相关联的词一并训释,从而使被训释词意义更为明显。例如:

《素问·至真要大论》："诸气在泉,风淫于内,治以辛凉,佐以苦,以甘缓之。"王冰注："《藏气法时论》曰:'肝苦急,急食甘以缓之。肝欲散,急食辛以散之。'此之谓也。食音饲。己曰食,他曰饲。"

王冰由《藏气法时论》正文的"急食甘""急食辛"而连及"食"又音"饲",同时通过比较,辨别了读"食"与读"饲"时同义发生的变化,即自己吃时读"食",使他人吃时读"饲"。这也是比较法的灵活运用。

第三节　注释的术语

前人在注释古书时,逐渐形成约定俗成的注释术语,每个术语都有其适用范围和特定含义。清代阮元主编的《经籍纂诂》把注释术语归纳为二十八种。常见的有如下几种。

一、言

"言"字主要用来说明句子的含义或比喻义。被释词在术语之前。例如:

《伤寒论·辨太阳病脉证并治上》:"病人身大热,反欲得近衣者,热在皮肤,寒在骨髓也。"成无己注:"皮肤言浅,骨髓言深;皮肤言外,骨髓言内。"

通过成无己注,可知"热在皮肤"表示其热在外,热势尚浅;"热在骨髓"表示其热在内,热势已深。注释揭示原文的含义,故用"言"字表示。

二、曰、为、谓之

这三个注释术语既可解释词义,也可用来分辨同义词或近义词之间的细微差别。被释词在术语之后。例如:

《太素·痈疽》:"痈发于嗌中,名曰猛疽。"杨上善注:"腐肉为痈,烂筋坏骨为疽。"

《素问·至真要大论》:"工巧神圣,可得闻乎?"林亿《新校正》云:"按《难经》云:望而知之谓之神,闻而知之谓之圣,问而知之谓之工,切脉而知之谓之巧。"

首例的"痈"与"疽"、次例的"工""巧""神""圣",都是近义词,通过"为""谓之"分辨其细微差别,同时又解释了词义。

三、谓

以具体的概念解释抽象或宽泛的概念,多用"谓"字表示。被释词在术语之前。例如:

《太素·四时脉形》:"脾之善恶,亦可得见乎?"杨上善注:"善谓平和不病之脉也。"

《素问·生气通天论》:"血菀于上。"王冰注:"上谓心胸也。"

"善"本属抽象概念,用以说明脉象,便更难确指。而用"平和不病之脉"加以解释,则"善"的概念就较具体。"血菀于上"的"上",所指部位比较宽泛,而用"心胸"解释,则"上"所指部位就具体明确。

四、貌

"貌"字一般用在动词或形容词之后,以表示某种性质和状态。"貌"可译为"……样子",亦可不译。例如:

《素问·诊要经终论》:"令人洒洒时寒。"王冰注:"洒洒,寒貌。"

"洒洒"是形容词,"貌"字放在它的后边,表示寒冷的样子。

五、犹

近义词互相解释或用引申义解释本义,多用"犹"字表示。被释词在术语之前。例如:

《素问·八正神明论》:"以气方吸而纳针。"王冰注:"方犹正也。"

"方"与"正"是近义词,近义词互相解释,故用"犹"字表示。
古注中的声训也常用"犹"字表示。例如:

《本草纲目》卷十五草部:"蓟犹髻也,其花如髻也。"

以上"曰""为""谓之""谓""貌""犹"六个术语,都是专门用来解释词义的。

六、之言、之为言

这两个术语的作用除了释义以外,同时尚可进行声训。释词与被释词之间必须具有声音上的联系,或者是读音相同,或者是具有双声或叠韵的关系。例如:

《广雅·释草》:"豆角谓之荚。"王念孙《广雅疏证》:"荚之言夹也,两旁相夹,豆在中也,豆荚长而端锐如角然,故又名豆角。"

声训的目的在于推寻命名的原因。"荚"与"夹"同音。古人认为,"荚"之所以名"荚",乃取义于"夹",豆在当中,两旁有皮相夹,故名为"荚"。
医书古注也有此类声训例子。例如:

《素问·五运行大论》王冰注:"脾之为言并也,谓四气并之也。"

"脾"与"并"双声。什么叫"四气并之"呢?《素问·玉机真藏论》说:"脾脉者,土也,孤藏以灌四傍者也。"王冰注:"纳水谷,化津液,溉灌于肝、心、肺、肾也。"脾主运化,把物质精微输送到肝、心、肺、肾中去,这就叫"四气并"。

七、当为、当作

这是用来校勘讹字的术语。《说文解字·示部》"祇"字段玉裁注:"古人云当为者,皆是改其形误之字。"讹字在术语之前。例如:

《太素·五藏痿》:"肾热者,色黑而齿熇。"杨上善注:"熇当为槁。色黑齿枯槁也。"
《素问·离合真邪论》:"血气已尽,其病不可下。"林亿"新校正"云:"按全元起本作血气已虚。尽字当作虚字,此字之误也。"

八、读为、读作

用本字解释通假字多用"读为""读作"表示,通假字在术语之前。例如:

《素问·骨空论》:"厌之令人呼噫嘻。"吴崑注:"厌读作压。"

吴崑认为"厌"是通假字,"压"是本字,故用"读作"表示。

复习思考题

一、简答

1. 古代医书注释包含哪些内容? 举例加以说明。

2. 古书常用的注释方法有哪些? 举例加以说明。

二、填空

1. 常用的校勘方法有 _____、_____、_____ 和 _____ 四种。

2. 注释中"言"是用来表示 _____ 的术语,"当为""当作"是用来表示 _____ 的术语,"曰""为""谓之"是用来表示 _____ 的术语。

第五章

句　　读

 学习要点

一、熟悉常见句读的符号、位置和用法。

二、了解出现句读错误的主要原因。

三、掌握几种基本的句读方法。

句读是指阅读古书时语音需停顿处的专用术语。古书大多没有断句,读书者需边读边断。重视句读的训练,推求正确的句读,历来是治学的重要门径。《礼记·学记》中说:"比年入学,中年考校,一年视离经辨志。"东汉郑玄注:"离经,断句绝也。辨志,谓别其心意所趋向也。"这里所说的"离经",就是断句的意思,只有正确断句,才能"辨志"。清代学者黄以周说:"古离经有二法:一曰句断,一曰句绝。"这都是强调句读的重要性。

中华人民共和国成立后中医界应用新式标点符号对古代医籍进行了大量的点校工作,如《素问》《灵枢》《伤寒论》《金匮要略》《本草纲目》等,都已出版点校本,给我们阅读提供了诸多方便。为了正确阅读古代医书,就必须了解句读的知识,具备一定的断句和标点的能力。

第一节　句读的名称、符号和位置

"句读"的"读",读作 dòu(豆),"句读"在古书里也有写成"句逗""句投""句度""句断"的。古人称文句语意已完的地方为"句",语意未完而需要停顿的地方为"读",合起来叫作"句读"。元代黄公绍《韵会举要》中说:"凡经书成文语绝处谓之句;语未绝而点分之,以便诵咏,谓之读。"

一、古书常见句读符号

1. 点号　点号的形状有两种:一是形似芝麻,称为芝麻点,与标点符号中的顿号相似而略大;一是圆点,与标点符号中的着重号相似而略大。

2. 圈号　圈号的形状为圆圈,与标点符号中的句号相同。

3. 钩勒号　钩勒号的形状为"乚"。许慎将其作为一个字收入《说文解字》并作为部首,即"乚部"。"乚,钩识也。"乚音 jué(绝)。段玉裁注:"钩识者,用钩表识其处也。"又说:"此非甲乙字,乃正乚字也。今人读书有所勾勒即此。"清代王筠《说文句读》说,"乚"号主要用来标志古书段落和章节的划分。

二、句读的位置

宋代毛晃《增韵》中说:"今秘书省校书式,凡句绝则点于字之旁,读分则微点于字之中间。"也就是说,当表示语意未断但在吟哦诵读需作短暂停顿时,点在两字的中间,表示"读";当语意已完时,点在字的右下角,表示"句"。例如:

真牙 丶 谓牙之最后生者、(《上古天真论》王冰注)
六合 丶 谓四方上下也、(《四气调神大论》王冰注)

为了使表示"句"的点号与表示"读"的点号相区别,后来把表示"句"的点号改为圈号,仍然用在字的右下角。如:

黄帝曰 丶 阴阳者 丶 天地之道也。(《素问·阴阳应象大论》)
帝曰 丶 不足者 丶 补之奈何。(《素问·离合真邪论》)

还有些古书的断句完全使用圈号,也就是说,不但在句绝之处用圈号,而且在句未绝的地方也用圈号。这种情况在有句读的古书里比较多见。如:

衡诠者。称也。可以称量轻重。
金匮要略曰。寒令脉急。

这两段文字均见于《注解伤寒论·平脉法》成无己注。按照句读符号使用方法的要求,"衡诠者""称也""金匮要略曰"后都应该使用点号,可是前人在刊刻书籍时,一律都改成圈号。这在有句读的古书里是比较多见的。阅读时应该仔细分辨哪个圈号表示"读",哪个"圈号"表示"句"。

第二节 误读的原因和表现

阅读古代医书,要做到不断错句、不用错标点,首先要分析他人致误的原因。产生误读的原因大致有以下几个方面。

一、不辨词语意义

词义不明,文理不通往往会造成句读错误。或者词义虽然理解无误,但不能连贯上下文、正确领会文义,也常常会做出错误的句读。这是造成误读的重要原因。例如:

① 罗遇翁亦甚欢。即授以刘李张诸书。为之敷扬三家之旨。而一断于经。且曰

尽去。而旧学非是也。（上海科学技术出版社 1959 年版《丹溪心法》第 396 页）

句读者误把"而"看成连词。其实"而"在这里用作第二人称代词，"而旧学"的意思是"你的旧学"，当属上为句。正确的标点是：

罗遇翁亦甚欢，即授以刘、李、张诸书，为之敷扬三家之旨，而一断于经，且曰："尽去而旧学，非是也。"

② 故适寒凉者胀之，温热者疮，下之则胀已，汗之则疮已。（人民卫生出版社 1958 年版《黄帝内经素问白话解》第 406 页）

"适寒凉者胀之"的"之"，既不是代词，也不是助词，而是动词。《尔雅·释诂》："适、之，往也。"由于标点者不知"之"是动词，遂使"之"当属下而误属上。正确的标点是：

故适寒凉者胀，之温热者疮；下之则胀已，汗之则疮已。

③ 能使其民令行，禁止士卒无白刃之难者，非一日之教也，须臾之得也。（人民卫生出版社 1963 年版《灵枢经白话解》第 405 页）

"令行禁止"是成语，即"有令则行，有禁则止"之意。《荀子·王制》："令行禁止，王者之事毕。"由于标点者不明这一成语的含义，使"禁止"当属上而误属下。正确的标点是：

能使其民令行禁止，士卒无白刃之难者，非一日之教也，须臾之得也。

④ 所谓邦无道危行言。孙学士固不求人知。人又何能知学士也。（《宋以前医籍考》第 1065 页）

文中的"危行言孙"是个成语，出自《论语·宪问》："邦有道，危言危行；邦无道，危言行孙。""危"的词义为"正直"；"孙"通"逊"，义为谦逊、恭顺。"危行言孙"是说做事正直，说话谦逊。句读者由于不明"危行言孙"这一成语及其含义，致使"孙"当属上而误属下。正确的标点是：

所谓"邦无道，危行言孙"，学士固不求人知，人又何能知学士也？

二、不明语法

文章的语句是按照语法规律组织起来的。因此，不懂得语法，特别是不懂得各种句型特点，自然就容易断错句。例如：

① 然气无形可求，无象可见，况无声复无臭，何能得睹得闻？人恶得而知是气也。其来无时，其着无方，众人有触之者，各随其气而为诸病焉。（人民卫生出版社 1977 年版《温疫论评注》第 195 页）

　　"人恶得而知"当断而失断,宜加问号, "是气也"下句当用逗号,属下句。出现误读,是句读者对"恶"和"也"的语法作用不熟悉。"也"既可用在判断句的句尾表示语气的终结,也可用在叙述句的句中表示语气的停顿。标点者对前者比较熟悉,而对后者比较生疏,于是在"也"字下用了句号。"人恶得而知"一句中的"恶"是"怎么"的意思,表示疑问,句读者对"恶"字的这种用法也不了解,所以只好与"是气也"误连成一句。正确的标点是:

　　然气无形可求,无象可见,况无声复无臭,何能得睹得闻? 人恶得而知? 是气也,其来无时,其着无方,众人有触之者,各随其气而为诸病焉。

　　② 大便闭结者,疫邪传里,内热壅郁,宿粪不行,蒸而为结,渐至坚硬,下之结粪一行,瘀热自除,诸证悉去。(同上第 160~161 页)

　　"下之"当断而失断,宜加句号。"下之"即"使之下"的意思。"下"是方位名词的使动用法, "之"是代词,作"下"的宾语。出现这样的标点错误,是句读者把"下之"理解为"下面的",即误把"下"仅仅视作方位名词,把"之"看成助词,与现代汉语的"的"字相当。正确的标点是:

　　大便闭结者,疫邪传里,内热壅郁,宿粪不行,蒸而为结,渐至坚硬,下之。结粪一行,瘀热自除,诸证悉去。

　　③ 余知其然也,不知其何由? 愿闻其故。(《灵枢经白话解》第 419 页)

　　"不知其何由"是陈述句,不是疑问句。句读者只知道疑问代词"何"可以表示疑问,不了解当"何"处于陈述句中时,它并不提出疑问。由于标点者对"何"的这一语法作用比较生疏,以致出现错误。正确的标点是:

　　余知其然也,不知其何由,愿闻其故。

　　④ 古圣人,立法,以三部九候决人生死,以五脏六腑,分配于六部之中,故可以验人脏腑之吉凶也。(人民卫生出版社 1959 年版《医部全录》第三册第 335 页)

　　"古圣人,立法"中的逗号应去。"古圣人"是主语,而且字数甚少,其后不应标点。"以五脏六腑"是介宾词组,作"分配"的状语,加以字数不多,不需要作语气上的停顿,所以其后的逗号也应取消。正确的标点是:

　　古圣人立法,以三部九候决人生死,以五脏六腑分配于六部之中,故可以验人脏腑之吉凶也。

三、不通医理

不晓医药道理,不明医学术语,也会造成句读错误。例如:

　　① 如云:"一木五香:根旃檀、节沉香、花鸡舌、叶藿、胶薰陆。"此尤谬。旃檀与沉

香,两木元异。鸡舌即今丁香耳,今药品中所用者,亦非藿香,自是草叶,南方至多。薰陆,小木而大叶,海南亦有薰陆,乃其胶也,今谓之乳头香。五物迥殊,无非同类。(中华书局 1957 年版《新校正梦溪笔谈》第 223 页)

这一段标点有许多错误。"亦非藿香"之"亦非"当属上为句,构成"今药品中所用者亦非"句;"藿香"当属下为句,构成"藿香自是草叶"句。"薰陆,小木而大叶"中的逗号宜去。"海南亦有薰陆"的"薰陆"当属下为句。由于标点者疏于药物知识,以致错误丛生。正确的标点是:

如云:"一木五香:根,旃檀;节,沉香;花,鸡舌;叶,藿;胶,薰陆。"此尤谬。旃檀与沉香,两木元异。鸡舌即今丁香耳,今药品中所用者亦非。藿香自是草叶,南方至多。薰陆小木而大叶,海南亦有,薰陆乃其胶也,今谓之乳头香。五物迥殊,无非同类。

②　此痞本于呕。故君以半夏生姜。能散水气。干姜善散寒气。凡呕后痞硬。是上焦津液已干。寒气留滞可知。故去生姜而倍干姜。(上海科学技术出版社 1978 年版《伤寒来苏集·伤寒附翼》第 28 页)

"故君以半夏生姜"句有误,"生姜"二字当属下为句。若句读为"君以半夏生姜",恰与末句"故去生姜而倍干姜"意思相左。此方系半夏泻心汤,即生姜泻心汤去掉生姜、倍用干姜而成。句读者由于不熟悉半夏泻心汤的配伍,又未能贯通上下文意,以致出现误读。正确的标点是:

此痞本于呕,故君以半夏。生姜能散水气,干姜善散寒气。凡呕后痞硬,是上焦津液已干,寒气留滞可知,故去生姜而倍干姜。

③　一用白乌骨鸡一只。杀血入瓶中。纳活水蛭数十于内。待化成水。以猪胆皮包。指蘸捻须梢。自黑入根也。(人民卫生出版社 1957 年影印本《本草纲目》第 1536 页上栏)

断为"待化成水。以猪胆皮包",则显然是用猪胆皮包水。其实原意是说用猪胆皮包裹手指,去蘸捻须梢。猪胆皮犹如医生常用的指套,包指以防染黑。由于句读者不熟悉医药知识,致使"指"字当属上而误属下。正确的标点是:

一用白乌骨鸡一只,杀血入瓶中,纳活水蛭数十于内。待化成水,以猪胆皮包指,蘸捻须梢,自黑入根也。

④　睡者六字,真言之一,能睡则阴气自复,交骨亦开矣。(湖北人民出版社 1977 年版《中医外治法简编》第 431 页)

"六字"二字当属下为句。清代函斋居士《达生编》主张产妇临盆时要牢记六字诀:"睡、忍痛、慢临盆。"后世称之为"六字真言"。句读者不知"六字真言"是哪六个字,以致出现错误。正确的标点是:

睡者,六字真言之一,能睡,则阴气自复,交骨亦开矣。

四、不谙文史知识

所谓文史知识,是指古代的文化历史知识。有些误读,往往是由于缺乏一定的文史知识造成的。例如:

① 甲戌夏,员外熊可山公患痢,兼吐血不止。身热咳嗽,绕脐一块痛至死……以次调理而瘥。次年升职,方公问其故。(上海科学技术出版社1964年版《中医各家学说》第173页)

"职方"是官名,为古代掌管地图及四方职贡之官。熊可山出任职方,乃晋级加官,故曰"升"。由于句读者疏于古代官制知识,故将"职方"这一个官名从中点断。正确的标点是:

甲戌夏,员外熊可山公患痢,兼吐血不止,身热,咳嗽,绕脐一块痛至死……以次调理而瘥。次年升职方。公问其故。

② 医之道所以难言者,盖若此而已,乌伤?贾思诚,濂之外弟也,性醇介,有君子之行。(人民卫生出版社1962年版《医部全录》第十二册第434页)

"乌伤"后不当断而误断。乌伤系浙江义乌的古称,贾思诚为义乌人,故云"乌伤贾思诚"。相传其地有个名叫颜乌的孝子,因父亡而负土筑坟,有群乌衔土相助,乌喙皆伤,遂有"乌伤"之名。西汉末改称乌孝,唐代改为义乌。句读者由于缺乏古代地理知识,因而致误。正确的标点是:

医之道所以难言者,盖若此而已。乌伤贾思诚,濂之外弟也,性醇介,有君子之行。

③ 比按仓公传。其学皆出于素问。论病精微九卷。是原本经脉。其义深奥。不易觉也。(人民卫生出版社1956年影印本《针灸甲乙经》第2页)

"觉"当为"览"。"九卷"是《灵枢》古名,亦称《针经》,唐代王冰《素问》注始称《灵枢》。句读者由于不知《灵枢》书名的历史沿革,以"九卷"为数量词,致使其当属下而误属上。正确的标点是:

比按《仓公传》,其学皆出于《素问》,论病精微。《九卷》是原本经脉,其义深奥,不易览也。

④ 许智藏,高阳人也,祖道,幼尝以母疾,遂览医方,因而究极,世号名医。(《医部全录》第十二册第128页)

许智藏(约537—617),隋代医家,《隋书·许智藏传》载许智藏的祖父名"道幼"。由于句读者不谙历史人物,故误把"幼"字属下为句。正确的标点是:

许智藏，高阳人也，祖道幼。尝以母疾，遂览医方，因而究极，世号名医。

五、不知文字讹误

古典医籍年代久远，又因几经翻刻传抄，书缺简脱，文词差错，在所难免。如不详加校勘，往往会因讹误而误读。

①咽痛胸满心烦者。因阴并于下。而阳并于上承。不上承于心火。不下交于肾。此未济之象。(《伤寒来苏集·伤寒附翼》第 62 页)

"而阳并于上承，不上承于心火"，殊为不通。考前一"承"字乃"水"字之讹，当属下为句，"火"字亦当属下为句。如此则全句皆通，怡然理顺：

咽痛胸满心烦者，因阴并于下，而阳并于上，水不上承于心，火不下交于肾，此未济之象。

②六府之输于身者，余愿尽闻，少序别离其处。(人民卫生出版社 1956 年影印本《灵枢经》第 113 页)

此段文字见于《灵枢·邪客》。"少序别离其处"颇费解。考此段文字又见于《太素·脉行同异》。"余愿尽闻，少序别离其处"，《太素》作"余愿尽闻其序，别离之处"，当是。《灵枢》之"少"字系"其"字之讹，当据《太素》改，并使"其序"属上为句。正确的标点是：

六府之输于身者，余愿尽闻其序，别离其处。

③黄帝曰。卫气之在于身也。上下往来。不以期。候气而刺之奈何。(上海科学技术出版社 1963 年版《黄帝内经灵枢集注》第 431 页)

考此段文字又见《针灸甲乙经》卷一第九，"不以期"之"不"作"无"，"以"作"已"，"期"作"其"属下。正确的标点是：

黄帝曰："卫气之在于身也，上下往来无已，其候气而刺之奈何？"

④魄伤。则狂。狂者意不存人。皮革焦。(人民卫生出版社 1955 年影印本《黄帝内经太素》第 23 页上栏)

"狂者意不存人，皮革焦"，《针灸甲乙经》卷一第一作"狂者意不存，其人皮革焦"。《太素》"存"后脱"其"字，致使"人"字误属于上，当据《针灸甲乙经》补。杨上善注此两句云："故狂病意不当人。又肺病皮革焦也。"则脱"其"字已久。正确的标点是：

魄伤则狂，狂者意不存，其人皮革焦。

第三节　句读的方法

正确无误地给古代医书断句和标点,应具备古汉语、中医药与文史等各方面的知识。但并不是说唯有博学,才能进行句读。只要利用和掌握相关的方法,并且多读多练,便可以增强断句和标点的能力。

一、理解文意

出现句读错误的原因有多种,根本一点是没有认真钻研原文、弄清文意。因而辨明词义,弄清文意,是句读古医书的首要和根本的问题。一般可采取以下步骤:在标点之前,先阅读几遍,遇有费解之处,联系上下文意思考;基本弄清文意后,再进行标点;反复阅读所断之文——如果意义清楚,文句通畅,便反映标点基本无误;假使意义有难通之处或前后产生矛盾,即说明标点必有差错,宜细加辨识,予以纠正。例如:

龙者鳞虫之长。王符言其形有九。似头。似驼角。似鹿眼。似兔耳。似牛项。似蛇腹。似蜃鳞。似鲤爪。似鹰掌。似虎是也。(《本草纲目》第 1571 页上栏)

这则断句,错误之处至少有三:说龙“其形有九”,此其一;谓龙“似头”“似驼角”“似鹿眼”等等,不知所云,此其二;上文既言“其形有九”,下文却有十“似”,此其三。问题的关键在于将“九似”一语分拆,“似”字当属上而误属下,于是一误到底。正确的标点是:

龙者,鳞虫之长。王符言其形有九似:头似驼,角似鹿,眼似兔,耳似牛,项似蛇,腹似蜃,鳞似鲤,爪似鹰,掌似虎是也。

又如:

虚证亦可以用攻者。有病当先去。不可以养患也。且以气相感。虚人亦能胜无虚。虚之祸也。(人民卫生出版社 1955 年影印本《理瀹骈文》第 6 页下栏)

“虚人亦能胜无虚”已属不通,下文“虚之祸也”更不知所云。由于句读者不知中医治病“虚虚实实”之戒,因而点出在医理上无法自圆其说的句子来。正确的标点是:

虚证亦可以用攻者,有病当先去,不可以养患也。且以气相感,虚人亦能胜,无虚虚之祸也。

又如《伤寒论》“桂枝汤方”后的一则文字,一般易断为:

右五味。㕮咀三味。以水七升。微火煮取三升。去滓。适寒。温服一升。

按照这样断法,其他句子都容易理解,唯独"适寒。温服一升"文意难明。既说"适寒",又怎么讲"温服"呢?反复推求后,可以发现,只要将"温"字属上为句,成为"适寒温,服一升",便通顺了。"适寒温"意思是正好不冷不热。

从上述数例可以看出,标点以后,若仍然文意不明,哪怕只有一处,也要加以检查,直到全文畅通为止。

二、利用虚词

虚词,是古汉语中一种很活跃的词类,它不仅在表达语气和构造句子方面起着重要的作用,同时在某些语言环境中还具有标点符号的作用,其中语气词特别明显。有些虚词经常用于句首,如"夫""盖""粤""第""凡""设""而况""然则"等,一般可在它们的前面断句;有些虚词经常用于句尾,如"乎""哉""也""矣""耶""欤""耳""而已"等,一般可在它们的后面断句。例如:

岐伯答曰夫色脉与尺之相应也如桴鼓影响之相应也不得相失也此亦本末根叶之出候也故根死则叶枯矣(《灵枢·邪气藏府病形》)

句中"夫"字出现一次,"也"字出现四次,"矣"字出现一次。而全文一共只有六句,每句都有虚词作为标志,十分明显。因此我们可以把它断为:

岐伯答曰:"夫色脉与尺之相应也,如桴鼓影响之相应也,不得相失也;此亦本末根叶之出候也,故根死则叶枯矣。"

又如:

夫阳主生。阴主杀。凡阳气不充。则生意不广。而况于无阳乎。故阳惟畏其衰。阴惟畏其盛。非阴能自盛也。阳衰则阴盛矣。凡万物之生由乎阳。万物之死亦由乎阳。非阳能死物也。阳来则生。阳去则死矣。试以太阳证之。可得其象。夫日行南陆。在时为冬。斯时也。非无日也。第稍远耳。便见严寒难御之若此。万物雕零之若此。然则天地之和者。惟此日也。万物之生者。亦惟此日也。设无此日。则天地虽大。一寒质耳。岂非六合尽冰壶。乾坤皆地狱乎。人是小乾坤。得阳则生。失阳则死。阳衰即亡阳之渐也。恃强即致衰之兆也。可不畏哉。(《类经附翼·大宝论》)

全文共三十八处标点,而以常用于句首和句尾的虚词为依据来断句的超过一半,则其余自然因之而不难解决。

这里所说句首、句尾词,是指通常使用的现象,不是绝对的,应顾及例外的情况。如"之"作结构助词、"乎"作介词使用时,就不可在它们后面句读;"夫"作词尾词、"惟"作动词使用时,前者就不可、后者就不一定能在它们的前面句读。

三、分析句式

古人撰文,注重修辞,经常运用对偶、排比句式。由于对偶具有句式对称、排比具

有句式整齐的特点,因而可用以作为断句的依据。例如:

　　阳气根于阴阴气根于阳无阴则阳无以生无阳则阴无以化全阴则阳气不极全阳则阴气不穷春食凉夏食寒以养于阳秋食温冬食热以养于阴滋苗者必固其根伐下者必枯其上(《素问·四气调神大论》王冰注)

　　这则文字完全由以下五组对偶句式构成,可将这段文字标点为:

　　阳气根于阴,阴气根于阳。无阴则阳无以生,无阳则阴无以化。全阴则阳气不极,全阳则阴气不穷。春食凉,夏食寒,以养于阳;秋食温,冬食热,以养于阴。滋苗者,必固其根;伐下者,必枯其上。

　　又如:

　　南方生热热生火火生苦苦生心心生血血生脾其在天为热在地为火在体为脉在气为息在藏为心其性为暑其德为显其用为躁其色为赤其化为茂……(《素问·五运行大论》)

　　这则文字计有三组排比句,自"南方生热"至"血生脾"为第一组,"其在天为热"至"在藏为心"为第二组,"其性为暑"以下为第三组。
　　此外古书中还有一些凝固结构,各自具有相应的表意功能和固定的句型格式。如表示被动,有"为……所……""见……于……"的句型;表示宾语前置,有"唯(惟)……是……""唯(惟)……之……"的句式等。表示疑问,有"何以……为""何……之有""奈……何"等。虽然凝固结构中置入的语言成分因文而异,但掌握住句型格式的特点,对句子起止之处的判断就能了然于胸。

四、剖明层次

　　句读,传统归类于章句之学。章句之要,在于讲究文章中语言单位间的层次关系。因此,句读古书时,理应深思古人的章法,明晰文章内的层次关系。例如:

　　凡元气胜病为易治,病胜元气为难治,元气胜病者,虽误治,未必皆死;病胜元气者,稍误未有不死者。(《温疫论评注》第 155 页)

　　这段文字的层次本是先总言,后分述,即前两句总言,后六句("稍误"后应加逗号,意为稍误治,与前"虽误治"对言,故说六句)分述。在分述的六句中,前三句说明总言的首句,后三句说明总言的次句,层次分明。而照现在这样的标点,便是以"元气胜病者"三句来说明总言的两句,而"病胜元气者"三句便失去说明的对象。改正的方法,除了在"稍误"后加逗号外,更应把"病胜元气为难治"后的逗号改为句号。
　　又如:

初中末三法不可不讲也。初者病邪。初起正气尚强。邪气尚浅。则任受。攻中者受病渐久。邪气较深。正气较弱。任受且攻且补。末者病魔经久。邪气侵凌。正气消残。则任受补。(上海卫生出版社 1957 年版《医宗必读》第 256 页)

这段文字首句为总言，以下从病情发展的三个阶段予以分述，即根据初、中、末三个阶段正邪消长情况，分别采用"攻""且攻且补""补"三种不同治法。对此井然有序的层次，句读者未加剖析，致有多处误读。正确的标点是：

初、中、末三法不可不讲也。初者，病邪初起，正气尚强、邪气尚浅，则任受攻；中者，受病渐久，邪气较深，正气较弱，任受且攻且补；末者，病魔经久，邪气侵凌，正气消残，则任受补。

五、借助韵脚

凡属于韵文，例如诗、词、曲、赋以及汤头歌诀等，都可以依靠韵脚来断句。韵文押韵的规律，一般都是"隔句韵"，即奇句不押韵，偶句才押韵。但首句则有入韵与不入韵两种方式。例如：

阳证初起焮赤痛根束盘清肿如弓七日或疼时或止二七疮内渐生脓痛随脓减精神爽腐脱生新气血充嫩肉如珠颜色美更兼鲜润若榴红自然七恶全无犯应当五善喜俱逢须知此属纯阳证医药调和自有功(《医宗金鉴·外科心法要诀·痈疽阳证歌》)

这是隔句押韵首句入韵例，文中"痛、弓、脓、充、红、逢、功"都是韵脚，共计七韵十二句。于是我们就可以按照诗歌形式将它整齐地排列起来：

> 阳证初起焮赤痛，根束盘清肿如弓。
> 七日或疼时或止，二七疮内渐生脓。
> 痛随脓减精神爽，腐脱生新气血充。
> 嫩肉如珠颜色美，更兼鲜润若榴红。
> 自然七恶全无犯，应当五善喜俱逢。
> 须知此属纯阳证，医药调和自有功。

又如：

阴证初起如粟大不红不肿疮瘘僵木硬不痛不焮热疮根平大黯无光七朝之后不溃腐陷软无脓结空仓疮上生衣如脱甲孔中结子似含芳紫黑脓稀多臭秽若见七恶定知亡须知此属纯阴证虽有岐黄命不长(《医宗金鉴·外科心法要诀·痈疽阴证歌》)

这是隔句押韵首句不入韵例，文中"僵、光、仓、芳、亡、长"都是韵脚，共计六韵十二句。于是我们也可以按照诗歌形式把它整齐地排列起来：

阴证初起如粟大，不红不肿疙瘩僵。

木硬不痛不焮热，疮根平大黯无光。

七朝之后不溃腐，陷软无脓结空仓。

疮上生衣如脱甲，孔中结子似含芳。

紫黑脓稀多臭秽，若见七恶定知亡。

须知此属纯阴证，虽有岐黄命不长。

　　此外，也有句句都押韵的，甚至还有奇偶交错押韵的所谓"交韵"（见于《诗经》），这里就不一一举例了。

复习思考题

一、简答

1. 句读的符号主要有哪几种？各有什么作用？

2. 句读的位置有哪两种？各表示何意？

3. 常见的误读现象有哪些？各举一例说明。

4. 举例说明可资借助的句读方法。

二、改正误读

1. 窃闻千方易得。一效难求。余乃留心斯道。盖历多霜。因见近代刻古方。尽藏悖多。是药品不全。等分不一。炮制弗精。咸失古方之本旨。安足望其起死回生哉。予实忧之。恒患豚儿不知仁术之玄微。以讹传讹。云不误人。予弗信也。故述吾祖杏林翁秘传之方。及吾父云泉翁经验之药。并予尝取效之术。及闻江湖道中玄妙之剂。莫不剺金置币。向求之以助吾儿。得成济世之道。于中汤丸散末药。药合宜方。方中节真。世不传之方。为镇家之宝。（王文谟《碎金方·引》）

2. 医扁鹊见秦武王。武王示之病。扁鹊请除左右，曰："君之病在耳之前、目之下，除之未必已也。将使耳不聪、目不明。"君以告扁鹊。扁鹊怒而投其石："君与知之者谋之，而与不知者败之。使此知秦国之政也，则君一举而亡国矣！"（《战国策·秦策二》）

第六章

今　译

学习要点

一、熟悉常见的几种误译原因和表现。

二、掌握今译的"对、换、留、删、补、移"方法。

三、能够根据具体情况适当选用直译或意译类型。

把古代汉语译成现代汉语称为今译。

用现代汉语译注古医书，可以弥补前人注释的不足，使文义贯通古今，帮助读者迅速而全面地掌握原文的思想内容和写作特点。因此，语译就成为提高古医书阅读水平的必要手段，同时也是古汉语基础知识的综合训练。

第一节　今译的概况和标准

一、今译的概况

古书、古文的今译，滥觞于西汉。这是因为，其时社会历史和语言文字变化剧烈，汉后复归统一的局面与朝廷极重文献文化的良好风气，都对古今雅俗之语的沟通提出了现实而迫切的要求。所以司马迁作《史记》时，就将所引《尚书》《左传》等先秦文献中难懂的词语作了必要的翻译。如《尚书·尧典》："协和万邦……钦若昊天，历象日月星辰……宅嵎夷……厥民析……允厘百工，庶绩咸熙。"在《史记·五帝纪》中引用时，经过司马迁的翻译，情况就大不相同。司马迁的"译文"是："合和万邦……敬若上天……数历日月星辰……居郁夷……其民析……信敕百官，众功皆兴。"比《尚书》原文要明畅得多。

我国是一个多民族的国家，汉族本身也是历史上许多民族融合而成的。历史上民族语言与方言比现在要更多、更复杂。比如今天的浙江、两广一带，古称东越、南越，统称"百越（百粤）"。越地的方言，到了楚国就无法听懂（今仍有此情况）。西汉刘向的《说苑·善说》中就记载了一首鄂君所译的《越人歌》。原文是：

滥兮抃草滥予昌枑泽予昌州鱼焉乎秦胥胥缦予乎昭澶秦逾渗惿随河湖

342

鄂君的译文为：

今夕何夕兮，搴舟中流；今日何日兮，得与王子同舟。蒙羞被好兮，不訾诟耻。心几顽而不绝兮，知得王子。山有木兮木有枝，心悦君兮君不知。

如果不读译文，很难弄懂原文的意思；而读了译文，任何人都会明白这是一首非常优美动人的情歌！

后来我国转写相传的古籍，差不多走的就是这样的路子。尤其是一些古典历史小说，如《东周列国志》《三国演义》等，更是深具这一特点。其中虽有颇多虚构的内容，且自有安排，但也转引了大量的原始记述。其对原始记述的转引，几乎等于是原文的今译，只不过今译之文是当时的通用语而已。

二、今译的标准

清末翻译家严复在《天演论》卷首的《译例言》中说："译事有三难：信、达、雅。"从而提出了翻译的三条著名标准，即"信、达、雅"。这三条标准，直到今天仍然为大多数人所遵循。

所谓"信"，就是"信实"，亦即"准确"的意思。它要求译文要忠实于原文，包括思想、感情、风格等，即把原文完整而准确地表达于译文之中，对原文内容不得增减；所谓"达"，义为"通顺"，指译文要用词正确得体，行文通顺流畅，符合现代汉语的表达习惯，避免死抠字句，生搬硬套；所谓"雅"，即"典雅"，指译文要语言优美，情辞并茂。这三条标准相互为用。"信"是基本要求，起主导作用。特别是医学精深，一字失真，事关生命。"达"和"雅"是在"信"的基础上以通畅典雅的语言表达原文的意义。译文不"信"，就会谬种流传；译文不"达"、不"雅"，就降低了中医知识的推广及其实践作用。所以，语译必须严肃认真、精心推敲。

第二节　误译的原因

中医古籍远旨秘述，用规范化的现代汉语进行今译，使译文符合"信、达、雅"的要求，绝非易事。因为这是对古今汉语、文化历史及医药专业等方面知识的综合运用，稍有疏忽，往往会出现误译。误译的原因及其表现主要有：

一、不明词语意义

积词成句，累句成篇，句与篇都由词语材料构造而成，句意与篇旨植根于词义这个基础之上，因而要准确今译，必须掌握词语在句中的意义。一旦谬释词语，句意自然偏失。这是导致误译最为常见的原因。例如：

然其补，非今之所谓补也，文具于《补论》条下。（《汗下吐三法该尽治病诠》）

有一直译本译为：

但是古时的补法,不是今天所谈论的补法,文字具体在《补论》(张从正所著《儒门事亲》中的一篇)条文内。

文中把"具"译作"具体",纯属望文生义。"具"是动词,应译作"陈述"。这一词义,在古书中是常见的。如《宋史·梁克家传》"因命条具风俗之弊",《济生方·呕吐》"治疗方法,详具于后"等。

此外,由于我们对现代汉语以双音词为主的特点比较熟悉,阅读古书时,常常会不自觉地按现代汉语的习惯去理解,因而当古书中出现相邻的两个单音词恰好跟现代汉语的一个双音词相同的现象时,就很容易产生误解而导致误译。例如:

中间三日发病,一如佗言。(《华佗传》)

有人译为:

中间三天发了病,完全如同华佗所说的那样。

译者误把"中间"当作一个名词,实际上二字是各自独立的两个词,"中"即指中间;"间"是动词,当"间隔"讲。

有些复音虚词,在古今汉语中也属同形异义,若不明析,往往导致误译。例如:

虽然,作者谓圣,述者谓明。(《温病条辨·叙》)

有人译为:

虽然《伤寒论》作者是圣人,编著这本书的人是贤哲。

句中"虽然"是由让步连词"虽"和指示代词"然"组成的虚词性词组,表示承接上文,预示下文语意将有转折。"虽"即相当于"虽然","然"相当于"这样"。"虽然"后面一般均宜用逗号断开。可译为:"虽然如此,但是……"或"即使这样,但是……"。原文"作者谓圣,述者谓明"中的"作者"指首创的人,此指《伤寒论》的作者张仲景。"述者"指传述解说的人,此指历代解释《伤寒论》的著名医家。正确的译文是:

即使这样,首创《伤寒论》的人被称为圣人,传述解说《伤寒论》的人被称做贤明之人。

古汉语的偏义复词与现代汉语的并列词组容易相混,若不仔细鉴别判断,也会使译文乖违原意。例如:

盖汗下吐,以若草木治病者也。补者,以谷肉果菜养口体者也。(《汗下吐三法该

尽治病诠》)

有人译为：

大概汗、下、吐三法，用那些草木治疗疾病。补法可用谷肉果菜口食养身体。

"口体"是偏义复词，义偏在"体"。"养口体"即"养身体"。译者不明其义，竟穿凿附会，误译为"口食养身体"。

二、不析语法修辞

古汉语的语法有其独特之处，如虚词的灵活多变、词类的经常变换、古汉语的特殊语序、特殊格式等，一旦领会错误，就会造成误译。例如：

帝曰：余念其痛，心为之乱惑，反甚其病，不可更代。百姓闻之，以为残贼。为之奈何？（《素问·宝命全形论》)

有人译为：

黄帝说：我每怀念到病人的痛苦，心里很觉得烦乱不适，因为不能给他们解除病苦，百姓会反映我们残贼不仁，怎样能把病给他们治好呢？

详上下文，其中的"甚"字是形容词的使动用法，"反甚其病"即"反使其病甚"。应当在"惑"字后点断，使"反甚其病"为句。注译者忽略了这个重要的语法特点，却将其破读为二，遂使文意错乱，进而导致了误译。正确的译文是：

黄帝说：我每想到病人的痛苦，心情因此不安，以致头脑昏乱，这样在治病时反而会加重他们的病情，而我又没有什么办法来代替病人忍受病痛。百姓知道这种情况以后，还以为我很残忍。对此应当怎么办呢？

又如：

偶述斯言，不敢示诸明达者焉。（《针经指南·标幽赋》)

有人译为：

我偶然间说了上述这些话，不敢给诸位文明通达的人看。

译文的明显错误，是把当"之于"讲的兼词"诸"视作代词，而译成"诸位"。再者把"明"译为"文明"也不妥，应为"高明"。正确的译文是：

偶然讲述了以上这些意见，不敢把它拿给高明通达的人看。

又如：

君名桂，字天士，号香岩先生。君少从师受经书。暮归，君考阳生翁授以岐黄学。年十四，翁弃养，君乃从翁门人朱君某专学为医。(《叶香岩传》)

有人译为：

叶君名桂，字天士，号香岩先生。叶君小时候曾拜师学习五经四书。晚上归来，他父亲叶阳生老先生给他讲授医学知识。十四岁时，他父亲放弃了对他的培养，叶君便跟从他父亲的弟子朱君某专门学习医学。

乍看译文似无不妥。实际上在关键处曲解了原文。"弃养"是死的委婉说法。"年十四，翁弃养"意思是"叶天士十四岁时，他父亲去世"，而译文却作"十四岁时，他父亲放弃了对他的培养"，意义大相径庭。

三、失于校勘

古籍的整理和今译，离不开校勘。要想使今译准确，就必须和精审的校勘结合起来。若失于校勘，原文的讹、衍、脱、倒，均将导致误译。例如：

夫上古圣人之教下也，皆谓之虚邪贼风，避之有时……(《素问·上古天真论》)
(译文一)古代深懂养生之道的人在教导普通人的时候，总要讲到虚邪贼风等致病因素，应及时避开。
(译文二)在上古时代，对于深明养生道理的人的教诲，人们都能够遵从。对于四时不正的虚邪贼风，能够适时回避。

这是两种明显不同的译文。"译文一"是根据通行的王冰本所作的今译。"译文二"是在详参杨上善、林亿、胡澍等注本，进行校勘的基础上产生的。林亿新校正云："按全元起注本云：'上古圣人之教也，下皆为之。'《太素》《千金》同。杨上善云：'上古圣人使人行者，身先行之，为不言之教。不言之教胜有言之教，故下百姓仿行者众，故曰下皆为之。"胡澍在《内经·素问校义》中说："全本、杨本、孙本及杨说是也。'夫上古圣人之教也'句，'下皆为之'句。'下皆为之'，言下皆化之也。'为'与'谓'一声之转，故二字往往通用……王氏不达，误以'谓'为告谓之'谓'，乃生'下'字于上句'也'字之上，以'上古圣人之教下也'为句，'皆谓之'三字形下属为句，失其指矣。"杨上善深谙经文之义，依据全元起注本作出了准确的训释：即圣人言传身教，下面百姓皆仿行之。胡澍进行声训探源，指出王冰所据本作"谓"，乃"为"之借字，并依据全氏注本作了精审的句读分析。"教下也"中的"下也"二字误倒，"下"字属下。这就从根本上澄清了王冰本的错误。"译文二"正是对经过校勘而进行了正确标点的原文所作的译文，因而它准确地揭示了原文的含义。从这一实例可以看出，精审的校勘对于今译是何等重要。
又如：

天台周进士病恶寒……服附子数百,增剧。(《丹溪翁传》)

有人译为:

天台周进士患怕冷的病……服用附子几百副,越发加剧了。

朱丹溪《格致余论·恶寒非寒病恶热非热病》云:"进士周本道,年逾三十,得恶寒病,服附子数日而病甚,求予治。"可知,"百""日"形体相近而讹。"数百"当为"数日"方合情理。疑此系《四部丛刊》本所讹。

四、不辨逻辑语气

古文注重简洁,词语之间的逻辑关系以及句子的语气一般不明确表示,需要读者自行体察,在今译时适当补上,这样译文方能流畅易明,原文的意思才会准确反映。有些译文往往不加注意,因而导致误译。例如:

若被火者,微发黄色,剧则如惊痫。(《伤寒论·辨太阳病脉证并治下》第六条)

有人译为:

如果误用火法,皮肤就会稍微发黄,严重的便要引起如同惊痫的症状。

这里讲风温证误用火法所造成的后果,火微则发黄色,火剧则如惊痫。因此"微"后要补译出"则"的意思,才能反映出句子之间的逻辑关系。
又如:

此五者,大概而已。其微至于言不能宣,其详至于书不能载,岂庸庸之人可以易言哉?(《良方·自序》)

有人译为:

这五方面的情况大概就是这些而已。它微妙到言语不能表达,它详尽到文字不能记载,难道平庸之人可以轻易谈论医学吗?

文章首先提出治病有五难,接着逐一辨析,随后为归结"此五者,大概而已",意为这五个方面只是大概罢了,说明治病之难还有很多,因而下文说"其微至于言不能宣,其详至于书不能载。"而译文"这五方面的情况大概就是这些而已",是说治病之难很少,不过这五个方面,语气正好相反。

第三节　今译的类型和方法

一、今译的类型

今译不外乎两大类型,即直译和意译。

直译要求译文与原文的词性、词义、语法结构及逻辑关系一一对应,不任意改动词序和增删文字。这种方法能够忠实地再现原文的思想内容和语言风格,便于初学者古今对照,理解和掌握原著。对于古代的散文、科学论文及医学文献,一般适宜采用直译的形式。例如:

故伤寒有承气之戒,呕哕发下焦之问。(《脉经·序》)

(译文一)《伤寒论》中承气汤的用法,在很多情况下须戒用;呕哕一般是属于中焦和上焦的病变,但也有因下焦气逆所致的。所以在诊治时,不应只着眼于中、上焦,还须审察下焦的情况。

(译文二)所以对伤寒(阳明病)有使用承气汤的禁忌,对呕吐呃逆病要提出下焦情况的问诊。

"译文一"从内容上看,并没有什么错误,但译者抛开原文,随意发挥医理,增添了许多不必要的文字。原文工丽整齐,如"伤寒"和"呕哕"相对,均指病证,可译者却将"伤寒"译作《伤寒论》,使前后文义不协。"译文二"采用直译的方法,紧扣原文的词义、句式,逐字逐句对译。

又如:

天地之象分,阴阳之候列,变化之由表,死生之兆彰。不谋而遐迩自同,勿约而幽明斯契。(《黄帝内经素问注·序》)

(译文一)自然界的规律,阴阳征候的变化,死或生的预兆,没有预先商量而所见各种事理都相符合。

(译文二)天地间的现象被区分清楚了,阴阳的征候被序列起来了,变化的根由被揭示出来了,生死的征兆被阐发明白了。不曾商议,可是远近的事理自然同一;不曾约定,可是无形和有形的事物也全都吻合。

"译文一"字数同原文相当,似乎是简炼了,但是对原文中的"分""列""表""彰""遐迩""幽明"等一系列关键词语竟舍去不译,从内容到句式均作了删改。这就有违原文,失去了真义。"译文二"采用了直译的方法,基本上做到了字、词、句落实,比较真实地再现了原文的风貌。

需要说明的是,不能把直译理解为字字对照的硬译。由于时代的差异,古今汉语的表达方式多有不同。比如古汉语比较简略,有时如果字字对译,就会感到不通顺,甚至不好懂。古代有些词汇已经死亡,有的虚词业已不用,一些成语典故更是无法字字对译。在这种情况下,自然不能受原文的束缚,而应当合理地增添或删削一些词语。

例如：

克期不怠,布阵有方,此又不可更仆数也。(《医学源流论·用药如用兵论》)
(译文一)限定时间,不得拖延,布阵要有方法,这些策略像更换仆人一样不能数尽的。
(译文二)限定日期,不得延误,布列阵营,要有法度,这些又是数都不用数的。

"译文一"机械地把末句中的成语"不可更仆数"逐字对译出来,结果显得诘屈难懂。"译文二"则准确地揭示了这个成语在句中的含义,使译文显得简单明了。

所谓意译,则是指在不改变原文意义的前提下,不考虑古今语言文字形式上的对应关系,只从准确地表述原文的思想内容和细微意义的需求出发,进行灵活的翻译。进行意译时必须注意的问题是,既不能任意删削原文的内容,也不能凭主观意识加进原文根本没有的东西。它跟直译相比,仅仅是方式上的不同而已,本质上都要毫无条件地完全忠实于原文。

二、今译的方法

直译的具体方法可概括为"对、换、留、删、补、移"六字。

(一) 对

就是按原文的词序、结构、句式对应语译。由于白话文是文言文的继承和发展,所以彼此有很多相似之处。古代的单音节词发展为现代的双音节词,基本上都是以原来的单音词为词素而构成的双音词。这为对译带来很大的方便。今译时应将原文中的文言单音词对译为相应的以该词作词素的现代双音节词。如：

郡守果大怒,令人追捉杀佗。郡守子知之,属使勿逐。(《华佗传》)
(译文)太守果然大怒,派人追赶捉杀华佗。郡守的儿子知道实情,吩咐差役不要前去追杀。

译文注意同原文的词序、结构、句式对应,保持了原文的词性和功能。同时把原文可对译的单音词"果""怒""令""追""捉""杀""子""知""属""逐"等,逐一译成相应的现代双音词。使其含义明确,符合现代汉语的用词习惯。

(二) 换

即把原文中不能或不宜对译的古汉语词,变换成意义相同或相近的现代词语。例如：

病者一身尽疼,发热,日晡所剧者,名风湿。(《金匮要略·痉湿暍病脉证治》)
(译文)病人全身疼痛,发热,每到下午3—5时左右便加剧的,称为风湿病。

原文中的"晡",在古代的地支纪时法中,指"申时",相当于下午3—5时,"所"表约数。而这些涵义和用法,在现代汉语中已经不用了。因而换译为"下午3—5时左右"。
又如：

同我者是之,异己者非之。(《不失人情论》)

(译文)与自己相同的意见就认为它正确,与自己不同的看法便认为它错误。

原文中的"是""非"都是形容词的意动用法,应分别译为"认为……正确""认为……错误"而不能只译为"正确""错误"。

(三) 留

即把原文中的某些词语直接保留在译文中。主要有三方面的词语可采取这种"留"的方法。

一为专用名词术语。如:书名——《素问》《伤寒论》等;篇名——《上古天真论》《辨少阳病脉证并治》等;人名——扁鹊、华佗;表字——明之(李杲)、东璧(李时珍)等;别号——抱朴子(葛洪)、启玄子(王冰)等;国名——秦、东汉等;地名——松江、邯郸等;官名——朝议郎、太仆令等;年号——建元、甘露等;谥号——忠武侯(诸葛亮)、文忠(欧阳修)等;度量衡名——斛(容积)、钧(重量)等;方剂名——小柴胡汤、建中丸等;药名——甘草、狗宝等;穴位名——承山、合谷等;病证名——伤暑、冬温等;经络名——督脉、阳络等;脏器名——心、三焦等。

二为古今意义相同的基本词语。如马、牛、人、手、长、短、冷、热、逍遥、正直、忠诚、主张、调和等。基本词一般具有全民性和稳固性,因此《尔雅》《方言》《广雅》等古代辞书对基本词不仅不加以解释,而且还往往用它们来注释古语词、方言词、专门用语等。

三为常见易明的成语典故。如指鹿为马、刻舟求剑、举一反三等。

以上词语在今译时一般都可保留在译文内。

(四) 删

即删略原文中的某些词语,不必译出。古汉语中有些虚词,如发语词"盖""夫"等,结构助词"之""是"等,语气助词"者""也"等,在现代汉语里没有相对应的词可译,而删去不译也不影响原文的含义。古汉语一些表谦敬的副词,现代汉语中往往没有相应的词对译,故也可删略不译。例如:

伏念本草一书,关系颇重。(《白茅堂集·李时珍传》)

(译文)考虑本草一书,关系十分重大。

原文中的"伏"是表谦敬的副词,常用于臣下对皇上的表章、奏折,现代已无这种用法,也没有相应的词替换,故删略不译。

又如:

谨闻命矣。(《素问·解精微论》)

(译文)我听到您的教导了。

原文中的"谨"是谦敬副词,在对话中表示对人的尊敬,对自己的谦卑,本身并没有具体的含义,可不必译出。

(五) 补

即补充译出原文里省略的成分,或根据上下文的逻辑关系,增补一些相应的词

语,以求文意的畅达完整和连贯。例如:

脾气散精,上归于肺,通调水道,下输膀胱。(《素问·经脉别论》)

(译文)脾气能输布物质的精微,(这些精微)向上输布到肺,(肺气)通调水道,又向下输入到膀胱。

原文在第二、三两个分句前,分别省略了主语"精""肺气"。今译时要把这些省略的词语补出,以使文义畅达。

(六) 移

就是移换语序。即从语义出发,按现代汉语的习惯对原文的语序、结构进行相应的调整。主要表现在,对古汉语的几种特殊语序,如谓语置于主语前、宾语置于谓语前、定语置于中心语后等,今译时要进行调整。此外,今译时需作语序调整的还有以下几种现象:

其一,介宾结构在句中作补语的,今译时要将它调整到谓语之前。例如:

阿从佗求可服食益于人者,佗授以漆叶青黏散。(《华佗传》)

介宾结构"于人"和"以漆叶青黏散"都充当补语,今译时应分别提到动词谓语"益"和"授"的前面。"益于人"译为"对人有益","授以漆叶青黏散"译为"把漆叶青黏散传授给樊阿"。

其二,"而"和"则"在句中作顺承连词并且位于主语之前的,今译时一般要调整到该主语之后。例如:

世俗乐其浅近,相与宗之,而生民之祸亟矣。(《温病条辨·叙》)
逆之则灾害生,从之则苛疾不起。(《素问·四气调神大论》)

这两例中的"而""则"都是表顺承的连词,分别出现在主语"生民之祸"和"灾害""苛疾"前,今译时可把它们移到主语的后面,并都对译为"就"或"便"。"而生民之祸亟矣"译为"人民的祸患就频繁了","则灾害生""则苛疾不起"分别译为"灾害就发生""疾病便不出现"。

其三,数词在句中置于动词前的,今译时应调整到动词之后。例如:

岁历三十稔,书考八百馀家,稿凡三易。(《本草纲目》王世贞序)

例中的"三易"中,数词"三"出现在动词"易"之前。今译时要调到动词之后。"三易"译为"修改三次"。

其四,遇有下文两个词句分别承受上文两个词句的分承现象时,应依据词句间的意义联系来调整语序。例如:

耳目聪明,齿牙完坚。(《华佗传》)

例中的"耳目聪明"和"齿牙完坚"都是词语分承："聪"承受"耳"，"明"承受"目"；"完"承受"齿"，"坚"承受"牙"。应调整为"耳聪目明"和"齿完牙坚"，然后再加以今译。

 复习思考题

一、简答

1. 今译的标准是什么？

2. 今译有哪两种类型？

3. 举例说明"对、换、留、删、补、移"的今译方法。

二、阅读

金匮歌者乡前辈王君良叔之秘医方也初良叔以儒者涉猎群书不欲以一家名一日遇病数十辈同一证医者曰此证阴也其用某药无疑数人者骈死医者犹不变良叔曰是证其必他有以合少更之遂服阳证药自是皆更生焉良叔冤前者之死也遂发念取诸医书研精探索如其为学然久之无不通贯辨证察脉造神入妙如庖丁解牛伛偻承蜩因自撰为方剂括为歌诗草纸蝇字连帙累牍以遗其后人曰吾平生精神尽在此矣

要求：

1. 给上文加标点。

2. 注释文中加点的词语。

3. 今译文中加横线的句子。

第七章

阅 读 指 导

 学习要点

一、熟悉快速阅读的几种方法。

二、掌握并实践精读和创造性阅读的方法。

三、理解掌握停连、重音、语气、节奏在朗读中的运用。

第一节　快速阅读的方法

快速阅读法,是指从书面文字中迅速获取有用信息的一种阅读方法。相对于逐字逐词的传统阅读方法来说,快速阅读主要强调阅读速度快,但它也要求达到相应的理解和记忆效果。也就是说,这种阅读方法能够使读者在极少的时间内,最大限度地获取有用信息。

一、快速阅读的主要方法

(一) 浏览法

浏览法是指对一般不需要细致了解的书籍,只是从总体上粗略掌握书中大概内容的一种阅读方法。

浏览阅读要重点注意文中的一些关键位置:一是篇名,包括文章的题目和书名。题目是文章的眼睛,它往往集中概括了全文的主要论点、主要论题或是主要内容等。通过研究题目,可以对文章或书籍有一个总体的认识。二是目录、序言、提要、索要等,这些将会帮助读者对文章或书籍的大体框架、基本思路有所了解。三是正文,这一部分浏览的关键主要是开头、结尾以及中间段落起首的中心句。将这些关键部分浏览完毕后,会对文章或书籍形成总的印象。如果经回忆有不够完整的地方,或有值得深究之处,可再作必要的重点补阅。

(二) 扫读法

扫读法是指对文章内容一目数行、一目十行地扫视,以大容量获取信息的一种快速阅读方法。

扫读法是将眼停的视阈尽可能扩大,将几行文字、一段文字甚至整页文字作为每次眼停的注视单位,在快速扫视中获得对文章或书籍的总体印象、整体理解。这种方法最快可以由数行扫读直到一页一页地扫读,逐页扫读的方法又称为面式阅读法。由于摆脱了个别字句上的语意纠缠,不仅提高了阅读速度,而且不会影响理解程度,有时候甚至比逐字逐句阅读更能把握文章内容的精髓。扫读法阅读的速度非常快,但要熟练掌握这种方法必须经常专门训练,比如经常做一些视力扩展训练,在平时阅读时要注意克服逐字逐句阅读的习惯,有意识地扩大每次眼停的视野范围。

(三) 跳读法

跳读法是指跳过一些无关紧要的部分而直取读物的关键性内容的一种快速阅读方法。

跳读与扫读不同。扫读是逐页扫视,而跳读则是有所取舍地跳跃式前进,只停留在那些最有价值的内容上阅读,其他次要内容则大段大段甚至整页整页地略过。所以,善于运用跳读法阅读,不但可以提高阅读速度,而且能够很快抓住关键,把握文章要旨。跳读的具体方法有多种:可以抓住标题、小标题、黑体字等关键处跳读,这些往往都是文中主要内容、中心题旨所在;可以根据关键词语的提示跳读,有关键词语的地方大都是同阅读者所关心的内容或问题联系最密切的;可以重点在篇章的开头、结尾,文中段落的首句或尾句跳读,这些常常是议论性文体的主要观点或论据要点的所在;可以沿着情节发展线索跳读,如在记叙文中情节之外的纯景物、人物的大段静态描写可直接略过;可以根据语法结构的提示跳读,通过结构词语的帮助来把握书中的思路,如"由此看来""总之"等就可提示读者很快找到关键性的总结句。

(四) 寻读法

寻读法是指为得到急需的有关资料,在众多相关书籍资料中搜寻查找的一种快速阅读方法。

寻读法是日常工作中经常使用的一种快速阅读方法。我们在辞典中查阅某个字词的意义和读音;在报纸上查看当天的重要新闻;在电视报上了解想看的电视节目;在产品说明书中查寻某个故障的排除方法;在某本书中通过目录提要寻找自己最感兴趣的内容;在写作中搜集需要引用的有关资料时,都会自觉不自觉地用到寻读法。寻读时,要在快速扫视书页的过程中,能够很快地对自己所要查找的问题和细节如人名、地名、事件、年代、概念术语等,作出识别判断。这种快速筛选识别信息的能力,需要在阅读实践中不断锻炼提高。

(五) 猜读法

猜读法是指在读书或者读文章时,以所了解的题目或已看的前文作为前提,对后面的内容预作猜想,然后将其与后文实际内容进行印证比较的一种阅读方法。

猜读法使读者角度转换为作者,为作者设身处地地考虑作品内容的安排,这就使阅读活动始终处于高度活跃的积极思维状态,有助于锻炼提高读者的认识判断能力、创造能力。随着猜读准确性的提高,读者在阅读中领会把握作品内容的时间就会大为减少,因而猜读的能力对提高快速阅读能力也会起到重要的促进作用。猜读法最常见于情节类的作品阅读中,如《老人与海》中在读到桑提亚哥刚遇到鲨鱼之时,读者便可以猜想作者会怎样写他与鲨鱼的较量? 最后结局会是如何? 其他类型的作品,也可以用猜读法阅读。如读议论性文体时,可以先由题目设想作者如何提出论点,采用哪些论据,用什么方法来具体论证。

运用猜读法时要注意,猜读要以原文的某些材料作依据,不能毫无依据地凭空乱想。猜想之后,要在原文的相关处重点阅读,将猜想与原文的内容进行对照,一致便说明自己较好地理解了作品,不一致则说明自己的理解或作者对内容的处理有问题。在不断地猜想、比较、总结中,猜读能力会不断提高,思维能力与创造能力也会得到很好的锻炼。

二、快速阅读需要注意的问题

(一) 保持注意力的集中

快速阅读不只是要求速度,还要求达到理解的程度,如果注意力不集中就很难保证在极短的时间内能够对内容有较好的理解,更谈不上对内容的记忆和掌握。因此,阅读的速度越快,就越要求读者的注意力保持高度集中。这对于保证快速阅读的效果是非常重要的。

(二) 整体识读的能力

阅读速度的提高,与阅读者的整体识读能力有着很直接的关系。逐字逐句读书的习惯使注视点增多,眼跳次数增加,势必影响阅读的速度。而如果将许多字句、一句或数句甚至一段作为一个整体来识读,就会大大减少注视点和眼跳次数,使每次眼停的阅读视野扩大,阅读速度也会成倍地提高。因此,在阅读中注意养成整体识读的习惯,对于提高快速阅读能力非常重要。

(三) 正确处理好阅读速度与理解、记忆的关系

所说的快速阅读,当然是在理解、记忆基础上的阅读。如果抛开了对所读材料的理解和记忆,而单纯追求速度,那这个速度即使再快也是没有意义的。因此,提高阅读的速度,一定要处理好速度与理解、记忆之间的关系。快速阅读必须以一定的理解水平、记忆能力为前提。一般来说,快速阅读的理解率应保持在 70% 左右。

第二节　精读的方法

精读是指为了达到对文章内容深入理解、熟练掌握的程度,从而对文章进行反复钻研细心领会的一种阅读方法。与速读、泛读不同,它所强调的不是阅读的速度或数量,而是对文章内容进行深入透彻的理解和掌握。

精读的主要方法有:

(一) 系统阅读法

系统阅读法是指通过细致全面地阅读作品,来实现对作品内容完整准确把握的一种方法。它特别强调将作品作为一个完整的系统来对待,而不能随意割裂开来仅对其某一方面作孤立的片面的理解。

掌握系统阅读的方法,首先需要从各个方面来把握文章,内容上要了解作者所要表现的主旨,作者的写作动机,该文所具有的意义,对其如何评价等;形式上要了解其属于什么体裁类型,使用了哪些具体的写作方法和技巧,语言运用上有何特点,具有怎样的写作风格,在写作上有哪些值得学习借鉴的地方等。在此基础上,对文章产生总体的认识理解。比如《谏逐客书》一文,读者只有联系当时的时代背景,结合作者所面对的特殊对象等内容,才可以更好地感受李斯立意高远、措辞犀利而又不失委婉的

论辩艺术。其次,在对文章局部细节或某一方面进行理解时,也需要顾及整体,要从总体角度对其特点或作用做具体分析。比如对文章中某一段落不但要能归纳它的段意、中心论点,而且还应进一步了解该段落在全文中的作用等。

(二) 连锁阅读法

连锁阅读法是指为了能够更加透彻的理解阅读内容,由此及彼,由此书阅读进而扩展延伸到对其他同类书籍或有关书籍阅读的一种方法。

这种方法借助知识的联系性,围绕一定的主题,将阅读活动组合成一个不断延续、循序渐进的过程,特别有助于阅读认识的深化。因而,在学术研究活动类型的阅读中经常被采用。林语堂在《读书的艺术》中曾指出:"读书必求深入,而欲求深入,非由兴趣相近者入手不可。学问是每每相互关联的,一人找到一种有趣味的书,必定由一问题而引起其他问题,由看一本书而不能不去找关系的十几种书,如此循序渐进,自然可以升堂入室,研磨既久,门径自熟;或是发现问题,发现深义,更可触类旁通,广求博引,以证己说,如此一步步深入。"这里所讲的,也就是连锁阅读的方法。

(三) 重复阅读法

重复阅读法是指通过不断地重复阅读,来帮助思考、加深印象、强化记忆,从而达到熟练掌握程度的一种阅读方法。

重复阅读,不但能够有助于掌握知识、记忆知识,而且有助于更好地理解书中的内容。有些书籍,尤其是一些理论性强内容艰深的作品,仅读一遍往往难以搞懂,只有经过反复阅读才能逐渐领会。俗话说:"书读百遍,其义自见"。据说哲学家阿维森纳开始并未读懂亚里士多德的《形而上学》,他便连续读了40多遍,达到能够背诵的程度,后经别人启发,他很快便领悟了书中的内容。这显然是得益于重复阅读。当然,重复阅读不是保持原有阅读水平的简单重复,而是要求阅读者必须积极思考。阅读不断重复的过程,实际也是对书中内容不断探索不断思考的过程。

(四) 比较阅读法

比较阅读法是指以相同书籍或不同书籍作为参照,通过相互之间的比较参照来更好地理解所读作品的一种阅读方法。

比较阅读,能够帮助阅读者更加直观地把握作品特征,理解作品内容。具体来说,可以从许多方面入手:将相同题目的文章比较来读,如朱自清、俞平伯的《桨声灯影里的秦淮河》;将相同题材的文章比较来读,如朱自清的《匆匆》和高尔基的《时钟》;将同一作家的同类文章比较来读,如老舍的《济南的秋天》和《济南的冬天》;将同一作家的不同类型的作品比较来读,如李清照的词《声声慢》和诗《夏日绝句》等。通过这些作品之间的相互比较,往往可以更加具体地了解彼此间的联系与区别,更准确地把握其特点,更好地感受和理解文学作品。

(五) 笔记阅读法

笔记阅读法是指通过笔记,将阅读过程中有价值的资料、问题、心得、体会、评价、总结等内容保存记录下来的一种阅读方法。

笔记阅读能够及时将阅读的收获保存下来,既方便以后有关内容的应用,也为进一步的深入阅读提供帮助。同时,它还是将阅读与写作结合起来的一种综合性阅读活动,不仅能够促进思维能力、阅读能力的提高,而且还可以使写作能力得到锻炼。因而,要想在精读中能有更多的收获,必须善于运用笔记阅读的方法,要养成"不动笔墨不看书"的习惯。笔记的形式是简便灵活、多种多样的。它可以用符号在书上作标记,也可以在卡片上摘抄资料、归纳要点,也可以将心得、体会、评价、疑问等写在笔记本上。

在精读的过程中,应该注意以下几点:

第一,精读要突出一个"精"字,不可贪多。好高骛远,总想什么书都精读、都要搞透的人,是很难做到"精"的。读得不"精",自然也就不会有精读的收获。

第二,精读要突出一个"细"字,不可粗心。有时候,对一句话甚至一个字都要仔细体会,认真琢磨,正像朱光潜先生在《咬文嚼字》一文中所说的,在阅读时"我们必须有一字不肯放松的谨严"。只有细心,才可以深入到书中,有更多的收获。

第三,精读要突出一个"透"字,要真正达到对作品的透彻理解,不能不求甚解,一知半解。也就是说,对作品的主要思想、精神实质等内容,要能够用自己的语言去表述或概括,要达到既能意会又可言传的程度,这才算是达到了精读的效果。

第三节　创造性阅读的方法

创造性阅读是指通过独立的思考与探索,在所读作品中获得新的启示,发现新的问题,提出新的见解,产生新的思想的一种阅读方法。它不仅是满足于对文本原有内容的单纯接受,而更强调在文本基础上的创造性收获,是一种高水平的阅读方法。

(一) 横向阅读法

横向阅读法是指在作品原意的基础上通过横向的联想或比较,获得创意性感悟或是新颖见解的一种阅读的方法。

横向阅读法的主要特点是根据事物之间的相似性,在原作品内容的基础上横向拓宽它的应用领域,使原作品在其原有领域之外又找到新的适用领域,从而产生出新意。这种新意在很多情况下,是通过联想获得的。如晏殊的《蝶恋花》、柳永的《凤栖梧》、辛弃疾的《青玉案》本是三首爱情词,王国维读后却生出另外一种联想,将这三首词中的词句拿来作为学术研究境界的概括:"古今之成大事业大学问者,必须过三种境界:'昨夜西风凋碧树,独上高楼,望尽天涯路。'此第一境也。'衣带渐宽终不悔,为伊消得人憔悴。'此第二境也。'众里寻她千百度,蓦然回首,那人却在灯火阑珊处'。此第三境也。"这种联想出的新意是原来词作中所不曾有的,它体现出王国维创造性阅读的特点。同样,《谏逐客书》中的"泰山不让土壤,故能成其大;河海不择细流,故能就其深",本是来说明"王者不却众庶,故能明其德"的道理,我们也可以由此联想到,在学习上应该善于取人之长补己之短;在对外开放方面应该善于学习别国的经验等,从中获得新的感受。可见,运用好这种方法,最关键的是要善于抓住事物或现象之间的联系,大胆联想。

(二) 纵向阅读法

纵向阅读法是指沿着作品原有的思路进一步向纵深开拓,从而获得比原作品更深刻的见解或思想的一种阅读方法。

纵向阅读法需要读者在观察问题时眼光要更加敏锐深刻,不能满足于停留在原作品看问题的高度。苏轼在《留侯论》中,正是因为不满足于古代史书上对张良辅佐刘邦成就帝业关键因素的解释,才大胆否定了张良的成就主要取决于圯上老人授予兵书的成说,提出"忍小忿而就大谋"乃张良辅佐刘邦成就帝业的关键所在的见解。尽管这一见解也只是一家之言,但苏轼的结论无疑会有助于我们更全面更深入地认

识这一问题。

（三）逆向阅读法

逆向阅读法是对作品原有内容作反向质疑，考查其存在的合理性，从而发现问题、解决问题的一种阅读方法。

逆向阅读法最主要的特点，就是对作品内容作反向思考，用批评的眼光来加以审视。王安石的《读孟尝君传》正是通过逆向阅读，得出与史书完全相反的结论：孟尝君并非真的"能得士"，他所得的不过是些鸡鸣狗盗之徒而已。议论文中的驳论文，大多都可以看做是以逆向阅读为基础的，如柳宗元的《驳复仇议》、苏轼的《留侯论》等。当然，逆向阅读法需要注意，所谓逆向是指以质疑作为一种阅读方式，通过质疑促使阅读者积极主动地考虑问题，避免不加分析地盲目接受。至于书中内容究竟是否真实可靠、正确合理，要根据具体情况实事求是地做出判断，不能走上无论什么书都要加以否定的极端。

（四）问题阅读法

问题阅读法是指在所读作品中注意找出其缺陷，发现问题的一种阅读方法。

问题阅读法，要求阅读者要有问题意识，也就是要努力使自己在阅读中能够提出问题，发现问题。阅读中的问题各种各样，可能是书中自己还未理解的问题，也可能是书中本身所存在的问题。不断地提出问题，便可以激活大脑，积极探索思考；不断地解决问题，便可以促使阅读能力不断提高，不断得到收获。正如朱熹所说："读书始读，未知有疑，其次则渐渐有疑。中则节节有疑。过了一番后，疑渐渐解，以至融会贯通，都无所疑，方始是学。"

在使用创造性阅读的方法时，需要注意以下方面的问题：

第一，转变传统的阅读观念。过去人们往往把阅读看做单纯接受知识的过程，而实际上阅读不只是接受知识，而且也是创造知识的过程。只要敢于尝试，大胆探索，任何一个阅读者，都有可能在阅读中有新的发现，有可能在原有知识的基础上创造出新的知识。

第二，保持良好的阅读心态。创造性阅读能力的培养需要循序渐进，不能一蹴而就。一味追求创见，急于求成，反而会给阅读者增加不必要的心理负担，事与愿违。所以，在阅读中应该调整好心态，尽可能自然放松，心情舒畅。这样，才便于阅读者积极思考，充分发挥自身的潜力。此外，为了更好地在阅读中发挥创造性，阅读者还要注意防止影响阅读积极性发挥的一些心理误区，如消除认识偏见、打破心理定势、避免盲从心理等。

第三，发挥个性阅读的特长。俗话说："有一千个读者就有一千个哈姆雷特。"不同的人在阅读活动中所表现出的创造潜力会有差异，每个人都应尽可能发挥自己的创造优势。如有的人善于对书本内容进行缜密的逻辑推理，有的人长于由书本内容产生丰富的联想，有的人精于将理论知识付诸实践等。在实际阅读中，媒体的宣传、权威的评论、老师的看法等常常会先入为主，成为束缚读者个性的重要因素。因而，突破已有的成见，敢于提出独立的见解和看法，有助于更好地发挥个性特长，提高创造性阅读能力。

第四，做好阅读笔记。笔记能够将阅读中的一些创见或个性想法，更加条理清晰、概括准确地表述出来，可以使稍纵即逝的一些奇思妙想得以保留，甚至它还可能会激发出将来阅读过程中的创造火花。因此,在创造性阅读中应重视阅读笔记的作用,逐渐养成做笔记的良好习惯。

第四节　朗读的方法

朗读是将可视的书面文字转化为可听的有声语言的一种阅读形式。它和默读不同,默读是无声的,而朗读是有声的;默读是个体的,而朗读可以由个体影响群体,带有群体性;默读有助于快速阅读,而朗读更有利于交流、理解与记忆。因而,朗读具有默读所无法替代的特点和优势。

朗读作为一门口头表达的艺术,十分讲究语言技巧的运用。朗读技巧主要包括停连、重音、语气、节奏。

(一) 停连

停连是指朗读过程中词句语音之间的暂时停断或顺次连接。它既是朗读者换气的生理需要,更主要的还是为了表达思想的需要。一般来说,停连主要有下面三种类型:

1. 语法停连　即根据语法规律通常在相对固定位置对词句语音所作的停断或连接。一般来说,逗号后的停顿比顿号稍长;分号、冒号后的停顿比逗号稍长;句号、问号、叹号后的停顿比分号、冒号稍长;一段后的停顿比一句要稍长。另外,一些结构复杂的句子,有时在没有标点的地方也需要做适当的停顿。其一般常停顿在主语和谓语之间、动词和宾语之间、修饰语和中心语之间。如下面的例句就是停顿在主谓之间、动宾之间:

雨 / 不但可嗅,可观,更可以听。听听 / 那冷雨。

2. 逻辑停顿　即根据表达的逻辑规律对词句语音所作的停顿和连接。由于它不一定同语法停连的地方相一致,所以在确定逻辑停连时要仔细体会句子中内在的逻辑关系,准确把握所强调的内容。如:

在这叫喊声里,乌云听出了 / 愤怒的力量、热情的火焰和胜利的信心。

"听出了"后面作一停顿,是为了强调"听出了"后面的具体内容,引起听众更好的注意。

3. 感情停连　即根据感情表达的需要在朗读中所作的语音停断或连接。如郭沫若在《天狗》诗中:

我如电气一样地 / 飞跑! 飞跑! 我飞跑,我飞跑,我飞跑,/ 我剥我的皮,我食我的肉,我嚼我的血,我啮我的心肝,/ 我在我的神经上飞跑,我在我的脊髓上飞跑,我在我的脑筋上飞跑。

朗读这段文字,停顿不宜过多,只有将各句分组做连续处理才能充分表现出天狗飞跑的气势,表达出诗中难以遏止的奔放激情。如果按照诗行每行都作停顿,则诗的

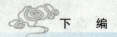
整体气势就会被大大削弱了。

(二) 重音

重音是指朗读过程中为了强调某些字词语句、突出某种感情的表达,在一些重要的地方采用重读的语音。重音轻音的区分不仅使得朗读抑扬顿挫,具有音乐美和节奏感,而且也是表达思想感情的需要。同样一句话,重音落在不同的字词上,意思就会发生微妙的变化。如:

> 我知道你是个好人。(也许别人不知道,但我知道)
> 我知道你是个好人。(你不用表白,我已经知道了)
> 我知道你是个好人。(我不了解别人,可是了解你)
> 我知道你是个好人。(你是个好人,不可能是个坏人)

一般来说,重音的确定主要可以从以下三个方面来考虑:

1. **突出语句目的的地方**　这些地方大都是在句子中占有主要地位,能揭示句子深刻内涵的关键字词,如陈述事实的主要词语,起说明、修饰、限制作用的主要词语,表示判断的主要词语,在句子中起反义作用的主要词语等。例如:

> 世界确是更"文明"了,小孩也懂事得早了,可是我还愿意大家像一点,特别是小孩。

2. **体现逻辑关系的地方**　语句表达的逻辑关系需要通过一些关键词语的强调,才能引起听众的注意,更好地理解其思路或意义表达,这些地方常常是指那些具有转折、呼应、对比、排比、递进等作用,语法修辞所重点强调的词语。例如:

> 残山剩水犹如是。皇天后土犹如是。纭纭黔首纷纷黎民从北到南犹如是。那里面是中国吗? 那里面当然是中国,永远是中国。

3. **渲染感情色彩的地方**　这些地方常常运用一些比喻、夸张、拟人的手法或是形象生动的词语,对整个句子的感情表达起着重要作用,因而,在这些地方应该作为重音强调。如:

> 雨气空蒙而迷幻,细细嗅嗅,清清爽爽新新,有一点点薄荷的香味。

(三) 语气

语气是指在朗读中由语音的高低、快慢、升降、强弱、虚实等外在形式所表现出的特定的内在意蕴与感情色彩。它是通过语音形式的细微变化来传神地表现思想感情,达到声情并茂的效果。善于运用语气,甚至还可以将作品中一些只可意会难以言传的内容表现出来。

语气既表现在语调的升降平直的不同,又包含着语势波动起伏变化,也指语速的快慢均匀的差别等。如:

即使是站在海边礁石上,也没有像这里这样强烈地领受到水的魅力。海水的雍容大度的聚会,聚会得太多太深,茫茫一片,让人忘记它是切切实实的水,可掬可捧的水。这里的水却不同,要说多不算太多,但股股叠叠都精神焕发,合在一起比赛着飞奔的力量,踊跃着喧嚣的生命。

这段文字可以明显看出作者通过都江堰的河水与海水对比,来表达对都江堰的欣赏与赞美。在朗读时前半部分适宜平直的语调,平缓、浮动较小的语势和较慢的语速。而为了形成鲜明对比,强调对都江堰的由衷赞美,越到后半部分应使用坚定有力的降调,并且伴之以波幅愈来愈大的增强语势和愈来愈快的语速。这样,才能通过朗读的语气完整地体现作品内在的神韵。

(四) 节奏

节奏是指在朗读中根据作品感情表达的需要所表现出来的有规律的高低起伏、抑扬顿挫的语音变化形式。按通常采用的张颂《朗读学》中的划分方法,朗读的节奏可分为六种类型:

一是轻快型。这种类型声音多扬多抑,多轻多重,语节少而词的密度大,语速较快。基本语气、基本转换都偏于轻快。如《春》《又是一年芳草绿》等。

二是凝重型。这种类型语势平稳,音强而有力,多抑少扬,语节多而词疏。如《怀念萧珊》《叶圣陶先生二三事》等。

三是低沉型。这种类型声音偏暗偏沉,语势多为落潮类,句尾落点多显沉重,章节多长,语速较缓。如《雨巷》等。

四是高亢型。这种类型声多明亮高昂,语速偏快。语势多为起潮类,峰峰紧连,扬而更扬,势不可遏。基本语气、基本转换明显带有昂扬激越的特点。如《天狗》《西风颂》等。

五是舒缓型。这种类型后势多扬而少坠,声较高而不着力,语节内较疏而不多顿,气流长而声清;基本语气、基本转换为舒展徐缓。如《春江花月夜》等。

六是紧张型。这种类型声音多扬少抑,多重少轻,语节内密度大,气促而音短。基本语气、基本转换较为急促、紧张。如《老人与海》等。

 复习思考题

1. 什么是快速阅读法? 为什么快速阅读法是现代社会"每个人应该具备的阅读能力"?

2. 快速阅读的方法和技巧主要有哪些?

3. 快速阅读需要注意的问题有哪些?

4. 什么是精读? 精读与泛读有何不同? 如何选择精读的作品?

5. 精读的具体方法有哪些? 应当如何运用这些方法?

6. 什么是创造性阅读? 为什么要重视创造性阅读?

7. 创造性阅读方法主要有哪些? 要注意哪些问题?

第八章

写 作 指 导

 学习要点

一、掌握立意、选材与主题提炼的一般方法。
二、掌握构思和布局的方法及常见的布局类型。
三、实践叙述、描写、说明、议论、抒情等表述方法的运用。

文章写作是人们运用书面文字表情达意、交流思想的一种重要形式。学习和掌握有关写作知识，对于我们认识写作规律，借鉴前人的成功经验，更好地指导个人写作实践，迅速提高写作水平来说，是非常有益的。本章介绍有关写作的基础知识。

第一节　立意与选材

立意是指作者在写作前或写作中，对观察感受、认识理解的客观世界以及与此相生的主观情感的确认、确定。立意就是确立主题，确立文章的中心思想，通过全部材料和表现形式表达一定的"意旨"。选材，是根据主题的需要对材料进行一番选择淘汰。

一、立意的要求

(一) 立意要集中

文章的主旨之所以称为"中心思想"，就是指文章始终围绕一个中心来写，形成文章的"致力点""凝聚点"和"焦点"。一篇文章的思想可以丰富，但主题必须集中；材料可以广泛，但必须用主题来管束。

立意如何做到集中？一要坚持重点论，反对多中心，舍得割爱才能使文章重点突出。二要注意行文线索清晰，目标始终如一。朱自清的《背影》一文就始终"聚焦"在父亲的背影上，因而将父爱表达得深沉有力而动人心弦。有些文章主旨不集中，原因就在于其行文线索不清晰、或前行路线不专一，横生枝节太多，文章给人杂乱无序之感。

(二) 立意要新颖

有新鲜感的文章总是见人之所未见，发人之所未发，所写内容往往是人人心中皆有，人人笔下皆无。

刘禹锡的《陋室铭》以"斯是陋室,唯吾德馨"立意,使一间陋室,变得不同凡响。朱自清的《背影》不写人们写惯了的母爱,而写人所忽略的"父爱",就很独特。忆明珠的《唱给豆腐的颂歌》以"豆腐能上能下,没有架子"的立意,使文章新颖不凡且有现实的教育意义。我们读文学作品,常常会从有新意的题材中,感受到鲜活的面容带给我们全新的艺术感受。

(三) 立意要深刻

立意要深刻,是指文章蕴含着作者对事物的理解和感觉的深度,显示出作者对时代、社会、人生的深刻认识和领悟。

不同体裁的文章,立意深刻的表现形式有所不同。在散文、杂文、学术论文中,深刻的立意是直接表现或指点出来的。而在小说诗歌和戏剧艺术中,深邃的思想和丰富蕴涵则是通过形象意境曲折隐晦地表达出来的。文艺理论家认为,小说的倾向越隐蔽越好,可以令人读而触动,思而得之。

二、选材的原则

材料是构成文章的基础,如果说搜集材料要多的话,那么选材作文时,则需要少而精。即古人言"博观而约取"。

选材可以从以下三个方面去考虑:

(一) 围绕主题选材

所谓围绕主题选材,就是必须根据主题决定材料的取舍、主次和详略。主题是文章的核心,它用一定的结构形式和表述方式把有关的材料凝聚在一起。凡是能够有力地表现、说明、烘托主题的材料,要选用;反之,则坚决舍弃。

"意"是选取材料的依据,古人说"无意便无剪裁"。选材前的意是原始材料的暗示或由其引发的,而原始材料多是表象的、零散的、粗疏的、不系统的。从中产生的意在付诸表现前自然具有某种朦胧性和不确定性,但选择材料去表现它时,通过对材料进行分析、鉴别、比较、筛选便使与之相联系的意逐渐明朗、深化而得以确立。意一经确立,便会统帅和制约与之相关的材料。

(二) 选取典型的材料

典型材料是具有代表性、普遍性的材料,最能揭示事物的本质和规律。典型材料在形式上最富有特征,在实质上最能反映一斑,能使文章篇幅精悍,内容精辟。典型材料能够有力体现文章的意旨。

优秀的作品都是这样"以一斑略知全豹,以一目尽传精神",通过典型材料来表现主题的。例如,李普的特写《漫画孙殿英》是写大军阀孙殿英的,李普抓住孙的"三件宝"来作文章:一是一把龙泉剑(一把生锈之剑,是孙做河南庙道首领的象征之一);二是一块白布(庙道收徒弟所用);三是一份"中国保守党成立宣言"草稿(这个党的八条主张概括起来就是"拥蒋反共"),具体形象地勾勒了他的兵痞、土匪总司令、大汉奸、军阀的面目,透视了孙的反动本质,漫画出一个既流着半封建社会的血、又带有浓烈的半殖民地气息的中国社会一个"怪胎"的典型。

(三) 选择新颖的材料

材料是文章的组成部分,新颖的材料总是以新的气息表现时代精神和特点,以新的信息给人以冲击。有了新颖的材料作基础,文章的主题才能新颖脱俗。新鲜的材料,

一般是指新发生的事物,新发现的事例,新出现的理论观点。写文章要注意防止因袭旧例的惰性,用惯了的材料即使是难得的好例子,也要割爱。

无论文学创作还是科学论文写作,都是一种发现和创新。文学作品应当创新形象,反映新的精神状态;科学论文要提出新观点、新学说;一般的社会性文章也要总结新经验、反映新情况、发现新问题。要达到这种"标新立异"的目标,需要新颖的材料,需要以动态的观点看问题,写出事物的变化。

三、主题的提炼与表达

(一) 主题的提炼

主题的提炼是文章高下优劣的关键,常用的有以下三种方法:

1. 立足全部材料提炼主题　要求我们在调查搜集中广泛占有材料,从中提炼主题。如果仅靠有限的材料,不作全面地分析研究,主题的准确提炼就有困难,甚至会"以偏概全"。

立足于全部材料,可以居高临下视野开阔地分清事物的现象与本质、支流和主流、成绩与缺点,从事物的相互关系中找出内部联系和有规律性的东西。

2. 从不同角度筛选提炼主题　对一件事物的观察角度不同,便会得出不同的认识和印象。对于材料,角度和切入点的不同,都能从中提炼出多重意义来,而选取一个最适合的主旨和思想倾向,常需一番筛选工夫。这种对生活和材料的分析研究,对主旨思想的比较权衡,往往能使我们遴选出思想性最强、时效性最大、最能概括事物本质、最具新意的主题来。

3. 以"小中见大"方法提炼主题　在思想上,要树立"小事情寓大主题"的观念。现实生活中有一些小事,看起来毫不起眼,但仔细琢磨,内中包含着非常有价值的主题,蕴含着重大的社会意义。这种"以小见大"提炼法实则是保持敏锐的思想触角,"见微知著",一旦发现这样有价值的"小"材料,应立刻将它放在自己的思想放大镜中放大,写成有价值的文章。

(二) 主题的表达

主题的确定,要求作者运用恰当的方式和技巧,给予其完美的表现。通常,根据不同的文体体裁、不同的材料和不同的接受对象,主题的表达主要有如下两种方式:

1. 直接陈述式　以实用为目的的文章多用陈述方式表达文章。从技巧上说,常用的方法有:①篇首明意。在文章开篇将文章的意简明扼要地托出。如有些论文引题后展出中心论点,有些消息倒金字塔结构的导语,有些文书篇目下的事由等。②逐层显意。文中作者层层扣紧文意行文,使意若串珠之线,贯穿全文。如分层或一层紧扣一层进行论述的调查报告、工作报告等。③篇中点题。即前文铺垫后在文中关键或要紧处,用简明警辟之言将意点出,然后加以论述,使之深化。有些散文,前面杏花春雨、烟云泉石或生活琐事慢慢道来,到文中突然笔锋一转,始知作者之意在此。④篇末示意。作者在文章结尾处归纳全文,点明意旨。如有些文章前面分析说明列举材料,待水到渠成则要言不烦总结收束,给读者留下深刻的印象。

2. 间接隐蔽式　以审美为目的的文学作品多用间接隐蔽的方式表达文意。这种表达以语言塑造的形象作为中介,含蓄委婉、隐蔽曲折地让意渗透到形象世界中去。常用的方法或技巧有比兴、象征、变形、寓托等。

第二节 构思和布局

思路是文章结构的内在依据,是作者根据客观事物本身的内部规律和事物之间的相互联系,经过深思熟虑而形成的。布局是对全篇各个部分的组织安排和组合方式的总体设想,是作者观察事物、分析问题、解决问题的思维活动的条理性的反映。写作者在确立主题、选定材料后,要根据主题的要求把有关材料主次分明、有头有尾、条理清晰地编织贯穿起来,统一在一定的结构形态中,合成完整的篇章。这个过程,就是人们常说的谋篇布局。可以说,思路是布局的基础,布局是思路的外在表现。

一、构思的实质和特点

(一) 构思是一种发现和感悟

写作是一种"发现"的劳动,一部作品、一篇文章的成功就在于是否有独创和新意。"凡作文之道,构思为先"。在"搜索、构思、行文"这个写作过程中,构思是使"物"变成"文"的中介桥梁。写作的成功就取决于构思中是否有新发现和感悟。我们学习写作,就要注意培养善于发现并有所感悟的能力。

(二) 构思是一种凝聚和集中

发现和感悟常常是因找到了"触发点"而成功的,但同时也必须建立在丰富的生活积累的基础上。构思实际是对生活中积累的零碎材料的凝聚和集中,灵感在其中起到综合和点化作用。综合是对形象或典型的综合,点化是对作品或主题的点化。

构思的过程常常就是寻找主题的过程。主题和材料的关系是辩证的,在主题未形成之前,材料对主题起决定性作用,主题一经确定,又反过来关照材料,决定材料的取舍。

(三) 构思是思想的照射和升华

构思构思,一个"思"字,强调了构思活动中思想的作用。作者的构思总是在某种思想驱使下进行。一个新奇的构思,常常因某种思想之光照射而豁然开朗,获得升华。曹禺听到一个同学的嫂子的爱情遭遇后而写了《雷雨》;福楼拜读到一则妇人自杀的消息后构思写成《包法利夫人》。这些无不得益于作家的生活积累和思想"光亮点"的照射。在构思过程中,这种思想的"光亮点"不仅能使写作者在混沌幽暗的探索中看到出路,而且还能使自己平时积累的生活思想形成一种飞跃,升华到新的高度。

二、布局的要求和原则

布局亦称格局、谋篇、结构等,是指作者运用一定的技巧方法,通过布置安排,把构思内容规范为文章结构形态的过程。

(一) 布局的要求

1. 确立整体框架 布局涉及文章整体与部分、部分与部分的关系。首先要考虑整体即由点、线、面构成的框架;其次要考虑整体框架内各个部分的关系及它们所处的位置和作用。

(1) 点:"点"指视点和支点,它们对布局起着定位作用,用以确定布局的方式和技巧。

视点,是作者进入时空世界的门户,也是作者布局时切入或介入对象的角度和方式。视角主要体现在人称方面。如第一人称视角，作者以"我"或"我们"方式介入，作者在对象之内。第三人称视角，作者从旁观的角度将"他"或"他们"的经历变化过程告诉读者，或将客观事实告诉读者。因为作者不在对象之内，可以比第一人称视角更自由更广阔地反映现实生活和客观事物。当然每种人称视角都有各自的局限性，所以可将两种视角交替使用。

支点，是支撑文章布局的基石，作者立足的主要部位，具有显示主旨、支配材料、结构篇章的功能。支点由作者从丰富的现实生活中提炼出来，并且蕴含着巨大的思想意义和审美价值。找不到这个点，内容就无法凝聚或发散，也无法形成有机联系的文章实体。支点可以是物，是人，是景，也可以是心理意识等。科学论文的支点通常是课题或贯穿全文的中心论点。调查报告、总结报告的支点常是某一事实或者某些事实中显现的规律性的东西，他们往往包含着巨大的主题容量。

（2）线与点："线"即经索，也叫结构线。线索是贯穿文章整体的脉络和结构文章的纽带，是视点和支点的延续、伸展，显示文脉之起伏、文气之神韵。视点的移动轨迹形成外线，支点的移动轨迹形成内线。外线是显示时间和空间的时空线索，它标志着对客观对象的延续性和顺序性；内线是人物、事件、景物、情感、心理意识等线索。如鲁迅小说《孔乙己》，是以孔乙己这个人物为线索结构全篇的。莫泊桑小说《项链》以"项链"为借链、失链、还链等情节的线索。事理线索指识理、说理或辩理所形成的线索，如王小波的散文《我的精神家园》。心理意识线索多为心理活动小说或意识流小说所采用，如王蒙的《蝴蝶》。

在布局时，点、线、面是相互依存的，点的选取是形成线的依据，点和线又是面的建构基础。结构面可以看做一个时空框架，能把文章反映的对象从客观世界中"分离——简化"出来。现代小说中的多层次结构、意识流、内心独白、时序颠倒、荒诞变形等，实质都是点、线、面错综结合的结果。

2. 完整、连贯、周密　完美的布局应是客观与主观的辩证统一，具有完整、连贯、周密的特点。

完整，指文章布局显示的组织形态是一个有机统一的整体。首先，点、线、面构成的框架应完整，不能残缺、破碎；其次，框架内安排的内容整体与各部分之间要比例适当，匀称和谐，有机统一；第三，语言、情调和风格应协调一致。

连贯，指文章布局各个部分联系顺畅通达，首尾一致，如行云流水，不现雕琢拼凑的痕迹。在文章中表现为叙事脉络清楚，论证推理逻辑严密，情感起伏变化自然，起承转合没有断裂阻隔，过渡应合情合理，层次段落井然有序。

周密，指文章布局上下左右都围绕中心，没有缝隙漏洞和自相矛盾的地方，内在逻辑联系紧密周到。如突出事件某个方面，不要忽视其他方面；突出某个人物，不忘次要人物的作用。

（二）布局的原则

文章布局实质上是客观事物固有组织形态和逻辑联系与作者思路契合的产物。对于客观事物来说，布局不是把客观事物固有的组织形态原封不动地搬过来；对于作者来说，也不是随心所欲地任意构造。布局应该遵循以下几个原则：

1. 要服从表达和突出主题的需要　主题是文章的主旨和灵魂。作为文章表现形式的结构，理应为表达和突出文章的主题服务，布局始终要受到主题的制约和支配。

2. 要正确反映事物的内在发展规律和外部联系 记叙性文章,一般是通过记人、叙事、状物、绘景来反映事物的。写人的文章,不仅要通过人物本身的某些要素(如外貌、语言、行动、心理)来表现人物,还应以一定的时间空间为背景,揭示人与人、人与事、人与环境之间的内在联系,从整体上准确把握和再现人物的内在性格和真实面貌。记事的文章,一般则应按事件发展变化的动态过程来安排结构,所以叙事类文章大多都有"开端""发展""高潮""结局"等环节。议论性文章的主要结构形式是提出问题—分析问题—解决问题。这种形式既符合客观事物自身发展规律,也符合人们对客观事物的认识规律。

当然,要求文章的结构反映客观规律,并不意味结构与事物发展变化的客观状况完全等同,更不是要机械地复制和再现。作者可根据表现主题的需要适当调整、变动事件发展过程中的某些环节的顺序,灵活采用倒叙、插叙等手法。

3. 要适合不同文体的特点 记叙性文章注重反映客观的社会生活,往往根据人物活动和事件发展的过程来布局。议论性文章侧重于议论说理,它的布局以问题的产生、分析、解决过程为基础,主要对论点进行合乎逻辑的论证,而对作为论据的人物或事件则无需作完整具体的记叙和描写。抒情性的文章,多数没有故事情节,布局主要服从于作者思想感情的发展变化。

三、构思和布局的方法

(一) 构思的常用方法

1. 纵向思考法 纵向思考法是从思考切入的某一"点"开始,作"掘一口井"似的纵向的观察、思考、构思。要求作者抓住一个感兴趣的现象或一个有价值的话题后,不轻易放弃或者浅尝辄止,而作一层一层的深入探索,最后触及事物的本质、规律性的问题,这时的构思立意才有深度,也易上升到一定的理论高度。这是一般的议论、调查报告多采用的构思路径和方法。

2. 横向拓展法 横向拓展法是从思考切入的某一"点"开始,作"掌子面"似的拓展。一般依据相近相似的联想,将文章的内容层面拓展,丰富文章的容量。这种方法,较适合散文、诗歌和一些杂文的写作。散文作者可通过丰富的联想、想象,使其内容舒展散漫,内容丰富,畅达地抒发情怀。

3. 纵横结合法 这是将纵向思考和横向拓展相结合的方法,是发散性思维在构思上的具体运用。纵横结合法,能克服单纯的纵向思考带来的"线形思维"的弊端,也可防止单纯的横向思维带来的思想肤浅。既追求深度,又追求广度,是对事物的内涵和个延的准确把握,思路易获得新途径。

(二) 布局的内容和方法

1. 层次和段落的安排 层次和段落是文章结构的主要部件。无论哪种体裁的文章,对结构的基本要求都应该是层次清晰,段落分明。

层次,是文章内容的安排次序,是文章展开的步骤,也是人们认识和表达问题的思维进程在文章中的反映。记叙性文章的层次比较灵活多样,议论性文章的结构层次一般有三种方式:第一,并列式。各层意思之间是并列关系。如毛泽东的《新民主主义论》。第二,递进式。各层意思之间是层层深入的关系,反映了认识事物的深化过程。如毛泽东的《反对自由主义》。第三,总分式.各层次间表现为先"总"后"分"(或先"分"后"总")的关系。如吴晗的《谈读书》。

段落,是构成文章的基本单位,即文章的自然段。分段,既能表现作者思路发展的过程,又能帮助读者认识文章的层次结构从而更好的理解内容。段落的组成不尽相同,分为规范段(统一完整的单义段,一段就只有一个意思)和不规范段(表达多重意思的兼义段和意思表达缺乏完整性的不完整段)两种。

文章的层次通常大于段落,即若干个段落连缀、组合成一个层次。有时一个段落就是一个层次。在某些特殊情况下,甚至会出现段落大于层次的现象,即自然段落中包含几个不同层次。

文章的层次和段落的划分,要注意单一性、完整性、匀称性。即各层各段的内容要相对集中,不把互不相关的意思凑合在一起;不把一层或一段能表达清楚的意思硬性拆开,使文章支离破碎。每个层次和段落都应是表达主题的一个相对独立而又完整的部分。层次和段落的划分,既要长短适度,又要开合有致。长无赘言,短不松散,该开则开,该合则合,于统一中求变化,于独立中求连贯,从而使文章整体布局匀称、优美。

2. 过渡和照应的处理　　过渡和照应是使文章前后连贯、气脉畅通的重要手段。

过渡,是指上下文之间的衔接和承接,在文章的各层次和段落之间起着桥梁的作用。过渡的方法主要有三种:一是用段落过渡。用于两层或两段文章的意思相隔较远或表达方法、结构形式变换幅度较大时。具有承前启后或提示作用。多用于文章层次间的过渡。二是用句子过渡。用于段落或层次之间将上下文沟通起来,可在段尾或段首。三是用词语过渡。指在一些转折不大或不必特别强调的地方,借助于关联词语或表示次序、方位的词语来完成过渡的方法。

照应,指文章内容上的照顾和呼应。常见的照应方法有:①题文照应。也就是行文和标题相应,以加深读者印象。有些文章的标题较为含蓄和隐晦,读者难以直窥其义,题文照应的方法,可帮助读者理解、体会作者精心构思的标题意味。②前后照应。指文章前后内容之间的照应。运用这种方法,可以使文章结构更加紧凑,中心线索更加鲜明,主题和材料结合得更加圆满。如,前文设下伏笔,后文加以呼应;前文提出悬念,后面加以揭示。③首尾呼应。即文章开头和结尾遥相呼应。文章的结尾处往往是开头部分的深化、补充和强调,具有画龙点睛之妙,使文章首尾圆合,结构和谐,完整统一。

3. 开头和结尾的设计　　成功的开头,可提纲挈领地让人领会要旨。好的结尾,有助于读者明确题旨,加深认识,使读者增强心理感悟,余味无穷。开头和结尾没有固定模式,主要有平实简明和形象含蓄两大类型。平实简明,即笔法朴实无华,表意简洁明朗,开头"落笔入题",结尾"卒章显志",简洁明快地直接展开,意味深刻地显示结论。形象含蓄,即多运用文学笔法,渲染铺陈,描写抒情,由远及近,引而不发。开头重在引人入胜,借题发挥;结尾重在弦外之音,言外有意。在此,转引白润生《写作趣闻录》中的《文章的开头和结尾种种》一文,略加参考,供大家写作时参考。

开头:一是说明写作动机　二是揭示全篇内容
　　　三是开门见山点题　四是精彩事例引路
　　　五是交代写作背景　六是引用神话传说
　　　七是进行议论抒情　八是借用名人言语
　　　九是先行景物描写　十是提出设问启后

结尾:一是提纲挈领作结论　二是承上启下题点明
　　　三是戛然而止闭利落　四是由此及彼转笔锋
　　　五是言犹未尽诱人思　六是有意重复打烙印
　　　七是问己问人辨是非　八是引经据典回味浓
　　　九是发出号召激斗志　十是抒发感情意远深

4. 主次和详略的设置　布局的任务在于分清主次,确定详略,使文章显得繁简合理,疏密得体。确定主次详略的原则和方法主要有以下几点:①适应文章主题的需要。与主题关系小的可略写,取材从简,篇幅要短;与主题关系大的要详写,取材宜丰,篇幅要长。②符合体裁特点的需要。议论文是用概念、判断、推理来阐明观点的,重点在论说,故分析事理和论证问题要详写,引用事例叙述事实经过可略写。记叙文重在记人叙事,因而人物的活动、心理、语言及事件发展变化的过程应详写,而用来阐述事理或抒发感情的文字应简略,做到画龙点睛,言简意深。③注重读者对象的需要。要注意了解读者对象的不同特点和不同需要,包括读者的年龄层次、文化层次、工作性质、理解能力等。通常,对读者需要了解而又不熟悉、难以领会的内容要详写。

(三)几种常见的文章布局类型

1. 叙事型　叙事类文章记人记事,大都以人物、事件或与之有关的物件作为支点、线索,反映人物事件的因果关系。它的时空序列有两种情形:一种是与人物事件变化发展相联系,表现为开头、发展、高潮、结局的阶段性和完整性。另一种是有意打乱时空顺序,使时间变化和空间转移交错、叠合、跳跃,使有限的时空框架能容纳更多的内容,能更灵活地刻画人物心理。

2. 事理型　事理类文章多以事物概念、定义为支点,反映事物内在各个方面的因果关系。其中议论类文章以论点为中心,包括引论、本论和结论。它可以纵向递进,也可以横向平列,还可以纵横结合。说明类文章分事物说明和事理说明。事物说明,可从特征、功能、构造方面布局或按照事物类属关系布局;事理说明,则按原因、条件、结果的因果关系布局。

3. 情感型　抒情类文章常以情感作支点或线索连缀人物、事物、景物的片段、画面。它的时空顺序不是客观顺序而是情感顺序。文章起伏变化随着作者或作品人物的情感起伏而变化,具有强烈的表现力和感染力。

4. 规格型　有些文章具有统一的规定和格式,不能随意变换,自行其是。如公文虽以事实或事理作为支点,但其布局必须包括文头、正文和文尾三个部分。如消息,有一种倒“金字塔”布局,包括导语、主体和结尾。规格型布局利于文章形式统一严整,庄重大方,适用于应用文写作。

5. 综合型　综合型是以上述类型兼用其他类型的布局,多见于篇幅较长的文章。如长篇小说《平凡的世界》以叙事型为主,兼用情感型和意识流型的综合布局,增强了作品的表现力。

第三节　文体与表述

写作者应具备文体意识,确定文体之后才有可能写出“入体”“得体”“合体”的

文章来。表述即文章的表达方式。正确、综合地掌握运用各种表达方式,有利于文章内容的充分表达,能够增强文章的感染力。

一、文体的分类

古往今来,文体分类的方法很多,概括起来主要有以下四种:

1. 从形式角度分类　我国古代根据语言声律形式将文体分为韵文和散文两大类。韵文指押韵的文体,如诗歌;散文指不押韵的文体,如史传、诸子散文等。从形式角度分类的方式一直延续到现在,如:分幕、分场的话剧;分行、讲究声律的是诗歌。

2. 从功能角度分类　功能是指文章在社会生活中发挥的作用。人们根据文章不同的社会作用将文体分成若干类。按功能分类法,曹魏时就有"奏、议、书、论、铭、诔、诗、赋"等8类。现代则有文学类、新闻类、公文类。

3. 从表达方式分类　古代就有论辩与记叙之分。"五四"新文化运动后,白话文兴起,提倡用表达方式来划分文体类别。起初是三分法,分为记叙文、议论文、说明文,后来又有五分法,即记叙文、描写文、抒情文、议论文、说明文。

4. 从写作方式分类　可以将文体划分为两大类:第一类为文章类,即实用文体,包括:①一般文体(记叙文、说明文、议论文)。②应用文体。包括工作应用文(计划、总结、规章制度、调查报告、毕业设计、致辞、简报等);经济应用文(经济合同、商业广告、项目建议书等);科技应用文(科技论文、科技报告、科技说明书等);日常应用文和行政公文等。第二类为文学类,即文学创作,包括诗歌、散文(杂文)、小说、戏剧、纪实文学等。

二、表述的方法

从写作主体或者写作过程来看,表述不仅仅是作者运用语言文字的行为,同时也是贯穿写作始终的一种心理要求,是从一开始就与思维相依存的一种内部语言活动。表述的方法主要有:

(一) 叙述

叙述就是把人物的经历和事件的发展变化过程叙写出来。记述文中的叙述,主要是介绍人物的经历、表现人物的性格或交代事件的发生、发展的过程。议论文体的叙述,主要是选择某些事实,为其提出问题、分析问题和解决问题提供充分的理由和论据。说明文及其他应用文体中的叙述,主要是介绍事件、事实、事理以及交代写作经过等。

叙述的方法有:顺序、倒叙、插叙、分叙。叙述的基本要求是:一是头绪清楚。叙述事件要理出一条线索,以使叙述有条不紊。二是交代明白。即把叙述的六要素(时间、地点、人物、事件、原因、结果)向读者说清楚,使读者有一个完整的概念。三是人称明确。叙述的人称是指作者在叙述中的立足点和角度,可分为第一人称和第三人称两种。四是详略得当。叙述讲究详略得当、疏密相间、快慢适度,不能平均使用笔墨。

(二) 描写

描写是指用生动形象的语言把人物、事件、景物的形态与特征具体地描绘出来。在写作中,描写与叙述两者有联系又有区别:叙述侧重交代、介绍事物的动态。描写侧重描摹和刻画人物、事物、景物的静态,使人如闻其声,如见其形,如临其境。

描写的基本要求是:第一,目的明确。描写必须从表现主题和刻画人物的需要来考虑,不能为描写而描写。第二,情调一致。文章的情调有沉郁、明快、婉约、豪放等的区别,描写就要依据文章的情调采用相应的笔调,努力表现文章的这种情调。第三,形象逼真。形象性既是描写的基本特点,也是描写的基本要求。描写时要求做到绘声绘色,活灵活现,形神兼备。第四点,特点鲜明。人物有个性,事物有特征,描写时一定要抓住特点,把不同人物的个性和不同景物的特征鲜明地描绘出来。

(三) 说明

　　说明是解说事物,剖析事理的表述法。即用简练明白的语言将内容介绍清楚,表达明白。包括对事物的形状、性质、特征、关系、功能、构成等,人物的一般情况,事理的概念、模式及应用范围等的说明。

　　说明的要求是:分清角度,讲究条理;置身局外,态度客观;抓住特征,解说明白;语言简明,通俗易懂。

(四) 议论

　　议论是一种评析、论理的表述法。议论是议论文中主要的表达方式,它要求论点明确,论据充足,论证周密。在记叙文中,议论是由叙述、描写、说明引发出的对事物的感想、认识和评价,是充满感情色调的适当说理和恰如其分的画龙点睛之笔。

　　议论要求做到:论点正确、集中、鲜明、有针对性;论据充实、可靠、典型;论证周密、合乎逻辑。

(五) 抒情

　　抒情是直接或间接地抒发真情实感的表述法。它主要有直接抒情和间接抒情两种类型。直接抒情是直抒胸臆的表述法,间接抒情是依附于景、物、事、理,借助叙述、描写、议论的手段抒发情感的表述法。依附于事的抒情注重寓情于事,字里行间蕴含着浓情蜜意;依附于景与物的抒情,注重寓情于景于物,用荡人心胸的文字,使内(情)外(景、物)贯通、交融起来;依附于理的抒情是以理为主导,情理结合、感情激越地喷发。给人以理真情挚、回肠荡气之感。

　　抒情要求新颖、生动、具体、自然,并与文体风格一致,只有这样,方能达到抒情的目的。

 复习思考题

　　1. 根据下列事实,有位同学提炼了四个主旨,你认为哪一个主旨最恰当,为什么?

　　报载:贵州某地筹建一个工程,需经相关部门盖章批准。现在已盖了70多个公章,但还远未了结,已经严重影响了开工时间。于是他们让8个干部承包盖公章事项,结果40天便盖得相关公章230多枚,出色地完成了任务。

　　(1) 重重把关,严格审批,很有必要。

　　(2) 承包是提高工作效率的好办法。

　　(3) 简化机关审批手续,提高政府部门办事效率势在必行。

　　(4) 官僚主义、文牍主义,是现代化建设的绊脚石。

　　2. 分析下面的材料,提炼出最能反映事物本质特点的主旨,并谈谈你的理由。

后汉有个叫司马徽的人,从不说人家的不是。与人交谈时,他不管美丑一律说好。有人问他近来可好? 他回答说:"好。"有人告诉他说:"我儿子死了。"他也回答说"好。"他的妻子责备他说:"人家认为你德行好,才把这件事告诉你,为什么你听到人家的儿子死了,反而也说好? "司马徽说:"你这样说也很好。"

3. 阅读短文《浪费的胶卷》,简要回答文后的问题。

浪费的胶卷

假日,一个大家庭聚餐。

一卷胶卷,餐桌上拍掉一半。大哥提议,还有半卷,到后面小山上去拍吧,那里春意盎然。

扶老携幼,登上小山。找一处佳景。大家庭合影,小家庭合影,老人来一张,孩子们来一张,兄弟合一张,爷孙合一张,姑嫂合一张……这卷胶卷格外地长,拍了一张又一张,大家绞尽脑汁把所有的排列组合都想遍了,胶卷才终于拍到了头。拍完了,大家就轻松了。孩子们开始打打闹闹地疯玩,妯娌们欢呼遍地肥嫩的荠菜,奶奶拉着最小的孙女表演《两只老虎》,连人到中年的大哥、二哥也在草地上重温起儿时的摔跤游戏来。一直文静地站在一旁打量的大嫂说:"那些胶卷,留着这会儿拍有多好。"

与动物不同的是,人会有各种方式,把生命中精彩的瞬间定格、记录、留存下来,其中的一些,后来就成为艺术。可为什么,生活那么精彩,我们却往往只记录了平庸呢? 也许就是因为,当精彩出其不意地到来时,我们已没有了胶卷。胶卷大量地浪费在你对生活的平庸摆弄之中。

(1) 选出最能体现本文主旨的一句话?

A. 要学会安排生活。

B. 有计划则立,无计划则败。

C. 精彩的生活是在不经意之间,而不是在平庸的摆弄。

D. 浪费的不仅是胶卷,而且是生命。

(2) 这篇文章是按照什么方式来安排材料的顺序的?

(3) 这篇文章可以划分为几个层次? 概括各个层次的大意。

4. 分类是说明的一种重要方法。请你在查阅资料的基础上,用分类的方法,对我国的各级各类学校做一个比较简要的说明。

第九章

古代文化知识

 学习要点

一、了解中国古代的纪时方法。

二、了解中国古代的避讳原因及方法。

三、了解中国古代的年龄称谓。

中国是世界文明发展最早的国家之一,历史悠久,源远流长。我国各族人民以高度的智慧和才能,创造了光辉灿烂的中国古代文化。中医药学是中国古代文化中的瑰宝,是在古代文化的沃土上滋生成长起来的。没有一定的古代文化知识素养,研读古代医书会倍感困难。下面就经常反映于古医书中的有关古代文化知识,进行简要介绍。

一、纪时方法

(一) 纪日法

大约在殷商时代古人就采用干支纪日的方法。甲骨文有干支纪日的记载,有时只纪天干不纪地支。到了春秋战国,干支纪日成为史官纪日的传统方法。干即天干,计有甲、乙、丙、丁、戊、己、庚、辛、壬、癸十个,故称十干。支即地支,计有子、丑、寅、卯、辰、巳、午、未、申、酉、戌、亥十二个,故亦称十二支。十干和十二支依次组合,可得六十个单位,称为六十甲子。排列如下:

甲子	乙丑	丙寅	丁卯	戊辰	己巳	庚午	辛未	壬申	癸酉
甲戌	乙亥	丙子	丁丑	戊寅	己卯	庚辰	辛巳	壬午	癸未
甲申	乙酉	丙戌	丁亥	戊子	己丑	庚寅	辛卯	壬辰	癸巳
甲午	乙未	丙申	丁酉	戊戌	己亥	庚子	辛丑	壬寅	癸卯
甲辰	乙巳	丙午	丁未	戊申	己酉	庚戌	辛亥	壬子	癸丑
甲寅	乙卯	丙辰	丁巳	戊午	己未	庚申	辛酉	壬戌	癸亥

每个单位代表一天,假使某日是甲子,则甲子以后的日子依次顺推为乙丑、丙寅、丁卯等,甲子以前的日子就依次逆推为癸亥、壬戌、辛酉等。六十甲子周而复始,可以无限期地记载下去。古人纪日,有时只用天干不纪地支,后来干支纪日通行,天干纪日法便渐渐被摒弃不用了。也有只纪地支不用天干的,这种纪日方法属于后起,且大

多限于特定的日子，如"三月上巳"，指三月上旬第一个巳日。这一天原是古人临水修禊的日子，后来便成为水边宴饮、郊外游春的节日。

一个月中的某些日子，古代有特定的名称。每月第一天叫做"朔"，每月最后一天叫做"晦"，在先秦古籍里，朔晦两天，一般既称干支，又称朔晦。每月初三叫做"朏"，月半称"望"，小月十五，大月十六。望日前几天可泛称"几望"；望日后，下弦前，称"既望"。每月初七、初八称为"上弦"，二十二、二十三称为"下弦"，又统称为"弦"。

(二) 纪时法

古人最初根据天色把一昼夜分为若干时段，然后把每一时段定个名称。例如把太阳升起的时候叫做"旦、早、朝、晨"，也称为"日出"。把太阳下山的时候叫做"夕、晚、暮、昏"，也称为"日入"。把太阳正中的时候叫做"日中"，将近日中的时候叫做"隅中"，太阳开始西斜叫做"日昃"或"日映"。古代人一日只吃两餐，第一餐在日出之后隅中之前，称为"朝食"或"蚤食"，这段时间便叫"食时"；第二餐在日昃之后日入之前，称为"晡食"或"晏食"，这段时间便叫"晡时"。日入以后，称为"黄昏"，黄昏以后称为"人定"，人定以后就是"夜半"了。夜半以后是"鸡鸣"，鸡鸣以后是"昧旦"（又叫昧爽），这是天将亮以前两个先后相继的时段。天亮的时间，古代叫"平旦"或"平明"。

随着纪时方法的详密，古人对于一昼夜有了等分的时辰概念。汉太初以后，开始用十二地支作为十二时辰的名称，每个时辰恰好等于现代的两小时。小时，即小时辰之意。现将十二时段的名称，配以地支，列表如下：

时段	夜半	鸡鸣	昧旦	日出	食时	隅中	日中	日昃	晡时	日入	黄昏	人定
地支	子	丑	寅	卯	辰	巳	午	未	辛	酉	戌	亥

到了近代，又把每个时辰分为"初""正"。若拿现在的时间对照，晚上十一时是子初，夜半十二时是子正；凌晨一时是丑初，二时是丑正，余依次类推。这样就等于把一昼夜分成二十四等分。"小时"的概念则是到二十世纪初才开始使用的。此外，《黄帝内经》中还有一些介于各时段之间的称谓，如：大晨，指天大明之时；早晡，指将近晡时的一段时间；下晡、晏晡，依次在晡时之后，日入之前；合阴、合夜，分别在夜半后、鸡鸣前。《黄帝内经》以外，后世医书一般都按十二地支纪时。

(三) 纪月法

一年有四时十二月，四时就是四季，即春、夏、秋、冬。但是在商代和西周前期，一年只分为春秋二时，所以后世常以春秋作为一年的代称。后来历法日趋详密，由春秋二时再分出冬夏二时，一年由二时之称分为四时。只是开始时的四时顺序不是"春夏秋冬"，而是"春秋冬夏"，春秋中期之后，四时之称才规范为春夏秋冬了。由于春秋中期采取了十九年七闰制，同时也就规范了十二个月的起止时间，使之符合四时气候的转变。

古人通常都用序数纪月，如一月，二月，三月等等。每个月都有一个特定的名称。据《尔雅·释天》记载："正月为陬，二月为如，三月为寎，四月为余，五月为皋，六月为且，七月为相，八月为壮，九月为玄，十月为阳，十一月为辜，十二月为涂。"古代还有一种所谓"月建"的纪月方法，就是把十二个月份和十二地支相配，以冬至所在的十一月（夏历）配子，称为建子之月，十二月配丑，称为建丑之月，正月配寅，称为建寅之月，由此顺推，直至十月为建亥之月，再周而复始。至于用干支相配来纪月，则是后起的事。

此外,古人有把四季的每一季节都分成孟、仲、季三个阶段,然后再依次分别代表月份的纪月方法。如孟春即正月,仲春是二月,季春为三月等。这种纪月法,常见于序跋。如明代吴崑《医方考·自序》"皇明万历十二年岁次甲申孟冬月"的"孟冬月"即为十月。

(四) 纪年法

我国古代最早是按照君王即位的年次来纪年的,如周平王元年(公元前770年),鲁隐公元年(公元前722年),秦始皇二十六年(公元前221年)等等。这种纪年法以元、二、三、四的序数递纪,直至旧君去位新君即位为止。从汉武帝建元元年(公元前140年)开始用年号纪年,也是用元、二、三、四的序数递纪,至更换年号又重新开始。有些皇帝只用一个年号,如大业(隋炀帝),武德(唐高祖)、贞观(唐太宗)、洪武(明太祖)。有些皇帝则经常更换年号,有多至十余个的。如唐高宗李治在位33年,年号竟换了14个之多。

我国从西周共和元年(公元前841年)开始有了连续纪年。古代用干支纪年,一般认为始自东汉,但也有人认为在汉代初年就开始使用了,只是到东汉元和二年(公元85年)才用政府命令的形式,在全国范围内颁布施行。六十甲子,周而复始,至今不废。干支纪年在中医古籍中有广泛的应用。如清代柯琴《伤寒论注·自序》题作"时己酉初夏也",根据柯琴生活的年代,可查得"己酉"为公元1729年。当然,更常见的是皇帝年号加上干支的合纪方法。如《内经知要·序》题作"乾隆甲申",是年号与干支并用。而《黄帝内经素问注·序》"时大唐宝应元年岁次壬寅序"的题款,连年号的年次也一并写上,便尤为明确。

此外,尚有星岁纪年、生肖纪年等法。

(五) 节气

二十四节气本属于历法范畴,但与纪时密切相关。

我国远古时代是通过观象授时来指导农业生产的。历法建立以后,古人并未放弃对于天象物候的观察,而是继续以之检验历法,不断充实历法的内容,让历法更好地配合天象和自然季节。二十四节气就是在此基础上产生的。古人把黄道附近的一周天二十四等分,根据太阳在黄道上这二十四个不同的位置,实际上就是地球在围绕太阳公转的轨道上的二十四个不同的位置,将全年划分为二十四个段落,包括立春、惊蛰等十二个"节"气,雨水、春分等十二个"中"气,统称"二十四节气",以此来反映四季、气温、降雨、物候等方面的变化。现将二十四节气的名称、顺序及日期列表如下:

	节气名	立春 (正月节)	雨水 (正月中)	惊蛰 (二月节)	春分 (二月中)	清明 (三月节)	谷雨 (三月中)
春季	节气日期	2月4日 或5日	2月19日 或20日	3月5日 或6日	3月20日 或21日	4月4日 或5日	4月20日 或21日
夏季	节气名	立夏 (四月节)	小满 (四月中)	芒种 (五月节)	夏至 (五月中)	小暑 (六月节)	大暑 (六月中)
	节气日期	5月5日 或6日	5月21日 或22日	6月5日 或6日	6月21日 或22日	7月7日 或8日	7月21日 或X日

续表

秋季	节气名	立秋 （七月节）	处暑 （七月中）	白露 （八月节）	秋分 （八月中）	寒露 （九月节）	霜降 （九月中）
	节气日期	8月7日 或8日	8月23日 或24日	9月7日 或8日	9月23日 或24日	10月8日 或9日	10月23日 或24日
冬季	节气名	立冬 （十月节）	小雪 （十月中）	大雪 （十一月节）	冬至 （十一月中）	小寒 （十二月节）	大寒 （十二月中）
	节气日期	11月7日 或8日	11月22日 或23日	12月7日 或8日	12月21日 或22日	1月5日 或6日	1月20日 或21日

二十四节气是逐步完善起来的。二十四节气的划分，起源于我国黄河流域。古人首先发现的是二分和二至。因为远在春秋时代，古人使用圭表（测日影器）测量日影的长度，就能相当准确地确定这四气，只是名称和现在不同。《尚书·尧典》："日中星鸟，以殷仲春；日永星火，以正仲夏；宵中星虚，以殷仲秋；日短星昴，以正仲冬。"这日中、日永、宵中、日短就分别表示春分、夏至、秋分、冬至四大节气。战国时期，《左传·僖公五年》又有"分至启闭"的记载。"分"指春分、秋分，"至"指夏至、冬至，"启"指立春、立夏，"闭"指立秋、立冬。到了西汉初年，《淮南子·天文训》中就出现了与后世完全相同的二十四节气的名称，而且顺序也毫无二致。只是"惊蛰"原名"启蛰"，汉代避景帝刘启名讳，改称"惊蛰"，并沿用至今。

二、避讳的方法

古代对于君主或尊长的名字，不能直接说出或写出，需要回避，称为"避讳"。避讳始于周，行于秦汉，盛于隋唐，严于赵宋，直到民国改元，此习方废。大概在秦以前，只避真名，不避嫌名。所谓嫌名，是指与君王尊长名字读音相近的字，《礼记·曲礼上》："礼不讳嫌名。"郑玄注："嫌名，谓音声相近，若禹与雨，丘与区也。"之后，讳法逐渐严格，遇有嫌名，也要加以回避。历代医书受此影响，颇多讳字。因而熟悉用讳规律，不仅有助于阅读古籍，而且有助于判定古籍版本和古籍人物的年代。古籍中常见的避讳方法主要有：

（一）改字法

所谓改字法，即遇到所避之字，就改用与之意义相同或相近的字代替。所避之字称为讳字，改用的字称为避讳字。

1. 改姓氏　庄氏因避汉明帝讳（名庄），改为严氏；庆氏因避汉安帝父讳（清河孝王庆），改为贺氏；师氏因避晋景帝讳（名师），改为帅氏；姬氏因避唐明皇讳（名隆基，姬属谦名），改为周氏（《通志·氏族略》）。更有一姓改成数姓的，《挥尘前录》中记载着这样一个故事："宋高宗中兴之初，蜀中有大族犯御嫌名，而游宦参差不齐，仓猝之间，各易其姓。仍其字而更其音者句涛也；加金字者鉤光祖也；加丝字者絇纺也；加草字者苟谌也；改为勾者勾思也；增而为句龙者如渊也。由是析为数家，累世之后，将不复别。"［按宋高宗名构，句（本读勾）为嫌名，须避］在古代医家中，也有改姓氏的避讳例子，如《隋书·经籍志》记载南北朝殷仲堪著《殷荆州要方》，宋本《外台秘要》却写作商仲堪，这是宋人避太宗赵炅之父赵弘殷之讳而改"殷"为"商"。

2. 改名字　改名字的方法有三种：一是改名，如萧道先，因避南齐高帝萧道成讳,而改为萧景先(《南齐书·萧景先传》);二是称字,如刘知几,因避唐玄宗李隆基讳("几"与"基"音同),故称刘子玄,子玄为刘知几的字(《新唐书·刘知几传》);三是去掉名中的一个字,如王建肇,因避蜀主王建讳,故称王肇(《新五代史·前蜀世家》)。在古医籍中,常常有改名避讳的例子,如唐代《新修本草》作者名苏敬,其名传至宋代竟改为苏恭。原是宋人为避宋太祖赵匡胤祖父赵敬讳而改"敬"为"恭"。这在《证类本草》《本草纲目》中均有所见。后人不知此系宋讳所致,误云苏敬名敬字恭,遂为史学一误。陶弘景,字贞白,在宋本《外台秘要》中变成"陶正白",使南北朝时的陶氏由"贞白"更名为"正白",这是为避宋仁宗赵祯之讳的缘故。

3. 改地名　三国吴大帝(孙权)的太子名和,改"禾兴县"为"嘉兴"(今浙江嘉兴);晋愍帝名业(邺),改"建业"为"建康"(今南京);唐代宗名豫,改"豫州"为"蔡州"(今河南汝南);唐德宗名适(音扩),改"括州"为"处州"(今浙江丽水),改"括苍县"为"丽水";宋太宗名光义,改"义兴县"为"宜兴"(今江苏宜兴)。

4. 改官名　《晋书·职官志》:"太宰、太傅、太保,周之三公官。晋初以景帝讳故,又采周官官名,置太宰,以代太师之任。"(按:晋景帝名"师")又《旧唐书·高宗纪》:"贞观二十三年六月,改民部尚书为户部尚书;七月,改治书侍御史为御史中丞、诸州治中为司马、治礼郎为奉礼郎。"(按:贞观二十三年太宗卒,高宗李治继位。)

5. 改干支之名　唐高祖之父名昞,故唐代兼讳"丙",凡遇"丙"字多改为"景"。《晋书》《梁书》《陈书》《北齐书》《北周书》《隋书》《南史》《北史》等八史,皆修于唐,书中丙皆作景。今本多回改为丙。杨上善撰注《黄帝内经太素》,凡注文中"甲乙丙丁"皆作"甲乙景丁"。

6. 改物名　吕后名雉,因改呼雉为野鸡(《史记·封禅书》);隋·刘臻性好啖蚬,以音同父讳,因呼为"扁螺"(《隋书·刘臻传》)。《野客丛书》载:"杨行密据扬州,扬人呼蜜为蜂糖。"

7. 改书名　清康熙帝名玄烨,南宋张行成《翼玄》改名为《翼元》,明代戴原礼《金匮钩玄》改名为《金匮钩元》,李中梓《本草通玄》改名为《本草通元》,清代汪昂《勿药玄诠》改名为《勿药元诠》。将宋代、明代的书改名,可见是清代刻本。

8. 改方药名　南宋寇宗奭《本草衍义·序》:"讳避而易之者,原之以存其名。如山药避本朝讳及唐避代宗讳。"李时珍《本草纲目·薯蓣》引"宗奭曰"进一步指出:"薯蓣因唐代宗名预,避讳改为薯药,又因宋英宗讳曙,改为山药。"宋本《伤寒论》有"真武汤"一方,而《备急千金要方》《千金翼方》均为"玄武汤",这显然是宋人为避宋始祖赵玄朗讳,改"玄"为"真"之故。

9. 改常语　晋人避景帝司马师讳,改称"京师"为"京都";唐人避太宗李世民讳,改称"厌世"为"厌代""世官"为"代官""除名为民"为"除名为百姓"。又《老学庵笔记》载:"田登作郡,自讳其名,举州皆谓灯为火。上元放灯,许人人州治游观,吏遂书榜曰:'本州依例放火三日。'"今谚曰"只许州官放火,不许百姓点灯"即源于此。

(二) 缺笔法

缺笔法就是遇到讳字,就遗缺该字的笔画,多为遗缺一笔。缺笔避字法始于唐代,如"葉"字,因字中有"世"字,而写作"菜","昬"字因有"民"字,而写作"昏",这是为避唐太宗李世民讳。光绪十九年杨氏邻苏园影刻南宋嘉定刊本《脉经》"眩""弘""慎"均写作"眩""弘""慎",皆缺末笔,为宋帝避讳字。宋本《外台秘要》

中的"弘""玄""疹""敬"也都遗缺最后一笔。

(三) 空字法

空字法就是遇到讳字,就空缺该字。例如《新修本草》的参修者有李世勣,但其书扉署名则作"李勣",这是避唐太宗李世民讳而删去"世"字。同书卷十七《葡萄》:"陶景言用藤汁为酒,谬矣。"这是避唐高宗太子李弘讳而不写作陶弘景。此外,还有空围"□"或用"某"字、"讳"字代替讳字的。

上述几种方法,在同一朝代也可以同时使用。如清代医籍中对"玄参""玄明粉""玄胡索""玄府"(汗孔)等名词术语的处理,有改称"元参""元明粉""元胡索""元府"的,也有把"玄"字写成缺笔的,并不强求一律。

三、年龄称谓

年龄一般是用数词表示的,而古书中常常以其他词代称:有的是采用文句割裂的方法,有的是从男女、装束、习俗、体态、学识等不同角度,对年龄予以不同的称谓。

如《论语·为政》:"子曰:'吾十有五而志于学,三十而立,四十而不惑,五十而知天命,六十而耳顺,七十而从心所欲,不逾矩。'"后人便以"志学""而立""不惑""知命""耳顺""从心"分别表示十五岁、三十岁、四十岁、五十岁、六十岁、七十岁。《礼记·曲礼上》:"人生十年曰幼,学;二十曰弱,冠;三十曰壮,有室;四十曰强,而仕;五十曰艾,服官政;六十曰耆,指使;七十曰老,而传;八十、九十曰耄;七年曰悼,悼与耄,虽有罪,不加刑焉;百年曰期颐。"后人便以"幼"或"幼学"、"弱"或"弱冠"、"壮"或"有室"、"强"或"强仕"、"艾"或"艾服"等分别表示十岁、二十岁、三十岁、四十岁、五十岁之类。《礼记·王制》:"五十杖于家,六十杖于乡,七十杖于国,八十杖于朝;九十者,天子欲有问焉,则就其室,以珍从。"后人便以"杖家""杖乡""杖国""杖朝"分别表示五十岁、六十岁、七十岁、八十岁。这里择选常见的年龄称谓,按其顺序介绍如下:

(一) 出生

初度　指出生之时。屈原《离骚》:"皇览揆余初度兮,肇锡余以嘉名。"东汉王逸注:"言父伯庸观我始生年时。"后称人的生日为"初度"。

汤饼之期　指婴儿出生三日。汤饼犹今之切面。旧俗婴儿出生第三日要举办备有汤饼的庆贺宴会。明代彭大翼《山堂肆考》:"生子三朝会曰汤饼会。"又称汤饼筵、汤饼宴。

百晬　指婴儿出生百日。百晬为旧俗婴儿出生百日的宴会。宋代孟元老《东京梦华录·育子》:"生子百日置会,谓之百晬;至来岁生日,谓之周晬。"又称百禄。

(二) 一至十岁

周晬(zuì)　指婴儿周岁。周晬为旧俗婴儿出生一年的宴会。又称晬日、晬盘日。是日以盘盛纸笔、针线、钱币等物,任婴儿抓取,以占其将来的志趣,谓之试儿,也叫试晬、抓周。

孩提　指二三岁的幼儿。《孟子·尽心上》:"孩提之童,无不知爱其亲者。"东汉赵岐注:"孩提,二三岁之间,在襁褓知孩笑,可提抱者也。"又称提孩、孩抱。

免怀　指三岁幼儿。《论语·阳货》:"子生三年然后免于父母之怀。"又称免怀之岁。

幼弱　指龆龀前,即七八岁以下。《周礼·司刺》:"壹赦曰幼弱,再赦曰老旄,三赦曰蠢愚。"郑玄注:"幼弱、老旄,若今律令年未满八岁、八十以上,非手杀人,他皆不坐。"唐代贾公彦疏:"云未满八岁,则未龀,是七年者,若八岁已龀,则不免也。"

龆龀(tiáochèn) 指小儿七八岁时。龆与龀均谓儿童换齿,即脱去乳齿,始生恒齿。《韩诗外传》卷一:"男八月生齿,八岁而龆齿,十六而精化小通。女七月生齿,七岁而龀齿,十四而精化小通。"又称毁齿、冲龀、童龀、竹龀等。

幼学 指十岁。《礼记·曲礼上》郑玄注:"名曰幼,时始可学也。"

(三) 童年

总角 指童年。古代男女未成年前束发为两结,形状如角,故称总角。《诗·齐风·甫田》:"婉兮娈兮,总角丱兮。"角,小髻;丱,儿童的发髻向上分开的样子。《礼记·内则》:"拂髦,总角。"郑玄注:"总角,收发结之。"后因称童年时代为"总角"。又称总发、总丱、丱、丱日、丱齿、丱岁、羁角、羁丱、羁贯之年等。

垂髫(tiáo) 指童年。古时儿童不束发,头发下垂,因以"垂髫"指童年或儿童。潘岳《藉田赋》:"被褐振裾,垂髫总发。"陶潜《桃花源记》:"黄发垂髫,并怡然自乐。"又称垂龆、垂发、髫发、髫童、髫年、髫岁、髫龄、髫齿、髫龀、髫鬌(duǒ)等。

黄口 指童年。《山堂肆考》:"黄口,小儿也。"又称黄吻、黄童、童丱、童龀等。

觿(xī)**年** 指童年。《诗·卫风·芄兰》有"童子佩觿"语,因称。

豆蔻 喻处女,言其少而美。豆,也作"荳"。杜牧《赠别》诗:"娉娉袅袅十三馀,荳蔻梢头二月初。"后因以"豆蔻年华"称十三四岁的少女。

(四) 十五岁

志学 指十五岁。又称志学之年。《论语·为政》北宋·邢昺疏:"吾十有五而志于学者,言成童之岁识虑方明,于是乃志于学也。"

束修 指十五岁。古代十五岁入学,入学必用束修,因指入学或十五岁为束修。说见《后汉书·延笃传》唐代李贤注。一说指十三岁,见西汉桓宽《盐铁论·贫富》。

成童 指长到一定年龄的儿童,通常指十五岁。《礼记·内则》:"成童,舞象,学射御。"郑玄注:"成童,十五以上。"《后汉书·李固传》:"固弟子汝南郭亮,年始成童,游学洛阳。"李贤注:"成童,年十五也。"一说指八岁以上。《谷梁传·昭公十九年》:"羁贯成童,不就师傅,父之罪也。"晋代范宁注:"成童,八岁以上。"

束发 一般指十五岁左右。古代男孩成童时将头发束成一髻,因用以代称成童。《大戴礼记·保傅》:"束发而就大学,学大艺焉,履大节焉。"又称结发、结童。

及笄(jī) 指女子十五岁。《礼记·内则》谓女子"十有五年而笄"。郑玄注:"女子许嫁,笄而字之;其未许嫁,二十则笄。"笄犹今之簪,盘发时用以插入固定,为女子成年之礼。又称"笄年、加笄、初笄、弱笄、笄丱等。"

破瓜 指女子十六岁。因瓜字可剖分为两个八字,故称。说见清代翟灏《通俗编·妇女·破瓜》。又称瓜字初分。

(五) 二十岁

弱冠 指男子二十岁。《礼记·曲礼上》:"男子二十冠而字。"郑玄注:"成人矣,敬其名。"加冠为男子成人之礼。《释名·释长幼》:"二十曰弱,言柔弱也。"又称冠年、加冠、初冠、弱龄、弱年、弱岁等。

花信 指女子二十四岁。花信,即"花信风"的简称,犹言花期。风应花期,其来有信,故称。江南自小寒至谷雨,共八气,计一百二十日,每五日为一番风候,凡二十四番。

(六) 三十岁

而立　指三十岁。《论语·为政》朱熹注:"有以自立。"又称而立岁、而立之年。

有室　指男子三十岁。《礼记·曲礼上》郑玄注:"有室,有妻也。"古俗男子三十而娶,授以室,故称。男子三十岁亦称壮。《释名·释长幼》:"三十曰壮,言丁壮也。"又称壮室。

(七) 四十岁

不惑　指四十岁。《论语·为政》朱熹注:"于事物之所当然,皆无所疑。"

强仕　指男子四十岁。《礼记·曲礼上》孔颖达疏:"强有二义:一则四十不惑,是智虑强;二则气力强也。"《释名·释长幼》:"四十曰强,言坚强也。"又称强、强仕之年。

(八) 五十岁

知命　指五十岁。又称知命之年。

艾　指男子五十岁。"艾"有二义。《礼记·曲礼上》孔颖达疏:"年至五十,气力已衰,发苍白,色如艾也。"谓苍白如艾;《释名·释长幼》:"五十曰艾。艾,治也,治事能断割,艾刈无所疑也。"谓治事果断。又称艾服、艾服之年。

杖家　指五十岁。

知非　指五十岁。《淮南子·原道训》:"蘧伯玉年五十,而知四十九年非。"又称知非之年。

艾耆(qí)　泛指五六十岁。又称耆艾。

艾老　泛指五十岁以上。《盐铁论·未通》:"五十以上曰艾老,杖于家,不从力役。"

(九) 六十岁

耳顺　指六十岁。《论语·为政》邢昺疏:"六十而耳顺者,顺,不逆也。耳闻其言,则知其微旨而不逆也。"又称耳顺之年。

耆　指六十岁。《释名·释长幼》:"六十曰耆。耆,指也,不从力役,指事使人也。"又称耆年、年耆。

杖乡　指六十岁。

花甲　指六十岁。花甲本指六十甲子,天干地支错综相配,故云花甲。又称花甲子、花甲周、周甲、花甲之年。

元命　指六十一岁。因重逢生年干支,故称。

耆老　泛指六七十岁。又称老耆。

耆耄(mào)　泛指六十岁以上的老人。又称耆眊、眊耆、耆耋、耆耇、耆寿、耄耆等。

(十) 七十岁

从心　指七十岁。《论语·为政》邢昺疏:"七十而从心所欲不逾矩者,矩,法也,言虽从心所欲而不逾越法度也。"

老　指七十岁。《礼记·曲礼上》孔颖达疏:"七十曰老而传者,六十至老境而未全老,七十其老已至,故言老也。既年已老,则传徙家事付委子孙,不复指使也。"

杖国　指七十岁。

古稀　指七十岁。杜甫《曲江》诗:"酒债寻常行处有,人生七十古来稀。"后因称七十岁为古稀。又称古希、稀年、古稀年、古希年。

(十一) 八十岁

杖朝　指八十岁。

耋(dié)　指八十岁。《释名·释长幼》："八十曰耋。耋，铁也，皮肤变黑，色如铁也。"

耄　指八九十岁。《礼记·曲礼上》孔颖达疏："八十九十曰耄，耄者，僻谬也。人或八十而耄，或九十而耄，故并言二时也。"又称耄耋、耄龄等。

(十二) 九十岁

黄发、齯齿、鲐背、耇老、黄耇、胡耇、冻梨　一说指九十岁。《释名·释长幼》："九十曰鲐背，背有鲐文也；或曰黄耇(或作"耇")，鬓发变黄也；耇，垢也，皮色骊悴，恒如有垢者也；或曰胡耇，咽皮如鸡胡也；或曰冻梨，皮有斑点，如冻梨色者；或曰齯齿，大齿落尽，更生细者，如小儿齿也。"一说泛指长寿老人。《尔雅·释诂》："黄发、齯齿、鲐背、耇老，寿也。"晋代郭璞注："黄发，发落更生黄者；齯齿，齿堕更生细者；鲐背，背皮如鲐鱼；耇犹耇也，皆寿考之通称。"黄发或省称黄，齯齿亦作儿齿，鲐背亦作台背、骀背，或省称鲐，耇老等或省称耇。其他用以泛指高龄的称谓尚有白首、皓首、埋年、桑榆、垂榆、垂年、垂暮、老寿、耄期等。

(十三) 一百岁

期颐　指百岁。《礼记·曲礼上》孔颖达疏："百年曰期颐者，期，要也，颐，养也，人年百岁，不复知衣服饮食寒暖气味，故人子用心要求亲之意而尽养道也。"

四、度量衡制度

我国度量衡制度具有悠久的历史。它的起源和标准，记载不一。据史书称，黄帝设立了度、量、衡、里、亩五个量；舜召集四方君长把各部族的年月四季时辰、音律和度量衡协同起来；夏禹治水使用规矩准绳为测量工具，并以自己的身长和体重作为长度和重量的标准。这些传说，在一定程度上反映了古代度量衡的萌芽情况。真正有信物可作佐证的是西周的青铜器铭文，记有"金十寽""丝三寽""金十匀"的文字。金即铜，"寽"和"匀"是计量的单位名称。说明在金属货币出现以前或同时，已经有了计量重量的手段。度量衡的产生，是和人类交换行为的发展分不开的，并且随着生产力的进步，度量衡也在不断变化。《礼记》《周礼》都有记载，早在周朝时期就开始推行严格的度量衡管理制度，并设置了主管的官职。公元前221年，秦始皇统一中国，颁发了统一度量衡的诏令，由官府监制成套计量标准器，发到全国各地。秦王朝统一的度量衡制为两千多年封建社会所沿用，形成了我国计量科学独特的体系。

历代度量衡都经历了不断演变的过程，即逐渐地由粗糙变成精细，由简单变成复杂，特别是在器量上经历了由小变大的过程。这一特点可从唐代李淳风所撰《隋书·律历志》中得到有力的说明。《隋书·律历志》列举了从周到隋的十五种尺，经用晋前尺来作比较后发现，十五种尺的长短虽不相同，但都有由短到长的倾向。从周代到东魏，尺的长度共增长了五寸零八毫。近人王国维在《论现存历代尺度》中也指出："尺度之制由短到长，殆成定例。"其实，这个结论对度量衡各个单位都是适用的，即尺度的演变由短到长，容量的演变由小到大，权衡(重量)的演变由轻到重。反映在中医药处方中，古方的用药分量，由于历代度量衡的不断迭变，以致实际分量与所用度量衡名称很不一致，同现代相差尤甚。因此我们有必要知道古代度量衡的一些基本知识，并对其变易情况有所了解，以避免混淆古今计量概念。

(一) 古代度量衡命名

"度量衡"名称源自《书·舜典》"同律度量衡"，《汉书·律历志》阐明其意，随后历

代都沿用这个名称。如果把度量衡这个名词分开,就有度、量、衡三个量。这种分开来的各个单一量的名称,系由汉代刘歆的条奏所言"审度""嘉量""衡权"而确定。其中"嘉量"又出自《周礼·考工记·栗氏》"嘉量既成,以观四国"。"审"的意思就是"定",所谓审度是指用"度"来确定物体的长短。"嘉"的本义是"善",所谓嘉量是指以量器来量物体的多少时,必须像水平那样作为标准。"权"的意思是"重","衡"的作用是用"权"来平衡物体的轻重,衡权也就是指权和物形成平衡。下面分别叙述度、量、衡的单位命名。

1. 度　长度单位的名称,上古时都是以人身体的某个部分或某种动作为命名依据的,例如寸、咫、尺、丈、寻、常、仞等都是。在这些名称中,尺是长度的基本单位。一尺的长度与一手的长相近,容易识别,所以古时就有"布手知尺""尺者识也"等的说法。此外,仞是量深度的实用单位,并且单独构成一个系统。仞与尺的比例关系,一向没有明确的定数,说一仞为四尺、五尺六寸、七尺、八尺的都有,一般认为是八尺。周代以前的长度单位的名称,经过《汉书·律历志》的整理,保留了寸、尺、丈三个,并在寸位以下加一"分"位,丈位以上加一"引"位,都是十进,这就是所谓五度。长度的小单位,一般都是算术学者使用的。所谓"度长短者,不失毫厘",只是表示测量时应该具有微小数的精度的意思。《孙子算经》卷上有"蚕所吐丝为忽,十忽为一秒,十秒为一毫,十毫为一厘,十厘为一分"的说法。这些十退位的分、厘、毫、秒、忽成为算术上专用的小数名称和长度小单位名称。到了宋代,把秒改为丝。清末时把长度小单位定到毫位为止。

2. 量　量器是封建社会计量农产品多少的主要器具,因此容量的计量产生最早,它的单位名称也最复杂。在《左传》《周礼》《仪礼》《尔雅》等经典著作中都有关于容量单位的记载,其专用名称有升、斗、斛、豆、区、釜、钟以及溢、掬等。同长度一样,周代以前容量单位也是用人的身体计量,以一手所能盛的叫做溢,两手合盛的叫做掬,掬是最初的基本的容量单位。《小尔雅·广量》说"掬四谓之豆",《左传·昭公三年》说"四升为豆",这两种说法是相通的,就是说掬也就是升。升的本义是"登""进"的意思,两手所盛是基本的容量数,然后从这个数登进,按四进有豆、区、釜,按十进有斗、斛。所以升(亦即掬)是容量的基本单位。后来《汉书·律历志》对容量单位作了系统的整理,命名为龠、合、升、斗、斛五量,一合等于二龠,合以上都是十进(南宋以后一斛为五斗)。升是容量的基本单位,斗和斛则为实用单位。至于《说苑·辨物》云"十龠为一合",说法有所不同,可资参考。关于石,石本来是重量单位,为一百二十斤,但自秦汉开始,石也作为容量单位,与斛相等。关于容量的小单位,《孙子算经》卷上说:"六粟为一圭,十圭为抄,十抄为撮,十撮为勺,十勺为合。"这样,六粟为一圭(一说,十粟为一圭),其余圭、抄、撮、勺以及合、升、斗、斛八个单位,都是十进。这种计算方法,自汉代以后一直都在采用。

3. 衡　很早以来,铢、两、斤、钧、石五者都用作重量的单位。但古时对重量单位的说法复杂不一。例如《孙子算经》卷上:"称之所起,起于黍,十黍为一絫("累"的古字),十絫为一铢,二十四铢为一两。"《说苑·辨物》:"十粟重一圭,十圭重一铢。"《说文解字·金部》:"锱(zī),六铢(zhū)也。"《淮南子·铨言》高诱注:"六两曰锱。"《玉篇·金部》:"镒,二十两。"《集韵·质韵》:"二十四两为镒。"等等。"黍""粟""絫""圭"等,都是借用粟黍和圭璧的名称,实际上早已不用。"锱""镒"及"锾""钧"等都是借用钱币的名称,也早就不用。所以各家说法有种种不同。自《汉书·律历志》把铢、两、斤、钧、石这五个单位命名为五权之后,名称就比较一致起来,直至唐代都没有改变。其进位方法颇值一提：二十四铢为两，十六两为斤，三十斤为钧，四钧为石。关于使用两以下的钱、分、厘、毫、丝、忽等小单位，南朝梁代陶弘景《名医别录》曾说："分剂之名，古与今异，古无分之名，今则以十黍为一铢，六铢为一分，四分成一两。"唐代苏敬注云："六铢为一分，即二钱半也。"可见自唐代起已把本作为货币的"钱"当作重量单位，并且"积十钱为一两"，但那时分的进位还没有确定为钱的十分之一。再说分、厘、毫、丝、忽等，原是小数名称，后从长度借用为重量单位名称，自宋代开始定为钱的十退小单位。宋代权衡的改制废弃了铢、絫、黍等名称，其重量单位名称自大到小依次为石、钧、斤、两、钱、分、厘、毫、丝、忽，其进位方法已如前述。宋制衡量一直沿用至元明清，很少改易。但有一点须指出，宋元明清之医方，凡言"分"者，是分厘之"分"，而晋唐时一分则为两钱半，二者不同。

（二）历代度量衡比较

如前所述，历代度量衡屡经变迁，古方今用，计量方法差异甚大，因此有必要将历代度量衡与现代标准作一比较。为方便叙述，列表如下：

时代	度制统一换算 1尺换算的厘米数	量制统一换算 1升换算的毫升数	衡制统一换算	
			1斤换算的克数	1两换算的克数
战国	15.8	205.8	250	15.6
秦	23.1	200	253	15.8
西汉	23.1	200	248	15.5
东汉	23.8	200	220	13.8
三国	24.2	204.5	220	13.8
西晋	24.2	204.5	220	13.8
东晋	24.5	204.5	220	13.8
南朝	24.5	梁、陈 200 南齐 300	梁、陈 220 南齐 330 北魏 440	梁、陈 13.8 南齐 20.6 北魏 27.5
北朝	29.6	北周 600	北齐 440 北周 660	北齐 27.5 北周 41.3
隋	29.6	（开皇）大 600 （大业）小 200	（开皇）大 661 （大业）小 220	（开皇）大 41.3 （大业）小 13.8
唐	大尺 36 小尺 30	大升 600 小升 200	661	41.3
宋	31.2	670	633	40
元	31.2	950	633	40
明	裁衣尺 34 量地尺 32.7 营造尺 32	1000	590	36.9
清	裁衣尺 35.5 量地尺 34.5 营造尺 32	1000	590.8	37.3

注：表中数据资料节取自《汉语大词典》附录"中国历代度量衡制演变测算简表"。

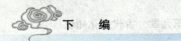

（三）中医药特殊计量

古代医药著作中还使用一些特殊或模糊的"量"名，现择要列举如次：

方寸匕　古代盛药量器，犹今之药匙。《证类本草·序例上》："方寸匕者，作匕正方一寸，抄散取不落者为度。"一方寸匕约等于现代的 2.74 毫升，盛金石药末约为 2 克，草木药末约为 1 克。

钱匕　古代量取药末的器具。用汉代的五铢钱币盛取药末至不散落者为一钱匕；用五铢钱币盛取药末至半边者为半钱匕；钱五匕者，是指药末盖满五铢钱边的"五"字至不散落为度。一钱匕约今五分六厘，合 2 克强；半钱匕约今二分八厘，合 1 克强；钱五匕约为一钱匕的四分之一，约今一分四厘，合 0.6 克。

刀圭　古代量取药末的器具。《证类本草》引陶弘景《名医别录》："凡散药有云刀圭者，十分方寸匕之一，准如梧桐子大也。"明代董穀《碧里杂存·刀圭》："形正似今之剃刀，其上一圈正似圭璧之形，中一孔即贯索之处。盖服食家举刀取药，仅满其上之圭，故谓之刀圭，言其少耳。"

一字　古以唐"开元通宝"钱币抄取药末，将药末填满钱面四字中一字之量，即称一字，约合今之 0.4 克。

鸡子黄大　这是对某些药物采用取类比象的方法而作为用药分量的。如《伤寒论》大青龙汤中的石膏，"如鸡子黄大"。一鸡子黄大略等于 40 颗梧桐子大，约合 9 克。

枚　果实记数的单位。随品种不同，亦各有其标准，如大枣十二枚，则可选较大者为一枚之标准。

握、把　部分草本类药物的一种约略计量单位。

束　部分蔓茎类药物的一种约略计量单位。以拳尽量握之，切去其两端超出部分，称为一束。

片　亦为一种约略计量单位。如生姜一片，约计一钱（3 克）为准。

盏、杯、碗、盅　为药液（或水、酒）的约略计量单位。通常的容量约合今之 150~300 毫升。

另外，在古代方书中，或在民间用药时，还有一些模糊的计量名称，如一捻、一撮、一指撮等，无非是言其少，约为几克的分量。

 复习思考题

1. 古人是如何纪日、纪月、纪年及纪时（一天之内）的？试各举例说明。

2. 古代的年龄称谓有何特点？试以出生、幼年、童年、少年、青年各年龄段各举 2 例说明。

3. 什么叫避讳？避讳的方法通常有几种？各举例说明。

4. 古代度量衡的演变有何特点？古代中医药文献中常用的特殊计量有哪些？

附录一　简繁字对照

本文收录了中国文字改革委员会自 1956 年以来公布的 4 批简化字,共 517 个。

凡简化字与繁体字都见于古代,而在意义或用法上有所不同的,本文后面另附有说明,以供查阅。

本文按汉字的拼音字母顺序排列。每对中,简化字在前,繁体字在后。

［A］爱愛　碍礙　袄襖

［B］罢罷　摆擺襬　办辦　板闆　帮幫　宝寶　报報　备備　笔筆　币幣　毕畢　毙斃　边邊　变變　标標　表錶　别彆　宾賓　卜蔔　补補

［C］才纔　参參　惨慘　蚕蠶　仓倉　层層　产產　搀攙　谗讒　馋饞　尝嘗　偿償　厂廠　长長　彻徹　陈陳　尘塵　衬襯　称稱　惩懲　迟遲　齿齒　冲衝　虫蟲　丑醜　筹籌　处處　触觸　出齣　础礎　刍芻　疮瘡　辞辭　从從　聪聰　丛叢　窜竄

［D］达達　带帶　担擔　胆膽　单單　当當噹　档檔　党黨　导導　灯燈　邓鄧　敌敵　籴糴　递遞　淀澱　点點　电電　垫墊　冬鼕　东東　冻凍　栋棟　动動　斗鬥　独獨　断斷　对對　队隊　吨噸　夺奪　堕墮

［E］恶惡噁　尔爾　儿兒

［F］发發髮　范範　矾礬　飞飛　奋奮　粪糞　坟墳　丰豐　凤鳳　妇婦　复復複覆　麸麩　肤膚

［G］盖蓋　干幹乾　赶趕　个個　巩鞏　沟溝　构構　购購　谷穀　顾顧　刮颳　关關　观觀　广廣　归歸　龟龜　柜櫃　过過　国國

［H］汉漢　号號　轰轟　后後　护護　壶壺　沪滬　画畫　划劃　华華　怀懷　坏壞　欢歡　环環　还還　会會　秽穢　汇匯彙　伙夥　获獲穫

［J］几幾　机機　击擊　际際　剂劑　济濟　挤擠　积積　饥饑　鸡鷄　极極　继繼　家傢　价價　夹夾　艰艱　荐薦　坚堅　歼殲　监監　茧繭　舰艦　鉴鑒　拣揀　姜薑　将將　奖獎　浆漿　桨槳　酱醬　讲講　胶膠　借藉　阶階　节節　疖癤　洁潔　尽盡儘　紧緊　仅僅　进進　烬燼　惊驚　竞競　旧舊　举舉　剧劇　据據　惧懼　卷捲　觉覺

［K］开開　克剋　垦墾　恳懇　夸誇　块塊　矿礦　亏虧　困睏　扩擴

［L］腊臘　蜡蠟　来來　兰蘭　拦攔　栏欄　烂爛　劳勞　痨癆　乐樂　类類　累纍壘罍　里裏　礼禮　丽麗　厉厲　励勵　离離　历曆歷　隶隸　俩倆　帘簾　联聯　恋戀　怜憐　炼煉　练練　粮糧　两兩　辆輛　了瞭　疗療　辽遼　猎獵　临臨　邻鄰　灵靈

385

靈　龄齡　岭嶺　刘劉　浏瀏　龙龍　楼樓　娄婁　录録　陆陸　虏虜　卤鹵滷　卢
庐　庐廬　泸瀘　芦蘆　炉爐　乱亂　罗羅囉　屡屢　虑慮　滤濾　驴驢

［M］迈邁　买買　卖賣　麦麥　蛮蠻　么麼　霉黴　蒙濛　懞矇　梦夢　弥彌
瀰　面麵　庙廟　灭滅　蔑衊　亩畝

［N］难難　恼惱　脑腦　拟擬　酿釀　镊鑷　宁寧　农農

［O］欧歐

［P］盘盤　辟闢　苹蘋　凭憑　朴樸　扑撲

［Q］齐齊　气氣　启啓　岂豈　千韆　迁遷　签簽籤　牵牽　墙牆　蔷薔　枪
槍　乔喬　侨僑　桥橋　壳殼　窍竅　窃竊　亲親　寝寢　庆慶　穷窮　琼瓊　秋鞦　区
區　趋趨　权權　劝勸　确確

［R］让讓　扰擾　热熱　认認　荣榮

［S］洒灑　伞傘　丧喪　扫掃　啬嗇　杀殺　晒曬　伤傷　舍捨　摄攝　沈瀋　审
審渗滲　声聲　胜勝　圣聖　绳繩　湿濕　适適　时時　实實　势勢　师師　寿壽　兽
獸　数數　术術　树樹　书書　帅帥　双雙　松鬆　苏蘇囌　肃肅　虽雖　随隨　岁
歲　孙孫

［T］态態　台臺檯颱　摊攤　滩灘　瘫癱　坛壇罈　叹嘆　誊謄　体體　条條　枭
耀　铁鐵　听聽　厅廳　头頭　图圖　团團糰

［W］袜襪　洼窪　万萬　弯彎　网網　为為　伪偽　韦韋　卫衛　稳穩　务務　无
無　雾霧

［X］牺犧　系係繫　戏戲　习習　吓嚇　虾蝦　献獻　咸鹹　显顯　宪憲　县
縣　向嚮　响響　乡鄉　协協　写寫　胁脅　泻瀉　亵褻　衅釁　兴興　选選　旋鏇　悬
懸　学學　寻尋　逊遜

［Y］压壓　亚亞　哑啞　艳艷　严嚴　盐鹽　厌厭　养養　痒癢　样樣　阳陽　尧
堯　钥鑰　药藥　叶葉　爷爺　业業　医醫　义義　仪儀　艺藝　亿億　忆憶　隐隱　阴
陰　蝇蠅　应應　营營　拥擁　佣傭　踊踴　痈癰　优優　犹猶　邮郵　忧憂　余餘　御
禦　吁籲　郁鬱　与與　誉譽　屿嶼　远遠　园園　跃躍　云雲　运運　酝醞

［Z］杂雜　赃贓　灶竈　凿鑿　枣棗　斋齋　战戰　毡氈　赵趙　这這　折摺　征
徵　症癥　证證　郑鄭　只衹隻　帜幟　职職　致緻　制製　执執　滞滯　质質　种
種　众衆　钟鐘鍾　肿腫　昼晝　朱硃　筑築　烛燭　专專　庄莊　壮壯　装裝　妆
妆　状狀　桩椿　准準　浊濁　总總　纵縱　钻鑽

说　　明

［C］才纔——才，始，僅；又才能。纔，僅。二字本通用；但才能的才，绝不与纔通用。

冲衝——冲的意义是幼小，空虚；用作动词时表示一直向上（冲天）。衝的意义是突击、
衝撞；用作名词时表示交叉路口。这两个字在古书里一般是区别得很清楚的。

丑醜——二字古不通用。丑是地支名。醜是醜恶的醜。

出齣——齣是近代产生的字，来历不明。

［D］淀澱——淀，浅水泊。澱，沉澱，滓泥。

斗鬥——斗，升斗。鬥，鬥争。

［F］发發髮——發，發射，出發。髮，头髮。

范範——范,姓。範,模範。

丰豐——丰,丰满,丰采(风采,风度)。豐,豐富。二字在古书里一般不通用。丰字比较罕用。

复復複覆——反復的復本作复,但是復和複覆并不是同义词。複只用于重複和複杂的意义;復字等于现代的"再",它不表示複杂,一般也不用作形容词来表示重複。覆用于覆盖、颠覆的意义,而这些意义绝不能用復或複。

[G] 干幹乾——干是干戈的干,读 gān,和读 gàn 的幹没有什么关系。乾枯的乾和干戈的干也绝不相通。乾枯的乾,近时有人写作乾,但古书中没有乾字。特别应该注意的是,乾坤的乾(qián),读音与乾(gān)完全不同,规定不能简化为干。

谷穀——谷,山谷。穀,百穀(稻麦等)。二字不通用。

[H] 后後——后,君王,皇后。後,先後。有些古书曾经以后代後,但用得很不普遍,後代一般不再通用。至于君王、皇后的后,则绝不写作後。

画畫,划劃——古代计畫的畫不写作劃。劃是后起字,并且只表示锥刀劃开。划是划船的划(也是后起字),与计畫的畫更是没有关系。

汇匯彙——匯,匯合。彙,种类。

伙夥——伙,伙伴,傢伙。夥,很多。

获獲穫——獲,獲得。穫,收穫。二字不通用。

[J] 几幾——几是几案的几。幾是幾何的幾。二字绝不相通。

饥饑——饥,饥饱。饑,饑馑。上古一般不相通,后代渐混。

价價——价,善。價,價格。二字不通用。

荐薦——说文:"荐,席也";又:"薦,兽之所食草。"二字古通用,都有重复、陈献、推荐等义。

借藉——借,借贷。藉,凭藉。二字一般不通用。注意:狼藉的藉(jí)不能简化为借。

尽盡儘——盡,完全,竭盡。儘,达到极限。儘是后起字,本写作盡。

卷捲——卷,卷曲;又书卷。捲,收捲。上古捲多写作卷。

[K] 克剋——克,能,胜。剋,剋制。

夸誇——夸,奢侈,夸大,自大。誇,大言,自大。在自大、夸大的意义上,二字古通用。

困睏——困,劳倦,穷困。睏是困的后起字,专用于劳倦的意义。

[L] 腊臘——腊(xī),乾肉。臘,阴历十二月。

蜡蠟——蜡,即蛆;又音 zhà,古祭名。蠟,油脂中的一种,蠟烛。

累纍——累,积累,牵累,缠縛。纍,连缀,缠縛。在"缠縛"这个意义上,二字古通用。

里裏——里,乡里。裏,衣内,《诗经·邶风·绿衣》:"绿衣黄裏";内,左传僖公二十八年:"表裏山河。"二字古不通用。

历曆歷——歷,经歷。曆,曆数。歷曆一般是有分别的。在古书中,曆数的曆可以用歷,但经歷的歷绝不用曆。

帘簾——帘,酒家帜(后起字)。簾,门簾。

了瞭——了,了解。瞭,眼睛明亮。后来又有双音词"瞭望"。

[M] 么麼——么(yāo),幺的俗体,细小,与麼没有关系。

蒙濛懞矇——蒙,披盖,遭受。濛,微雨的样子。懞,懞懂,不明白。矇,矇曨,眼力不好。

弥彌瀰——彌,满,更。瀰,瀰漫,水大的样子。

面麵——面,脸部。麵(麪的后起字),粮食磨成的粉。二字不通用。

蔑衊——蔑是蔑视的蔑。衊是诬衊的衊。

[N]宁寧——宁是貯的本字,与寧没有关系。

[P]辟闢——辟,法,刑,君。闢,开闢。二字上古曾经通用,后代不通用。

苹蘋——苹,草名,蒿的一种,《诗经·小雅·鹿鸣》:“食野之苹”;又同萍。蘋,草名,一名田字草;蘋果的蘋是后起字,旧写作蘋。

凭憑——憑依的憑本作凭,又作冯、凴。

[Q]气氣——依文字家说,氣本作气,但是现在简化为气的字,一般古书都写作氣。

启啓——开啓的啓本作启。

千韆——千,数目。韆,鞦韆。

签簽籤——簽与籤意义相近,但簽押不能作籤押;竹籤、牙籤不能作竹簽、牙簽。

秋鞦——秋,四季中的第三季。鞦,鞦韆。

[S]舍捨——舍,客馆,居室;又放弃。捨,放弃。捨本作舍。

沈瀋——沈,沉(chén)的本字;又沈(shěn),姓。瀋,汁;又地名(瀋阳)。

适適——适,读guā,《论语》有南宫适,人名。適,到[某地]去,正巧。

术術——术(zhú),原写作朮,植物名,有白朮、苍朮,与術不相通。

松鬆——松鬆古代不同音。松,松树。鬆,鬆紧。

[T]台臺檯颱——这四个字的意义各不相同。台(yí),我;又三台(tái),星名。臺,楼臺。檯(后起字),桌子。颱,颱风。

[W]网網——网是網的本字。

无無——二字古代通用,但一般只写作無。

[X]系係繫——这三个字意义相近,上古往往通用。后代逐渐分工,世系、系统、体系作系,关系和“是”的意义作係,缚的意义作繫。

咸鹹——咸,皆。鹹,鹹淡。不通用。

向嚮——嚮与向意义相近,但嚮导不作向导。在上古,嚮可通響,向不通響。

岈嶭——二字古代通用。

[Y]痒癢——痒,病,《诗经·小雅·正月》:“瘋忧以痒。”在这个意义上,痒癢不相通。

叶葉——叶(xié),同协:“叶音”,“叶韵”。叶与葉音义皆不同。

踊踴——二字古代通用。

余餘——余,我。餘,剩餘。二字不通用。

御禦——御,驾驭车马。禦,阻当,防禦。

吁籲——吁(xū),叹声:“长吁短叹”。籲(yù),呼:“籲天”,“呼籲”。

郁鬱——二字古不同音。郁郁,有文采的样子;馥郁,香气浓。鬱,草木丛生;又忧鬱。按郁鬱有相通之处,但忧鬱的鬱决不作郁。

与與——赐與的與本作与。

云雲——依《说文》,云是雲的本字。但是在古书中,云谓的云和雲雨的雲已经有了明确的分工,决不相混。

[Z]折摺——二字古不同音,亦不通用。折,折断,屈折。摺,摺叠。

征徵——二字古不同音。征,行,征伐,征税。徵,徵召,徵求,徵信。按:只征税的意义古书偶然用徵,其余意义都不相通。特别要注意的是宫商角徵羽(五音)的徵,读音是zhǐ,不能简化为征。

症瘕——症（zhèng），病症。瘕（zhēng），瘕结。

只祇隻——只，语气词，这个意义不能作祇或隻。只在中古以后与祇通，表示"单只"的意思。副词只与量词隻在古书中绝不通用。

致緻——緻是密的意思："细緻"；舌与致通。当然，这只是说用緻的地方可以用致，不是说用致的地方可以用緻。

制製——制，制裁，法度，君命。製，製造。製造的意义在古代也可以用制。

钟鐘鍾——鐘，乐器。鍾，酒器；又聚，《国语·周语》："泽，水之所鍾也。"上古鐘多作鍾，但酒器的鍾、鍾聚的鍾及姓鍾的鍾不作鐘。

筑築——筑，乐器名。築，建築。二字不通用。

准準——准是準的俗体，但近代有了分工：准字只用于允许、决定等近代意义，而水準、準绳等古代意义则写作準。一般古书只有準字，没有准字。

（据王力主编之《古代汉语》）

附录二　异体字整理表

本表据中华人民共和国文化部、中国文字改革委员会于 1956 年发布的第一批异体字整理表，按拼音字母顺序重新编排。

表内所列异体字共 810 组，每组最少 2 字，最多 6 字，合计 1865 字。经过整理后共精简去 1055 字。

各字组中的选用字未采用简化字。

[A] 呆〔獃騃〕	襃〔褒〕	耻〔恥〕	鋤〔鉏耡〕
坳〔㘤〕	坂〔阪岅〕	痴〔癡〕	躇〔躊〕
鰲〔鼇〕	奔〔犇奔逩〕	敕〔勅勑〕	櫥〔櫉〕
翺〔翶〕	幫〔幚幇〕	碴〔餷〕	厨〔廚厨〕
庵〔菴〕	膀〔髈〕	查〔査〕	捶〔搥〕
暗〔闇晻〕	榜〔牓〕	察〔詧〕	棰〔箠〕
案〔桉〕	綳〔繃〕	插〔挿〕	錘〔鎚〕
鞍〔鞌〕	痹〔痺〕	扯〔撦〕	船〔舡〕
岸〔岍〕	逼〔偪〕	仇〔讎讐〕	唇〔脣〕
[B] 霸〔覇〕	斃〔獘〕	瞅〔瞅眖〕	春〔旾〕
鉢〔缽盋〕	秘〔祕〕	酬〔酧詶醻〕	醇〔醕〕
博〔愽〕	弊〔獘〕	綢〔紬〕	蠢〔惷〕
駁〔駮〕	秕〔粃〕	鑹〔剒剗〕	淳〔湻〕
脖〔頸〕	鼈〔鱉〕	詔〔謟〕	蕊〔蘂〕
柏〔栢〕	癍〔瘢〕	嗔〔瞋〕	刱〔剙刱〕
稗〔粺〕	膘〔臕〕	趁〔趂〕	窗〔窓窻窗牕牎〕
背〔揹〕	遍〔徧〕	嘗〔嚐甞〕	床〔牀〕
備〔俻〕	冰〔氷〕	腸〔膓〕	詞〔䛐〕
悖〔誖〕	并〔併並竝〕	場〔塲〕	辭〔辤辝〕
杯〔盃桮〕	稟〔稟〕	乘〔乗椉〕	糍〔餈〕
刨〔鉋鑤〕	布〔佈〕	撐〔撑〕	鶿〔鷀〕
褓〔緥〕	[C] 吃〔喫〕	澄〔澂〕	册〔冊〕
寶〔寳〕	翅〔翄〕	膛〔塎〕	厠〔厕〕

续表

策〔筞筴〕	雕〔彫鵰琱凋〕	峰〔峯〕	椁〔槨〕
睬〔保〕	吊〔弔〕	俯〔俛頫〕	拐〔柺〕
踩〔跴〕	碇〔椗矴〕	佛〔佛髴〕	怪〔恠〕
采〔寀採〕	睹〔覩〕	妇〔媍〕	规〔槼〕
彩〔綵〕	妒〔妬〕	附〔坿〕	瑰〔瓌〕
草〔艸〕	朵〔朶〕	麸〔籽麬〕	管〔筦〕
操〔撡撨〕	垛〔垜〕	〔G〕戛〔憂〕	馆〔舘〕
凑〔湊〕	踱〔跢〕	嘎〔嘠〕	罐〔鑵〕
惭〔慙〕	敦〔敶〕	阁〔閤〕	躬〔躳〕
参〔叅〕	惇〔憞〕	胳〔肐骼〕	〔H〕呵〔訶〕
粗〔觕麤〕	遁〔遯〕	歌〔謌〕	盍〔盇〕
蹴〔蹵〕	墩〔墪〕	个〔箇〕	核〔覈〕
锉〔剉挫〕	动〔働〕	丐〔匄匃〕	和〔龢咊〕
脆〔脃〕	〔E〕腭〔齶〕	概〔槩〕	嗥〔噑獋〕
悴〔顇〕	讹〔譌〕	皋〔皐皋〕	皓〔皡暠〕
篡〔簒〕	额〔額〕	槁〔槀〕	蚝〔蠔〕
村〔邨〕	扼〔搹〕	糕〔餻〕	糇〔餱〕
匆〔怱忽〕	萼〔蕚〕	稿〔稾〕	函〔圅〕
葱〔蒽〕	峨〔峩〕	够〔夠〕	悍〔猂〕
〔D〕瘩〔瘩〕	鹅〔鵝鵞〕	钩〔鉤〕	焊〔釬銲〕
德〔悳〕	婀〔娿媕〕	构〔搆〕	捍〔扞〕
玳〔瑇〕	厄〔阨戹〕	赣〔贛灨〕	恒〔恆〕
捣〔擣搗〕	鳄〔鱷〕	秆〔稈〕	呼〔虖嘑謼〕
岛〔嶋〕	恩〔𢓭〕	杆〔桿〕	糊〔粘餬〕
兜〔兠〕	尔〔尒〕	乾〔乹乾〕	胡〔衚〕
门〔閅鬥鬦〕	〔F〕罚〔罰〕	干〔榦〕	话〔語〕
豆〔荳〕	筏〔栰〕	亘〔亙〕	哗〔譁〕
啖〔啗噉〕	法〔灋佱〕	杠〔槓〕	花〔蘤蘤〕
淡〔澹〕	珐〔琺〕	扛〔摃〕	祸〔旤〕
耽〔躭〕	痱〔疿〕	肛〔𨶀〕	毁〔燬譭〕
挡〔攩〕	废〔癈〕	耕〔畊〕	蛔〔蛕蚘痐蜖〕
荡〔盪〕	繁〔緐〕	粳〔稉秔秔〕	辉〔煇暉〕
凳〔櫈〕	翻〔飜繙〕	鲠〔骾〕	汇〔滙〕
堤〔隄〕	凡〔凢〕	雇〔僱〕	回〔廻迴〕
抵〔牴觝〕	帆〔颿䑺〕	菇〔菰〕	徽〔微〕
蒂〔蔕〕	泛〔汎氾〕	鼓〔皷〕	獾〔貛獾〕
蝶〔蜨〕	氛〔雰〕	挂〔掛罫〕	欢〔懽讙驩〕
叠〔疊疉疊〕	仿〔彷髣俩〕	括〔桰〕	魂〔䰟〕
喋〔啑〕	蜂〔蠭蓬〕	果〔菓〕	混〔溷〕

昏〔昬〕	斤〔觔〕	肯〔肎〕	荔〔茘〕
恍〔怳〕	晋〔晉〕	糠〔穅粇〕	留〔畱畱甾〕
晃〔撗〕	紧〔緊〕	炕〔匟〕	琉〔瑠瑠〕
哄〔閧〕	缰〔韁〕	坑〔阬〕	瘤〔癅〕
〔J〕羁〔羈〕	僵〔殭〕	裤〔袴〕	柳〔栁桺〕
鸡〔雞〕	奖〔獎〕	阔〔濶〕	廉〔亷廉〕
楫〔檝〕	阱〔穽〕	脍〔鲙〕	镰〔鎌鐮〕
绩〔勣〕	迳〔逕〕	馈〔餽〕	奁〔匲匳籢〕
迹〔跡蹟〕	胫〔脛〕	愧〔媿〕	炼〔鍊〕
期〔朞〕	巨〔鉅〕	窥〔闚〕	敛〔歛〕
责〔責齎〕	矩〔榘〕	款〔欵〕	麟〔麐〕
假〔叚〕	局〔侷跼〕	昆〔崑崐〕	吝〔恡〕
夹〔袷裕〕	据〔據〕	捆〔綑〕	邻〔隣〕
秸〔稭〕	举〔舉〕	坤〔堃〕	淋〔痳〕
届〔屆〕	飓〔颶〕	况〔況〕	磷〔燐粦〕
阶〔堦〕	橛〔橜〕	矿〔礦〕	梁〔樑〕
洁〔絜〕	撅〔噘〕	诳〔誆〕	凉〔涼〕
劫〔刧刦刼〕	决〔決〕	〔L〕辣〔辢〕	菱〔蓤〕
杰〔傑〕	狷〔獧〕	腊〔臘〕	橹〔艪樐艣樐〕
捷〔捷〕	眷〔睠〕	赖〔賴〕	碌〔磟〕
侥〔徼傲〕	倦〔勌〕	泪〔淚〕	戮〔剹勠〕
叫〔呌〕	俊〔儁傊〕	懒〔嬾〕	炉〔鑪〕
剿〔勦劋〕	浚〔濬〕	婪〔惏〕	裸〔躶臝〕
脚〔腳〕	隽〔雋〕	螂〔蜋〕	骡〔羸〕
厩〔廐廄〕	炯〔烱〕	琅〔瑯〕	虏〔虜〕
韭〔韮〕	迥〔逈〕	棱〔稜〕	仑〔崘崙〕
救〔捄〕	〔K〕咳〔欬〕	楞〔愣〕	弄〔挵挵〕
纠〔紏〕	疴〔痾〕	厘〔釐〕	绿〔菉〕
揪〔揫〕	剀〔剴〕	里〔裡〕	略〔畧〕
笺〔牋椾〕	慨〔嘅〕	历〔歷歴〕	〔M〕骂〔罵傌〕
剑〔劒〕	考〔攷〕	曆〔厤〕	麻〔蔴〕
鉴〔鑑鑒〕	寇〔寇宼〕	莅〔涖蒞〕	蟆〔蟇〕
缄〔椷〕	叩〔敂〕	犁〔犂〕	馍〔饃〕
奸〔姦〕	扣〔釦〕	狸〔貍〕	谟〔暮〕
硷〔礛〕	刊〔栞〕	梨〔棃〕	脉〔脈脈脉〕
碱〔堿〕	瞰〔矙〕	隶〔隸隷〕	梅〔楳槑〕
剪〔翦〕	侃〔偘〕	藜〔蔾〕	冒〔冐〕
减〔減〕	坎〔埳〕	栗〔溧慄〕	帽〔帽〕
茧〔璽〕		璃〔琍瓈〕	卯〔夘丣〕

猫〔貓〕	挪〔捼捓〕	琴〔琹〕	视〔眡眎眡〕
牦〔犛氂〕	暖〔煖暅煗〕	撤〔捇〕	柿〔柹〕
虹〔蝐〕	嫩〔嫰〕	强〔彊強〕	蛇〔虵〕
幂〔羃〕	农〔辳〕	襁〔繈〕	射〔躲〕
眯〔瞇〕	〔P〕迫〔廹〕	墙〔牆〕	筲〔籍〕
觅〔覔〕	胚〔肧〕	樯〔艢〕	鳝〔鱓〕
咩〔哔哶〕	疱〔皰〕	羌〔羌羌〕	删〔刪〕
眇〔眗〕	炮〔砲礮〕	枪〔鎗〕	姗〔姍〕
渺〔淼森〕	碰〔揰碰〕	麴〔麯〕	栅〔柵〕
妙〔玅〕	毗〔毘〕	驱〔駈歐〕	珊〔珊〕
绵〔緜〕	匹〔疋〕	榷〔推榷〕	膳〔饍〕
麵〔麪〕	飘〔飃〕	却〔卻郤〕	膻〔羶羴〕
泯〔冺〕	凭〔凴〕	券〔券〕	深〔湥〕
命〔肏〕	瓶〔缾〕	群〔羣〕	慎〔昚〕
冥〔冥冥〕	铺〔舖〕	裙〔帬裠〕	参〔葠蓡〕
幕〔幙〕	〔Q〕戚〔慼慽〕	〔R〕绕〔遶〕	升〔陞昇〕
歔〔歔嚱歔歔歔〕	启〔啓唘〕	冉〔冄〕	剩〔賸〕
〔N〕拿〔舒挐拏〕	棋〔碁棊〕	髯〔髥〕	倏〔倐儵〕
奶〔嬭妳〕	栖〔棲〕	韧〔靭靱靷〕	庶〔庻〕
乃〔迺廼〕	凄〔淒悽〕	韧〔靱〕	竖〔豎〕
楠〔枏柟〕	旗〔旂〕	饪〔餁〕	漱〔潄〕
蛲〔蟯〕	弃〔棄〕	衽〔袵〕	疏〔疎〕
你〔妳〕	憩〔憇〕	妊〔姙〕	薯〔藷〕
昵〔暱〕	惬〔愜〕	箬〔篛〕	饲〔飤〕
拟〔儗〕	憔〔顦瘇〕	蕊〔蕋橤蘂〕	祀〔禩〕
嗫〔囁嗫〕	蹺〔蹻〕	睿〔叡〕	厮〔廝〕
捏〔揑〕	峭〔陗〕	蠕〔蝡〕	俟〔竢〕
涅〔湼〕	荞〔荍〕	软〔輭〕	似〔佀〕
孽〔孼〕	鍬〔鍫〕	冗〔宂〕	飒〔颯〕
袅〔嫋嬝裊〕	丘〔坵邱〕	绒〔毧毬〕	涩〔澁濇〕
衄〔衄衄〕	虬〔蚪〕	熔〔鎔〕	腮〔顋〕
拈〔撚〕	鳅〔鰌〕	融〔螎〕	嗽〔嗽〕
念〔唸〕	秋〔秌穐〕	〔S〕虱〔蝨〕	搜〔蒐〕
粘〔黏〕	球〔毬〕	是〔昰〕	伞〔傘繖〕
年〔秊〕	铅〔鈆〕	尸〔屍〕	散〔散〕
娘〔孃〕	愆〔諐〕	湿〔溼〕	桑〔桒〕
宁〔寍甯〕	寝〔寑〕	谥〔謚〕	溯〔泝遡〕
		实〔宲〕	宿〔宿〕
糯〔稬穤〕	勤〔懃〕	时〔旹〕	诉〔愬〕

续表

蘇〔蘓甦〕	襪〔韈韤〕	仙〔僊〕	夜〔亱〕
瑣〔瑣〕	喂〔餧餵〕	鮮〔尠鱻尟〕	燁〔爗曄〕
鎖〔鎻〕	猬〔蝟〕	閑〔閒〕	淆〔殽〕
蓑〔簑〕	挽〔輓〕	嫻〔嫺〕	肴〔餚〕
撦〔抄〕	浣〔澣〕	涎〔次〕	耀〔燿〕
歲〔崴〕	玩〔翫〕	綫〔線〕	咬〔齩〕
笋〔筍〕	碗〔盌椀甇〕	籼〔秈〕	拗〔抝〕
飧〔飱〕	吻〔脗〕	欣〔訢〕	窯〔窰窑〕
[T] 塔〔墖〕	蚊〔螡蟁〕	享〔亯〕	夭〔殀〕
拓〔搨〕	亡〔亾〕	餉〔饟〕	游〔遊〕
它〔牠〕	望〔朢〕	嚮〔曏〕	贗〔贋〕
掏〔搯〕	往〔徃〕	厢〔廂〕	雁〔鴈〕
繸〔條綯〕	岡〔崗〕	幸〔倖〕	驗〔驂〕
偷〔婾〕	瓮〔甕罋〕	叙〔敍敘〕	烟〔煙菸〕
嘆〔歎〕	[X] 嘻〔譆〕	勖〔勗〕	胭〔臙〕
罎〔罈壜〕	溪〔谿〕	恤〔卹賉卹〕	燕〔讌〕
袒〔襢〕	晰〔晳晢〕	婿〔壻〕	曬〔曪〕
趖〔跐蹉踃〕	席〔蓆〕	靴〔鞾〕	腌〔醃〕
糖〔餹〕	熙〔熈熙〕	喧〔誼〕	咽〔嚥〕
藤〔籐〕	戲〔戯〕	楦〔楥〕	檐〔簷〕
剃〔薙鬀〕	膝〔厀〕	萱〔菱葭蘐蕿〕	岩〔巖巗嵒〕
啼〔嗁〕	廈〔厦〕	璇〔璿〕	焰〔燄〕
蹄〔蹏〕	狹〔陜〕	熏〔薰燻〕	艷〔豓豔〕
眺〔覜〕	脅〔脇〕	徇〔狥〕	宴〔讌醼〕
兔〔兎冤〕	邪〔衺〕	勛〔勳〕	因〔囙〕
駄〔馱〕	蟹〔蠏〕	塤〔壎〕	殷〔慇〕
托〔託〕	燮〔爕〕	尋〔尋〕	飲〔飲〕
駝〔駞〕	蝎〔蠍〕	巡〔巡〕	淫〔婬滛〕
拖〔拕〕	泄〔洩〕	洵〔洵〕	暗〔瘖〕
腿〔骽〕	繼〔継〕	凶〔兇〕	堙〔陻〕
頹〔穨〕	鞋〔鞵〕	胸〔胷〕	陰〔隂〕
臀〔臋〕	携〔攜擕攜〕	[Y] 瞖〔瞖〕	吟〔唫〕
筒〔筩〕	笑〔咲〕	异〔異〕	蔭〔廕〕
同〔仝衕〕	效〔効傚〕	咿〔吚〕	姻〔婣〕
峒〔峝〕	修〔脩〕	移〔迻〕	揚〔颺敭〕
[W] 污〔汙汚〕	繡〔繍〕	以〔㠯吕〕	嚚〔嚚〕
塢〔隖〕	銹〔鏽〕	鴉〔鵶〕	穎〔頴〕
忤〔悟〕	衙〔衒啣〕	丫〔枒椏〕	映〔暎〕
蛙〔鼃〕	弦〔絃〕	野〔埜壄〕	鶯〔鸎〕

续表

于〔於〕	侄〔姪妷〕	针〔鍼〕	杂〔襍〕
寓〔庽〕	札〔剳劄〕	鸩〔酖〕	匝〔帀〕
欲〔慾〕	闸〔牐〕	砧〔碪〕	灾〔災烖菑〕
逾〔踰〕	榨〔搾〕	珍〔珎〕	再〔𠕅再〕
愈〔癒瘉〕	扎〔紥紮〕	侦〔遉〕	唣〔唽〕
郁〔鬱欝〕	咤〔吒〕	獐〔麞〕	糟〔蹧〕
岳〔嶽〕	浙〔淛〕	煮〔煑〕	噪〔譟〕
冤〔寃宛〕	辄〔輙〕	箸〔筯〕	皂〔皁〕
猿〔猨蝯〕	谪〔讁〕	伫〔竚佇〕	咱〔喒偺偺俗〕
韵〔韻〕	哲〔喆〕	注〔註〕	赞〔賛讚〕
咏〔詠〕	慑〔慴摺〕	猪〔豬〕	簪〔簮〕
涌〔湧〕	寨〔砦〕	斫〔斸斲斱〕	葬〔塟䓜〕
惠〔憓恿〕	斋〔亝〕	桌〔槕〕	卒〔卆〕
雍〔雝〕	照〔炤〕	砖〔甎塼〕	最〔寂㝡〕
〔Z〕危〔厄〕	棹〔櫂〕	撰〔譔〕	罪〔辠〕
帙〔袠裹〕	周〔週〕	专〔嵼〕	纂〔篹〕
址〔阯〕	咒〔呪〕	馔〔籑〕	钻〔鑽〕
置〔寘〕	帚〔箒〕	妆〔粧〕	樽〔鐏〕
跖〔蹠〕	盏〔琖醆〕	冢〔塚〕	偬〔傯〕
栀〔梔〕	甄〔㼌〕	众〔眔〕	鬃〔騌駿鬉〕
祇〔祗秖〕	占〔佔〕	姊〔姉〕	踪〔蹤〕
志〔誌〕	崭〔嶄〕	资〔貲〕	棕〔椶〕
纸〔帋〕	暂〔蹔〕	眦〔眥〕	粽〔糭〕
稚〔稺稺〕	沾〔霑〕		

主要参考书目

1. 北京大学中国文学史教研室,选注.两汉文学史参考资料[M].北京:中华书局,1962.

2. 北京大学中国文学史教研室,选注.魏晋南北朝文学史参考资料[M].北京:中华书局,1962.

3. 许威汉.先秦文学及语言例论[M].郑州:中州古籍出版社,1984.

4. 郭锡良,唐作藩,何九盈,等.古代汉语[M].北京:北京出版社,1983.

5. 王力.古代汉语[M].北京:中华书局,1963.

6. 朱东润.中国历代文学作品选[M].上海:上海古籍出版社,1979.

7. 植俊峰,译注.战国策[M].广州:广州出版社,2001.

8. 游国恩,王起,萧涤非,等.中国文学史[M].北京:人民文学出版社,1964.

9. 余冠英,注释.诗经选[M].北京:人民文学出版社,1956.

10. 王逸.楚辞章句[M].《四部备要》本.北京:中华书局,1957.

11. 周蒙,冯宇.全唐诗[M].沈阳:辽宁人民出版社,1994.

12. 戴望舒诗集[M].成都:四川人民出版社,1981.

13. 舒婷的诗[M].北京:人民文学出版社,1994.

14. 许自强.欧洲名诗人抒情诗选[M].北京:北京出版社,1985.

15. 郑振铎,译.泰戈尔诗选[M].长沙:湖南人民出版社,1981.

16. 冰心,译.她的赠品[M].兰州:甘肃人民出版社,1981.

17. 孙昕光.大学语文[M].北京:高等教育出版社,2003.

18. 新编大学语文编委会.新编大学语文[M].汕头:汕头大学出版社,2001.

19. 段逸山.医古文[M].北京:中国中医药出版社,2002.

20. 张其成.医古文[M].北京:人民卫生出版社,2001.

21. 王忠详,宋寅展,彭端智.外国文学教程(上中下)[M].长沙:湖南教育出版社,1985.

22. 朱生豪,译.莎士比亚文集[M].桂林:漓江出版社,2004.

23. 康保成,李树玲,选注.关汉卿选集[M].北京:人民文学出版社,1998.

24. 蒋星煜.元曲鉴赏辞典[M].上海:上海辞书出版社,1990.

25. 陈振鹏,章培恒.古文鉴赏辞典[M].上海:上海辞书出版社,1997.

26. 刘世德,许德政,陆永品.唐宋词选[M].北京:人民文学出版社,1981.

27. 何满子,袁行霈,潘旭谏,等.唐宋词鉴赏集[M].北京:人民文学出版社,1983.

28. 于培杰,孙言诚,注释.苏东坡词选[M].石家庄:花山文艺出版社,1984.

29. 胡云翼,选注.宋词选[M].北京:中华书局,1962.

30. 李幼奇.大学语文[M].长沙:湖南教育出版社,2002.

31. 徐中玉,钱谷融.大学语文[M].上海:华东师范大学出版社,1999.

32. 张忠礼,徐潜.大学生余秋雨散文赏析[M].上海:上海中医药大学出版社,2002.

33. 周秉钧,译注.尚书[M].长沙:岳麓书社,2002.

34. 刘复生.速读中国现当代文学大师与名家丛书:巴金卷[M].北京:蓝天出版社,2004.

35. 张宏.速读中国现当代文学大师与名家丛书:茅盾卷[M].北京:蓝天出版社,2004.

36. 姚育明.速读中国现当代文学大师与名家丛书:朱自清卷[M].北京:蓝天出版社,2004.

37. 莫言.红高粱[M].广州:花城出版社,2011.

38. 张镜源.中华中医昆仑[M].北京:中国中医药出版社,2011.

39. 季羡林.季羡林散文精选[M].北京:当代中国出版社,2016.

40. 卢翎.2016中国微型小说年选[M].广州:花城出版社,2011.

复习思考题答案要点与模拟试卷

《大学语文》教学大纲

40检